The Holy Bible to Learn French

God Almighty

Copyright © 2017 BrotherSun Inc.

All rights reserved.

ISBN-13: 978-1973864363

ISBN-10: 1973864363

BROTHERSUN INCORPORTED
500 NORTH RAINBOW BOULEVARD
SUITE 300A
LAS VEGAS NV 89107
WWW.BROTHERSUNINC.COM

LEARN BY READING IS A COLLECTION OF EBOOKS THAT PROMOTE THE LEARNING AND DIFFUSION OF AMERICAN CULTURE THROUGH CLASSICS OF AMERICAN LITTERATURE TOGETHER WITH THEIR TRANSLATION

LA GENÈSE

1:1 Au commencement Dieu* créa les cieux et la terre.

1:2 Et la terre était désolation et vide*, et il y avait des ténèbres sur la face de l'abîme. Et l'Esprit de Dieu planait sur la face des eaux.

1:3 Et Dieu dit : Que la lumière soit. Et la lumière fut.

1:4 Et Dieu vit la lumière, qu'elle était bonne ; et Dieu sépara la lumière d'avec les ténèbres.

1:5 Et Dieu appela la lumière Jour ; et les ténèbres, il les appela Nuit. Et il y eut soir, et il y eut matin :

1:6 Et Dieu dit : Qu'il y ait une étendue entre les eaux, et qu'elle sépare les eaux d'avec les eaux.

1:7 Et Dieu fit l'étendue, et sépara les eaux qui sont au-dessous de l'étendue d'avec les eaux qui sont au-dessus de l'étendue. Et il fut ainsi.

1:8 Et Dieu appela l'étendue Cieux. Et il y eut soir, et il y eut matin : — second jour.

1:9 Et Dieu dit : Que les eaux [qui sont] au-dessous des cieux se rassemblent en un lieu, et que le sec paraisse. Et il fut ainsi.

The First Book of Moses: Called Genesis

1:1 In the beginning God created the heavens and the earth.

1:2 And the earth was without form, and void; and darkness was upon the face of the deep. And the Spirit of God moved upon the face of the waters.

1:3 And God said, Let there be light: and there was light.

1:4 And God saw the light, that it was good: and God divided the light from the darkness.

1:5 And God called the light Day, and the darkness he called Night. And the evening and the morning were the first day.

1:6 And God said, Let there be a firmament in the midst of the waters, and let it divide the waters from the waters.

1:7 And God made the firmament, and divided the waters which were under the firmament from the waters which were above the firmament: and it was so.

1:8 And God called the firmament Heaven. And the evening and the morning were the second day.

1:9 And God said, Let the waters under the heaven be gathered together unto one place, and let the dry land appear: and it was so.

1:10 Et Dieu appela le sec Terre, et le rassemblement des eaux, il l'appela Mers. Et Dieu vit que cela était bon.

1:10 And God called the dry land Earth; and the gathering together of the waters called he Seas: and God saw that it was good.

1:11 Et Dieu dit : Que la terre produise l'herbe, la plante portant de la semence, l'arbre fruitier produisant du fruit selon son espèce ayant sa semence en soi sur la terre.

1:11 And God said, Let the earth bring forth grass, the herb yielding seed, and the fruit tree yielding fruit after his kind, whose seed is in itself, upon the earth: and it was so.

1:12 Et il fut ainsi. Et la terre produisit l'herbe, la plante portant de la semence selon son espèce, et l'arbre produisant du fruit ayant sa semence en soi selon son espèce. Et Dieu vit que cela était bon.

1:12 And the earth brought forth grass, and herb yielding seed after his kind, and the tree yielding fruit, whose seed was in itself, after his kind: and God saw that it was good.

1:13 Et il y eut soir, et il y eut matin : — troisième jour.

1:13 And the evening and the morning were the third day.

1:14 Et Dieu dit : Qu'il y ait des luminaires dans l'étendue des cieux pour séparer le jour d'avec la nuit, et qu'ils soient pour signes et pour saisons [déterminées] et pour jours et pour années ;

1:14 And God said, Let there be lights in the firmament of the heaven to divide the day from the night; and let them be for signs, and for seasons, and for days, and years:

1:15 et qu'ils soient pour luminaires dans l'étendue des cieux pour donner de la lumière sur la terre. Et il fut ainsi.

1:15 And let them be for lights in the firmament of the heaven to give light upon the earth: and it was so.

1:16 Et Dieu fit les deux grands luminaires, le grand luminaire pour dominer sur le jour, et le petit luminaire pour dominer sur la nuit ; et les étoiles.

1:16 And God made two great lights; the greater light to rule the day, and the lesser light to rule the night: he made the stars also.

1:17 Et Dieu les plaça dans l'étendue des cieux pour donner de la lumière sur la terre,

1:17 And God set them in the firmament of the heaven to give light upon the earth,

1:18 et pour dominer de jour et de nuit, et pour séparer la lumière d'avec les ténèbres. Et Dieu vit que cela était bon.

1:18 And to rule over the day and over the night, and to divide the light from the darkness: and God saw that it was good.

1:19 Et il y eut soir, et il y eut matin : — quatrième jour.

1:19 And the evening and the morning were the fourth day.

1:20 Et Dieu dit : Que les eaux foisonnent d'un fourmillement d'êtres* vivants, et que les oiseaux volent au-dessus de la terre devant** l'étendue des cieux.

1:20 And God said, Let the waters bring forth abundantly the moving creature that hath life, and fowl that may fly above the earth in the open firmament of heaven.

God Almighty

1:21 Et Dieu créa les grands animaux des eaux*, et tout être vivant qui se meut, dont les eaux fourmillent, selon leurs espèces, et tout oiseau ailé selon son espèce. Et Dieu vit que cela était bon.

1:22 Et Dieu les bénit, disant : Fructifiez, et multipliez, et remplissez les eaux dans les mers, et que l'oiseau multiplie sur la terre.

1:23 Et il y eut soir, il y eut matin : — cinquième jour.

1:24 Et Dieu dit : Que la terre produise des êtres vivants selon leur espèce, le bétail, et [tout] ce qui rampe et les bêtes de la terre selon leur espèce. Et il fut ainsi.

1:25 Et Dieu fit les bêtes de la terre selon leur espèce, et le bétail selon son espèce, et tout reptile* du sol selon son espèce. Et Dieu vit que cela était bon.

1:26 Et Dieu dit : Faisons [l']homme à notre image, selon notre ressemblance, et qu'ils dominent sur les poissons de la mer, et sur les oiseaux des cieux, et sur le bétail, et sur toute la terre, et sur tout [animal] rampant qui rampe sur la terre.

1:27 Et Dieu créa l'homme* à son image ; il le créa à l'image de Dieu ; il les créa mâle et femelle.

1:28 Et Dieu les bénit ; et Dieu leur dit : Fructifiez, et multipliez, et remplissez la terre et l'assujettissez ; et dominez sur les poissons de la mer, et sur les oiseaux des cieux, et sur tout être vivant qui se meut sur la terre.

1:29 Et Dieu dit : Voici, je vous ai donné toute plante portant semence, qui est sur la face de toute la terre, et tout arbre dans lequel il y a un fruit d'arbre, portant semence ; [cela] vous sera pour nourriture ;

1:21 And God created great whales, and every living creature that moveth, which the waters brought forth abundantly, after their kind, and every winged fowl after his kind: and God saw that it was good.

1:22 And God blessed them, saying, Be fruitful, and multiply, and fill the waters in the seas, and let fowl multiply in the earth.

1:23 And the evening and the morning were the fifth day.

1:24 And God said, Let the earth bring forth the living creature after his kind, cattle, and creeping thing, and beast of the earth after his kind: and it was so.

1:25 And God made the beast of the earth after his kind, and cattle after their kind, and every thing that creepeth upon the earth after his kind: and God saw that it was good.

1:26 And God said, Let us make man in our image, after our likeness: and let them have dominion over the fish of the sea, and over the fowl of the air, and over the cattle, and over all the earth, and over every creeping thing that creepeth upon the earth.

1:27 So God created man in his own image, in the image of God created he him; male and female created he them.

1:28 And God blessed them, and God said unto them, Be fruitful, and multiply, and replenish the earth, and subdue it: and have dominion over the fish of the sea, and over the fowl of the air, and over every living thing that moveth upon the earth.

1:29 And God said, Behold, I have given you every herb bearing seed, which is upon the face of all the earth, and every tree, in the which is the fruit of a tree yielding seed; to you it shall be for meat.

1:30 et à tout animal de la terre, et à tout oiseau des cieux, et à tout ce qui rampe sur la terre, qui a en soi une âme vivante, [j'ai donné] toute plante verte pour nourriture. Et il fut ainsi.

1:31 Et Dieu vit tout ce qu'il avait fait, et voici, cela était très bon. Et il y eut soir, et il y eut matin : — le sixième jour.

2:1 Et les cieux et la terre furent achevés, et toute leur armée*.

2:2 Et Dieu eut achevé au septième jour son œuvre qu'il fit ; et il se reposa au septième jour de toute son œuvre qu'il fit.

2:3 Et Dieu bénit le septième jour, et le sanctifia ; car en ce jour* il se reposa de toute son œuvre que Dieu créa en la faisant.

2:4 Ce sont ici les générations des cieux et de la terre lorsqu'ils furent créés, au jour que l'Éternel* Dieu fit la terre et les cieux,

2:5 et tout arbuste des champs avant qu'il fût sur la terre, et toute herbe* des champs avant qu'elle crût ; car l'Éternel Dieu n'avait pas fait pleuvoir sur la terre, et il n'y avait pas d'homme pour travailler le sol ;

2:6 mais une vapeur montait de la terre et arrosait toute la surface du sol.

2:7 Et l'Éternel Dieu forma l'homme, poussière du sol, et souffla dans ses narines une respiration de vie, et l'homme devint une âme vivante.

2:8 Et l'Éternel Dieu planta un jardin en Éden*, du côté de l'orient, et il y plaça l'homme** qu'il avait formé.

2:9 Et l'Éternel Dieu fit croître du sol tout arbre agréable à voir et bon à manger, et l'arbre de vie au milieu du jardin, et l'arbre de la connaissance du bien et du mal.

1:30 And to every beast of the earth, and to every fowl of the air, and to every thing that creepeth upon the earth, wherein there is life, I have given every green herb for meat: and it was so.

1:31 And God saw every thing that he had made, and, behold, it was very good. And the evening and the morning were the sixth day.

2:1 Thus the heavens and the earth were finished, and all the host of them.

2:2 And on the seventh day God ended his work which he had made; and he rested on the seventh day from all his work which he had made.

2:3 And God blessed the seventh day, and sanctified it: because that in it he had rested from all his work which God created and made.

2:4 These are the generations of the heavens and of the earth when they were created, in the day that the LORD God made the earth and the heavens,

2:5 And every plant of the field before it was in the earth, and every herb of the field before it grew: for the LORD God had not caused it to rain upon the earth, and there was not a man to till the ground.

2:6 But there went up a mist from the earth, and watered the whole face of the ground.

2:7 And the LORD God formed man of the dust of the ground, and breathed into his nostrils the breath of life; and man became a living soul.

2:8 And the LORD God planted a garden eastward in Eden; and there he put the man whom he had formed.

2:9 And out of the ground made the LORD God to grow every tree that is pleasant to the sight, and good for food; the tree of life also in the midst of the garden, and the tree of knowledge of good and evil.

2:10 Et un fleuve sortait d'Éden pour arroser le jardin, et de là il se divisait et devenait quatre rivières*.

2:11 Le nom de la première est Pishon : c'est elle qui entoure tout le pays de Havila, où il y a de l'or.

2:12 Et l'or de ce pays-là est bon ; là est le bdellium* et la pierre d'onyx**.

2:13 Et le nom de la seconde rivière est Guihon : c'est elle qui entoure tout le pays de Cush.

2:14 Et le nom de la troisième rivière est Hiddékel* : c'est elle qui coule en avant vers Assur**. Et la quatrième rivière, c'est l'Euphrate***.

2:15 Et l'Éternel Dieu prit l'homme et le plaça dans le jardin d'Éden pour le cultiver et pour le garder.

2:16 Et l'Éternel Dieu commanda à l'homme, disant : Tu mangeras librement de tout arbre du jardin ;

2:17 mais de l'arbre de la connaissance du bien et du mal, tu n'en mangeras pas ; car, au jour que tu en mangeras, tu mourras certainement.

2:18 Et l'Éternel Dieu dit : Il n'est pas bon que l'homme soit seul ; je lui ferai une aide qui lui corresponde.

2:19 Et l'Éternel Dieu forma de la terre* tous les animaux des champs et tous les oiseaux des cieux, et les fit venir vers l'homme pour voir comment il les nommerait ; et tout nom que l'homme donnait à un être vivant fut son nom.

2:20 Et l'homme donna des noms à tout le bétail, et aux oiseaux des cieux, et à toutes les bêtes des champs. Mais pour Adam*, il ne trouva pas d'aide qui lui correspondît.

2:21 Et l'Éternel Dieu fit tomber un profond sommeil sur l'homme, et il dormit ; et il prit une de ses côtes, et il en ferma la place avec de la chair.

2:10 And a river went out of Eden to water the garden; and from thence it was parted, and became into four heads.

2:11 The name of the first is Pison: that is it which compasseth the whole land of Havilah, where there is gold;

2:12 And the gold of that land is good: there is bdellium and the onyx stone.

2:13 And the name of the second river is Gihon: the same is it that compasseth the whole land of Ethiopia.

2:14 And the name of the third river is Hiddekel: that is it which goeth toward the east of Assyria. And the fourth river is Euphrates.

2:15 And the LORD God took the man, and put him into the garden of Eden to dress it and to keep it.

2:16 And the LORD God commanded the man, saying, Of every tree of the garden thou mayest freely eat:

2:17 But of the tree of the knowledge of good and evil, thou shalt not eat of it: for in the day that thou eatest thereof thou shalt surely die.

2:18 And the LORD God said, It is not good that the man should be alone; I will make him an help meet for him.

2:19 And out of the ground the LORD God formed every beast of the field, and every fowl of the air; and brought them unto Adam to see what he would call them: and whatsoever Adam called every living creature, that was the name thereof.

2:20 And Adam gave names to all cattle, and to the fowl of the air, and to every beast of the field; but for Adam there was not found an help meet for him.

2:21 And the LORD God caused a deep sleep to fall upon Adam, and he slept: and he took one of his ribs, and closed up the flesh instead thereof;

2:22 Et l'Éternel Dieu forma* une femme de la côte qu'il avait prise de l'homme, et l'amena vers l'homme.

2:23 Et l'homme dit : Cette fois, celle-ci est os de mes os et chair de ma chair ; celle-ci sera appelée femme (Isha), parce qu'elle a été prise de l'homme (Ish).

2:24 C'est pourquoi l'homme quittera son père et sa mère, et s'attachera à sa femme, et ils seront une seule chair.

2:25 Et ils étaient tous deux nus, l'homme et sa femme, et ils n'en avaient pas honte.

3:1 Or le serpent était plus rusé qu'aucun animal des champs que l'Éternel Dieu avait fait ; et il dit à la femme : Quoi, Dieu a dit : Vous ne mangerez pas de tout arbre du jardin ?

3:2 Et la femme dit au serpent : Nous mangeons du fruit des arbres du jardin ;

3:3 mais du fruit de l'arbre qui est au milieu du jardin, Dieu a dit : Vous n'en mangerez point, et vous n'y toucherez point, de peur que vous ne mouriez.

3:4 Et le serpent dit à la femme : Vous ne mourrez point certainement ;

3:5 car Dieu sait qu'au jour où vous en mangerez vos yeux seront ouverts, et vous serez comme Dieu*, connaissant le bien et le mal.

3:6 Et la femme vit que l'arbre était bon à manger, et qu'il était un plaisir pour les yeux, et que l'arbre était désirable pour rendre intelligent ; et elle prit de son fruit et en mangea ; et elle en donna aussi à son mari [pour qu'il en mangeât] avec elle, et il en mangea.

3:7 Et les yeux de tous deux furent ouverts, et ils connurent qu'ils étaient nus ; et ils cousirent ensemble des feuilles de figuier et s'en firent des ceintures.

2:22 And the rib, which the LORD God had taken from man, made he a woman, and brought her unto the man.

2:23 And Adam said, This is now bone of my bones, and flesh of my flesh: she shall be called Woman, because she was taken out of Man.

2:24 Therefore shall a man leave his father and his mother, and shall cleave unto his wife: and they shall be one flesh.

2:25 And they were both naked, the man and his wife, and were not ashamed.

3:1 Now the serpent was more subtil than any beast of the field which the LORD God had made. And he said unto the woman, Yea, hath God said, Ye shall not eat of every tree of the garden?

3:2 And the woman said unto the serpent, We may eat of the fruit of the trees of the garden:

3:3 But of the fruit of the tree which is in the midst of the garden, God hath said, Ye shall not eat of it, neither shall ye touch it, lest ye die.

3:4 And the serpent said unto the woman, Ye shall not surely die:

3:5 For God doth know that in the day ye eat thereof, then your eyes shall be opened, and ye shall be as gods, knowing good and evil.

3:6 And when the woman saw that the tree was good for food, and that it was pleasant to the eyes, and a tree to be desired to make one wise, she took of the fruit thereof, and did eat, and gave also unto her husband with her; and he did eat.

3:7 And the eyes of them both were opened, and they knew that they were naked; and they sewed fig leaves together, and made themselves aprons.

God Almighty

3:8 Et ils entendirent la voix de l'Éternel Dieu qui se promenait dans le jardin au frais du jour. Et l'homme et sa femme se cachèrent de devant l'Éternel Dieu, au milieu des arbres du jardin.

3:9 Et l'Éternel Dieu appela l'homme, et lui dit : Où es-tu ?

3:10 Et il dit : J'ai entendu ta voix dans le jardin, et j'ai eu peur, car je suis nu, et je me suis caché.

3:11 Et l'Éternel Dieu dit* : Qui t'a montré que tu étais nu ? As-tu mangé de l'arbre dont je t'ai commandé de ne pas manger ?

3:12 Et l'homme dit : La femme que tu [m']as donnée [pour être] avec moi, — elle, m'a donné de l'arbre, et j'en ai mangé.

3:13 Et l'Éternel Dieu dit à la femme : Qu'est-ce que tu as fait ? Et la femme dit : Le serpent m'a séduite, et j'en ai mangé.

3:14 Et l'Éternel Dieu dit au serpent : Parce que tu as fait cela, tu es maudit par-dessus tout le bétail et par-dessus toutes les bêtes des champs ; tu marcheras sur ton ventre, et tu mangeras la poussière tous les jours de ta vie ;

3:15 et je mettrai inimitié entre toi et la femme, et entre ta semence et sa semence. Elle* te brisera la tête, et toi tu lui briseras le talon.

3:16 À la femme il dit : Je rendrai très grandes tes souffrances et ta grossesse ; en travail tu enfanteras des enfants, et ton désir sera [tourné] vers ton mari, et lui dominera sur toi.

3:17 Et à Adam il dit : Parce que tu as écouté la voix de ta femme et que tu as mangé de l'arbre au sujet duquel je t'ai commandé, disant : Tu n'en mangeras pas, — maudit est le sol à cause de toi ; tu en mangeras [en travaillant] péniblement tous les jours de ta vie.

3:8 And they heard the voice of the LORD God walking in the garden in the cool of the day: and Adam and his wife hid themselves from the presence of the LORD God amongst the trees of the garden.

3:9 And the LORD God called unto Adam, and said unto him, Where art thou?

3:10 And he said, I heard thy voice in the garden, and I was afraid, because I was naked; and I hid myself.

3:11 And he said, Who told thee that thou wast naked? Hast thou eaten of the tree, whereof I commanded thee that thou shouldest not eat?

3:12 And the man said, The woman whom thou gavest to be with me, she gave me of the tree, and I did eat.

3:13 And the LORD God said unto the woman, What is this that thou hast done? And the woman said, The serpent beguiled me, and I did eat.

3:14 And the LORD God said unto the serpent, Because thou hast done this, thou art cursed above all cattle, and above every beast of the field; upon thy belly shalt thou go, and dust shalt thou eat all the days of thy life:

3:15 And I will put enmity between thee and the woman, and between thy seed and her seed; it shall bruise thy head, and thou shalt bruise his heel.

3:16 Unto the woman he said, I will greatly multiply thy sorrow and thy conception; in sorrow thou shalt bring forth children; and thy desire shall be to thy husband, and he shall rule over thee.

3:17 And unto Adam he said, Because thou hast hearkened unto the voice of thy wife, and hast eaten of the tree, of which I commanded thee, saying, Thou shalt not eat of it: cursed is the ground for thy sake; in sorrow shalt thou eat of it all the days of thy life;

3:18 Et il te fera germer des épines et des ronces, et tu mangeras l'herbe des champs.

3:19 À la sueur de ton visage tu mangeras du pain, jusqu'à ce que tu retournes au sol, car c'est de lui que tu as été pris ; car tu es poussière et tu retourneras à la poussière.

3:20 Et l'homme appela sa femme du nom d'Ève*, parce qu'elle était la mère de tous les vivants.

3:21 Et l'Éternel Dieu fit à Adam et à sa femme des vêtements de peau, et les revêtit.

3:22 Et l'Éternel Dieu dit : Voici, l'homme est devenu comme l'un de nous, pour connaître le bien et le mal ; et maintenant, — afin qu'il n'avance pas sa main et ne prenne aussi de l'arbre de vie et n'en mange et ne vive à toujours ... !

3:23 Et l'Éternel Dieu le mit hors du jardin d'Éden, pour labourer le sol, d'où il avait été pris :

3:24 il chassa l'homme, et plaça à l'orient du jardin d'Éden les chérubins et la lame de l'épée qui tournait çà et là, pour garder le chemin de l'arbre de vie.

4:1 Et l'homme connut Ève sa femme ; et elle conçut, et enfanta Caïn* ; et elle dit : J'ai acquis un homme avec l'Éternel.

4:2 Et elle enfanta encore son frère Abel*. Et Abel paissait le menu bétail, et Caïn labourait la terre**.

4:3 Et il arriva, au bout de quelque temps, que Caïn apporta, du fruit du sol, une offrande à l'Éternel.

4:4 Et Abel apporta, lui aussi, des premiers-nés de son troupeau, et de leur graisse. Et l'Éternel eut égard à Abel et à son offrande ;

4:5 mais à Caïn et à son offrande, il n'eut pas égard. Et Caïn fut très irrité, et son visage fut abattu.

3:18 Thorns also and thistles shall it bring forth to thee; and thou shalt eat the herb of the field;

3:19 In the sweat of thy face shalt thou eat bread, till thou return unto the ground; for out of it wast thou taken: for dust thou art, and unto dust shalt thou return.

3:20 And Adam called his wife's name Eve; because she was the mother of all living.

3:21 Unto Adam also and to his wife did the LORD God make coats of skins, and clothed them.

3:22 And the LORD God said, Behold, the man is become as one of us, to know good and evil: and now, lest he put forth his hand, and take also of the tree of life, and eat, and live for ever:

3:23 Therefore the LORD God sent him forth from the garden of Eden, to till the ground from whence he was taken.

3:24 So he drove out the man; and he placed at the east of the garden of Eden Cherubims, and a flaming sword which turned every way, to keep the way of the tree of life.

4:1 And Adam knew Eve his wife; and she conceived, and bare Cain, and said, I have gotten a man from the LORD.

4:2 And she again bare his brother Abel. And Abel was a keeper of sheep, but Cain was a tiller of the ground.

4:3 And in process of time it came to pass, that Cain brought of the fruit of the ground an offering unto the LORD.

4:4 And Abel, he also brought of the firstlings of his flock and of the fat thereof. And the LORD had respect unto Abel and to his offering:

4:5 But unto Cain and to his offering he had not respect. And Cain was very wroth, and his countenance fell.

God Almighty

4:6 Et l'Éternel dit à Caïn : Pourquoi es-tu irrité, et pourquoi ton visage est-il abattu ?	*4:6 And the LORD said unto Cain, Why art thou wroth? and why is thy countenance fallen?*
4:7 Si tu fais bien, ne seras-tu pas agréé ?* Et si tu ne fais pas bien, le péché** est couché à la porte. Et son désir sera [tourné] vers toi, et toi tu domineras sur lui.	*4:7 If thou doest well, shalt thou not be accepted? and if thou doest not well, sin lieth at the door. And unto thee shall be his desire, and thou shalt rule over him.*
4:8 Et Caïn parla à Abel son frère ; et il arriva, comme ils étaient aux champs, que Caïn se leva contre Abel, son frère, et le tua.	*4:8 And Cain talked with Abel his brother: and it came to pass, when they were in the field, that Cain rose up against Abel his brother, and slew him.*
4:9 Et l'Éternel dit à Caïn : où est Abel, ton frère ? Et il dit : Je ne sais. Suis-je, moi, le gardien de mon frère ?	*4:9 And the LORD said unto Cain, Where is Abel thy brother? And he said, I know not: Am I my brother's keeper?*
4:10 Et il dit : Qu'as-tu fait ? La voix du sang de ton frère crie de la terre* à moi.	*4:10 And he said, What hast thou done? the voice of thy brother's blood crieth unto me from the ground.*
4:11 Et maintenant, tu es maudit de la terre* qui a ouvert sa bouche pour recevoir de ta main le sang de ton frère.	*4:11 And now art thou cursed from the earth, which hath opened her mouth to receive thy brother's blood from thy hand;*
4:12 Quand tu laboureras le sol, il ne te donnera plus sa force ; tu seras errant et vagabond sur la terre.	*4:12 When thou tillest the ground, it shall not henceforth yield unto thee her strength; a fugitive and a vagabond shalt thou be in the earth.*
4:13 Et Caïn dit à l'Éternel : Mon châtiment est trop grand pour que j'en porte le poids*.	*4:13 And Cain said unto the LORD, My punishment is greater than I can bear.*
4:14 Voici, tu m'as chassé aujourd'hui de dessus la face de la terre*, et je serai caché de devant ta face, et je serai errant et vagabond sur la terre ; et il arrivera que quiconque me trouvera me tuera.	*4:14 Behold, thou hast driven me out this day from the face of the earth; and from thy face shall I be hid; and I shall be a fugitive and a vagabond in the earth; and it shall come to pass, that every one that findeth me shall slay me.*
4:15 Et l'Éternel lui dit : C'est pourquoi quiconque tuera Caïn sera puni* sept fois. Et l'Éternel mit un signe sur Caïn, afin que quiconque le trouverait ne le tuât** point.	*4:15 And the LORD said unto him, Therefore whosoever slayeth Cain, vengeance shall be taken on him sevenfold. And the LORD set a mark upon Cain, lest any finding him should kill him.*
4:16 Et Caïn sortit de devant l'Éternel ; et il habita dans le pays de Nod*, à l'orient d'Éden.	*4:16 And Cain went out from the presence of the LORD, and dwelt in the land of Nod, on the east of Eden.*
4:17 Et Caïn connut sa femme, et elle conçut et enfanta Hénoc ; et il bâtit une ville, et appela le nom de la ville d'après le nom de son fils Hénoc.	*4:17 And Cain knew his wife; and she conceived, and bare Enoch: and he builded a city, and called the name of the city, after the name of his son, Enoch.*

4:18 Et à Hénoc naquit Irad ; et Irad engendra Mehujaël ; et Mehujaël engendra Methushaël ; et Methushaël engendra Lémec.

4:18 And unto Enoch was born Irad: and Irad begat Mehujael: and Mehujael begat Methusael: and Methusael begat Lamech.

4:19 Et Lémec prit deux femmes : le nom de l'une était Ada, et le nom de la seconde, Tsilla.

4:19 And Lamech took unto him two wives: the name of the one was Adah, and the name of the other Zillah.

4:20 Et Ada enfanta Jabal ; lui, fut père de ceux qui habitent sous des tentes et ont du bétail.

4:20 And Adah bare Jabal: he was the father of such as dwell in tents, and of such as have cattle.

4:21 Et le nom de son frère fut Jubal : lui, fut père de tous ceux qui manient la harpe et la flûte.

4:21 And his brother's name was Jubal: he was the father of all such as handle the harp and organ.

4:22 Et Tsilla, elle aussi, enfanta Tubal-Caïn, qui fut forgeur de tous les outils d'airain et de fer*. Et la sœur de Tubal-Caïn fut Naama.

4:22 And Zillah, she also bare Tubalcain, an instructer of every artificer in brass and iron: and the sister of Tubalcain was Naamah.

4:23 Et Lémec dit à ses femmes : Ada et Tsilla, écoutez ma voix ; femmes de Lémec, prêtez l'oreille à ma parole : Je tuerai un homme pour ma blessure, et un jeune homme pour ma meurtrissure ;

4:23 And Lamech said unto his wives, Adah and Zillah, Hear my voice; ye wives of Lamech, hearken unto my speech: for I have slain a man to my wounding, and a young man to my hurt.

4:24 si Caïn est vengé sept fois, Lémec le sera soixante-dix-sept fois.

4:24 If Cain shall be avenged sevenfold, truly Lamech seventy and sevenfold.

4:25 Et Adam connut encore sa femme ; et elle enfanta un fils, et appela son nom Seth* ; car, [dit-elle], Dieu m'a assigné une autre semence au lieu d'Abel ; car Caïn l'a tué.

4:25 And Adam knew his wife again; and she bare a son, and called his name Seth: For God, said she, hath appointed me another seed instead of Abel, whom Cain slew.

4:26 Et à Seth, à lui aussi, naquit un fils ; et il appela son nom Énosh*. Alors on commença à invoquer le nom de l'Éternel.

4:26 And to Seth, to him also there was born a son; and he called his name Enos: then began men to call upon the name of the LORD.

5:1 C'est ici le livre des générations d'Adam. Au jour où Dieu créa Adam il le fit à la ressemblance de Dieu.

5:1 This is the book of the generations of Adam. In the day that God created man, in the likeness of God made he him;

5:2 Il les créa mâle et femelle, et les bénit ; et il appela leur nom Adam*, au jour qu'ils furent créés.

5:2 Male and female created he them; and blessed them, and called their name Adam, in the day when they were created.

5:3 Et Adam vécut cent trente ans, et engendra [un fils] à sa ressemblance, selon son image, et appela son nom Seth.

5:3 And Adam lived an hundred and thirty years, and begat a son in his own likeness, and after his image; and called his name Seth:

5:4 Et les jours d'Adam, après qu'il eut engendré Seth, furent huit cents ans ; et il engendra des fils et des filles.

5:5 Et tous les jours qu'Adam vécut furent neuf cent trente ans ; et il mourut.

5:6 Et Seth vécut cent cinq ans, et engendra Énosh.

5:7 Et Seth, après qu'il eut engendré Énosh, vécut huit cent sept ans ; et il engendra des fils et des filles.

5:8 Et tous les jours de Seth furent neuf cent douze ans ; et il mourut.

5:9 Et Énosh vécut quatre-vingt-dix ans, et engendra Kénan.

5:10 Et Énosh, après qu'il eut engendré Kénan, vécut huit cent quinze ans ; et il engendra des fils et des filles.

5:11 Et tous les jours d'Énosh furent neuf cent cinq ans ; et il mourut.

5:12 Et Kénan vécut soixante-dix ans, et engendra Mahalaleël.

5:13 Et Kénan, après qu'il eut engendré Mahalaleël, vécut huit cent quarante ans ; et il engendra des fils et des filles.

5:14 Et tous les jours de Kénan furent neuf cent dix ans ; et il mourut.

5:15 Et Mahalaleël vécut soixante-cinq ans, et engendra Jéred.

5:16 Et Mahalaleël, après qu'il eut engendré Jéred, vécut huit cent trente ans ; et il engendra des fils et des filles.

5:17 Et tous les jours de Mahalaleël furent huit cent quatre-vingt-quinze ans ; et il mourut.

5:18 Et Jéred vécut cent soixante-deux ans, et engendra Hénoc*.

5:19 Et Jéred, après qu'il eut engendré Hénoc, vécut huit cents ans ; et il engendra des fils et des filles.

5:20 Et tous les jours de Jéred furent neuf cent soixante-deux ans ; et il mourut.

5:4 And the days of Adam after he had begotten Seth were eight hundred years: and he begat sons and daughters:

5:5 And all the days that Adam lived were nine hundred and thirty years: and he died.

5:6 And Seth lived an hundred and five years, and begat Enos:

5:7 And Seth lived after he begat Enos eight hundred and seven years, and begat sons and daughters:

5:8 And all the days of Seth were nine hundred and twelve years: and he died.

5:9 And Enos lived ninety years, and begat Cainan:

5:10 And Enos lived after he begat Cainan eight hundred and fifteen years, and begat sons and daughters:

5:11 And all the days of Enos were nine hundred and five years: and he died.

5:12 And Cainan lived seventy years and begat Mahalaleel:

5:13 And Cainan lived after he begat Mahalaleel eight hundred and forty years, and begat sons and daughters:

5:14 And all the days of Cainan were nine hundred and ten years: and he died.

5:15 And Mahalaleel lived sixty and five years, and begat Jared:

5:16 And Mahalaleel lived after he begat Jared eight hundred and thirty years, and begat sons and daughters:

5:17 And all the days of Mahalaleel were eight hundred ninety and five years: and he died.

5:18 And Jared lived an hundred sixty and two years, and he begat Enoch:

5:19 And Jared lived after he begat Enoch eight hundred years, and begat sons and daughters:

5:20 And all the days of Jared were nine hundred sixty and two years: and he died.

5:21 Et Hénoc vécut soixante-cinq ans, et engendra Methushélah.

5:22 Et Hénoc après qu'il eut engendré Methushélah, marcha avec Dieu trois cents ans ; et il engendra des fils et des filles.

5:23 Et tous les jours de Hénoc furent trois cent soixante-cinq ans.

5:24 Et Hénoc marcha avec Dieu ; et il ne fut plus, car Dieu le prit.

5:25 Et Methushélah vécut cent quatre-vingt-sept ans, et engendra Lémec.

5:26 Et Methushélah, après qu'il eut engendré Lémec, vécut sept cent quatre-vingt-deux ans ; et il engendra des fils et des filles.

5:27 Et tous les jours de Methushélah furent neuf cent soixante-neuf ans ; et il mourut.

5:28 Et Lémec vécut cent quatre-vingt deux ans, et engendra un fils ;

5:29 et il appela son nom Noé*, disant : Celui-ci nous consolera à l'égard de notre ouvrage et du travail de nos mains, à cause du sol que l'Éternel a maudit.

5:30 Et Lémec, après qu'il eut engendré Noé, vécut cinq cent quatre-vingt-quinze ans ; et il engendra des fils et des filles.

5:31 Et tous les jours de Lémec furent sept cent soixante-dix-sept ans ; et il mourut.

5:32 Et Noé était âgé* de cinq cents ans, et Noé engendra Sem, Cham, et Japheth.

6:1 Et il arriva quand les hommes* commencèrent à se multiplier sur la face de la terre** et que des filles leur furent nées,

6:2 que les fils de Dieu virent les filles des hommes*, qu'elles étaient belles, et ils se prirent des femmes d'entre toutes celles qu'ils choisirent.

6:3 Et l'Éternel dit : Mon Esprit ne contestera pas à toujours avec l'homme, puisque lui n'est que chair* ; mais ses jours seront cent vingt ans.

5:21 And Enoch lived sixty and five years, and begat Methuselah:

5:22 And Enoch walked with God after he begat Methuselah three hundred years, and begat sons and daughters:

5:23 And all the days of Enoch were three hundred sixty and five years:

5:24 And Enoch walked with God: and he was not; for God took him.

5:25 And Methuselah lived an hundred eighty and seven years, and begat Lamech.

5:26 And Methuselah lived after he begat Lamech seven hundred eighty and two years, and begat sons and daughters:

5:27 And all the days of Methuselah were nine hundred sixty and nine years: and he died.

5:28 And Lamech lived an hundred eighty and two years, and begat a son:

5:29 And he called his name Noah, saying, This same shall comfort us concerning our work and toil of our hands, because of the ground which the LORD hath cursed.

5:30 And Lamech lived after he begat Noah five hundred ninety and five years, and begat sons and daughters:

5:31 And all the days of Lamech were seven hundred seventy and seven years: and he died.

5:32 And Noah was five hundred years old: and Noah begat Shem, Ham, and Japheth.

6:1 And it came to pass, when men began to multiply on the face of the earth, and daughters were born unto them,

6:2 That the sons of God saw the daughters of men that they were fair; and they took them wives of all which they chose.

6:3 And the LORD said, My spirit shall not always strive with man, for that he also is flesh: yet his days shall be an hundred and twenty years.

6:4 Les géants étaient sur la terre en ces jours-là, et aussi après que les fils de Dieu furent venus vers les filles des hommes* et qu'elles leur eurent donné des enfants : ceux-ci furent les vaillants hommes de jadis, des hommes de renom.	*6:4 There were giants in the earth in those days; and also after that, when the sons of God came in unto the daughters of men, and they bare children to them, the same became mighty men which were of old, men of renown.*
6:5 Et l'Éternel vit que la méchanceté de l'homme était grande sur la terre, et que toute l'imagination des pensées de son cœur n'était que méchanceté en tout temps*.	*6:5 And God saw that the wickedness of man was great in the earth, and that every imagination of the thoughts of his heart was only evil continually.*
6:6 Et l'Éternel se repentit d'avoir fait l'homme sur la terre, et il s'en affligea dans son cœur.	*6:6 And it repented the LORD that he had made man on the earth, and it grieved him at his heart.*
6:7 Et l'Éternel dit : J'exterminerai de dessus la face de la terre* l'homme que j'ai créé, depuis l'homme jusqu'au bétail, jusqu'aux reptiles, et jusqu'aux oiseaux des cieux, car je me repens de les avoir faits.	*6:7 And the LORD said, I will destroy man whom I have created from the face of the earth; both man, and beast, and the creeping thing, and the fowls of the air; for it repenteth me that I have made them.*
6:8 Mais Noé trouva grâce aux yeux de l'Éternel.	*6:8 But Noah found grace in the eyes of the LORD.*
6:9 Ce sont ici les générations de Noé : Noé était un homme juste ; il était parfait parmi ceux de son temps ; Noé marchait avec Dieu.	*6:9 These are the generations of Noah: Noah was a just man and perfect in his generations, and Noah walked with God.*
6:10 Et Noé engendra trois fils : Sem, Cham, et Japheth.	*6:10 And Noah begat three sons, Shem, Ham, and Japheth.*
6:11 Et la terre était corrompue devant Dieu, et la terre était pleine de violence,	*6:11 The earth also was corrupt before God, and the earth was filled with violence.*
6:12 Et Dieu regarda la terre, et voici, elle était corrompue, car toute chair avait corrompu sa voie sur la terre.	*6:12 And God looked upon the earth, and, behold, it was corrupt; for all flesh had corrupted his way upon the earth.*
6:13 Et Dieu dit à Noé : La fin de toute chair est venue devant moi, car la terre est pleine de violence à cause d'eux ; et voici, je vais les détruire avec la terre.	*6:13 And God said unto Noah, The end of all flesh is come before me; for the earth is filled with violence through them; and, behold, I will destroy them with the earth.*
6:14 Fais-toi une arche de bois de gopher. Tu feras l'arche avec des loges, et tu l'enduiras de poix en dedans et en dehors.	*6:14 Make thee an ark of gopher wood; rooms shalt thou make in the ark, and shalt pitch it within and without with pitch.*

6:15 Et c'est ainsi que tu la feras : la longueur de l'arche sera de trois cents coudées, sa largeur de cinquante coudées, et sa hauteur de trente coudées.

6:15 And this is the fashion which thou shalt make it of: The length of the ark shall be three hundred cubits, the breadth of it fifty cubits, and the height of it thirty cubits.

6:16 Tu feras un jour à l'arche, et tu l'achèveras en [lui donnant] une coudée d'en haut ; et tu placeras la porte de l'arche sur son côté ; tu y feras un étage inférieur, un second, et un troisième.

6:16 A window shalt thou make to the ark, and in a cubit shalt thou finish it above; and the door of the ark shalt thou set in the side thereof; with lower, second, and third stories shalt thou make it.

6:17 Et moi, voici, je fais venir le déluge d'eaux sur la terre, pour détruire de dessous les cieux toute chair en laquelle il y a esprit de vie ; tout ce qui est sur la terre expirera.

6:17 And, behold, I, even I, do bring a flood of waters upon the earth, to destroy all flesh, wherein is the breath of life, from under heaven; and every thing that is in the earth shall die.

6:18 Et j'établis mon alliance avec toi, et tu entreras dans l'arche, toi, et tes fils et ta femme et les femmes de tes fils avec toi.

6:18 But with thee will I establish my covenant; and thou shalt come into the ark, thou, and thy sons, and thy wife, and thy sons' wives with thee.

6:19 Et de tout ce qui vit, de toute chair, tu feras entrer dans l'arche deux de chaque [espèce], pour les conserver en vie avec toi ; ce seront le mâle et la femelle.

6:19 And of every living thing of all flesh, two of every sort shalt thou bring into the ark, to keep them alive with thee; they shall be male and female.

6:20 Des oiseaux selon leur espèce, et du bétail selon son espèce, de tout reptile* du sol selon son espèce, deux de chaque [espèce] entreront vers toi, pour [les] conserver en vie.

6:20 Of fowls after their kind, and of cattle after their kind, of every creeping thing of the earth after his kind, two of every sort shall come unto thee, to keep them alive.

6:21 Et toi, prends de tout aliment qui se mange, et tu en feras provision* près de toi et cela vous sera pour nourriture, à toi et à eux.

6:21 And take thou unto thee of all food that is eaten, and thou shalt gather it to thee; and it shall be for food for thee, and for them.

6:22 — Et Noé le fit ; selon tout ce que Dieu lui avait commandé, ainsi il fit.

6:22 Thus did Noah; according to all that God commanded him, so did he.

7:1 Et l'Éternel dit à Noé : Entre dans l'arche, toi et toute ta maison, car je t'ai vu juste devant moi en cette génération.

7:1 And the LORD said unto Noah, Come thou and all thy house into the ark; for thee have I seen righteous before me in this generation.

7:2 De toutes les bêtes pures tu prendras sept par sept, le mâle et sa femelle, et des bêtes qui ne sont pas pures, deux, le mâle et sa femelle ;

7:2 Of every clean beast thou shalt take to thee by sevens, the male and his female: and of beasts that are not clean by two, the male and his female.

7:3 de même des oiseaux des cieux, sept par sept, mâle et femelle, pour conserver en vie une semence sur la face de toute la terre.	*7:3 Of fowls also of the air by sevens, the male and the female; to keep seed alive upon the face of all the earth.*
7:4 Car encore sept jours, et je fais pleuvoir sur la terre pendant quarante jours et quarante nuits, et j'exterminerai de dessus la face de la terre* tout ce qui existe [et] que j'ai fait.	*7:4 For yet seven days, and I will cause it to rain upon the earth forty days and forty nights; and every living substance that I have made will I destroy from off the face of the earth.*
7:5 Et Noé fit selon tout ce que l'Éternel lui avait commandé.	*7:5 And Noah did according unto all that the LORD commanded him.*
7:6 Et Noé était âgé de six cents ans quand le déluge eut lieu [et qu'il vint] des eaux sur la terre*.	*7:6 And Noah was six hundred years old when the flood of waters was upon the earth.*
7:7 Et Noé entra dans l'arche, et ses fils et sa femme et les femmes de ses fils avec lui, à cause des eaux du déluge.	*7:7 And Noah went in, and his sons, and his wife, and his sons' wives with him, into the ark, because of the waters of the flood.*
7:8 Des bêtes pures, et des bêtes qui ne sont pas pures, et des oiseaux, et de tout ce qui rampe sur le sol,	*7:8 Of clean beasts, and of beasts that are not clean, and of fowls, and of every thing that creepeth upon the earth,*
7:9 il en entra deux par deux vers Noé dans l'arche, mâle et femelle, comme Dieu l'avait commandé à Noé.	*7:9 There went in two and two unto Noah into the ark, the male and the female, as God had commanded Noah.*
7:10 Et il arriva, au bout de sept jours, que les eaux du déluge furent sur la terre.	*7:10 And it came to pass after seven days, that the waters of the flood were upon the earth.*
7:11 L'an six cent de la vie de Noé, au second mois, le dix-septième jour du mois, en ce jour-là, toutes les fontaines du grand abîme se rompirent et les écluses des cieux s'ouvrirent ;	*7:11 In the six hundredth year of Noah's life, in the second month, the seventeenth day of the month, the same day were all the fountains of the great deep broken up, and the windows of heaven were opened.*
7:12 et la pluie fut sur la terre quarante jours et quarante nuits.	*7:12 And the rain was upon the earth forty days and forty nights.*
7:13 En ce même jour-là, Noé, et Sem et Cham et Japheth, fils de Noé, et la femme de Noé, et les trois femmes de ses fils avec eux, entrèrent dans l'arche,	*7:13 In the selfsame day entered Noah, and Shem, and Ham, and Japheth, the sons of Noah, and Noah's wife, and the three wives of his sons with them, into the ark;*
7:14 eux, et tous les animaux selon leur espèce, et tout le bétail selon son espèce, et tous les reptiles qui rampent sur la terre selon leur espèce, et tous les oiseaux selon leur espèce, tout oiseau de toute aile ;	*7:14 They, and every beast after his kind, and all the cattle after their kind, and every creeping thing that creepeth upon the earth after his kind, and every fowl after his kind, every bird of every sort.*

7:15 et ils entrèrent vers Noé dans l'arche, deux par deux, de toute chair ayant en elle esprit de vie.

7:15 And they went in unto Noah into the ark, two and two of all flesh, wherein is the breath of life.

7:16 Et ce qui entra, entra mâle et femelle, de toute chair, comme Dieu le lui avait commandé. Et l'Éternel ferma [l'arche] sur lui.

7:16 And they that went in, went in male and female of all flesh, as God had commanded him: and the LORD shut him in.

7:17 Et le déluge fut sur la terre quarante jours ; et les eaux crûrent et soulevèrent l'arche, et elle fut élevée au-dessus de la terre.

7:17 And the flood was forty days upon the earth; and the waters increased, and bare up the ark, and it was lift up above the earth.

7:18 Et les eaux se renforcèrent et crûrent beaucoup sur la terre ; et l'arche flottait sur la face des eaux.

7:18 And the waters prevailed, and were increased greatly upon the earth; and the ark went upon the face of the waters.

7:19 Et les eaux se renforcèrent extraordinairement sur la terre ; et toutes les hautes montagnes qui étaient sous tous les cieux furent couvertes.

7:19 And the waters prevailed exceedingly upon the earth; and all the high hills, that were under the whole heaven, were covered.

7:20 Les eaux se renforcèrent de quinze coudées par-dessus, et les montagnes furent couvertes.

7:20 Fifteen cubits upward did the waters prevail; and the mountains were covered.

7:21 Et toute chair qui se mouvait sur la terre expira, tant les oiseaux que le bétail et les bêtes [des champs] et tout ce qui fourmille sur la terre, et tout homme.

7:21 And all flesh died that moved upon the earth, both of fowl, and of cattle, and of beast, and of every creeping thing that creepeth upon the earth, and every man:

7:22 Tout ce qui avait le souffle de vie* dans ses narines, de tout ce qui était sur la terre sèche, mourut.

7:22 All in whose nostrils was the breath of life, of all that was in the dry land, died.

7:23 Et tout ce qui existait sur la face de la terre* fut détruit, depuis l'homme jusqu'au bétail, jusqu'aux reptiles et jusqu'aux oiseaux des cieux : ils furent détruits de dessus la terre ; et il ne resta que Noé et ce qui était avec lui dans l'arche.

7:23 And every living substance was destroyed which was upon the face of the ground, both man, and cattle, and the creeping things, and the fowl of the heaven; and they were destroyed from the earth: and Noah only remained alive, and they that were with him in the ark.

7:24 Et les eaux se renforcèrent sur la terre, cent cinquante jours.

7:24 And the waters prevailed upon the earth an hundred and fifty days.

8:1 Et Dieu se souvint de Noé, et de tous les animaux et de tout le bétail, qui étaient avec lui dans l'arche ; et Dieu fit passer un vent sur la terre, et les eaux baissèrent ;

8:1 And God remembered Noah, and every living thing, and all the cattle that was with him in the ark: and God made a wind to pass over the earth, and the waters asswaged;

God Almighty

8:2 et les fontaines de l'abîme et les écluses des cieux furent fermées, et la pluie qui tombait du ciel fut retenue.

8:3 Et les eaux se retirèrent de dessus la terre, allant et se retirant* ; et les eaux diminuèrent au bout de cent cinquante jours.

8:4 Et l'arche reposa sur les montagnes d'Ararat, au septième mois, au dix-septième jour du mois.

8:5 Et les eaux allèrent diminuant jusqu'au dixième mois ; au dixième [mois], le premier [jour] du mois, les sommets des montagnes apparurent.

8:6 Et il arriva, au bout de quarante jours, que Noé ouvrit la fenêtre de l'arche qu'il avait faite ;

8:7 et il lâcha le corbeau, qui sortit, allant et revenant jusqu'à ce que les eaux eussent séché de dessus la terre.

8:8 Et il lâcha d'avec lui la colombe, pour voir si les eaux avaient baissé sur la face du sol ;

8:9 mais la colombe ne trouva pas où poser la plante de son pied, et revint à lui dans l'arche, car les eaux étaient sur la face de toute la terre ; et il étendit sa main, et la prit, et la fit entrer auprès de lui dans l'arche.

8:10 Et il attendit encore sept autres jours, et il lâcha de nouveau la colombe hors de l'arche.

8:11 Et la colombe vint à lui au temps du soir, et voici, dans son bec, une feuille d'olivier arrachée. Et Noé sut que les eaux avaient baissé sur la terre.

8:12 Et il attendit encore sept autres jours, et il lâcha la colombe, et elle ne revint plus de nouveau vers lui.

8:2 The fountains also of the deep and the windows of heaven were stopped, and the rain from heaven was restrained;

8:3 And the waters returned from off the earth continually: and after the end of the hundred and fifty days the waters were abated.

8:4 And the ark rested in the seventh month, on the seventeenth day of the month, upon the mountains of Ararat.

8:5 And the waters decreased continually until the tenth month: in the tenth month, on the first day of the month, were the tops of the mountains seen.

8:6 And it came to pass at the end of forty days, that Noah opened the window of the ark which he had made:

8:7 And he sent forth a raven, which went forth to and fro, until the waters were dried up from off the earth.

8:8 Also he sent forth a dove from him, to see if the waters were abated from off the face of the ground;

8:9 But the dove found no rest for the sole of her foot, and she returned unto him into the ark, for the waters were on the face of the whole earth: then he put forth his hand, and took her, and pulled her in unto him into the ark.

8:10 And he stayed yet other seven days; and again he sent forth the dove out of the ark;

8:11 And the dove came in to him in the evening; and, lo, in her mouth was an olive leaf pluckt off: so Noah knew that the waters were abated from off the earth.

8:12 And he stayed yet other seven days; and sent forth the dove; which returned not again unto him any more.

8:13 Et il arriva, l'an six cent un, au premier [mois], le premier [jour] du mois, que les eaux furent séchées de dessus la terre ; et Noé ôta la couverture de l'arche et regarda, et voici, la face du sol avait séché.

8:14 Et au second mois, le vingt-septième jour du mois, la terre fut sèche.*

8:15 Et Dieu parla à Noé, disant :

8:16 Sors de l'arche, toi, et ta femme et tes fils et les femmes de tes fils avec toi.

8:17 Fais sortir avec toi tout animal qui est avec toi, de toute chair, tant oiseaux que bétail, et tout reptile qui rampe sur la terre, et qu'ils foisonnent en la terre, et fructifient et multiplient sur la terre.

8:18 Et Noé sortit, et ses fils, et sa femme et les femmes de ses fils avec lui.

8:19 Tout animal, tout reptile et tout oiseau, tout ce qui se meut sur la terre, selon leurs espèces*, sortirent de l'arche.

8:20 Et Noé bâtit un autel à l'Éternel, et prit de toute bête pure et de tout oiseau pur, et offrit des holocaustes sur l'autel.

8:21 Et l'Éternel flaira une odeur agréable* ; et l'Éternel dit en son cœur : Je ne maudirai plus de nouveau le sol à cause de l'homme, car l'imagination du cœur de l'homme est mauvaise dès sa jeunesse ; et je ne frapperai plus de nouveau tout ce qui est vivant, comme je l'ai fait.

8:22 Désormais, tant que seront les jours de la terre, les semailles et la moisson, et le froid et le chaud, et l'été et l'hiver, et le jour et la nuit, ne cesseront pas.

8:13 And it came to pass in the six hundredth and first year, in the first month, the first day of the month, the waters were dried up from off the earth: and Noah removed the covering of the ark, and looked, and, behold, the face of the ground was dry.

8:14 And in the second month, on the seven and twentieth day of the month, was the earth dried.

8:15 And God spake unto Noah, saying,

8:16 Go forth of the ark, thou, and thy wife, and thy sons, and thy sons' wives with thee.

8:17 Bring forth with thee every living thing that is with thee, of all flesh, both of fowl, and of cattle, and of every creeping thing that creepeth upon the earth; that they may breed abundantly in the earth, and be fruitful, and multiply upon the earth.

8:18 And Noah went forth, and his sons, and his wife, and his sons' wives with him:

8:19 Every beast, every creeping thing, and every fowl, and whatsoever creepeth upon the earth, after their kinds, went forth out of the ark.

8:20 And Noah builded an altar unto the LORD; and took of every clean beast, and of every clean fowl, and offered burnt offerings on the altar.

8:21 And the LORD smelled a sweet savour; and the LORD said in his heart, I will not again curse the ground any more for man's sake; for the imagination of man's heart is evil from his youth; neither will I again smite any more every thing living, as I have done.

8:22 While the earth remaineth, seedtime and harvest, and cold and heat, and summer and winter, and day and night shall not cease.

God Almighty

9:1 Et Dieu bénit Noé et ses fils, et leur dit : Fructifiez et multipliez et remplissez la terre.

9:2 Et vous serez un sujet de crainte et de frayeur pour tout animal de la terre, et pour tout oiseau des cieux, pour tout ce qui se meut sur la terre*, aussi bien que pour tous les poissons de la mer ; ils sont livrés entre vos mains.

9:3 Tout ce qui se meut [et] qui est vivant vous sera pour nourriture ; comme l'herbe verte, je vous donne tout.

9:4 Seulement, vous ne mangerez pas la chair avec sa vie*, [c'est-à-dire] son sang ;

9:5 et certes je redemanderai le sang de vos vies* ; de la main de tout animal je le redemanderai, et de la main de l'homme ; de la main de chacun de son frère, je redemanderai la vie de l'homme.

9:6 Qui aura versé le sang de l'homme, par l'homme son sang sera versé ; car à l'image de Dieu, il a fait l'homme.

9:7 Et vous, fructifiez et multipliez ; foisonnez sur la terre, et multipliez sur elle.

9:8 Et Dieu parla à Noé et à ses fils avec lui, disant :

9:9 Et moi, voici, j'établis mon alliance avec vous, et avec votre semence après vous,

9:10 et avec tout être* vivant qui est avec vous, tant oiseaux que bétail et tout animal de la terre avec vous, d'entre tout ce qui est sorti de l'arche, — tout animal de la terre.

9:11 Et j'établis mon alliance avec vous, et toute chair ne périra plus par les eaux du déluge, et il n'y aura plus de déluge pour détruire la terre.

9:12 Et Dieu dit : C'est ici le signe de l'alliance que je mets entre moi et vous et tout être vivant qui est avec vous, pour les générations, à toujours :

9:1 And God blessed Noah and his sons, and said unto them, Be fruitful, and multiply, and replenish the earth.

9:2 And the fear of you and the dread of you shall be upon every beast of the earth, and upon every fowl of the air, upon all that moveth upon the earth, and upon all the fishes of the sea; into your hand are they delivered.

9:3 Every moving thing that liveth shall be meat for you; even as the green herb have I given you all things.

9:4 But flesh with the life thereof, which is the blood thereof, shall ye not eat.

9:5 And surely your blood of your lives will I require; at the hand of every beast will I require it, and at the hand of man; at the hand of every man's brother will I require the life of man.

9:6 Whoso sheddeth man's blood, by man shall his blood be shed: for in the image of God made he man.

9:7 And you, be ye fruitful, and multiply; bring forth abundantly in the earth, and multiply therein.

9:8 And God spake unto Noah, and to his sons with him, saying,

9:9 And I, behold, I establish my covenant with you, and with your seed after you;

9:10 And with every living creature that is with you, of the fowl, of the cattle, and of every beast of the earth with you; from all that go out of the ark, to every beast of the earth.

9:11 And I will establish my covenant with you, neither shall all flesh be cut off any more by the waters of a flood; neither shall there any more be a flood to destroy the earth.

9:12 And God said, This is the token of the covenant which I make between me and you and every living creature that is with you, for perpetual generations:

9:13 je mettrai mon arc dans la nuée, et il sera pour signe d'alliance entre moi et la terre ;

9:14 et il arrivera que quand je ferai venir des nuages sur la terre, alors l'arc apparaîtra dans la nuée,

9:15 et je me souviendrai de mon alliance qui est entre moi et vous et tout être vivant de toute chair ; et les eaux ne deviendront plus un déluge pour détruire toute chair.

9:16 Et l'arc sera dans la nuée, et je le verrai pour me souvenir de l'alliance perpétuelle entre Dieu et tout être vivant de toute chair qui est sur la terre.

9:17 Et Dieu dit à Noé : C'est là le signe de l'alliance que j'établis entre moi et toute chair qui est sur la terre.

9:18 Et les fils de Noé qui sortirent de l'arche étaient Sem et Cham, et Japheth : et Cham fut le père de Canaan.

9:19 Ces trois sont fils de Noé ; et c'est d'eux que la population fut disséminée sur toute la terre*.

9:20 Et Noé commença à être cultivateur* et il planta une vigne ;

9:21 et il but du vin, et il s'enivra et se découvrit au milieu de la tente.

9:22 Et Cham, père de Canaan, vit la nudité de son père, et le rapporta à ses deux frères, dehors.

9:23 Et Sem et Japheth prirent le manteau et le mirent, les deux, sur leurs épaules et marchèrent en arrière et couvrirent la nudité de leur père ; et leur visage était [tourné] en arrière, et ils ne virent pas la nudité de leur père.

9:24 Et Noé se réveilla de son vin et sut ce que lui avait fait son plus jeune fils ; et il dit :

9:13 I do set my bow in the cloud, and it shall be for a token of a covenant between me and the earth.

9:14 And it shall come to pass, when I bring a cloud over the earth, that the bow shall be seen in the cloud:

9:15 And I will remember my covenant, which is between me and you and every living creature of all flesh; and the waters shall no more become a flood to destroy all flesh.

9:16 And the bow shall be in the cloud; and I will look upon it, that I may remember the everlasting covenant between God and every living creature of all flesh that is upon the earth.

9:17 And God said unto Noah, This is the token of the covenant, which I have established between me and all flesh that is upon the earth.

9:18 And the sons of Noah, that went forth of the ark, were Shem, and Ham, and Japheth: and Ham is the father of Canaan.

9:19 These are the three sons of Noah: and of them was the whole earth overspread.

9:20 And Noah began to be an husbandman, and he planted a vineyard:

9:21 And he drank of the wine, and was drunken; and he was uncovered within his tent.

9:22 And Ham, the father of Canaan, saw the nakedness of his father, and told his two brethren without.

9:23 And Shem and Japheth took a garment, and laid it upon both their shoulders, and went backward, and covered the nakedness of their father; and their faces were backward, and they saw not their father's nakedness.

9:24 And Noah awoke from his wine, and knew what his younger son had done unto him.

9:25 Maudit soit Canaan ! Il sera l'esclave* des esclaves de ses frères.

9:26 Et il dit : Béni soit l'Éternel, le Dieu de Sem, et que Canaan soit son* esclave !

9:27 Que Dieu élargisse Japheth*, et qu'il demeure dans les tentes de Sem, et que Canaan soit son** esclave !

9:28 Et Noé vécut, après le déluge, trois cent cinquante ans.

9:29 Et tous les jours de Noé furent neuf cent cinquante ans ; et il mourut.

10:1 Et ce sont ici les générations des fils de Noé : Sem, Cham, et Japheth ; il leur naquit des fils après le déluge.

10:2 Les fils de Japheth : Gomer, et Magog, et Madaï*, et Javan, et Tubal, et Méshec, et Tiras.

10:3 — Et les fils de Gomer : Ashkenaz, et Riphath, et Togarma.

10:4 — Et les fils de Javan : Élisha, et Tarsis, Kittim, et Dodanim.

10:5 — De ceux-là est venue la répartition des îles des nations selon leurs pays, chacune selon sa langue, selon leurs familles, dans leurs nations.

10:6 Et les fils de Cham : Cush, et Mitsraïm, et Puth*, et Canaan.

10:7 — Et les fils de Cush : Seba, et Havila, et Sabta, et Rahma, et Sabteca. Et les fils de Rahma : Sheba et Dedan.

10:8 Et Cush engendra Nimrod* : lui, commença à être puissant sur la terre ;

10:9 il fut un puissant chasseur devant l'Éternel ; c'est pourquoi on dit : Comme Nimrod, puissant chasseur devant l'Éternel.

10:10 Et le commencement de son royaume fut Babel*, et Erec, et Accad, et Calné, au pays de Shinhar.

9:25 And he said, Cursed be Canaan; a servant of servants shall he be unto his brethren.

9:26 And he said, Blessed be the LORD God of Shem; and Canaan shall be his servant.

9:27 God shall enlarge Japheth, and he shall dwell in the tents of Shem; and Canaan shall be his servant.

9:28 And Noah lived after the flood three hundred and fifty years.

9:29 And all the days of Noah were nine hundred and fifty years: and he died.

10:1 Now these are the generations of the sons of Noah, Shem, Ham, and Japheth: and unto them were sons born after the flood.

10:2 The sons of Japheth; Gomer, and Magog, and Madai, and Javan, and Tubal, and Meshech, and Tiras.

10:3 And the sons of Gomer; Ashkenaz, and Riphath, and Togarmah.

10:4 And the sons of Javan; Elishah, and Tarshish, Kittim, and Dodanim.

10:5 By these were the isles of the Gentiles divided in their lands; every one after his tongue, after their families, in their nations.

10:6 And the sons of Ham; Cush, and Mizraim, and Phut, and Canaan.

10:7 And the sons of Cush; Seba, and Havilah, and Sabtah, and Raamah, and Sabtechah: and the sons of Raamah; Sheba, and Dedan.

10:8 And Cush begat Nimrod: he began to be a mighty one in the earth.

10:9 He was a mighty hunter before the LORD: wherefore it is said, Even as Nimrod the mighty hunter before the LORD.

10:10 And the beginning of his kingdom was Babel, and Erech, and Accad, and Calneh, in the land of Shinar.

10:11 De ce pays-là sortit Assur*, et il bâtit Ninive, et Itehoboth-Ir, et Calakh,

10:12 et Résen entre Ninive et Calakh : c'est la grande ville.

10:13 — Et Mitsraïm engendra les Ludim, et les Anamim, et les Lehabim, et les Naphtukhim,

10:14 et les Pathrusim, et les Caslukhim (d'où sortirent les Philistins), et les Caphtorim.

10:15 — Et Canaan engendra Sidon, son premier-né, et Heth,

10:16 et le Jébusien, et l'Amoréen, et le Guirgasien,

10:17 et le Hévien, et l'Arkien, et le Sinien

10:18 et l'Arvadien, et le Tsemarien, et le Hamathien. Et ensuite les familles des Cananéens se dispersèrent.

10:19 Et les limites des Cananéens furent depuis Sidon, quand tu viens vers Guérar, jusqu'à Gaza ; quand tu viens vers Sodome et Gomorrhe et Adma et Tseboïm jusqu'à Lésha.

10:20 — Ce sont là les fils de Cham, selon leurs familles, selon leurs langues, dans leurs pays, dans leurs nations.

10:21 Et à Sem, père de tous les fils d'Héber, [et] frère de Japheth, l'aîné*, à lui aussi il naquit [des fils].

10:22 Les fils de Sem : Élam, et Assur, et Arpacshad, et Lud, et Aram*.

10:23 — Et les fils d'Aram : Uts, et Hul, et Guéther, et Mash.

10:24 — Et Arpacshad engendra Shélakh, et Shélakh engendra Héber.

10:25 Et il naquit à Héber deux fils : le nom de l'un fut Péleg*, car en ses jours la terre fut partagée ; et le nom de son frère fut Joktan.

10:26 Et Joktan engendra Almodad, et Shéleph, et Ratsarmaveth, et Jérakh,

10:11 Out of that land went forth Asshur, and builded Nineveh, and the city Rehoboth, and Calah,

10:12 And Resen between Nineveh and Calah: the same is a great city.

10:13 And Mizraim begat Ludim, and Anamim, and Lehabim, and Naphtuhim,

10:14 And Pathrusim, and Casluhim, (out of whom came Philistim,) and Caphtorim.

10:15 And Canaan begat Sidon his first born, and Heth,

10:16 And the Jebusite, and the Amorite, and the Girgasite,

10:17 And the Hivite, and the Arkite, and the Sinite,

10:18 And the Arvadite, and the Zemarite, and the Hamathite: and afterward were the families of the Canaanites spread abroad.

10:19 And the border of the Canaanites was from Sidon, as thou comest to Gerar, unto Gaza; as thou goest, unto Sodom, and Gomorrah, and Admah, and Zeboim, even unto Lasha.

10:20 These are the sons of Ham, after their families, after their tongues, in their countries, and in their nations.

10:21 Unto Shem also, the father of all the children of Eber, the brother of Japheth the elder, even to him were children born.

10:22 The children of Shem; Elam, and Asshur, and Arphaxad, and Lud, and Aram.

10:23 And the children of Aram; Uz, and Hul, and Gether, and Mash.

10:24 And Arphaxad begat Salah; and Salah begat Eber.

10:25 And unto Eber were born two sons: the name of one was Peleg; for in his days was the earth divided; and his brother's name was Joktan.

10:26 And Joktan begat Almodad, and Sheleph, and Hazarmaveth, and Jerah,

10:27 et Hadoram, et Uzal, et Dikla,

10:28 et Obal, et Abimaël, et Sheba,

10:29 et Ophir, et Havila, et Jobab. Tous ceux-là étaient fils de Joktan.

10:30 Et leur demeure était depuis Mésha, quand tu viens vers Sephar, montagne de l'orient.

10:31 — Ce sont là les fils de Sem selon leurs familles, selon leurs langues, dans leurs pays, selon leurs nations.

10:32 Ce sont là les familles des fils de Noé, selon leurs générations, dans leurs nations ; et c'est d'eux qu'est venue la répartition des nations sur la terre après le déluge.

11:1 Et toute la terre avait une seule langue* et les mêmes paroles.

11:2 Et il arriva que lorsqu'ils partirent de* l'orient, ils trouvèrent une plaine dans le pays de Shinhar ; et ils y habitèrent.

11:3 Et ils se dirent l'un à l'autre : Allons, faisons des briques, et cuisons-les au feu. Et ils avaient la brique pour pierre, et ils avaient le bitume pour mortier.

11:4 Et ils dirent : Allons, bâtissons-nous une ville, et une tour dont le sommet [atteigne] jusqu'aux cieux ; et faisons-nous un nom, de peur que nous ne soyons dispersés sur la face de toute la terre.

11:5 Et l'Éternel descendit pour voir la ville et la tour que bâtissaient les fils des hommes.

11:6 Et l'Éternel dit : Voici, c'est un seul peuple, et ils n'ont, eux tous, qu'un seul langage*, et ils ont commencé à faire ceci ; et maintenant ils ne seront empêchés en rien de ce qu'ils pensent faire.

11:7 Allons, descendons, et confondons là leur langage, afin qu'ils n'entendent pas le langage l'un de l'autre.

11:8 Et l'Éternel les dispersa de là sur la face de toute la terre ; et ils cessèrent de bâtir la ville.

10:27 And Hadoram, and Uzal, and Diklah,

10:28 And Obal, and Abimael, and Sheba,

10:29 And Ophir, and Havilah, and Jobab: all these were the sons of Joktan.

10:30 And their dwelling was from Mesha, as thou goest unto Sephar a mount of the east.

10:31 These are the sons of Shem, after their families, after their tongues, in their lands, after their nations.

10:32 These are the families of the sons of Noah, after their generations, in their nations: and by these were the nations divided in the earth after the flood.

11:1 And the whole earth was of one language, and of one speech.

11:2 And it came to pass, as they journeyed from the east, that they found a plain in the land of Shinar; and they dwelt there.

11:3 And they said one to another, Go to, let us make brick, and burn them thoroughly. And they had brick for stone, and slime had they for morter.

11:4 And they said, Go to, let us build us a city and a tower, whose top may reach unto heaven; and let us make us a name, lest we be scattered abroad upon the face of the whole earth.

11:5 And the LORD came down to see the city and the tower, which the children of men builded.

11:6 And the LORD said, Behold, the people is one, and they have all one language; and this they begin to do: and now nothing will be restrained from them, which they have imagined to do.

11:7 Go to, let us go down, and there confound their language, that they may not understand one another's speech.

11:8 So the LORD scattered them abroad from thence upon the face of all the earth: and they left off to build the city.

11:9 C'est pourquoi on appela son nom Babel*, car là l'Éternel confondit le langage** de toute la terre ; et de là l'Éternel les dispersa sur la face de toute la terre.

11:10 Ce sont ici les générations de Sem : Sem était âgé de cent ans, et il engendra Arpacshad, deux ans après le déluge.

11:11 Et Sem, après qu'il eut engendré Arpacshad, vécut cinq cents ans ; et il engendra des fils et des filles.

11:12 Et Arpacshad vécut trente-cinq ans, et engendra Shélakh.

11:13 Et Arpacshad, après qu'il eut engendré Shélakh, vécut quatre cent trois ans ; et il engendra des fils et des filles.

11:14 Et Shélakh vécut trente ans, et engendra Héber.

11:15 Et Shélakh, après qu'il eut engendré Héber, vécut quatre cent trois ans ; et il engendra des fils et des filles.

11:16 Et Héber vécut trente-quatre ans, et engendra Péleg.

11:17 Et Héber, après qu'il eut engendré Péleg, vécut quatre cent trente ans ; et il engendra des fils et des filles.

11:18 Et Péleg vécut trente ans, et engendra Rehu.

11:19 Et Péleg, après qu'il eut engendré Rehu, vécut deux cent neuf ans ; et il engendra des fils et des filles.

11:20 Et Rehu vécut trente-deux ans, et engendra Serug.

11:21 Et Rehu, après qu'il eut engendré Serug, vécut deux cent sept ans ; et il engendra des fils et des filles.

11:22 Et Serug vécut trente ans, et engendra Nakhor.

11:23 Et Serug, après qu'il eut engendré Nakhor, vécut deux cents ans ; et il engendra des fils et des filles.

11:9 Therefore is the name of it called Babel; because the LORD did there confound the language of all the earth: and from thence did the LORD scatter them abroad upon the face of all the earth.

11:10 These are the generations of Shem: Shem was an hundred years old, and begat Arphaxad two years after the flood:

11:11 And Shem lived after he begat Arphaxad five hundred years, and begat sons and daughters.

11:12 And Arphaxad lived five and thirty years, and begat Salah:

11:13 And Arphaxad lived after he begat Salah four hundred and three years, and begat sons and daughters.

11:14 And Salah lived thirty years, and begat Eber:

11:15 And Salah lived after he begat Eber four hundred and three years, and begat sons and daughters.

11:16 And Eber lived four and thirty years, and begat Peleg:

11:17 And Eber lived after he begat Peleg four hundred and thirty years, and begat sons and daughters.

11:18 And Peleg lived thirty years, and begat Reu:

11:19 And Peleg lived after he begat Reu two hundred and nine years, and begat sons and daughters.

11:20 And Reu lived two and thirty years, and begat Serug:

11:21 And Reu lived after he begat Serug two hundred and seven years, and begat sons and daughters.

11:22 And Serug lived thirty years, and begat Nahor:

11:23 And Serug lived after he begat Nahor two hundred years, and begat sons and daughters.

11:24 Et Nakhor vécut vingt-neuf ans, et engendra Térakh.

11:25 Et Nakhor, après qu'il eut engendré Térakh, vécut cent dix-neuf ans ; et il engendra des fils et des filles.

11:26 Et Térakh vécut soixante-dix ans, et engendra Abram, Nakhor, et Haran.

11:27 Et ce sont ici les générations de Térakh : Térakh engendra Abram, Nakhor, et Haran.

11:28 Et Haran engendra Lot. Et Haran mourut en la présence de Térakh, son père au pays de sa naissance, à Ur des Chaldéens.

11:29 — Et Abram et Nakhor prirent des femmes : le nom de la femme d'Abram était Saraï et le nom de la femme de Nakhor, Milca, fille de Haran, père de Milca et père de Jisca.

11:30 Et Saraï était stérile, elle n'avait pas d'enfants.

11:31 Et Térakh prit Abram son fils, et Lot, fils de Haran, fils de son fils, et Saraï, sa belle-fille, femme d'Abram, son fils ; et ils sortirent ensemble d'Ur des Chaldéens pour aller au pays de Canaan ; et ils vinrent jusqu'à Charan, et habitèrent là.

11:32 Et les jours de Térakh furent deux cent cinq ans ; et Térakh mourut à Charan*.

12:1 Et l'Éternel avait dit à Abram : Va-t'en de ton pays, et de ta parenté, et de la maison de ton père, dans le pays que je te montrerai ;

12:2 et je te ferai devenir une grande nation et je te bénirai, et je rendrai ton nom grand, et tu seras une bénédiction ;

12:3 et je bénirai ceux qui te béniront, et je maudirai ceux qui te maudiront ; et en toi seront bénies toutes les familles de la terre.

11:24 And Nahor lived nine and twenty years, and begat Terah:

11:25 And Nahor lived after he begat Terah an hundred and nineteen years, and begat sons and daughters.

11:26 And Terah lived seventy years, and begat Abram, Nahor, and Haran.

11:27 Now these are the generations of Terah: Terah begat Abram, Nahor, and Haran; and Haran begat Lot.

11:28 And Haran died before his father Terah in the land of his nativity, in Ur of the Chaldees.

11:29 And Abram and Nahor took them wives: the name of Abram's wife was Sarai; and the name of Nahor's wife, Milcah, the daughter of Haran, the father of Milcah, and the father of Iscah.

11:30 But Sarai was barren; she had no child.

11:31 And Terah took Abram his son, and Lot the son of Haran his son's son, and Sarai his daughter in law, his son Abram's wife; and they went forth with them from Ur of the Chaldees, to go into the land of Canaan; and they came unto Haran, and dwelt there.

11:32 And the days of Terah were two hundred and five years: and Terah died in Haran.

12:1 Now the LORD had said unto Abram, Get thee out of thy country, and from thy kindred, and from thy father's house, unto a land that I will shew thee:

12:2 And I will make of thee a great nation, and I will bless thee, and make thy name great; and thou shalt be a blessing:

12:3 And I will bless them that bless thee, and curse him that curseth thee: and in thee shall all families of the earth be blessed.

12:4 Et Abram s'en alla, comme l'Éternel lui avait dit ; et Lot s'en alla avec lui. Et Abram était âgé de soixante-quinze ans lorsqu'il sortit de Charan.

12:4 So Abram departed, as the LORD had spoken unto him; and Lot went with him: and Abram was seventy and five years old when he departed out of Haran.

12:5 Et Abram prit Saraï sa femme, et Lot, fils de son frère, et tout leur bien qu'ils avaient amassé, et les âmes qu'ils avaient acquises* à Charan, et ils sortirent pour aller au pays de Canaan ; et ils entrèrent au pays de Canaan.

12:5 And Abram took Sarai his wife, and Lot his brother's son, and all their substance that they had gathered, and the souls that they had gotten in Haran; and they went forth to go into the land of Canaan; and into the land of Canaan they came.

12:6 Et Abram passa au travers du pays, jusqu'au lieu de Sichem, jusqu'au chêne* de Moré.

12:6 And Abram passed through the land unto the place of Sichem, unto the plain of Moreh. And the Canaanite was then in the land.

12:7 Et le Cananéen était alors dans le pays. Et l'Éternel apparut à Abram, et dit : Je donnerai ce pays à ta semence. Et [Abram] bâtit là un autel à l'Éternel, qui lui était apparu.

12:7 And the LORD appeared unto Abram, and said, Unto thy seed will I give this land: and there builded he an altar unto the LORD, who appeared unto him.

12:8 Et il se transporta de là vers la montagne, à l'orient de Béthel, et tendit sa tente, [ayant] Béthel à l'occident et Aï à l'orient ; et il bâtit là un autel à l'Éternel et invoqua le nom de l'Éternel.

12:8 And he removed from thence unto a mountain on the east of Bethel, and pitched his tent, having Bethel on the west, and Hai on the east: and there he builded an altar unto the LORD, and called upon the name of the LORD.

12:9 Et Abram partit, marchant et allant vers le midi*.

12:9 And Abram journeyed, going on still toward the south.

12:10 Et il y eut une famine dans le pays ; et Abram descendit en Égypte pour y séjourner, car la famine pesait sur le pays.

12:10 And there was a famine in the land: and Abram went down into Egypt to sojourn there; for the famine was grievous in the land.

12:11 Et il arriva, comme il était près d'entrer en Égypte, qu'il dit à Saraï, sa femme : Voici*, je sais que tu es une femme belle de visage ;

12:11 And it came to pass, when he was come near to enter into Egypt, that he said unto Sarai his wife, Behold now, I know that thou art a fair woman to look upon:

12:12 et il arrivera que lorsque les Égyptiens te verront, ils diront : C'est sa femme ; et ils me tueront, et te laisseront vivre.

12:12 Therefore it shall come to pass, when the Egyptians shall see thee, that they shall say, This is his wife: and they will kill me, but they will save thee alive.

12:13 Dis, je te prie, que tu es ma sœur, afin qu'il m'arrive du bien en considération de toi, et que mon âme vive à cause de toi.

12:13 Say, I pray thee, thou art my sister: that it may be well with me for thy sake; and my soul shall live because of thee.

12:14 Et il arriva que, lorsque Abram entra en Égypte, les Égyptiens virent sa femme, qu'elle était très belle.

12:15 Et les princes du Pharaon la virent, et la louèrent devant le Pharaon ; et la femme fut emmenée dans la maison du Pharaon.

12:16 Et il traita bien Abram à cause d'elle ; et il eut du menu bétail et du gros bétail, et des ânes, et des serviteurs et des servantes*, et des ânesses, et des chameaux.

12:17 Et l'Éternel frappa de grandes plaies le Pharaon et sa maison, à cause de Saraï, femme d'Abram.

12:18 Et le Pharaon appela Abram, et dit : Qu'est-ce que tu m'as fait ? Pourquoi ne m'as-tu pas déclaré qu'elle était ta femme ?

12:19 Pourquoi as-tu dit : Elle est ma sœur, de sorte que je l'ai prise pour ma femme ; et maintenant, voici ta femme : prends-la, et va-t'en.

12:20 Et le Pharaon donna ordre à ses gens à son sujet, et ils le renvoyèrent, lui, et sa femme, et tout ce qui était à lui.

13:1 Et Abram monta d'Égypte vers le midi*, lui, et sa femme, et tout ce qui était à lui, et Lot avec lui.

13:2 Et Abram était très riche en troupeaux, en argent et en or.

13:3 Et il s'en alla, en ses traites, du midi jusqu'à Béthel, jusqu'au lieu où était sa tente au commencement, entre Béthel et Aï,

13:4 au lieu où était l'autel qu'il y avait fait auparavant ; et Abram invoqua là le nom de l'Éternel.

13:5 Et Lot aussi, qui allait avec Abram, avait du menu et du gros bétail, et des tentes.

13:6 Et le pays ne pouvait les porter pour qu'ils habitassent ensemble ; car leur bien était grand, et ils ne pouvaient habiter ensemble.

12:14 And it came to pass, that, when Abram was come into Egypt, the Egyptians beheld the woman that she was very fair.

12:15 The princes also of Pharaoh saw her, and commended her before Pharaoh: and the woman was taken into Pharaoh's house.

12:16 And he entreated Abram well for her sake: and he had sheep, and oxen, and he asses, and menservants, and maidservants, and she asses, and camels.

12:17 And the LORD plagued Pharaoh and his house with great plagues because of Sarai Abram's wife.

12:18 And Pharaoh called Abram and said, What is this that thou hast done unto me? why didst thou not tell me that she was thy wife?

12:19 Why saidst thou, She is my sister? so I might have taken her to me to wife: now therefore behold thy wife, take her, and go thy way.

12:20 And Pharaoh commanded his men concerning him: and they sent him away, and his wife, and all that he had.

13:1 And Abram went up out of Egypt, he, and his wife, and all that he had, and Lot with him, into the south.

13:2 And Abram was very rich in cattle, in silver, and in gold.

13:3 And he went on his journeys from the south even to Bethel, unto the place where his tent had been at the beginning, between Bethel and Hai;

13:4 Unto the place of the altar, which he had make there at the first: and there Abram called on the name of the LORD.

13:5 And Lot also, which went with Abram, had flocks, and herds, and tents.

13:6 And the land was not able to bear them, that they might dwell together: for their substance was great, so that they could not dwell together.

13:7 Et il y eut querelle entre les bergers des troupeaux d'Abram et les bergers des troupeaux de Lot. Et le Cananéen et le Phérézien habitaient alors dans le pays.

13:8 Et Abram dit à Lot : Qu'il n'y ait point, je te prie, de contestation entre moi et toi, et entre mes bergers et tes bergers, car nous sommes frères*.

13:9 Tout le pays n'est-il pas devant toi ? Sépare-toi, je te prie, d'avec moi. Si [tu prends] la gauche, j'irai à droite ; et si [tu prends] la droite, j'irai à gauche.

13:10 Et Lot leva ses yeux et vit toute la plaine du Jourdain, qui était arrosée partout, avant que l'Éternel détruisît Sodome et Gomorrhe, comme le jardin de l'Éternel, comme le pays d'Égypte, quand tu viens à Tsoar.

13:11 Et Lot choisit pour lui toute la plaine du Jourdain ; et Lot partit vers l'orient. Et ils se séparèrent l'un de l'autre :

13:12 Abram habita dans le pays de Canaan, et Lot habita dans les villes de la plaine, et dressa ses tentes jusqu'à Sodome.

13:13 Or les hommes de Sodome étaient méchants, et grands pécheurs devant l'Éternel.

13:14 Et l'Éternel dit à Abram, après que Lot se fut séparé de lui : Lève tes yeux, et regarde, du lieu où tu es, vers le nord, et vers le midi, et vers l'orient, et vers l'occident ;

13:15 car tout le pays que tu vois, je te le donnerai, et à ta semence, pour toujours ;

13:16 et je ferai que ta semence sera comme la poussière de la terre ; en sorte que, si quelqu'un peut compter la poussière de la terre, ta semence aussi sera comptée.

13:17 Lève-toi, et promène-toi dans le pays en long et en large, car je te le donnerai.

13:7 And there was a strife between the herdmen of Abram's cattle and the herdmen of Lot's cattle: and the Canaanite and the Perizzite dwelled then in the land.

13:8 And Abram said unto Lot, Let there be no strife, I pray thee, between me and thee, and between my herdmen and thy herdmen; for we be brethren.

13:9 Is not the whole land before thee? separate thyself, I pray thee, from me: if thou wilt take the left hand, then I will go to the right; or if thou depart to the right hand, then I will go to the left.

13:10 And Lot lifted up his eyes, and beheld all the plain of Jordan, that it was well watered every where, before the LORD destroyed Sodom and Gomorrah, even as the garden of the LORD, like the land of Egypt, as thou comest unto Zoar.

13:11 Then Lot chose him all the plain of Jordan; and Lot journeyed east: and they separated themselves the one from the other.

13:12 Abram dwelled in the land of Canaan, and Lot dwelled in the cities of the plain, and pitched his tent toward Sodom.

13:13 But the men of Sodom were wicked and sinners before the LORD exceedingly.

13:14 And the LORD said unto Abram, after that Lot was separated from him, Lift up now thine eyes, and look from the place where thou art northward, and southward, and eastward, and westward:

13:15 For all the land which thou seest, to thee will I give it, and to thy seed for ever.

13:16 And I will make thy seed as the dust of the earth: so that if a man can number the dust of the earth, then shall thy seed also be numbered.

13:17 Arise, walk through the land in the length of it and in the breadth of it; for I will give it unto thee.

13:18 Et Abram leva ses tentes, et vint et habita auprès des chênes de Mamré, qui sont à Hébron ; et il bâtit là un autel à l'Éternel.

14:1 Et il arriva, aux jours d'Amraphel, roi de Shinhar, d'Arioc, roi d'Ellasar, de Kedor-Laomer, roi d'Élam, et de Tidhal, roi des nations*,

14:2 qu'ils firent la guerre contre Béra, roi de Sodome, et contre Birsha, roi de Gomorrhe, [contre] Shineab, roi d'Adma, et [contre] Shéméber, roi de Tseboïm, et [contre] le roi de Béla, qui est Tsoar.

14:3 Tous ceux-ci se joignirent dans la vallée de Siddim, qui est la mer Salée.

14:4 Douze ans, ils avaient été asservis à Kedor-Laomer, mais, la treizième année, ils se révoltèrent.

14:5 Et la quatorzième année, Kedor-Laomer vint, et les rois qui étaient avec lui, et ils frappèrent les Rephaïm à Ashteroth-Karnaïm et les Zuzim à Ham, et les Émim à Shavé-Kiriathaïm*,

14:6 et les Horiens dans leur montagne de Séhir, jusqu'à El-Paran*, qui est près du désert.

14:7 Et ils retournèrent, et vinrent à En-Mishpath, qui est Kadès, et ils frappèrent toute la contrée des Amalékites, et aussi les Amoréens qui habitaient à Hatsatson-Thamar.

14:8 Et le roi de Sodome, et le roi de Gomorrhe, et le roi d'Adma, et le roi de Tseboïm, et le roi de Béla, qui est Tsoar, sortirent et se rangèrent en bataille contre eux dans la vallée de Siddim,

14:9 contre Kedor-Laomer, roi d'Élam, et Tidhal, roi des nations, et Amraphel, roi de Shinhar, et Arioc, roi d'Ellasar : quatre rois contre cinq.

13:18 Then Abram removed his tent, and came and dwelt in the plain of Mamre, which is in Hebron, and built there an altar unto the LORD.

14:1 And it came to pass in the days of Amraphel king of Shinar, Arioch king of Ellasar, Chedorlaomer king of Elam, and Tidal king of nations;

14:2 That these made war with Bera king of Sodom, and with Birsha king of Gomorrah, Shinab king of Admah, and Shemeber king of Zeboiim, and the king of Bela, which is Zoar.

14:3 All these were joined together in the vale of Siddim, which is the salt sea.

14:4 Twelve years they served Chedorlaomer, and in the thirteenth year they rebelled.

14:5 And in the fourteenth year came Chedorlaomer, and the kings that were with him, and smote the Rephaims in Ashteroth Karnaim, and the Zuzims in Ham, and the Emins in Shaveh Kiriathaim,

14:6 And the Horites in their mount Seir, unto Elparan, which is by the wilderness.

14:7 And they returned, and came to Enmishpat, which is Kadesh, and smote all the country of the Amalekites, and also the Amorites, that dwelt in Hazezontamar.

14:8 And there went out the king of Sodom, and the king of Gomorrah, and the king of Admah, and the king of Zeboiim, and the king of Bela (the same is Zoar;) and they joined battle with them in the vale of Siddim;

14:9 With Chedorlaomer the king of Elam, and with Tidal king of nations, and Amraphel king of Shinar, and Arioch king of Ellasar; four kings with five.

14:10 Et la vallée de Siddim était pleine de puits de bitume ; et les rois* de Sodome et de Gomorrhe s'enfuirent, et y tombèrent ; et ceux qui restèrent s'enfuirent dans la montagne.

14:11 Et ils prirent tous les biens de Sodome et de Gomorrhe, et tous leurs vivres, et ils s'en allèrent.

14:12 Ils prirent aussi Lot, fils du frère d'Abram, et son bien, et ils s'en allèrent ; car [Lot] habitait dans Sodome.

14:13 Et un homme, qui était échappé, vint et le rapporta à Abram, l'Hébreu, qui demeurait auprès des chênes de Mamré, l'Amoréen, frère d'Eshcol et frère d'Aner : ceux-ci étaient alliés d'Abram.

14:14 Et Abram apprit que son frère avait été emmené captif, et il mit en campagne ses hommes exercés, trois cent dix-huit [hommes], nés dans sa maison, et poursuivit [les rois] jusqu'à Dan ;

14:15 et il divisa [sa troupe, et se jeta] sur eux de nuit, lui et ses serviteurs, et il les frappa, et les poursuivit jusqu'à Hoba, qui est à la gauche de Damas.

14:16 Et il ramena tout le bien, et ramena aussi Lot, son frère, et son bien, et aussi les femmes et le peuple.

14:17 Et comme il s'en revenait après avoir frappé Kedor-Laomer et les rois qui étaient avec lui, le roi de Sodome sortit à sa rencontre dans la vallée de Shavé, qui est la vallée du roi.

14:18 Et Melchisédec*, roi de Salem, fit apporter du pain et du vin, (or il était sacrificateur du *Dieu** Très haut***) ;

14:19 et il le bénit, et dit : Béni soit Abram de par le *Dieu Très haut, possesseur des cieux et de la terre !

14:10 And the vale of Siddim was full of slimepits; and the kings of Sodom and Gomorrah fled, and fell there; and they that remained fled to the mountain.

14:11 And they took all the goods of Sodom and Gomorrah, and all their victuals, and went their way.

14:12 And they took Lot, Abram's brother's son, who dwelt in Sodom, and his goods, and departed.

14:13 And there came one that had escaped, and told Abram the Hebrew; for he dwelt in the plain of Mamre the Amorite, brother of Eshcol, and brother of Aner: and these were confederate with Abram.

14:14 And when Abram heard that his brother was taken captive, he armed his trained servants, born in his own house, three hundred and eighteen, and pursued them unto Dan.

14:15 And he divided himself against them, he and his servants, by night, and smote them, and pursued them unto Hobah, which is on the left hand of Damascus.

14:16 And he brought back all the goods, and also brought again his brother Lot, and his goods, and the women also, and the people.

14:17 And the king of Sodom went out to meet him after his return from the slaughter of Chedorlaomer, and of the kings that were with him, at the valley of Shaveh, which is the king's dale.

14:18 And Melchizedek king of Salem brought forth bread and wine: and he was the priest of the most high God.

14:19 And he blessed him, and said, Blessed be Abram of the most high God, possessor of heaven and earth:

God Almighty

14:20 Et béni soit le Dieu Très haut, qui a livré tes ennemis entre tes mains ! Et [Abram] lui donna la dîme de tout.

14:21 Et le roi de Sodome dit à Abram : Donne-moi les personnes*, et prends les biens pour toi.

14:22 Et Abram dit au roi de Sodome : J'ai levé ma main vers l'Éternel, le *Dieu Très haut, possesseur des cieux et de la terre :

14:23 si, depuis un fil jusqu'à une courroie de sandale, oui, si, de tout ce qui est à toi, je prends quoi que ce soit,... afin que tu ne dises pas : Moi, j'ai enrichi Abram !...

14:24 sauf seulement ce qu'ont mangé les jeunes gens, et la part des hommes qui sont allés avec moi, Aner, Eshcol et Mamré : eux, ils prendront leur part.

15:1 Après ces choses, la parole de l'Éternel fut [adressée] à Abram dans une vision, disant : Abram, ne crains point ; moi, je suis ton bouclier [et] ta très grande récompense.

15:2 Et Abram dit : Seigneur Éternel, que me donneras-tu ? Je m'en vais sans enfants, et l'héritier* de ma maison, c'est Éliézer de Damas.

15:3 Et Abram dit : Voici, tu ne m'as pas donné de postérité* ; et voici, celui qui est né dans** ma maison est mon héritier.

15:4 Et voici, la parole de l'Éternel [vint] à lui, disant : Celui-ci ne sera pas ton héritier ; mais celui qui sortira de tes entrailles, lui, sera ton héritier.

15:5 Et il le fit sortir dehors, et dit : Regarde vers les cieux, et compte les étoiles, si tu peux les compter. Et il lui dit : Ainsi sera ta semence.

15:6 Et il crut l'Éternel ; et il lui compta cela à justice.

14:20 And blessed be the most high God, which hath delivered thine enemies into thy hand. And he gave him tithes of all.

14:21 And the king of Sodom said unto Abram, Give me the persons, and take the goods to thyself.

14:22 And Abram said to the king of Sodom, I have lift up mine hand unto the LORD, the most high God, the possessor of heaven and earth,

14:23 That I will not take from a thread even to a shoelatchet, and that I will not take any thing that is thine, lest thou shouldest say, I have made Abram rich:

14:24 Save only that which the young men have eaten, and the portion of the men which went with me, Aner, Eshcol, and Mamre; let them take their portion.

15:1 After these things the word of the LORD came unto Abram in a vision, saying, Fear not, Abram: I am thy shield, and thy exceeding great reward.

15:2 And Abram said, LORD God, what wilt thou give me, seeing I go childless, and the steward of my house is this Eliezer of Damascus?

15:3 And Abram said, Behold, to me thou hast given no seed: and, lo, one born in my house is mine heir.

15:4 And, behold, the word of the LORD came unto him, saying, This shall not be thine heir; but he that shall come forth out of thine own bowels shall be thine heir.

15:5 And he brought him forth abroad, and said, Look now toward heaven, and tell the stars, if thou be able to number them: and he said unto him, So shall thy seed be.

15:6 And he believed in the LORD; and he counted it to him for righteousness.

15:7 Et il lui dit : Moi, je suis l'Éternel, qui t'ai fait sortir d'Ur des Chaldéens, afin de te donner ce pays-ci pour le posséder.

15:8 Et il dit : Seigneur Éternel, à quoi connaîtrai-je que je le posséderai ?

15:9 Et il lui dit : Prends une génisse de trois ans, et une chèvre de trois ans, et un bélier de trois ans, et une tourterelle, et un jeune pigeon.

15:10 Et il prit toutes ces choses, et les partagea par le milieu, et en mit les moitiés l'une vis-à-vis de l'autre ; mais il ne partagea pas les oiseaux.

15:11 Et les oiseaux de proie descendirent sur ces bêtes mortes ; et Abram les écarta.

15:12 Et comme le soleil se couchait, un profond sommeil tomba sur Abram ; et voici, une frayeur, une grande obscurité, tomba sur lui.

15:13 Et [l'Éternel] dit à Abram : Sache certainement que ta semence séjournera dans un pays qui n'est pas le sien, et ils l'asserviront, et l'opprimeront pendant quatre cents ans.

15:14 Mais aussi je jugerai, moi, la nation qui les aura asservis ; et après cela ils sortiront avec de grands biens.

15:15 Et toi, tu t'en iras vers tes pères en paix ; tu seras enterré en bonne vieillesse.

15:16 Et en la quatrième génération ils reviendront ici, car l'iniquité des Amoréens n'est pas encore venue à son comble.

15:17 Et il arriva que le soleil s'étant couché, il y eut une obscurité épaisse ; et voici une fournaise fumante, et un brandon de feu qui passa entre les pièces des animaux*.

15:7 And he said unto him, I am the LORD that brought thee out of Ur of the Chaldees, to give thee this land to inherit it.

15:8 And he said, LORD God, whereby shall I know that I shall inherit it?

15:9 And he said unto him, Take me an heifer of three years old, and a she goat of three years old, and a ram of three years old, and a turtledove, and a young pigeon.

15:10 And he took unto him all these, and divided them in the midst, and laid each piece one against another: but the birds divided he not.

15:11 And when the fowls came down upon the carcases, Abram drove them away.

15:12 And when the sun was going down, a deep sleep fell upon Abram; and, lo, an horror of great darkness fell upon him.

15:13 And he said unto Abram, Know of a surety that thy seed shall be a stranger in a land that is not their's, and shall serve them; and they shall afflict them four hundred years;

15:14 And also that nation, whom they shall serve, will I judge: and afterward shall they come out with great substance.

15:15 And thou shalt go to thy fathers in peace; thou shalt be buried in a good old age.

15:16 But in the fourth generation they shall come hither again: for the iniquity of the Amorites is not yet full.

15:17 And it came to pass, that, when the sun went down, and it was dark, behold a smoking furnace, and a burning lamp that passed between those pieces.

15:18 En ce jour-là, l'Éternel fit une alliance avec Abram, disant : Je donne ce pays à ta semence, depuis le fleuve* d'Égypte jusqu'au grand fleuve, le fleuve Euphrate :

15:19 le Kénien, et le Kenizien, et le Kadmonien,

15:20 et le Héthien, et le Phérézien, et les Rephaïm,

15:21 et l'Amoréen, et le Cananéen, et le Guirgasien, et le Jébusien.

16:1 Et Saraï, femme d'Abram, ne lui donnait pas d'enfant ; et elle avait une servante égyptienne, et son nom était Agar.

16:2 Et Saraï dit à Abram : Tu vois que* l'Éternel m'a empêchée d'avoir des enfants ; va, je te prie, vers ma servante ; peut-être me bâtirai-je [une maison] par elle. Et Abram écouta la voix de Saraï.

16:3 Et Saraï, femme d'Abram, prit Agar, l'Égyptienne, sa servante, après qu'Abram eut demeuré dix ans au pays de Canaan, et la donna à Abram, son mari, pour femme.

16:4 Et il vint vers Agar, et elle conçut ; et elle vit qu'elle avait conçu, et sa maîtresse fut méprisée à ses yeux.

16:5 Et Saraï dit à Abram : Le tort qui m'est fait est sur toi : moi, je t'ai donné ma servante dans ton sein ; et elle voit qu'elle a conçu, et je suis méprisée à ses yeux. L'Éternel jugera entre moi et toi !

16:6 Et Abram dit à Saraï : Voici, ta servante est entre tes mains, fais-lui comme il sera bon à tes yeux. Et Saraï la maltraita, et elle s'enfuit de devant elle.

16:7 Mais l'Ange de l'Éternel la trouva près d'une fontaine d'eau dans le désert, près de la fontaine qui est sur le chemin de Shur.

15:18 In the same day the LORD made a covenant with Abram, saying, Unto thy seed have I given this land, from the river of Egypt unto the great river, the river Euphrates:

15:19 The Kenites, and the Kenizzites, and the Kadmonites,

15:20 And the Hittites, and the Perizzites, and the Rephaims,

15:21 And the Amorites, and the Canaanites, and the Girgashites, and the Jebusites.

16:1 Now Sarai Abram's wife bare him no children: and she had an handmaid, an Egyptian, whose name was Hagar.

16:2 And Sarai said unto Abram, Behold now, the LORD hath restrained me from bearing: I pray thee, go in unto my maid; it may be that I may obtain children by her. And Abram hearkened to the voice of Sarai.

16:3 And Sarai Abram's wife took Hagar her maid the Egyptian, after Abram had dwelt ten years in the land of Canaan, and gave her to her husband Abram to be his wife.

16:4 And he went in unto Hagar, and she conceived: and when she saw that she had conceived, her mistress was despised in her eyes.

16:5 And Sarai said unto Abram, My wrong be upon thee: I have given my maid into thy bosom; and when she saw that she had conceived, I was despised in her eyes: the LORD judge between me and thee.

16:6 But Abram said unto Sarai, Behold, thy maid is in thine hand; do to her as it pleaseth thee. And when Sarai dealt hardly with her, she fled from her face.

16:7 And the angel of the LORD found her by a fountain of water in the wilderness, by the fountain in the way to Shur.

16:8 Et il dit : Agar, servante de Saraï, d'où viens-tu, et où vas-tu ? Et elle dit : Je m'enfuis de devant Saraï, ma maîtresse.	16:8 And he said, Hagar, Sarai's maid, whence camest thou? and whither wilt thou go? And she said, I flee from the face of my mistress Sarai.
16:9 Et l'Ange de l'Éternel lui dit : Retourne vers ta maîtresse, et humilie-toi sous sa main.	16:9 And the angel of the LORD said unto her, Return to thy mistress, and submit thyself under her hands.
16:10 Et l'Ange de l'Éternel lui dit : Je multiplierai beaucoup ta semence, et elle ne pourra se nombrer à cause de sa multitude.	16:10 And the angel of the LORD said unto her, I will multiply thy seed exceedingly, that it shall not be numbered for multitude.
16:11 Et l'Ange de l'Éternel lui dit : Voici, tu es enceinte, et tu enfanteras un fils, et tu appelleras son nom Ismaël*, car l'Éternel a entendu ton affliction.	16:11 And the angel of the LORD said unto her, Behold, thou art with child and shalt bear a son, and shalt call his name Ishmael; because the LORD hath heard thy affliction.
16:12 Et lui, sera un âne sauvage* ; sa main sera contre tous, et la main de tous sera contre lui ; et il habitera à la vue de tous ses frères.	16:12 And he will be a wild man; his hand will be against every man, and every man's hand against him; and he shall dwell in the presence of all his brethren.
16:13 Et elle appela le nom de l'Éternel qui lui avait parlé : Tu es le *Dieu qui te révèles* ; car elle dit : N'ai-je pas aussi vu ici, après qu'il s'est révélé ?	16:13 And she called the name of the LORD that spake unto her, Thou God seest me: for she said, Have I also here looked after him that seeth me?
16:14 C'est pourquoi on a appelé le puits : Beër-Lakhaï-roï* ; voici, il est entre Kadès et Béred.	16:14 Wherefore the well was called Beerlahairoi; behold, it is between Kadesh and Bered.
16:15 Et Agar enfanta un fils à Abram ; et Abram appela le nom de son fils, qu'Agar enfanta, Ismaël.	16:15 And Hagar bare Abram a son: and Abram called his son's name, which Hagar bare, Ishmael.
16:16 Et Abram était âgé de quatre-vingt-six ans lorsque Agar enfanta Ismaël à Abram.	16:16 And Abram was fourscore and six years old, when Hagar bare Ishmael to Abram.
17:1 Et Abram était âgé de quatre-vingt-dix-neuf ans ; et l'Éternel apparut à Abram, et lui dit : Je suis le	17:1 And when Abram was ninety years old and nine, the LORD appeared to Abram, and said unto him, I am the Almighty God; walk before me, and be thou perfect.
17:2 et je mettrai mon alliance entre moi et toi, et je te multiplierai extrêmement.	17:2 And I will make my covenant between me and thee, and will multiply thee exceedingly.
17:3 Et Abram tomba sur sa face, et Dieu parla avec lui, disant :	17:3 And Abram fell on his face: and God talked with him, saying,

17:4 Quant à moi, voici, mon alliance est avec toi, et tu seras père d'une multitude de nations ;

17:5 et ton nom ne sera plus appelé Abram*, mais ton nom sera Abraham**, car je t'ai établi père d'une multitude de nations.

17:6 Et je te ferai fructifier extrêmement, et je te ferai devenir des nations ; et des rois sortiront de toi.

17:7 Et j'établirai mon alliance entre moi et toi et ta semence après toi, en leurs générations, pour être une alliance perpétuelle, afin que je sois ton Dieu, à toi et à ta semence après toi.

17:8 Et je te donne, et à ta semence après toi, le pays de ton séjournement, tout le pays de Canaan, en possession perpétuelle ; et je serai leur Dieu.

17:9 Et Dieu dit à Abraham : Et toi, tu garderas mon alliance, toi et ta semence après toi, en leurs générations.

17:10 C'est ici mon alliance, que vous garderez entre moi et vous et ta semence après toi : que tout mâle d'entre vous soit circoncis.

17:11 Et vous circoncirez la chair de votre prépuce, et ce sera un signe d'alliance entre moi et vous.

17:12 Et tout mâle de huit jours, en vos générations, sera circoncis parmi vous, celui qui est né dans la maison, et celui qui est acheté à prix d'argent, tout fils d'étranger qui n'est point de ta semence.

17:13 On ne manquera point de circoncire celui qui est né dans ta maison et celui qui est acheté de ton argent ; et mon alliance sera en votre chair comme alliance perpétuelle.

17:4 As for me, behold, my covenant is with thee, and thou shalt be a father of many nations.

17:5 Neither shall thy name any more be called Abram, but thy name shall be Abraham; for a father of many nations have I made thee.

17:6 And I will make thee exceeding fruitful, and I will make nations of thee, and kings shall come out of thee.

17:7 And I will establish my covenant between me and thee and thy seed after thee in their generations for an everlasting covenant, to be a God unto thee, and to thy seed after thee.

17:8 And I will give unto thee, and to thy seed after thee, the land wherein thou art a stranger, all the land of Canaan, for an everlasting possession; and I will be their God.

17:9 And God said unto Abraham, Thou shalt keep my covenant therefore, thou, and thy seed after thee in their generations.

17:10 This is my covenant, which ye shall keep, between me and you and thy seed after thee; Every man child among you shall be circumcised.

17:11 And ye shall circumcise the flesh of your foreskin; and it shall be a token of the covenant betwixt me and you.

17:12 And he that is eight days old shall be circumcised among you, every man child in your generations, he that is born in the house, or bought with money of any stranger, which is not of thy seed.

17:13 He that is born in thy house, and he that is bought with thy money, must needs be circumcised: and my covenant shall be in your flesh for an everlasting covenant.

17:14 Et le mâle incirconcis, qui n'aura point été circoncis en la chair de son prépuce, cette âme sera retranchée de ses peuples : il a violé mon alliance.

17:15 Et Dieu dit à Abraham : Quant à Saraï*, ta femme, tu n'appelleras plus son nom Saraï, mais Sara** sera son nom.

17:16 Et je la bénirai, et même je te donnerai d'elle un fils ; et je la bénirai et elle deviendra des nations ; des rois de peuples sortiront d'elle.

17:17 Et Abraham tomba sur sa face, et il rit et dit en son cœur : Naîtrait-il [un fils] à un homme âgé de cent ans ? et Sara âgée de quatre-vingt-dix ans, enfanterait-elle ?

17:18 Et Abraham dit à Dieu : oh, qu'Ismaël vive devant toi !

17:19 Et Dieu dit : Certainement Sara, ta femme, t'enfantera un fils ; et tu appelleras son nom Isaac* ; et j'établirai mon alliance avec lui, comme alliance perpétuelle, pour sa semence après lui.

17:20 Et, à l'égard d'Ismaël, je t'ai exaucé : voici, je l'ai béni, et je le ferai fructifier et multiplier extrêmement ; il engendrera douze chefs, et je le ferai devenir une grande nation.

17:21 Mais mon alliance, je l'établirai avec Isaac, que Sara t'enfantera en cette saison, l'année qui vient.

17:22 Et ayant achevé de parler avec lui, Dieu monta d'auprès d'Abraham.

17:23 Et Abraham prit Ismaël, son fils, et tous ceux qui étaient nés dans sa maison, et tous ceux qui avaient été achetés de son argent, tous les mâles parmi les gens de la maison d'Abraham et il circoncit la chair de leur prépuce en ce même jour-là, comme Dieu lui avait dit.

17:24 Et Abraham était âgé de quatre-vingt-dix-neuf ans lorsqu'il fut circoncis en la chair de son prépuce ;

17:14 And the uncircumcised man child whose flesh of his foreskin is not circumcised, that soul shall be cut off from his people; he hath broken my covenant.

17:15 And God said unto Abraham, As for Sarai thy wife, thou shalt not call her name Sarai, but Sarah shall her name be.

17:16 And I will bless her, and give thee a son also of her: yea, I will bless her, and she shall be a mother of nations; kings of people shall be of her.

17:17 Then Abraham fell upon his face, and laughed, and said in his heart, Shall a child be born unto him that is an hundred years old? and shall Sarah, that is ninety years old, bear?

17:18 And Abraham said unto God, O that Ishmael might live before thee!

17:19 And God said, Sarah thy wife shall bear thee a son indeed; and thou shalt call his name Isaac: and I will establish my covenant with him for an everlasting covenant, and with his seed after him.

17:20 And as for Ishmael, I have heard thee: Behold, I have blessed him, and will make him fruitful, and will multiply him exceedingly; twelve princes shall he beget, and I will make him a great nation.

17:21 But my covenant will I establish with Isaac, which Sarah shall bear unto thee at this set time in the next year.

17:22 And he left off talking with him, and God went up from Abraham.

17:23 And Abraham took Ishmael his son, and all that were born in his house, and all that were bought with his money, every male among the men of Abraham's house; and circumcised the flesh of their foreskin in the selfsame day, as God had said unto him.

17:24 And Abraham was ninety years old and nine, when he was circumcised in the flesh of his foreskin.

17:25 et Ismaël, son fils, était âgé de treize ans lorsqu'il fut circoncis en la chair de son prépuce.

17:26 En ce même jour-là Abraham fut circoncis, et Ismaël son fils,

17:27 et tous les hommes de sa maison, ceux qui étaient nés dans la maison, et ceux qui avaient été achetés à prix d'argent d'entre les fils de l'étranger, furent circoncis avec lui.

18:1 Et l'Éternel lui apparut auprès des chênes de Mamré ; et il était assis à l'entrée de la tente, pendant la chaleur du jour.

18:2 Et il leva les yeux et regarda ; et voici, trois hommes se tenaient près de lui ; et quand il les vit, il courut de l'entrée de la tente à leur rencontre, et se prosterna en terre ;

18:3 et il dit : Seigneur, si j'ai trouvé grâce à tes yeux, ne passe point outre, je te prie, d'auprès de ton serviteur.

18:4 Qu'on prenne, je te prie, un peu d'eau, et vous laverez vos pieds, et vous vous reposerez sous l'arbre ;

18:5 et je prendrai un morceau de pain, et vous réconforterez votre cœur, après quoi vous passerez outre ; car c'est pour cela que vous avez passé près de votre serviteur. Et ils dirent : Fais ainsi comme tu l'as dit

18:6 Et Abraham alla en hâte dans la tente vers Sara et dit : Prends vite trois mesures* de fleur de farine, pétris, et fais des gâteaux.

18:7 Et Abraham courut au troupeau, et prit un veau tendre et bon, et le donna à un jeune homme qui se hâta de l'apprêter.

18:8 Et il prit de la crème et du lait, et le veau qu'il avait apprêté, et le mit devant eux, et il se tint auprès d'eux sous l'arbre, et ils mangèrent.

18:9 Et ils lui dirent : Où est Sara, ta femme ? Et il dit : Voici dans la tente.

17:25 And Ishmael his son was thirteen years old, when he was circumcised in the flesh of his foreskin.

17:26 In the selfsame day was Abraham circumcised, and Ishmael his son.

17:27 And all the men of his house, born in the house, and bought with money of the stranger, were circumcised with him.

18:1 And the LORD appeared unto him in the plains of Mamre: and he sat in the tent door in the heat of the day;

18:2 And he lift up his eyes and looked, and, lo, three men stood by him: and when he saw them, he ran to meet them from the tent door, and bowed himself toward the ground,

18:3 And said, My LORD, if now I have found favour in thy sight, pass not away, I pray thee, from thy servant:

18:4 Let a little water, I pray you, be fetched, and wash your feet, and rest yourselves under the tree:

18:5 And I will fetch a morsel of bread, and comfort ye your hearts; after that ye shall pass on: for therefore are ye come to your servant. And they said, So do, as thou hast said.

18:6 And Abraham hastened into the tent unto Sarah, and said, Make ready quickly three measures of fine meal, knead it, and make cakes upon the hearth.

18:7 And Abraham ran unto the herd, and fetcht a calf tender and good, and gave it unto a young man; and he hasted to dress it.

18:8 And he took butter, and milk, and the calf which he had dressed, and set it before them; and he stood by them under the tree, and they did eat.

18:9 And they said unto him, Where is Sarah thy wife? And he said, Behold, in the tent.

18:10 Et il dit : Je reviendrai certainement vers toi quand [son] terme sera là* et voici, Sara, ta femme, aura un fils. Et Sara écoutait** à l'entrée de la tente, qui était derrière lui.

18:11 Or Abraham et Sara étaient vieux, avancés en âge ; Sara avait cessé d'avoir ce qu'ont les femmes.

18:12 Et Sara rit en elle-même disant : Étant vieille aurai-je du plaisir ? …. mon seigneur aussi est âgé.

18:13 Et l'Éternel dit à Abraham : Pourquoi Sara a-t-elle ri, disant : Est-ce que vraiment j'aurai un enfant, moi qui suis vieille ?

18:14 y a-t-il quelque chose qui soit trop difficile pour l'Éternel ? Au temps fixé je reviendrai vers toi, quand [son] terme sera là*, et Sara aura un fils.

18:15 Et Sara [le] nia, disant : Je n'ai pas ri ; car elle eut peur. Et il dit : Non, car tu as ri.

18:16 Et les hommes se levèrent de là, et regardèrent du côté de Sodome ; et Abraham allait avec eux pour leur faire la conduite.

18:17 Et l'Éternel dit : Cacherai-je à Abraham ce que je vais faire,

18:18 puisque Abraham doit certainement devenir une nation grande et forte, et qu'en lui seront bénies toutes les nations de la terre ?

18:19 Car je le connais, [et je sais] qu'il commandera à ses fils et à sa maison après lui de garder la voie de l'Éternel, pour pratiquer ce qui est juste et droit, afin que l'Éternel fasse venir sur Abraham ce qu'il a dit à son égard.

18:20 Et l'Éternel dit : Parce que le cri de Sodome et de Gomorrhe est grand, et que leur péché est très aggravé,

18:21 eh bien, je descendrai, et je verrai s'ils ont fait entièrement selon le cri qui en est venu jusqu'à moi ; et sinon, je le saurai.

18:10 And he said, I will certainly return unto thee according to the time of life; and, lo, Sarah thy wife shall have a son. And Sarah heard it in the tent door, which was behind him.

18:11 Now Abraham and Sarah were old and well stricken in age; and it ceased to be with Sarah after the manner of women.

18:12 Therefore Sarah laughed within herself, saying, After I am waxed old shall I have pleasure, my lord being old also?

18:13 And the LORD said unto Abraham, Wherefore did Sarah laugh, saying, Shall I of a surety bear a child, which am old?

18:14 Is any thing too hard for the LORD? At the time appointed I will return unto thee, according to the time of life, and Sarah shall have a son.

18:15 Then Sarah denied, saying, I laughed not; for she was afraid. And he said, Nay; but thou didst laugh.

18:16 And the men rose up from thence, and looked toward Sodom: and Abraham went with them to bring them on the way.

18:17 And the LORD said, Shall I hide from Abraham that thing which I do;

18:18 Seeing that Abraham shall surely become a great and mighty nation, and all the nations of the earth shall be blessed in him?

18:19 For I know him, that he will command his children and his household after him, and they shall keep the way of the LORD, to do justice and judgment; that the LORD may bring upon Abraham that which he hath spoken of him.

18:20 And the LORD said, Because the cry of Sodom and Gomorrah is great, and because their sin is very grievous;

18:21 I will go down now, and see whether they have done altogether according to the cry of it, which is come unto me; and if not, I will know.

18:22 Et les hommes se détournèrent de là, et ils allaient vers Sodome ; et Abraham se tenait encore devant l'Éternel.

18:23 Et Abraham s'approcha, et dit : Feras-tu périr le juste avec le méchant ?

18:24 Peut-être y a-t-il cinquante justes dans la ville ; [la] détruiras-tu, et ne pardonneras-tu pas à la ville* à cause des cinquante justes qui seront en elle ?

18:25 Loin de toi d'agir de cette manière, de faire mourir le juste avec le méchant, et qu'il en soit du juste comme du méchant ! Loin de toi ! Le juge de toute la terre ne fera-t-il pas ce qui est juste ?

18:26 Et l'Éternel dit : Si je trouve dans Sodome cinquante justes, au dedans de la ville, je pardonnerai à tout le lieu à cause d'eux.

18:27 Et Abraham répondit et dit : Voici, je te prie, j'ai osé parler au Seigneur, moi qui suis poussière et cendre.

18:28 Peut-être en manquera-t-il cinq, des cinquante justes ; détruiras-tu pour cinq toute la ville ? Et il dit : Je ne la détruirai pas, si j'y en trouve quarante-cinq.

18:29 Et il continua encore de lui parler, et dit : Peut-être s'y en trouvera-t-il quarante ? Et il dit : Je ne le ferai pas, à cause des quarante.

18:30 Et il dit : Je te prie, que le Seigneur ne s'irrite pas, et je parlerai : Peut-être s'y en trouvera-t-il trente ? Et il dit : Je ne le ferai pas, si j'y en trouve trente.

18:31 Et il dit : Voici, j'ai osé parler au Seigneur : Peut-être s'y en trouvera-t-il vingt ? Et il dit : Je ne la détruirai pas, à cause des vingt.

18:32 Et il dit : Je te prie que le Seigneur ne s'irrite pas, et je parlerai encore une seule fois : Peut-être s'y en trouvera-t-il dix ? Et il dit : Je ne la détruirai pas, à cause des dix.

18:22 And the men turned their faces from thence, and went toward Sodom: but Abraham stood yet before the LORD.

18:23 And Abraham drew near, and said, Wilt thou also destroy the righteous with the wicked?

18:24 Peradventure there be fifty righteous within the city: wilt thou also destroy and not spare the place for the fifty righteous that are therein?

18:25 That be far from thee to do after this manner, to slay the righteous with the wicked: and that the righteous should be as the wicked, that be far from thee: Shall not the Judge of all the earth do right?

18:26 And the LORD said, If I find in Sodom fifty righteous within the city, then I will spare all the place for their sakes.

18:27 And Abraham answered and said, Behold now, I have taken upon me to speak unto the LORD, which am but dust and ashes:

18:28 Peradventure there shall lack five of the fifty righteous: wilt thou destroy all the city for lack of five? And he said, If I find there forty and five, I will not destroy it.

18:29 And he spake unto him yet again, and said, Peradventure there shall be forty found there. And he said, I will not do it for forty's sake.

18:30 And he said unto him, Oh let not the LORD be angry, and I will speak: Peradventure there shall thirty be found there. And he said, I will not do it, if I find thirty there.

18:31 And he said, Behold now, I have taken upon me to speak unto the LORD: Peradventure there shall be twenty found there. And he said, I will not destroy it for twenty's sake.

18:32 And he said, Oh let not the LORD be angry, and I will speak yet but this once: Peradventure ten shall be found there. And he said, I will not destroy it for ten's sake.

18:33 Et l'Éternel s'en alla quand il eut achevé de parler à Abraham ; et Abraham s'en retourna en son lieu.

19:1 Et les deux anges vinrent à Sodome sur le soir ; et Lot était assis à la porte de Sodome. Et Lot les vit, et il se leva pour aller à leur rencontre, et se prosterna le visage en terre ;

19:2 et il dit : Voici, mes seigneurs, détournez-vous, je vous prie, vers la maison de votre serviteur, et passez-y la nuit, et lavez vos pieds ; et vous vous lèverez le matin, et vous irez votre chemin. Et ils dirent : Non, mais nous passerons la nuit sur la place.

19:3 Et il les pressa beaucoup, et ils se détournèrent [pour aller] chez lui, et entrèrent dans sa maison ; et il leur fit un festin, et cuisit des pains sans levain, et ils mangèrent.

19:4 Ils n'étaient pas encore couchés que les hommes de la ville, les hommes de Sodome, entourèrent la maison, depuis le jeune homme jusqu'au vieillard, tout le peuple de tous les bouts [de la ville].

19:5 Et ils appelèrent Lot, et lui dirent : Où sont les hommes qui sont entrés chez toi cette nuit ? Fais-les sortir vers nous, afin que nous les connaissions.

19:6 Et Lot sortit vers eux à l'entrée, et ferma la porte après lui ;

19:7 et il dit : Je vous prie mes frères, ne faites pas [ce] mal.

19:8 Voici, j'ai deux filles qui n'ont point connu d'homme ; laissez-moi les faire sortir vers vous, et faites-leur comme il vous plaira*. Seulement à ces hommes ne faites rien, car c'est pour cela qu'ils sont venus à l'ombre de mon toit.

19:9 Et ils dirent : Retire-toi ! Et ils dirent : Cet individu est venu pour séjourner [ici], et il veut faire le juge ! Maintenant nous te ferons pis qu'à eux. Et ils pressaient beaucoup Lot*, et s'approchèrent pour briser la porte.

18:33 And the LORD went his way, as soon as he had left communing with Abraham: and Abraham returned unto his place.

19:1 And there came two angels to Sodom at even; and Lot sat in the gate of Sodom: and Lot seeing them rose up to meet them; and he bowed himself with his face toward the ground;

19:2 And he said, Behold now, my lords, turn in, I pray you, into your servant's house, and tarry all night, and wash your feet, and ye shall rise up early, and go on your ways. And they said, Nay; but we will abide in the street all night.

19:3 And he pressed upon them greatly; and they turned in unto him, and entered into his house; and he made them a feast, and did bake unleavened bread, and they did eat.

19:4 But before they lay down, the men of the city, even the men of Sodom, compassed the house round, both old and young, all the people from every quarter:

19:5 And they called unto Lot, and said unto him, Where are the men which came in to thee this night? bring them out unto us, that we may know them.

19:6 And Lot went out at the door unto them, and shut the door after him,

19:7 And said, I pray you, brethren, do not so wickedly.

19:8 Behold now, I have two daughters which have not known man; let me, I pray you, bring them out unto you, and do ye to them as is good in your eyes: only unto these men do nothing; for therefore came they under the shadow of my roof.

19:9 And they said, Stand back. And they said again, This one fellow came in to sojourn, and he will needs be a judge: now will we deal worse with thee, than with them. And they pressed sore upon the man, even Lot, and came near to break the door.

19:10 Et les hommes étendirent leurs mains et firent entrer Lot vers eux dans la maison, et fermèrent la porte.

19:11 Et ils frappèrent de cécité les hommes qui étaient à l'entrée de la maison, depuis le plus petit jusqu'au plus grand, [de sorte] qu'ils se lassèrent à chercher l'entrée.

19:12 Et les hommes dirent à Lot : Qui as-tu encore ici ? Gendre, et tes fils, et tes filles, et tout ce que tu as dans la ville, fais-les sortir de ce lieu ;

19:13 car nous allons détruire ce lieu, car leur cri est devenu grand devant l'Éternel ; et l'Éternel nous a envoyés pour le détruire.

19:14 Et Lot sortit, et parla à ses gendres qui avaient pris ses filles, et dit : Levez-vous, sortez de ce lieu, car l'Éternel va détruire la ville. Et il sembla aux yeux de ses gendres qu'il se moquait.

19:15 Et comme l'aube du jour se levait, les anges pressèrent Lot, disant : Lève-toi, prends ta femme et tes deux filles qui se trouvent ici, de peur que tu ne périsses dans l'iniquité* de la ville.

19:16 Et il tardait ; et les hommes saisirent sa main, et la main de sa femme, et la main de ses deux filles, l'Éternel ayant pitié de lui ; et ils le firent sortir, et le laissèrent hors de la ville.

19:17 Et il arriva quand ils les eurent fait sortir dehors, qu'il dit : Sauve-toi, pour ta vie ! ne regarde pas derrière toi, et ne t'arrête pas dans toute la plaine ; sauve-toi sur la montagne, de peur que tu ne périsses.

19:18 Et Lot leur dit : Non, Seigneur, je te prie !

19:10 But the men put forth their hand, and pulled Lot into the house to them, and shut to the door.

19:11 And they smote the men that were at the door of the house with blindness, both small and great: so that they wearied themselves to find the door.

19:12 And the men said unto Lot, Hast thou here any besides? son in law, and thy sons, and thy daughters, and whatsoever thou hast in the city, bring them out of this place:

19:13 For we will destroy this place, because the cry of them is waxen great before the face of the LORD; and the LORD hath sent us to destroy it.

19:14 And Lot went out, and spake unto his sons in law, which married his daughters, and said, Up, get you out of this place; for the LORD will destroy this city. But he seemed as one that mocked unto his sons in law.

19:15 And when the morning arose, then the angels hastened Lot, saying, Arise, take thy wife, and thy two daughters, which are here; lest thou be consumed in the iniquity of the city.

19:16 And while he lingered, the men laid hold upon his hand, and upon the hand of his wife, and upon the hand of his two daughters; the LORD being merciful unto him: and they brought him forth, and set him without the city.

19:17 And it came to pass, when they had brought them forth abroad, that he said, Escape for thy life; look not behind thee, neither stay thou in all the plain; escape to the mountain, lest thou be consumed.

19:18 And Lot said unto them, Oh, not so, my LORD:

19:19 Voici, ton serviteur a trouvé grâce à tes yeux, et la bonté dont tu as usé à mon égard en conservant mon âme en vie a été grande ; et je ne puis me sauver vers la montagne, de peur que le mal ne m'atteigne et que je ne meure.

19:19 Behold now, thy servant hath found grace in thy sight, and thou hast magnified thy mercy, which thou hast shewed unto me in saving my life; and I cannot escape to the mountain, lest some evil take me, and I die:

19:20 Voici, je te prie, cette ville-là est proche pour y fuir, et elle est petite ; que je m'y sauve donc, (n'est-elle pas petite ?) et mon âme vivra.

19:20 Behold now, this city is near to flee unto, and it is a little one: Oh, let me escape thither, (is it not a little one?) and my soul shall live.

19:21 Et il lui dit : Voici, j'ai accueilli ta demande en cette chose aussi, de ne pas détruire la ville dont tu as parlé.

19:21 And he said unto him, See, I have accepted thee concerning this thing also, that I will not overthrow this city, for the which thou hast spoken.

19:22 Hâte-toi de te sauver là ; car je ne peux rien faire jusqu'à ce que tu y sois entré. C'est pourquoi on a appelé le nom de la ville Tsoar*.

19:22 Haste thee, escape thither; for I cannot do anything till thou be come thither. Therefore the name of the city was called Zoar.

19:23 Le soleil se levait sur la terre quand Lot entra dans Tsoar.

19:23 The sun was risen upon the earth when Lot entered into Zoar.

19:24 Et l'Éternel fit pleuvoir des cieux sur Sodome et sur Gomorrhe du soufre et du feu, de la part de l'Éternel ;

19:24 Then the LORD rained upon Sodom and upon Gomorrah brimstone and fire from the LORD out of heaven;

19:25 et il détruisit ces villes, et toute la plaine, et tous les habitants des villes, et les plantes de la terre.

19:25 And he overthrew those cities, and all the plain, and all the inhabitants of the cities, and that which grew upon the ground.

19:26 Et la femme de Lot* regarda en arrière, et elle devint une statue de sel.

19:26 But his wife looked back from behind him, and she became a pillar of salt.

19:27 Et Abraham se leva de bon matin [et vint] au lieu où il s'était tenu devant l'Éternel.

19:27 And Abraham gat up early in the morning to the place where he stood before the LORD:

19:28 Et il regarda du côté de Sodome et de Gomorrhe, et du côté de tout le pays de la plaine, et il vit et voici, la fumée de la terre montait comme la fumée d'une fournaise.

19:28 And he looked toward Sodom and Gomorrah, and toward all the land of the plain, and beheld, and, lo, the smoke of the country went up as the smoke of a furnace.

19:29 Et il arriva, lorsque Dieu détruisit les villes de la plaine, que Dieu se souvint d'Abraham et renvoya Lot hors de la destruction, quand il détruisit les villes dans lesquelles Lot habitait.

19:29 And it came to pass, when God destroyed the cities of the plain, that God remembered Abraham, and sent Lot out of the midst of the overthrow, when he overthrew the cities in the which Lot dwelt.

19:30 Et Lot monta de Tsoar, et habita dans la montagne, et ses deux filles avec lui ; car il eut peur d'habiter dans Tsoar ; et il habita dans une caverne, lui et ses deux filles.	*19:30 And Lot went up out of Zoar, and dwelt in the mountain, and his two daughters with him; for he feared to dwell in Zoar: and he dwelt in a cave, he and his two daughters.*
19:31 Et l'aînée dit à la plus jeune : Notre père est vieux, et il n'y a pas d'homme sur la terre pour venir vers nous selon la manière de toute la terre.	*19:31 And the firstborn said unto the younger, Our father is old, and there is not a man in the earth to come in unto us after the manner of all the earth:*
19:32 Viens, faisons boire du vin à notre père, et couchons avec lui, afin que nous conservions* une semence de notre père.	*19:32 Come, let us make our father drink wine, and we will lie with him, that we may preserve seed of our father.*
19:33 Et elles firent boire du vin à leur père cette nuit-là ; et l'aînée vint et coucha avec son père ; et il ne s'aperçut ni quand elle se coucha, ni quand elle se leva.	*19:33 And they made their father drink wine that night: and the firstborn went in, and lay with her father; and he perceived not when she lay down, nor when she arose.*
19:34 Et il arriva, le lendemain, que l'aînée dit à la plus jeune : Voici, j'ai couché la nuit passée avec mon père ; faisons-lui boire du vin encore cette nuit ; et va, couche avec lui, et nous conserverons une semence de notre père.	*19:34 And it came to pass on the morrow, that the firstborn said unto the younger, Behold, I lay yesternight with my father: let us make him drink wine this night also; and go thou in, and lie with him, that we may preserve seed of our father.*
19:35 Et elles firent boire du vin, à leur père cette nuit-là aussi ; et la plus jeune se leva, et coucha avec lui ; et il ne s'aperçut ni quand elle se coucha ni quand elle se leva.	*19:35 And they made their father drink wine that night also: and the younger arose, and lay with him; and he perceived not when she lay down, nor when she arose.*
19:36 Et les deux filles de Lot conçurent de leur père.	*19:36 Thus were both the daughters of Lot with child by their father.*
19:37 Et l'aînée enfanta un fils, et appela son nom Moab : lui, est le père de Moab, jusqu'à ce jour.	*19:37 And the first born bare a son, and called his name Moab: the same is the father of the Moabites unto this day.*
19:38 Et la plus jeune, elle aussi, enfanta un fils, et appela son nom Ben-Ammi : lui, est le père des fils d'Ammon, jusqu'à ce jour.	*19:38 And the younger, she also bare a son, and called his name Benammi: the same is the father of the children of Ammon unto this day.*
20:1 Et Abraham s'en alla de là au pays du midi, et habita entre Kadès et Shur, et séjourna à Guérar.	*20:1 And Abraham journeyed from thence toward the south country, and dwelled between Kadesh and Shur, and sojourned in Gerar.*
20:2 Et Abraham dit de Sara, sa femme : Elle est ma sœur. Et Abimélec, roi de Guérar envoya et prit Sara.	*20:2 And Abraham said of Sarah his wife, She is my sister: and Abimelech king of Gerar sent, and took Sarah.*

20:3 Et Dieu vint vers Abimélec la nuit dans un songe, et lui dit : Voici, tu es mort à cause de la femme que tu as prise, car elle est une femme mariée.	20:3 But God came to Abimelech in a dream by night, and said to him, Behold, thou art but a dead man, for the woman which thou hast taken; for she is a man's wife.
20:4 Or Abimélec ne s'était pas approché d'elle ; et il dit : Seigneur, feras-tu périr même une nation juste ?	20:4 But Abimelech had not come near her: and he said, LORD, wilt thou slay also a righteous nation?
20:5 Ne m'a-t-il pas dit : Elle est ma sœur ? Et elle-même m'a dit : Il est mon frère. J'ai fait cela dans l'intégrité de mon cœur et l'innocence de mes mains.	20:5 Said he not unto me, She is my sister? and she, even she herself said, He is my brother: in the integrity of my heart and innocency of my hands have I done this.
20:6 Et Dieu lui dit en songe : Moi aussi je sais que tu as fait cela dans l'intégrité de ton cœur, et aussi je t'ai retenu de pécher contre moi ; c'est pourquoi je n'ai pas permis que tu la touchasses.	20:6 And God said unto him in a dream, Yea, I know that thou didst this in the integrity of thy heart; for I also withheld thee from sinning against me: therefore suffered I thee not to touch her.
20:7 Et maintenant, rends la femme de cet homme ; car il est prophète, et il priera pour toi, et tu vivras. Mais si tu ne la rends pas, sache que tu mourras certainement toi et tout ce qui est à toi.	20:7 Now therefore restore the man his wife; for he is a prophet, and he shall pray for thee, and thou shalt live: and if thou restore her not, know thou that thou shalt surely die, thou, and all that are thine.
20:8 Et Abimélec se leva de bon matin, et appela tous ses serviteurs et dit toutes ces paroles à leurs oreilles ; et ces hommes eurent une grande peur.	20:8 Therefore Abimelech rose early in the morning, and called all his servants, and told all these things in their ears: and the men were sore afraid.
20:9 Et Abimélec appela Abraham, et lui dit : Que nous as-tu fait ? et en quoi ai-je péché contre toi, que tu aies fait venir sur moi et sur mon royaume un grand péché ? Tu as fait à mon égard des choses qui ne se doivent pas faire	20:9 Then Abimelech called Abraham, and said unto him, What hast thou done unto us? and what have I offended thee, that thou hast brought on me and on my kingdom a great sin? thou hast done deeds unto me that ought not to be done.
20:10 Et Abimélec dit à Abraham : Qu'as-tu vu pour avoir fait ainsi ?	20:10 And Abimelech said unto Abraham, What sawest thou, that thou hast done this thing?
20:11 Et Abraham dit : C'est parce que je disais : Assurément il n'y a point de crainte de Dieu en ce lieu, et ils me tueront à cause de ma femme.	20:11 And Abraham said, Because I thought, Surely the fear of God is not in this place; and they will slay me for my wife's sake.
20:12 Et aussi, à la vérité, elle est ma sœur, fille de mon père ; seulement elle n'est pas fille de ma mère, et elle est devenue ma femme.	20:12 And yet indeed she is my sister; she is the daughter of my father, but not the daughter of my mother; and she became my wife.

God Almighty

20:13 Et il est arrivé, lorsque Dieu m'a fait errer loin de la maison de mon père, que je lui ai dit : Voici la grâce que tu me feras : Dans tous les lieux où nous arriverons, dis de moi : Il est mon frère.

20:14 Et Abimélec prit du menu bétail et du gros bétail, et des serviteurs et des servantes, et il les donna à Abraham, et lui rendit Sara, sa femme ;

20:15 et Abimélec dit : Voici, mon pays est devant toi ; habite où il te plaira.

20:16 Et à Sara il dit : Voici, j'ai donné mille [pièces] d'argent à ton frère ; voici, cela te sera une couverture des yeux pour tous ceux qui sont avec toi, et pour tous. Ainsi elle fut reprise.

20:17 Et Abraham pria Dieu, et Dieu guérit Abimélec, et sa femme et ses servantes, et elles eurent des enfants :

20:18 car l'Éternel avait entièrement fermé toute matrice de la maison d'Abimélec, à cause de Sara, femme d'Abraham.

21:1 Et l'Éternel visita Sara comme il avait dit, et fit à Sara comme il en avait parlé.

21:2 Et Sara conçut, et enfanta à Abraham un fils dans sa vieillesse, au temps fixé dont Dieu lui avait parlé.

21:3 Et Abraham appela le nom de son fils qui lui était né, que Sara lui avait enfanté, Isaac.

21:4 Et Abraham circoncit Isaac, son fils à l'âge de huit jours, comme Dieu le lui avait commandé.

21:5 Et Abraham était âgé de cent ans lorsque Isaac, son fils, lui naquit.

21:6 Et Sara dit : Dieu m'a donné lieu de rire ; quiconque l'entendra rira avec moi*.

20:13 And it came to pass, when God caused me to wander from my father's house, that I said unto her, This is thy kindness which thou shalt shew unto me; at every place whither we shall come, say of me, He is my brother.

20:14 And Abimelech took sheep, and oxen, and menservants, and womenservants, and gave them unto Abraham, and restored him Sarah his wife.

20:15 And Abimelech said, Behold, my land is before thee: dwell where it pleaseth thee.

20:16 And unto Sarah he said, Behold, I have given thy brother a thousand pieces of silver: behold, he is to thee a covering of the eyes, unto all that are with thee, and with all other: thus she was reproved.

20:17 So Abraham prayed unto God: and God healed Abimelech, and his wife, and his maidservants; and they bare children.

20:18 For the LORD had fast closed up all the wombs of the house of Abimelech, because of Sarah Abraham's wife.

21:1 And the LORD visited Sarah as he had said, and the LORD did unto Sarah as he had spoken.

21:2 For Sarah conceived, and bare Abraham a son in his old age, at the set time of which God had spoken to him.

21:3 And Abraham called the name of his son that was born unto him, whom Sarah bare to him, Isaac.

21:4 And Abraham circumcised his son Isaac being eight days old, as God had commanded him.

21:5 And Abraham was an hundred years old, when his son Isaac was born unto him.

21:6 And Sarah said, God hath made me to laugh, so that all that hear will laugh with me.

21:7 Et elle dit : Qui eût dit à Abraham : Sara allaitera des fils ? Car je lui ai enfanté un fils dans sa vieillesse.*

21:7 And she said, Who would have said unto Abraham, that Sarah should have given children suck? for I have born him a son in his old age.

21:8 Et l'enfant grandit, et fut sevré ; et Abraham fit un grand festin le jour où Isaac fut sevré.

21:8 And the child grew, and was weaned: and Abraham made a great feast the same day that Isaac was weaned.

21:9 Et Sara vit rire le fils d'Agar, l'Égyptienne qu'elle avait enfanté à Abraham ;

21:9 And Sarah saw the son of Hagar the Egyptian, which she had born unto Abraham, mocking.

21:10 et elle dit à Abraham : Chasse cette servante et son fils ; car le fils de cette servante n'héritera pas avec mon fils, avec Isaac.

21:10 Wherefore she said unto Abraham, Cast out this bondwoman and her son: for the son of this bondwoman shall not be heir with my son, even with Isaac.

21:11 Et cela fut très mauvais aux yeux d'Abraham, à cause de son fils.

21:11 And the thing was very grievous in Abraham's sight because of his son.

21:12 Et Dieu dit à Abraham : Que cela ne soit pas mauvais à tes yeux à cause de l'enfant, et à cause de ta servante. Dans tout ce que Sara t'a dit, écoute sa voix ; car en Isaac te sera appelée [une] semence.

21:12 And God said unto Abraham, Let it not be grievous in thy sight because of the lad, and because of thy bondwoman; in all that Sarah hath said unto thee, hearken unto her voice; for in Isaac shall thy seed be called.

21:13 Et je ferai aussi devenir une nation le fils de la servante, car il est ta semence.

21:13 And also of the son of the bondwoman will I make a nation, because he is thy seed.

21:14 Et Abraham se leva de bon matin, et il prit du pain et une outre d'eau, et les donna à Agar, les mettant sur son épaule, et [il lui donna] l'enfant, et la renvoya.

21:14 And Abraham rose up early in the morning, and took bread, and a bottle of water, and gave it unto Hagar, putting it on her shoulder, and the child, and sent her away: and she departed, and wandered in the wilderness of Beersheba.

21:15 Et elle s'en alla et erra dans le désert de Beër-Shéba.

21:15 And the water was spent in the bottle, and she cast the child under one of the shrubs.

21:16 Et l'eau de l'outre étant épuisée, elle jeta l'enfant sous un des arbrisseaux, et s'en alla et s'assit vis-à-vis, à une portée d'arc ; car elle disait : Que je ne voie pas mourir l'enfant. Et elle s'assit vis-à- vis, et elle éleva sa voix et pleura.

21:16 And she went, and sat her down over against him a good way off, as it were a bow shot: for she said, Let me not see the death of the child. And she sat over against him, and lift up her voice, and wept.

God Almighty

21:17 Et Dieu entendit la voix de l'enfant, et l'Ange de Dieu appela des cieux Agar, et lui dit : Qu'as-tu, Agar ? Ne crains point, car Dieu a entendu la voix de l'enfant, là où il est.

21:18 Lève-toi, relève l'enfant et prends-le de ta main ; car je le ferai devenir une grande nation.

21:19 Et Dieu lui ouvrit les yeux, et elle vit un puits d'eau ; et elle alla et remplit d'eau l'outre, et fit boire l'enfant.

21:20 Et Dieu fut avec l'enfant, et il grandit, et habita dans le désert et devint tireur d'arc.

21:21 Et il habita dans le désert de Paran ; et sa mère lui prit une femme du pays d'Égypte.

21:22 Et il arriva, dans ce temps-là, qu'Abimélec, et Picol, chef de son armée, parlèrent à Abraham, disant : Dieu est avec toi en tout ce que tu fais.

21:23 Et maintenant, jure-moi ici, par Dieu, que tu n'agiras faussement ni envers moi, ni envers mes enfants, ni envers mes petits-enfants : selon la bonté dont j'ai usé envers toi, tu agiras envers moi et envers le pays dans lequel tu as séjourné.

21:24 Et Abraham dit : Je le jurerai.

21:25 Et Abraham reprit Abimélec à cause d'un puits d'eau dont les serviteurs d'Abimélec s'étaient emparés de force.

21:26 Et Abimélec dit : Je ne sais pas qui a fait cette chose-là, et aussi tu ne m'en as pas averti, et moi, je n'en ai entendu parler qu'aujourd'hui.

21:27 Et Abraham prit du menu et du gros bétail, et le donna à Abimélec, et ils firent alliance, eux deux.

21:28 Et Abraham mit à part sept jeunes brebis du troupeau ;

21:17 And God heard the voice of the lad; and the angel of God called to Hagar out of heaven, and said unto her, What aileth thee, Hagar? fear not; for God hath heard the voice of the lad where he is.

21:18 Arise, lift up the lad, and hold him in thine hand; for I will make him a great nation.

21:19 And God opened her eyes, and she saw a well of water; and she went, and filled the bottle with water, and gave the lad drink.

21:20 And God was with the lad; and he grew, and dwelt in the wilderness, and became an archer.

21:21 And he dwelt in the wilderness of Paran: and his mother took him a wife out of the land of Egypt.

21:22 And it came to pass at that time, that Abimelech and Phichol the chief captain of his host spake unto Abraham, saying, God is with thee in all that thou doest:

21:23 Now therefore swear unto me here by God that thou wilt not deal falsely with me, nor with my son, nor with my son's son: but according to the kindness that I have done unto thee, thou shalt do unto me, and to the land wherein thou hast sojourned.

21:24 And Abraham said, I will swear.

21:25 And Abraham reproved Abimelech because of a well of water, which Abimelech's servants had violently taken away.

21:26 And Abimelech said, I wot not who hath done this thing; neither didst thou tell me, neither yet heard I of it, but to day.

21:27 And Abraham took sheep and oxen, and gave them unto Abimelech; and both of them made a covenant.

21:28 And Abraham set seven ewe lambs of the flock by themselves.

21:29 et Abimélec dit à Abraham : Qu'est-ce que ces sept jeunes brebis que tu as mises à part ?

21:30 Et il répondit : C'est que tu prendras de ma main ces sept jeunes brebis, pour me servir de témoignage que j'ai creusé ce puits.

21:31 C'est pourquoi on appela ce lieu-là Beër-Shéba*, parce qu'ils y jurèrent, les deux.

21:32 Et ils firent alliance à Beër-Shéba. Et Abimélec se leva, et Picol, chef de son armée, et ils retournèrent au pays des Philistins.

21:33 Et [Abraham] planta un tamarisc* à Beër-Shéba ; et là il invoqua le nom de l'Éternel, le *Dieu d'éternité.

21:34 Et Abraham séjourna longtemps dans le pays des Philistins.

22:1 Et il arriva, après ces choses, que Dieu éprouva* Abraham, et lui dit : Abraham ! Et il dit : Me voici.

22:2 Et [Dieu] dit : Prends ton fils, ton unique, celui que tu aimes, Isaac, et va-t'en au pays de Morija, et là offre-le en holocauste, sur une des montagnes que je te dirai.

22:3 Et Abraham se leva de bon matin et bâta son âne et prit avec lui deux de ses jeunes hommes, et Isaac, son fils ; et il fendit le bois pour l'holocauste, et se leva, et s'en alla vers le lieu que Dieu lui avait dit.

22:4 Le troisième jour, Abraham leva ses yeux et vit le lieu de loin.

22:5 Et Abraham dit à ses jeunes hommes : Restez ici, vous, avec l'âne ; et moi et l'enfant nous irons jusque-là, et nous adorerons ; et nous reviendrons vers vous.

21:29 And Abimelech said unto Abraham, What mean these seven ewe lambs which thou hast set by themselves?

21:30 And he said, For these seven ewe lambs shalt thou take of my hand, that they may be a witness unto me, that I have digged this well.

21:31 Wherefore he called that place Beersheba; because there they sware both of them.

21:32 Thus they made a covenant at Beersheba: then Abimelech rose up, and Phichol the chief captain of his host, and they returned into the land of the Philistines.

21:33 And Abraham planted a grove in Beersheba, and called there on the name of the LORD, the everlasting God.

21:34 And Abraham sojourned in the Philistines' land many days.

22:1 And it came to pass after these things, that God did tempt Abraham, and said unto him, Abraham: and he said, Behold, here I am.

22:2 And he said, Take now thy son, thine only son Isaac, whom thou lovest, and get thee into the land of Moriah; and offer him there for a burnt offering upon one of the mountains which I will tell thee of.

22:3 And Abraham rose up early in the morning, and saddled his ass, and took two of his young men with him, and Isaac his son, and clave the wood for the burnt offering, and rose up, and went unto the place of which God had told him.

22:4 Then on the third day Abraham lifted up his eyes, and saw the place afar off.

22:5 And Abraham said unto his young men, Abide ye here with the ass; and I and the lad will go yonder and worship, and come again to you.

God Almighty

22:6 Et Abraham prit le bois de l'holocauste, et le mit sur Isaac, son fils ; et il prit dans sa main le feu et le couteau ; et ils allaient les deux ensemble.

22:7 Et Isaac parla à Abraham, son père, et dit : Mon père ! Et il dit : Me voici, mon fils. Et il dit : Voici le feu et le bois ; mais où est l'agneau pour l'holocauste ?

22:8 Et Abraham dit : Mon fils, Dieu se pourvoira de l'agneau pour l'holocauste. Et ils allaient les deux ensemble.

22:9 Et ils arrivèrent au lieu que Dieu lui avait dit. Et Abraham bâtit là l'autel, et arrangea le bois, et lia Isaac, son fils, et le mit sur l'autel, sur le bois.

22:10 Et Abraham étendit sa main et prit le couteau pour égorger son fils.

22:11 Mais l'Ange de l'Éternel lui cria des cieux, et dit : Abraham ! Abraham ! Et il dit : Me voici.

22:12 Et il dit : N'étends pas ta main sur l'enfant, et ne lui fais rien ; car maintenant je sais que tu crains Dieu, et que tu ne m'as pas refusé ton fils, ton unique.

22:13 Et Abraham leva ses yeux, et vit, et voici, il y avait derrière [lui] un bélier retenu à un buisson par les cornes ; et Abraham alla et prit le bélier, et l'offrit en holocauste à la place de son fils.

22:14 Et Abraham appela le nom de ce lieu-là : Jéhovah-Jiré*, comme on dit aujourd'hui : En la montagne de l'Éternel il y sera pourvu.

22:15 Et l'Ange de l'Éternel cria des cieux à Abraham, une seconde fois,

22:6 And Abraham took the wood of the burnt offering, and laid it upon Isaac his son; and he took the fire in his hand, and a knife; and they went both of them together.

22:7 And Isaac spake unto Abraham his father, and said, My father: and he said, Here am I, my son. And he said, Behold the fire and the wood: but where is the lamb for a burnt offering?

22:8 And Abraham said, My son, God will provide himself a lamb for a burnt offering: so they went both of them together.

22:9 And they came to the place which God had told him of; and Abraham built an altar there, and laid the wood in order, and bound Isaac his son, and laid him on the altar upon the wood.

22:10 And Abraham stretched forth his hand, and took the knife to slay his son.

22:11 And the angel of the LORD called unto him out of heaven, and said, Abraham, Abraham: and he said, Here am I.

22:12 And he said, Lay not thine hand upon the lad, neither do thou any thing unto him: for now I know that thou fearest God, seeing thou hast not withheld thy son, thine only son from me.

22:13 And Abraham lifted up his eyes, and looked, and behold behind him a ram caught in a thicket by his horns: and Abraham went and took the ram, and offered him up for a burnt offering in the stead of his son.

22:14 And Abraham called the name of that place Jehovahjireh: as it is said to this day, In the mount of the LORD it shall be seen.

22:15 And the angel of the LORD called unto Abraham out of heaven the second time,

22:16 et dit : J'ai juré par moi-même, dit l'Éternel : Parce que tu as fait cette chose-là, et que tu n'as pas refusé ton fils, ton unique,

22:17 certainement je te bénirai, et je multiplierai abondamment ta semence comme les étoiles des cieux et comme le sable qui est sur le bord de la mer ; et ta semence possédera la porte de ses ennemis.

22:18 Et toutes les nations de la terre se béniront* en ta semence, parce que tu as écouté ma voix.

22:19 Et Abraham retourna vers ses jeunes hommes ; et ils se levèrent, et s'en allèrent ensemble à Beër-Shéba ; et Abraham habita à Beër-Shéba.

22:20 Et il arriva, après ces choses, qu'on rapporta à Abraham en disant : Voici, Milca, elle aussi, a enfanté des enfants à Nakhor, ton frère :

22:21 Uts, son premier-né ; et Buz, son frère ; et Kemuel, père d'Aram ;

22:22 et Késed, et Hazo, et Pildash et Jidlaph, et Bethuel.

22:23 Or Bethuel engendra Rebecca. Milca enfanta ces huit à Nakhor, frère d'Abraham.

22:24 Et sa concubine, nommée Reüma, elle aussi enfanta Tébakh, et Gakham, et Thakhash, et Maaca.

23:1 Et la vie de Sara fut de cent vingt-sept ans : [ce sont là] les années de la vie de Sara.

23:2 Et Sara mourut à Kiriath-Arba, qui est Hébron, dans le pays de Canaan ; et Abraham vint pour mener deuil sur Sara, et pour la pleurer.

23:3 Et Abraham se leva de devant son mort ; et il parla aux fils de Heth, disant :

22:16 And said, By myself have I sworn, saith the LORD, for because thou hast done this thing, and hast not withheld thy son, thine only son:

22:17 That in blessing I will bless thee, and in multiplying I will multiply thy seed as the stars of the heaven, and as the sand which is upon the sea shore; and thy seed shall possess the gate of his enemies;

22:18 And in thy seed shall all the nations of the earth be blessed; because thou hast obeyed my voice.

22:19 So Abraham returned unto his young men, and they rose up and went together to Beersheba; and Abraham dwelt at Beersheba.

22:20 And it came to pass after these things, that it was told Abraham, saying, Behold, Milcah, she hath also born children unto thy brother Nahor;

22:21 Huz his firstborn, and Buz his brother, and Kemuel the father of Aram,

22:22 And Chesed, and Hazo, and Pildash, and Jidlaph, and Bethuel.

22:23 And Bethuel begat Rebekah: these eight Milcah did bear to Nahor, Abraham's brother.

22:24 And his concubine, whose name was Reumah, she bare also Tebah, and Gaham, and Thahash, and Maachah.

23:1 And Sarah was an hundred and seven and twenty years old: these were the years of the life of Sarah.

23:2 And Sarah died in Kirjatharba; the same is Hebron in the land of Canaan: and Abraham came to mourn for Sarah, and to weep for her.

23:3 And Abraham stood up from before his dead, and spake unto the sons of Heth, saying,

23:4 Je suis étranger, habitant parmi vous ; donnez-moi la possession d'un sépulcre parmi vous, et j'enterrerai mon mort de devant moi.

23:5 Et les fils de Heth répondirent à Abraham, lui disant :

23:6 Écoute-nous, mon seigneur : Tu es un prince de Dieu au milieu de nous ; enterre ton mort dans le meilleur de nos sépulcres ; aucun de nous ne te refusera son sépulcre pour y enterrer ton mort.

23:7 Et Abraham se leva, et se prosterna devant le peuple du pays, devant les fils de Heth ;

23:8 et il leur parla, disant : Si c'est votre volonté que j'enterre mon mort de devant moi, écoutez-moi, et intercédez pour moi auprès d'Éphron, fils de Tsokhar,

23:9 afin qu'il me donne la caverne de Macpéla, qui est à lui, qui est au bout de son champ ; qu'il me la donne au milieu de vous pour sa pleine valeur, afin que je la possède comme sépulcre.

23:10 Or Éphron habitait* parmi les fils de Heth. Et Éphron, le Héthien, répondit à Abraham, aux oreilles des fils de Heth, devant tous ceux qui entraient par la porte de sa ville, disant :

23:11 Non, mon seigneur, écoute-moi : Je te donne le champ ; et la caverne qui s'y trouve, je te la donne ; je te la donne aux yeux des fils de mon peuple : enterre ton mort.

23:12 Et Abraham se prosterna devant le peuple du pays ;

23:13 et il parla à Éphron, aux oreilles du peuple du pays, disant : Si pourtant tu voulais bien m'écouter. Je donne l'argent du champ, prends-le de moi, et j'y enterrerai mon mort.

23:14 Et Éphron répondit à Abraham, lui disant :

23:4 I am a stranger and a sojourner with you: give me a possession of a buryingplace with you, that I may bury my dead out of my sight.

23:5 And the children of Heth answered Abraham, saying unto him,

23:6 Hear us, my lord: thou art a mighty prince among us: in the choice of our sepulchres bury thy dead; none of us shall withhold from thee his sepulchre, but that thou mayest bury thy dead.

23:7 And Abraham stood up, and bowed himself to the people of the land, even to the children of Heth.

23:8 And he communed with them, saying, If it be your mind that I should bury my dead out of my sight; hear me, and intreat for me to Ephron the son of Zohar,

23:9 That he may give me the cave of Machpelah, which he hath, which is in the end of his field; for as much money as it is worth he shall give it me for a possession of a buryingplace amongst you.

23:10 And Ephron dwelt among the children of Heth: and Ephron the Hittite answered Abraham in the audience of the children of Heth, even of all that went in at the gate of his city, saying,

23:11 Nay, my lord, hear me: the field give I thee, and the cave that is therein, I give it thee; in the presence of the sons of my people give I it thee: bury thy dead.

23:12 And Abraham bowed down himself before the people of the land.

23:13 And he spake unto Ephron in the audience of the people of the land, saying, But if thou wilt give it, I pray thee, hear me: I will give thee money for the field; take it of me, and I will bury my dead there.

23:14 And Ephron answered Abraham, saying unto him,

23:15 Mon seigneur, écoute-moi : Une terre de quatre cents sicles d'argent, qu'est-ce que cela entre moi et toi ? Enterre donc ton mort.	23:15 My lord, hearken unto me: the land is worth four hundred shekels of silver; what is that betwixt me and thee? bury therefore thy dead.
23:16 Et Abraham écouta Éphron, et Abraham pesa à Éphron l'argent dont il avait parlé en présence des* fils de Heth, quatre cents sicles d'argent ayant cours entre les marchands.	23:16 And Abraham hearkened unto Ephron; and Abraham weighed to Ephron the silver, which he had named in the audience of the sons of Heth, four hundred shekels of silver, current money with the merchant.
23:17 Et le champ d'Éphron, qui était à Macpéla, devant Mamré, le champ et la caverne qui y était, et tous les arbres qui étaient dans le champ, dans toutes ses limites tout à l'entour,	23:17 And the field of Ephron which was in Machpelah, which was before Mamre, the field, and the cave which was therein, and all the trees that were in the field, that were in all the borders round about, were made sure
23:18 furent assurés en propriété à Abraham, aux yeux des fils de Heth, devant tous ceux qui entraient par la porte de la ville.	23:18 Unto Abraham for a possession in the presence of the children of Heth, before all that went in at the gate of his city.
23:19 Et, après cela, Abraham enterra Sara, sa femme, dans la caverne du champ de Macpéla, en face de Mamré, qui est Hébron, dans le pays de Canaan.	23:19 And after this, Abraham buried Sarah his wife in the cave of the field of Machpelah before Mamre: the same is Hebron in the land of Canaan.
23:20 Et le champ et la caverne qui s'y trouve furent assurés à Abraham pour les posséder comme sépulcre, de la part des fils de Heth.	23:20 And the field, and the cave that is therein, were made sure unto Abraham for a possession of a buryingplace by the sons of Heth.
24:1 Et Abraham était vieux, avancé en âge ; et l'Éternel avait béni Abraham en toute chose.	24:1 And Abraham was old, and well stricken in age: and the LORD had blessed Abraham in all things.
24:2 Et Abraham dit à son serviteur, le plus ancien de sa maison, qui avait le gouvernement de tout ce qui était à lui : Mets, je te prie, ta main sous ma cuisse,	24:2 And Abraham said unto his eldest servant of his house, that ruled over all that he had, Put, I pray thee, thy hand under my thigh:
24:3 et je te ferai jurer par l'Éternel, le Dieu des cieux et le Dieu de la terre, que tu ne prendras pas de femme pour mon fils d'entre les filles des Cananéens, parmi lesquels j'habite ;	24:3 And I will make thee swear by the LORD, the God of heaven, and the God of the earth, that thou shalt not take a wife unto my son of the daughters of the Canaanites, among whom I dwell:
24:4 mais tu iras dans mon pays et vers ma parenté, et tu prendras une femme pour mon fils, pour Isaac.	24:4 But thou shalt go unto my country, and to my kindred, and take a wife unto my son Isaac.

24:5 Et le serviteur lui dit : Peut-être la femme ne voudra-t-elle pas me suivre dans ce pays-ci ; me faudra-t-il faire retourner ton fils dans le pays d'où tu es sorti ?

24:6 Et Abraham lui dit : Garde-toi d'y faire retourner mon fils.

24:7 L'Éternel, le Dieu des cieux, qui m'a pris de la maison de mon père et du pays de ma parenté, et qui m'a parlé et qui m'a juré, disant : Je donnerai à ta semence ce pays-ci, lui-même enverra son ange devant toi, et tu prendras de là une femme pour mon fils.

24:8 Et si la femme ne veut pas te suivre, alors tu seras quitte envers moi de ce serment ; seulement, tu ne feras pas retourner là mon fils.

24:9 Et le serviteur mit sa main sous la cuisse d'Abraham, son seigneur, et lui jura au sujet de ces choses.

24:10 Et le serviteur prit dix chameaux d'entre les chameaux de son maître, et s'en alla ; or il avait tout le bien de son maître sous sa main. Et il se leva et s'en alla en Mésopotamie*, à la ville de Nakhor.

24:11 Et il fit agenouiller les chameaux en dehors de la ville, auprès d'un puits d'eau, au temps du soir, au temps où sortent celles qui vont puiser.

24:12 Et il dit : Éternel, Dieu de mon seigneur Abraham, fais-moi faire, je te prie, une [heureuse] rencontre aujourd'hui, et use de grâce envers mon seigneur Abraham.

24:13 Voici, je me tiens près de la fontaine d'eau, et les filles des gens de la ville sortent pour puiser de l'eau ;

24:5 And the servant said unto him, Peradventure the woman will not be willing to follow me unto this land: must I needs bring thy son again unto the land from whence thou camest?

24:6 And Abraham said unto him, Beware thou that thou bring not my son thither again.

24:7 The LORD God of heaven, which took me from my father's house, and from the land of my kindred, and which spake unto me, and that sware unto me, saying, Unto thy seed will I give this land; he shall send his angel before thee, and thou shalt take a wife unto my son from thence.

24:8 And if the woman will not be willing to follow thee, then thou shalt be clear from this my oath: only bring not my son thither again.

24:9 And the servant put his hand under the thigh of Abraham his master, and sware to him concerning that matter.

24:10 And the servant took ten camels of the camels of his master, and departed; for all the goods of his master were in his hand: and he arose, and went to Mesopotamia, unto the city of Nahor.

24:11 And he made his camels to kneel down without the city by a well of water at the time of the evening, even the time that women go out to draw water.

24:12 And he said O LORD God of my master Abraham, I pray thee, send me good speed this day, and shew kindness unto my master Abraham.

24:13 Behold, I stand here by the well of water; and the daughters of the men of the city come out to draw water:

24:14 qu'il arrive donc que la jeune fille à laquelle je dirai : Abaisse ta cruche, je te prie, afin que je boive, et qui dira : Bois, et j'abreuverai aussi tes chameaux, soit celle que tu as destinée à ton serviteur, à Isaac ; et à cela je connaîtrai que tu as usé de grâce envers mon seigneur.

24:14 And let it come to pass, that the damsel to whom I shall say, Let down thy pitcher, I pray thee, that I may drink; and she shall say, Drink, and I will give thy camels drink also: let the same be she that thou hast appointed for thy servant Isaac; and thereby shall I know that thou hast shewed kindness unto my master.

24:15 Et il arriva, avant qu'il eût achevé de parler, que voici sortir Rebecca*, sa cruche sur son épaule : elle était née à Bethuel, fils de Milca, femme de Nakhor, frère d'Abraham.

24:15 And it came to pass, before he had done speaking, that, behold, Rebekah came out, who was born to Bethuel, son of Milcah, the wife of Nahor, Abraham's brother, with her pitcher upon her shoulder.

24:16 Et la jeune fille était très belle de visage, vierge, et nul ne l'avait connue. Et elle descendit à la fontaine, et remplit sa cruche, et remonta.

24:16 And the damsel was very fair to look upon, a virgin, neither had any man known her: and she went down to the well, and filled her pitcher, and came up.

24:17 Et le serviteur courut à sa rencontre et dit : Permets, je te prie, que je boive un peu d'eau de ta cruche.

24:17 And the servant ran to meet her, and said, Let me, I pray thee, drink a little water of thy pitcher.

24:18 Et elle dit : Bois, mon seigneur. Et vite elle abaissa sa cruche sur sa main, et lui donna à boire.

24:18 And she said, Drink, my lord: and she hasted, and let down her pitcher upon her hand, and gave him drink.

24:19 Et, après qu'elle eut achevé de lui donner à boire, elle dit : Je puiserai aussi pour tes chameaux, jusqu'à ce qu'ils aient fini de boire.

24:19 And when she had done giving him drink, she said, I will draw water for thy camels also, until they have done drinking.

24:20 Et elle se hâta et vida sa cruche dans l'auge, et elle courut encore au puits pour puiser et puisa pour tous ses chameaux.

24:20 And she hasted, and emptied her pitcher into the trough, and ran again unto the well to draw water, and drew for all his camels.

24:21 Et l'homme la regardait avec étonnement sans rien dire, pour savoir si l'Éternel aurait fait prospérer son voyage, ou non.

24:21 And the man wondering at her held his peace, to wit whether the LORD had made his journey prosperous or not.

24:22 Et il arriva, quand les chameaux eurent fini de boire, que l'homme prit un anneau* d'or, du poids d'un demi-sicle**, et deux bracelets pour ses mains du poids de dix [sicles] d'or.

24:22 And it came to pass, as the camels had done drinking, that the man took a golden earring of half a shekel weight, and two bracelets for her hands of ten shekels weight of gold;

24:23 Et il dit : De qui es-tu fille ? Fais-le-moi savoir je te prie. Y a-t-il pour nous, dans la maison de ton père, un lieu pour y loger ?

24:23 And said, Whose daughter art thou? tell me, I pray thee: is there room in thy father's house for us to lodge in?

24:24 Et elle lui dit : Je suis fille de Bethuel, fils de Milca, qu'elle a enfanté à Nakhor.

24:25 Et elle lui dit : il y a chez nous de la paille, et aussi du fourrage en abondance, et de la place pour loger. béka ; voir Ex. 38:26.

24:26 Et l'homme s'inclina, et se prosterna devant l'Éternel,

24:27 et dit : Béni soit l'Éternel, le Dieu de mon seigneur Abraham, qui ne s'est pas départi de sa grâce et de sa vérité envers mon seigneur. Lorsque j'étais en chemin l'Éternel m'a conduit à la maison des frères de mon seigneur.

24:28 Et la jeune fille courut, et rapporta ces choses dans la maison de sa mère ;

24:29 or Rebecca avait un frère, nommé Laban ; et Laban courut vers l'homme, dehors, à la fontaine.

24:30 Et il arriva que, lorsqu'il vit l'anneau et les bracelets aux mains de sa sœur, et qu'il entendit les paroles de Rebecca, sa sœur, disant : Ainsi m'a parlé l'homme, il vint vers l'homme. Et voici, il se tenait auprès des chameaux, près de la fontaine.

24:31 Et il dit : Entre, béni de l'Éternel ; pourquoi te tiens-tu dehors ? car j'ai préparé la maison, et de la place pour les chameaux.

24:32 Et l'homme entra dans la maison, et on débarrassa les chameaux ; et on donna de la paille et du fourrage aux chameaux, et [pour lui] de l'eau pour laver ses pieds et les pieds des gens qui étaient avec lui.

24:33 Et on mit devant lui de quoi manger ; mais il dit : Je ne mangerai pas avant d'avoir dit ce que j'ai à dire*. Et [Laban] dit : parle.

24:34 Et il dit : Je suis serviteur d'Abraham.

24:24 And she said unto him, I am the daughter of Bethuel the son of Milcah, which she bare unto Nahor.

24:25 She said moreover unto him, We have both straw and provender enough, and room to lodge in.

24:26 And the man bowed down his head, and worshipped the LORD.

24:27 And he said, Blessed be the LORD God of my master Abraham, who hath not left destitute my master of his mercy and his truth: I being in the way, the LORD led me to the house of my master's brethren.

24:28 And the damsel ran, and told them of her mother's house these things.

24:29 And Rebekah had a brother, and his name was Laban: and Laban ran out unto the man, unto the well.

24:30 And it came to pass, when he saw the earring and bracelets upon his sister's hands, and when he heard the words of Rebekah his sister, saying, Thus spake the man unto me; that he came unto the man; and, behold, he stood by the camels at the well.

24:31 And he said, Come in, thou blessed of the LORD; wherefore standest thou without? for I have prepared the house, and room for the camels.

24:32 And the man came into the house: and he ungirded his camels, and gave straw and provender for the camels, and water to wash his feet, and the men's feet that were with him.

24:33 And there was set meat before him to eat: but he said, I will not eat, until I have told mine errand. And he said, Speak on.

24:34 And he said, I am Abraham's servant.

24:35 Or l'Éternel a béni abondamment mon seigneur, et il est devenu grand ; et il lui a donné du menu bétail, et du gros bétail, et de l'argent, et de l'or et des serviteurs, et des servantes, et des chameaux, et des ânes.

24:36 Et Sara, femme de mon seigneur, a dans sa vieillesse enfanté un fils à mon seigneur ; et il lui a donné tout ce qu'il a.

24:37 Et mon seigneur m'a fait jurer, disant : Tu ne prendras pas de femme pour mon fils d'entre les filles des Cananéens, dans le pays desquels j'habite ;

24:38 mais tu iras à la maison de mon père et vers ma famille, et tu prendras une femme pour mon fils.

24:39 Et je dis à mon seigneur : Peut-être la femme ne viendra-t-elle pas après moi.

24:40 Et il me dit : L'Éternel, devant qui je marche*, enverra son ange avec toi et fera prospérer ton voyage, et tu prendras pour mon fils une femme de ma famille et de la maison de mon père.

24:41 Quand tu seras arrivé auprès de ma famille, alors tu seras quitte du serment* que je te fais faire** ; et, si on ne te la donne pas, tu seras quitte du serment que je te fais faire.

24:42 Et je suis venu aujourd'hui à la fontaine, et j'ai dit : Éternel, Dieu de mon seigneur Abraham, si tu veux bien faire prospérer le voyage que je fais,

24:43 voici, je me tiens près de la fontaine d'eau : qu'il arrive que la jeune fille qui sortira pour puiser, et à laquelle je dirai : Donne-moi, je te prie, à boire un peu d'eau de ta cruche, et qui me dira :

24:44 Bois toi-même, et je puiserai aussi pour tes chameaux, que celle-là soit la femme que l'Éternel a destinée au fils de mon seigneur.

24:35 And the LORD hath blessed my master greatly; and he is become great: and he hath given him flocks, and herds, and silver, and gold, and menservants, and maidservants, and camels, and asses.

24:36 And Sarah my master's wife bare a son to my master when she was old: and unto him hath he given all that he hath.

24:37 And my master made me swear, saying, Thou shalt not take a wife to my son of the daughters of the Canaanites, in whose land I dwell:

24:38 But thou shalt go unto my father's house, and to my kindred, and take a wife unto my son.

24:39 And I said unto my master, Peradventure the woman will not follow me.

24:40 And he said unto me, The LORD, before whom I walk, will send his angel with thee, and prosper thy way; and thou shalt take a wife for my son of my kindred, and of my father's house:

24:41 Then shalt thou be clear from this my oath, when thou comest to my kindred; and if they give not thee one, thou shalt be clear from my oath.

24:42 And I came this day unto the well, and said, O LORD God of my master Abraham, if now thou do prosper my way which I go:

24:43 Behold, I stand by the well of water; and it shall come to pass, that when the virgin cometh forth to draw water, and I say to her, Give me, I pray thee, a little water of thy pitcher to drink;

24:44 And she say to me, Both drink thou, and I will also draw for thy camels: let the same be the woman whom the LORD hath appointed out for my master's son.

24:45 Avant que j'eusse achevé de parler en mon cœur, voici sortir Rebecca, sa cruche sur son épaule ; et elle est descendue à la fontaine, et a puisé ; et je lui ai dit : Donne-moi à boire, je te prie.

24:46 Et elle s'est hâtée et a abaissé sa cruche de dessus son épaule*, et a dit : Bois, et j'abreuverai aussi tes chameaux. Et j'ai bu, et elle a aussi abreuvé les chameaux.

24:47 Et je l'ai interrogée, et j'ai dit : De qui es-tu fille ? Et elle a dit : Je suis fille de Bethuel, fils de Nakhor, que Milca lui a enfanté. Et j'ai mis l'anneau à son nez, et les bracelets à ses mains.

24:48 Et je me suis incliné et je me suis prosterné devant l'Éternel, et j'ai béni l'Éternel, le Dieu de mon seigneur Abraham, qui m'a conduit par le vrai chemin, pour prendre la fille du frère de mon seigneur pour son fils.

24:49 Et maintenant, si vous voulez user de grâce et de vérité envers mon seigneur, déclarez-le-moi ; et sinon, déclarez-le-moi et je me tournerai à droite ou à gauche.

24:50 Et Laban et Bethuel répondirent et dirent : La chose procède de l'Éternel ; nous ne pouvons te dire ni mal, ni bien.

24:51 Voici Rebecca devant toi ; prends-la et t'en va ; et qu'elle soit la femme du fils de ton seigneur, comme l'Éternel l'a dit.

24:52 Et il arriva, lorsque le serviteur d'Abraham entendit leurs paroles, qu'il se prosterna en terre devant l'Éternel ;

24:53 et le serviteur sortit des objets d'argent et des objets d'or, et des vêtements, et les donna à Rebecca ; il fit aussi de riches présents à son frère et à sa mère.

24:45 And before I had done speaking in mine heart, behold, Rebekah came forth with her pitcher on her shoulder; and she went down unto the well, and drew water: and I said unto her, Let me drink, I pray thee.

24:46 And she made haste, and let down her pitcher from her shoulder, and said, Drink, and I will give thy camels drink also: so I drank, and she made the camels drink also.

24:47 And I asked her, and said, Whose daughter art thou? And she said, the daughter of Bethuel, Nahor's son, whom Milcah bare unto him: and I put the earring upon her face, and the bracelets upon her hands.

24:48 And I bowed down my head, and worshipped the LORD, and blessed the LORD God of my master Abraham, which had led me in the right way to take my master's brother's daughter unto his son.

24:49 And now if ye will deal kindly and truly with my master, tell me: and if not, tell me; that I may turn to the right hand, or to the left.

24:50 Then Laban and Bethuel answered and said, The thing proceedeth from the LORD: we cannot speak unto thee bad or good.

24:51 Behold, Rebekah is before thee, take her, and go, and let her be thy master's son's wife, as the LORD hath spoken.

24:52 And it came to pass, that, when Abraham's servant heard their words, he worshipped the LORD, bowing himself to the earth.

24:53 And the servant brought forth jewels of silver, and jewels of gold, and raiment, and gave them to Rebekah: he gave also to her brother and to her mother precious things.

24:54 Et ils mangèrent et burent, lui et les hommes qui étaient avec lui, et ils logèrent là ; et ils se levèrent le matin et il dit : Renvoyez-moi à mon seigneur.

24:55 Et le frère et la mère dirent : Que la jeune fille reste avec nous [quelques] jours, dix au moins ; ensuite elle s'en ira.

24:56 Et il leur dit : Ne me retardez point, quand l'Éternel a fait prospérer mon voyage ; renvoyez-moi, et que je m'en aille vers mon seigneur.

24:57 Et ils dirent : Appelons la jeune fille, et entendons-la*.

24:58 Et ils appelèrent Rebecca, et lui dirent : Iras-tu avec cet homme ? Et elle dit : J'irai.

24:59 Et ils firent partir Rebecca, leur sœur, et sa nourrice, et le serviteur d'Abraham et ses gens.

24:60 Et ils bénirent Rebecca et lui dirent : Toi, notre sœur, deviens des milliers de myriades, et que ta semence possède la porte de ses ennemis !

24:61 Et Rebecca se leva, et ses filles ; et elles montèrent sur les chameaux, et s'en allèrent après l'homme. Et le serviteur prit Rebecca, et s'en alla.

24:62 Et Isaac venait d'arriver du puits de Lakhaï-roï* ; or il habitait au pays du midi.

24:63 Et Isaac était sorti dans les champs pour méditer à l'approche du soir. Et il leva ses yeux, et regarda, et voici des chameaux qui venaient.

24:64 Et Rebecca leva ses yeux, et vit Isaac ; et elle descendit de dessus le chameau.

24:54 And they did eat and drink, he and the men that were with him, and tarried all night; and they rose up in the morning, and he said, Send me away unto my master.

24:55 And her brother and her mother said, Let the damsel abide with us a few days, at the least ten; after that she shall go.

24:56 And he said unto them, Hinder me not, seeing the LORD hath prospered my way; send me away that I may go to my master.

24:57 And they said, We will call the damsel, and enquire at her mouth.

24:58 And they called Rebekah, and said unto her, Wilt thou go with this man? And she said, I will go.

24:59 And they sent away Rebekah their sister, and her nurse, and Abraham's servant, and his men.

24:60 And they blessed Rebekah, and said unto her, Thou art our sister, be thou the mother of thousands of millions, and let thy seed possess the gate of those which hate them.

24:61 And Rebekah arose, and her damsels, and they rode upon the camels, and followed the man: and the servant took Rebekah, and went his way.

24:62 And Isaac came from the way of the well Lahairoi; for he dwelt in the south country.

24:63 And Isaac went out to meditate in the field at the eventide: and he lifted up his eyes, and saw, and, behold, the camels were coming.

24:64 And Rebekah lifted up her eyes, and when she saw Isaac, she lighted off the camel.

24:65 Or elle avait dit au serviteur : Qui est cet homme qui marche dans les champs à notre rencontre ? Et le serviteur dit : C'est mon seigneur. Et elle prit son voile et se couvrit.	24:65 For she had said unto the servant, What man is this that walketh in the field to meet us? And the servant had said, It is my master: therefore she took a vail, and covered herself.
24:66 Et le serviteur raconta à Isaac toutes les choses qu'il avait faites.	24:66 And the servant told Isaac all things that he had done.
24:67 Et Isaac la conduisit dans la tente de Sara, sa mère ; et il prit Rebecca, et elle fut sa femme, et il l'aima ; et Isaac se consola quant à sa mère.	24:67 And Isaac brought her into his mother Sarah's tent, and took Rebekah, and she became his wife; and he loved her: and Isaac was comforted after his mother's death.
25:1 Et Abraham prit encore une femme, nommée Ketura ;	25:1 Then again Abraham took a wife, and her name was Keturah.
25:2 et elle lui enfanta Zimran, et Jokshan, et Medan, et Madian, et Jishbak, et Shuakh.	25:2 And she bare him Zimran, and Jokshan, and Medan, and Midian, and Ishbak, and Shuah.
25:3 — Et Jokshan engendra Sheba et Dedan. Et les fils de Dedan furent Ashurim, et Letushim, et Leümmim.	25:3 And Jokshan begat Sheba, and Dedan. And the sons of Dedan were Asshurim, and Letushim, and Leummim.
25:4 — Et les fils de Madian : Épha, et Épher, et Hénoc, et Abida et Eldaa. — Tous ceux-là furent fils de Ketura.	25:4 And the sons of Midian; Ephah, and Epher, and Hanoch, and Abidah, and Eldaah. All these were the children of Keturah.
25:5 Et Abraham donna tout ce qui lui appartenait à Isaac.	25:5 And Abraham gave all that he had unto Isaac.
25:6 Et aux fils des concubines qu'eut Abraham, Abraham fit des dons ; et, tandis qu'il était encore en vie, il les renvoya d'auprès d'Isaac, son fils, vers l'orient, au pays d'orient.	25:6 But unto the sons of the concubines, which Abraham had, Abraham gave gifts, and sent them away from Isaac his son, while he yet lived, eastward, unto the east country.
25:7 Et ce sont ici les jours des années de la vie d'Abraham, qu'il vécut : cent soixante-quinze ans.	25:7 And these are the days of the years of Abraham's life which he lived, an hundred threescore and fifteen years.
25:8 Et Abraham expira et mourut dans une bonne vieillesse, âgé et rassasié [de jours] ; et il fut recueilli vers ses peuples.	25:8 Then Abraham gave up the ghost, and died in a good old age, an old man, and full of years; and was gathered to his people.
25:9 Et Isaac et Ismaël, ses fils, l'enterrèrent dans la caverne de Macpéla, dans le champ d'Éphron, fils de Tsokhar, le Héthien, qui est en face de Mamré,	25:9 And his sons Isaac and Ishmael buried him in the cave of Machpelah, in the field of Ephron the son of Zohar the Hittite, which is before Mamre;

25:10 le champ qu'Abraham avait acheté des fils de Heth. Là fut enterré Abraham, ainsi que Sara, sa femme.

25:11 Et il arriva après la mort d'Abraham, que Dieu bénit Isaac, son fils. Et Isaac habitait près du puits de Lakhaï-roï.

25:12 Et ce sont ici les générations d'Ismaël, fils d'Abraham, qu'Agar, l'Égyptienne, servante de Sara, avait enfanté à Abraham ;

25:13 et voici les noms des fils d'Ismaël, par leurs noms, selon leurs générations : Le premier-né d'Ismaël, Nebaïoth ; et Kédar, et Adbeël, et Mibsam,

25:14 et Mishma et Duma, et Massa,

25:15 Hadar*, et Théma, Jetur, Naphish et Kedma.

25:16 Ce sont là les fils d'Ismaël, et ce sont là leurs noms, selon leurs villages* et leurs campements : douze princes de leurs tribus.

25:17 Et ce sont ici les années de la vie d'Ismaël : cent trente-sept ans ; et il expira et mourut, et fut recueilli vers ses peuples.

25:18 Et ils habitèrent depuis Havila jusqu'à Shur, qui est en face de l'Égypte, quand tu viens vers l'Assyrie. Il s'établit* à la vue de tous ses frères.

25:19 Et ce sont ici les générations d'Isaac, fils d'Abraham : Abraham engendra Isaac.

25:20 Et Isaac était âgé de quarante ans lorsqu'il prit pour femme Rebecca, fille de Bethuel l'Araméen* de Paddan-Aram**, sœur de Laban l'Araméen.

25:21 Et Isaac pria instamment l'Éternel au sujet de sa femme, car elle était stérile ; et l'Éternel se rendit à ses prières, et Rebecca sa femme conçut.

25:10 The field which Abraham purchased of the sons of Heth: there was Abraham buried, and Sarah his wife.

25:11 And it came to pass after the death of Abraham, that God blessed his son Isaac; and Isaac dwelt by the well Lahairoi.

25:12 Now these are the generations of Ishmael, Abraham's son, whom Hagar the Egyptian, Sarah's handmaid, bare unto Abraham:

25:13 And these are the names of the sons of Ishmael, by their names, according to their generations: the firstborn of Ishmael, Nebajoth; and Kedar, and Adbeel, and Mibsam,

25:14 And Mishma, and Dumah, and Massa,

25:15 Hadar, and Tema, Jetur, Naphish, and Kedemah:

25:16 These are the sons of Ishmael, and these are their names, by their towns, and by their castles; twelve princes according to their nations.

25:17 And these are the years of the life of Ishmael, an hundred and thirty and seven years: and he gave up the ghost and died; and was gathered unto his people.

25:18 And they dwelt from Havilah unto Shur, that is before Egypt, as thou goest toward Assyria: and he died in the presence of all his brethren.

25:19 And these are the generations of Isaac, Abraham's son: Abraham begat Isaac:

25:20 And Isaac was forty years old when he took Rebekah to wife, the daughter of Bethuel the Syrian of Padanaram, the sister to Laban the Syrian.

25:21 And Isaac intreated the LORD for his wife, because she was barren: and the LORD was intreated of him, and Rebekah his wife conceived.

25:22 Et les enfants s'entrepoussaient dans son sein ; et elle dit : S'il en est ainsi, pourquoi suis-je là ? Et elle alla consulter l'Éternel.	*25:22 And the children struggled together within her; and she said, If it be so, why am I thus? And she went to enquire of the LORD.*
25:23 Et l'Éternel lui dit : Deux nations sont dans ton ventre, et deux peuples se sépareront en sortant de tes entrailles ; et un peuple sera plus fort que l'autre peuple, et le plus grand sera asservi au plus petit.	*25:23 And the LORD said unto her, Two nations are in thy womb, and two manner of people shall be separated from thy bowels; and the one people shall be stronger than the other people; and the elder shall serve the younger.*
25:24 Et les jours où elle devait enfanter s'accomplirent, et voici, il y avait des jumeaux dans son ventre.	*25:24 And when her days to be delivered were fulfilled, behold, there were twins in her womb.*
25:25 Et le premier sortit, roux, tout entier comme un manteau de poil ; et ils appelèrent son nom Ésaü*.	*25:25 And the first came out red, all over like an hairy garment; and they called his name Esau.*
25:26 Et ensuite sortit son frère, et sa main tenait le talon d'Ésaü ; et on appela son nom Jacob*. Et Isaac était âgé de soixante ans quand ils naquirent**.	*25:26 And after that came his brother out, and his hand took hold on Esau's heel; and his name was called Jacob: and Isaac was threescore years old when she bare them.*
25:27 Et les enfants grandirent : et Ésaü était un homme habile à la chasse, un homme des champs ; et Jacob était un homme simple, qui habitait les tentes.	*25:27 And the boys grew: and Esau was a cunning hunter, a man of the field; and Jacob was a plain man, dwelling in tents.*
25:28 Et Isaac aimait Ésaü, car le gibier était sa viande ; mais Rebecca aimait Jacob.	*25:28 And Isaac loved Esau, because he did eat of his venison: but Rebekah loved Jacob.*
25:29 Et Jacob cuisait un potage ; et Ésaü arriva des champs, et il était las.	*25:29 And Jacob sod pottage: and Esau came from the field, and he was faint:*
25:30 Et Ésaü dit à Jacob : Laisse-moi, je te prie, avaler du roux, de ce roux-là ; car je suis las. C'est pourquoi on appela son nom Édom*.	*25:30 And Esau said to Jacob, Feed me, I pray thee, with that same red pottage; for I am faint: therefore was his name called Edom.*
25:31 Et Jacob dit : Vends-moi aujourd'hui ton droit d'aînesse.	*25:31 And Jacob said, Sell me this day thy birthright.*
25:32 Et Ésaü dit : Voici, je m'en vais mourir ; et de quoi me sert le droit d'aînesse ?	*25:32 And Esau said, Behold, I am at the point to die: and what profit shall this birthright do to me?*
25:33 Et Jacob dit : Jure-moi aujourd'hui. Et il lui jura, et vendit son droit d'aînesse à Jacob.	*25:33 And Jacob said, Swear to me this day; and he sware unto him: and he sold his birthright unto Jacob.*

25:34 Et Jacob donna à Ésaü du pain et du potage de lentilles ; et il mangea et but, et se leva, et s'en alla : et Ésaü méprisa son droit d'aînesse.

26:1 Et il y eut une famine dans le pays, outre la première famine qui avait eu lieu aux jours d'Abraham ; et Isaac s'en alla vers Abimélec, roi des Philistins, à Guérar.

26:2 Et l'Éternel lui apparut, et dit : Ne descends pas en Égypte ; demeure dans le pays que je t'ai dit ;

26:3 séjourne dans ce pays-ci, et je serai avec toi, et je te bénirai ; car à toi et à ta semence je donnerai tous ces pays, et j'accomplirai le serment que j'ai juré à Abraham, ton père,

26:4 et je multiplierai ta semence comme les étoiles des cieux, et je donnerai tous ces pays à ta semence, et toutes les nations de la terre se béniront* en ta semence,

26:5 — parce qu'Abraham a écouté ma voix, et a gardé mon ordonnance, mes commandements, mes statuts et mes lois.

26:6 Et Isaac habita à Guérar.

26:7 Et les hommes du lieu s'enquirent au sujet de sa femme, et il dit : C'est ma sœur, car il craignait de dire : ma femme ; de peur, [pensait-il], que les hommes du lieu ne me tuent à cause de Rebecca, car elle est belle de visage.

26:8 Et il arriva, comme son séjour dans ce [lieu] se prolongeait, qu'Abimélec, roi des Philistins, regarda par la fenêtre ; et il vit, et voici, Isaac se jouait avec Rebecca sa femme.

26:9 Et Abimélec appela Isaac, et dit : Voici, assurément c'est ta femme ; et comment as-tu dit : C'est ma sœur ? Et Isaac lui dit : Parce que je disais : De peur que je ne meure à cause d'elle.

25:34 Then Jacob gave Esau bread and pottage of lentiles; and he did eat and drink, and rose up, and went his way: thus Esau despised his birthright.

26:1 And there was a famine in the land, beside the first famine that was in the days of Abraham. And Isaac went unto Abimelech king of the Philistines unto Gerar.

26:2 And the LORD appeared unto him, and said, Go not down into Egypt; dwell in the land which I shall tell thee of:

26:3 Sojourn in this land, and I will be with thee, and will bless thee; for unto thee, and unto thy seed, I will give all these countries, and I will perform the oath which I sware unto Abraham thy father;

26:4 And I will make thy seed to multiply as the stars of heaven, and will give unto thy seed all these countries; and in thy seed shall all the nations of the earth be blessed;

26:5 Because that Abraham obeyed my voice, and kept my charge, my commandments, my statutes, and my laws.

26:6 And Isaac dwelt in Gerar:

26:7 And the men of the place asked him of his wife; and he said, She is my sister: for he feared to say, She is my wife; lest, said he, the men of the place should kill me for Rebekah; because she was fair to look upon.

26:8 And it came to pass, when he had been there a long time, that Abimelech king of the Philistines looked out at a window, and saw, and, behold, Isaac was sporting with Rebekah his wife.

26:9 And Abimelech called Isaac, and said, Behold, of a surety she is thy wife; and how saidst thou, She is my sister? And Isaac said unto him, Because I said, Lest I die for her.

26:10 Et Abimélec dit : Qu'est-ce que tu nous as fait ? Car peu s'en est fallu que quelqu'un du peuple n'ait couché avec ta femme, et tu aurais fait venir la culpabilité sur nous.

26:11 Et Abimélec commanda à tout le peuple, disant : Celui qui touchera cet homme ou sa femme sera certainement mis à mort.

26:12 Et Isaac sema dans cette terre ; et il recueillit cette année-là le centuple ; et l'Éternel le bénit.

26:13 Et l'homme grandissait, et il allait grandissant de plus en plus, jusqu'à ce qu'il devint fort grand ;

26:14 et il eut des troupeaux de menu bétail, et des troupeaux de gros bétail, et beaucoup de serviteurs ; et les Philistins lui portèrent envie ;

26:15 et tous les puits que les serviteurs de son père avaient creusés aux jours d'Abraham, son père, les Philistins les bouchèrent et les remplirent de terre*.

26:16 Et Abimélec dit à Isaac : Va-t'en d'avec nous ; car tu es beaucoup plus puissant que nous.

26:17 Et Isaac partit de là, et campa dans la vallée de Guérar, et y habita.

26:18 Et Isaac recreusa les puits d'eau qu'on avait creusés aux jours d'Abraham, son père, et que les Philistins avaient bouchés après la mort d'Abraham ; et il leur donna des noms selon les noms que son père leur avait donnés.

26:19 Et les serviteurs d'Isaac creusèrent dans la vallée, et ils y trouvèrent un puits d'eau vive.

26:20 Et les bergers de Guérar contestèrent avec les bergers d'Isaac, disant : L'eau est à nous. Et il appela le nom du puits Ések* parce qu'ils s'étaient disputés avec lui.

26:10 And Abimelech said, What is this thou hast done unto us? one of the people might lightly have lien with thy wife, and thou shouldest have brought guiltiness upon us.

26:11 And Abimelech charged all his people, saying, He that toucheth this man or his wife shall surely be put to death.

26:12 Then Isaac sowed in that land, and received in the same year an hundredfold: and the LORD blessed him.

26:13 And the man waxed great, and went forward, and grew until he became very great:

26:14 For he had possession of flocks, and possession of herds, and great store of servants: and the Philistines envied him.

26:15 For all the wells which his father's servants had digged in the days of Abraham his father, the Philistines had stopped them, and filled them with earth.

26:16 And Abimelech said unto Isaac, Go from us; for thou art much mightier than we.

26:17 And Isaac departed thence, and pitched his tent in the valley of Gerar, and dwelt there.

26:18 And Isaac digged again the wells of water, which they had digged in the days of Abraham his father; for the Philistines had stopped them after the death of Abraham: and he called their names after the names by which his father had called them.

26:19 And Isaac's servants digged in the valley, and found there a well of springing water.

26:20 And the herdmen of Gerar did strive with Isaac's herdmen, saying, The water is ours: and he called the name of the well Esek; because they strove with him.

26:21 Et ils creusèrent un autre puits, et ils contestèrent aussi pour celui-là ; et il appela son nom Sitna*.

26:22 Et il se transporta de là, et creusa un autre puits et ils ne contestèrent pas pour celui-là ; et il appela son nom Rehoboth*, parce que, dit-il, l'Éternel nous a maintenant donné de l'espace, et nous fructifierons dans le pays.

26:23 Et de là il monta à Beër-Shéba.

26:24 Et l'Éternel lui apparut cette nuit-là, et dit : Je suis le Dieu d'Abraham ton père ; ne crains pas, car je suis avec toi ; et je te bénirai, et je multiplierai ta semence, à cause d'Abraham, mon serviteur.

26:25 Et il bâtit là un autel, et invoqua le nom de l'Éternel ; et il y dressa sa tente ; et les serviteurs d'Isaac y creusèrent un puits.

26:26 Et Abimélec alla de Guérar vers lui, avec Akhuzzath, son ami, et Picol, chef de son armée.

26:27 Et Isaac leur dit : Pourquoi venez-vous vers moi, puisque vous me haïssez et que vous m'avez renvoyé d'auprès de vous ?

26:28 Et ils dirent : Nous avons vu clairement que l'Éternel est avec toi, et nous avons dit : Qu'il y ait donc un serment* entre nous, entre nous et toi ; et nous ferons une alliance avec toi :

26:29 que tu ne nous feras pas de mal, comme nous ne t'avons pas touché, et comme nous ne t'avons fait que du bien, et t'avons renvoyé en paix. Tu es maintenant le béni de l'Éternel.

26:30 Et il leur fit un festin, et ils mangèrent et burent.

26:31 Et ils se levèrent de bon matin, et se jurèrent l'un à l'autre ; et Isaac les renvoya, et ils s'en allèrent d'avec lui en paix.

26:21 And they digged another well, and strove for that also: and he called the name of it Sitnah.

26:22 And he removed from thence, and digged another well; and for that they strove not: and he called the name of it Rehoboth; and he said, For now the LORD hath made room for us, and we shall be fruitful in the land.

26:23 And he went up from thence to Beersheba.

26:24 And the LORD appeared unto him the same night, and said, I am the God of Abraham thy father: fear not, for I am with thee, and will bless thee, and multiply thy seed for my servant Abraham's sake.

26:25 And he builded an altar there, and called upon the name of the LORD, and pitched his tent there: and there Isaac's servants digged a well.

26:26 Then Abimelech went to him from Gerar, and Ahuzzath one of his friends, and Phichol the chief captain of his army.

26:27 And Isaac said unto them, Wherefore come ye to me, seeing ye hate me, and have sent me away from you?

26:28 And they said, We saw certainly that the LORD was with thee: and we said, Let there be now an oath betwixt us, even betwixt us and thee, and let us make a covenant with thee;

26:29 That thou wilt do us no hurt, as we have not touched thee, and as we have done unto thee nothing but good, and have sent thee away in peace: thou art now the blessed of the LORD.

26:30 And he made them a feast, and they did eat and drink.

26:31 And they rose up betimes in the morning, and sware one to another: and Isaac sent them away, and they departed from him in peace.

26:32 Et il arriva, en ce jour-là, que les serviteurs d'Isaac vinrent, et l'avertirent au sujet du puits qu'ils avaient creusé, et lui dirent : Nous avons trouvé de l'eau.

26:33 Et il l'appela Shéba* ; c'est pourquoi le nom de la ville a été Beër-Shéba, jusqu'à aujourd'hui.

26:34 Et Ésaü était âgé de quarante ans, et il prit pour femmes Judith, fille de Beéri, le Héthien, et Basmath, fille d'Elon, le Héthien ;

26:35 et elles furent une amertume d'esprit pour Isaac et pour Rebecca.

27:1 Et il arriva, lorsque Isaac fut vieux et que ses yeux furent affaiblis de manière à ne plus voir, qu'il appela Ésaü, son fils aîné, et lui dit : Mon fils ! Et il lui dit : Me voici.

27:2 Et il dit : Tu vois que je suis vieux ; je ne sais pas le jour de ma mort.

27:3 Et maintenant, je te prie, prends tes armes, ton carquois et ton arc, et sors dans les champs, et prends-moi* du gibier ;

27:4 et apprête-moi un mets savoureux comme j'aime, et apporte-le-moi, et j'en mangerai, afin que mon âme te bénisse avant que je meure.

27:5 Et Rebecca entendait Isaac pendant qu'il parlait à Ésaü, son fils. Et Ésaü s'en alla aux champs pour prendre du gibier, pour l'apporter.

27:6 Et Rebecca parla à Jacob, son fils, disant : Voici, j'ai entendu ton père qui parlait à Ésaü, ton frère, disant :

27:7 Apporte-moi du gibier, et apprête-moi un mets savoureux, afin que j'en mange, et que je te bénisse devant l'Éternel avant ma mort.

27:8 Et maintenant, mon fils, écoute ma voix dans ce que je te commanderai.

26:32 And it came to pass the same day, that Isaac's servants came, and told him concerning the well which they had digged, and said unto him, We have found water.

26:33 And he called it Shebah: therefore the name of the city is Beersheba unto this day.

26:34 And Esau was forty years old when he took to wife Judith the daughter of Beeri the Hittite, and Bashemath the daughter of Elon the Hittite:

26:35 Which were a grief of mind unto Isaac and to Rebekah.

27:1 And it came to pass, that when Isaac was old, and his eyes were dim, so that he could not see, he called Esau his eldest son, and said unto him, My son: and he said unto him, Behold, here am I.

27:2 And he said, Behold now, I am old, I know not the day of my death:

27:3 Now therefore take, I pray thee, thy weapons, thy quiver and thy bow, and go out to the field, and take me some venison;

27:4 And make me savoury meat, such as I love, and bring it to me, that I may eat; that my soul may bless thee before I die.

27:5 And Rebekah heard when Isaac spake to Esau his son. And Esau went to the field to hunt for venison, and to bring it.

27:6 And Rebekah spake unto Jacob her son, saying, Behold, I heard thy father speak unto Esau thy brother, saying,

27:7 Bring me venison, and make me savoury meat, that I may eat, and bless thee before the LORD before my death.

27:8 Now therefore, my son, obey my voice according to that which I command thee.

27:9 Va, je te prie, au troupeau, et prends-moi là deux bons chevreaux* ; et j'en apprêterai un mets savoureux pour ton père, comme il aime ;

27:10 et tu le porteras à ton père, et il mangera afin qu'il te bénisse avant sa mort.

27:11 Et Jacob dit à Rebecca, sa mère : Voici, Ésaü, mon frère, est un homme velu, et moi je suis un homme sans poil.

27:12 Peut-être que mon père me tâtera, et je passerai à ses yeux pour un trompeur, et je ferai venir sur moi la malédiction, et non pas la bénédiction.

27:13 Et sa mère lui dit : Que ta malédiction soit sur moi, mon fils ! Seulement, écoute ma voix, et va, prends-les-moi.

27:14 Et il alla et les prit, et les apporta à sa mère ; et sa mère apprêta un mets savoureux comme son père aimait.

27:15 Et Rebecca prit les vêtements d'Ésaü son fils aîné, les habits précieux qu'elle avait avec elle dans la maison, et elle en revêtit Jacob, son plus jeune fils ;

27:16 et avec les peaux des chevreaux elle recouvrit ses mains, et le nu de son cou.

27:17 Et elle mit dans la main de Jacob, son fils, le mets savoureux et le pain qu'elle avait préparés.

27:18 Et il vint vers son père, et dit : Mon père ! Et il dit : Me voici ; qui es-tu, mon fils ?

27:19 Et Jacob dit à son père : Je suis Ésaü, ton premier-né ; j'ai fait comme tu m'as dit : Lève-toi, je te prie, assieds-toi, et mange de mon gibier, afin que ton âme me bénisse.

27:20 Et Isaac dit à son fils : Comment en as-tu trouvé si tôt, mon fils ? Et il dit : Parce que l'Éternel, ton Dieu me l'a fait rencontrer devant moi.

27:9 Go now to the flock, and fetch me from thence two good kids of the goats; and I will make them savoury meat for thy father, such as he loveth:

27:10 And thou shalt bring it to thy father, that he may eat, and that he may bless thee before his death.

27:11 And Jacob said to Rebekah his mother, Behold, Esau my brother is a hairy man, and I am a smooth man:

27:12 My father peradventure will feel me, and I shall seem to him as a deceiver; and I shall bring a curse upon me, and not a blessing.

27:13 And his mother said unto him, Upon me be thy curse, my son: only obey my voice, and go fetch me them.

27:14 And he went, and fetched, and brought them to his mother: and his mother made savoury meat, such as his father loved.

27:15 And Rebekah took goodly raiment of her eldest son Esau, which were with her in the house, and put them upon Jacob her younger son:

27:16 And she put the skins of the kids of the goats upon his hands, and upon the smooth of his neck:

27:17 And she gave the savoury meat and the bread, which she had prepared, into the hand of her son Jacob.

27:18 And he came unto his father, and said, My father: and he said, Here am I; who art thou, my son?

27:19 And Jacob said unto his father, I am Esau thy first born; I have done according as thou badest me: arise, I pray thee, sit and eat of my venison, that thy soul may bless me.

27:20 And Isaac said unto his son, How is it that thou hast found it so quickly, my son? And he said, Because the LORD thy God brought it to me.

27:21 Et Isaac dit à Jacob : Approche, je te prie, et je te tâterai, mon fils, [pour savoir] si tu es véritablement mon fils Ésaü, ou non.	*27:21 And Isaac said unto Jacob, Come near, I pray thee, that I may feel thee, my son, whether thou be my very son Esau or not.*
27:22 Et Jacob s'approcha d'Isaac, son père ; et il le tâta, et dit : La voix est la voix de Jacob ; mais les mains sont les mains d'Ésaü.	*27:22 And Jacob went near unto Isaac his father; and he felt him, and said, The voice is Jacob's voice, but the hands are the hands of Esau.*
27:23 Et il ne le reconnut pas, parce que ses mains étaient velues comme les mains d'Ésaü, son frère ; et il le bénit ;	*27:23 And he discerned him not, because his hands were hairy, as his brother Esau's hands: so he blessed him.*
27:24 et il dit : Es-tu vraiment mon fils Ésaü ? Et il dit : Je le suis.	*27:24 And he said, Art thou my very son Esau? And he said, I am.*
27:25 Et il dit : Sers-moi, et que je mange du gibier de mon fils, afin que mon âme te bénisse. Et il le servit, et il mangea ; et il lui apporta du vin, et il but.	*27:25 And he said, Bring it near to me, and I will eat of my son's venison, that my soul may bless thee. And he brought it near to him, and he did eat: and he brought him wine and he drank.*
27:26 Et Isaac, son père, lui dit : Approche-toi, je te prie, et baise-moi, mon fils.	*27:26 And his father Isaac said unto him, Come near now, and kiss me, my son.*
27:27 Et il s'approcha, et le baisa. Et il sentit l'odeur de ses vêtements, et il le bénit, et dit : Regarde, — l'odeur de mon fils est comme l'odeur d'un champ que l'Éternel a béni.	*27:27 And he came near, and kissed him: and he smelled the smell of his raiment, and blessed him, and said, See, the smell of my son is as the smell of a field which the LORD hath blessed:*
27:28 Que Dieu te donne de la rosée des cieux et de la graisse de la terre, et une abondance de froment et de moût !	*27:28 Therefore God give thee of the dew of heaven, and the fatness of the earth, and plenty of corn and wine:*
27:29 Que des peuples te servent, et que des peuplades se prosternent devant toi ! Sois le maître de tes frères, et que les fils de ta mère se prosternent devant toi ! Maudit soit qui te maudit, et béni, qui te bénit !	*27:29 Let people serve thee, and nations bow down to thee: be lord over thy brethren, and let thy mother's sons bow down to thee: cursed be every one that curseth thee, and blessed be he that blesseth thee.*
27:30 Et comme Isaac avait achevé de bénir Jacob, et que Jacob était à peine sorti de devant Isaac, son père, il arriva qu'Ésaü, son frère, revint de sa chasse.	*27:30 And it came to pass, as soon as Isaac had made an end of blessing Jacob, and Jacob was yet scarce gone out from the presence of Isaac his father, that Esau his brother came in from his hunting.*
27:31 Et lui aussi apprêta un mets savoureux, et l'apporta à son père ; et il dit à son père : Que mon père se lève, et qu'il mange du gibier de son fils, afin que ton âme me bénisse.	*27:31 And he also had made savoury meat, and brought it unto his father, and said unto his father, Let my father arise, and eat of his son's venison, that thy soul may bless me.*

27:32 Et Isaac, son père, lui dit : Qui es-tu ? Et il dit : Je suis ton fils, ton premier-né, Ésaü.

27:32 And Isaac his father said unto him, Who art thou? And he said, I am thy son, thy firstborn Esau.

27:33 Alors Isaac fut saisi d'un tremblement très grand, et il dit : Qui donc est celui qui a pris du gibier, et m'en a apporté ? Et j'ai mangé de tout avant que tu vinsses, et je l'ai béni : aussi il sera béni.

27:33 And Isaac trembled very exceedingly, and said, Who? where is he that hath taken venison, and brought it me, and I have eaten of all before thou camest, and have blessed him? yea, and he shall be blessed.

27:34 Lorsque Ésaü entendit les paroles de son père, il jeta un cri très grand et amer ; et il dit à son père : Bénis-moi, moi aussi, mon père !

27:34 And when Esau heard the words of his father, he cried with a great and exceeding bitter cry, and said unto his father, Bless me, even me also, O my father.

27:35 Et il dit : Ton frère est venu avec ruse et a pris ta bénédiction.

27:35 And he said, Thy brother came with subtilty, and hath taken away thy blessing.

27:36 Et il dit : N'est-ce pas qu'on a appelé son nom Jacob ? et il m'a supplanté ces deux fois : il a pris mon droit d'aînesse ; et voici, maintenant il a pris ma bénédiction ! Et il dit : Ne m'as-tu pas réservé une bénédiction ?

27:36 And he said, Is not he rightly named Jacob? for he hath supplanted me these two times: he took away my birthright; and, behold, now he hath taken away my blessing. And he said, Hast thou not reserved a blessing for me?

27:37 Et Isaac répondit et dit à Ésaü : Voici, je l'ai établi ton maître, et je lui ai donné tous ses frères pour serviteurs, et je l'ai sustenté avec du froment et du moût ; que ferai-je donc pour toi, mon fils ?

27:37 And Isaac answered and said unto Esau, Behold, I have made him thy lord, and all his brethren have I given to him for servants; and with corn and wine have I sustained him: and what shall I do now unto thee, my son?

27:38 Et Ésaü dit à son père : N'as-tu que cette seule bénédiction, mon père ? Bénis-moi, moi aussi, mon père ! Et Ésaü éleva sa voix et pleura.

27:38 And Esau said unto his father, Hast thou but one blessing, my father? bless me, even me also, O my father. And Esau lifted up his voice, and wept.

27:39 Et Isaac, son père, répondit et lui dit : Voici, ton habitation sera en* la graisse de la terre et en* la rosée des cieux d'en haut.

27:39 And Isaac his father answered and said unto him, Behold, thy dwelling shall be the fatness of the earth, and of the dew of heaven from above;

27:40 Et tu vivras de ton épée, et tu serviras ton frère ; et il arrivera que, lorsque tu seras devenu nomade*, tu briseras son joug de dessus ton cou.

27:40 And by thy sword shalt thou live, and shalt serve thy brother; and it shall come to pass when thou shalt have the dominion, that thou shalt break his yoke from off thy neck.

God Almighty

27:41 Et Ésaü eut Jacob en haine, à cause de la bénédiction dont son père l'avait béni ; et Ésaü dit en son cœur : Les jours du deuil de mon père approchent, et je tuerai Jacob, mon frère.

27:42 Et on rapporta à Rebecca les paroles d'Ésaü, son fils aîné ; et elle envoya, et appela Jacob, son plus jeune fils, et lui dit : Voici, ton frère Ésaü se console à ton sujet dans l'espoir de te tuer.

27:43 Et maintenant, mon fils, écoute ma voix : Lève-toi, fuis chez Laban, mon frère, à Charan ;

27:44 et tu demeureras avec lui quelques jours, jusqu'à ce que la fureur de ton frère se détourne,

27:45 jusqu'à ce que la colère de ton frère se détourne de toi et qu'il oublie ce que tu lui as fait, et que j'envoie et que je te tire de là. Pourquoi serais-je privée de vous deux en un jour ?

27:46 Et Rebecca dit à Isaac : J'ai la vie en aversion à cause des filles de Heth. Si Jacob prend une femme d'entre les filles de Heth, comme celles-ci, d'entre les filles du pays, à quoi bon pour moi de vivre ?

28:1 Et Isaac appela Jacob, et le bénit, et lui commanda, et lui dit : Tu ne prendras pas de femme d'entre les filles de Canaan.

28:2 Lève-toi, va à Paddan-Aram, à la maison de Bethuel, père de ta mère, et prends de là une femme d'entre les filles de Laban, frère de ta mère.

28:3 Et que le *Dieu Tout-puissant* te bénisse, et te fasse fructifier et te multiplie, afin que tu deviennes une assemblée de peuples ;

27:41 And Esau hated Jacob because of the blessing wherewith his father blessed him: and Esau said in his heart, The days of mourning for my father are at hand; then will I slay my brother Jacob.

27:42 And these words of Esau her elder son were told to Rebekah: and she sent and called Jacob her younger son, and said unto him, Behold, thy brother Esau, as touching thee, doth comfort himself, purposing to kill thee.

27:43 Now therefore, my son, obey my voice; arise, flee thou to Laban my brother to Haran;

27:44 And tarry with him a few days, until thy brother's fury turn away;

27:45 Until thy brother's anger turn away from thee, and he forget that which thou hast done to him: then I will send, and fetch thee from thence: why should I be deprived also of you both in one day?

27:46 And Rebekah said to Isaac, I am weary of my life because of the daughters of Heth: if Jacob take a wife of the daughters of Heth, such as these which are of the daughters of the land, what good shall my life do me?

28:1 And Isaac called Jacob, and blessed him, and charged him, and said unto him, Thou shalt not take a wife of the daughters of Canaan.

28:2 Arise, go to Padanaram, to the house of Bethuel thy mother's father; and take thee a wife from thence of the daughers of Laban thy mother's brother.

28:3 And God Almighty bless thee, and make thee fruitful, and multiply thee, that thou mayest be a multitude of people;

28:4 et qu'il te donne la bénédiction d'Abraham, à toi et à ta semence avec toi, afin que tu possèdes le pays où tu as séjourné*, lequel Dieu adonné à Abraham.

28:4 And give thee the blessing of Abraham, to thee, and to thy seed with thee; that thou mayest inherit the land wherein thou art a stranger, which God gave unto Abraham.

28:5 Et Isaac fit partir Jacob, qui s'en alla à Paddan-Aram, vers Laban, fils de Bethuel, l'Araméen, frère de Rebecca, mère de Jacob et d'Ésaü*.

28:5 And Isaac sent away Jacob: and he went to Padanaram unto Laban, son of Bethuel the Syrian, the brother of Rebekah, Jacob's and Esau's mother.

28:6 Et Ésaü vit qu'Isaac avait béni Jacob, et l'avait fait partir pour Paddan-Aram pour y prendre une femme, et qu'en le bénissant il lui avait commandé, disant : Tu ne prendras pas de femme d'entre les filles de Canaan ;

28:6 When Esau saw that Isaac had blessed Jacob, and sent him away to Padanaram, to take him a wife from thence; and that as he blessed him he gave him a charge, saying, Thou shalt not take a wife of the daughers of Canaan;

28:7 et que Jacob avait écouté son père et sa mère, et s'en était allé à Paddan-Aram ;

28:7 And that Jacob obeyed his father and his mother, and was gone to Padanaram;

28:8 alors Ésaü vit que les filles de Canaan étaient mal vues d'Isaac, son père ;

28:8 And Esau seeing that the daughters of Canaan pleased not Isaac his father;

28:9 et Ésaü s'en alla vers Ismaël, et prit pour femme, outre les femmes qu'il avait, Mahalath, fille d'Ismaël, fils d'Abraham, sœur de Nebaïoth.

28:9 Then went Esau unto Ishmael, and took unto the wives which he had Mahalath the daughter of Ishmael Abraham's son, the sister of Nebajoth, to be his wife.

28:10 Et Jacob sortit de Beër-Shéba, et s'en alla à Charan ;

28:10 And Jacob went out from Beersheba, and went toward Haran.

28:11 et il se rencontra en un lieu où il passa la nuit, car le soleil était couché ; et il prit des pierres du lieu, et s'en fit un chevet, et se coucha en ce lieu-là.

28:11 And he lighted upon a certain place, and tarried there all night, because the sun was set; and he took of the stones of that place, and put them for his pillows, and lay down in that place to sleep.

28:12 Et il songea : et voici une échelle dressée sur la terre, et son sommet touchait aux cieux ; et voici, les anges de Dieu montaient et descendaient sur elle.

28:12 And he dreamed, and behold a ladder set up on the earth, and the top of it reached to heaven: and behold the angels of God ascending and descending on it.

28:13 Et voici, l'Éternel se tenait sur elle, et il dit : Je suis l'Éternel, le Dieu d'Abraham, ton père, et le Dieu d'Isaac ; la terre, sur laquelle tu es couché, je te la donnerai, et à ta semence ;

28:13 And, behold, the LORD stood above it, and said, I am the LORD God of Abraham thy father, and the God of Isaac: the land whereon thou liest, to thee will I give it, and to thy seed;

28:14 et ta semence sera comme la poussière de la terre ; et tu t'étendras à l'occident, et à l'orient, et au nord, et au midi ; et toutes les familles de la terre seront bénies en toi et en ta semence.

28:15 Et voici, je suis avec toi ; et je te garderai partout où tu iras, et je te ramènerai dans cette terre-ci, car je ne t'abandonnerai pas jusqu'à ce que j'aie fait ce que je t'ai dit.

28:16 Et Jacob se réveilla de son sommeil, et il dit : Certainement, l'Éternel est dans ce lieu, et moi je ne le savais pas.

28:17 Et il eut peur, et dit : Que ce lieu-ci est terrible ! Ce n'est autre chose que la maison de Dieu et c'est ici la porte des cieux !

28:18 Et Jacob se leva de bon matin, et prit la pierre dont il avait fait son chevet, et la dressa en stèle, et versa de l'huile sur son sommet.

28:19 Et il appela le nom de ce lieu-là Béthel* ; mais premièrement le nom de la ville était Luz.

28:20 Et Jacob fit un vœu, en disant : Si Dieu est avec moi et me garde dans ce chemin où je marche, et qu'il me donne du pain à manger et un vêtement pour me vêtir,

28:21 et que je retourne en paix à la maison de mon père, l'Éternel sera mon Dieu*.

28:22 Et cette pierre que j'ai dressée en stèle sera la maison de Dieu ; et de tout ce que tu me donneras, je t'en donnerai la dîme.

29:1 Et Jacob se mit en marche, et s'en alla au pays des fils de l'orient.

29:2 Et il regarda, et voici un puits dans les champs, et voilà trois troupeaux de menu bétail couchés auprès, (car de ce puits-là on abreuvait les troupeaux) ; et il y avait une grosse pierre sur l'ouverture du puits.

28:14 And thy seed shall be as the dust of the earth, and thou shalt spread abroad to the west, and to the east, and to the north, and to the south: and in thee and in thy seed shall all the families of the earth be blessed.

28:15 And, behold, I am with thee, and will keep thee in all places whither thou goest, and will bring thee again into this land; for I will not leave thee, until I have done that which I have spoken to thee of.

28:16 And Jacob awaked out of his sleep, and he said, Surely the LORD is in this place; and I knew it not.

28:17 And he was afraid, and said, How dreadful is this place! this is none other but the house of God, and this is the gate of heaven.

28:18 And Jacob rose up early in the morning, and took the stone that he had put for his pillows, and set it up for a pillar, and poured oil upon the top of it.

28:19 And he called the name of that place Bethel: but the name of that city was called Luz at the first.

28:20 And Jacob vowed a vow, saying, If God will be with me, and will keep me in this way that I go, and will give me bread to eat, and raiment to put on,

28:21 So that I come again to my father's house in peace; then shall the LORD be my God:

28:22 And this stone, which I have set for a pillar, shall be God's house: and of all that thou shalt give me I will surely give the tenth unto thee.

29:1 Then Jacob went on his journey, and came into the land of the people of the east.

29:2 And he looked, and behold a well in the field, and, lo, there were three flocks of sheep lying by it: for out of that well they watered the flocks: and a great stone was upon the well's mouth.

29:3 Et tous les troupeaux se rassemblaient là, et on roulait la pierre de dessus l'ouverture du puits et on abreuvait le bétail ; puis on remettait la pierre à sa place sur l'ouverture du puits.	*29:3 And thither were all the flocks gathered: and they rolled the stone from the well's mouth, and watered the sheep, and put the stone again upon the well's mouth in his place.*
29:4 Et Jacob leur dit : Mes frères d'où êtes-vous ? Et ils dirent : Nous sommes de Charan.	*29:4 And Jacob said unto them, My brethren, whence be ye? And they said, Of Haran are we.*
29:5 Et il leur dit : Connaissez-vous Laban, fils de Nakhor ? Et ils dirent : Nous le connaissons.	*29:5 And he said unto them, Know ye Laban the son of Nahor? And they said, We know him.*
29:6 Et il leur dit : Se porte-t-il bien ? Et ils dirent : Bien ; et voici Rachel, sa fille qui vient avec le bétail.	*29:6 And he said unto them, Is he well? And they said, He is well: and, behold, Rachel his daughter cometh with the sheep.*
29:7 Et il dit : Voici, il est encore grand jour, il n'est pas temps de rassembler les troupeaux ; abreuvez le bétail, et allez, faites-le paître.	*29:7 And he said, Lo, it is yet high day, neither is it time that the cattle should be gathered together: water ye the sheep, and go and feed them.*
29:8 Et ils dirent : Nous ne le pouvons pas, jusqu'à ce que tous les troupeaux soient rassemblés ; alors on roule la pierre de dessus l'ouverture du puits, et nous abreuvons le bétail.	*29:8 And they said, We cannot, until all the flocks be gathered together, and till they roll the stone from the well's mouth; then we water the sheep.*
29:9 Comme il parlait encore avec eux, Rachel vint avec le bétail qui était à son père ; car elle était bergère.	*29:9 And while he yet spake with them, Rachel came with her father's sheep; for she kept them.*
29:10 Et il arriva, quand Jacob vit Rachel, fille de Laban, frère de sa mère, et le bétail de Laban, frère de sa mère, que Jacob s'approcha, et roula la pierre de dessus l'ouverture du puits, et abreuva le bétail de Laban, frère de sa mère.	*29:10 And it came to pass, when Jacob saw Rachel the daughter of Laban his mother's brother, and the sheep of Laban his mother's brother, that Jacob went near, and rolled the stone from the well's mouth, and watered the flock of Laban his mother's brother.*
29:11 Et Jacob baisa Rachel et éleva sa voix et pleura.	*29:11 And Jacob kissed Rachel, and lifted up his voice, and wept.*
29:12 Et Jacob apprit à Rachel qu'il était frère de son père et qu'il était fils de Rebecca ; et elle courut le rapporter à son père.	*29:12 And Jacob told Rachel that he was her father's brother, and that he was Rebekah's son: and she ran and told her father.*

God Almighty

29:13 Et il arriva que, lorsque Laban apprit les nouvelles de Jacob, fils de sa sœur, il courut à sa rencontre, et l'embrassa et le baisa, et le fit entrer dans sa maison ; et [Jacob] raconta à Laban toutes ces choses.	*29:13 And it came to pass, when Laban heard the tidings of Jacob his sister's son, that he ran to meet him, and embraced him, and kissed him, and brought him to his house. And he told Laban all these things.*
29:14 Et Laban lui dit : Certes, tu es mon os et ma chair. Et il demeura avec lui un mois de temps.	*29:14 And Laban said to him, Surely thou art my bone and my flesh. And he abode with him the space of a month.*
29:15 Et Laban dit à Jacob : Parce que tu es mon frère, me serviras-tu pour rien ?	*29:15 And Laban said unto Jacob, Because thou art my brother, shouldest thou therefore serve me for nought? tell me, what shall thy wages be?*
29:16 Dis-moi quel sera ton salaire ? Or Laban avait deux filles ; le nom de l'aînée était Léa, et le nom de la plus jeune, Rachel.	*29:16 And Laban had two daughters: the name of the elder was Leah, and the name of the younger was Rachel.*
29:17 Et Léa avait les yeux délicats ; mais Rachel était belle de taille et belle de visage.	*29:17 Leah was tender eyed; but Rachel was beautiful and well favoured.*
29:18 Et Jacob aimait Rachel, et il dit : Je te servirai sept ans pour Rachel, ta plus jeune fille.	*29:18 And Jacob loved Rachel; and said, I will serve thee seven years for Rachel thy younger daughter.*
29:19 Et Laban dit : Mieux vaut que je te la donne que de la donner à un autre homme ; demeure avec moi.	*29:19 And Laban said, It is better that I give her to thee, than that I should give her to another man: abide with me.*
29:20 Et Jacob servit pour Rachel sept années ; et elles furent à ses yeux comme peu de jours, parce qu'il l'aimait.	*29:20 And Jacob served seven years for Rachel; and they seemed unto him but a few days, for the love he had to her.*
29:21 Et Jacob dit à Laban : Donne-moi ma femme ; car mes jours sont accomplis, et je viendrai vers elle.	*29:21 And Jacob said unto Laban, Give me my wife, for my days are fulfilled, that I may go in unto her.*
29:22 Et Laban rassembla tous les gens du lieu, et fit un festin.	*29:22 And Laban gathered together all the men of the place, and made a feast.*
29:23 Et il arriva, le soir, qu'il prit Léa, sa fille, et la lui amena ; et il vint vers elle.	*29:23 And it came to pass in the evening, that he took Leah his daughter, and brought her to him; and he went in unto her.*
29:24 Et Laban donna Zilpa, sa servante, à Léa, sa fille, pour servante.	*29:24 And Laban gave unto his daughter Leah Zilpah his maid for an handmaid.*
29:25 Et il arriva, au matin, que voici, c'était Léa. Et il dit à Laban : Que m'as-tu fait ? N'est-ce pas pour Rachel que je t'ai servi ? et pourquoi m'as-tu trompé ?	*29:25 And it came to pass, that in the morning, behold, it was Leah: and he said to Laban, What is this thou hast done unto me? did not I serve with thee for Rachel? wherefore then hast thou beguiled me?*

29:26 Et Laban dit : On ne fait pas ainsi, dans notre lieu, de donner la plus jeune avant l'aînée.

29:26 And Laban said, It must not be so done in our country, to give the younger before the firstborn.

29:27 Accomplis la semaine de celle-ci, et nous te donnerons aussi celle-là, pour le service que tu feras chez moi encore sept autres années.

29:27 Fulfil her week, and we will give thee this also for the service which thou shalt serve with me yet seven other years.

29:28 Et Jacob fit ainsi, et il accomplit la semaine de celle-ci. Et [Laban] lui donna Rachel, sa fille, pour femme.

29:28 And Jacob did so, and fulfilled her week: and he gave him Rachel his daughter to wife also.

29:29 Et Laban donna Bilha, sa servante, à Rachel, sa fille, pour servante.

29:29 And Laban gave to Rachel his daughter Bilhah his handmaid to be her maid.

29:30 Et il vint aussi vers Rachel ; et il aima aussi Rachel plus que Léa. Et il servit Laban* encore sept autres années.

29:30 And he went in also unto Rachel, and he loved also Rachel more than Leah, and served with him yet seven other years.

29:31 Et l'Éternel vit que Léa était haïe, et il ouvrit sa matrice ; mais Rachel était stérile.

29:31 And when the LORD saw that Leah was hated, he opened her womb: but Rachel was barren.

29:32 Et Léa conçut, et enfanta un fils, et elle appela son nom Ruben*, car elle dit : Parce que l'Éternel a regardé mon affliction ; car maintenant mon mari m'aimera.

29:32 And Leah conceived, and bare a son, and she called his name Reuben: for she said, Surely the LORD hath looked upon my affliction; now therefore my husband will love me.

29:33 Et elle conçut encore, et enfanta un fils, et dit : Parce que l'Éternel a entendu que j'étais haïe, il m'a donné aussi celui-ci ; et elle appela son nom Siméon*.

29:33 And she conceived again, and bare a son; and said, Because the LORD hath heard I was hated, he hath therefore given me this son also: and she called his name Simeon.

29:34 Et elle conçut encore, et enfanta un fils, et dit : Maintenant, cette fois, mon mari s'attachera à moi, car je lui ai enfanté trois fils ; c'est pourquoi on appela son nom Lévi*.

29:34 And she conceived again, and bare a son; and said, Now this time will my husband be joined unto me, because I have born him three sons: therefore was his name called Levi.

29:35 Et elle conçut encore, et enfanta un fils, et dit : Cette fois, je louerai l'Éternel ; c'est pourquoi elle appela son nom Juda* ; et elle cessa d'enfanter.

29:35 And she conceived again, and bare a son: and she said, Now will I praise the LORD: therefore she called his name Judah; and left bearing.

30:1 Et Rachel vit qu'elle ne donnait pas d'enfants à Jacob, et Rachel fut jalouse de sa sœur, et dit à Jacob : Donne-moi des fils, sinon je meurs.

30:1 And when Rachel saw that she bare Jacob no children, Rachel envied her sister; and said unto Jacob, Give me children, or else I die.

God Almighty

30:2 Et la colère de Jacob s'enflamma contre Rachel, et il dit : Suis-je à la place de Dieu qui t'a refusé le fruit du ventre ?	*30:2 And Jacob's anger was kindled against Rachel: and he said, Am I in God's stead, who hath withheld from thee the fruit of the womb?*
30:3 Et elle dit : Voici ma servante Bilha : va vers elle ; et elle enfantera sur mes genoux, et moi aussi j'aurai des enfants par elle.	*30:3 And she said, Behold my maid Bilhah, go in unto her; and she shall bear upon my knees, that I may also have children by her.*
30:4 Et elle lui donna Bilha, sa servante, pour femme ; et Jacob vint vers elle.	*30:4 And she gave him Bilhah her handmaid to wife: and Jacob went in unto her.*
30:5 Et Bilha conçut, et enfanta un fils à Jacob.	*30:5 And Bilhah conceived, and bare Jacob a son.*
30:6 Et Rachel dit : Dieu m'a fait justice, et il a aussi entendu ma voix, et m'a donné un fils ; c'est pourquoi elle appela son nom Dan*.	*30:6 And Rachel said, God hath judged me, and hath also heard my voice, and hath given me a son: therefore called she his name Dan.*
30:7 Et Bilha, servante de Rachel conçut encore, et enfanta un second fils à Jacob.	*30:7 And Bilhah Rachel's maid conceived again, and bare Jacob a second son.*
30:8 Et Rachel dit : J'ai soutenu des luttes de Dieu avec ma sœur, aussi je l'ai emporté. Et elle appela son nom Nephthali*.	*30:8 And Rachel said, With great wrestlings have I wrestled with my sister, and I have prevailed: and she called his name Naphtali.*
30:9 Et Léa vit qu'elle avait cessé d'enfanter, et elle prit Zilpa, sa servante, et la donna pour femme à Jacob.	*30:9 When Leah saw that she had left bearing, she took Zilpah her maid, and gave her Jacob to wife.*
30:10 Et Zilpa, servante de Léa, enfanta un fils à Jacob.	*30:10 And Zilpah Leah's maid bare Jacob a son.*
30:11 Et Léa dit : La bonne fortune vient*. Et elle appela son nom Gad**.	*30:11 And Leah said, A troop cometh: and she called his name Gad.*
30:12 Et Zilpa, servante de Léa, enfanta un second fils à Jacob.	*30:12 And Zilpah Leah's maid bare Jacob a second son.*
30:13 Et Léa dit : pour mon bonheur ! car les filles me diront bienheureuse. Et elle appela son nom Aser*.	*30:13 And Leah said, Happy am I, for the daughters will call me blessed: and she called his name Asher.*
30:14 Et Ruben sortit aux jours de la moisson du froment, et il trouva des mandragores dans les champs, et les apporta à Léa, sa mère. Et Rachel dit à Léa : Donne-moi, je te prie, des mandragores de ton fils.	*30:14 And Reuben went in the days of wheat harvest, and found mandrakes in the field, and brought them unto his mother Leah. Then Rachel said to Leah, Give me, I pray thee, of thy son's mandrakes.*

30:15 Et elle lui dit : Est-ce peu de chose que tu m'aies pris mon mari, et tu prends aussi les mandragores de mon fils ! Et Rachel dit : Eh bien, il couchera avec toi cette nuit pour les mandragores de ton fils.

30:16 Et Jacob vint des champs sur le soir, et Léa sortit à sa rencontre, et dit : C'est vers moi que tu viendras, car je t'ai loué pour les mandragores de mon fils.

30:17 Et il coucha avec elle cette nuit-là. Et Dieu entendit Léa, et elle conçut, et enfanta à Jacob un cinquième fils.

30:18 Et Léa dit : Dieu m'a donné mon salaire, parce que j'ai donné ma servante à mon mari. Et elle appela son nom Issacar*.

30:19 Et Léa conçut encore, et enfanta à Jacob un sixième fils.

30:20 Et Léa dit : Dieu m'a fait un beau don ; cette fois mon mari habitera avec moi, car je lui ai enfanté six fils. Et elle appela son nom Zabulon*.

30:21 Et après, elle enfanta une fille, et appela son nom Dina.

30:22 Et Dieu se souvint de Rachel ; et Dieu l'écouta et ouvrit sa matrice.

30:23 Et elle conçut, et enfanta un fils, et dit : Dieu a ôté mon opprobre.

30:24 Et elle appela son nom Joseph*, en disant : Que l'Éternel m'ajoute un autre fils !

30:25 Et il arriva, quand Rachel eut enfanté Joseph, que Jacob dit à Laban : Renvoie-moi, et j'irai dans mon lieu et dans mon pays.

30:26 Donne-moi mes femmes pour lesquelles je t'ai servi, et mes enfants, et je m'en irai ; car tu sais quel a été le service que je t'ai rendu.

30:15 And she said unto her, Is it a small matter that thou hast taken my husband? and wouldest thou take away my son's mandrakes also? And Rachel said, Therefore he shall lie with thee to night for thy son's mandrakes.

30:16 And Jacob came out of the field in the evening, and Leah went out to meet him, and said, Thou must come in unto me; for surely I have hired thee with my son's mandrakes. And he lay with her that night.

30:17 And God hearkened unto Leah, and she conceived, and bare Jacob the fifth son.

30:18 And Leah said, God hath given me my hire, because I have given my maiden to my husband: and she called his name Issachar.

30:19 And Leah conceived again, and bare Jacob the sixth son.

30:20 And Leah said, God hath endued me with a good dowry; now will my husband dwell with me, because I have born him six sons: and she called his name Zebulun.

30:21 And afterwards she bare a daughter, and called her name Dinah.

30:22 And God remembered Rachel, and God hearkened to her, and opened her womb.

30:23 And she conceived, and bare a son; and said, God hath taken away my reproach:

30:24 And she called his name Joseph; and said, The LORD shall add to me another son.

30:25 And it came to pass, when Rachel had born Joseph, that Jacob said unto Laban, Send me away, that I may go unto mine own place, and to my country.

30:26 Give me my wives and my children, for whom I have served thee, and let me go: for thou knowest my service which I have done thee.

30:27 Et Laban lui : [Écoute], si au moins j'ai trouvé grâce à tes yeux ! J'ai aperçu que l'Éternel m'a béni à cause de toi.

30:28 Et il dit : Fixe-moi ton salaire, et je te le donnerai.

30:29 Et il lui dit : Tu sais comment je t'ai servi, et ce qu'est devenu ton troupeau avec moi ;

30:30 car ce que tu avais avant moi était peu de chose, et s'est accru et est devenu une multitude ; et l'Éternel t'a béni depuis que je suis venu*. Et maintenant, quand travaillerai-je moi aussi, pour ma maison ?

30:31 Et [Laban] dit : Que te donnerai-je ? Et Jacob dit : Tu ne me donneras rien. Si tu veux faire ceci pour moi, je paîtrai encore ton bétail, [et] je le garderai :

30:32 je passerai aujourd'hui par tout ton bétail, j'en ôterai toute bête marquetée et tachetée, et tous les agneaux foncés, et ce qui est tacheté et marqueté parmi les chèvres ; et ce sera là mon salaire.

30:33 Et ma justice répondra pour moi désormais, quand elle viendra devant toi pour mon salaire ; tout ce qui ne sera pas marqueté et tacheté parmi les chèvres, et foncé parmi les agneaux, auprès de moi, sera tenu pour volé.

30:34 Et Laban dit : Voici, qu'il en soit selon ta parole.

30:35 Et il ôta ce jour-là les boucs rayés et tachetés, et toutes les chèvres marquetées et tachetées, toutes celles qui avaient du blanc, et tout ce qui était foncé parmi les agneaux, et il les remit entre les mains de ses fils.

30:36 Et il mit trois journées de chemin entre lui et Jacob ; et Jacob paissait le reste du bétail de Laban.

30:27 And Laban said unto him, I pray thee, if I have found favour in thine eyes, tarry: for I have learned by experience that the LORD hath blessed me for thy sake.

30:28 And he said, Appoint me thy wages, and I will give it.

30:29 And he said unto him, Thou knowest how I have served thee, and how thy cattle was with me.

30:30 For it was little which thou hadst before I came, and it is now increased unto a multitude; and the LORD hath blessed thee since my coming: and now when shall I provide for mine own house also?

30:31 And he said, What shall I give thee? And Jacob said, Thou shalt not give me any thing: if thou wilt do this thing for me, I will again feed and keep thy flock.

30:32 I will pass through all thy flock to day, removing from thence all the speckled and spotted cattle, and all the brown cattle among the sheep, and the spotted and speckled among the goats: and of such shall be my hire.

30:33 So shall my righteousness answer for me in time to come, when it shall come for my hire before thy face: every one that is not speckled and spotted among the goats, and brown among the sheep, that shall be counted stolen with me.

30:34 And Laban said, Behold, I would it might be according to thy word.

30:35 And he removed that day the he goats that were ringstraked and spotted, and all the she goats that were speckled and spotted, and every one that had some white in it, and all the brown among the sheep, and gave them into the hand of his sons.

30:36 And he set three days' journey betwixt himself and Jacob: and Jacob fed the rest of Laban's flocks.

30:37 — Et Jacob prit des branches fraîches de peuplier blanc de coudrier*, et d'érable**, et y pela des raies blanches, mettant à nu le blanc qui était aux branches.

30:38 Et il plaça les branches, qu'il avait pelées, devant le bétail dans les auges dans les abreuvoirs où le bétail venait boire ; et le bétail entrait en chaleur lorsqu'il venait boire ;

30:39 le bétail entrait en chaleur devant les branches, et il faisait des petits rayés, marquetés, et tachetés.

30:40 Et Jacob sépara les agneaux, et tourna la face du troupeau vers ce qui était rayé et tout ce qui était foncé dans le bétail de Laban ; et il mit ses troupeaux à part, et ne les mit pas auprès du bétail de Laban.

30:41 Et il arrivait que toutes les fois que les bêtes vigoureuses entraient en chaleur, Jacob mettait les branches dans les auges, devant les yeux du bétail, afin qu'elles entrassent en chaleur en face des branches.

30:42 Mais quand les bêtes étaient chétives, il ne les mettait pas ; et les chétives étaient à Laban, et les vigoureuses à Jacob.

30:43 Et l'homme s'accrut extrêmement, et eut un bétail nombreux, et des servantes et des serviteurs, et des chameaux et des ânes.

31:1 Et il entendit les paroles des fils de Laban, qui disaient : Jacob a pris tout ce qui était à notre père ; et c'est avec ce qui était à notre père qu'il s'est fait toute cette gloire.

31:2 Et Jacob regarda le visage de Laban ; et voici, il n'était pas envers lui comme auparavant*.

31:3 Et l'Éternel dit à Jacob : Retourne au pays de tes pères et vers ta parenté, et je serai avec toi.

31:4 Et Jacob envoya, et appela Rachel et Léa aux champs, vers son troupeau ;

30:37 And Jacob took him rods of green poplar, and of the hazel and chesnut tree; and pilled white strakes in them, and made the white appear which was in the rods.

30:38 And he set the rods which he had pilled before the flocks in the gutters in the watering troughs when the flocks came to drink, that they should conceive when they came to drink.

30:39 And the flocks conceived before the rods, and brought forth cattle ringstraked, speckled, and spotted.

30:40 And Jacob did separate the lambs, and set the faces of the flocks toward the ringstraked, and all the brown in the flock of Laban; and he put his own flocks by themselves, and put them not unto Laban's cattle.

30:41 And it came to pass, whensoever the stronger cattle did conceive, that Jacob laid the rods before the eyes of the cattle in the gutters, that they might conceive among the rods.

30:42 But when the cattle were feeble, he put them not in: so the feebler were Laban's, and the stronger Jacob's.

30:43 And the man increased exceedingly, and had much cattle, and maidservants, and menservants, and camels, and asses.

31:1 And he heard the words of Laban's sons, saying, Jacob hath taken away all that was our father's; and of that which was our father's hath he gotten all this glory.

31:2 And Jacob beheld the countenance of Laban, and, behold, it was not toward him as before.

31:3 And the LORD said unto Jacob, Return unto the land of thy fathers, and to thy kindred; and I will be with thee.

31:4 And Jacob sent and called Rachel and Leah to the field unto his flock,

God Almighty

31:5 et il leur dit : Je vois le visage de votre père, qu'il n'est pas envers moi comme auparavant ; mais le Dieu de mon père a été avec moi.	*31:5 And said unto them, I see your father's countenance, that it is not toward me as before; but the God of my father hath been with me.*
31:6 Et vous savez vous-mêmes que j'ai servi votre père de toute ma force.	*31:6 And ye know that with all my power I have served your father.*
31:7 Et votre père s'est moqué de moi, et a changé dix fois mon salaire ; mais Dieu ne lui a pas permis de me faire du mal.	*31:7 And your father hath deceived me, and changed my wages ten times; but God suffered him not to hurt me.*
31:8 S'il disait ainsi : Les marquetés seront ton salaire, alors tout le bétail faisait des marquetés. Et s'il disait ainsi : Les rayés seront ton salaire, alors tout le bétail faisait des rayés.	*31:8 If he said thus, The speckled shall be thy wages; then all the cattle bare speckled: and if he said thus, The ringstraked shall be thy hire; then bare all the cattle ringstraked.*
31:9 Et Dieu a ôté le troupeau de votre père et me l'a donné.	*31:9 Thus God hath taken away the cattle of your father, and given them to me.*
31:10 Et il arriva, au temps où le bétail entrait en chaleur, que je levai mes yeux, et je vis en songe, et voici, les boucs* qui couvraient le menu bétail étaient rayés, marquetés, et picotés de blanc.	*31:10 And it came to pass at the time that the cattle conceived, that I lifted up mine eyes, and saw in a dream, and, behold, the rams which leaped upon the cattle were ringstraked, speckled, and grisled.*
31:11 Et l'Ange de Dieu me dit en songe : Jacob ! Et je dis : Me voici.	*31:11 And the angel of God spake unto me in a dream, saying, Jacob: And I said, Here am I.*
31:12 Et il dit : Lève tes yeux, et vois : tous les boucs qui couvrent le menu bétail sont rayés, marquetés, et picotés de blanc ; car j'ai vu tout ce que t'a fait Laban.	*31:12 And he said, Lift up now thine eyes, and see, all the rams which leap upon the cattle are ringstraked, speckled, and grisled: for I have seen all that Laban doeth unto thee.*
31:13 Je suis le *Dieu de Béthel, où tu oignis une stèle, où tu me fis un vœu. Maintenant, lève-toi, sors de ce pays, et retourne au pays de ta parenté.	*31:13 I am the God of Bethel, where thou anointedst the pillar, and where thou vowedst a vow unto me: now arise, get thee out from this land, and return unto the land of thy kindred.*
31:14 Et Rachel et Léa répondirent et lui dirent : Avons-nous encore une portion et un héritage dans la maison de notre père ?	*31:14 And Rachel and Leah answered and said unto him, Is there yet any portion or inheritance for us in our father's house?*
31:15 N'avons-nous pas été réputées par lui des étrangères ? car il nous a vendues, et a même toujours mangé notre argent.	*31:15 Are we not counted of him strangers? for he hath sold us, and hath quite devoured also our money.*

31:16 Car toutes les richesses que Dieu a ôtées à notre père sont à nous et à nos enfants. Et maintenant, fais tout ce que Dieu t'a dit.

31:17 Et Jacob se leva, et fit monter ses fils et ses femmes sur les chameaux ;

31:18 et il emmena tous ses troupeaux et tout son bien qu'il avait acquis, les troupeaux qu'il possédait, qu'il avait acquis à Paddan-Aram, pour aller vers Isaac, son père, au pays de Canaan.

31:19 Et Laban était allé tondre son menu bétail, et Rachel vola les théraphim* qui étaient à son père.

31:20 Et Jacob trompa Laban, l'Araméen, car il ne lui apprit pas qu'il s'enfuyait.

31:21 Et il s'enfuit, lui, et tout ce qui était à lui ; et il se leva, et passa le fleuve, et dressa sa face vers la montagne de Galaad.

31:22 Et le troisième jour on rapporta à Laban que Jacob s'était enfui.

31:23 Et il prit ses frères avec lui, et le poursuivit le chemin de sept jours, et l'atteignit à la montagne de Galaad.

31:24 Et Dieu vint vers Laban, l'Araméen, dans un songe, la nuit, et lui dit : Garde-toi de parler à Jacob, ni en bien, ni en mal.

31:25 Et Laban atteignit Jacob ; et Jacob avait dressé sa tente sur la montagne ; et Laban dressa [la sienne] avec ses frères, sur la montagne de Galaad.

31:26 Et Laban dit à Jacob : Qu'as-tu fait de m'avoir trompé, et d'avoir emmené mes filles comme des captives de guerre.

31:16 For all the riches which God hath taken from our father, that is ours, and our children's: now then, whatsoever God hath said unto thee, do.

31:17 Then Jacob rose up, and set his sons and his wives upon camels;

31:18 And he carried away all his cattle, and all his goods which he had gotten, the cattle of his getting, which he had gotten in Padanaram, for to go to Isaac his father in the land of Canaan.

31:19 And Laban went to shear his sheep: and Rachel had stolen the images that were her father's.

31:20 And Jacob stole away unawares to Laban the Syrian, in that he told him not that he fled.

31:21 So he fled with all that he had; and he rose up, and passed over the river, and set his face toward the mount Gilead.

31:22 And it was told Laban on the third day that Jacob was fled.

31:23 And he took his brethren with him, and pursued after him seven days' journey; and they overtook him in the mount Gilead.

31:24 And God came to Laban the Syrian in a dream by night, and said unto him, Take heed that thou speak not to Jacob either good or bad.

31:25 Then Laban overtook Jacob. Now Jacob had pitched his tent in the mount: and Laban with his brethren pitched in the mount of Gilead.

31:26 And Laban said to Jacob, What hast thou done, that thou hast stolen away unawares to me, and carried away my daughters, as captives taken with the sword?

31:27 Pourquoi t'es-tu enfui en cachette, et t'es-tu dérobé d'avec moi, et ne m'as-tu pas averti ? Et je t'eusse renvoyé avec joie, et avec des chants, avec le tambourin et avec la harpe.

31:28 Et tu ne m'as pas laissé baiser mes fils et mes filles ; en cela, tu as agi follement.

31:29 J'ai en ma main le pouvoir de vous faire du mal, mais le Dieu de votre père m'a parlé la nuit passée, disant : Garde-toi de parler à Jacob, ni en bien, ni en mal.

31:30 Et maintenant que tu t'en es allé, parce que tu languissais tant après la maison de ton père pourquoi as-tu volé mes dieux ?

31:31 Et Jacob répondit et dit à Laban : Parce que j'ai craint ; car j'ai dit : De peur que tu ne me ravisses tes filles.

31:32 Qu'il ne vive pas, celui auprès de qui tu trouveras tes dieux ! Devant nos frères reconnais ce qui est à toi chez moi, et prends-le. Or Jacob ne savait pas que Rachel les avait volés.

31:33 Et Laban entra dans la tente de Jacob, et dans la tente de Léa, et dans la tente des deux servantes, et ne trouva [rien] ; et il sortit de la tente de Léa, et entra dans la tente de Rachel.

31:34 Or Rachel avait pris les théraphim, et les avait mis dans le bât du chameau, et s'était assise dessus ; et Laban fouilla toute la tente, et ne trouva [rien].

31:35 Et elle dit à son père : Que mon seigneur ne voie pas d'un œil irrité que je ne puis me lever devant toi, car j'ai ce que les femmes ont coutume d'avoir. Et il chercha, mais il ne trouva pas les théraphim.

31:27 Wherefore didst thou flee away secretly, and steal away from me; and didst not tell me, that I might have sent thee away with mirth, and with songs, with tabret, and with harp?

31:28 And hast not suffered me to kiss my sons and my daughters? thou hast now done foolishly in so doing.

31:29 It is in the power of my hand to do you hurt: but the God of your father spake unto me yesternight, saying, Take thou heed that thou speak not to Jacob either good or bad.

31:30 And now, though thou wouldest needs be gone, because thou sore longedst after thy father's house, yet wherefore hast thou stolen my gods?

31:31 And Jacob answered and said to Laban, Because I was afraid: for I said, Peradventure thou wouldest take by force thy daughters from me.

31:32 With whomsoever thou findest thy gods, let him not live: before our brethren discern thou what is thine with me, and take it to thee. For Jacob knew not that Rachel had stolen them.

31:33 And Laban went into Jacob's tent, and into Leah's tent, and into the two maidservants' tents; but he found them not. Then went he out of Leah's tent, and entered into Rachel's tent.

31:34 Now Rachel had taken the images, and put them in the camel's furniture, and sat upon them. And Laban searched all the tent, but found them not.

31:35 And she said to her father, Let it not displease my lord that I cannot rise up before thee; for the custom of women is upon me. And he searched but found not the images.

31:36 Et Jacob se mit en colère, et querella Laban ; et Jacob répondit et dit à Laban : Quelle est ma faute, quel est mon péché, que tu m'aies poursuivi avec ardeur ?

31:37 Quand tu as fouillé tous mes effets, qu'as-tu trouvé de tous les effets de ta maison ? Mets-le ici devant mes frères et tes frères, et qu'ils jugent entre nous deux.

31:38 Ces vingt années j'ai été avec toi ; tes brebis et tes chèvres n'ont pas avorté, et je n'ai pas mangé les béliers de ton troupeau.

31:39 Ce qui a été déchiré, je ne te l'ai pas rapporté ; moi j'ai dû en souffrir la perte ; tu as redemandé de ma main ce qui m'avait été volé de jour et ce qui m'avait été volé de nuit.

31:40 J'en étais là, que, de jour, la sécheresse me dévorait, et de nuit, la gelée ; et mon sommeil fuyait mes yeux.

31:41 Ces vingt années j'ai été dans ta maison ; je t'ai servi quatorze ans pour tes deux filles, et six ans pour ton menu bétail, et tu as changé dix fois mon salaire.

31:42 Si le Dieu de mon père, le Dieu d'Abraham et la frayeur d'Isaac, n'eût été pour moi, certes, tu m'eusses maintenant renvoyé à vide. Dieu a vu mon affliction et le labeur de mes mains, et il t'a repris la nuit passée.

31:43 Et Laban répondit et dit à Jacob : Les filles sont mes filles, et les fils sont mes fils, et le bétail est mon bétail, et tout ce que tu vois est à moi ! Et que ferais-je aujourd'hui à celles-ci, mes filles, ou à leurs fils qu'elles ont enfantés ?

31:44 Et maintenant, viens, nous ferons une alliance, moi et toi ; et elle sera en témoignage entre moi et toi.

31:45 Et Jacob prit un pierre, et la dressa en stèle.

31:36 And Jacob was wroth, and chode with Laban: and Jacob answered and said to Laban, What is my trespass? what is my sin, that thou hast so hotly pursued after me?

31:37 Whereas thou hast searched all my stuff, what hast thou found of all thy household stuff? set it here before my brethren and thy brethren, that they may judge betwixt us both.

31:38 This twenty years have I been with thee; thy ewes and thy she goats have not cast their young, and the rams of thy flock have I not eaten.

31:39 That which was torn of beasts I brought not unto thee; I bare the loss of it; of my hand didst thou require it, whether stolen by day, or stolen by night.

31:40 Thus I was; in the day the drought consumed me, and the frost by night; and my sleep departed from mine eyes.

31:41 Thus have I been twenty years in thy house; I served thee fourteen years for thy two daughters, and six years for thy cattle: and thou hast changed my wages ten times.

31:42 Except the God of my father, the God of Abraham, and the fear of Isaac, had been with me, surely thou hadst sent me away now empty. God hath seen mine affliction and the labour of my hands, and rebuked thee yesternight.

31:43 And Laban answered and said unto Jacob, These daughters are my daughters, and these children are my children, and these cattle are my cattle, and all that thou seest is mine: and what can I do this day unto these my daughters, or unto their children which they have born?

31:44 Now therefore come thou, let us make a covenant, I and thou; and let it be for a witness between me and thee.

31:45 And Jacob took a stone, and set it up for a pillar.

31:46 Et Jacob dit à ses frères : Amassez des pierres. Et ils prirent des pierres, et en firent un monceau ; et ils mangèrent là sur le monceau.	*31:46 And Jacob said unto his brethren, Gather stones; and they took stones, and made an heap: and they did eat there upon the heap.*
31:47 Et Laban l'appela Jegar-Sahadutha*, et Jacob l'appela Galhed**.	*31:47 And Laban called it Jegarsahadutha: but Jacob called it Galeed.*
31:48 Et Laban dit : Ce monceau est aujourd'hui témoin entre moi et toi. C'est pourquoi il appela son nom Galhed,	*31:48 And Laban said, This heap is a witness between me and thee this day. Therefore was the name of it called Galeed;*
31:49 et Mitspa*, parce qu'il dit : Que l'Éternel veille entre moi et toi, quand nous serons cachés l'un à l'autre.	*31:49 And Mizpah; for he said, The LORD watch between me and thee, when we are absent one from another.*
31:50 Si tu maltraites mes filles, et si tu prends des femmes outre mes filles (il n'y a aucun homme avec nous), regarde, Dieu est témoin entre moi et toi.	*31:50 If thou shalt afflict my daughters, or if thou shalt take other wives beside my daughters, no man is with us; see, God is witness betwixt me and thee.*
31:51 Et Laban dit à Jacob : Voici ce monceau, et voici la stèle que j'ai élevée entre moi et toi ;	*31:51 And Laban said to Jacob, Behold this heap, and behold this pillar, which I have cast betwixt me and thee:*
31:52 ce monceau sera témoin, et la stèle sera témoin, que moi je ne passerai point ce monceau [pour aller] vers toi, et que toi, tu ne passeras point ce monceau et cette stèle [pour venir] vers moi, pour [faire] du mal.	*31:52 This heap be witness, and this pillar be witness, that I will not pass over this heap to thee, and that thou shalt not pass over this heap and this pillar unto me, for harm.*
31:53 Que le Dieu d'Abraham et le Dieu de Nakhor, le Dieu de leur père juge entre nous. Et Jacob jura par la frayeur de son père Isaac.	*31:53 The God of Abraham, and the God of Nahor, the God of their father, judge betwixt us. And Jacob sware by the fear of his father Isaac.*
31:54 Et Jacob offrit un sacrifice sur la montagne et invita ses frères à manger le pain : et ils mangèrent le pain, et passèrent la nuit sur la montagne.	*31:54 Then Jacob offered sacrifice upon the mount, and called his brethren to eat bread: and they did eat bread, and tarried all night in the mount.*
31:55 Et Laban se leva de bon matin, et il baisa ses fils et ses filles, et les bénit ; et Laban s'en alla, et retourna en son lieu.	*31:55 And early in the morning Laban rose up, and kissed his sons and his daughters, and blessed them: and Laban departed, and returned unto his place.*
32:1 Et Jacob alla son chemin. Et les anges de Dieu le rencontrèrent ;	*32:1 And Jacob went on his way, and the angels of God met him.*
32:2 et Jacob dit, quand il les vit : C'est l'armée de Dieu. Et il appela le nom de ce lieu-là Mahanaïm*.	*32:2 And when Jacob saw them, he said, This is God's host: and he called the name of that place Mahanaim.*

32:3 Et Jacob envoya devant lui des messagers à Ésaü, son frère, au pays de Séhir, dans la campagne d'Édom ;

32:4 et il leur commanda, disant : Vous parlerez ainsi à mon seigneur Ésaü : Ainsi a dit ton serviteur Jacob : J'ai séjourné chez Laban, et m'y suis arrêté jusqu'à présent ;

32:5 et j'ai des bœufs, et des ânes, du menu bétail, et des serviteurs et des servantes ; et je l'ai envoyé annoncer à mon seigneur, afin de trouver grâce à tes yeux.

32:6 Et les messagers revinrent vers Jacob, disant : Nous sommes allés vers ton frère, vers Ésaü, et même il vient à ta rencontre, et quatre cents hommes avec lui.

32:7 Et Jacob craignit beaucoup, et fut dans l'angoisse ; et il partagea le peuple qui était avec lui, et le menu bétail et le gros bétail, et les chameaux, en deux bandes* ;

32:8 et il dit : Si Ésaü vient à l'une des bandes et la frappe, la bande qui restera pourra échapper.

32:9 Et Jacob dit : Dieu de mon père Abraham, et Dieu de mon père Isaac ! Éternel, qui m'as dit : Retourne en ton pays et vers ta parenté, et je te ferai du bien !

32:10 Je suis trop petit pour toutes les grâces et pour toute la vérité dont tu as usé envers ton serviteur ; car j'ai passé ce Jourdain avec mon bâton ; et maintenant je suis devenu deux bandes.

32:11 Délivre-moi, je te prie, de la main de mon frère, de la main d'Ésaü, car je le crains, de peur qu'il ne vienne et ne me frappe, — la mère avec les fils.

32:12 Et toi, tu as dit : Certes, je te ferai du bien, et je ferai devenir ta semence comme le sable de la mer, qui ne se peut nombrer à cause de son abondance.

32:13 Et il passa là cette nuit ; et il prit, de ce qui lui vint sous la main, un présent pour Ésaü, son frère :

32:3 And Jacob sent messengers before him to Esau his brother unto the land of Seir, the country of Edom.

32:4 And he commanded them, saying, Thus shall ye speak unto my lord Esau; Thy servant Jacob saith thus, I have sojourned with Laban, and stayed there until now:

32:5 And I have oxen, and asses, flocks, and menservants, and womenservants: and I have sent to tell my lord, that I may find grace in thy sight.

32:6 And the messengers returned to Jacob, saying, We came to thy brother Esau, and also he cometh to meet thee, and four hundred men with him.

32:7 Then Jacob was greatly afraid and distressed: and he divided the people that was with him, and the flocks, and herds, and the camels, into two bands;

32:8 And said, If Esau come to the one company, and smite it, then the other company which is left shall escape.

32:9 And Jacob said, O God of my father Abraham, and God of my father Isaac, the LORD which saidst unto me, Return unto thy country, and to thy kindred, and I will deal well with thee:

32:10 I am not worthy of the least of all the mercies, and of all the truth, which thou hast shewed unto thy servant; for with my staff I passed over this Jordan; and now I am become two bands.

32:11 Deliver me, I pray thee, from the hand of my brother, from the hand of Esau: for I fear him, lest he will come and smite me, and the mother with the children.

32:12 And thou saidst, I will surely do thee good, and make thy seed as the sand of the sea, which cannot be numbered for multitude.

32:13 And he lodged there that same night; and took of that which came to his hand a present for Esau his brother;

32:14 deux cents chèvres, et vingt boucs ; deux cents brebis, et vingt béliers ;	*32:14 Two hundred she goats, and twenty he goats, two hundred ewes, and twenty rams,*
32:15 trente chamelles allaitantes, et leurs petits ; quarante vaches, et dix taureaux ; vingt ânesses, et dix ânons.	*32:15 Thirty milch camels with their colts, forty kine, and ten bulls, twenty she asses, and ten foals.*
32:16 Et il les mit entre les mains de ses serviteurs, chaque troupeau à part, et il dit à ses serviteurs : passez devant moi, et mettez de l'espace entre troupeau et troupeau.	*32:16 And he delivered them into the hand of his servants, every drove by themselves; and said unto his servants, Pass over before me, and put a space betwixt drove and drove.*
32:17 Et il commanda au premier, disant : Quand Ésaü, mon frère, te rencontrera, et t'interrogera, disant : À qui es-tu ? et où vas-tu ? et à qui sont ces [troupeaux] devant toi ?	*32:17 And he commanded the foremost, saying, When Esau my brother meeteth thee, and asketh thee, saying, Whose art thou? and whither goest thou? and whose are these before thee?*
32:18 tu diras : À ton serviteur Jacob ; c'est un présent envoyé à mon seigneur Ésaü ; et voici, lui-même aussi [vient] après nous.	*32:18 Then thou shalt say, They be thy servant Jacob's; it is a present sent unto my lord Esau: and, behold, also he is behind us.*
32:19 Et il commanda de même au second, de même au troisième, de même à tous ceux qui suivaient les troupeaux, disant : Selon cette parole vous parlerez à Ésaü, quand vous le trouverez ;	*32:19 And so commanded he the second, and the third, and all that followed the droves, saying, On this manner shall ye speak unto Esau, when ye find him.*
32:20 et vous direz aussi : Voici, ton serviteur Jacob [vient] après nous. Car il disait : Je l'apaiserai par le présent qui va devant moi, et après cela je verrai sa face ; peut-être qu'il m'accueillera favorablement.	*32:20 And say ye moreover, Behold, thy servant Jacob is behind us. For he said, I will appease him with the present that goeth before me, and afterward I will see his face; peradventure he will accept of me.*
32:21 Et le présent passa devant lui ; mais, pour lui, il passa cette nuit-là dans le camp.	*32:21 So went the present over before him: and himself lodged that night in the company.*
32:22 Et il se leva cette nuit-là, et prit ses deux femmes, et ses deux servantes, et ses onze enfants, et passa le gué de Jabbok.	*32:22 And he rose up that night, and took his two wives, and his two womenservants, and his eleven sons, and passed over the ford Jabbok.*
32:23 Il les prit, et leur fit passer le torrent ; et il fit passer ce qui était à lui.	*32:23 And he took them, and sent them over the brook, and sent over that he had.*
32:24 Et Jacob resta seul ; et un homme lutta avec lui jusqu'au lever de l'aurore.	*32:24 And Jacob was left alone; and there wrestled a man with him until the breaking of the day.*

32:25 Et lorsqu'il vit qu'il ne prévalait pas sur lui, il toucha l'emboîture de sa hanche ; et l'emboîture de la hanche de Jacob fut luxée, comme il luttait avec lui.

32:26 Et il dit : Laisse-moi aller, car l'aurore se lève. Et il dit : Je ne te laisserai point aller sans que tu m'aies béni.

32:27 Et il lui dit : Quel est ton nom ? Et il dit : Jacob.

32:28 Et il dit : Ton nom ne sera plus appelé Jacob, mais Israël* ; car tu as lutté avec Dieu et avec les hommes, et tu as prévalu.

32:29 Et Jacob demanda, et dit : Je te prie, déclare-moi ton nom. Et il dit : Pourquoi demandes-tu mon nom ? Et il le bénit là.

32:30 Et Jacob appela le nom du lieu Peniel* : Car j'ai vu Dieu face à face, et mon âme a été délivrée.

32:31 Et le soleil se levait sur lui comme il passait Peniel ; et il boitait sur sa cuisse.

32:32 C'est pourquoi, jusqu'à ce jour, les fils d'Israël ne mangent point du tendon qui est sur l'emboîture de la hanche ; car il toucha l'emboîture de la hanche de Jacob sur le tendon.

33:1 Et Jacob leva ses yeux, et regarda ; et voici, Ésaü venait, et quatre cents hommes avec lui. Et il partagea les enfants entre Léa et Rachel et les deux servantes.

33:2 Et il mit à la tête les servantes et leurs enfants, et puis Léa et ses enfants, et puis Rachel et Joseph.

33:3 Et il passa devant eux, et se prosterna en terre par sept fois, jusqu'à ce qu'il fût proche de son frère.

33:4 Et Ésaü courut à sa rencontre, et l'embrassa, et se jeta à son cou, et le baisa ; et ils pleurèrent.

32:25 And when he saw that he prevailed not against him, he touched the hollow of his thigh; and the hollow of Jacob's thigh was out of joint, as he wrestled with him.

32:26 And he said, Let me go, for the day breaketh. And he said, I will not let thee go, except thou bless me.

32:27 And he said unto him, What is thy name? And he said, Jacob.

32:28 And he said, Thy name shall be called no more Jacob, but Israel: for as a prince hast thou power with God and with men, and hast prevailed.

32:29 And Jacob asked him, and said, Tell me, I pray thee, thy name. And he said, Wherefore is it that thou dost ask after my name? And he blessed him there.

32:30 And Jacob called the name of the place Peniel: for I have seen God face to face, and my life is preserved.

32:31 And as he passed over Penuel the sun rose upon him, and he halted upon his thigh.

32:32 Therefore the children of Israel eat not of the sinew which shrank, which is upon the hollow of the thigh, unto this day: because he touched the hollow of Jacob's thigh in the sinew that shrank.

33:1 And Jacob lifted up his eyes, and looked, and, behold, Esau came, and with him four hundred men. And he divided the children unto Leah, and unto Rachel, and unto the two handmaids.

33:2 And he put the handmaids and their children foremost, and Leah and her children after, and Rachel and Joseph hindermost.

33:3 And he passed over before them, and bowed himself to the ground seven times, until he came near to his brother.

33:4 And Esau ran to meet him, and embraced him, and fell on his neck, and kissed him: and they wept.

33:5 Et il leva ses yeux, et vit les femmes et les enfants, et dit : Que te sont-ils, ceux-là ? Et il dit : Ce sont les enfants que Dieu a donnés* à ton serviteur.

33:6 Et les servantes s'approchèrent, elles et leurs enfants, et se prosternèrent.

33:7 Et Léa aussi s'approcha avec ses enfants, et ils se prosternèrent ; et ensuite Joseph et Rachel s'approchèrent, et se prosternèrent.

33:8 Et il dit : Que veux-tu avec tout ce camp que j'ai rencontré ? Et il dit : C'est pour trouver grâce aux yeux de mon seigneur.

33:9 Et Ésaü dit : J'ai [de tout] en abondance, mon frère ; que ce qui est à toi soit à toi.

33:10 Et Jacob dit : Non, je te prie ; si j'ai trouvé grâce à tes yeux, prends mon présent de ma main, car c'est pour cela que j'ai vu ta face comme si j'avais vu la face de Dieu, et que tu m'as accueilli favorablement.

33:11 Prends, je te prie, mon présent* qui t'a été amené ; car Dieu a usé de grâce envers moi, et j'ai de tout. Et il le pressa, et il le prit.

33:12 Et [Ésaü] dit : Partons et allons-nous-en, et je marcherai devant toi.

33:13 Et [Jacob] lui dit : Mon seigneur sait que les enfants sont délicats, et que je suis chargé de menu et de gros bétail qui allaite ; et si on les presse un seul jour, ils mourront — tout le troupeau.

33:14 Que mon seigneur, je te prie, passe devant son serviteur ; et moi je cheminerai tout doucement au pas de ce bétail* qui est devant moi, et au pas des enfants, jusqu'à ce que j'arrive auprès de mon seigneur, à Séhir.

33:15 Et Ésaü dit : je te prie, que je laisse avec toi quelques-uns des gens qui sont avec moi. Et il dit : Pourquoi cela ? Que je trouve grâce aux yeux de mon seigneur !

33:5 And he lifted up his eyes, and saw the women and the children; and said, Who are those with thee? And he said, The children which God hath graciously given thy servant.

33:6 Then the handmaidens came near, they and their children, and they bowed themselves.

33:7 And Leah also with her children came near, and bowed themselves: and after came Joseph near and Rachel, and they bowed themselves.

33:8 And he said, What meanest thou by all this drove which I met? And he said, These are to find grace in the sight of my lord.

33:9 And Esau said, I have enough, my brother; keep that thou hast unto thyself.

33:10 And Jacob said, Nay, I pray thee, if now I have found grace in thy sight, then receive my present at my hand: for therefore I have seen thy face, as though I had seen the face of God, and thou wast pleased with me.

33:11 Take, I pray thee, my blessing that is brought to thee; because God hath dealt graciously with me, and because I have enough. And he urged him, and he took it.

33:12 And he said, Let us take our journey, and let us go, and I will go before thee.

33:13 And he said unto him, My lord knoweth that the children are tender, and the flocks and herds with young are with me: and if men should overdrive them one day, all the flock will die.

33:14 Let my lord, I pray thee, pass over before his servant: and I will lead on softly, according as the cattle that goeth before me and the children be able to endure, until I come unto my lord unto Seir.

33:15 And Esau said, Let me now leave with thee some of the folk that are with me. And he said, What needeth it? let me find grace in the sight of my lord.

33:16 Et Ésaü s'en retourna ce jour-là, par son chemin, à Séhir.

33:17 Et Jacob s'en alla à Succoth, et bâtit une maison pour lui, et fit des cabanes pour son bétail : c'est pourquoi on appela le nom du lieu Succoth*.

33:18 Et Jacob arriva en paix* à la ville de Sichem, qui est dans le pays de Canaan, comme il venait de Paddan-Aram ; et il campa en face de la ville.

33:19 Et il acheta de la main des fils de Hamor, père de Sichem, pour cent kesitas*, la portion du champ où il avait dressé sa tente ;

33:20 et il dressa là un autel et l'appela El-Élohé-Israël*.

34:1 Et Dina, fille de Léa, qu'elle avait enfantée à Jacob, sortit pour voir les filles du pays ;

34:2 et Sichem, fils de Hamor, le Hévien, prince du pays, la vit, et la prit, et coucha avec elle et l'humilia.

34:3 Et son âme s'attacha à Dina, fille de Jacob, et il aima la jeune fille, et parla au cœur de la jeune fille.

34:4 Et Sichem parla à Hamor, son père, disant : Prends-moi cette jeune fille pour femme.

34:5 Et Jacob apprit qu'on avait déshonoré Dina, sa fille. Or ses fils étaient aux champs avec ses troupeaux ; et Jacob se tut jusqu'à ce qu'ils vinssent.

34:6 Et Hamor, père de Sichem, vint vers Jacob pour parler avec lui.

34:7 Et les fils de Jacob vinrent des champs lorsqu'ils apprirent [ce qui était arrivé], et ces hommes furent affligés, et ils furent très irrités, parce qu'on avait commis une infamie en Israël, en couchant avec la fille de Jacob, ce qui ne devait point se faire.

33:16 So Esau returned that day on his way unto Seir.

33:17 And Jacob journeyed to Succoth, and built him an house, and made booths for his cattle: therefore the name of the place is called Succoth.

33:18 And Jacob came to Shalem, a city of Shechem, which is in the land of Canaan, when he came from Padanaram; and pitched his tent before the city.

33:19 And he bought a parcel of a field, where he had spread his tent, at the hand of the children of Hamor, Shechem's father, for an hundred pieces of money.

33:20 And he erected there an altar, and called it EleloheIsrael.

34:1 And Dinah the daughter of Leah, which she bare unto Jacob, went out to see the daughters of the land.

34:2 And when Shechem the son of Hamor the Hivite, prince of the country, saw her, he took her, and lay with her, and defiled her.

34:3 And his soul clave unto Dinah the daughter of Jacob, and he loved the damsel, and spake kindly unto the damsel.

34:4 And Shechem spake unto his father Hamor, saying, Get me this damsel to wife.

34:5 And Jacob heard that he had defiled Dinah his daughter: now his sons were with his cattle in the field: and Jacob held his peace until they were come.

34:6 And Hamor the father of Shechem went out unto Jacob to commune with him.

34:7 And the sons of Jacob came out of the field when they heard it: and the men were grieved, and they were very wroth, because he had wrought folly in Israel in lying with Jacob's daughter: which thing ought not to be done.

34:8 Et Hamor leur parla, disant : L'âme de Sichem, mon fils, s'est attachée à votre fille ; donnez-la-lui, je vous prie, pour femme ;

34:9 et alliez-vous avec nous : donnez-nous vos filles, et prenez nos filles pour vous,

34:10 et habitez avec nous, et le pays sera devant vous ; habitez-y et trafiquez, et ayez-y des possessions.

34:11 Et Sichem dit au père et aux frères de Dina* : Que je trouve grâce à vos yeux, et ce que vous me direz je le donnerai.

34:12 Haussez beaucoup pour* moi la dot et le présent, et je donnerai selon que vous me direz ; et donnez-moi la jeune fille pour femme.

34:13 Et les fils de Jacob répondirent avec ruse à Sichem et à Hamor, son père et leur parlèrent (parce qu'il avait déshonoré Dina, leur sœur) ; et ils leur dirent :

34:14 Nous ne pouvons point faire cela, de donner notre sœur à un homme incirconcis, car ce serait un opprobre pour nous ;

34:15 nous nous accorderons avec vous seulement sous cette condition, que vous soyez comme nous en circoncisant tout mâle parmi vous ;

34:16 alors nous vous donnerons nos filles, et nous prendrons vos filles, et nous habiterons avec vous ; et nous serons un seul peuple.

34:17 Mais si vous ne nous écoutez pas, pour être circoncis, nous prendrons notre fille, et nous nous en irons.

34:18 Et leurs paroles furent bonnes aux yeux de Hamor, et aux yeux de Sichem, fils de Hamor.

34:8 And Hamor communed with them, saying, The soul of my son Shechem longeth for your daughter: I pray you give her him to wife.

34:9 And make ye marriages with us, and give your daughters unto us, and take our daughters unto you.

34:10 And ye shall dwell with us: and the land shall be before you; dwell and trade ye therein, and get you possessions therein.

34:11 And Shechem said unto her father and unto her brethren, Let me find grace in your eyes, and what ye shall say unto me I will give.

34:12 Ask me never so much dowry and gift, and I will give according as ye shall say unto me: but give me the damsel to wife.

34:13 And the sons of Jacob answered Shechem and Hamor his father deceitfully, and said, because he had defiled Dinah their sister:

34:14 And they said unto them, We cannot do this thing, to give our sister to one that is uncircumcised; for that were a reproach unto us:

34:15 But in this will we consent unto you: If ye will be as we be, that every male of you be circumcised;

34:16 Then will we give our daughters unto you, and we will take your daughters to us, and we will dwell with you, and we will become one people.

34:17 But if ye will not hearken unto us, to be circumcised; then will we take our daughter, and we will be gone.

34:18 And their words pleased Hamor, and Shechem Hamor's son.

34:19 Et le jeune homme ne différa point de faire la chose ; car la fille de Jacob lui agréait beaucoup, et il était plus considéré que tous ceux de la maison de son père.

34:19 And the young man deferred not to do the thing, because he had delight in Jacob's daughter: and he was more honourable than all the house of his father.

34:20 Et Hamor, et Sichem son fils vinrent à la porte de leur ville, et parlèrent aux hommes de leur ville, disant :

34:20 And Hamor and Shechem his son came unto the gate of their city, and communed with the men of their city, saying,

34:21 Ces hommes sont paisibles à notre égard ; qu'ils habitent dans le pays, et y trafiquent : et voici, le pays est vaste devant eux ; nous prendrons leurs filles pour femmes, et nous leur donnerons nos filles ;

34:21 These men are peaceable with us; therefore let them dwell in the land, and trade therein; for the land, behold, it is large enough for them; let us take their daughters to us for wives, and let us give them our daughters.

34:22 mais ces hommes s'accorderont avec nous, pour habiter avec nous, pour devenir un même peuple, seulement sous cette condition, que tout mâle parmi nous soit circoncis, comme ils sont circoncis.

34:22 Only herein will the men consent unto us for to dwell with us, to be one people, if every male among us be circumcised, as they are circumcised.

34:23 Leurs troupeaux, et leurs biens, et toutes leurs bêtes, ne seront-ils pas à nous ? Seulement accordons-nous avec eux, et ils habiteront avec nous.

34:23 Shall not their cattle and their substance and every beast of their's be our's? only let us consent unto them, and they will dwell with us.

34:24 Et tous ceux qui sortaient par la porte de sa ville écoutèrent Hamor et Sichem, son fils ; et tout mâle fut circoncis, tous ceux qui sortaient par la porte de sa ville.

34:24 And unto Hamor and unto Shechem his son hearkened all that went out of the gate of his city; and every male was circumcised, all that went out of the gate of his city.

34:25 Et il arriva, au troisième jour, comme ils étaient dans les souffrances, que deux fils de Jacob, Siméon et Lévi, frères de Dina, prirent chacun son épée, et vinrent hardiment contre la ville, et tuèrent tous les mâles.

34:25 And it came to pass on the third day, when they were sore, that two of the sons of Jacob, Simeon and Levi, Dinah's brethren, took each man his sword, and came upon the city boldly, and slew all the males.

34:26 Et ils passèrent au fil de l'épée Hamor et Sichem, son fils, et emmenèrent Dina de la maison de Sichem, et s'en allèrent.

34:26 And they slew Hamor and Shechem his son with the edge of the sword, and took Dinah out of Shechem's house, and went out.

34:27 Les fils de Jacob se jetèrent sur les tués et pillèrent la ville, parce qu'on avait déshonoré leur sœur ;

34:27 The sons of Jacob came upon the slain, and spoiled the city, because they had defiled their sister.

34:28 ils prirent leur menu bétail, et leur gros bétail, et leurs ânes, et ce qu'il y avait dans la ville et ce qu'il y avait aux champs,

34:29 et ils emmenèrent et pillèrent tous leurs biens et tous leurs petits enfants, et leurs femmes, et tout ce qui était dans les maisons.

34:30 Et Jacob dit à Siméon et à Lévi : Vous m'avez troublé, en me mettant en mauvaise odeur auprès des habitants du pays, les Cananéens et les Phéréziens, et moi je n'ai qu'un petit nombre d'hommes ; ils s'assembleront contre moi, et me frapperont, et je serai détruit, moi et ma maison.

34:31 Et ils dirent : Traitera-t-on notre sœur comme une prostituée ?

35:1 Et Dieu dit à Jacob : Lève-toi, monte à Béthel, et habite là, et fais-y un autel au *Dieu qui t'apparut comme tu t'enfuyais de devant la face d'Ésaü, ton frère.

35:2 Et Jacob dit à sa maison et à tous ceux qui étaient avec lui : Ôtez les dieux étrangers qui sont au milieu de vous, et purifiez-vous, et changez vos vêtements ;

35:3 et nous nous lèverons, et nous monterons à Béthel, et je ferai là un autel à *Dieu, qui m'a répondu au jour de ma détresse, et qui a été avec moi dans le chemin où j'ai marché.

35:4 Et ils donnèrent à Jacob tous les dieux étrangers qui étaient en leurs mains, et les anneaux qui étaient à leurs oreilles, et Jacob les cacha sous le térébinthe qui était près de Sichem.

35:5 Et ils partirent ; et la frayeur de Dieu fut sur les villes qui les entouraient, et on ne poursuivit pas les fils de Jacob.

35:6 Et Jacob vint à Luz (c'est Béthel), qui est dans le pays de Canaan, lui et tout le peuple qui était avec lui ;

34:28 They took their sheep, and their oxen, and their asses, and that which was in the city, and that which was in the field,

34:29 And all their wealth, and all their little ones, and their wives took they captive, and spoiled even all that was in the house.

34:30 And Jacob said to Simeon and Levi, Ye have troubled me to make me to stink among the inhabitants of the land, among the Canaanites and the Perizzites: and I being few in number, they shall gather themselves together against me, and slay me; and I shall be destroyed, I and my house.

34:31 And they said, Should he deal with our sister as with an harlot?

35:1 And God said unto Jacob, Arise, go up to Bethel, and dwell there: and make there an altar unto God, that appeared unto thee when thou fleddest from the face of Esau thy brother.

35:2 Then Jacob said unto his household, and to all that were with him, Put away the strange gods that are among you, and be clean, and change your garments:

35:3 And let us arise, and go up to Bethel; and I will make there an altar unto God, who answered me in the day of my distress, and was with me in the way which I went.

35:4 And they gave unto Jacob all the strange gods which were in their hand, and all their earrings which were in their ears; and Jacob hid them under the oak which was by Shechem.

35:5 And they journeyed: and the terror of God was upon the cities that were round about them, and they did not pursue after the sons of Jacob.

35:6 So Jacob came to Luz, which is in the land of Canaan, that is, Bethel, he and all the people that were with him.

35:7 et il bâtit là un autel et il appela le lieu El-Béthel* ; car c'est là que Dieu s'était révélé à lui comme il s'enfuyait de devant la face de son frère.

35:8 Et Debora, la nourrice de Rebecca, mourut ; et elle fut enterrée au-dessous de Béthel, sous un chêne dont le nom fut appelé Allon-Bacuth*.

35:9 Et Dieu apparut encore à Jacob, à son retour de Paddan-Aram, et le bénit ;

35:10 et Dieu lui dit : Ton nom est Jacob ; ton nom ne sera plus appelé Jacob, mais Israël sera ton nom. Et il appela son nom Israël.

35:11 Et Dieu lui dit : Je suis le *Dieu Tout-puissant* ; fructifie et multiplie ; une nation, et une multitude** de nations, proviendra de toi ; et des rois sortiront de tes reins.

35:12 Et le pays que j'ai donné à Abraham et à Isaac, je te le donnerai, et je donnerai le pays à ta semence après toi.

35:13 Et Dieu monta d'auprès de lui, dans le lieu où il avait parlé avec lui.

35:14 Et Jacob érigea une stèle au lieu où il avait parlé avec lui, une stèle de pierre, et il répandit dessus une libation, et y versa de l'huile.

35:15 Et Jacob appela le nom du lieu où Dieu avait parlé avec lui Béthel.

35:16 Et ils partirent de Béthel ; et il y avait encore quelque espace de pays pour arriver à Éphrath, et Rachel enfanta, et elle eut un enfantement pénible.

35:17 Et comme elle était en grand travail pour enfanter, la sage-femme lui dit : Ne crains point, car tu as ici encore un fils.

35:18 Et il arriva, comme son âme s'en allait (car elle mourut), qu'elle appela le nom du fils* Ben-oni** ; et son père l'appela Benjamin***.

35:7 And he built there an altar, and called the place Elbethel: because there God appeared unto him, when he fled from the face of his brother.

35:8 But Deborah Rebekah's nurse died, and she was buried beneath Bethel under an oak: and the name of it was called Allonbachuth.

35:9 And God appeared unto Jacob again, when he came out of Padanaram, and blessed him.

35:10 And God said unto him, Thy name is Jacob: thy name shall not be called any more Jacob, but Israel shall be thy name: and he called his name Israel.

35:11 And God said unto him, I am God Almighty: be fruitful and multiply; a nation and a company of nations shall be of thee, and kings shall come out of thy loins;

35:12 And the land which I gave Abraham and Isaac, to thee I will give it, and to thy seed after thee will I give the land.

35:13 And God went up from him in the place where he talked with him.

35:14 And Jacob set up a pillar in the place where he talked with him, even a pillar of stone: and he poured a drink offering thereon, and he poured oil thereon.

35:15 And Jacob called the name of the place where God spake with him, Bethel.

35:16 And they journeyed from Bethel; and there was but a little way to come to Ephrath: and Rachel travailed, and she had hard labour.

35:17 And it came to pass, when she was in hard labour, that the midwife said unto her, Fear not; thou shalt have this son also.

35:18 And it came to pass, as her soul was in departing, (for she died) that she called his name Benoni: but his father called him Benjamin.

35:19 Et Rachel mourut ; et elle fut enterrée au chemin d'Éphrath, qui est Bethléhem.	*35:19 And Rachel died, and was buried in the way to Ephrath, which is Bethlehem.*
35:20 Et Jacob érigea une stèle sur son sépulcre : c'est la stèle du sépulcre de Rachel, jusqu'à aujourd'hui.	*35:20 And Jacob set a pillar upon her grave: that is the pillar of Rachel's grave unto this day.*
35:21 Et Israël partit et dressa sa tente au delà de Migdal-Éder*.	*35:21 And Israel journeyed, and spread his tent beyond the tower of Edar.*
35:22 Et il arriva pendant qu'Israël demeurait dans ce pays-là, que Ruben alla et coucha avec Bilha, concubine de son père ; et Israël l'apprit.	*35:22 And it came to pass, when Israel dwelt in that land, that Reuben went and lay with Bilhah his father's concubine: and Israel heard it. Now the sons of Jacob were twelve:*
35:23 Et les fils de Jacob étaient douze. Les fils de Léa : Ruben, premier-né de Jacob, et Siméon, et Lévi, et Juda, et Issacar, et Zabulon ;	*35:23 The sons of Leah; Reuben, Jacob's firstborn, and Simeon, and Levi, and Judah, and Issachar, and Zebulun:*
35:24 les fils de Rachel : Joseph et Benjamin ;	*35:24 The sons of Rachel; Joseph, and Benjamin:*
35:25 et les fils de Bilha, la servante de Rachel : Dan et Nephthali ;	*35:25 And the sons of Bilhah, Rachel's handmaid; Dan, and Naphtali:*
35:26 et les fils de Zilpa, la servante de Léa : Gad et Aser. Ce sont là les fils de Jacob, qui lui naquirent à Paddan-Aram.	*35:26 And the sons of Zilpah, Leah's handmaid: Gad, and Asher: these are the sons of Jacob, which were born to him in Padanaram.*
35:27 Et Jacob vint vers Isaac, son père, à Mamré, à Kiriath-Arba, qui est Hébron, où Abraham et Isaac avaient séjourné.	*35:27 And Jacob came unto Isaac his father unto Mamre, unto the city of Arbah, which is Hebron, where Abraham and Isaac sojourned.*
35:28 Et les jours d'Isaac furent cent quatre-vingts ans.	*35:28 And the days of Isaac were an hundred and fourscore years.*
35:29 Et Isaac expira et mourut, et fut recueilli vers ses peuples, âgé et rassasié de jours ; et Ésaü et Jacob, ses fils, l'enterrèrent.	*35:29 And Isaac gave up the ghost, and died, and was gathered unto his people, being old and full of days: and his sons Esau and Jacob buried him.*
36:1 Et ce sont ici les générations d'Ésaü, qui est Édom.	*36:1 Now these are the generations of Esau, who is Edom.*
36:2 Ésaü prit ses femmes d'entre les filles de Canaan : Ada, fille d'Élon, le Héthien ; et Oholibama, fille d'Ana, fille de Tsibhon, le Hévien ;	*36:2 Esau took his wives of the daughters of Canaan; Adah the daughter of Elon the Hittite, and Aholibamah the daughter of Anah the daughter of Zibeon the Hivite;*
36:3 et Basmath, fille d'Ismaël, sœur de Nebaïoth.	*36:3 And Bashemath Ishmael's daughter, sister of Nebajoth.*

36:4 Et Ada enfanta à Ésaü Éliphaz ; et Basmath enfanta Rehuel.

36:5 Et Oholibama enfanta Jehush, et Jahlam, et Coré. Ce sont là les fils d'Ésaü, qui lui naquirent dans le pays de Canaan.

36:6 Et Ésaü prit ses femmes, et ses fils et ses filles, et toutes les personnes* de sa maison, et ses troupeaux, et tout son bétail, et tout le bien qu'il avait acquis dans le pays de Canaan, et il s'en alla dans un pays, loin de Jacob, son frère ;

36:7 car leur avoir était trop grand pour qu'ils pussent habiter ensemble, et le pays de leur séjour ne pouvait les porter à cause de leurs troupeaux.

36:8 Et Ésaü habita dans la montagne de Séhir : Ésaü, c'est Édom.

36:9 Et ce sont ici les générations d'Ésaü, père d'Édom, dans la montagne de Séhir.

36:10 Ce sont ici les noms des fils d'Ésaü : Éliphaz, fils d'Ada, femme d'Ésaü ; Rehuel, fils de Basmath, femme d'Ésaü.

36:11 — Et les fils d'Éliphaz furent Théman, Omar, Tsepho, et Gahtam, et Kenaz.

36:12 Et Thimna fut concubine d'Éliphaz, fils d'Ésaü, et elle enfanta à Éliphaz Amalek. Ce sont là les fils d'Ada, femme d'Ésaü.

36:13 — Et ce sont ici les fils de Rehuel : Nakhath et Zérakh, Shamma et Mizza. Ceux-là furent fils de Basmath, femme d'Ésaü.

36:14 — Et ceux-ci furent fils d'Oholibama, fille d'Ana, fille de Tsibhon, femme d'Ésaü : et elle enfanta à Ésaü Jehush, et Jahlam, et Coré.

36:15 Ce sont ici les chefs* des fils d'Ésaü. Les fils d'Éliphaz, premier-né d'Ésaü : le chef Théman, le chef Omar, le chef Tsepho, le chef Kenaz,

36:4 And Adah bare to Esau Eliphaz; and Bashemath bare Reuel;

36:5 And Aholibamah bare Jeush, and Jaalam, and Korah: these are the sons of Esau, which were born unto him in the land of Canaan.

36:6 And Esau took his wives, and his sons, and his daughters, and all the persons of his house, and his cattle, and all his beasts, and all his substance, which he had got in the land of Canaan; and went into the country from the face of his brother Jacob.

36:7 For their riches were more than that they might dwell together; and the land wherein they were strangers could not bear them because of their cattle.

36:8 Thus dwelt Esau in mount Seir: Esau is Edom.

36:9 And these are the generations of Esau the father of the Edomites in mount Seir:

36:10 These are the names of Esau's sons; Eliphaz the son of Adah the wife of Esau, Reuel the son of Bashemath the wife of Esau.

36:11 And the sons of Eliphaz were Teman, Omar, Zepho, and Gatam, and Kenaz.

36:12 And Timna was concubine to Eliphaz Esau's son; and she bare to Eliphaz Amalek: these were the sons of Adah Esau's wife.

36:13 And these are the sons of Reuel; Nahath, and Zerah, Shammah, and Mizzah: these were the sons of Bashemath Esau's wife.

36:14 And these were the sons of Aholibamah, the daughter of Anah the daughter of Zibeon, Esau's wife: and she bare to Esau Jeush, and Jaalam, and Korah.

36:15 These were dukes of the sons of Esau: the sons of Eliphaz the firstborn son of Esau; duke Teman, duke Omar, duke Zepho, duke Kenaz,

36:16 le chef Coré, le chef Gahtam, le chef Amalek. Ce sont là les chefs [issus] d'Éliphaz, au pays d'Édom. Ce sont là les fils d'Ada.

36:17 — Et ce sont ici les fils de Rehuel, fils d'Ésaü : le chef Nakhath, le chef Zérakh, le chef Shamma, le chef Mizza. Ce sont là les chefs [issus] de Rehuel au pays d'Édom. Ce sont là les fils de Basmath, femme d'Ésaü.

36:18 — Et ce sont ici les fils d'Oholibama, femme d'Ésaü : le chef Jehush, le chef Jahlam, le chef Coré. Ce sont là les chefs [issus] d'Oholibama, fille d'Ana, femme d'Ésaü.

36:19 — Ce sont là les fils d'Ésaü ; et ce sont là leurs chefs : c'est Édom.

36:20 Ce sont ici les fils de Séhir, le Horien, qui habitaient le pays : Lotan, et Shobal, et Tsibhon, et Ana,

36:21 et Dishon, et Étser, et Dishan. Ce sont là les chefs des Horiens, fils de Séhir, au pays d'Édom.

36:22 Et les fils de Lotan furent Hori et Hémam ; et la sœur de Lotan, Thimna.

36:23 — Et ce sont ici les fils de Shobal : Alvan, et Manakhath, et Ébal, Shepho et Onam.

36:24 — Et ce sont ici les fils de Tsibhon : et Aïa et Ana. C'est cet Ana qui trouva les sources chaudes* au désert, tandis qu'il paissait les ânes de Tsibhon, son père.

36:25 — Et ce sont ici les fils d'Ana : Dishon, et Oholibama, fille d'Ana.

36:26 — Et ce sont ici les fils de Dishon* : Hemdan, et Eshban, et Jithran, et Keran.

36:27 — Ce sont ici les fils d'Étser : Bilhan, et Zaavan, et Akan.

36:28 — Ce sont ici les fils de Dishan : Uts et Aran.

36:16 Duke Korah, duke Gatam, and duke Amalek: these are the dukes that came of Eliphaz in the land of Edom; these were the sons of Adah.

36:17 And these are the sons of Reuel Esau's son; duke Nahath, duke Zerah, duke Shammah, duke Mizzah: these are the dukes that came of Reuel in the land of Edom; these are the sons of Bashemath Esau's wife.

36:18 And these are the sons of Aholibamah Esau's wife; duke Jeush, duke Jaalam, duke Korah: these were the dukes that came of Aholibamah the daughter of Anah, Esau's wife.

36:19 These are the sons of Esau, who is Edom, and these are their dukes.

36:20 These are the sons of Seir the Horite, who inhabited the land; Lotan, and Shobal, and Zibeon, and Anah,

36:21 And Dishon, and Ezer, and Dishan: these are the dukes of the Horites, the children of Seir in the land of Edom.

36:22 And the children of Lotan were Hori and Hemam; and Lotan's sister was Timna.

36:23 And the children of Shobal were these; Alvan, and Manahath, and Ebal, Shepho, and Onam.

36:24 And these are the children of Zibeon; both Ajah, and Anah: this was that Anah that found the mules in the wilderness, as he fed the asses of Zibeon his father.

36:25 And the children of Anah were these; Dishon, and Aholibamah the daughter of Anah.

36:26 And these are the children of Dishon; Hemdan, and Eshban, and Ithran, and Cheran.

36:27 The children of Ezer are these; Bilhan, and Zaavan, and Akan.

36:28 The children of Dishan are these; Uz, and Aran.

36:29 Ce sont ici les chefs des Horiens : le chef Lotan, le chef Shobal, le chef Tsibhon, le chef Ana,

36:30 le chef Dishon, le chef Étser, le chef Dishan. Ce sont là les chefs des Horiens, selon leurs chefs, dans le pays de Séhir.

36:31 Et ce sont ici les rois qui régnèrent dans le pays d'Édom, avant qu'un roi régnât sur les fils d'Israël.

36:32 Béla, fils de Béor, régna en Édom, et le nom de sa ville était Dinhaba.

36:33 — Et Béla mourut ; et Jobab, fils de Zérakh, de Botsra, régna à sa place.

36:34 — Et Jobab mourut ; et Husham, du pays des Thémanites, régna à sa place.

36:35 — Et Husham mourut ; et à sa place régna Hadad, fils de Bedad, qui frappa Madian dans les champs de Moab ; et le nom de sa ville était Avith.

36:36 — Et Hadad mourut ; et Samla, de Masréka, régna à sa place.

36:37 — Et Samla mourut ; et Saül, de Rehoboth sur le fleuve, régna à sa place.

36:38 — Et Saül mourut ; et Baal-Hanan, fils d'Acbor régna à sa place.

36:39 — Et Baal-Hanan, fils d'Acbor, mourut ; et Hadar* régna à sa place ; et le nom de sa ville était Pahu ; et le nom de sa femme Mehétabeël, fille de Matred, fille de Mézahab.

36:40 Et ce sont ici les noms des chefs d'Ésaü, selon leurs familles, selon leurs lieux, par leurs noms : le chef Thimna, le chef Alva, le chef Jetheth,

36:41 le chef Oholibama, le chef Éla, le chef Pinon,

36:42 le chef Kenaz, le chef Théman, le chef Mibtsar,

36:29 These are the dukes that came of the Horites; duke Lotan, duke Shobal, duke Zibeon, duke Anah,

36:30 Duke Dishon, duke Ezer, duke Dishan: these are the dukes that came of Hori, among their dukes in the land of Seir.

36:31 And these are the kings that reigned in the land of Edom, before there reigned any king over the children of Israel.

36:32 And Bela the son of Beor reigned in Edom: and the name of his city was Dinhabah.

36:33 And Bela died, and Jobab the son of Zerah of Bozrah reigned in his stead.

36:34 And Jobab died, and Husham of the land of Temani reigned in his stead.

36:35 And Husham died, and Hadad the son of Bedad, who smote Midian in the field of Moab, reigned in his stead: and the name of his city was Avith.

36:36 And Hadad died, and Samlah of Masrekah reigned in his stead.

36:37 And Samlah died, and Saul of Rehoboth by the river reigned in his stead.

36:38 And Saul died, and Baalhanan the son of Achbor reigned in his stead.

36:39 And Baalhanan the son of Achbor died, and Hadar reigned in his stead: and the name of his city was Pau; and his wife's name was Mehetabel, the daughter of Matred, the daughter of Mezahab.

36:40 And these are the names of the dukes that came of Esau, according to their families, after their places, by their names; duke Timnah, duke Alvah, duke Jetheth,

36:41 Duke Aholibamah, duke Elah, duke Pinon,

36:42 Duke Kenaz, duke Teman, duke Mibzar,

God Almighty

36:43 le chef Magdiel, le chef Iram. Ce sont là les chefs d'Édom, selon leurs habitations dans le pays de leur possession. C'est Ésaü, père d'Édom.

37:1 Et Jacob habita dans le pays où son père avait séjourné, dans le pays de Canaan.

37:2 Ce sont ici les générations de Jacob : Joseph, âgé de dix-sept ans, paissait le menu bétail avec ses frères, et, [encore] jeune garçon, il était avec* les fils de Bilha et les fils de Zilpa, femmes de son père ; et Joseph rapporta à leur père leur mauvaise renommée**.

37:3 Et Israël aimait Joseph plus que tous ses fils, parce qu'il était pour lui le fils de sa vieillesse, et il lui fit une tunique bigarrée*.

37:4 Et ses frères virent que leur père l'aimait plus que tous ses frères ; et ils le haïssaient, et ne pouvaient lui parler paisiblement.

37:5 Et Joseph songea un songe, et le raconta à ses frères, et ils le haïrent encore davantage.

37:6 Et il leur dit : Écoutez, je vous prie, ce songe que j'ai songé :

37:7 Voici, nous étions à lier des gerbes au milieu des champs ; et voici, ma gerbe se leva, et elle se tint debout ; et voici, vos gerbes l'entourèrent, et se prosternèrent devant ma gerbe.

37:8 Et ses frères lui dirent : Est-ce que tu dois donc régner sur nous ? Domineras-tu sur nous ? Et ils le haïrent encore davantage, à cause de ses songes et de ses paroles.

37:9 Et il songea encore un autre songe, et le raconta à ses frères. Et il dit : Voici, j'ai encore songé un songe ; et voici, le soleil, et la lune, et onze étoiles, se prosternaient devant moi.

36:43 Duke Magdiel, duke Iram: these be the dukes of Edom, according to their habitations in the land of their possession: he is Esau the father of the Edomites.

37:1 And Jacob dwelt in the land wherein his father was a stranger, in the land of Canaan.

37:2 These are the generations of Jacob. Joseph, being seventeen years old, was feeding the flock with his brethren; and the lad was with the sons of Bilhah, and with the sons of Zilpah, his father's wives: and Joseph brought unto his father their evil report.

37:3 Now Israel loved Joseph more than all his children, because he was the son of his old age: and he made him a coat of many colours.

37:4 And when his brethren saw that their father loved him more than all his brethren, they hated him, and could not speak peaceably unto him.

37:5 And Joseph dreamed a dream, and he told it his brethren: and they hated him yet the more.

37:6 And he said unto them, Hear, I pray you, this dream which I have dreamed:

37:7 For, behold, we were binding sheaves in the field, and, lo, my sheaf arose, and also stood upright; and, behold, your sheaves stood round about, and made obeisance to my sheaf.

37:8 And his brethren said to him, Shalt thou indeed reign over us? or shalt thou indeed have dominion over us? And they hated him yet the more for his dreams, and for his words.

37:9 And he dreamed yet another dream, and told it his brethren, and said, Behold, I have dreamed a dream more; and, behold, the sun and the moon and the eleven stars made obeisance to me.

37:10 Et il le conta à son père et à ses frères. Et son père le reprit, et lui dit : Qu'est-ce que ce songe que tu as songé ? Est-ce que moi, et ta mère, et tes frères, nous viendrons nous prosterner en terre devant toi ?

37:11 Et ses frères furent jaloux de lui ; mais son père gardait cette parole.

37:12 Et ses frères allèrent paître le menu bétail de leur père à Sichem.

37:13 Et Israël dit à Joseph : Tes frères ne paissent-ils pas [le troupeau] à Sichem ? Viens, et je t'enverrai vers eux. Et il lui dit : Me voici.

37:14 Et il lui dit : Va, je te prie ; vois si tes frères se portent bien, et si le bétail est en bon état, et rapporte m'en des nouvelles. Et il l'envoya de la vallée de Hébron ; et il vint à Sichem.

37:15 Et un homme le trouva, et voici, il errait dans les champs. Et l'homme lui demanda, disant : Que cherches-tu ?

37:16 Et il dit : Je cherche mes frères ; indique-moi, je te prie, où ils paissent [le troupeau].

37:17 Et l'homme dit : Ils sont partis d'ici, car j'ai entendu qu'ils disaient : Allons à Dothan. Et Joseph alla après ses frères, et il les trouva en Dothan.

37:18 Et ils le virent de loin ; et avant qu'il fût proche d'eux, ils complotèrent contre lui pour le faire mourir.

37:19 Et ils se dirent l'un à l'autre : Le voici, il vient, ce maître songeur* !

37:20 Et maintenant, venez, tuons-le, et jetons-le dans une des citernes, et nous dirons : Une mauvaise bête l'a dévoré ; et nous verrons ce que deviendront ses songes.

37:21 Et Ruben entendit [cela], et le délivra de leurs mains ; et il dit : Ne le frappons pas à mort.

37:10 And he told it to his father, and to his brethren: and his father rebuked him, and said unto him, What is this dream that thou hast dreamed? Shall I and thy mother and thy brethren indeed come to bow down ourselves to thee to the earth?

37:11 And his brethren envied him; but his father observed the saying.

37:12 And his brethren went to feed their father's flock in Shechem.

37:13 And Israel said unto Joseph, Do not thy brethren feed the flock in Shechem? come, and I will send thee unto them. And he said to him, Here am I.

37:14 And he said to him, Go, I pray thee, see whether it be well with thy brethren, and well with the flocks; and bring me word again. So he sent him out of the vale of Hebron, and he came to Shechem.

37:15 And a certain man found him, and, behold, he was wandering in the field: and the man asked him, saying, What seekest thou?

37:16 And he said, I seek my brethren: tell me, I pray thee, where they feed their flocks.

37:17 And the man said, They are departed hence; for I heard them say, Let us go to Dothan. And Joseph went after his brethren, and found them in Dothan.

37:18 And when they saw him afar off, even before he came near unto them, they conspired against him to slay him.

37:19 And they said one to another, Behold, this dreamer cometh.

37:20 Come now therefore, and let us slay him, and cast him into some pit, and we will say, Some evil beast hath devoured him: and we shall see what will become of his dreams.

37:21 And Reuben heard it, and he delivered him out of their hands; and said, Let us not kill him.

37:22 Et Ruben leur dit : Ne versez pas le sang. Jetez-le dans cette citerne qui est dans le désert, et ne mettez pas la main sur lui. [C'était] afin de le délivrer de leurs mains, pour le faire retourner vers son père.

37:23 Et il arriva, lorsque Joseph fut venu auprès de ses frères, qu'ils dépouillèrent Joseph de sa tunique, de la tunique bigarrée qui était sur lui ;

37:24 et ils le prirent et le jetèrent dans la citerne ; or la citerne était vide, il n'y avait point d'eau dedans.

37:25 Et ils s'assirent pour manger le pain ; et ils levèrent les yeux et regardèrent, et voici, une caravane d'Ismaélites venait de Galaad ; et leurs chameaux portaient des épices, du baume, et de la myrrhe, qu'ils allaient porter en Égypte.

37:26 Et Juda dit à ses frères : Quel profit aurons-nous à tuer notre frère et à cacher son sang ?

37:27 Venez, vendons-le aux Ismaélites ; et que notre main ne soit pas sur lui ; car il est notre frère, notre chair. Et ses frères l'écoutèrent.

37:28 Et les hommes madianites, des marchands, passèrent. Et ils tirèrent Joseph de la citerne et le firent remonter ; et ils vendirent Joseph pour vingt pièces d'argent aux Ismaélites ; et ceux-ci emmenèrent Joseph en Égypte.

37:29 Et Ruben retourna à la citerne ; et voici, Joseph n'était pas dans la citerne ;

37:30 et il déchira ses vêtements, et retourna vers ses frères, et dit : L'enfant n'y est pas, et moi, où irai- je ?

37:31 Et ils prirent la tunique de Joseph, et tuèrent un bouc*, et plongèrent la tunique dans le sang ;

37:22 And Reuben said unto them, Shed no blood, but cast him into this pit that is in the wilderness, and lay no hand upon him; that he might rid him out of their hands, to deliver him to his father again.

37:23 And it came to pass, when Joseph was come unto his brethren, that they stript Joseph out of his coat, his coat of many colours that was on him;

37:24 And they took him, and cast him into a pit: and the pit was empty, there was no water in it.

37:25 And they sat down to eat bread: and they lifted up their eyes and looked, and, behold, a company of Ishmeelites came from Gilead with their camels bearing spicery and balm and myrrh, going to carry it down to Egypt.

37:26 And Judah said unto his brethren, What profit is it if we slay our brother, and conceal his blood?

37:27 Come, and let us sell him to the Ishmeelites, and let not our hand be upon him; for he is our brother and our flesh. And his brethren were content.

37:28 Then there passed by Midianites merchantmen; and they drew and lifted up Joseph out of the pit, and sold Joseph to the Ishmeelites for twenty pieces of silver: and they brought Joseph into Egypt.

37:29 And Reuben returned unto the pit; and, behold, Joseph was not in the pit; and he rent his clothes.

37:30 And he returned unto his brethren, and said, The child is not; and I, whither shall I go?

37:31 And they took Joseph's coat, and killed a kid of the goats, and dipped the coat in the blood;

37:32 et ils envoyèrent la tunique bigarrée, et la firent parvenir à leur père, et dirent : Nous avons trouvé ceci ; reconnais si c'est la tunique de ton fils, ou non.

37:33 Et il la reconnut, et dit : C'est la tunique de mon fils ; une mauvaise bête l'a dévoré : Joseph a certainement été déchiré !

37:34 Et Jacob déchira ses vêtements, et mit un sac sur ses reins, et mena deuil sur son fils plusieurs jours.

37:35 Et tous ses fils se levèrent, et toutes ses filles, pour le consoler ; mais il refusa de se consoler, et dit : Certainement je descendrai, menant deuil, vers mon fils, au shéol*. Et son père le pleura.

37:36 Et les Madianites le vendirent en Égypte à Potiphar officier* du Pharaon**, chef des gardes.

38:1 Et il arriva, dans ce temps-là, que Juda descendit d'auprès de ses frères, et se retira vers un homme adullamite, nommé Hira.

38:2 Et Juda y vit la fille d'un homme cananéen, et son nom était Shua ; et il la prit, et vint vers elle.

38:3 Et elle conçut, et enfanta un fils, et on appela son nom Er.

38:4 Et elle conçut encore, et enfanta un fils, et elle appela son nom Onan.

38:5 Et elle enfanta encore un fils, et elle appela son nom Shéla. Et [Juda] était à Kezib quand elle l'enfanta.

38:6 Et Juda prit pour Er, son premier-né, une femme qui se nommait Tamar.

38:7 Et Er, premier-né de Juda, était méchant aux yeux de l'Éternel, et l'Éternel le fit mourir.

38:8 Et Juda dit à Onan : Va vers la femme de ton frère, et remplis envers elle le devoir de beau-frère, et suscite de la semence à ton frère.

37:32 And they sent the coat of many colours, and they brought it to their father; and said, This have we found: know now whether it be thy son's coat or no.

37:33 And he knew it, and said, It is my son's coat; an evil beast hath devoured him; Joseph is without doubt rent in pieces.

37:34 And Jacob rent his clothes, and put sackcloth upon his loins, and mourned for his son many days.

37:35 And all his sons and all his daughters rose up to comfort him; but he refused to be comforted; and he said, For I will go down into the grave unto my son mourning. Thus his father wept for him.

37:36 And the Midianites sold him into Egypt unto Potiphar, an officer of Pharaoh's, and captain of the guard.

38:1 And it came to pass at that time, that Judah went down from his brethren, and turned in to a certain Adullamite, whose name was Hirah.

38:2 And Judah saw there a daughter of a certain Canaanite, whose name was Shuah; and he took her, and went in unto her.

38:3 And she conceived, and bare a son; and he called his name Er.

38:4 And she conceived again, and bare a son; and she called his name Onan.

38:5 And she yet again conceived, and bare a son; and called his name Shelah: and he was at Chezib, when she bare him.

38:6 And Judah took a wife for Er his firstborn, whose name was Tamar.

38:7 And Er, Judah's firstborn, was wicked in the sight of the LORD; and the LORD slew him.

38:8 And Judah said unto Onan, Go in unto thy brother's wife, and marry her, and raise up seed to thy brother.

38:9 Et Onan savait que la semence ne serait pas à lui ; et il arriva que lorsqu'il entra vers la femme de son frère, il perdit sur la terre pour ne pas donner de semence à son frère.

38:10 Et ce qu'il faisait fut mauvais aux yeux de l'Éternel, et il le fit mourir aussi.

38:11 Et Juda dit à Tamar sa belle-fille : Demeure veuve dans la maison de ton père, jusqu'à ce que Shéla, mon fils, soit devenu grand ; car il dit : De peur qu'il ne meure, lui aussi comme ses frères. Et Tamar s'en alla, et demeura dans la maison de son père.

38:12 Et les jours se multiplièrent, et la fille de Shua, femme de Juda, mourut ; et Juda se consola et monta à Thimna, lui et Hira, l'Adullamite, son ami, vers les tondeurs de son troupeau.

38:13 Et on l'annonça à Tamar, en disant : Voici, ton beau-père monte à Thimna pour tondre son troupeau.

38:14 Et elle ôta de dessus elle les vêtements de son veuvage, et se couvrit d'un voile, et s'enveloppa, et s'assit à l'entrée d'Énaïm, qui était sur le chemin de Thimna ; car elle voyait que Shéla était devenu grand, et qu'elle ne lui était pas donnée pour femme.

38:15 Et Juda la vit, et la tint pour une prostituée, car elle avait couvert son visage.

38:16 Et il se détourna vers elle, dans le chemin, et dit : Permets, je te prie, que je vienne vers toi. Car il ne savait pas que ce fût sa belle-fille. Et elle dit : Que me donneras-tu afin que tu viennes vers moi ?

38:17 Et il dit : J'enverrai un chevreau du troupeau. Et elle dit : [Me] donneras-tu un gage, jusqu'à ce que tu l'envoies ?

38:9 And Onan knew that the seed should not be his; and it came to pass, when he went in unto his brother's wife, that he spilled it on the ground, lest that he should give seed to his brother.

38:10 And the thing which he did displeased the LORD: wherefore he slew him also.

38:11 Then said Judah to Tamar his daughter in law, Remain a widow at thy father's house, till Shelah my son be grown: for he said, Lest peradventure he die also, as his brethren did. And Tamar went and dwelt in her father's house.

38:12 And in process of time the daughter of Shuah Judah's wife died; and Judah was comforted, and went up unto his sheepshearers to Timnath, he and his friend Hirah the Adullamite.

38:13 And it was told Tamar, saying, Behold thy father in law goeth up to Timnath to shear his sheep.

38:14 And she put her widow's garments off from her, and covered her with a vail, and wrapped herself, and sat in an open place, which is by the way to Timnath; for she saw that Shelah was grown, and she was not given unto him to wife.

38:15 When Judah saw her, he thought her to be an harlot; because she had covered her face.

38:16 And he turned unto her by the way, and said, Go to, I pray thee, let me come in unto thee; (for he knew not that she was his daughter in law.) And she said, What wilt thou give me, that thou mayest come in unto me?

38:17 And he said, I will send thee a kid from the flock. And she said, Wilt thou give me a pledge, till thou send it?

38:18 Et il dit : Quel gage te donnerai-je ? Et elle dit : Ton cachet, et ton cordon, et ton bâton qui est en ta main. Et il [les] lui donna ; et il vint vers elle, et elle conçut de lui.

38:19 Et elle se leva et s'en alla, et ôta son voile de dessus elle, et revêtit les vêtements de son veuvage.

38:20 Et Juda envoya le chevreau par la main de son ami, l'Adullamite, pour recevoir le gage de la main de la femme ; mais il ne la trouva pas.

38:21 Et il interrogea les hommes du lieu, disant : Où est cette prostituée* qui était à Énaïm, sur le chemin ? Et ils dirent : Il n'y a pas eu ici de prostituée*.

38:22 Et il retourna vers Juda, et dit : Je ne l'ai pas trouvée, et aussi les gens du lieu m'ont dit : Il n'y a pas eu ici de prostituée*.

38:23 Et Juda dit : Qu'elle prenne le [gage] pour elle, de peur que nous ne soyons en mépris. Voici, j'ai envoyé ce chevreau, et toi tu ne l'as pas trouvée.

38:24 Et il arriva, environ trois mois après, qu'on informa Juda, en disant : Tamar, ta belle-fille, s'est prostituée, et voici, elle est même enceinte par la prostitution. Et Juda dit : Faites-la sortir, et qu'elle soit brûlée.

38:25 Comme on la faisait sortir, elle envoya vers son beau-père, disant : C'est de l'homme à qui appartiennent ces choses que je suis enceinte. Et elle dit : Reconnais, je te prie, à qui est ce cachet, et ce cordon, et ce bâton.

38:26 Et Juda [les] reconnut, et dit : Elle est plus juste que moi ; parce que je ne l'ai pas donnée à Shéla, mon fils. Et il ne la connut plus.

38:27 Et il arriva, au temps où elle enfanta, que voici, des jumeaux étaient dans son ventre ;

38:18 And he said, What pledge shall I give thee? And she said, Thy signet, and thy bracelets, and thy staff that is in thine hand. And he gave it her, and came in unto her, and she conceived by him.

38:19 And she arose, and went away, and laid by her vail from her, and put on the garments of her widowhood.

38:20 And Judah sent the kid by the hand of his friend the Adullamite, to receive his pledge from the woman's hand: but he found her not.

38:21 Then he asked the men of that place, saying, Where is the harlot, that was openly by the way side? And they said, There was no harlot in this place.

38:22 And he returned to Judah, and said, I cannot find her; and also the men of the place said, that there was no harlot in this place.

38:23 And Judah said, Let her take it to her, lest we be shamed: behold, I sent this kid, and thou hast not found her.

38:24 And it came to pass about three months after, that it was told Judah, saying, Tamar thy daughter in law hath played the harlot; and also, behold, she is with child by whoredom. And Judah said, Bring her forth, and let her be burnt.

38:25 When she was brought forth, she sent to her father in law, saying, By the man, whose these are, am I with child: and she said, Discern, I pray thee, whose are these, the signet, and bracelets, and staff.

38:26 And Judah acknowledged them, and said, She hath been more righteous than I; because that I gave her not to Shelah my son. And he knew her again no more.

38:27 And it came to pass in the time of her travail, that, behold, twins were in her womb.

38:28 et il arriva, comme elle enfantait, que [l'un d'eux] tendit la main ; et la sage-femme la prit et lia sur sa main un fil écarlate en disant : Celui-ci sort le premier.

38:29 Et il arriva, comme il retira sa main, que voici, son frère sortit ; et elle dit : Quelle brèche tu as faite ! La brèche est sur toi. Et on appela son nom Pérets*.

38:30 Et ensuite sortit son frère, sur la main duquel était le fil écarlate ; et on appela son nom Zérakh*.

39:1 Et Joseph fut amené en Égypte ; et Potiphar, officier du Pharaon, chef des gardes, homme égyptien, l'acheta de la main des Ismaélites qui l'y avaient amené.

39:2 Et l'Éternel fut avec Joseph ; et il était un homme qui faisait [tout] prospérer ; et il était dans la maison de son seigneur, l'Égyptien.

39:3 Et son seigneur vit que l'Éternel était avec lui, et que tout ce qu'il faisait, l'Éternel le faisait prospérer en sa main.

39:4 Et Joseph trouva grâce à ses yeux, et il le servait ; et [Potiphar] l'établit sur sa maison, et il mit entre ses mains tout ce qui était à lui.

39:5 Et il arriva, depuis qu'il l'eut établi sur sa maison et sur tout ce qui était à lui, que l'Éternel bénit la maison de l'Égyptien à cause de Joseph ; et la bénédiction de l'Éternel fut sur tout ce qui était à lui, dans la maison et aux champs.

39:6 Et il laissa aux mains de Joseph tout ce qui était à lui, et il ne prenait avec lui connaissance d'aucune chose, sauf du pain qu'il mangeait. Or Joseph était beau de taille et beau de visage.

39:7 Et il arriva, après ces choses, que la femme de son seigneur leva ses yeux sur Joseph ; et elle dit : Couche avec moi.

38:28 And it came to pass, when she travailed, that the one put out his hand: and the midwife took and bound upon his hand a scarlet thread, saying, This came out first.

38:29 And it came to pass, as he drew back his hand, that, behold, his brother came out: and she said, How hast thou broken forth? this breach be upon thee: therefore his name was called Pharez.

38:30 And afterward came out his brother, that had the scarlet thread upon his hand: and his name was called Zarah.

39:1 And Joseph was brought down to Egypt; and Potiphar, an officer of Pharaoh, captain of the guard, an Egyptian, bought him of the hands of the Ishmeelites, which had brought him down thither.

39:2 And the LORD was with Joseph, and he was a prosperous man; and he was in the house of his master the Egyptian.

39:3 And his master saw that the LORD was with him, and that the LORD made all that he did to prosper in his hand.

39:4 And Joseph found grace in his sight, and he served him: and he made him overseer over his house, and all that he had he put into his hand.

39:5 And it came to pass from the time that he had made him overseer in his house, and over all that he had, that the LORD blessed the Egyptian's house for Joseph's sake; and the blessing of the LORD was upon all that he had in the house, and in the field.

39:6 And he left all that he had in Joseph's hand; and he knew not ought he had, save the bread which he did eat. And Joseph was a goodly person, and well favoured.

39:7 And it came to pass after these things, that his master's wife cast her eyes upon Joseph; and she said, Lie with me.

39:8 Et il refusa, et dit à la femme de son seigneur : Voici, mon seigneur ne prend avec moi connaissance de quoi que ce soit dans la maison, et il a mis entre mes mains tout ce qui est à lui.

39:9 Personne n'est plus grand que moi dans cette maison, et il ne m'a rien interdit que toi, parce que tu es sa femme ; et comment ferais-je ce grand mal, et pécherais-je contre Dieu ?

39:10 Et il arriva, comme elle parlait à Joseph, jour après jour, qu'il ne l'écouta pas pour coucher à côté d'elle, pour être avec elle.

39:11 — Et il arriva, un certain jour*, qu'il entra dans la maison pour faire ce qu'il avait à faire, et qu'il n'y avait là, dans la maison, aucun des hommes de la maison.

39:12 Et elle le prit par son vêtement, disant : Couche avec moi. Et il laissa son vêtement dans sa main, et s'enfuit, et sortit dehors.

39:13 Et il arriva, quand elle vit qu'il lui avait laissé son vêtement dans la main et s'était enfui dehors,

39:14 qu'elle appela les hommes de sa maison, et leur parla, disant : Voyez ! on nous a amené un homme hébreu pour se moquer de nous : il est venu vers moi pour coucher avec moi ;

39:15 et j'ai crié à haute voix ; et il est arrivé, quand il a entendu que j'élevais ma voix et que je criais, qu'il a laissé son vêtement à côté de moi, et s'est enfui, et est sorti dehors.

39:16 Et elle posa le vêtement de Joseph* à côté d'elle, jusqu'à ce que son seigneur vînt à la maison.

39:17 Et elle lui parla selon ces paroles, disant : Le serviteur hébreu que tu nous as amené est venu vers moi pour se moquer de moi ;

39:18 et il est arrivé, comme j'élevais ma voix et que je criais, qu'il a laissé son vêtement à côté de moi et s'est enfui dehors.

39:8 But he refused, and said unto his master's wife, Behold, my master wotteth not what is with me in the house, and he hath committed all that he hath to my hand;

39:9 There is none greater in this house than I; neither hath he kept back any thing from me but thee, because thou art his wife: how then can I do this great wickedness, and sin against God?

39:10 And it came to pass, as she spake to Joseph day by day, that he hearkened not unto her, to lie by her, or to be with her.

39:11 And it came to pass about this time, that Joseph went into the house to do his business; and there was none of the men of the house there within.

39:12 And she caught him by his garment, saying, Lie with me: and he left his garment in her hand, and fled, and got him out.

39:13 And it came to pass, when she saw that he had left his garment in her hand, and was fled forth,

39:14 That she called unto the men of her house, and spake unto them, saying, See, he hath brought in an Hebrew unto us to mock us; he came in unto me to lie with me, and I cried with a loud voice:

39:15 And it came to pass, when he heard that I lifted up my voice and cried, that he left his garment with me, and fled, and got him out.

39:16 And she laid up his garment by her, until his lord came home.

39:17 And she spake unto him according to these words, saying, The Hebrew servant, which thou hast brought unto us, came in unto me to mock me:

39:18 And it came to pass, as I lifted up my voice and cried, that he left his garment with me, and fled out.

39:19 Et quand son seigneur entendit les paroles de sa femme qu'elle lui disait : C'est de cette manière que ton serviteur a agi envers moi — il arriva que sa colère s'enflamma.	*39:19 And it came to pass, when his master heard the words of his wife, which she spake unto him, saying, After this manner did thy servant to me; that his wrath was kindled.*
39:20 Et le seigneur de Joseph le prit et le mit dans la tour*, dans le lieu où les prisonniers du roi étaient enfermés ; et il fut là dans la tour.	*39:20 And Joseph's master took him, and put him into the prison, a place where the king's prisoners were bound: and he was there in the prison.*
39:21 [Et] l'Éternel était avec Joseph ; et il étendit sa bonté sur lui, et lui fit trouver grâce aux yeux du chef de la tour.	*39:21 But the LORD was with Joseph, and shewed him mercy, and gave him favour in the sight of the keeper of the prison.*
39:22 Et le chef de la tour mit en la main de Joseph tous les prisonniers qui étaient dans la tour, et tout ce qui se faisait là, c'est lui qui le faisait ;	*39:22 And the keeper of the prison committed to Joseph's hand all the prisoners that were in the prison; and whatsoever they did there, he was the doer of it.*
39:23 le chef de la tour ne regardait rien de tout ce qui était en sa main, parce que l'Éternel était avec lui ; et ce qu'il faisait, l'Éternel le faisait prospérer.	*39:23 The keeper of the prison looked not to any thing that was under his hand; because the LORD was with him, and that which he did, the LORD made it to prosper.*
40:1 Et il arriva, après ces choses, que l'échanson du roi d'Égypte et le panetier péchèrent contre leur seigneur, le roi d'Égypte.	*40:1 And it came to pass after these things, that the butler of the king of Egypt and his baker had offended their lord the king of Egypt.*
40:2 Et le Pharaon fut irrité contre ses deux officiers, contre le chef des échansons et contre le chef des panetiers,	*40:2 And Pharaoh was wroth against two of his officers, against the chief of the butlers, and against the chief of the bakers.*
40:3 et il les mit sous garde dans la maison du chef des gardes, dans la tour, dans le lieu où Joseph était emprisonné.	*40:3 And he put them in ward in the house of the captain of the guard, into the prison, the place where Joseph was bound.*
40:4 Et le chef des gardes les commit aux soins de Joseph, et il les servait ; et ils furent [plusieurs] jours sous garde.	*40:4 And the captain of the guard charged Joseph with them, and he served them: and they continued a season in ward.*
40:5 Et ils songèrent un songe, tous les deux, chacun son songe, en une même nuit, chacun selon l'interprétation de son songe, l'échanson et le panetier du roi* d'Égypte, qui étaient emprisonnés dans la tour.	*40:5 And they dreamed a dream both of them, each man his dream in one night, each man according to the interpretation of his dream, the butler and the baker of the king of Egypt, which were bound in the prison.*
40:6 Et Joseph vint vers eux au matin, et les regarda ; et voici, ils étaient tristes.	*40:6 And Joseph came in unto them in the morning, and looked upon them, and, behold, they were sad.*

40:7 Et il interrogea les officiers du Pharaon qui étaient avec lui sous garde dans la maison de son seigneur, disant : Pourquoi avez-vous mauvais visage aujourd'hui ?

40:7 And he asked Pharaoh's officers that were with him in the ward of his lord's house, saying, Wherefore look ye so sadly to day?

40:8 Et ils lui dirent : Nous avons songé un songe, et il n'y a personne pour l'interpréter. Et Joseph leur dit : Les interprétations ne sont-elles pas à Dieu ? Je vous prie, contez-moi [vos songes].

40:8 And they said unto him, We have dreamed a dream, and there is no interpreter of it. And Joseph said unto them, Do not interpretations belong to God? tell me them, I pray you.

40:9 Et le chef des échansons conta son songe à Joseph, et lui dit : Dans mon songe, voici, un cep était devant moi,

40:9 And the chief butler told his dream to Joseph, and said to him, In my dream, behold, a vine was before me;

40:10 et sur ce cep, trois sarments ; et il était comme bourgeonnant : sa fleur monta, ses grappes produisirent des raisins mûrs ;

40:10 And in the vine were three branches: and it was as though it budded, and her blossoms shot forth; and the clusters thereof brought forth ripe grapes:

40:11 et la coupe du Pharaon était dans ma main, et je pris les raisins, et les pressai dans la coupe du Pharaon, et je mis la coupe dans la main du Pharaon.

40:11 And Pharaoh's cup was in my hand: and I took the grapes, and pressed them into Pharaoh's cup, and I gave the cup into Pharaoh's hand.

40:12 Et Joseph lui dit : C'est ici son interprétation : Les trois sarments, ce sont trois jours.

40:12 And Joseph said unto him, This is the interpretation of it: The three branches are three days:

40:13 Encore trois jours, et le Pharaon élèvera ta tête, et te rétablira dans ton poste, et tu mettras la coupe du Pharaon dans sa main, selon l'ancienne coutume quand tu étais son échanson.

40:13 Yet within three days shall Pharaoh lift up thine head, and restore thee unto thy place: and thou shalt deliver Pharaoh's cup into his hand, after the former manner when thou wast his butler.

40:14 Mais souviens-toi de moi, quand tu seras dans la prospérité, et use, je te prie, de bonté envers moi, et fais mention de moi au Pharaon, et fais-moi sortir de cette maison ;

40:14 But think on me when it shall be well with thee, and shew kindness, I pray thee, unto me, and make mention of me unto Pharaoh, and bring me out of this house:

40:15 car j'ai été volé du pays des Hébreux ; et ici non plus je n'ai rien fait pour qu'on me mit dans la fosse.

40:15 For indeed I was stolen away out of the land of the Hebrews: and here also have I done nothing that they should put me into the dungeon.

40:16 Et le chef des panetiers vit qu'il interprétait favorablement, et il dit à Joseph : Moi aussi, [j'ai vu] dans mon songe ; et voici, trois corbeilles de pain blanc* étaient sur ma tête ;

40:16 When the chief baker saw that the interpretation was good, he said unto Joseph, I also was in my dream, and, behold, I had three white baskets on my head:

40:17 et dans la corbeille la plus élevée il y avait de toutes sortes de mets pour le Pharaon, d'ouvrage de paneterie ; et les oiseaux les mangeaient de la corbeille au-dessus de ma tête.

40:18 Et Joseph répondit et dit : C'est ici son interprétation : Les trois corbeilles, ce sont trois jours.

40:19 Encore trois jours, et le Pharaon élèvera ta tête de dessus toi, et te pendra à un bois, et les oiseaux mangeront ta chair de dessus toi.

40:20 Et il arriva, le troisième jour, jour de la naissance du Pharaon, qu'il fit un festin à tous ses serviteurs ; et il éleva la tête du chef des échansons et la tête du chef des panetiers au milieu de ses serviteurs :

40:21 il rétablit le chef des échansons dans son office d'échanson, et il mit la coupe dans la main du Pharaon ;

40:22 et il pendit le chef des panetiers, selon que Joseph le leur avait interprété.

40:23 Mais le chef des échansons ne se souvint pas de Joseph, et l'oublia.

41:1 Et il arriva, au bout de deux années révolues, que le Pharaon songea, et voici, il se tenait près du fleuve* :

41:2 et voici, du fleuve montaient sept vaches, belles à voir, et grasses de chair, et elles paissaient dans les roseaux.

41:3 Et voici, après elles, sept autres vaches montaient du fleuve, laides à voir, et pauvres de chair ; et elles se tinrent à côté des vaches qui étaient sur le bord du fleuve ;

41:4 et les vaches laides à voir, et pauvres de chair, mangèrent les sept vaches belles à voir, et grasses. Et le Pharaon s'éveilla.

41:5 Et il s'endormit, et songea une seconde fois : et voici, sept épis gras et bons montaient sur une seule tige.

40:17 And in the uppermost basket there was of all manner of bakemeats for Pharaoh; and the birds did eat them out of the basket upon my head.

40:18 And Joseph answered and said, This is the interpretation thereof: The three baskets are three days:

40:19 Yet within three days shall Pharaoh lift up thy head from off thee, and shall hang thee on a tree; and the birds shall eat thy flesh from off thee.

40:20 And it came to pass the third day, which was Pharaoh's birthday, that he made a feast unto all his servants: and he lifted up the head of the chief butler and of the chief baker among his servants.

40:21 And he restored the chief butler unto his butlership again; and he gave the cup into Pharaoh's hand:

40:22 But he hanged the chief baker: as Joseph had interpreted to them.

40:23 Yet did not the chief butler remember Joseph, but forgat him.

41:1 And it came to pass at the end of two full years, that Pharaoh dreamed: and, behold, he stood by the river.

41:2 And, behold, there came up out of the river seven well favoured kine and fatfleshed; and they fed in a meadow.

41:3 And, behold, seven other kine came up after them out of the river, ill favoured and leanfleshed; and stood by the other kine upon the brink of the river.

41:4 And the ill favoured and leanfleshed kine did eat up the seven well favoured and fat kine. So Pharaoh awoke.

41:5 And he slept and dreamed the second time: and, behold, seven ears of corn came up upon one stalk, rank and good.

41:6 Et voici, sept épis pauvres et brûlés par le vent d'orient germaient après eux ;

41:7 et les épis pauvres dévorèrent les sept épis gras et pleins. Et le Pharaon s'éveilla ; et voilà, [c'était] un songe.

41:8 Et il arriva, au matin, que son esprit fut troublé ; et il envoya, et appela tous les devins* de l'Égypte, et tous ses sages. Et le Pharaon leur raconta ses songes** ; et il n'y eut personne qui les interprétât au Pharaon.

41:9 Et le chef des échansons parla au Pharaon, disant : Je rappelle aujourd'hui mes fautes.

41:10 Le Pharaon fut irrité contre ses serviteurs, et me mit sous garde, moi et le chef des panetiers, dans la maison du chef des gardes ;

41:11 et nous songeâmes un songe dans une même nuit, moi et lui ; nous songeâmes chacun selon l'interprétation de son songe.

41:12 Et il y avait là avec nous un jeune hébreu, serviteur du chef des gardes ; et nous lui racontâmes, et il nous interpréta nos songes ; il donna à chacun l'interprétation selon son songe.

41:13 Et il arriva que, comme il nous avait interprété, ainsi il advint : moi, [le Pharaon] me rétablit dans mon poste, et lui, il le pendit.

41:14 Et le Pharaon envoya, et appela Joseph ; et on le fit accourir de la fosse, et il se rasa, et changea de vêtements ; et il vint vers le Pharaon.

41:15 Et le Pharaon dit à Joseph : J'ai songé un songe, et il n'y a personne pour l'interpréter ; et j'ai entendu dire de toi que tu comprends un songe pour l'interpréter.

41:6 And, behold, seven thin ears and blasted with the east wind sprung up after them.

41:7 And the seven thin ears devoured the seven rank and full ears. And Pharaoh awoke, and, behold, it was a dream.

41:8 And it came to pass in the morning that his spirit was troubled; and he sent and called for all the magicians of Egypt, and all the wise men thereof: and Pharaoh told them his dream; but there was none that could interpret them unto Pharaoh.

41:9 Then spake the chief butler unto Pharaoh, saying, I do remember my faults this day:

41:10 Pharaoh was wroth with his servants, and put me in ward in the captain of the guard's house, both me and the chief baker:

41:11 And we dreamed a dream in one night, I and he; we dreamed each man according to the interpretation of his dream.

41:12 And there was there with us a young man, an Hebrew, servant to the captain of the guard; and we told him, and he interpreted to us our dreams; to each man according to his dream he did interpret.

41:13 And it came to pass, as he interpreted to us, so it was; me he restored unto mine office, and him he hanged.

41:14 Then Pharaoh sent and called Joseph, and they brought him hastily out of the dungeon: and he shaved himself, and changed his raiment, and came in unto Pharaoh.

41:15 And Pharaoh said unto Joseph, I have dreamed a dream, and there is none that can interpret it: and I have heard say of thee, that thou canst understand a dream to interpret it.

41:16 Et Joseph répondit au Pharaon, disant : Cela n'est pas à moi ; Dieu donnera une réponse de paix au Pharaon.

41:17 Et le Pharaon dit à Joseph : Dans mon songe voici, je me tenais sur le bord du fleuve ;

41:18 et voici, du fleuve montaient sept vaches grasses de chair, et belles à voir, et elles paissaient dans les roseaux.

41:19 Et voici, sept autres vaches montaient après elles, chétives, et très laides à voir, et maigres de chair : je n'en ai pas vu de semblables en laideur dans tout le pays d'Égypte.

41:20 Et les vaches maigres et laides mangèrent les sept premières vaches, les grasses :

41:21 elles entrèrent dans leur ventre, et il ne paraissait point qu'elles fussent entrées dans leur ventre, et leur aspect était aussi laid qu'au commencement. Et je m'éveillai.

41:22 Et je vis dans mon songe ; et voici, sept épis montaient sur une seule tige, pleins et bons ;

41:23 et voici, sept épis desséchés, pauvres, brûlés par le vent d'orient, germaient après eux ;

41:24 et les épis pauvres dévorèrent les sept bons épis. Et je l'ai dit aux devins ; et il n'y a eu personne qui me l'expliquât.

41:25 Et Joseph dit au pharaon : Le songe du Pharaon est un : Dieu a déclaré au Pharaon ce qu'il va faire.

41:26 Les sept bonnes vaches, ce sont sept années ; et les sept bons épis, ce sont sept années : c'est un seul songe.

41:27 Et les sept vaches maigres et laides, qui montaient après elles, ce sont sept années ; et les sept épis vides, brûlés par le vent d'orient, ce sont sept années de famine.

41:16 And Joseph answered Pharaoh, saying, It is not in me: God shall give Pharaoh an answer of peace.

41:17 And Pharaoh said unto Joseph, In my dream, behold, I stood upon the bank of the river:

41:18 And, behold, there came up out of the river seven kine, fatfleshed and well favoured; and they fed in a meadow:

41:19 And, behold, seven other kine came up after them, poor and very ill favoured and leanfleshed, such as I never saw in all the land of Egypt for badness:

41:20 And the lean and the ill favoured kine did eat up the first seven fat kine:

41:21 And when they had eaten them up, it could not be known that they had eaten them; but they were still ill favoured, as at the beginning. So I awoke.

41:22 And I saw in my dream, and, behold, seven ears came up in one stalk, full and good:

41:23 And, behold, seven ears, withered, thin, and blasted with the east wind, sprung up after them:

41:24 And the thin ears devoured the seven good ears: and I told this unto the magicians; but there was none that could declare it to me.

41:25 And Joseph said unto Pharaoh, The dream of Pharaoh is one: God hath shewed Pharaoh what he is about to do.

41:26 The seven good kine are seven years; and the seven good ears are seven years: the dream is one.

41:27 And the seven thin and ill favoured kine that came up after them are seven years; and the seven empty ears blasted with the east wind shall be seven years of famine.

41:28 C'est la parole que je dis au Pharaon : ce que Dieu va faire, il le montre au Pharaon.

41:29 Voici, sept années de grande abondance viennent dans tout le pays d'Égypte ;

41:30 et sept années de famine se lèveront après elles ; et toute l'abondance sera oubliée dans le pays d'Égypte et la famine consumera le pays ;

41:31 et l'abondance ne sera plus connue dans le pays, à cause de cette famine [qui viendra] après ; car elle sera très intense.

41:32 Et que le songe ait été répété deux fois au Pharaon, c'est que la chose est arrêtée de la part de Dieu, et que Dieu se hâte de la faire.

41:33 Et maintenant, que le Pharaon se cherche un homme intelligent et sage, et qu'il l'établisse sur le pays d'Égypte.

41:34 Que le Pharaon fasse [cela], et qu'il prépose des commissaires sur le pays, et qu'il lève le cinquième du pays d'Égypte pendant les sept années d'abondance ;

41:35 et qu'ils rassemblent tous les vivres de ces bonnes années qui viennent, et qu'ils amassent le blé sous la main du Pharaon pour nourriture dans les villes, et qu'ils le gardent.

41:36 Et les vivres seront une réserve pour le pays, pour les sept années de famine qui seront dans le pays d'Égypte, et le pays ne sera pas détruit par la famine.

41:37 Et la chose fut bonne aux yeux du Pharaon et aux yeux de tous ses serviteurs.

41:38 Et le Pharaon dit à ses serviteurs : Trouverons-nous un homme semblable à celui-ci, en qui est l'esprit des dieux* ?

41:39 Et le Pharaon dit à Joseph : Puisque Dieu t'a fait connaître tout cela, personne n'est intelligent et sage comme toi.

41:28 This is the thing which I have spoken unto Pharaoh: What God is about to do he sheweth unto Pharaoh.

41:29 Behold, there come seven years of great plenty throughout all the land of Egypt:

41:30 And there shall arise after them seven years of famine; and all the plenty shall be forgotten in the land of Egypt; and the famine shall consume the land;

41:31 And the plenty shall not be known in the land by reason of that famine following; for it shall be very grievous.

41:32 And for that the dream was doubled unto Pharaoh twice; it is because the thing is established by God, and God will shortly bring it to pass.

41:33 Now therefore let Pharaoh look out a man discreet and wise, and set him over the land of Egypt.

41:34 Let Pharaoh do this, and let him appoint officers over the land, and take up the fifth part of the land of Egypt in the seven plenteous years.

41:35 And let them gather all the food of those good years that come, and lay up corn under the hand of Pharaoh, and let them keep food in the cities.

41:36 And that food shall be for store to the land against the seven years of famine, which shall be in the land of Egypt; that the land perish not through the famine.

41:37 And the thing was good in the eyes of Pharaoh, and in the eyes of all his servants.

41:38 And Pharaoh said unto his servants, Can we find such a one as this is, a man in whom the Spirit of God is?

41:39 And Pharaoh said unto Joseph, Forasmuch as God hath shewed thee all this, there is none so discreet and wise as thou art:

41:40 Toi, tu seras sur ma maison, et tout mon peuple se dirigera d'après ton commandement ; seulement quant au trône, je serai plus grand que toi.

41:41 Et le Pharaon dit à Joseph : Vois, je t'ai établi sur tout le pays d'Égypte.

41:42 Et le Pharaon ôta son anneau de sa main, et le mit à la main de Joseph, et il le revêtit de vêtements de byssus*,

41:43 et mit un collier d'or à son cou ; et il le fit monter sur le second char qui était à lui ; et on criait devant lui : Abrec* ! Et il l'établit sur tout le pays d'Égypte.

41:44 Et le Pharaon dit à Joseph : Moi je suis le Pharaon : sans toi nul ne lèvera la main ni le pied dans tout le pays d'Égypte.

41:45 Et le Pharaon appela le nom de Joseph Tsaphnath-Pahnéakh* ; et il lui donna pour femme Asnath, fille de Poti-Phéra, sacrificateur d'On. Et Joseph parcourut le pays d'Égypte.

41:46 Et Joseph était âgé de trente ans lorsqu'il se tint devant le Pharaon, le roi d'Égypte ; et Joseph sortit de devant le Pharaon, et passa par tout le pays d'Égypte. révélateur de secrets ; d'après l'égyptien : sauveur du monde, ou soutien de la vie.

41:47 Et la terre rapporta à pleines mains pendant les sept années d'abondance.

41:48 Et [Joseph] rassembla tous les vivres des sept années qui furent dans le pays d'Égypte, et mis les vivres dans les villes ; il mit dans chaque ville les vivres [provenant] des champs qui étaient autour d'elle.

41:49 Et Joseph amassa du blé, comme le sable de la mer, une immense quantité, jusqu'à ce qu'on cessa de compter, parce qu'il était sans nombre.

41:40 Thou shalt be over my house, and according unto thy word shall all my people be ruled: only in the throne will I be greater than thou.

41:41 And Pharaoh said unto Joseph, See, I have set thee over all the land of Egypt.

41:42 And Pharaoh took off his ring from his hand, and put it upon Joseph's hand, and arrayed him in vestures of fine linen, and put a gold chain about his neck;

41:43 And he made him to ride in the second chariot which he had; and they cried before him, Bow the knee: and he made him ruler over all the land of Egypt.

41:44 And Pharaoh said unto Joseph, I am Pharaoh, and without thee shall no man lift up his hand or foot in all the land of Egypt.

41:45 And Pharaoh called Joseph's name Zaphnathpaaneah; and he gave him to wife Asenath the daughter of Potipherah priest of On. And Joseph went out over all the land of Egypt.

41:46 And Joseph was thirty years old when he stood before Pharaoh king of Egypt. And Joseph went out from the presence of Pharaoh, and went throughout all the land of Egypt.

41:47 And in the seven plenteous years the earth brought forth by handfuls.

41:48 And he gathered up all the food of the seven years, which were in the land of Egypt, and laid up the food in the cities: the food of the field, which was round about every city, laid he up in the same.

41:49 And Joseph gathered corn as the sand of the sea, very much, until he left numbering; for it was without number.

41:50 Et, avant que vînt l'année de la famine, il naquit à Joseph deux fils, qu'Asnath, fille de Poti-Phéra, sacrificateur d'On, lui enfanta.

41:51 Et Joseph appela le nom du premier-né Manassé* : car Dieu m'a fait oublier toute ma peine, et toute la maison de mon père.

41:52 Et il appela le nom du second Éphraïm* : car Dieu m'a fait fructifier dans le pays de mon affliction.

41:53 Et les sept années de l'abondance qui avait été dans le pays d'Égypte finirent ;

41:54 et les sept années de la famine commencèrent à venir, comme Joseph avait dit. Et il y eut famine dans tous les pays ; mais dans tout le pays d'Égypte il y avait du pain.

41:55 Et tout le pays d'Égypte eut faim, et le peuple cria au Pharaon pour du pain ; et le Pharaon dit à tous les Égyptiens : Allez à Joseph ; faites ce qu'il vous dira.

41:56 Et la famine était sur toute la face de la terre* ; et Joseph ouvrit tous les lieux de dépôt, et vendit du blé aux Égyptiens ; et la famine sévissait dans le pays d'Égypte.

41:57 Et de toute la terre on venait en Égypte, vers Joseph, pour acheter du blé ; car la famine sévissait sur toute la terre.

42:1 Et Jacob vit qu'il y avait du blé en Égypte ; et Jacob dit à ses fils : Pourquoi vous regardez-vous les uns les autres ?

42:2 Et il dit : Voici, j'ai appris qu'il y a du blé en Égypte ; descendez-y, et achetez-nous-en là, afin que nous vivions, et que nous ne mourions pas.

42:3 Et dix frères de Joseph descendirent pour acheter du blé en Égypte ;

41:50 And unto Joseph were born two sons before the years of famine came, which Asenath the daughter of Potipherah priest of On bare unto him.

41:51 And Joseph called the name of the firstborn Manasseh: For God, said he, hath made me forget all my toil, and all my father's house.

41:52 And the name of the second called he Ephraim: For God hath caused me to be fruitful in the land of my affliction.

41:53 And the seven years of plenteousness, that was in the land of Egypt, were ended.

41:54 And the seven years of dearth began to come, according as Joseph had said: and the dearth was in all lands; but in all the land of Egypt there was bread.

41:55 And when all the land of Egypt was famished, the people cried to Pharaoh for bread: and Pharaoh said unto all the Egyptians, Go unto Joseph; what he saith to you, do.

41:56 And the famine was over all the face of the earth: and Joseph opened all the storehouses, and sold unto the Egyptians; and the famine waxed sore in the land of Egypt.

41:57 And all countries came into Egypt to Joseph for to buy corn; because that the famine was so sore in all lands.

42:1 Now when Jacob saw that there was corn in Egypt, Jacob said unto his sons, Why do ye look one upon another?

42:2 And he said, Behold, I have heard that there is corn in Egypt: get you down thither, and buy for us from thence; that we may live, and not die.

42:3 And Joseph's ten brethren went down to buy corn in Egypt.

42:4 mais Jacob n'envoya pas Benjamin, le frère de Joseph, avec ses frères, car il disait : De peur qu'un accident ne lui arrive !	42:4 But Benjamin, Joseph's brother, Jacob sent not with his brethren; for he said, Lest peradventure mischief befall him.
42:5 Et les fils d'Israël allèrent pour acheter du blé, parmi ceux qui allaient ; car la famine était dans le pays de Canaan.	42:5 And the sons of Israel came to buy corn among those that came: for the famine was in the land of Canaan.
42:6 Et Joseph était gouverneur du pays ; il vendait le blé à tout le peuple du pays*. Et les frères de Joseph vinrent, et se prosternèrent devant lui la face contre terre.	42:6 And Joseph was the governor over the land, and he it was that sold to all the people of the land: and Joseph's brethren came, and bowed down themselves before him with their faces to the earth.
42:7 Et Joseph vit ses frères, et les reconnut ; et il fit l'étranger vis-à-vis d'eux, et leur parla durement, et leur dit : D'où venez-vous ? Et ils dirent : Du pays de Canaan, pour acheter des vivres.	42:7 And Joseph saw his brethren, and he knew them, but made himself strange unto them, and spake roughly unto them; and he said unto them, Whence come ye? And they said, From the land of Canaan to buy food.
42:8 Et Joseph reconnut ses frères ; et eux ne le reconnurent pas.	42:8 And Joseph knew his brethren, but they knew not him.
42:9 Et Joseph se souvint des songes qu'il avait songés à leur sujet, et il leur dit : Vous êtes des espions ; c'est pour voir les lieux ouverts* du pays que vous êtes venus.	42:9 And Joseph remembered the dreams which he dreamed of them, and said unto them, Ye are spies; to see the nakedness of the land ye are come.
42:10 Et ils lui dirent : Non, mon seigneur ; mais tes serviteurs sont venus pour acheter des vivres.	42:10 And they said unto him, Nay, my lord, but to buy food are thy servants come.
42:11 Nous sommes tous fils d'un seul homme ; nous sommes d'honnêtes gens ; tes serviteurs ne sont pas des espions.	42:11 We are all one man's sons; we are true men, thy servants are no spies.
42:12 Et il leur dit : Non ; mais vous êtes venus pour voir les lieux ouverts du pays.	42:12 And he said unto them, Nay, but to see the nakedness of the land ye are come.
42:13 Et ils dirent : Tes serviteurs étaient douze frères ; nous sommes fils d'un seul homme, au pays de Canaan ; et voici, le plus jeune est aujourd'hui avec notre père, et l'un n'est plus.	42:13 And they said, Thy servants are twelve brethren, the sons of one man in the land of Canaan; and, behold, the youngest is this day with our father, and one is not.
42:14 Et Joseph leur dit : C'est ce que je vous disais en disant : Vous êtes des espions.	42:14 And Joseph said unto them, That is it that I spake unto you, saying, Ye are spies:
42:15 Par ceci vous serez mis à l'épreuve : Vie du Pharaon ! si vous sortez d'ici, à moins que votre jeune frère ne vienne ici !	42:15 Hereby ye shall be proved: By the life of Pharaoh ye shall not go forth hence, except your youngest brother come hither.

42:16 Envoyez l'un de vous, et qu'il aille chercher votre frère ; et vous, vous serez liés, et vos paroles seront mises à l'épreuve, [pour voir] si la vérité est avec vous : sinon, vie du Pharaon ! certainement vous êtes des espions.

42:17 Et il les fit mettre ensemble sous garde pendant trois jours.

42:18 Et le troisième jour, Joseph leur dit : Faites ceci, et vous vivrez ; moi je crains Dieu.

42:19 Si vous êtes d'honnêtes gens, l'un de vous, qui êtes frères, sera lié dans la maison ou vous avez été sous garde ; et vous, allez, emportez du blé pour la faim de vos maisons ;

42:20 et amenez-moi le plus jeune de vos frères, et vos paroles se trouveront vraies ; et vous ne mourrez pas. Et ils firent ainsi.

42:21 Et ils se dirent l'un à l'autre : Certainement nous sommes coupables à l'égard de notre frère ; car nous avons vu la détresse de son âme quand il nous demandait grâce, et nous ne l'avons pas écouté ; c'est pourquoi cette détresse est venue sur nous.

42:22 Et Ruben leur répondit, disant : Ne vous ai-je pas parlé, disant : Ne péchez pas contre l'enfant ? Mais vous n'avez pas écouté ; et aussi, voici, son sang est redemandé.

42:23 Et ils ne savaient pas que Joseph comprenait, car il y avait entre eux un interprète.

42:24 Et il se détourna d'auprès d'eux, et pleura ; et il revint vers eux, et leur parla, et prit d'avec eux Siméon, et le lia devant leurs yeux.

42:25 Et Joseph commanda de remplir de blé leurs sacs*, et de leur remettre leur argent à chacun dans son sac, et de leur donner des provisions pour le chemin ; et on leur fit ainsi.

42:16 Send one of you, and let him fetch your brother, and ye shall be kept in prison, that your words may be proved, whether there be any truth in you: or else by the life of Pharaoh surely ye are spies.

42:17 And he put them all together into ward three days.

42:18 And Joseph said unto them the third day, This do, and live; for I fear God:

42:19 If ye be true men, let one of your brethren be bound in the house of your prison: go ye, carry corn for the famine of your houses:

42:20 But bring your youngest brother unto me; so shall your words be verified, and ye shall not die. And they did so.

42:21 And they said one to another, We are verily guilty concerning our brother, in that we saw the anguish of his soul, when he besought us, and we would not hear; therefore is this distress come upon us.

42:22 And Reuben answered them, saying, Spake I not unto you, saying, Do not sin against the child; and ye would not hear? therefore, behold, also his blood is required.

42:23 And they knew not that Joseph understood them; for he spake unto them by an interpreter.

42:24 And he turned himself about from them, and wept; and returned to them again, and communed with them, and took from them Simeon, and bound him before their eyes.

42:25 Then Joseph commanded to fill their sacks with corn, and to restore every man's money into his sack, and to give them provision for the way: and thus did he unto them.

42:26 Et ils chargèrent leur blé sur leurs ânes, et s'en allèrent de là.

42:27 Et l'un [d'eux] ouvrit son sac pour donner à manger à son âne, dans le caravansérail, et il vit son argent, et voici, il était à l'ouverture de son sac.

42:28 Et il dit à ses frères : Mon argent m'a été rendu ; et même, le voici dans mon sac ! Et le cœur leur manqua, et ils furent saisis de peur, se disant l'un à l'autre : Qu'est-ce que Dieu nous a fait ?

42:29 Et ils vinrent vers Jacob, leur père, au pays de Canaan, et ils lui racontèrent tout ce qui leur était arrivé, disant :

42:30 L'homme, le seigneur du pays, nous a parlé durement, et nous a traités comme des espions du pays ;

42:31 et nous lui avons dit : Nous sommes d'honnêtes gens, nous ne sommes pas des espions.

42:32 Nous étions douze frères fils de notre père : l'un n'est plus, et le plus jeune est aujourd'hui avec notre père au pays de Canaan.

42:33 Et l'homme, le seigneur du pays, nous a dit : À ceci je connaîtrai que vous êtes d'honnêtes gens : Laissez auprès de moi l'un de vos frères, et prenez [du blé] pour la faim de vos maisons, et allez-vous-en.

42:34 Et amenez-moi votre plus jeune frère, et je connaîtrai que vous n'êtes pas des espions, mais que vous êtes d'honnêtes gens : je vous donnerai votre frère, et vous trafiquerez dans le pays.

42:35 Et il arriva, comme ils vidaient leurs sacs, que voici, chacun avait son paquet d'argent dans son sac ; et ils virent, eux et leur père, leurs paquets d'argent, et ils eurent peur.

42:26 And they laded their asses with the corn, and departed thence.

42:27 And as one of them opened his sack to give his ass provender in the inn, he espied his money; for, behold, it was in his sack's mouth.

42:28 And he said unto his brethren, My money is restored; and, lo, it is even in my sack: and their heart failed them, and they were afraid, saying one to another, What is this that God hath done unto us?

42:29 And they came unto Jacob their father unto the land of Canaan, and told him all that befell unto them; saying,

42:30 The man, who is the lord of the land, spake roughly to us, and took us for spies of the country.

42:31 And we said unto him, We are true men; we are no spies:

42:32 We be twelve brethren, sons of our father; one is not, and the youngest is this day with our father in the land of Canaan.

42:33 And the man, the lord of the country, said unto us, Hereby shall I know that ye are true men; leave one of your brethren here with me, and take food for the famine of your households, and be gone:

42:34 And bring your youngest brother unto me: then shall I know that ye are no spies, but that ye are true men: so will I deliver you your brother, and ye shall traffick in the land.

42:35 And it came to pass as they emptied their sacks, that, behold, every man's bundle of money was in his sack: and when both they and their father saw the bundles of money, they were afraid.

42:36 Et Jacob, leur père, leur dit : Vous m'avez privé d'enfants : Joseph n'est plus, et Siméon n'est plus, et vous voulez prendre Benjamin ! Toutes ces choses sont contre moi.

42:37 Et Ruben parla à son père, disant : Tu feras mourir mes deux fils si je ne te le ramène ; remets-le entre mes mains, et je te le ramènerai.

42:38 Mais il dit : Mon fils ne descendra pas avec vous car son frère est mort, et lui seul est resté ; si quelque accident lui arrivait dans le chemin où vous allez, vous feriez descendre mes cheveux blancs avec douleur au shéol*.

43:1 Et la famine pesait sur le pays.

43:2 Et il arriva, lorsqu'ils eurent achevé de manger le blé qu'ils avaient apporté d'Égypte, que leur père leur dit : Retournez, achetez-nous un peu de vivres.

43:3 Et Juda lui parla, disant : Cet homme nous a expressément protesté, disant : Vous ne verrez pas ma face, à moins que votre frère ne soit avec vous.

43:4 Si tu envoies notre frère avec nous, nous descendrons, et nous t'achèterons des vivres ;

43:5 mais si tu ne l'envoies pas, nous ne descendrons pas ; car l'homme nous a dit : Vous ne verrez pas ma face, à moins que votre frère ne soit avec vous.

43:6 Et Israël dit : Pourquoi m'avez-vous fait le tort de déclarer à l'homme que vous aviez encore un frère ?

43:7 Et ils dirent : L'homme s'est soigneusement enquis de nous et de notre parenté, disant : Votre père vit-il encore ? Avez-vous [encore] un frère ? Et nous l'avons informé selon la teneur de ces paroles. Pouvions-nous donc savoir qu'il dirait : Faites descendre votre frère ?

42:36 And Jacob their father said unto them, Me have ye bereaved of my children: Joseph is not, and Simeon is not, and ye will take Benjamin away: all these things are against me.

42:37 And Reuben spake unto his father, saying, Slay my two sons, if I bring him not to thee: deliver him into my hand, and I will bring him to thee again.

42:38 And he said, My son shall not go down with you; for his brother is dead, and he is left alone: if mischief befall him by the way in the which ye go, then shall ye bring down my gray hairs with sorrow to the grave.

43:1 And the famine was sore in the land.

43:2 And it came to pass, when they had eaten up the corn which they had brought out of Egypt, their father said unto them, Go again, buy us a little food.

43:3 And Judah spake unto him, saying, The man did solemnly protest unto us, saying, Ye shall not see my face, except your brother be with you.

43:4 If thou wilt send our brother with us, we will go down and buy thee food:

43:5 But if thou wilt not send him, we will not go down: for the man said unto us, Ye shall not see my face, except your brother be with you.

43:6 And Israel said, Wherefore dealt ye so ill with me, as to tell the man whether ye had yet a brother?

43:7 And they said, The man asked us straitly of our state, and of our kindred, saying, Is your father yet alive? have ye another brother? and we told him according to the tenor of these words: could we certainly know that he would say, Bring your brother down?

God Almighty

43:8 Et Juda dit à Israël, son père : Envoie le jeune homme avec moi, et nous nous lèverons et nous irons, et nous vivrons et ne mourrons pas, ni nous, ni toi, ni nos petits enfants.

43:9 Moi, je réponds de lui ; tu le redemanderas de ma main. Si je ne te le ramène, et si je ne le présente devant ta face, je serai tous mes* jours coupable envers toi.

43:10 Car si nous n'avions pas tardé, certes nous serions déjà revenus deux fois.

43:11 Et Israël, leur père, leur dit : Eh bien, s'il en est ainsi, faites ceci : Prenez dans vos vases des meilleurs produits du pays, et portez à l'homme un présent : un peu de baume et un peu de miel, des épices et de la myrrhe, des pistaches et des amandes.

43:12 Et prenez d'autre argent dans vos mains ; et l'argent qui a été remis à l'ouverture de vos sacs, reportez-le dans vos mains ; peut-être était-ce une erreur.

43:13 Et prenez votre frère, et levez-vous, retournez vers l'homme ;

43:14 et le *Dieu Tout-puissant* vous fasse trouver compassion devant l'homme, afin qu'il renvoie* votre autre frère, et Benjamin ! Et moi, si je suis privé d'enfants, j'en serai privé.

43:15 Et les hommes prirent ce présent ; et ils prirent double argent dans leurs mains, et Benjamin, et ils se levèrent, et descendirent en Égypte ; et ils se tinrent devant Joseph.

43:16 Et Joseph vit Benjamin avec eux ; et il dit à celui qui était [préposé] sur sa maison : Mène ces hommes dans la maison, et tue, et apprête ; car ces hommes mangeront avec moi à midi.

43:17 Et l'homme fit comme Joseph avait dit, et il* amena les hommes dans la maison de Joseph.

43:8 And Judah said unto Israel his father, Send the lad with me, and we will arise and go; that we may live, and not die, both we, and thou, and also our little ones.

43:9 I will be surety for him; of my hand shalt thou require him: if I bring him not unto thee, and set him before thee, then let me bear the blame for ever:

43:10 For except we had lingered, surely now we had returned this second time.

43:11 And their father Israel said unto them, If it must be so now, do this; take of the best fruits in the land in your vessels, and carry down the man a present, a little balm, and a little honey, spices, and myrrh, nuts, and almonds:

43:12 And take double money in your hand; and the money that was brought again in the mouth of your sacks, carry it again in your hand; peradventure it was an oversight:

43:13 Take also your brother, and arise, go again unto the man:

43:14 And God Almighty give you mercy before the man, that he may send away your other brother, and Benjamin. If I be bereaved of my children, I am bereaved.

43:15 And the men took that present, and they took double money in their hand and Benjamin; and rose up, and went down to Egypt, and stood before Joseph.

43:16 And when Joseph saw Benjamin with them, he said to the ruler of his house, Bring these men home, and slay, and make ready; for these men shall dine with me at noon.

43:17 And the man did as Joseph bade; and the man brought the men into Joseph's house.

43:18 Et les hommes eurent peur de ce qu'on les menait dans la maison de Joseph, et ils dirent : C'est à cause de l'argent qui fut remis dans nos sacs au commencement, que nous sommes emmenés, pour qu'on se jette sur nous, et pour qu'on tombe sur nous, et pour qu'on nous prenne comme serviteurs avec nos ânes.

43:18 And the men were afraid, because they were brought into Joseph's house; and they said, Because of the money that was returned in our sacks at the first time are we brought in; that he may seek occasion against us, and fall upon us, and take us for bondmen, and our asses.

43:19 Et ils s'approchèrent de l'homme qui était [préposé] sur la maison de Joseph, et lui parlèrent à l'entrée de la maison,

43:19 And they came near to the steward of Joseph's house, and they communed with him at the door of the house,

43:20 et dirent : Ah, mon seigneur ! nous sommes descendus au commencement pour acheter des vivres ;

43:20 And said, O sir, we came indeed down at the first time to buy food:

43:21 et il est arrivé, lorsque nous fûmes venus au caravansérail, que nous avons ouvert nos sacs, et voici, l'argent de chacun était à l'ouverture de son sac, notre argent selon son poids ; et nous l'avons rapporté dans nos mains.

43:21 And it came to pass, when we came to the inn, that we opened our sacks, and, behold, every man's money was in the mouth of his sack, our money in full weight: and we have brought it again in our hand.

43:22 Et nous avons apporté d'autre argent dans nos mains pour acheter des vivres ; nous ne savons pas qui a mis notre argent dans nos sacs.

43:22 And other money have we brought down in our hands to buy food: we cannot tell who put our money in our sacks.

43:23 Et il dit : Paix vous soit, ne craignez pas. C'est votre Dieu et le Dieu de votre père qui vous a donné un trésor dans vos sacs ; votre argent m'est parvenu. Et il fit sortir Siméon vers eux.

43:23 And he said, Peace be to you, fear not: your God, and the God of your father, hath given you treasure in your sacks: I had your money. And he brought Simeon out unto them.

43:24 Et l'homme introduisit ces hommes dans la maison de Joseph, et leur donna de l'eau, et ils lavèrent leurs pieds ; et il donna du fourrage à leurs ânes.

43:24 And the man brought the men into Joseph's house, and gave them water, and they washed their feet; and he gave their asses provender.

43:25 Et ils préparèrent le présent pour l'arrivée de Joseph à midi, car ils avaient entendu qu'ils mangeraient là le pain.

43:25 And they made ready the present against Joseph came at noon: for they heard that they should eat bread there.

43:26 Et Joseph vint à la maison, et ils lui apportèrent dans la maison le présent qui était dans leurs mains, et se prosternèrent devant lui contre terre.

43:26 And when Joseph came home, they brought him the present which was in their hand into the house, and bowed themselves to him to the earth.

43:27 Et il leur demanda s'ils étaient bien, et il dit : Votre père, le vieillard dont vous m'avez parlé, est-il bien ? vit-il encore ?

43:27 And he asked them of their welfare, and said, Is your father well, the old man of whom ye spake? Is he yet alive?

43:28 Et ils dirent : Ton serviteur, notre père, est bien ; il vit encore. Et ils s'inclinèrent et se prosternèrent.

43:29 Et il leva les yeux, et vit Benjamin, son frère, fils de sa mère, et dit : Est-ce là votre plus jeune frère dont vous m'avez parlé ? Et il dit : Dieu te fasse grâce, mon fils !

43:30 Et Joseph se hâta, car ses entrailles s'étaient émues envers son frère, et il cherchait [où] pleurer ; et il entra dans sa chambre, et y pleura.

43:31 Puis il se lava le visage, et sortit ; et il se contint, et dit : Servez le pain.

43:32 Et on le servit, lui à part, et eux à part, et les Égyptiens qui mangeaient avec lui, à part : car les Égyptiens ne pouvaient manger le pain avec les Hébreux ; car c'est une abomination pour les Égyptiens.

43:33 Et ils s'assirent devant lui, le premier-né selon son droit d'aînesse, et le plus jeune selon sa jeunesse ; et ces hommes s'étonnaient entre eux.

43:34 Et il leur fit porter des mets de devant lui ; et la portion de Benjamin était cinq fois plus grande que les portions d'eux tous ; et ils burent, et firent bonne chère avec lui.

44:1 Et il commanda à celui qui était [préposé] sur sa maison, disant : Remplis de vivres les sacs de ces hommes autant qu'ils en peuvent porter, et mets l'argent de chacun à l'ouverture de son sac ;

44:2 et mets ma coupe, la coupe d'argent, à l'ouverture du sac du plus jeune, avec l'argent de son blé. Et il fit selon la parole de Joseph, qu'il avait dite.

44:3 Le matin ayant lui, ces hommes furent renvoyés, eux et leurs ânes.

43:28 And they answered, Thy servant our father is in good health, he is yet alive. And they bowed down their heads, and made obeisance.

43:29 And he lifted up his eyes, and saw his brother Benjamin, his mother's son, and said, Is this your younger brother, of whom ye spake unto me? And he said, God be gracious unto thee, my son.

43:30 And Joseph made haste; for his bowels did yearn upon his brother: and he sought where to weep; and he entered into his chamber, and wept there.

43:31 And he washed his face, and went out, and refrained himself, and said, Set on bread.

43:32 And they set on for him by himself, and for them by themselves, and for the Egyptians, which did eat with him, by themselves: because the Egyptians might not eat bread with the Hebrews; for that is an abomination unto the Egyptians.

43:33 And they sat before him, the firstborn according to his birthright, and the youngest according to his youth: and the men marvelled one at another.

43:34 And he took and sent messes unto them from before him: but Benjamin's mess was five times so much as any of their's. And they drank, and were merry with him.

44:1 And he commanded the steward of his house, saying, Fill the men's sacks with food, as much as they can carry, and put every man's money in his sack's mouth.

44:2 And put my cup, the silver cup, in the sack's mouth of the youngest, and his corn money. And he did according to the word that Joseph had spoken.

44:3 As soon as the morning was light, the men were sent away, they and their asses.

44:4 Ils sortirent de la ville ; ils n'étaient pas loin, que Joseph dit à celui qui était [préposé] sur sa maison : Lève-toi, poursuis ces hommes, et quand tu les auras atteints, dis-leur : Pourquoi avez-vous rendu le mal pour le bien ?

44:5 N'est-ce pas la [coupe] dans laquelle mon seigneur boit, et par laquelle il devine ? Vous avez mal agi dans ce que vous avez fait.

44:6 Et il les atteignit, et leur dit ces paroles-là.

44:7 Et ils lui dirent : Pourquoi mon seigneur parle-t-il ainsi ? Loin de tes serviteurs de faire une telle chose !

44:8 Voici, l'argent que nous avons trouvé à l'ouverture de nos sacs, nous te l'avons rapporté du pays de Canaan ; et comment aurions-nous volé de la maison de ton seigneur de l'argent ou de l'or ?

44:9 Que celui de tes serviteurs chez qui [la coupe] se trouvera, meure ; et nous aussi, nous serons serviteurs* de mon seigneur.

44:10 Et il dit : Maintenant donc, qu'il en soit selon vos paroles : Celui chez qui elle sera trouvée sera mon serviteur, et vous, vous serez innocents.

44:11 Et ils se hâtèrent, et descendirent chacun son sac à terre, et ouvrirent chacun son sac.

44:12 Et il fouilla ; il commença par l'aîné, et finit par le plus jeune ; et la coupe fut trouvée dans le sac de Benjamin.

44:13 Alors ils déchirèrent leurs vêtements, et chacun rechargea son âne, et ils retournèrent à la ville.

44:14 Et Juda entra avec ses frères dans la maison de Joseph, qui y était encore, et ils se prosternèrent* devant lui.

44:15 Et Joseph leur dit : Quelle action avez-vous faite ? Ne savez-vous pas qu'un homme tel que moi sait deviner ?

44:4 And when they were gone out of the city, and not yet far off, Joseph said unto his steward, Up, follow after the men; and when thou dost overtake them, say unto them, Wherefore have ye rewarded evil for good?

44:5 Is not this it in which my lord drinketh, and whereby indeed he divineth? ye have done evil in so doing.

44:6 And he overtook them, and he spake unto them these same words.

44:7 And they said unto him, Wherefore saith my lord these words? God forbid that thy servants should do according to this thing:

44:8 Behold, the money, which we found in our sacks' mouths, we brought again unto thee out of the land of Canaan: how then should we steal out of thy lord's house silver or gold?

44:9 With whomsoever of thy servants it be found, both let him die, and we also will be my lord's bondmen.

44:10 And he said, Now also let it be according unto your words: he with whom it is found shall be my servant; and ye shall be blameless.

44:11 Then they speedily took down every man his sack to the ground, and opened every man his sack.

44:12 And he searched, and began at the eldest, and left at the youngest: and the cup was found in Benjamin's sack.

44:13 Then they rent their clothes, and laded every man his ass, and returned to the city.

44:14 And Judah and his brethren came to Joseph's house; for he was yet there: and they fell before him on the ground.

44:15 And Joseph said unto them, What deed is this that ye have done? wot ye not that such a man as I can certainly divine?

God Almighty

44:16 Et Juda dit : Que dirons-nous à mon seigneur ? Comment parlerons-nous et comment nous justifierons-nous ? Dieu a trouvé l'iniquité de tes serviteurs. Voici, nous sommes serviteurs de mon seigneur, tant nous que celui dans la main duquel la coupe a été trouvée.

44:17 Et il dit : Loin de moi de faire cela ! Celui en la main duquel la coupe a été trouvée, lui, sera mon serviteur ; et vous, montez en paix vers votre père.

44:18 Et Juda s'approcha de lui, et dit : Hélas, mon seigneur, je te prie, que ton serviteur dise un mot aux oreilles de mon seigneur, et que ta colère ne s'enflamme pas contre ton serviteur ; car tu es comme le Pharaon.

44:19 Mon seigneur a interrogé ses serviteurs, en disant :

44:20 Avez-vous un père, ou un frère ? Et nous dîmes à mon seigneur : Nous avons un père âgé, et un enfant de sa vieillesse, [encore] jeune ; et son frère est mort, et il reste seul de sa mère, et son père l'aime.

44:21 Et tu as dit à tes serviteurs : Faites-le descendre vers moi, afin que je le voie de mes yeux.

44:22 Et nous avons dit à mon seigneur : Le jeune homme ne peut quitter son père ; s'il le quitte, son père mourra.

44:23 Et tu dis à tes serviteurs : Si votre jeune frère ne descend pas avec vous, vous ne reverrez pas ma face.

44:24 Et il est arrivé, quand nous sommes montés vers ton serviteur, mon père, que nous lui avons rapporté les paroles de mon seigneur.

44:25 Et notre père dit : Retournez, achetez-nous un peu de vivres ;

44:16 And Judah said, What shall we say unto my lord? what shall we speak? or how shall we clear ourselves? God hath found out the iniquity of thy servants: behold, we are my lord's servants, both we, and he also with whom the cup is found.

44:17 And he said, God forbid that I should do so: but the man in whose hand the cup is found, he shall be my servant; and as for you, get you up in peace unto your father.

44:18 Then Judah came near unto him, and said, Oh my lord, let thy servant, I pray thee, speak a word in my lord's ears, and let not thine anger burn against thy servant: for thou art even as Pharaoh.

44:19 My lord asked his servants, saying, Have ye a father, or a brother?

44:20 And we said unto my lord, We have a father, an old man, and a child of his old age, a little one; and his brother is dead, and he alone is left of his mother, and his father loveth him.

44:21 And thou saidst unto thy servants, Bring him down unto me, that I may set mine eyes upon him.

44:22 And we said unto my lord, The lad cannot leave his father: for if he should leave his father, his father would die.

44:23 And thou saidst unto thy servants, Except your youngest brother come down with you, ye shall see my face no more.

44:24 And it came to pass when we came up unto thy servant my father, we told him the words of my lord.

44:25 And our father said, Go again, and buy us a little food.

44:26 mais nous dîmes : Nous ne pouvons descendre. Si notre plus jeune frère est avec nous, alors nous descendrons ; car nous ne pouvons voir la face de cet homme, si notre plus jeune frère n'est pas avec nous.

44:26 And we said, We cannot go down: if our youngest brother be with us, then will we go down: for we may not see the man's face, except our youngest brother be with us.

44:27 Et ton serviteur, mon père, nous dit : Vous savez que ma femme m'a enfanté deux [fils] ;

44:27 And thy servant my father said unto us, Ye know that my wife bare me two sons:

44:28 et l'un s'en est allé d'avec moi et j'ai dit : Certainement il a été déchiré ; et je ne l'ai pas revu jusqu'à présent.

44:28 And the one went out from me, and I said, Surely he is torn in pieces; and I saw him not since:

44:29 Et si vous prenez aussi celui-ci de devant moi, et qu'un accident lui arrive, vous ferez descendre mes cheveux blancs avec tristesse au shéol*.

44:29 And if ye take this also from me, and mischief befall him, ye shall bring down my gray hairs with sorrow to the grave.

44:30 Et maintenant, si je viens vers ton serviteur, mon père, et que le jeune homme à l'âme duquel son âme est étroitement liée ne soit pas avec nous,

44:30 Now therefore when I come to thy servant my father, and the lad be not with us; seeing that his life is bound up in the lad's life;

44:31 il arrivera qu'il mourra en voyant que le jeune homme n'y est pas ; et tes serviteurs feront descendre les cheveux blancs de ton serviteur, notre père, avec douleur au shéol.

44:31 It shall come to pass, when he seeth that the lad is not with us, that he will die: and thy servants shall bring down the gray hairs of thy servant our father with sorrow to the grave.

44:32 Car ton serviteur a répondu du jeune homme auprès de mon père, en disant : Si je ne te le ramène, je serai coupable envers mon père tous mes* jours.

44:32 For thy servant became surety for the lad unto my father, saying, If I bring him not unto thee, then I shall bear the blame to my father for ever.

44:33 Et maintenant, que ton serviteur, je te prie, reste serviteur de mon seigneur, à la place du jeune homme, et le jeune homme montera avec ses frères ;

44:33 Now therefore, I pray thee, let thy servant abide instead of the lad a bondman to my lord; and let the lad go up with his brethren.

44:34 car comment monterai-je vers mon père, si le jeune homme n'est pas avec moi ? — de peur que je ne voie le malheur qui atteindrait mon père !

44:34 For how shall I go up to my father, and the lad be not with me? lest peradventure I see the evil that shall come on my father.

45:1 Et Joseph ne put plus se contenir devant tous ceux qui se tenaient près de lui, et il cria : Faites sortir tout le monde d'auprès de moi. Et personne ne se tint près de Joseph quand il se fit connaître à ses frères.

45:1 Then Joseph could not refrain himself before all them that stood by him; and he cried, Cause every man to go out from me. And there stood no man with him, while Joseph made himself known unto his brethren.

God Almighty

45:2 Et il laissa éclater sa voix en pleurs, et les Égyptiens l'entendirent, et la maison du Pharaon l'entendit.

45:3 Et Joseph dit à ses frères : Je suis Joseph. Mon père vit-il encore ? Et ses frères ne pouvaient lui répondre, car ils étaient troublés devant lui.

45:4 Et Joseph dit à ses frères : Approchez-vous de moi. Et ils s'approchèrent. Et il dit : Je suis Joseph, votre frère, que vous avez vendu pour l'Égypte.

45:5 Et maintenant, ne soyez pas attristés, et ne voyez pas d'un œil chagrin que vous m'ayez vendu ici, car c'est pour la conservation de la vie que Dieu m'a envoyé devant vous.

45:6 Car voici deux ans que la famine est dans le pays*, et il y a encore cinq ans, pendant lesquels il n'y aura ni labour, ni moisson.

45:7 Et Dieu m'a envoyé devant vous pour vous conserver de reste sur la terre, et pour vous conserver la vie par une grande délivrance.

45:8 Et maintenant, ce n'est pas vous qui m'avez envoyé ici, mais c'est Dieu ; et il m'a établi père du Pharaon, et seigneur de toute sa maison, et gouverneur sur tout le pays d'Égypte.

45:9 Hâtez-vous, et montez vers mon père, et vous lui direz : Ainsi dit ton fils, Joseph : Dieu m'a établi seigneur de toute l'Égypte ; descends vers moi, ne t'arrête pas.

45:10 Et tu habiteras dans le pays de Goshen, et tu seras près de moi, toi, et tes fils, et les fils de tes fils, et ton menu et ton gros bétail, et tout ce qui est à toi ;

45:11 et je t'y entretiendrai, car il y a encore cinq années de famine, de peur que tu ne sois réduit à la misère, toi, et ta maison, et tout ce qui est à toi.

45:12 Et voici, vos yeux, et les yeux de Benjamin, mon frère, voient que c'est ma bouche qui vous parle.

45:2 And he wept aloud: and the Egyptians and the house of Pharaoh heard.

45:3 And Joseph said unto his brethren, I am Joseph; doth my father yet live? And his brethren could not answer him; for they were troubled at his presence.

45:4 And Joseph said unto his brethren, Come near to me, I pray you. And they came near. And he said, I am Joseph your brother, whom ye sold into Egypt.

45:5 Now therefore be not grieved, nor angry with yourselves, that ye sold me hither: for God did send me before you to preserve life.

45:6 For these two years hath the famine been in the land: and yet there are five years, in the which there shall neither be earing nor harvest.

45:7 And God sent me before you to preserve you a posterity in the earth, and to save your lives by a great deliverance.

45:8 So now it was not you that sent me hither, but God: and he hath made me a father to Pharaoh, and lord of all his house, and a ruler throughout all the land of Egypt.

45:9 Haste ye, and go up to my father, and say unto him, Thus saith thy son Joseph, God hath made me lord of all Egypt: come down unto me, tarry not:

45:10 And thou shalt dwell in the land of Goshen, and thou shalt be near unto me, thou, and thy children, and thy children's children, and thy flocks, and thy herds, and all that thou hast:

45:11 And there will I nourish thee; for yet there are five years of famine; lest thou, and thy household, and all that thou hast, come to poverty.

45:12 And, behold, your eyes see, and the eyes of my brother Benjamin, that it is my mouth that speaketh unto you.

45:13 Et vous raconterez à mon père toute ma gloire en Égypte, et tout ce que vous avez vu ; et vous vous hâterez, et vous ferez descendre ici mon père.	*45:13 And ye shall tell my father of all my glory in Egypt, and of all that ye have seen; and ye shall haste and bring down my father hither.*
45:14 Et il se jeta au cou de Benjamin, son frère, et pleura ; et Benjamin pleura sur son cou ;	*45:14 And he fell upon his brother Benjamin's neck, and wept; and Benjamin wept upon his neck.*
45:15 et il baisa tous ses frères, et pleura sur eux ; et après cela, ses frères parlèrent avec lui.	*45:15 Moreover he kissed all his brethren, and wept upon them: and after that his brethren talked with him.*
45:16 Et la rumeur en arriva dans la maison du Pharaon, disant : Les frères de Joseph sont venus. Et cela fut bon aux yeux du Pharaon et aux yeux de ses serviteurs.	*45:16 And the fame thereof was heard in Pharaoh's house, saying, Joseph's brethren are come: and it pleased Pharaoh well, and his servants.*
45:17 Et le Pharaon dit à Joseph : Dis à tes frères : Faites ceci ; chargez vos bêtes, et allez, entrez au pays de Canaan ;	*45:17 And Pharaoh said unto Joseph, Say unto thy brethren, This do ye; lade your beasts, and go, get you unto the land of Canaan;*
45:18 et prenez votre père et vos familles*, et venez vers moi ; et je vous donnerai ce qu'il y a de meilleur** au pays d'Égypte, et vous mangerez la graisse du pays.	*45:18 And take your father and your households, and come unto me: and I will give you the good of the land of Egypt, and ye shall eat the fat of the land.*
45:19 Et à toi il t'est ordonné : Faites ceci ; prenez du pays d'Égypte des chariots pour vos petits enfants et pour vos femmes, et faites-y monter votre père, et venez.	*45:19 Now thou art commanded, this do ye; take you wagons out of the land of Egypt for your little ones, and for your wives, and bring your father, and come.*
45:20 Que vos yeux ne regrettent pas vos meubles ; car le meilleur de tout le pays d'Égypte sera à vous.	*45:20 Also regard not your stuff; for the good of all the land of Egypt is your's.*
45:21 Et les fils d'Israël firent ainsi ; et Joseph leur donna des chariots, selon le commandement du Pharaon ; et il leur donna des provisions pour le chemin.	*45:21 And the children of Israel did so: and Joseph gave them wagons, according to the commandment of Pharaoh, and gave them provision for the way.*
45:22 Il donna à chacun d'eux tous des vêtements de rechange ; et à Benjamin il donna trois cents [pièces] d'argent, et cinq vêtements de rechange.	*45:22 To all of them he gave each man changes of raiment; but to Benjamin he gave three hundred pieces of silver, and five changes of raiment.*
45:23 Et à son père il envoya ceci : dix ânes chargés de ce qu'il y avait de meilleur en Égypte, et dix ânesses chargées de blé, et de pain, et de vivres pour son père, pour le chemin.	*45:23 And to his father he sent after this manner; ten asses laden with the good things of Egypt, and ten she asses laden with corn and bread and meat for his father by the way.*

45:24 Et il renvoya ses frères, et ils s'en allèrent. Et il leur dit : Ne vous querellez pas en chemin.	*45:24 So he sent his brethren away, and they departed: and he said unto them, See that ye fall not out by the way.*
45:25 Et ils montèrent de l'Égypte, et vinrent au pays de Canaan, vers Jacob, leur père ;	*45:25 And they went up out of Egypt, and came into the land of Canaan unto Jacob their father,*
45:26 et ils lui rapportèrent, disant : Joseph vit encore ; et même c'est lui qui gouverne tout le pays d'Égypte. Mais son cœur resta froid, car il ne les crut pas.	*45:26 And told him, saying, Joseph is yet alive, and he is governor over all the land of Egypt. And Jacob's heart fainted, for he believed them not.*
45:27 Et ils lui dirent toutes les paroles de Joseph, qu'il leur avait dites ; et il vit les chariots que Joseph avait envoyés pour le transporter ; et l'esprit de Jacob leur père se ranima.	*45:27 And they told him all the words of Joseph, which he had said unto them: and when he saw the wagons which Joseph had sent to carry him, the spirit of Jacob their father revived:*
45:28 Et Israël dit : C'est assez ! Joseph mon fils vit encore ; j'irai, et je le verrai avant que je meure.	*45:28 And Israel said, It is enough; Joseph my son is yet alive: I will go and see him before I die.*
46:1 Et Israël partit, et tout ce qui était à lui ; et il vint à Beër-Shéba, et offrit des sacrifices au Dieu de son père Isaac.	*46:1 And Israel took his journey with all that he had, and came to Beersheba, and offered sacrifices unto the God of his father Isaac.*
46:2 Et Dieu parla à Israël dans les visions de la nuit, et il dit : Jacob ! Jacob !	*46:2 And God spake unto Israel in the visions of the night, and said, Jacob, Jacob. And he said, Here am I.*
46:3 Et il dit : Me voici. Et il dit : Moi, je suis *Dieu, le Dieu de ton père : ne crains pas de descendre en Égypte ; car je t'y ferai devenir une grande nation.	*46:3 And he said, I am God, the God of thy father: fear not to go down into Egypt; for I will there make of thee a great nation:*
46:4 Moi, je descendrai avec toi en Égypte, et moi je t'en ferai aussi certainement remonter ; et Joseph mettra sa main sur tes yeux.	*46:4 I will go down with thee into Egypt; and I will also surely bring thee up again: and Joseph shall put his hand upon thine eyes.*
46:5 Et Jacob se leva de Beër-Shéba ; et les fils d'Israël firent monter Jacob, leur père, et leurs petits enfants, et leurs femmes, sur les chariots que le Pharaon avait envoyés pour le transporter.	*46:5 And Jacob rose up from Beersheba: and the sons of Israel carried Jacob their father, and their little ones, and their wives, in the wagons which Pharaoh had sent to carry him.*
46:6 Et ils prirent leur bétail, et leur bien, qu'ils avaient acquis dans le pays de Canaan, et vinrent en Égypte, Jacob, et toute sa descendance* avec lui ;	*46:6 And they took their cattle, and their goods, which they had gotten in the land of Canaan, and came into Egypt, Jacob, and all his seed with him:*

46:7 il amena avec lui en Égypte ses fils et les fils de ses fils, ses filles et les filles de ses fils, et toute sa descendance.

46:7 His sons, and his sons' sons with him, his daughters, and his sons' daughters, and all his seed brought he with him into Egypt.

46:8 Et ce sont ici les noms des fils d'Israël qui vinrent en Égypte : Jacob et ses enfants. Le premier-né de Jacob : Ruben.

46:8 And these are the names of the children of Israel, which came into Egypt, Jacob and his sons: Reuben, Jacob's firstborn.

46:9 Et les fils de Ruben : Hénoc, Pallu, et Hetsron, et Carmi.

46:9 And the sons of Reuben; Hanoch, and Phallu, and Hezron, and Carmi.

46:10 — Et les fils de Siméon : Jemuel et Jamin et Ohad, et Jakin, et Tsokhar, et Saül, fils d'une Cananéenne.

46:10 And the sons of Simeon; Jemuel, and Jamin, and Ohad, and Jachin, and Zohar, and Shaul the son of a Canaanitish woman.

46:11 — Et les fils de Lévi : Guershon, Kehath, et Merari.

46:11 And the sons of Levi; Gershon, Kohath, and Merari.

46:12 — Et les fils de Juda : Er, et Onan, et Shéla, et Pérets, et Zérakh ; et Er et Onan moururent dans le pays de Canaan. Et les fils de Pérets furent Hetsron et Hamul.

46:12 And the sons of Judah; Er, and Onan, and Shelah, and Pharez, and Zarah: but Er and Onan died in the land of Canaan. And the sons of Pharez were Hezron and Hamul.

46:13 — Et les fils d'Issacar : Thola, et Puva, et Job, et Shimron.

46:13 And the sons of Issachar; Tola, and Phuvah, and Job, and Shimron.

46:14 — Et les fils de Zabulon : Séred, et Élon, et Jakhleël.

46:14 And the sons of Zebulun; Sered, and Elon, and Jahleel.

46:15 — Ce sont là les fils de Léa, qu'elle enfanta à Jacob à Paddan-Aram, et Dina, sa fille ; toutes les âmes, ses fils et ses filles, trente-trois.

46:15 These be the sons of Leah, which she bare unto Jacob in Padanaram, with his daughter Dinah: all the souls of his sons and his daughters were thirty and three.

46:16 Et les fils de Gad : Tsiphion, et Haggui, Shuni, et Etsbon, Éri, et Arodi, et Areéli.

46:16 And the sons of Gad; Ziphion, and Haggi, Shuni, and Ezbon, Eri, and Arodi, and Areli.

46:17 — Et les fils d'Aser : Jimna, et Jishva, et Jishvi, et Beriha, et Sérakh, leur sœur. Et les fils de Beriha : Héber et Malkiel.

46:17 And the sons of Asher; Jimnah, and Ishuah, and Isui, and Beriah, and Serah their sister: and the sons of Beriah; Heber, and Malchiel.

46:18 — Ce sont là les fils de Zilpa, que Laban donna à Léa, sa fille ; et elle enfanta ceux-là à Jacob, seize âmes.

46:18 These are the sons of Zilpah, whom Laban gave to Leah his daughter, and these she bare unto Jacob, even sixteen souls.

46:19 Les fils de Rachel, femme de Jacob : Joseph et Benjamin.

46:19 The sons of Rachel Jacob's wife; Joseph, and Benjamin.

46:20 Et il naquit à Joseph, dans le pays d'Égypte, Manassé et Éphraïm, que lui enfanta Asnath, fille de Poti-Phéra, sacrificateur d'On.

46:21 — Et les fils de Benjamin : Béla, et Béker, et Ashbel, Guéra, et Naaman, Ékhi, et Rosh, Muppim, et Huppim, et Ard.

46:22 — Ce sont là les fils de Rachel, qui naquirent à Jacob ; toutes les âmes, quatorze.

46:23 Et les fils de Dan : Hushim.

46:24 — Et les fils de Nephthali : Jahtseël, et Guni, et Jétser, et Shillem.

46:25 — Ce sont là les fils de Bilha, que Laban donna à Rachel sa fille ; et elle enfanta ceux-là à Jacob ; toutes les âmes, sept.

46:26 Tous ceux* qui vinrent en Égypte, appartenant à Jacob, issus de ses reins, outre les femmes des fils de Jacob, toutes les âmes, soixante-six.

46:27 Et les fils de Joseph qui lui étaient nés en Égypte, deux âmes. Toutes les âmes de la maison de Jacob qui vinrent en Égypte furent soixante-dix.

46:28 Et [Jacob] envoya Juda devant lui vers Joseph, pour qu'il préparât le chemin devant lui en Goshen. Et ils vinrent dans le pays de Goshen.

46:29 Et Joseph attela son char, et monta à la rencontre d'Israël, son père, en Goshen. Et il se montra à lui, et se jeta à son cou, et pleura longtemps sur son cou.

46:30 Et Israël dit à Joseph : Que je meure à présent, après que j'ai vu ton visage, puisque tu vis encore.

46:31 Et Joseph dit à ses frères, et à la maison de son père : Je monterai, et je rapporterai au Pharaon, et je lui dirai : Mes frères, et la maison de mon père, qui étaient dans le pays de Canaan, sont venus vers moi ;

46:20 And unto Joseph in the land of Egypt were born Manasseh and Ephraim, which Asenath the daughter of Potipherah priest of On bare unto him.

46:21 And the sons of Benjamin were Belah, and Becher, and Ashbel, Gera, and Naaman, Ehi, and Rosh, Muppim, and Huppim, and Ard.

46:22 These are the sons of Rachel, which were born to Jacob: all the souls were fourteen.

46:23 And the sons of Dan; Hushim.

46:24 And the sons of Naphtali; Jahzeel, and Guni, and Jezer, and Shillem.

46:25 These are the sons of Bilhah, which Laban gave unto Rachel his daughter, and she bare these unto Jacob: all the souls were seven.

46:26 All the souls that came with Jacob into Egypt, which came out of his loins, besides Jacob's sons' wives, all the souls were threescore and six;

46:27 And the sons of Joseph, which were born him in Egypt, were two souls: all the souls of the house of Jacob, which came into Egypt, were threescore and ten.

46:28 And he sent Judah before him unto Joseph, to direct his face unto Goshen; and they came into the land of Goshen.

46:29 And Joseph made ready his chariot, and went up to meet Israel his father, to Goshen, and presented himself unto him; and he fell on his neck, and wept on his neck a good while.

46:30 And Israel said unto Joseph, Now let me die, since I have seen thy face, because thou art yet alive.

46:31 And Joseph said unto his brethren, and unto his father's house, I will go up, and shew Pharaoh, and say unto him, My brethren, and my father's house, which were in the land of Canaan, are come unto me;

46:32 et ces hommes sont bergers, car ils s'occupent de bétail*, et ils ont amené leur menu et leur gros bétail, et tout ce qui est à eux.

46:33 Et il arrivera que lorsque le Pharaon vous appellera et vous dira : Quelle est votre occupation ?

46:34 vous direz : Tes serviteurs se sont occupés de bétail, dès notre jeunesse jusqu'à maintenant, tant nous que nos pères ; afin que vous habitiez dans le pays de Goshen : car tous les bergers sont une abomination pour les Égyptiens.

47:1 Et Joseph entra, et rapporta au Pharaon, et dit : Mon père et mes frères, et leur menu et leur gros bétail, et tout ce qui est à eux, sont venus du pays de Canaan ; et voici, ils sont dans le pays de Goshen*.

47:2 Et, d'entre ses frères, il prit cinq hommes, et les présenta au Pharaon.

47:3 Et le Pharaon dit à ses frères : Quelle est votre occupation ? Et ils dirent au Pharaon : Tes serviteurs sont bergers, tant nous que nos pères.

47:4 Et ils dirent au Pharaon : Nous sommes venus pour séjourner dans le pays, parce qu'il n'y a point de pâture pour le bétail de tes serviteurs, car la famine pèse sur le pays de Canaan ; et maintenant, que tes serviteurs, nous t'en prions, habitent dans le pays de Goshen.

47:5 Et le Pharaon parla à Joseph, disant : Ton père et tes frères sont venus vers toi.

47:6 Le pays d'Égypte est devant toi ; fais habiter ton père et tes frères dans la meilleure partie du pays : qu'ils demeurent dans le pays de Goshen ; et si tu connais qu'il y ait parmi eux des hommes capables, tu les établiras chefs des troupeaux qui sont à moi.

46:32 And the men are shepherds, for their trade hath been to feed cattle; and they have brought their flocks, and their herds, and all that they have.

46:33 And it shall come to pass, when Pharaoh shall call you, and shall say, What is your occupation?

46:34 That ye shall say, Thy servants' trade hath been about cattle from our youth even until now, both we, and also our fathers: that ye may dwell in the land of Goshen; for every shepherd is an abomination unto the Egyptians.

47:1 Then Joseph came and told Pharaoh, and said, My father and my brethren, and their flocks, and their herds, and all that they have, are come out of the land of Canaan; and, behold, they are in the land of Goshen.

47:2 And he took some of his brethren, even five men, and presented them unto Pharaoh.

47:3 And Pharaoh said unto his brethren, What is your occupation? And they said unto Pharaoh, Thy servants are shepherds, both we, and also our fathers.

47:4 They said morever unto Pharaoh, For to sojourn in the land are we come; for thy servants have no pasture for their flocks; for the famine is sore in the land of Canaan: now therefore, we pray thee, let thy servants dwell in the land of Goshen.

47:5 And Pharaoh spake unto Joseph, saying, Thy father and thy brethren are come unto thee:

47:6 The land of Egypt is before thee; in the best of the land make thy father and brethren to dwell; in the land of Goshen let them dwell: and if thou knowest any men of activity among them, then make them rulers over my cattle.

47:7 Et Joseph fit entrer Jacob, son père, et le fit se tenir devant le Pharaon ; et Jacob bénit le Pharaon.

47:8 Et le Pharaon dit à Jacob : Combien sont les jours des années de ta vie ?

47:9 Et Jacob dit au Pharaon : Les jours des années de mon séjournement sont cent trente ans ; les jours des années de ma vie ont été courts et mauvais, et ils n'ont pas atteint les jours des années de la vie de mes pères, dans les jours de leur séjournement.

47:10 Et Jacob bénit le Pharaon, et sortit de devant le Pharaon.

47:11 Et Joseph assigna une demeure à son père et à ses frères, et leur donna une possession dans le pays d'Égypte, dans la meilleure partie du pays, dans le pays de Ramsès, comme le Pharaon l'avait commandé.

47:12 Et Joseph fournit de pain son père et ses frères, et toute la maison de son père, selon le nombre des enfants.

47:13 Et il n'y avait pas de pain dans tout le pays, car la famine était très intense ; et le pays d'Égypte et le pays de Canaan étaient épuisés à cause de la famine.

47:14 Et Joseph recueillit tout l'argent qui se trouva dans le pays d'Égypte et dans le pays de Canaan, pour le blé qu'on achetait ; et Joseph fit entrer l'argent dans la maison du Pharaon.

47:15 Et quand l'argent du pays d'Égypte et du pays de Canaan fut épuisé, tous les Égyptiens vinrent à Joseph, disant : Donne-nous du pain ; et pourquoi mourrions-nous devant toi, car l'argent manque ?

47:16 Et Joseph dit : Donnez votre bétail, et je vous donnerai [du pain] contre votre bétail, si l'argent vous manque.

47:7 And Joseph brought in Jacob his father, and set him before Pharaoh: and Jacob blessed Pharaoh.

47:8 And Pharaoh said unto Jacob, How old art thou?

47:9 And Jacob said unto Pharaoh, The days of the years of my pilgrimage are an hundred and thirty years: few and evil have the days of the years of my life been, and have not attained unto the days of the years of the life of my fathers in the days of their pilgrimage.

47:10 And Jacob blessed Pharaoh, and went out from before Pharaoh.

47:11 And Joseph placed his father and his brethren, and gave them a possession in the land of Egypt, in the best of the land, in the land of Rameses, as Pharaoh had commanded.

47:12 And Joseph nourished his father, and his brethren, and all his father's household, with bread, according to their families.

47:13 And there was no bread in all the land; for the famine was very sore, so that the land of Egypt and all the land of Canaan fainted by reason of the famine.

47:14 And Joseph gathered up all the money that was found in the land of Egypt, and in the land of Canaan, for the corn which they bought: and Joseph brought the money into Pharaoh's house.

47:15 And when money failed in the land of Egypt, and in the land of Canaan, all the Egyptians came unto Joseph, and said, Give us bread: for why should we die in thy presence? for the money faileth.

47:16 And Joseph said, Give your cattle; and I will give you for your cattle, if money fail.

47:17 Et ils amenèrent leur bétail à Joseph ; et Joseph leur donna du pain contre des chevaux, et contre des troupeaux de menu bétail, et contre des troupeaux de gros bétail, et contre des ânes : et il les fournit de pain cette année-là contre tous leurs troupeaux.

47:18 Et cette année-là finit ; et ils vinrent à lui la seconde année, et lui dirent : Nous ne cacherons pas à mon seigneur que l'argent est épuisé, et mon seigneur a les troupeaux de bétail : il ne reste rien devant mon seigneur que nos corps et nos terres.

47:19 Pourquoi mourrions-nous devant tes yeux, tant nous que nos terres ? Achète-nous, et nos terres, contre du pain ; et nous serons, nous et nos terres, serviteurs du Pharaon. Et donne-nous de la semence, afin que nous vivions et ne mourions pas, et que la terre ne soit pas désolée.

47:20 Et Joseph acheta tout le sol de l'Égypte pour le Pharaon : car les Égyptiens vendirent chacun son champ, parce que la famine les pressait ; et la terre fut au Pharaon.

47:21 Et quant au peuple, il le fit passer dans les villes, d'un bout des limites de l'Égypte jusqu'à l'autre bout.

47:22 Seulement il n'acheta pas les terres des sacrificateurs, car il y avait de la part du Pharaon une portion assignée pour les sacrificateurs ; et ils mangeaient leur portion assignée que le Pharaon leur donnait ; c'est pourquoi ils ne vendirent pas leurs terres.

47:23 Et Joseph dit au peuple : Voici, je vous ai achetés aujourd'hui, et vos terres, pour le Pharaon. Voici de la semence pour vous : ensemencez la terre.

47:17 And they brought their cattle unto Joseph: and Joseph gave them bread in exchange for horses, and for the flocks, and for the cattle of the herds, and for the asses: and he fed them with bread for all their cattle for that year.

47:18 When that year was ended, they came unto him the second year, and said unto him, We will not hide it from my lord, how that our money is spent; my lord also hath our herds of cattle; there is not ought left in the sight of my lord, but our bodies, and our lands:

47:19 Wherefore shall we die before thine eyes, both we and our land? buy us and our land for bread, and we and our land will be servants unto Pharaoh: and give us seed, that we may live, and not die, that the land be not desolate.

47:20 And Joseph bought all the land of Egypt for Pharaoh; for the Egyptians sold every man his field, because the famine prevailed over them: so the land became Pharaoh's.

47:21 And as for the people, he removed them to cities from one end of the borders of Egypt even to the other end thereof.

47:22 Only the land of the priests bought he not; for the priests had a portion assigned them of Pharaoh, and did eat their portion which Pharaoh gave them: wherefore they sold not their lands.

47:23 Then Joseph said unto the people, Behold, I have bought you this day and your land for Pharaoh: lo, here is seed for you, and ye shall sow the land.

God Almighty

47:24 Et il arrivera, lors des récoltes, que vous donnerez le cinquième au Pharaon, et les quatre [autres] parties seront pour vous, pour la semence des champs, et pour votre nourriture, et pour ceux qui sont dans vos maisons, et pour la nourriture de vos petits enfants.

47:25 Et ils dirent : Tu nous as conservé la vie ; que nous trouvions grâce aux yeux de mon seigneur, et nous serons serviteurs du Pharaon.

47:26 Et Joseph en fit une loi, jusqu'à ce jour, sur les terres de l'Égypte : au Pharaon un cinquième. Seulement, les terres des sacrificateurs seuls ne furent pas au Pharaon.

47:27 Et Israël habita dans le pays d'Égypte, dans le pays de Goshen ; et ils y acquirent des possessions, et fructifièrent, et multiplièrent extrêmement.

47:28 Et Jacob vécut dans le pays d'Égypte dix-sept ans ; et les jours de Jacob, les années de sa vie, furent cent quarante-sept ans.

47:29 Et les jours d'Israël s'approchèrent de la mort. Et il appela Joseph, son fils, et lui dit : Si j'ai trouvé grâce à tes yeux, mets, je te prie, ta main sous ma cuisse, et use envers moi de bonté et de vérité : ne m'enterre pas, je te prie, en Égypte ;

47:30 mais quand je serai couché avec mes pères, tu m'emporteras d'Égypte, et tu m'enterreras dans leur sépulcre. Et il dit : Je ferai selon ta parole.

47:31 Et [Jacob] dit : Jure-le-moi. Et il le lui jura. Et Israël se prosterna sur le chevet du lit.

48:1 Et il arriva après ces choses, qu'on dit à Joseph : Voici, ton père est malade. Et il prit avec lui ses deux fils, Manassé et Éphraïm.

48:2 Et on avertit Jacob, et on dit : Voici, ton fils Joseph vient vers toi. Et Israël rassembla ses forces et s'assit sur le lit.

47:24 And it shall come to pass in the increase, that ye shall give the fifth part unto Pharaoh, and four parts shall be your own, for seed of the field, and for your food, and for them of your households, and for food for your little ones.

47:25 And they said, Thou hast saved our lives: let us find grace in the sight of my lord, and we will be Pharaoh's servants.

47:26 And Joseph made it a law over the land of Egypt unto this day, that Pharaoh should have the fifth part, except the land of the priests only, which became not Pharaoh's.

47:27 And Israel dwelt in the land of Egypt, in the country of Goshen; and they had possessions therein, and grew, and multiplied exceedingly.

47:28 And Jacob lived in the land of Egypt seventeen years: so the whole age of Jacob was an hundred forty and seven years.

47:29 And the time drew nigh that Israel must die: and he called his son Joseph, and said unto him, If now I have found grace in thy sight, put, I pray thee, thy hand under my thigh, and deal kindly and truly with me; bury me not, I pray thee, in Egypt:

47:30 But I will lie with my fathers, and thou shalt carry me out of Egypt, and bury me in their buryingplace. And he said, I will do as thou hast said.

47:31 And he said, Swear unto me. And he sware unto him. And Israel bowed himself upon the bed's head.

48:1 And it came to pass after these things, that one told Joseph, Behold, thy father is sick: and he took with him his two sons, Manasseh and Ephraim.

48:2 And one told Jacob, and said, Behold, thy son Joseph cometh unto thee: and Israel strengthened himself, and sat upon the bed.

48:3 Et Jacob dit à Joseph : Le *Dieu Tout-puissant* m'est apparu à Luz, dans le pays de Canaan, et il m'a béni, et m'a dit :

48:3 And Jacob said unto Joseph, God Almighty appeared unto me at Luz in the land of Canaan, and blessed me,

48:4 Voici, je te ferai fructifier et je te multiplierai, et je te ferai devenir une assemblée de peuples, et je donnerai ce pays à ta semence, après toi, en possession perpétuelle.

48:4 And said unto me, Behold, I will make thee fruitful, and multiply thee, and I will make of thee a multitude of people; and will give this land to thy seed after thee for an everlasting possession.

48:5 Et maintenant, tes deux fils qui te sont nés dans le pays d'Égypte, avant que je vinsse vers toi en Égypte, sont à moi : Éphraïm et Manassé sont à moi comme Ruben et Siméon.

48:5 And now thy two sons, Ephraim and Manasseh, which were born unto thee in the land of Egypt before I came unto thee into Egypt, are mine; as Reuben and Simeon, they shall be mine.

48:6 Et tes enfants que tu as* engendrés après eux seront à toi ; ils seront appelés d'après le nom de leurs frères, dans leur héritage.

48:6 And thy issue, which thou begettest after them, shall be thine, and shall be called after the name of their brethren in their inheritance.

48:7 Et moi,... comme je venais de Paddan, Rachel mourut auprès de moi, dans le pays de Canaan, en chemin, comme il y avait encore quelque espace de pays pour arriver à Éphrath ; et je l'enterrai là, sur le chemin d'Éphrath, qui est Bethléhem.

48:7 And as for me, when I came from Padan, Rachel died by me in the land of Canaan in the way, when yet there was but a little way to come unto Ephrath: and I buried her there in the way of Ephrath; the same is Bethlehem.

48:8 Et Israël vit les fils de Joseph, et il dit : Qui sont ceux-ci ?

48:8 And Israel beheld Joseph's sons, and said, Who are these?

48:9 Et Joseph dit à son père : Ce sont mes fils, que Dieu m'a donnés ici. Et il dit : Amène-les-moi, je te prie, et je les bénirai.

48:9 And Joseph said unto his father, They are my sons, whom God hath given me in this place. And he said, Bring them, I pray thee, unto me, and I will bless them.

48:10 Or les yeux d'Israël étaient appesantis de vieillesse ; il ne pouvait voir. Et [Joseph] les fit approcher de lui, et il les baisa et les embrassa.

48:10 Now the eyes of Israel were dim for age, so that he could not see. And he brought them near unto him; and he kissed them, and embraced them.

48:11 Et Israël dit à Joseph : Je n'avais pas pensé voir ton visage ; et voici, Dieu m'a fait voir aussi ta semence.

48:11 And Israel said unto Joseph, I had not thought to see thy face: and, lo, God hath shewed me also thy seed.

48:12 Et Joseph les retira d'entre ses genoux, et se prosterna le visage contre terre.

48:12 And Joseph brought them out from between his knees, and he bowed himself with his face to the earth.

48:13 Et Joseph les prit les deux, Éphraïm de sa main droite, à la gauche d'Israël, et Manassé de sa main gauche, à la droite d'Israël, et les fit approcher de lui ;

48:14 mais Israël étendit sa main droite, et la posa sur la tête d'Éphraïm (or il était le plus jeune), et sa main gauche sur la tête de Manassé, plaçant ainsi ses mains à dessein*, car Manassé était le premier-né.

48:15 Et il bénit Joseph, et dit : Que le Dieu devant la face duquel ont marché mes pères, Abraham et Isaac, le Dieu qui a été mon berger depuis que je suis jusqu'à ce jour,

48:16 l'Ange qui m'a délivré * de tout mal, bénisse ces jeunes hommes ; et qu'ils soient appelés de mon nom et du nom de mes pères, Abraham et Isaac, et qu'ils croissent pour être une multitude au milieu du pays*.

48:17 Et Joseph vit que son père posait sa main droite sur la tête d'Éphraïm, et cela fut mauvais à ses yeux ; et il saisit la main de son père pour la détourner de dessus la tête d'Éphraïm [et la poser] sur la tête de Manassé.

48:18 Et Joseph dit à son père : pas ainsi, mon père ; car celui-ci est le premier-né ; mets ta main droite sur sa tête.

48:19 Et son père refusa, disant : Je le sais, mon fils, je le sais ; lui aussi deviendra un peuple, et lui aussi sera grand ; toutefois son frère qui est le plus jeune, sera plus grand que lui, et sa semence sera une plénitude de nations.

48:20 Et il les bénit ce jour-là, disant : En toi Israël bénira, disant : Dieu te rende tel qu'Éphraïm et que Manassé ! Et il mit Éphraïm, avant Manassé.

48:21 Et Israël dit à Joseph : Voici, je meurs ; et Dieu sera avec vous, et vous fera retourner dans le pays de vos pères.

48:13 And Joseph took them both, Ephraim in his right hand toward Israel's left hand, and Manasseh in his left hand toward Israel's right hand, and brought them near unto him.

48:14 And Israel stretched out his right hand, and laid it upon Ephraim's head, who was the younger, and his left hand upon Manasseh's head, guiding his hands wittingly; for Manasseh was the firstborn.

48:15 And he blessed Joseph, and said, God, before whom my fathers Abraham and Isaac did walk, the God which fed me all my life long unto this day,

48:16 The Angel which redeemed me from all evil, bless the lads; and let my name be named on them, and the name of my fathers Abraham and Isaac; and let them grow into a multitude in the midst of the earth.

48:17 And when Joseph saw that his father laid his right hand upon the head of Ephraim, it displeased him: and he held up his father's hand, to remove it from Ephraim's head unto Manasseh's head.

48:18 And Joseph said unto his father, Not so, my father: for this is the firstborn; put thy right hand upon his head.

48:19 And his father refused, and said, I know it, my son, I know it: he also shall become a people, and he also shall be great: but truly his younger brother shall be greater than he, and his seed shall become a multitude of nations.

48:20 And he blessed them that day, saying, In thee shall Israel bless, saying, God make thee as Ephraim and as Manasseh: and he set Ephraim before Manasseh.

48:21 And Israel said unto Joseph, Behold, I die: but God shall be with you, and bring you again unto the land of your fathers.

48:22 Et moi, je te donne, de plus qu'à tes frères, une portion* que j'ai prise de la main de l'Amoréen avec mon épée et mon arc.

48:22 Moreover I have given to thee one portion above thy brethren, which I took out of the hand of the Amorite with my sword and with my bow.

49:1 Et Jacob appela ses fils et dit : Assemblez-vous, et je vous ferai savoir ce qui vous arrivera à la fin des jours.

49:1 And Jacob called unto his sons, and said, Gather yourselves together, that I may tell you that which shall befall you in the last days.

49:2 Réunissez-vous, et écoutez, fils de Jacob ; écoutez Israël, votre père.

49:2 Gather yourselves together, and hear, ye sons of Jacob; and hearken unto Israel your father.

49:3 Ruben, tu es mon premier-né, ma force, et le commencement de ma vigueur, prééminent en dignité, et prééminent en force !

49:3 Reuben, thou art my firstborn, my might, and the beginning of my strength, the excellency of dignity, and the excellency of power:

49:4 Bouillonnant comme les eaux, tu n'excelleras pas, car tu es monté sur la couche de ton père ; tu l'as alors profanée... Il est monté sur mon lit !

49:4 Unstable as water, thou shalt not excel; because thou wentest up to thy father's bed; then defiledst thou it: he went up to my couch.

49:5 Siméon et Lévi sont frères. Leurs glaives* ont été des instruments de violence.

49:5 Simeon and Levi are brethren; instruments of cruelty are in their habitations.

49:6 Mon âme, n'entre pas dans leur conseil secret ; ma gloire, ne t'unis pas à leur assemblée ! Car dans leur colère ils ont tué des hommes*, et pour leur plaisir ils ont coupé les jarrets du taureau.

49:6 O my soul, come not thou into their secret; unto their assembly, mine honour, be not thou united: for in their anger they slew a man, and in their selfwill they digged down a wall.

49:7 Maudite soit leur colère, car elle a été violente ; et leur furie, car elle a été cruelle ! Je les diviserai en Jacob, et les disperserai en Israël.

49:7 Cursed be their anger, for it was fierce; and their wrath, for it was cruel: I will divide them in Jacob, and scatter them in Israel.

49:8 Toi, Juda*, tes frères te loueront ; ta main sera sur la nuque de tes ennemis ; les fils de ton père se prosterneront devant toi.

49:8 Judah, thou art he whom thy brethren shall praise: thy hand shall be in the neck of thine enemies; thy father's children shall bow down before thee.

49:9 Juda est un jeune lion. Tu es monté d'auprès de la proie, mon fils. Il se courbe, il se couche comme un lion, et comme une lionne ; qui le fera lever ?

49:9 Judah is a lion's whelp: from the prey, my son, thou art gone up: he stooped down, he couched as a lion, and as an old lion; who shall rouse him up?

49:10 Le sceptre* ne se retirera point de Juda, ni un législateur** d'entre ses pieds, jusqu'à ce que Shilo vienne ; et à lui sera l'obéissance*** des peuples.

49:10 The sceptre shall not depart from Judah, nor a lawgiver from between his feet, until Shiloh come; and unto him shall the gathering of the people be.

49:11 Il attache à la vigne son ânon, et au cep excellent le petit de son ânesse ; il lave dans le vin son vêtement, et dans le sang des raisins son manteau.

49:12 Ses yeux sont rouges de vin, et ses dents blanches de lait.

49:13 Zabulon logera sur la côte des mers, et sera sur la côte des navires ; et son côté sera près de Sidon.

49:14 Issacar est un âne ossu, couché entre deux parcs*.

49:15 Il voit que le repos est bon, et que le pays est agréable, et il incline son épaule pour porter, et s'assujettit au tribut du serviteur.

49:16 Dan* jugera son peuple, comme une autre des tribus d'Israël.

49:17 Dan sera un serpent sur le chemin, une vipère sur le sentier, qui mord les talons du cheval, et celui qui le monte tombe à la renverse.

49:18 J'ai attendu ton salut, ô Éternel !

49:19 Gad*, une troupe lui tombera dessus ; et lui, il leur tombera sur les talons.

49:20 D'Aser [viendra] le pain excellent ; et lui, il fournira les délices royales.

49:21 Nephthali est une biche lâchée ; il profère de belles paroles.

49:22 Joseph est une branche qui porte du fruit, une branche qui porte du fruit près d'une fontaine ; [ses] rameaux poussent par-dessus la muraille.

49:23 Les archers l'ont provoqué amèrement, et ont tiré contre lui, et l'ont haï ;

49:24 Mais son arc est demeuré ferme, et les bras de ses mains sont souples par les mains du Puissant de Jacob.

49:11 Binding his foal unto the vine, and his ass's colt unto the choice vine; he washed his garments in wine, and his clothes in the blood of grapes:

49:12 His eyes shall be red with wine, and his teeth white with milk.

49:13 Zebulun shall dwell at the haven of the sea; and he shall be for an haven of ships; and his border shall be unto Zidon.

49:14 Issachar is a strong ass couching down between two burdens:

49:15 And he saw that rest was good, and the land that it was pleasant; and bowed his shoulder to bear, and became a servant unto tribute.

49:16 Dan shall judge his people, as one of the tribes of Israel.

49:17 Dan shall be a serpent by the way, an adder in the path, that biteth the horse heels, so that his rider shall fall backward.

49:18 I have waited for thy salvation, O LORD.

49:19 Gad, a troop shall overcome him: but he shall overcome at the last.

49:20 Out of Asher his bread shall be fat, and he shall yield royal dainties.

49:21 Naphtali is a hind let loose: he giveth goodly words.

49:22 Joseph is a fruitful bough, even a fruitful bough by a well; whose branches run over the wall:

49:23 The archers have sorely grieved him, and shot at him, and hated him:

49:24 But his bow abode in strength, and the arms of his hands were made strong by the hands of the mighty God of Jacob; (from thence is the shepherd, the stone of Israel:)

49:25 De là est le berger, la pierre d'Israël : du *Dieu de ton père, et il t'aidera ; et du Tout-Puissant, et il te bénira des bénédictions des cieux en haut, des bénédictions de l'abîme qui est* en bas, des bénédictions des mamelles et de la matrice.

49:25 Even by the God of thy father, who shall help thee; and by the Almighty, who shall bless thee with blessings of heaven above, blessings of the deep that lieth under, blessings of the breasts, and of the womb:

49:26 Les bénédictions de ton père surpassent les bénédictions de mes ancêtres jusqu'au bout des collines éternelles ; elles seront sur la tête de Joseph, et sur le sommet de la tête de celui qui a été mis à part* de ses frères.

49:26 The blessings of thy father have prevailed above the blessings of my progenitors unto the utmost bound of the everlasting hills: they shall be on the head of Joseph, and on the crown of the head of him that was separate from his brethren.

49:27 Benjamin est un loup qui déchire le matin, il dévore la proie, et le soir, il partage le butin.

49:27 Benjamin shall ravin as a wolf: in the morning he shall devour the prey, and at night he shall divide the spoil.

49:28 Tous ceux-là sont les douze tribus d'Israël, et c'est là ce que leur père leur dit en les bénissant : il les bénit, chacun selon sa bénédiction.

49:28 All these are the twelve tribes of Israel: and this is it that their father spake unto them, and blessed them; every one according to his blessing he blessed them.

49:29 Et il leur commanda, et leur dit : Je suis recueilli vers mon peuple ; enterrez-moi auprès de mes pères, dans la caverne qui est dans le champ d'Éphron, le Héthien,

49:29 And he charged them, and said unto them, I am to be gathered unto my people: bury me with my fathers in the cave that is in the field of Ephron the Hittite,

49:30 dans la caverne qui est dans le champ de Macpéla, qui est en face de Mamré, au pays de Canaan, et qu'Abraham acheta d'Éphron, le Héthien, avec le champ, pour la posséder comme sépulcre :

49:30 In the cave that is in the field of Machpelah, which is before Mamre, in the land of Canaan, which Abraham bought with the field of Ephron the Hittite for a possession of a buryingplace.

49:31 là on a enterré Abraham et Sara, sa femme ; là on a enterré Isaac et Rebecca, sa femme ; et là j'ai enterré Léa.

49:31 There they buried Abraham and Sarah his wife; there they buried Isaac and Rebekah his wife; and there I buried Leah.

49:32 L'acquisition du champ et de la caverne qui y est [fut faite] des fils de Heth.

49:32 The purchase of the field and of the cave that is therein was from the children of Heth.

49:33 Et quand Jacob eut achevé de donner ses commandements à ses fils, il retira ses pieds dans le lit, et expira, et fut recueilli vers ses peuples.

49:33 And when Jacob had made an end of commanding his sons, he gathered up his feet into the bed, and yielded up the ghost, and was gathered unto his people.

50:1 Et Joseph se jeta sur le visage de son père, et pleura sur lui, et le baisa.

50:1 And Joseph fell upon his father's face, and wept upon him, and kissed him.

50:2 Et Joseph commanda à ses serviteurs, les médecins, d'embaumer son père ; et les médecins embaumèrent Israël.

50:2 And Joseph commanded his servants the physicians to embalm his father: and the physicians embalmed Israel.

50:3 Et quarante jours s'accomplirent pour lui ; car ainsi s'accomplissaient les jours de l'embaumement. Et les Égyptiens le pleurèrent soixante-dix jours.

50:4 Et les jours où on le pleura étant passés, Joseph parla à la maison du Pharaon, disant : Si j'ai trouvé grâce à vos yeux, parlez, je vous prie, aux oreilles du Pharaon, disant :

50:5 Mon père m'a fait jurer, disant : Voici, je meurs ; dans le sépulcre que je me suis taillé dans le pays de Canaan, là tu m'enterreras. Et maintenant, permets que je monte, et que j'enterre mon père ; et je reviendrai.

50:6 Et le Pharaon dit : Monte, et enterre ton père, comme il t'a fait jurer.

50:7 Et Joseph monta pour enterrer son père ; et tous les serviteurs du Pharaon, les anciens de sa maison, et tous les anciens du pays d'Égypte, montèrent avec lui,

50:8 et toute la maison de Joseph, et ses frères, et la maison de son père ; seulement ils laissèrent leurs petits enfants, et leur menu et leur gros bétail dans le pays de Goshen.

50:9 Et avec lui montèrent aussi des chariots et des cavaliers ; et il y eut un très gros camp.

50:10 Et ils vinrent à l'aire d'Atad, qui est au delà du Jourdain, et ils s'y lamentèrent de grandes et profondes lamentations ; et [Joseph] fit à son père un deuil de sept jours.

50:11 Et les habitants du pays, les Cananéens, virent le deuil dans l'aire d'Atad, et ils dirent : C'est ici un grand deuil pour les Égyptiens. C'est pourquoi on appela son nom Abel-Mitsraïm*, — qui est au delà du Jourdain.

50:12 Et les fils de Jacob* firent pour lui comme il leur avait commandé ;

50:3 And forty days were fulfilled for him; for so are fulfilled the days of those which are embalmed: and the Egyptians mourned for him threescore and ten days.

50:4 And when the days of his mourning were past, Joseph spake unto the house of Pharaoh, saying, If now I have found grace in your eyes, speak, I pray you, in the ears of Pharaoh, saying,

50:5 My father made me swear, saying, Lo, I die: in my grave which I have digged for me in the land of Canaan, there shalt thou bury me. Now therefore let me go up, I pray thee, and bury my father, and I will come again.

50:6 And Pharaoh said, Go up, and bury thy father, according as he made thee swear.

50:7 And Joseph went up to bury his father: and with him went up all the servants of Pharaoh, the elders of his house, and all the elders of the land of Egypt,

50:8 And all the house of Joseph, and his brethren, and his father's house: only their little ones, and their flocks, and their herds, they left in the land of Goshen.

50:9 And there went up with him both chariots and horsemen: and it was a very great company.

50:10 And they came to the threshingfloor of Atad, which is beyond Jordan, and there they mourned with a great and very sore lamentation: and he made a mourning for his father seven days.

50:11 And when the inhabitants of the land, the Canaanites, saw the mourning in the floor of Atad, they said, This is a grievous mourning to the Egyptians: wherefore the name of it was called Abelmizraim, which is beyond Jordan.

50:12 And his sons did unto him according as he commanded them:

50:13 et ses fils le transportèrent dans le pays de Canaan, et l'enterrèrent dans la caverne du champ de Macpéla, qu'Abraham avait achetée d'Éphron le Héthien, avec le champ, en face de Mamré, pour la posséder comme sépulcre.

50:13 For his sons carried him into the land of Canaan, and buried him in the cave of the field of Machpelah, which Abraham bought with the field for a possession of a buryingplace of Ephron the Hittite, before Mamre.

50:14 Et Joseph, après qu'il eut enterré son père, retourna en Égypte, lui et ses frères, et tous ceux qui étaient montés avec lui pour enterrer son père.

50:14 And Joseph returned into Egypt, he, and his brethren, and all that went up with him to bury his father, after he had buried his father.

50:15 Et les frères de Joseph virent que leur père était mort, et ils dirent : Peut-être Joseph nous haïra- t-il, et ne manquera-t-il pas de nous rendre tout le mal que nous lui avons fait.

50:15 And when Joseph's brethren saw that their father was dead, they said, Joseph will peradventure hate us, and will certainly requite us all the evil which we did unto him.

50:16 Et ils mandèrent à Joseph, disant : Ton père a commandé avant sa mort, disant :

50:16 And they sent a messenger unto Joseph, saying, Thy father did command before he died, saying,

50:17 Vous direz ainsi à Joseph : pardonne, je te prie, la transgression de tes frères, et leur péché ; car ils t'ont fait du mal. Et maintenant, pardonne, nous te prions, la transgression des serviteurs du Dieu de ton père. Et Joseph pleura quand ils lui parlèrent.

50:17 So shall ye say unto Joseph, Forgive, I pray thee now, the trespass of thy brethren, and their sin; for they did unto thee evil: and now, we pray thee, forgive the trespass of the servants of the God of thy father. And Joseph wept when they spake unto him.

50:18 Et ses frères aussi allèrent, et tombèrent [sur leurs faces] devant lui, et dirent : Nous voici, nous sommes tes serviteurs.

50:18 And his brethren also went and fell down before his face; and they said, Behold, we be thy servants.

50:19 Et Joseph leur dit : Ne craignez point ; car suis-je à la place de Dieu ?

50:19 And Joseph said unto them, Fear not: for am I in the place of God?

50:20 Vous, vous aviez pensé du mal contre moi : Dieu l'a pensé en bien, pour faire comme il en est aujourd'hui, afin de conserver la vie à un grand peuple.

50:20 But as for you, ye thought evil against me; but God meant it unto good, to bring to pass, as it is this day, to save much people alive.

50:21 Et maintenant, ne craignez point ; moi je vous entretiendrai, vous et vos petits enfants. Et il les consola, et parla à leur cœur.

50:21 Now therefore fear ye not: I will nourish you, and your little ones. And he comforted them, and spake kindly unto them.

50:22 Et Joseph habita en Égypte, lui et la maison de son père ; et Joseph vécut cent dix ans.

50:22 And Joseph dwelt in Egypt, he, and his father's house: and Joseph lived an hundred and ten years.

50:23 Et Joseph vit les fils d'Éphraïm de la troisième [génération] ; les fils aussi de Makir, fils de Manassé, naquirent sur les genoux de Joseph.

50:24 Et Joseph dit à ses frères : Je meurs, et Dieu vous visitera certainement, et vous fera monter de ce pays-ci dans le pays qu'il a promis par serment à Abraham, à Isaac et à Jacob.

50:25 Et Joseph fit jurer les fils d'Israël, disant : Certainement Dieu vous visitera, et vous ferez monter d'ici mes os.

50:26 Et Joseph mourut, âgé de cent dix ans ; et on l'embauma, et on le mit dans un cercueil en Égypte*. @L'EXODE

Exode

1:1 Et ce sont ici les noms des fils d'Israël qui entrèrent en Égypte ; ils y entrèrent avec Jacob, chacun avec sa famille* :

1:2 Ruben, Siméon, Lévi et Juda ;

1:3 Issacar, Zabulon et Benjamin ;

1:4 Dan et Nephthali ; Gad et Aser.

1:5 Et toutes les âmes issues des reins de Jacob étaient soixante-dix âmes ; or Joseph était en Égypte.

1:6 Et Joseph mourut, et tous ses frères, et toute cette génération-là.

1:7 Et les fils d'Israël fructifièrent et foisonnèrent, et multiplièrent, et devinrent extrêmement forts ; et le pays en fut rempli.

1:8 Et un nouveau roi se leva sur l'Égypte, qui n'avait point connu Joseph.

1:9 Et il dit à son peuple : Voici, le peuple des fils d'Israël est plus nombreux et plus fort que nous.

50:23 And Joseph saw Ephraim's children of the third generation: the children also of Machir the son of Manasseh were brought up upon Joseph's knees.

50:24 And Joseph said unto his brethren, I die: and God will surely visit you, and bring you out of this land unto the land which he sware to Abraham, to Isaac, and to Jacob.

50:25 And Joseph took an oath of the children of Israel, saying, God will surely visit you, and ye shall carry up my bones from hence.

50:26 So Joseph died, being an hundred and ten years old: and they embalmed him, and he was put in a coffin in Egypt.

The Second Book of Moses: Called Exodus

1:1 Now these are the names of the children of Israel, which came into Egypt; every man and his household came with Jacob.

1:2 Reuben, Simeon, Levi, and Judah,

1:3 Issachar, Zebulun, and Benjamin,

1:4 Dan, and Naphtali, Gad, and Asher.

1:5 And all the souls that came out of the loins of Jacob were seventy souls: for Joseph was in Egypt already.

1:6 And Joseph died, and all his brethren, and all that generation.

1:7 And the children of Israel were fruitful, and increased abundantly, and multiplied, and waxed exceeding mighty; and the land was filled with them.

1:8 Now there arose up a new king over Egypt, which knew not Joseph.

1:9 And he said unto his people, Behold, the people of the children of Israel are more and mightier than we:

1:10 Allons, soyons prudents à son égard, de peur qu'il ne se multiplie, et que, s'il arrivait une guerre, il ne se joigne, lui aussi, à nos ennemis, et ne fasse la guerre contre nous, et ne monte hors du pays.

1:11 Et ils établirent sur lui des chefs de corvées pour l'opprimer par leurs fardeaux. Et il bâtit pour le Pharaon des villes à greniers*, Pithom et Ramsès.

1:12 Et selon qu'ils l'opprimaient, il multipliait et croissait ; et ils eurent peur* des fils d'Israël.

1:13 Et les Égyptiens firent servir les fils d'Israël avec dureté,

1:14 et ils leur rendirent la vie amère par un dur service, en argile, et en briques, et par toute sorte de service aux champs : tout le service dans lequel on les faisait servir était avec dureté.

1:15 Et le roi d'Égypte parla aux sages-femmes hébreues, dont l'une avait nom Shiphra et la seconde se nommait Pua,

1:16 et il dit : Quand vous accoucherez les femmes hébreues et que vous les verrez sur les sièges*, si c'est un fils, vous le ferez mourir, et si c'est une fille, elle vivra.

1:17 Mais les sages-femmes craignirent Dieu, et ne firent pas comme le roi d'Égypte leur avait dit ; et elles laissèrent vivre les enfants mâles.

1:18 Et le roi d'Égypte appela les sages-femmes, et leur dit : Pourquoi avez-vous fait cela, et avez-vous laissé vivre les enfants mâles ?

1:19 Et les sages-femmes dirent au Pharaon : Parce que les femmes hébreues ne sont pas comme les Égyptiennes ; car elles sont vigoureuses : avant que la sage-femme vienne vers elles, elles ont enfanté.

1:10 Come on, let us deal wisely with them; lest they multiply, and it come to pass, that, when there falleth out any war, they join also unto our enemies, and fight against us, and so get them up out of the land.

1:11 Therefore they did set over them taskmasters to afflict them with their burdens. And they built for Pharaoh treasure cities, Pithom and Raamses.

1:12 But the more they afflicted them, the more they multiplied and grew. And they were grieved because of the children of Israel.

1:13 And the Egyptians made the children of Israel to serve with rigour:

1:14 And they made their lives bitter with hard bondage, in morter, and in brick, and in all manner of service in the field: all their service, wherein they made them serve, was with rigour.

1:15 And the king of Egypt spake to the Hebrew midwives, of which the name of the one was Shiphrah, and the name of the other Puah:

1:16 And he said, When ye do the office of a midwife to the Hebrew women, and see them upon the stools; if it be a son, then ye shall kill him: but if it be a daughter, then she shall live.

1:17 But the midwives feared God, and did not as the king of Egypt commanded them, but saved the men children alive.

1:18 And the king of Egypt called for the midwives, and said unto them, Why have ye done this thing, and have saved the men children alive?

1:19 And the midwives said unto Pharaoh, Because the Hebrew women are not as the Egyptian women; for they are lively, and are delivered ere the midwives come in unto them.

God Almighty

1:20 Et Dieu fit du bien aux sages-femmes ; et le peuple multiplia, et devint très fort.

1:21 Et il arriva, parce que les sages-femmes craignirent Dieu, qu'il leur fit des maisons.

1:22 Et le Pharaon commanda à tout son peuple, disant : Tout fils qui naîtra, jetez-le dans le fleuve ; mais toute fille, laissez-la vivre.

2:1 Et un homme de la maison de Lévi alla, et prit une fille de Lévi ;

2:2 et la femme conçut, et enfanta un fils ; et elle vit qu'il était beau ; et elle le cacha trois mois*.

2:3 Et comme elle ne pouvait plus le cacher, elle prit pour lui un coffret de joncs, et l'enduisit de bitume et de poix, et mit dedans l'enfant, et le posa parmi les roseaux sur le bord du fleuve.

2:4 Et sa sœur se tint à distance pour savoir ce qu'on lui ferait.

2:5 Et la fille du Pharaon descendit au fleuve pour se laver, et ses jeunes filles se promenaient sur le bord du fleuve ; et elle vit le coffret au milieu des roseaux, et elle envoya sa servante, qui le prit ;

2:6 et elle l'ouvrit, et vit l'enfant ; et voici, c'était un petit garçon qui pleurait. Et elle eut compassion de lui, et dit : C'est un des enfants des Hébreux.

2:7 Et sa sœur dit à la fille du Pharaon : Irai-je et appellerai-je auprès de toi une nourrice d'entre les Hébreues, et elle t'allaitera l'enfant ?

2:8 Et la fille du Pharaon lui dit : Va. Et la jeune fille alla, et appela la mère de l'enfant.

2:9 Et la fille du Pharaon lui dit : Emporte cet enfant, et allaite-le pour moi, et je te donnerai ton salaire.

1:20 Therefore God dealt well with the midwives: and the people multiplied, and waxed very mighty.

1:21 And it came to pass, because the midwives feared God, that he made them houses.

1:22 And Pharaoh charged all his people, saying, Every son that is born ye shall cast into the river, and every daughter ye shall save alive.

2:1 And there went a man of the house of Levi, and took to wife a daughter of Levi.

2:2 And the woman conceived, and bare a son: and when she saw him that he was a goodly child, she hid him three months.

2:3 And when she could not longer hide him, she took for him an ark of bulrushes, and daubed it with slime and with pitch, and put the child therein; and she laid it in the flags by the river's brink.

2:4 And his sister stood afar off, to wit what would be done to him.

2:5 And the daughter of Pharaoh came down to wash herself at the river; and her maidens walked along by the river's side; and when she saw the ark among the flags, she sent her maid to fetch it.

2:6 And when she had opened it, she saw the child: and, behold, the babe wept. And she had compassion on him, and said, This is one of the Hebrews' children.

2:7 Then said his sister to Pharaoh's daughter, Shall I go and call to thee a nurse of the Hebrew women, that she may nurse the child for thee?

2:8 And Pharaoh's daughter said to her, Go. And the maid went and called the child's mother.

2:9 And Pharaoh's daughter said unto her, Take this child away, and nurse it for me, and I will give thee thy wages. And the women took the child, and nursed it.

2:10 Et la femme prit l'enfant, et l'allaita. Et l'enfant grandit, et elle l'amena à la fille du Pharaon, et il fut son fils ; et elle appela son nom Moïse*, et dit : Car je l'ai tiré des eaux.	2:10 And the child grew, and she brought him unto Pharaoh's daughter, and he became her son. And she called his name Moses: and she said, Because I drew him out of the water.
2:11 Et il arriva, en ces jours-là, que Moïse, étant devenu grand, sortit vers ses frères ; et il vit leurs fardeaux. Et il vit un homme égyptien qui frappait un Hébreu d'entre ses frères ;	2:11 And it came to pass in those days, when Moses was grown, that he went out unto his brethren, and looked on their burdens: and he spied an Egyptian smiting an Hebrew, one of his brethren.
2:12 et il regarda çà et là, et vit qu'il n'y avait personne, et il frappa l'Égyptien, et le cacha dans le sable.	2:12 And he looked this way and that way, and when he saw that there was no man, he slew the Egyptian, and hid him in the sand.
2:13 Et il sortit le second jour ; et voici, deux hommes hébreux se querellaient. Et il dit au coupable : Pourquoi frappes-tu ton compagnon ?	2:13 And when he went out the second day, behold, two men of the Hebrews strove together: and he said to him that did the wrong, Wherefore smitest thou thy fellow?
2:14 Et il dit : Qui t'a établi chef et juge sur nous ? Est-ce que tu veux* me tuer, comme tu as tué l'Égyptien ? Et Moïse eut peur, et dit : Certainement le fait est connu.	2:14 And he said, Who made thee a prince and a judge over us? intendest thou to kill me, as thou killedst the Egyptian? And Moses feared, and said, Surely this thing is known.
2:15 Et le Pharaon apprit la chose, et chercha à tuer Moïse ; mais Moïse s'enfuit de devant le Pharaon, et habita dans le pays de Madian. * Et il s'assit près d'un puits ;	2:15 Now when Pharaoh heard this thing, he sought to slay Moses. But Moses fled from the face of Pharaoh, and dwelt in the land of Midian: and he sat down by a well.
2:16 or le sacrificateur de Madian avait sept filles ; et elles vinrent, et puisèrent, et emplirent les auges pour abreuver le bétail de leur père.	2:16 Now the priest of Midian had seven daughters: and they came and drew water, and filled the troughs to water their father's flock.
2:17 Et les bergers vinrent, et les chassèrent ; et Moïse se leva, et les secourut, et abreuva leur bétail.	2:17 And the shepherds came and drove them away: but Moses stood up and helped them, and watered their flock.
2:18 Et elles vinrent vers Rehuel, leur père ; et il dit : Pourquoi êtes-vous venues sitôt aujourd'hui ?	2:18 And when they came to Reuel their father, he said, How is it that ye are come so soon to day?
2:19 Et elles dirent : Un homme égyptien nous a délivrées de la main des bergers, et il aussi puisé abondamment pour nous, et a abreuvé le bétail.	2:19 And they said, An Egyptian delivered us out of the hand of the shepherds, and also drew water enough for us, and watered the flock.

2:20 Et il dit à ses filles. Où est-il donc ? Pourquoi avez-vous laissé là cet homme ? Appelez-le, et qu'il mange du pain.

2:21 Et Moïse consentit à habiter avec lui* ; et il donna Séphora**, sa fille, à Moïse.

2:22 Et elle enfanta un fils, et il appela son nom Guershom* ; car, dit-il, j'ai séjourné dans un pays étranger.

2:23 Et il arriva en ces jours, qui furent nombreux, que le roi d'Égypte mourut ; et les fils d'Israël soupirèrent à cause de leur service, et ils crièrent ; et leur cri monta vers Dieu à cause de leur service.

2:24 Et Dieu ouït leur gémissement, et Dieu se souvint de son alliance avec Abraham, avec Isaac, et avec Jacob.

2:25 Et Dieu regarda les fils d'Israël, et Dieu connut [leur état].

3:1 Et Moïse faisait paître le bétail de Jéthro, son beau-père, sacrificateur de Madian*. Et il mena le troupeau derrière le désert, et il vint à la montagne de Dieu, à Horeb.

3:2 Et l'Ange de l'Éternel lui apparut dans une flamme de feu, du milieu d'un buisson à épines ; et il regarda, et voici, le buisson était [tout] ardent de feu, et le buisson n'était pas consumé.

3:3 Et Moïse dit : Je me détournerai, et je verrai cette grande vision, pourquoi le buisson ne se consume pas.

3:4 Et l'Éternel vit qu'il se détournait pour voir ; et Dieu l'appela du milieu du buisson, et dit : Moïse ! Moïse ! Et il dit : Me voici.

3:5 Et il dit : N'approche pas d'ici ; ôte tes sandales de tes pieds, car le lieu sur lequel tu te tiens est une terre* sainte.

2:20 And he said unto his daughters, And where is he? why is it that ye have left the man? call him, that he may eat bread.

2:21 And Moses was content to dwell with the man: and he gave Moses Zipporah his daughter.

2:22 And she bare him a son, and he called his name Gershom: for he said, I have been a stranger in a strange land.

2:23 And it came to pass in process of time, that the king of Egypt died: and the children of Israel sighed by reason of the bondage, and they cried, and their cry came up unto God by reason of the bondage.

2:24 And God heard their groaning, and God remembered his covenant with Abraham, with Isaac, and with Jacob.

2:25 And God looked upon the children of Israel, and God had respect unto them.

3:1 Now Moses kept the flock of Jethro his father in law, the priest of Midian: and he led the flock to the backside of the desert, and came to the mountain of God, even to Horeb.

3:2 And the angel of the LORD appeared unto him in a flame of fire out of the midst of a bush: and he looked, and, behold, the bush burned with fire, and the bush was not consumed.

3:3 And Moses said, I will now turn aside, and see this great sight, why the bush is not burnt.

3:4 And when the LORD saw that he turned aside to see, God called unto him out of the midst of the bush, and said, Moses, Moses. And he said, Here am I.

3:5 And he said, Draw not nigh hither: put off thy shoes from off thy feet, for the place whereon thou standest is holy ground.

3:6 Et il dit : Je suis le Dieu de ton père, le Dieu d'Abraham, le Dieu d'Isaac, et le Dieu de Jacob. Et Moïse cacha son visage, car il craignait de regarder vers Dieu.

3:6 Moreover he said, I am the God of thy father, the God of Abraham, the God of Isaac, and the God of Jacob. And Moses hid his face; for he was afraid to look upon God.

3:7 Et l'Éternel dit : J'ai vu, j'ai vu l'affliction de mon peuple qui est en Égypte, et j'ai entendu le cri qu'il a jeté à cause de ses exacteurs ; car je connais ses douleurs.

3:7 And the LORD said, I have surely seen the affliction of my people which are in Egypt, and have heard their cry by reason of their taskmasters; for I know their sorrows;

3:8 Et je suis descendu pour le délivrer de la main des Égyptiens, et pour le faire monter de ce pays-là dans un pays bon et spacieux, dans un pays ruisselant de lait et de miel, dans le lieu d'habitation du Cananéen, et du Héthien, et de l'Amoréen, et du Phérézien, et du Hévien, et du Jébusien.

3:8 And I am come down to deliver them out of the hand of the Egyptians, and to bring them up out of that land unto a good land and a large, unto a land flowing with milk and honey; unto the place of the Canaanites, and the Hittites, and the Amorites, and the Perizzites, and the Hivites, and the Jebusites.

3:9 Et maintenant, voici, le cri des fils d'Israël est venu jusqu'à moi ; et j'ai aussi vu l'oppression dont les Égyptiens les oppriment.

3:9 Now therefore, behold, the cry of the children of Israel is come unto me: and I have also seen the oppression wherewith the Egyptians oppress them.

3:10 Et maintenant, viens, et je t'enverrai vers le Pharaon, et tu feras sortir hors d'Égypte mon peuple, les fils d'Israël.

3:10 Come now therefore, and I will send thee unto Pharaoh, that thou mayest bring forth my people the children of Israel out of Egypt.

3:11 Et Moïse dit à Dieu : Qui suis-je, moi, pour que j'aille vers le Pharaon, et pour que je fasse sortir hors d'Égypte les fils d'Israël ?

3:11 And Moses said unto God, Who am I, that I should go unto Pharaoh, and that I should bring forth the children of Israel out of Egypt?

3:12 Et il dit : Parce que* je serai avec toi ; et ceci te sera le signe que c'est moi qui t'ai envoyé : lorsque tu auras fait sortir le peuple hors d'Égypte, vous servirez Dieu sur cette montagne.

3:12 And he said, Certainly I will be with thee; and this shall be a token unto thee, that I have sent thee: When thou hast brought forth the people out of Egypt, ye shall serve God upon this mountain.

3:13 Et Moïse dit à Dieu : Voici, quand je viendrai vers les fils d'Israël, et que je leur dirai : Le Dieu de vos pères m'a envoyé vers vous, et qu'ils me diront : Quel est son nom ? que leur dirai-je ?

3:13 And Moses said unto God, Behold, when I come unto the children of Israel, and shall say unto them, The God of your fathers hath sent me unto you; and they shall say to me, What is his name? what shall I say unto them?

3:14 Et Dieu dit à Moïse : JE SUIS CELUI QUI SUIS. Et il dit : Tu diras ainsi aux fils d'Israël : JE SUIS m'a envoyé vers vous.

3:14 And God said unto Moses, I AM THAT I AM: and he said, Thus shalt thou say unto the children of Israel, I AM hath sent me unto you.

3:15 Et Dieu dit encore à Moïse : Tu diras ainsi aux fils d'Israël : L'Éternel, le Dieu de vos pères, le Dieu d'Abraham, le Dieu d'Isaac, et le Dieu de Jacob, m'a envoyé vers vous : c'est là mon nom éternellement, et c'est là mon mémorial de génération en génération.

3:16 Va, et assemble les anciens d'Israël, et dis-leur : L'Éternel, le Dieu de vos pères, m'est apparu, le Dieu d'Abraham, d'Isaac, et de Jacob, disant : Certainement je vous ai visités, et [j'ai vu] ce qu'on vous fait en Égypte ;

3:17 et j'ai dit : Je vous ferai monter hors de l'affliction de l'Égypte, dans le pays du Cananéen, et du Héthien, et de l'Amoréen, et du Phérézien, et du Hévien, et du Jébusien, dans un pays ruisselant de lait et de miel.

3:18 Et ils écouteront ta voix, et tu entreras, toi et les anciens d'Israël vers le roi d'Égypte, et vous lui direz : L'Éternel, le Dieu des Hébreux, s'est rencontré avec nous ; et maintenant, nous te prions, laisse-nous aller le chemin de trois jours dans le désert, afin que nous sacrifiions à l'Éternel, notre Dieu.

3:19 Et je sais que le roi d'Égypte ne vous permettra pas de vous en aller, pas même* [contraint] par main forte.

3:20 Et j'étendrai ma main, et je frapperai l'Égypte par toutes mes merveilles que je ferai au milieu d'elle ; et après cela il vous renverra.

3:21 Et je ferai trouver faveur à ce peuple aux yeux des Égyptiens, et il arrivera que, quand vous vous en irez, vous ne vous en irez pas à vide ;

3:22 et une femme demandera à sa voisine, et à celle qui séjourne dans sa maison, des objets d'argent, et des objets d'or, et des vêtements, et vous les mettrez sur vos fils et sur vos filles ; et vous dépouillerez les Égyptiens.

3:15 And God said moreover unto Moses, Thus shalt thou say unto the children of Israel, the LORD God of your fathers, the God of Abraham, the God of Isaac, and the God of Jacob, hath sent me unto you: this is my name for ever, and this is my memorial unto all generations.

3:16 Go, and gather the elders of Israel together, and say unto them, The LORD God of your fathers, the God of Abraham, of Isaac, and of Jacob, appeared unto me, saying, I have surely visited you, and seen that which is done to you in Egypt:

3:17 And I have said, I will bring you up out of the affliction of Egypt unto the land of the Canaanites, and the Hittites, and the Amorites, and the Perizzites, and the Hivites, and the Jebusites, unto a land flowing with milk and honey.

3:18 And they shall hearken to thy voice: and thou shalt come, thou and the elders of Israel, unto the king of Egypt, and ye shall say unto him, The LORD God of the Hebrews hath met with us: and now let us go, we beseech thee, three days' journey into the wilderness, that we may sacrifice to the LORD our God.

3:19 And I am sure that the king of Egypt will not let you go, no, not by a mighty hand.

3:20 And I will stretch out my hand, and smite Egypt with all my wonders which I will do in the midst thereof: and after that he will let you go.

3:21 And I will give this people favour in the sight of the Egyptians: and it shall come to pass, that, when ye go, ye shall not go empty.

3:22 But every woman shall borrow of her neighbour, and of her that sojourneth in her house, jewels of silver, and jewels of gold, and raiment: and ye shall put them upon your sons, and upon your daughters; and ye shall spoil the Egyptians.

4:1 Et Moïse répondit, et dit : Mais voici, ils ne me croiront pas, et n'écouteront pas ma voix ; car ils diront : l'Éternel ne t'est point apparu.

4:2 Et l'Éternel lui dit : Qu'est-ce [que tu as] dans ta main ? Et il dit : Une verge.

4:3 Et il dit : Jette-la à terre. Et il la jeta à terre, et elle devint un serpent ; et Moïse fuyait devant lui.

4:4 Et l'Éternel dit à Moïse : Étends ta main, et saisis-le par la queue (et il étendit sa main, et le saisit, et il devint une verge dans sa main),

4:5 afin qu'ils croient que l'Éternel, le Dieu de leurs pères, le Dieu d'Abraham, le Dieu d'Isaac, et le Dieu de Jacob, t'est apparu.

4:6 Et l'Éternel lui dit encore : Mets maintenant ta main dans ton sein. Et il mit sa main dans son sein ; et il la retira, et voici, sa main était lépreuse, [blanche] comme neige.

4:7 Et il dit : Remets ta main dans ton sein. Et il remit sa main dans son sein ; et il la retira de son sein, et voici, elle était redevenue comme sa chair.

4:8 Et il arrivera que, s'ils ne te croient pas et n'écoutent pas la voix du premier signe, ils croiront la voix de l'autre signe.

4:9 Et il arrivera que, s'ils ne croient pas même à ces deux signes, et n'écoutent pas ta voix, tu prendras de l'eau du fleuve, et tu la verseras sur le sec ; et l'eau que tu auras prise du fleuve deviendra du sang sur le sec.

4:10 Et Moïse dit à l'Éternel : Ah, Seigneur ! je ne suis pas un homme éloquent*, — ni d'hier, ni d'avant-hier, ni depuis que tu parles à ton serviteur ; car j'ai la bouche pesante et la langue pesante.

4:1 And Moses answered and said, But, behold, they will not believe me, nor hearken unto my voice: for they will say, The LORD hath not appeared unto thee.

4:2 And the LORD said unto him, What is that in thine hand? And he said, A rod.

4:3 And he said, Cast it on the ground. And he cast it on the ground, and it became a serpent; and Moses fled from before it.

4:4 And the LORD said unto Moses, Put forth thine hand, and take it by the tail. And he put forth his hand, and caught it, and it became a rod in his hand:

4:5 That they may believe that the LORD God of their fathers, the God of Abraham, the God of Isaac, and the God of Jacob, hath appeared unto thee.

4:6 And the LORD said furthermore unto him, Put now thine hand into thy bosom. And he put his hand into his bosom: and when he took it out, behold, his hand was leprous as snow.

4:7 And he said, Put thine hand into thy bosom again. And he put his hand into his bosom again; and plucked it out of his bosom, and, behold, it was turned again as his other flesh.

4:8 And it shall come to pass, if they will not believe thee, neither hearken to the voice of the first sign, that they will believe the voice of the latter sign.

4:9 And it shall come to pass, if they will not believe also these two signs, neither hearken unto thy voice, that thou shalt take of the water of the river, and pour it upon the dry land: and the water which thou takest out of the river shall become blood upon the dry land.

4:10 And Moses said unto the LORD, O my LORD, I am not eloquent, neither heretofore, nor since thou hast spoken unto thy servant: but I am slow of speech, and of a slow tongue.

4:11 Et l'Éternel lui dit : Qui est-ce qui a donné une bouche à l'homme ? ou qui a fait le muet, ou le sourd, ou le voyant, ou l'aveugle ? N'est-ce pas moi, l'Éternel ?

4:12 Et maintenant, va, et je serai avec ta bouche, et je t'enseignerai ce que tu diras.

4:13 Et il dit : Ah, Seigneur ! envoie, je te prie, par celui que tu enverras*.

4:14 Alors la colère de l'Éternel s'embrasa contre Moïse, et il dit : Aaron, le Lévite, n'est-il pas ton frère ? Je sais qu'il parlera très bien ; et aussi le voici qui sort à ta rencontre, et quand il te verra, il se réjouira dans son cœur.

4:15 Et tu lui parleras, et tu mettras les paroles dans sa bouche ; et moi, je serai avec ta bouche et avec sa bouche, et je vous enseignerai ce que vous ferez ;

4:16 et il parlera pour toi au peuple, et il arrivera qu'il te sera en la place de bouche, et toi, tu lui seras en la place de Dieu.

4:17 Et tu prendras dans ta main cette verge, avec laquelle tu feras les signes.

4:18 Et Moïse s'en alla, et retourna vers Jéthro*, son beau-père, et lui dit : Je te prie, laisse-moi m'en aller, et retourner vers mes frères qui sont en Égypte, afin que je voie s'ils vivent encore. Et Jéthro dit à Moïse : Va en paix.

4:19 Et l'Éternel dit à Moïse, en Madian : Va, retourne en Égypte ; car tous les hommes qui cherchaient ta vie sont morts.

4:20 Et Moïse prit sa femme et ses fils, et les fit monter sur un âne, et retourna au pays d'Égypte. Et Moïse prit la verge de Dieu dans sa main.

4:11 And the LORD said unto him, Who hath made man's mouth? or who maketh the dumb, or deaf, or the seeing, or the blind? have not I the LORD?

4:12 Now therefore go, and I will be with thy mouth, and teach thee what thou shalt say.

4:13 And he said, O my LORD, send, I pray thee, by the hand of him whom thou wilt send.

4:14 And the anger of the LORD was kindled against Moses, and he said, Is not Aaron the Levite thy brother? I know that he can speak well. And also, behold, he cometh forth to meet thee: and when he seeth thee, he will be glad in his heart.

4:15 And thou shalt speak unto him, and put words in his mouth: and I will be with thy mouth, and with his mouth, and will teach you what ye shall do.

4:16 And he shall be thy spokesman unto the people: and he shall be, even he shall be to thee instead of a mouth, and thou shalt be to him instead of God.

4:17 And thou shalt take this rod in thine hand, wherewith thou shalt do signs.

4:18 And Moses went and returned to Jethro his father in law, and said unto him, Let me go, I pray thee, and return unto my brethren which are in Egypt, and see whether they be yet alive. And Jethro said to Moses, Go in peace.

4:19 And the LORD said unto Moses in Midian, Go, return into Egypt: for all the men are dead which sought thy life.

4:20 And Moses took his wife and his sons, and set them upon an ass, and he returned to the land of Egypt: and Moses took the rod of God in his hand.

4:21 Et l'Éternel dit à Moïse : Quand tu t'en iras pour retourner en Égypte, vois tous les miracles que j'ai mis dans ta main, et tu les feras devant le Pharaon ; et moi, j'endurcirai son cœur, et il ne laissera pas aller le peuple.

4:22 Et tu diras au Pharaon : Ainsi a dit l'Éternel : Israël est mon fils, mon premier-né.

4:23 Et je te dis : Laisse aller mon fils pour qu'il me serve ; et si tu refuses de le laisser aller, voici, je tuerai ton fils, ton premier-né.

4:24 Et il arriva, en chemin, dans le caravansérail, que l'Éternel vint contre lui, et chercha à le faire mourir.

4:25 Et Séphora prit une pierre tranchante et coupa le prépuce de son fils, et le jeta* à ses pieds, et dit : Certes tu m'es un époux de sang ! Et [l'Éternel] le laissa.

4:26 Alors elle dit : Époux de sang ! à cause de la circoncision.

4:27 Et l'Éternel dit à Aaron : Va à la rencontre de Moïse, au désert. Et il alla, et le rencontra en la montagne de Dieu, et le baisa.

4:28 Et Moïse raconta à Aaron toutes les paroles de l'Éternel qui l'avait envoyé, et tous les signes qu'il lui avait commandés.

4:29 Et Moïse et Aaron allèrent, et assemblèrent tous les anciens des fils d'Israël ;

4:30 et Aaron dit toutes les paroles que l'Éternel avait dites à Moïse, et fit les signes devant les yeux du peuple.

4:31 Et le peuple crut ; et ils apprirent que l'Éternel avait visité les fils d'Israël, et qu'il avait vu leur affliction ; et ils s'inclinèrent et se prosternèrent.

4:21 And the LORD said unto Moses, When thou goest to return into Egypt, see that thou do all those wonders before Pharaoh, which I have put in thine hand: but I will harden his heart, that he shall not let the people go.

4:22 And thou shalt say unto Pharaoh, Thus saith the LORD, Israel is my son, even my firstborn:

4:23 And I say unto thee, Let my son go, that he may serve me: and if thou refuse to let him go, behold, I will slay thy son, even thy firstborn.

4:24 And it came to pass by the way in the inn, that the LORD met him, and sought to kill him.

4:25 Then Zipporah took a sharp stone, and cut off the foreskin of her son, and cast it at his feet, and said, Surely a bloody husband art thou to me.

4:26 So he let him go: then she said, A bloody husband thou art, because of the circumcision.

4:27 And the LORD said to Aaron, Go into the wilderness to meet Moses. And he went, and met him in the mount of God, and kissed him.

4:28 And Moses told Aaron all the words of the LORD who had sent him, and all the signs which he had commanded him.

4:29 And Moses and Aaron went and gathered together all the elders of the children of Israel:

4:30 And Aaron spake all the words which the LORD had spoken unto Moses, and did the signs in the sight of the people.

4:31 And the people believed: and when they heard that the LORD had visited the children of Israel, and that he had looked upon their affliction, then they bowed their heads and worshipped.

5:1 Et après [cela], Moïse et Aaron allèrent, et dirent au Pharaon : Ainsi dit l'Éternel, le Dieu d'Israël : Laisse aller mon peuple, afin qu'il me célèbre une fête dans le désert.	5:1 And afterward Moses and Aaron went in, and told Pharaoh, Thus saith the LORD God of Israel, Let my people go, that they may hold a feast unto me in the wilderness.
5:2 Et le Pharaon dit : Qui est l'Éternel pour que j'écoute sa voix et que je laisse aller Israël ? Je ne connais pas l'Éternel, et je ne laisserai pas non plus aller Israël.	5:2 And Pharaoh said, Who is the LORD, that I should obey his voice to let Israel go? I know not the LORD, neither will I let Israel go.
5:3 Et ils dirent : Le Dieu des Hébreux s'est rencontré avec nous. Nous te prions, laisse-nous aller le chemin de trois jours dans le désert, et que nous sacrifiions à l'Éternel, notre Dieu ; de peur qu'il ne se jette sur nous par la peste ou par l'épée.	5:3 And they said, The God of the Hebrews hath met with us: let us go, we pray thee, three days' journey into the desert, and sacrifice unto the LORD our God; lest he fall upon us with pestilence, or with the sword.
5:4 Et le roi d'Égypte leur dit : Moïse et Aaron, pourquoi détournez-vous le peuple de son ouvrage ? Allez à vos corvées.	5:4 And the king of Egypt said unto them, Wherefore do ye, Moses and Aaron, let the people from their works? get you unto your burdens.
5:5 Et le Pharaon dit : Voici, le peuple du pays est maintenant nombreux, et vous les faites chômer de leurs corvées.	5:5 And Pharaoh said, Behold, the people of the land now are many, and ye make them rest from their burdens.
5:6 Et le Pharaon commanda, ce jour-là, aux exacteurs du peuple et à ses commissaires, disant :	5:6 And Pharaoh commanded the same day the taskmasters of the people, and their officers, saying,
5:7 Vous ne continuerez pas à donner de la paille au peuple pour faire des briques, comme auparavant ; qu'ils aillent eux-mêmes, et qu'ils se ramassent de la paille.	5:7 Ye shall no more give the people straw to make brick, as heretofore: let them go and gather straw for themselves.
5:8 Et vous leur imposerez la quantité de briques qu'ils faisaient auparavant. Vous n'en retrancherez rien, car ils sont paresseux ; c'est pourquoi ils crient, disant : Allons, et sacrifions à notre Dieu.	5:8 And the tale of the bricks, which they did make heretofore, ye shall lay upon them; ye shall not diminish ought thereof: for they be idle; therefore they cry, saying, Let us go and sacrifice to our God.
5:9 Que le service pèse sur ces hommes, et qu'ils s'y occupent, et ne regardent pas à des paroles de mensonge.	5:9 Let there more work be laid upon the men, that they may labour therein; and let them not regard vain words.
5:10 Et les exacteurs du peuple et ses commissaires sortirent, et parlèrent au peuple, disant : Ainsi dit le Pharaon : Je ne vous donnerai point de paille ;	5:10 And the taskmasters of the people went out, and their officers, and they spake to the people, saying, Thus saith Pharaoh, I will not give you straw.
5:11 allez vous-mêmes, et prenez de la paille où vous en trouverez ; car il ne sera rien retranché de votre service.	5:11 Go ye, get you straw where ye can find it: yet not ought of your work shall be diminished.

5:12 Et le peuple se dispersa dans tout le pays d'Égypte pour ramasser du chaume en lieu de paille.

5:13 Et les exacteurs les pressaient, disant : Achevez vos ouvrages ; à chaque jour sa tâche*, comme quand il y avait de la paille.

5:14 Et les commissaires des fils d'Israël, qu'avaient établis sur eux les exacteurs du Pharaon, furent battus, et il leur fut dit : Pourquoi n'avez-vous pas achevé votre tâche en faisant des briques, hier et aujourd'hui, comme auparavant ?

5:15 Et les commissaires des fils d'Israël vinrent et crièrent au Pharaon, disant : Pourquoi fais-tu ainsi à tes serviteurs ?

5:16 On ne donne point de paille à tes serviteurs, et on nous dit : Faites des briques ! Et voici, tes serviteurs sont battus, et c'est ton peuple qui est coupable.

5:17 Et il dit : Vous êtes paresseux, paresseux ; c'est pourquoi vous dites : Allons, et sacrifions à l'Éternel.

5:18 Et maintenant, allez, travaillez ; on ne vous donnera point de paille, et vous livrerez la quantité de briques.

5:19 Et les commissaires des fils d'Israël virent que leur cas était mauvais, puisqu'on disait : Vous ne retrancherez rien de vos briques ; à chaque jour sa tâche.

5:20 Et ils rencontrèrent Moïse et Aaron, qui se tenaient là pour les rencontrer, comme ils sortaient de devant le Pharaon ;

5:21 et ils leur dirent : Que l'Éternel vous regarde, et qu'il juge ; car vous nous avez mis en mauvaise odeur auprès du* Pharaon et auprès de ses serviteurs, de manière à leur mettre une épée à la main pour nous tuer.

5:22 Et Moïse retourna vers l'Éternel, et dit : Seigneur, pourquoi as-tu fait du mal à ce peuple ? Pourquoi donc m'as-tu envoyé ?

5:12 So the people were scattered abroad throughout all the land of Egypt to gather stubble instead of straw.

5:13 And the taskmasters hasted them, saying, Fulfil your works, your daily tasks, as when there was straw.

5:14 And the officers of the children of Israel, which Pharaoh's taskmasters had set over them, were beaten, and demanded, Wherefore have ye not fulfilled your task in making brick both yesterday and to day, as heretofore?

5:15 Then the officers of the children of Israel came and cried unto Pharaoh, saying, Wherefore dealest thou thus with thy servants?

5:16 There is no straw given unto thy servants, and they say to us, Make brick: and, behold, thy servants are beaten; but the fault is in thine own people.

5:17 But he said, Ye are idle, ye are idle: therefore ye say, Let us go and do sacrifice to the LORD.

5:18 Go therefore now, and work; for there shall no straw be given you, yet shall ye deliver the tale of bricks.

5:19 And the officers of the children of Israel did see that they were in evil case, after it was said, Ye shall not minish ought from your bricks of your daily task.

5:20 And they met Moses and Aaron, who stood in the way, as they came forth from Pharaoh:

5:21 And they said unto them, The LORD look upon you, and judge; because ye have made our savour to be abhorred in the eyes of Pharaoh, and in the eyes of his servants, to put a sword in their hand to slay us.

5:22 And Moses returned unto the LORD, and said, LORD, wherefore hast thou so evil entreated this people? why is it that thou hast sent me?

5:23 Depuis que je suis entré vers le Pharaon pour parler en ton nom, il a fait du mal à ce peuple, et tu n'as pas du tout délivré ton peuple.

6:1 Et l'Éternel dit à Moïse : Tu verras maintenant ce que je ferai au Pharaon, car [contraint] par main forte, il les laissera aller, et [contraint] par main forte, il les chassera de son pays.

6:2 Et Dieu parla à Moïse, et lui dit : Je suis l'Éternel (Jéhovah).

6:3 Je suis apparu à Abraham, à Isaac, et à Jacob, comme le *Dieu Tout-puissant* ; mais je n'ai pas été connu d'eux par mon nom d'Éternel (Jéhovah).

6:4 Et j'ai aussi établi mon alliance avec eux, pour leur donner le pays de Canaan, le pays de leur séjournement, dans lequel ils ont séjourné.

6:5 Et j'ai aussi entendu le gémissement des fils d'Israël, que les Égyptiens font servir, et je me suis souvenu de mon alliance.

6:6 C'est pourquoi dis aux fils d'Israël : Je suis l'Éternel, et je vous ferai sortir de dessous les fardeaux des Égyptiens, et je vous délivrerai de leur servitude ; et je vous rachèterai à bras étendu, et par de grands jugements ;

6:7 et je vous prendrai pour être mon peuple, et je vous serai Dieu ; et vous saurez que je suis l'Éternel, votre Dieu, qui vous fais sortir de dessous les fardeaux des Égyptiens.

6:8 Et je vous ferai entrer dans le pays au sujet duquel j'ai levé ma main, pour le donner à Abraham, à Isaac, et à Jacob, et je vous le donnerai en possession. Je suis l'Éternel.

6:9 Et Moïse parla ainsi aux fils d'Israël ; mais ils n'écoutèrent pas Moïse, à cause de leur angoisse d'esprit*, et à cause de leur dure servitude.

5:23 *For since I came to Pharaoh to speak in thy name, he hath done evil to this people; neither hast thou delivered thy people at all.*

6:1 *Then the LORD said unto Moses, Now shalt thou see what I will do to Pharaoh: for with a strong hand shall he let them go, and with a strong hand shall he drive them out of his land.*

6:2 *And God spake unto Moses, and said unto him, I am the LORD:*

6:3 *And I appeared unto Abraham, unto Isaac, and unto Jacob, by the name of God Almighty, but by my name JEHOVAH was I not known to them.*

6:4 *And I have also established my covenant with them, to give them the land of Canaan, the land of their pilgrimage, wherein they were strangers.*

6:5 *And I have also heard the groaning of the children of Israel, whom the Egyptians keep in bondage; and I have remembered my covenant.*

6:6 *Wherefore say unto the children of Israel, I am the LORD, and I will bring you out from under the burdens of the Egyptians, and I will rid you out of their bondage, and I will redeem you with a stretched out arm, and with great judgments:*

6:7 *And I will take you to me for a people, and I will be to you a God: and ye shall know that I am the LORD your God, which bringeth you out from under the burdens of the Egyptians.*

6:8 *And I will bring you in unto the land, concerning the which I did swear to give it to Abraham, to Isaac, and to Jacob; and I will give it you for an heritage: I am the LORD.*

6:9 *And Moses spake so unto the children of Israel: but they hearkened not unto Moses for anguish of spirit, and for cruel bondage.*

6:10 Et l'Éternel parla à Moïse, disant :

6:11 Entre, et parle au Pharaon, roi d'Égypte, pour qu'il laisse sortir les fils d'Israël de son pays.

6:12 Et Moïse parla devant l'Éternel, en disant : Voici, les fils d'Israël ne m'ont point écouté ; et comment le Pharaon m'écoutera-t-il, moi qui suis incirconcis de lèvres ?

6:13 Et l'Éternel parla à Moïse et à Aaron, et leur donna des ordres pour les fils d'Israël, et pour le Pharaon, roi d'Égypte, pour faire sortir les fils d'Israël du pays d'Égypte.

6:14 Ce sont ici les chefs de leurs maisons de pères : les fils de Ruben, premier-né d'Israël : Hénoc et Pallu, Hetsron et Carmi ; ce sont là les familles de Ruben.

6:15 — Et les fils de Siméon : Jemuel, et Jamin, et Ohad, et Jakin, et Tsokhar, et Saül, fils d'une Cananéenne ; ce sont là les familles de Siméon.

6:16 Et ce sont ici les noms des fils de Lévi, selon leurs générations : Guershon, et Kehath, et Merari. Et les années de la vie de Lévi furent cent trente-sept ans.

6:17 — Les fils de Guershon : Libni et Shimhi, selon leurs familles.

6:18 — Et les fils de Kehath : Amram, et Jitsehar, et Hébron, et Uziel. Et les années de la vie de Kehath furent cent trente-trois ans.

6:19 — Et les fils de Merari : Makhli, et Mushi. Ce sont là les familles de Lévi, selon leurs générations.

6:20 Et Amram prit pour femme Jokébed, sa tante, et elle lui enfanta Aaron et Moïse. Et les années de la vie d'Amram furent cent trente-sept ans.

6:21 — Et les fils de Jitsehar : Coré, et Népheg, et Zicri.

6:10 And the LORD spake unto Moses, saying,

6:11 Go in, speak unto Pharaoh king of Egypt, that he let the children of Israel go out of his land.

6:12 And Moses spake before the LORD, saying, Behold, the children of Israel have not hearkened unto me; how then shall Pharaoh hear me, who am of uncircumcised lips?

6:13 And the LORD spake unto Moses and unto Aaron, and gave them a charge unto the children of Israel, and unto Pharaoh king of Egypt, to bring the children of Israel out of the land of Egypt.

6:14 These be the heads of their fathers' houses: The sons of Reuben the firstborn of Israel; Hanoch, and Pallu, Hezron, and Carmi: these be the families of Reuben.

6:15 And the sons of Simeon; Jemuel, and Jamin, and Ohad, and Jachin, and Zohar, and Shaul the son of a Canaanitish woman: these are the families of Simeon.

6:16 And these are the names of the sons of Levi according to their generations; Gershon, and Kohath, and Merari: and the years of the life of Levi were an hundred thirty and seven years.

6:17 The sons of Gershon; Libni, and Shimi, according to their families.

6:18 And the sons of Kohath; Amram, and Izhar, and Hebron, and Uzziel: and the years of the life of Kohath were an hundred thirty and three years.

6:19 And the sons of Merari; Mahali and Mushi: these are the families of Levi according to their generations.

6:20 And Amram took him Jochebed his father's sister to wife; and she bare him Aaron and Moses: and the years of the life of Amram were an hundred and thirty and seven years.

6:21 And the sons of Izhar; Korah, and Nepheg, and Zichri.

6:22 — Et les fils d'Uziel : Mishaël, et Eltsaphan, et Sithri.

6:23 — Et Aaron prit pour femme Élishéba, fille d'Amminadab, sœur de Nakhshon, et elle lui enfanta Nadab, et Abihu, Éléazar, et Ithamar.

6:24 — Et les fils de Coré : Assir, et Elkana, et Abiasaph ; ce sont là les familles des Corites.

6:25 — Et Éléazar, fils d'Aaron, prit pour femme une des filles de Putiel, et elle lui enfanta Phinées. — Ce sont là les chefs des pères des Lévites, selon leurs familles.

6:26 C'est là cet Aaron et ce Moïse auxquels l'Éternel dit : Faites sortir les fils d'Israël du pays d'Égypte, selon leurs armées.

6:27 Ce sont eux qui parlèrent au Pharaon, roi d'Égypte, pour faire sortir d'Égypte les fils d'Israël : c'est ce Moïse, et cet Aaron.

6:28 Et il arriva, le jour que l'Éternel parla à Moïse dans le pays d'Égypte,

6:29 que l'Éternel parla à Moïse, disant : Je suis l'Éternel ; dis au Pharaon, roi d'Égypte, tout ce que je te dis.

6:30 Et Moïse dit devant l'Éternel : Voici, je suis incirconcis de lèvres ; et comment le Pharaon m'écoutera-t-il ?

7:1 Et l'Éternel dit à Moïse : Vois, je t'ai fait Dieu pour le Pharaon ; et Aaron, ton frère, sera ton prophète.

7:2 Toi, tu diras tout ce que je te commanderai ; et Aaron, ton frère, parlera au Pharaon, pour qu'il laisse aller les fils d'Israël hors de son pays.

7:3 Et moi, j'endurcirai le cœur du Pharaon, et je multiplierai mes signes et mes miracles dans le pays d'Égypte.

6:22 And the sons of Uzziel; Mishael, and Elzaphan, and Zithri.

6:23 And Aaron took him Elisheba, daughter of Amminadab, sister of Naashon, to wife; and she bare him Nadab, and Abihu, Eleazar, and Ithamar.

6:24 And the sons of Korah; Assir, and Elkanah, and Abiasaph: these are the families of the Korhites.

6:25 And Eleazar Aaron's son took him one of the daughters of Putiel to wife; and she bare him Phinehas: these are the heads of the fathers of the Levites according to their families.

6:26 These are that Aaron and Moses, to whom the LORD said, Bring out the children of Israel from the land of Egypt according to their armies.

6:27 These are they which spake to Pharaoh king of Egypt, to bring out the children of Israel from Egypt: these are that Moses and Aaron.

6:28 And it came to pass on the day when the LORD spake unto Moses in the land of Egypt,

6:29 That the LORD spake unto Moses, saying, I am the LORD: speak thou unto Pharaoh king of Egypt all that I say unto thee.

6:30 And Moses said before the LORD, Behold, I am of uncircumcised lips, and how shall Pharaoh hearken unto me?

7:1 And the LORD said unto Moses, See, I have made thee a god to Pharaoh: and Aaron thy brother shall be thy prophet.

7:2 Thou shalt speak all that I command thee: and Aaron thy brother shall speak unto Pharaoh, that he send the children of Israel out of his land.

7:3 And I will harden Pharaoh's heart, and multiply my signs and my wonders in the land of Egypt.

7:4 Et le Pharaon ne vous écoutera pas ; et je mettrai ma main sur l'Égypte, et je ferai sortir mes armées, mon peuple, les fils d'Israël, hors du pays d'Égypte, par de grands jugements ;

7:5 et les Égyptiens sauront que je suis l'Éternel, lorsque j'aurai étendu ma main sur l'Égypte et que j'aurai fait sortir les fils d'Israël du milieu d'eux,

7:6 Et Moïse et Aaron firent comme l'Éternel leur avait commandé ; ils firent ainsi.

7:7 Et Moïse était âgé de quatre-vingts ans, et Aaron âgé de quatre-vingt-trois ans, quand ils parlèrent au Pharaon.*

7:8 Et l'Éternel parla à Moïse et à Aaron, disant :

7:9 Quand le Pharaon vous parlera, en disant : Montrez* pour vous un miracle, tu diras à Aaron : Prends ta verge, et jette-la devant le Pharaon : elle deviendra un serpent**.

7:10 Et Moïse et Aaron vinrent vers le Pharaon, et firent ainsi, selon que l'Éternel avait commandé ; et Aaron jeta sa verge devant le Pharaon et devant ses serviteurs, et elle devint un serpent.

7:11 Et le Pharaon appela aussi les sages et les magiciens ; et eux aussi, les devins d'Égypte, firent ainsi par leurs enchantements :

7:12 ils jetèrent chacun sa verge, et elles devinrent des serpents ; mais la verge d'Aaron engloutit leurs verges.

7:13 Et le cœur du Pharaon s'endurcit, et il ne les écouta point, comme avait dit l'Éternel.

7:14 Et l'Éternel dit à Moïse : Le cœur du Pharaon est endurci* ; il refuse de laisser aller le peuple.

7:4 But Pharaoh shall not hearken unto you, that I may lay my hand upon Egypt, and bring forth mine armies, and my people the children of Israel, out of the land of Egypt by great judgments.

7:5 And the Egyptians shall know that I am the LORD, when I stretch forth mine hand upon Egypt, and bring out the children of Israel from among them.

7:6 And Moses and Aaron did as the LORD commanded them, so did they.

7:7 And Moses was fourscore years old, and Aaron fourscore and three years old, when they spake unto Pharaoh.

7:8 And the LORD spake unto Moses and unto Aaron, saying,

7:9 When Pharaoh shall speak unto you, saying, Shew a miracle for you: then thou shalt say unto Aaron, Take thy rod, and cast it before Pharaoh, and it shall become a serpent.

7:10 And Moses and Aaron went in unto Pharaoh, and they did so as the LORD had commanded: and Aaron cast down his rod before Pharaoh, and before his servants, and it became a serpent.

7:11 Then Pharaoh also called the wise men and the sorcerers: now the magicians of Egypt, they also did in like manner with their enchantments.

7:12 For they cast down every man his rod, and they became serpents: but Aaron's rod swallowed up their rods.

7:13 And he hardened Pharaoh's heart, that he hearkened not unto them; as the LORD had said.

7:14 And the LORD said unto Moses, Pharaoh's heart is hardened, he refuseth to let the people go.

7:15 Va, le matin, vers le Pharaon ; voici, il sortira vers l'eau : et tu te présenteras à sa rencontre, sur le bord du fleuve, et tu prendras dans ta main la verge qui a été changée en serpent ;

7:16 et tu lui diras : L'Éternel, le Dieu des Hébreux, m'a envoyé vers toi, disant : Laisse aller mon peuple, pour qu'ils me servent dans le désert. Et voici, tu n'as point écouté jusqu'ici.

7:17 Ainsi dit l'Éternel : À ceci tu connaîtras que je suis l'Éternel : Voici, je frappe de la verge qui est dans ma main les eaux qui sont dans le fleuve, et elles seront changées en sang ;

7:18 et le poisson qui est dans le fleuve mourra, et le fleuve deviendra puant, et les Égyptiens seront dégoûtés* de boire des eaux du fleuve.

7:19 Et l'Éternel dit à Moïse : Dis à Aaron : prends ta verge, et étends ta main sur les eaux des Égyptiens*, sur leurs rivières, sur leurs canaux**, et sur leurs étangs, et sur tous leurs amas d'eau ; et elles deviendront du sang ; et il y aura du sang par tout le pays d'Égypte, et dans les vases de bois et dans les vases de pierre.

7:20 Et Moïse et Aaron firent ainsi, selon que l'Éternel l'avait commandé. Et il leva la verge, et frappa les eaux qui étaient dans le fleuve, aux yeux du Pharaon et aux yeux de ses serviteurs : et toutes les eaux qui étaient dans le fleuve furent changées en sang ;

7:21 et le poisson qui était dans le fleuve mourut ; et le fleuve devint puant, et les Égyptiens ne pouvaient boire de l'eau du fleuve ; et il y avait du sang dans tout le pays d'Égypte.

7:22 Et les devins d'Égypte firent de même par leurs enchantements. Et le cœur du Pharaon s'endurcit, et il ne les écouta point, comme avait dit l'Éternel.

7:15 Get thee unto Pharaoh in the morning; lo, he goeth out unto the water; and thou shalt stand by the river's brink against he come; and the rod which was turned to a serpent shalt thou take in thine hand.

7:16 And thou shalt say unto him, The LORD God of the Hebrews hath sent me unto thee, saying, Let my people go, that they may serve me in the wilderness: and, behold, hitherto thou wouldest not hear.

7:17 Thus saith the LORD, In this thou shalt know that I am the LORD: behold, I will smite with the rod that is in mine hand upon the waters which are in the river, and they shall be turned to blood.

7:18 And the fish that is in the river shall die, and the river shall stink; and the Egyptians shall lothe to drink of the water of the river.

7:19 And the LORD spake unto Moses, Say unto Aaron, Take thy rod, and stretch out thine hand upon the waters of Egypt, upon their streams, upon their rivers, and upon their ponds, and upon all their pools of water, that they may become blood; and that there may be blood throughout all the land of Egypt, both in vessels of wood, and in vessels of stone.

7:20 And Moses and Aaron did so, as the LORD commanded; and he lifted up the rod, and smote the waters that were in the river, in the sight of Pharaoh, and in the sight of his servants; and all the waters that were in the river were turned to blood.

7:21 And the fish that was in the river died; and the river stank, and the Egyptians could not drink of the water of the river; and there was blood throughout all the land of Egypt.

7:22 And the magicians of Egypt did so with their enchantments: and Pharaoh's heart was hardened, neither did he hearken unto them; as the LORD had said.

7:23 Et le Pharaon se tourna, et entra dans sa maison, et n'appliqua pas son cœur à cela non plus.

7:24 Et tous les Égyptiens creusèrent autour du fleuve [pour trouver] de l'eau à boire, car ils ne pouvaient boire des eaux du fleuve.

7:25 Et sept jours s'accomplirent après que l'Éternel eut frappé le fleuve.

8:1 Et l'Éternel dit à Moïse : Va vers le Pharaon, et dis-lui : Ainsi dit l'Éternel : Laisse aller mon peuple, pour qu'ils me servent.

8:2 Mais si tu refuses de le laisser aller, voici, je vais frapper de grenouilles toutes tes limites ;

8:3 et le fleuve fourmillera de grenouilles, et elles monteront et entreront dans ta maison, et dans la chambre où tu couches, et sur ton lit, et dans la maison de tes serviteurs, et parmi ton peuple, et dans tes fours et dans tes huches.

8:4 Et les grenouilles monteront sur toi, et sur ton peuple, et sur tous tes serviteurs.

8:5 Et l'Éternel dit à Moïse : Dis à Aaron : Étends ta main avec ta verge, sur les rivières, et sur les canaux*, et sur les étangs, et fais monter les grenouilles sur le pays d'Égypte.

8:6 Et Aaron étendit sa main sur les eaux de l'Égypte : et les grenouilles montèrent, et couvrirent le pays d'Égypte.

8:7 Et les devins firent de même par leurs enchantements, et firent monter des grenouilles sur le pays d'Égypte.

8:8 Et le Pharaon appela Moïse et Aaron, et dit : Suppliez l'Éternel, afin qu'il retire les grenouilles de moi et de mon peuple ; et je laisserai aller le peuple, et ils sacrifieront à l'Éternel.

7:23 And Pharaoh turned and went into his house, neither did he set his heart to this also.

7:24 And all the Egyptians digged round about the river for water to drink; for they could not drink of the water of the river.

7:25 And seven days were fulfilled, after that the LORD had smitten the river.

8:1 And the LORD spake unto Moses, Go unto Pharaoh, and say unto him, Thus saith the LORD, Let my people go, that they may serve me.

8:2 And if thou refuse to let them go, behold, I will smite all thy borders with frogs:

8:3 And the river shall bring forth frogs abundantly, which shall go up and come into thine house, and into thy bedchamber, and upon thy bed, and into the house of thy servants, and upon thy people, and into thine ovens, and into thy kneadingtroughs:

8:4 And the frogs shall come up both on thee, and upon thy people, and upon all thy servants.

8:5 And the LORD spake unto Moses, Say unto Aaron, Stretch forth thine hand with thy rod over the streams, over the rivers, and over the ponds, and cause frogs to come up upon the land of Egypt.

8:6 And Aaron stretched out his hand over the waters of Egypt; and the frogs came up, and covered the land of Egypt.

8:7 And the magicians did so with their enchantments, and brought up frogs upon the land of Egypt.

8:8 Then Pharaoh called for Moses and Aaron, and said, Intreat the LORD, that he may take away the frogs from me, and from my people; and I will let the people go, that they may do sacrifice unto the LORD.

8:9 Et Moïse dit au Pharaon : Glorifie-toi sur moi ! Pour quand supplierai-je [l'Éternel] pour toi, et pour tes serviteurs et pour ton peuple, afin qu'il ôte les grenouilles d'avec toi et de tes maisons ? Il en restera seulement dans le fleuve.

8:10 Et il dit : pour demain. Et il dit : Selon ta parole ! afin que tu saches que nul n'est comme l'Éternel, notre Dieu.

8:11 Et les grenouilles se retireront d'avec toi, et de tes maisons, et d'avec tes serviteurs, et d'avec ton peuple ; il en restera seulement dans le fleuve.

8:12 Et Moïse et Aaron sortirent d'auprès du Pharaon ; et Moïse cria à l'Éternel au sujet des grenouilles qu'il avait fait venir* sur le Pharaon.

8:13 Et l'Éternel fit selon la parole de Moïse. Et les grenouilles moururent dans les maisons, dans les cours et dans les champs ;

8:14 et on les amassa par monceaux, et la terre devint puante.

8:15 Et le Pharaon vit qu'il y avait du relâche, et il endurcit son cœur, et ne les écouta pas, comme avait dit l'Éternel.

8:16 Et l'Éternel dit à Moïse : Dis à Aaron : Étends ta verge, et frappe la poussière de la terre, et elle deviendra des moustiques dans tout le pays d'Égypte.

8:17 Et ils firent ainsi. Et Aaron étendit sa main avec sa verge, et frappa la poussière de la terre, et elle devint des moustiques sur les hommes et sur les bêtes ; toute la poussière de la terre devint des moustiques dans tout le pays d'Égypte.

8:18 Et les devins firent de même par leurs enchantements, pour produire les moustiques ; mais ils ne le purent. Et les moustiques furent sur les hommes et sur les bêtes.

8:9 And Moses said unto Pharaoh, Glory over me: when shall I intreat for thee, and for thy servants, and for thy people, to destroy the frogs from thee and thy houses, that they may remain in the river only?

8:10 And he said, To morrow. And he said, Be it according to thy word: that thou mayest know that there is none like unto the LORD our God.

8:11 And the frogs shall depart from thee, and from thy houses, and from thy servants, and from thy people; they shall remain in the river only.

8:12 And Moses and Aaron went out from Pharaoh: and Moses cried unto the LORD because of the frogs which he had brought against Pharaoh.

8:13 And the LORD did according to the word of Moses; and the frogs died out of the houses, out of the villages, and out of the fields.

8:14 And they gathered them together upon heaps: and the land stank.

8:15 But when Pharaoh saw that there was respite, he hardened his heart, and hearkened not unto them; as the LORD had said.

8:16 And the LORD said unto Moses, Say unto Aaron, Stretch out thy rod, and smite the dust of the land, that it may become lice throughout all the land of Egypt.

8:17 And they did so; for Aaron stretched out his hand with his rod, and smote the dust of the earth, and it became lice in man, and in beast; all the dust of the land became lice throughout all the land of Egypt.

8:18 And the magicians did so with their enchantments to bring forth lice, but they could not: so there were lice upon man, and upon beast.

8:19 Et les devins dirent au Pharaon : C'est le doigt de Dieu. Et le cœur du Pharaon s'endurcit, et il ne les écouta point, comme avait dit l'Éternel.

8:20 Et l'Éternel dit à Moïse : Lève-toi de bon matin, et tiens-toi devant le Pharaon ; voici, il sortira vers l'eau et tu lui diras : Ainsi dit l'Éternel : Laisse aller mon peuple, pour qu'ils me servent.

8:21 Car si tu ne laisses pas aller mon peuple, voici, j'enverrai contre toi, et contre tes serviteurs, et contre ton peuple, et dans tes maisons, la mouche venimeuse ; et les maisons des Égyptiens seront remplies de mouches venimeuses, et aussi le sol sur lequel ils sont.

8:22 Et je distinguerai, en ce jour-là, le pays de Goshen, où se tient mon peuple, en sorte que là il n'y ait point de mouches venimeuses ; afin que tu saches que moi, l'Éternel, je suis au milieu du pays.

8:23 Et je mettrai une séparation* entre mon peuple et ton peuple. Ce signe sera pour demain.

8:24 Et l'Éternel fit ainsi : et les mouches entrèrent en multitude dans la maison du Pharaon et dans les maisons de ses serviteurs, et dans tout le pays d'Égypte ; — le pays fut ruiné par la mouche venimeuse.

8:25 Et le Pharaon appela Moïse et Aaron, et dit : Allez, sacrifiez à votre Dieu dans le pays.

8:26 Et Moïse dit : Il n'est pas convenable de faire ainsi ; car nous sacrifierions à l'Éternel notre Dieu, l'abomination des Égyptiens. Est-ce que nous sacrifierions l'abomination des Égyptiens devant leurs yeux, sans qu'ils nous lapidassent !

8:27 Nous irons le chemin de trois jours dans le désert, et nous sacrifierons à l'Éternel, notre Dieu, comme il nous a dit.

8:19 Then the magicians said unto Pharaoh, This is the finger of God: and Pharaoh's heart was hardened, and he hearkened not unto them; as the LORD had said.

8:20 And the LORD said unto Moses, Rise up early in the morning, and stand before Pharaoh; lo, he cometh forth to the water; and say unto him, Thus saith the LORD, Let my people go, that they may serve me.

8:21 Else, if thou wilt not let my people go, behold, I will send swarms of flies upon thee, and upon thy servants, and upon thy people, and into thy houses: and the houses of the Egyptians shall be full of swarms of flies, and also the ground whereon they are.

8:22 And I will sever in that day the land of Goshen, in which my people dwell, that no swarms of flies shall be there; to the end thou mayest know that I am the LORD in the midst of the earth.

8:23 And I will put a division between my people and thy people: to morrow shall this sign be.

8:24 And the LORD did so; and there came a grievous swarm of flies into the house of Pharaoh, and into his servants' houses, and into all the land of Egypt: the land was corrupted by reason of the swarm of flies.

8:25 And Pharaoh called for Moses and for Aaron, and said, Go ye, sacrifice to your God in the land.

8:26 And Moses said, It is not meet so to do; for we shall sacrifice the abomination of the Egyptians to the LORD our God: lo, shall we sacrifice the abomination of the Egyptians before their eyes, and will they not stone us?

8:27 We will go three days' journey into the wilderness, and sacrifice to the LORD our God, as he shall command us.

8:28 Et le Pharaon dit : Je vous laisserai aller, et vous sacrifierez à l'Éternel, votre Dieu, dans le désert ; seulement ne vous éloignez pas trop en vous en allant. Priez pour moi.

8:29 Et Moïse dit : Voici, je sors d'auprès de toi, et je supplierai l'Éternel, et demain les mouches se retireront du Pharaon, de ses serviteurs, et de son peuple ; seulement, que le Pharaon ne continue pas à se moquer, en ne laissant pas aller le peuple pour sacrifier à l'Éternel.

8:30 Et Moïse sortit d'auprès du Pharaon, et supplia l'Éternel.

8:31 Et l'Éternel fit selon la parole de Moïse : et il retira les mouches du Pharaon, de ses serviteurs, et de son peuple ; il n'en resta pas une.

8:32 Et le Pharaon endurcit* son cœur aussi cette fois, et ne laissa point aller le peuple.

9:1 Et l'Éternel dit à Moïse : Va vers le Pharaon, et dis-lui : Ainsi dit l'Éternel, le Dieu des Hébreux : Laisse aller mon peuple, pour qu'ils me servent.

9:2 Car si tu refuses de les laisser aller, et que tu les retiennes encore,

9:3 voici, la main de l'Éternel sera sur tes troupeaux qui sont aux champs, sur les chevaux, sur les ânes, sur les chameaux, sur le gros bétail, et sur le menu bétail ; il y aura une peste très grande ;

9:4 et l'Éternel distinguera entre les troupeaux des Israélites et les troupeaux des Égyptiens, et rien ne mourra de tout ce qui est aux fils d'Israël.

9:5 Et l'Éternel assigna un temps, disant : Demain l'Éternel fera cela dans le pays.

9:6 Et l'Éternel fit cela le lendemain ; et tous les troupeaux des Égyptiens moururent ; mais des troupeaux des fils d'Israël, il n'en mourut pas une [bête].

8:28 And Pharaoh said, I will let you go, that ye may sacrifice to the LORD your God in the wilderness; only ye shall not go very far away: intreat for me.

8:29 And Moses said, Behold, I go out from thee, and I will intreat the LORD that the swarms of flies may depart from Pharaoh, from his servants, and from his people, to morrow: but let not Pharaoh deal deceitfully any more in not letting the people go to sacrifice to the LORD.

8:30 And Moses went out from Pharaoh, and intreated the LORD.

8:31 And the LORD did according to the word of Moses; and he removed the swarms of flies from Pharaoh, from his servants, and from his people; there remained not one.

8:32 And Pharaoh hardened his heart at this time also, neither would he let the people go.

9:1 Then the LORD said unto Moses, Go in unto Pharaoh, and tell him, Thus saith the LORD God of the Hebrews, Let my people go, that they may serve me.

9:2 For if thou refuse to let them go, and wilt hold them still,

9:3 Behold, the hand of the LORD is upon thy cattle which is in the field, upon the horses, upon the asses, upon the camels, upon the oxen, and upon the sheep: there shall be a very grievous murrain.

9:4 And the LORD shall sever between the cattle of Israel and the cattle of Egypt: and there shall nothing die of all that is the children's of Israel.

9:5 And the LORD appointed a set time, saying, To morrow the LORD shall do this thing in the land.

9:6 And the LORD did that thing on the morrow, and all the cattle of Egypt died: but of the cattle of the children of Israel died not one.

9:7 Et le Pharaon envoya, et voici, il n'y avait pas même une seule [bête] morte des troupeaux des Israélites. Et le cœur du Pharaon s'endurcit*, et il ne laissa point aller le peuple.

9:8 Et l'Éternel dit à Moïse et à Aaron : Prenez plein vos mains de cendre de fournaise, et que Moïse la répande vers les cieux devant les yeux du Pharaon ;

9:9 et elle deviendra une fine poussière sur tout le pays d'Égypte, et elle deviendra, sur les hommes et sur les bêtes, un ulcère faisant éruption en pustules, dans tout le pays d'Égypte.

9:10 Et ils prirent de la cendre de fournaise, et se tinrent devant le Pharaon ; et Moïse la répandit vers les cieux ; et elle devint un ulcère faisant éruption en pustules, sur les hommes et sur les bêtes.

9:11 Et les devins ne purent se tenir devant Moïse, à cause de l'ulcère ; car l'ulcère était sur les devins et sur tous les Égyptiens.

9:12 Et l'Éternel endurcit le cœur du Pharaon, et il ne les écouta pas, comme l'Éternel avait dit à Moïse.

9:13 Et l'Éternel dit à Moïse : Lève-toi de bon matin, et tiens-toi devant le Pharaon, et dis-lui : Ainsi dit l'Éternel, le Dieu des Hébreux : Laisse aller mon peuple, pour qu'ils me servent ;

9:14 car cette fois j'envoie toutes mes plaies dans ton cœur, et sur tes serviteurs et sur ton peuple, afin que tu saches que nul n'est comme moi, sur toute la terre ;

9:15 car maintenant, j'étendrai ma main, et je te frapperai de peste, toi et ton peuple, et tu seras* exterminé de dessus la terre.

9:16 Mais je t'ai fait subsister pour ceci, afin de te faire voir* ma puissance, et pour que mon nom soit publié dans toute la terre.

9:7 And Pharaoh sent, and, behold, there was not one of the cattle of the Israelites dead. And the heart of Pharaoh was hardened, and he did not let the people go.

9:8 And the LORD said unto Moses and unto Aaron, Take to you handfuls of ashes of the furnace, and let Moses sprinkle it toward the heaven in the sight of Pharaoh.

9:9 And it shall become small dust in all the land of Egypt, and shall be a boil breaking forth with blains upon man, and upon beast, throughout all the land of Egypt.

9:10 And they took ashes of the furnace, and stood before Pharaoh; and Moses sprinkled it up toward heaven; and it became a boil breaking forth with blains upon man, and upon beast.

9:11 And the magicians could not stand before Moses because of the boils; for the boil was upon the magicians, and upon all the Egyptians.

9:12 And the LORD hardened the heart of Pharaoh, and he hearkened not unto them; as the LORD had spoken unto Moses.

9:13 And the LORD said unto Moses, Rise up early in the morning, and stand before Pharaoh, and say unto him, Thus saith the LORD God of the Hebrews, Let my people go, that they may serve me.

9:14 For I will at this time send all my plagues upon thine heart, and upon thy servants, and upon thy people; that thou mayest know that there is none like me in all the earth.

9:15 For now I will stretch out my hand, that I may smite thee and thy people with pestilence; and thou shalt be cut off from the earth.

9:16 And in very deed for this cause have I raised thee up, for to shew in thee my power; and that my name may be declared throughout all the earth.

9:17 T'élèves-tu encore contre mon peuple, pour ne pas les laisser aller,	*9:17 As yet exaltest thou thyself against my people, that thou wilt not let them go?*
9:18 voici, je ferai pleuvoir demain, à ces heures, une grêle très grosse, telle qu'il n'y en a pas eu en Égypte, depuis le jour qu'elle a été fondée jusqu'à maintenant.	*9:18 Behold, to morrow about this time I will cause it to rain a very grievous hail, such as hath not been in Egypt since the foundation thereof even until now.*
9:19 Et maintenant, envoie, fais mettre en sûreté tes troupeaux et tout ce que tu as dans les champs ; car la grêle tombera sur tout homme et toute bête qui se trouveront dans les champs et qu'on n'aura pas recueillis dans les maisons, et ils mourront.	*9:19 Send therefore now, and gather thy cattle, and all that thou hast in the field; for upon every man and beast which shall be found in the field, and shall not be brought home, the hail shall come down upon them, and they shall die.*
9:20 Celui d'entre les serviteurs du Pharaon qui craignit la parole de l'Éternel, fit se réfugier dans les maisons ses serviteurs et ses troupeaux ;	*9:20 He that feared the word of the LORD among the servants of Pharaoh made his servants and his cattle flee into the houses:*
9:21 et celui qui n'appliqua pas son cœur à la parole de l'Éternel laissa ses serviteurs et ses troupeaux dans les champs.	*9:21 And he that regarded not the word of the LORD left his servants and his cattle in the field.*
9:22 Et l'Éternel dit à Moïse : Etends ta main vers les cieux, et il y aura de la grêle dans tout le pays d'Égypte, sur les hommes et sur les bêtes, et sur toute herbe des champs dans le pays d'Égypte.	*9:22 And the LORD said unto Moses, Stretch forth thine hand toward heaven, that there may be hail in all the land of Egypt, upon man, and upon beast, and upon every herb of the field, throughout the land of Egypt.*
9:23 Et Moïse étendit sa verge vers les cieux : et l'Éternel envoya des tonnerres* et de la grêle, et le feu se promenait sur la terre. Et l'Éternel fit pleuvoir de la grêle sur le pays d'Égypte.	*9:23 And Moses stretched forth his rod toward heaven: and the LORD sent thunder and hail, and the fire ran along upon the ground; and the LORD rained hail upon the land of Egypt.*
9:24 Et il y eut de la grêle, et du feu entremêlé au milieu de la grêle, [qui était] très grosse, telle qu'il n'y en a pas eu dans tout le pays d'Égypte depuis qu'il est devenu une nation.	*9:24 So there was hail, and fire mingled with the hail, very grievous, such as there was none like it in all the land of Egypt since it became a nation.*
9:25 Et la grêle frappa, dans tout le pays d'Égypte, tout ce qui était aux champs, depuis l'homme jusqu'aux bêtes ; la grêle frappa aussi toute l'herbe des champs, et brisa tous les arbres des champs.	*9:25 And the hail smote throughout all the land of Egypt all that was in the field, both man and beast; and the hail smote every herb of the field, and brake every tree of the field.*
9:26 Seulement dans le pays de Goshen, où étaient les fils d'Israël, il n'y eut point de grêle.	*9:26 Only in the land of Goshen, where the children of Israel were, was there no hail.*

9:27 Et le Pharaon envoya, et appela Moïse et Aaron, et leur dit : J'ai péché cette fois ; l'Éternel est juste, et moi et mon peuple nous sommes méchants.

9:28 Suppliez l'Éternel ; et que ce soit assez des tonnerres* de Dieu, et de la grêle ; et je vous laisserai aller, et vous ne resterez pas davantage.

9:29 Et Moïse lui dit : Quand je sortirai de la ville, j'étendrai mes mains vers l'Éternel ; les tonnerres cesseront, et il n'y aura plus de grêle : afin que tu saches que la terre est à l'Éternel.

9:30 Mais, quant à toi et à tes serviteurs, je sais que vous ne craindrez pas encore l'Éternel Dieu.

9:31 Et le lin et l'orge avaient été frappés ; car l'orge était en épis, et le lin nouait* ;

9:32 et le froment et l'épeautre n'avaient pas été frappés, parce qu'ils sont tardifs.

9:33 Et Moïse sortit d'auprès du Pharaon, hors de la ville, et étendit ses mains vers l'Éternel : et les tonnerres et la grêle cessèrent, et la pluie ne se déversa plus sur la terre.

9:34 Et le Pharaon vit que la pluie, et la grêle, et les tonnerres avaient cessé, et il continua de pécher, et il endurcit* son cœur, lui et ses serviteurs.

9:35 Et le cœur du Pharaon s'endurcit, et il ne laissa point aller les fils d'Israël, comme l'Éternel avait dit par* Moïse.

10:1 Et l'Éternel dit à Moïse : Va vers le Pharaon ; car j'ai endurci* son cœur et le cœur de ses serviteurs, afin que je mette ces miens signes au milieu d'eux** ;

9:27 And Pharaoh sent, and called for Moses and Aaron, and said unto them, I have sinned this time: the LORD is righteous, and I and my people are wicked.

9:28 Intreat the LORD (for it is enough) that there be no more mighty thunderings and hail; and I will let you go, and ye shall stay no longer.

9:29 And Moses said unto him, As soon as I am gone out of the city, I will spread abroad my hands unto the LORD; and the thunder shall cease, neither shall there be any more hail; that thou mayest know how that the earth is the LORD's.

9:30 But as for thee and thy servants, I know that ye will not yet fear the LORD God.

9:31 And the flax and the barley was smitten: for the barley was in the ear, and the flax was bolled.

9:32 But the wheat and the rie were not smitten: for they were not grown up.

9:33 And Moses went out of the city from Pharaoh, and spread abroad his hands unto the LORD: and the thunders and hail ceased, and the rain was not poured upon the earth.

9:34 And when Pharaoh saw that the rain and the hail and the thunders were ceased, he sinned yet more, and hardened his heart, he and his servants.

9:35 And the heart of Pharaoh was hardened, neither would he let the children of Israel go; as the LORD had spoken by Moses.

10:1 And the LORD said unto Moses, Go in unto Pharaoh: for I have hardened his heart, and the heart of his servants, that I might shew these my signs before him:

10:2 et afin que tu racontes aux oreilles de ton fils et du fils de ton fils, ce que j'ai accompli en Égypte, et mes signes que j'ai opérés au milieu d'eux ; et vous saurez que moi je suis l'Éternel.

10:3 Et Moïse et Aaron vinrent vers le Pharaon, et lui dirent : Ainsi dit l'Éternel le Dieu des Hébreux : Jusques à quand refuseras-tu de t'humilier devant moi ? Laisse aller mon peuple, pour qu'ils me servent.

10:4 Car si tu refuses de laisser aller mon peuple, voici, je vais faire venir demain des sauterelles dans tes confins,

10:5 et elles couvriront la face* de la terre, de sorte qu'on ne pourra pas voir la terre ; et elles mangeront le reste qui est échappé, que la grêle vous a laissé, et elles mangeront tout arbre qui croît dans vos champs ;

10:6 et elles rempliront tes maisons, et les maisons de tous tes serviteurs, et les maisons de tous les Égyptiens : ce que tes pères n'ont point vu, ni les pères de tes pères, depuis le jour qu'ils ont été sur la terre, jusqu'à ce jour. Et il se tourna, et sortit d'auprès du Pharaon.

10:7 Et les serviteurs du Pharaon lui dirent : Jusques à quand celui-ci sera-t-il pour nous un piège ? Laisse aller ces hommes, et qu'ils servent l'Éternel, leur Dieu. Ne sais-tu pas encore que l'Égypte est ruinée ?

10:8 Et on fit revenir Moïse et Aaron vers le Pharaon ; et il leur dit : Allez, servez l'Éternel, votre Dieu. Qui sont ceux qui iront ?

10:9 Et Moïse dit : Nous irons avec nos jeunes gens et avec nos vieillards, nous irons avec nos fils et avec nos filles, avec notre menu bétail et avec notre gros bétail ; car nous avons [à célébrer] une fête à l'Éternel.

10:2 And that thou mayest tell in the ears of thy son, and of thy son's son, what things I have wrought in Egypt, and my signs which I have done among them; that ye may know how that I am the LORD.

10:3 And Moses and Aaron came in unto Pharaoh, and said unto him, Thus saith the LORD God of the Hebrews, How long wilt thou refuse to humble thyself before me? let my people go, that they may serve me.

10:4 Else, if thou refuse to let my people go, behold, to morrow will I bring the locusts into thy coast:

10:5 And they shall cover the face of the earth, that one cannot be able to see the earth: and they shall eat the residue of that which is escaped, which remaineth unto you from the hail, and shall eat every tree which groweth for you out of the field:

10:6 And they shall fill thy houses, and the houses of all thy servants, and the houses of all the Egyptians; which neither thy fathers, nor thy fathers' fathers have seen, since the day that they were upon the earth unto this day. And he turned himself, and went out from Pharaoh.

10:7 And Pharaoh's servants said unto him, How long shall this man be a snare unto us? let the men go, that they may serve the LORD their God: knowest thou not yet that Egypt is destroyed?

10:8 And Moses and Aaron were brought again unto Pharaoh: and he said unto them, Go, serve the LORD your God: but who are they that shall go?

10:9 And Moses said, We will go with our young and with our old, with our sons and with our daughters, with our flocks and with our herds will we go; for we must hold a feast unto the LORD.

10:10 Et il leur dit : Que l'Éternel soit ainsi avec vous, comme je vous laisserai aller avec vos petits enfants ! Regardez, car le mal est devant vous.

10:11 Il n'en sera pas ainsi ; allez donc, [vous] les hommes faits, et servez l'Éternel : car c'est là ce que vous avez désiré. Et on les chassa de devant la face du Pharaon.

10:12 Et l'Éternel dit à Moïse : Étends ta main sur le pays d'Égypte, pour les sauterelles, et qu'elles montent sur le pays d'Égypte, et qu'elles mangent toute l'herbe du pays, tout ce que la grêle a laissé.

10:13 Et Moïse étendit sa verge sur le pays d'Égypte ; et l'Éternel amena sur le pays un vent d'orient, tout ce jour-là et toute la nuit : le matin arriva, et le vent d'orient apporta les sauterelles.

10:14 Et les sauterelles montèrent sur tout le pays d'Égypte, et se posèrent dans tous les confins de l'Égypte, un fléau terrible* ; avant elles il n'y avait point eu de sauterelles semblables, et après elles il n'y en aura point de pareilles.

10:15 Et elles couvrirent la face* de tout le pays, et le pays fut obscurci ; et elles mangèrent toute l'herbe de la terre, et tout le fruit des arbres que la grêle avait laissé ; et il ne demeura de reste aucune verdure aux arbres, ni à l'herbe des champs dans tout le pays d'Égypte.

10:16 Et le Pharaon se hâta d'appeler Moïse et Aaron, et dit : J'ai péché contre l'Éternel, votre Dieu, et contre vous ;

10:17 et maintenant, pardonne, je te prie, mon péché seulement pour cette fois ; et suppliez l'Éternel, votre Dieu, afin seulement qu'il retire de dessus moi cette mort-ci.

10:18 Et il sortit d'auprès du Pharaon, et il supplia l'Éternel.

10:10 And he said unto them, Let the LORD be so with you, as I will let you go, and your little ones: look to it; for evil is before you.

10:11 Not so: go now ye that are men, and serve the LORD; for that ye did desire. And they were driven out from Pharaoh's presence.

10:12 And the LORD said unto Moses, Stretch out thine hand over the land of Egypt for the locusts, that they may come up upon the land of Egypt, and eat every herb of the land, even all that the hail hath left.

10:13 And Moses stretched forth his rod over the land of Egypt, and the LORD brought an east wind upon the land all that day, and all that night; and when it was morning, the east wind brought the locusts.

10:14 And the locust went up over all the land of Egypt, and rested in all the coasts of Egypt: very grievous were they; before them there were no such locusts as they, neither after them shall be such.

10:15 For they covered the face of the whole earth, so that the land was darkened; and they did eat every herb of the land, and all the fruit of the trees which the hail had left: and there remained not any green thing in the trees, or in the herbs of the field, through all the land of Egypt.

10:16 Then Pharaoh called for Moses and Aaron in haste; and he said, I have sinned against the LORD your God, and against you.

10:17 Now therefore forgive, I pray thee, my sin only this once, and intreat the LORD your God, that he may take away from me this death only.

10:18 And he went out from Pharaoh, and intreated the LORD.

10:19 Et l'Éternel tourna [le vent en] un vent d'occident très fort, qui enleva les sauterelles, et les enfonça dans la mer Rouge. Il ne resta pas une sauterelle dans tous les confins de l'Égypte.	*10:19 And the LORD turned a mighty strong west wind, which took away the locusts, and cast them into the Red sea; there remained not one locust in all the coasts of Egypt.*
10:20 Et l'Éternel endurcit le cœur du Pharaon, et il ne laissa point aller les fils d'Israël.	*10:20 But the LORD hardened Pharaoh's heart, so that he would not let the children of Israel go.*
10:21 Et l'Éternel dit à Moïse : Étends ta main vers les cieux, et il y aura sur le pays d'Égypte des ténèbres, et on touchera de la main les ténèbres.	*10:21 And the LORD said unto Moses, Stretch out thine hand toward heaven, that there may be darkness over the land of Egypt, even darkness which may be felt.*
10:22 Et Moïse étendit sa main vers les cieux : et il y eut d'épaisses ténèbres dans tout le pays d'Égypte trois jours.	*10:22 And Moses stretched forth his hand toward heaven; and there was a thick darkness in all the land of Egypt three days:*
10:23 On ne se voyait pas l'un l'autre, et nul ne se leva du lieu où il était pendant trois jours ; mais pour tous les fils d'Israël il y eut de la lumière dans leurs habitations.	*10:23 They saw not one another, neither rose any from his place for three days: but all the children of Israel had light in their dwellings.*
10:24 Et le Pharaon appela Moïse, et dit : Allez, servez l'Éternel ; seulement que votre menu et votre gros bétail restent ; vos petits enfants aussi iront avec vous.	*10:24 And Pharaoh called unto Moses, and said, Go ye, serve the LORD; only let your flocks and your herds be stayed: let your little ones also go with you.*
10:25 Et Moïse dit : Tu nous donneras aussi dans nos mains des sacrifices et des holocaustes, et nous [les] offrirons à l'Éternel, notre Dieu ;	*10:25 And Moses said, Thou must give us also sacrifices and burnt offerings, that we may sacrifice unto the LORD our God.*
10:26 nos troupeaux aussi iront avec nous ; il n'en restera pas un ongle, car nous en prendrons pour servir l'Éternel, notre Dieu ; et nous ne savons pas comment nous servirons l'Éternel, jusqu'à ce que nous soyons parvenus là.	*10:26 Our cattle also shall go with us; there shall not an hoof be left behind; for thereof must we take to serve the LORD our God; and we know not with what we must serve the LORD, until we come thither.*
10:27 Et l'Éternel endurcit le cœur du Pharaon, et il ne voulut pas les laisser aller.	*10:27 But the LORD hardened Pharaoh's heart, and he would not let them go.*
10:28 Et le Pharaon lui dit : Va-t'en d'auprès de moi ; garde-toi de revoir ma face ! car, au jour où tu verras ma face, tu mourras.	*10:28 And Pharaoh said unto him, Get thee from me, take heed to thyself, see my face no more; for in that day thou seest my face thou shalt die.*
10:29 Et Moïse dit : Comme tu l'as dit, je ne reverrai plus ta face !	*10:29 And Moses said, Thou hast spoken well, I will see thy face again no more.*

11:1 Et l'Éternel dit à Moïse : Je ferai venir encore une plaie sur le Pharaon et sur l'Égypte ; après cela il vous laissera aller d'ici ; lorsqu'il vous laissera aller complètement, il vous chassera tout à fait d'ici.

11:2 Parle donc aux oreilles du peuple : Que chaque homme demande à son voisin, et chaque femme à sa voisine, des objets d'argent et des objets d'or.

11:3 Et l'Éternel fit que le peuple trouva faveur aux yeux des Égyptiens ; l'homme Moïse aussi était très grand dans le pays d'Égypte, aux yeux des serviteurs du Pharaon et aux yeux du peuple.

11:4 Et Moïse dit : Ainsi dit l'Éternel : Sur le minuit je sortirai au milieu de l'Égypte ;

11:5 et tout premier-né dans le pays d'Égypte mourra, depuis le premier-né du Pharaon, qui est assis sur son trône, jusqu'au premier-né de la servante qui est derrière la meule, et tout premier-né des bêtes.

11:6 Et il y aura un grand cri dans tout le pays d'Égypte, comme il n'y en a pas eu et il n'y en aura jamais de semblable.

11:7 Mais contre tous les fils d'Israël, depuis l'homme jusqu'aux bêtes, pas un chien ne remuera sa langue ; afin que vous sachiez que l'Éternel distingue entre les Égyptiens et Israël.

11:8 Et tous ces tiens serviteurs descendront vers moi, et se prosterneront devant moi, disant : Sors, toi, et tout le peuple qui est à tes pieds. Et après cela je sortirai. Et [Moïse] sortit d'auprès du Pharaon dans une ardente colère.

11:9 Et l'Éternel dit à Moïse : Le Pharaon ne vous écoutera point, afin de multiplier mes miracles dans le pays d'Égypte.

11:1 And the LORD said unto Moses, Yet will I bring one plague more upon Pharaoh, and upon Egypt; afterwards he will let you go hence: when he shall let you go, he shall surely thrust you out hence altogether.

11:2 Speak now in the ears of the people, and let every man borrow of his neighbour, and every woman of her neighbour, jewels of silver and jewels of gold.

11:3 And the LORD gave the people favour in the sight of the Egyptians. Moreover the man Moses was very great in the land of Egypt, in the sight of Pharaoh's servants, and in the sight of the people.

11:4 And Moses said, Thus saith the LORD, About midnight will I go out into the midst of Egypt:

11:5 And all the firstborn in the land of Egypt shall die, from the first born of Pharaoh that sitteth upon his throne, even unto the firstborn of the maidservant that is behind the mill; and all the firstborn of beasts.

11:6 And there shall be a great cry throughout all the land of Egypt, such as there was none like it, nor shall be like it any more.

11:7 But against any of the children of Israel shall not a dog move his tongue, against man or beast: that ye may know how that the LORD doth put a difference between the Egyptians and Israel.

11:8 And all these thy servants shall come down unto me, and bow down themselves unto me, saying, Get thee out, and all the people that follow thee: and after that I will go out. And he went out from Pharaoh in a great anger.

11:9 And the LORD said unto Moses, Pharaoh shall not hearken unto you; that my wonders may be multiplied in the land of Egypt.

11:10 Et Moïse et Aaron firent tous ces miracles devant le Pharaon. Et l'Éternel endurcit le cœur du Pharaon, et il ne laissa point aller de son pays les fils d'Israël.

12:1 Et l'Éternel parla à Moïse et à Aaron dans le pays d'Égypte, disant :

12:2 Ce mois-ci sera pour vous le commencement des mois ; il sera pour vous le premier des mois de l'année.

12:3 Parlez à toute l'assemblée d'Israël, disant : Au dixième [jour] de ce mois, vous prendrez chacun un agneau* par maison de père, un agneau par maison.

12:4 Et si la maison est trop peu nombreuse pour un agneau, que lui et son voisin le plus rapproché de sa maison, le prennent, selon le nombre des âmes ; vous compterez pour l'agneau d'après ce que chacun peut manger.

12:5 Vous aurez un agneau sans défaut*, mâle, âgé d'un an ; vous le prendrez d'entre les moutons ou d'entre les chèvres ;

12:6 et vous le tiendrez en garde jusqu'au quatorzième jour de ce mois ; et toute la congrégation de l'assemblée d'Israël l'égorgera entre les deux soirs.

12:7 Et ils prendront de son sang, et en mettront sur les deux poteaux et sur le linteau de la porte, aux maisons dans lesquelles ils le mangeront ;

12:8 et ils en mangeront la chair cette nuit-là ; ils la mangeront rôtie au feu, avec des pains sans levain, et des herbes amères.

12:9 Vous n'en mangerez pas qui soit à demi cuit ou qui ait été cuit dans l'eau, mais rôti au feu : la tête, et les jambes, et l'intérieur.

12:10 Et vous n'en laisserez rien de reste jusqu'au matin ; et ce qui en resterait jusqu'au matin, vous le brûlerez au feu.

11:10 And Moses and Aaron did all these wonders before Pharaoh: and the LORD hardened Pharaoh's heart, so that he would not let the children of Israel go out of his land.

12:1 And the LORD spake unto Moses and Aaron in the land of Egypt saying,

12:2 This month shall be unto you the beginning of months: it shall be the first month of the year to you.

12:3 Speak ye unto all the congregation of Israel, saying, In the tenth day of this month they shall take to them every man a lamb, according to the house of their fathers, a lamb for an house:

12:4 And if the household be too little for the lamb, let him and his neighbour next unto his house take it according to the number of the souls; every man according to his eating shall make your count for the lamb.

12:5 Your lamb shall be without blemish, a male of the first year: ye shall take it out from the sheep, or from the goats:

12:6 And ye shall keep it up until the fourteenth day of the same month: and the whole assembly of the congregation of Israel shall kill it in the evening.

12:7 And they shall take of the blood, and strike it on the two side posts and on the upper door post of the houses, wherein they shall eat it.

12:8 And they shall eat the flesh in that night, roast with fire, and unleavened bread; and with bitter herbs they shall eat it.

12:9 Eat not of it raw, nor sodden at all with water, but roast with fire; his head with his legs, and with the purtenance thereof.

12:10 And ye shall let nothing of it remain until the morning; and that which remaineth of it until the morning ye shall burn with fire.

12:11 Et vous le mangerez ainsi : vos reins ceints, vos sandales à vos pieds, et votre bâton en votre main ; et vous le mangerez à la hâte. C'est la pâque* de l'Éternel.

12:11 And thus shall ye eat it; with your loins girded, your shoes on your feet, and your staff in your hand; and ye shall eat it in haste: it is the LORD's passover.

12:12 Et je passerai par le pays d'Égypte cette nuit-là, et je frapperai tout premier-né dans le pays d'Égypte, depuis l'homme jusqu'aux bêtes, et j'exercerai des jugements sur tous les dieux de l'Égypte. Je suis l'Éternel.

12:12 For I will pass through the land of Egypt this night, and will smite all the firstborn in the land of Egypt, both man and beast; and against all the gods of Egypt I will execute judgment: I am the LORD.

12:13 Et le sang vous sera pour signe sur les maisons où vous serez ; et je verrai le sang, et je passerai par-dessus vous, et il n'y aura point de plaie à destruction au milieu de vous, quand je frapperai le pays d'Égypte.

12:13 And the blood shall be to you for a token upon the houses where ye are: and when I see the blood, I will pass over you, and the plague shall not be upon you to destroy you, when I smite the land of Egypt.

12:14 Et ce jour-là vous sera en mémorial, et vous le célébrerez comme une fête à l'Éternel ; vous le célébrerez en vos générations comme un statut perpétuel.

12:14 And this day shall be unto you for a memorial; and ye shall keep it a feast to the LORD throughout your generations; ye shall keep it a feast by an ordinance for ever.

12:15 Pendant sept jours vous mangerez des pains sans levain : dès le premier jour, vous ôterez le levain de vos maisons ; car quiconque mangera du pain levé, du premier jour au septième jour, cette âme-là sera retranchée d'Israël.

12:15 Seven days shall ye eat unleavened bread; even the first day ye shall put away leaven out of your houses: for whosoever eateth leavened bread from the first day until the seventh day, that soul shall be cut off from Israel.

12:16 Et le premier jour vous aurez une sainte convocation, et le septième jour une sainte convocation ; il ne se fera aucune œuvre en ces jours-là ; seulement ce que chacun* mangera, cela seul se fera par vous.

12:16 And in the first day there shall be an holy convocation, and in the seventh day there shall be an holy convocation to you; no manner of work shall be done in them, save that which every man must eat, that only may be done of you.

12:17 Et vous garderez la fête des pains sans levain, car en ce même jour j'ai fait sortir vos armées du pays d'Égypte ; et vous garderez ce jour-là en vos générations, comme un statut perpétuel.

12:17 And ye shall observe the feast of unleavened bread; for in this selfsame day have I brought your armies out of the land of Egypt: therefore shall ye observe this day in your generations by an ordinance for ever.

12:18 Le premier mois, le quatorzième jour du mois, au soir, vous mangerez des pains sans levain, jusqu'au vingt et unième jour du mois, au soir.

12:18 In the first month, on the fourteenth day of the month at even, ye shall eat unleavened bread, until the one and twentieth day of the month at even.

12:19 Pendant sept jours il ne se trouvera point de levain dans vos maisons ; car quiconque mangera de ce qui est levé, cette âme-là sera retranchée de l'assemblée d'Israël, étranger ou Israélite de naissance*.

12:20 Vous ne mangerez rien de levé ; dans toutes vos habitations vous mangerez des pains sans levain.

12:21 Et Moïse appela tous les anciens d'Israël, et leur dit : Tirez à part et prenez du menu bétail selon vos familles, et égorgez la pâque.

12:22 Et vous prendrez un bouquet d'hysope, et vous le tremperez dans le sang qui sera dans le bassin ; et du sang qui sera dans le bassin, vous aspergerez le linteau et les deux poteaux ; et nul d'entre vous ne sortira de la porte de sa maison, jusqu'au matin.

12:23 Car l'Éternel passera pour frapper les Égyptiens ; et il verra le sang sur le linteau et sur les deux poteaux, et l'Éternel passera par-dessus la porte, et ne permettra pas au destructeur d'entrer dans vos maisons pour frapper.

12:24 Et vous garderez cela comme un statut pour toi et pour tes enfants, à toujours.

12:25 Et lorsque vous serez entrés dans le pays que l'Éternel vous donnera, comme il l'a dit, il arrivera que vous garderez ce service.

12:26 Et quand vos enfants vous diront : Que signifie pour vous ce service ?

12:27 il arrivera que vous direz : C'est le sacrifice de la pâque à l'Éternel, qui passa par-dessus les maisons des fils d'Israël en Égypte, lorsqu'il frappa les Égyptiens et qu'il préserva nos maisons. Et le peuple s'inclina, et ils se prosternèrent.

12:28 Et les fils d'Israël s'en allèrent, et firent comme l'Éternel l'avait commandé à Moïse et à Aaron ; ils firent ainsi.

12:19 Seven days shall there be no leaven found in your houses: for whosoever eateth that which is leavened, even that soul shall be cut off from the congregation of Israel, whether he be a stranger, or born in the land.

12:20 Ye shall eat nothing leavened; in all your habitations shall ye eat unleavened bread.

12:21 Then Moses called for all the elders of Israel, and said unto them, Draw out and take you a lamb according to your families, and kill the passover.

12:22 And ye shall take a bunch of hyssop, and dip it in the blood that is in the bason, and strike the lintel and the two side posts with the blood that is in the bason; and none of you shall go out at the door of his house until the morning.

12:23 For the LORD will pass through to smite the Egyptians; and when he seeth the blood upon the lintel, and on the two side posts, the LORD will pass over the door, and will not suffer the destroyer to come in unto your houses to smite you.

12:24 And ye shall observe this thing for an ordinance to thee and to thy sons for ever.

12:25 And it shall come to pass, when ye be come to the land which the LORD will give you, according as he hath promised, that ye shall keep this service.

12:26 And it shall come to pass, when your children shall say unto you, What mean ye by this service?

12:27 That ye shall say, It is the sacrifice of the LORD's passover, who passed over the houses of the children of Israel in Egypt, when he smote the Egyptians, and delivered our houses. And the people bowed the head and worshipped.

12:28 And the children of Israel went away, and did as the LORD had commanded Moses and Aaron, so did they.

12:29 Et il arriva, au milieu de la nuit, que l'Éternel frappa tout premier-né dans le pays d'Égypte, depuis le premier-né du Pharaon, qui était assis sur son trône, jusqu'au premier-né du captif qui était dans la maison de la fosse, et tout premier-né des bêtes.

12:30 Et le Pharaon se leva de nuit, lui et tous ses serviteurs, et toute l'Égypte ; et il y eut un grand cri en Égypte, car il n'y avait pas de maison où il n'y eût un mort.

12:31 Et il appela Moïse et Aaron de nuit, et dit : Levez-vous, sortez du milieu de mon peuple, tant vous que les fils d'Israël, et allez-vous-en, servez l'Éternel, comme vous l'avez dit ;

12:32 prenez votre menu bétail et votre gros bétail, comme vous l'avez dit, et allez-vous-en, et bénissez- moi aussi.

12:33 Et les Égyptiens pressaient le peuple, pour le renvoyer du pays en hâte ; car ils disaient : Nous sommes tous morts.

12:34 Et le peuple prit sa pâte avant qu'elle fût levée, ayant leurs huches liées dans leurs vêtements sur leurs épaules.

12:35 Et les fils d'Israël firent selon la parole de Moïse, et demandèrent aux Égyptiens des objets d'argent, et des objets d'or, et des vêtements.

12:36 Et l'Éternel fit que le peuple trouva faveur aux yeux des Égyptiens, qui accordèrent leurs demandes ; et ils dépouillèrent les Égyptiens.

12:37 Et les fils d'Israël partirent de Ramsès pour Succoth, environ six cent mille hommes de pied, les hommes faits, sans les petits enfants ;

12:38 et aussi un grand amas de gens monta avec eux, et du menu et du gros bétail, des troupeaux en très grand nombre.

12:29 And it came to pass, that at midnight the LORD smote all the firstborn in the land of Egypt, from the firstborn of Pharaoh that sat on his throne unto the firstborn of the captive that was in the dungeon; and all the firstborn of cattle.

12:30 And Pharaoh rose up in the night, he, and all his servants, and all the Egyptians; and there was a great cry in Egypt; for there was not a house where there was not one dead.

12:31 And he called for Moses and Aaron by night, and said, Rise up, and get you forth from among my people, both ye and the children of Israel; and go, serve the LORD, as ye have said.

12:32 Also take your flocks and your herds, as ye have said, and be gone; and bless me also.

12:33 And the Egyptians were urgent upon the people, that they might send them out of the land in haste; for they said, We be all dead men.

12:34 And the people took their dough before it was leavened, their kneadingtroughs being bound up in their clothes upon their shoulders.

12:35 And the children of Israel did according to the word of Moses; and they borrowed of the Egyptians jewels of silver, and jewels of gold, and raiment:

12:36 And the LORD gave the people favour in the sight of the Egyptians, so that they lent unto them such things as they required. And they spoiled the Egyptians.

12:37 And the children of Israel journeyed from Rameses to Succoth, about six hundred thousand on foot that were men, beside children.

12:38 And a mixed multitude went up also with them; and flocks, and herds, even very much cattle.

12:39 Et ils cuisirent en gâteaux sans levain la pâte qu'ils avaient emportée d'Égypte ; car elle n'avait pas levé, parce qu'ils avaient été chassés d'Égypte et n'avaient pu tarder ; ils ne s'étaient pas fait non plus de provisions.

12:40 Et l'habitation des fils d'Israël qui avaient habité en Égypte, fut de quatre cent trente ans.

12:41 Et il arriva, au bout de quatre cent trente ans, il arriva, en ce même jour, que toutes les armées de l'Éternel sortirent du pays d'Égypte*.

12:42 C'est une nuit à garder pour l'Éternel, parce qu'il les a fait sortir du pays d'Égypte ; — cette nuit-là est à garder pour l'Éternel par tous les fils d'Israël, en leurs générations.

12:43 Et l'Éternel dit à Moïse et à Aaron : C'est ici le statut de la Pâque : Aucun étranger n'en mangera ;

12:44 mais tout esclave*, homme acheté à prix d'argent, tu le circonciras ; alors il en mangera.

12:45 L'habitant et l'homme à gages n'en mangeront point.

12:46 Elle sera mangée dans une même maison ; tu n'emporteras point de sa chair hors de la maison, et vous n'en casserez pas un os.

12:47 Toute l'assemblée d'Israël la fera.

12:48 Et si un étranger séjourne chez toi, et veut faire la Pâque à l'Éternel, que tout mâle qui est à lui soit circoncis ; et alors il s'approchera pour la faire, et sera comme l'Israélite de naissance* ; mais aucun incirconcis n'en mangera.

12:49 Il y aura une même loi pour l'Israélite de naissance* et pour l'étranger qui séjourne parmi vous.

12:39 And they baked unleavened cakes of the dough which they brought forth out of Egypt, for it was not leavened; because they were thrust out of Egypt, and could not tarry, neither had they prepared for themselves any victual.

12:40 Now the sojourning of the children of Israel, who dwelt in Egypt, was four hundred and thirty years.

12:41 And it came to pass at the end of the four hundred and thirty years, even the selfsame day it came to pass, that all the hosts of the LORD went out from the land of Egypt.

12:42 It is a night to be much observed unto the LORD for bringing them out from the land of Egypt: this is that night of the LORD to be observed of all the children of Israel in their generations.

12:43 And the LORD said unto Moses and Aaron, This is the ordinance of the passover: There shall no stranger eat thereof:

12:44 But every man's servant that is bought for money, when thou hast circumcised him, then shall he eat thereof.

12:45 A foreigner and an hired servant shall not eat thereof.

12:46 In one house shall it be eaten; thou shalt not carry forth ought of the flesh abroad out of the house; neither shall ye break a bone thereof.

12:47 All the congregation of Israel shall keep it.

12:48 And when a stranger shall sojourn with thee, and will keep the passover to the LORD, let all his males be circumcised, and then let him come near and keep it; and he shall be as one that is born in the land: for no uncircumcised person shall eat thereof.

12:49 One law shall be to him that is homeborn, and unto the stranger that sojourneth among you.

12:50 Et tous les fils d'Israël firent comme l'Éternel avait commandé à Moïse et à Aaron ; ils firent ainsi.

12:51 Et il arriva, en ce même jour, que l'Éternel fit sortir les fils d'Israël du pays d'Égypte, selon leurs armées.

13:1 Et l'Éternel parla à Moïse, disant :

13:2 Sanctifie-moi tout premier-né, tout ce qui ouvre la matrice parmi les fils d'Israël, tant des hommes que des bêtes ; il est à moi.

13:3 Et Moïse dit au peuple : Souvenez-vous de ce jour, auquel vous êtes sortis d'Égypte, de la maison de servitude*, car l'Éternel vous en a fait sortir à main forte ; et on ne mangera point de pain levé.

13:4 Vous sortez aujourd'hui, au mois d'Abib*.

13:5 Et quand l'Éternel t'aura fait entrer dans le pays du Cananéen, du Héthien, de l'Amoréen, du Hévien, et du Jébusien, qu'il a juré à tes pères de te donner, pays ruisselant de lait et de miel, il arrivera que tu feras ce service en ce mois-ci.

13:6 Pendant sept jours tu mangeras des pains sans levain, et le septième jour il y aura une fête à l'Éternel.

13:7 On mangera pendant les sept jours des pains sans levain ; et il ne se verra point chez toi de pain levé, et il ne se verra point de levain chez toi, dans tous tes confins.

13:8 Et tu raconteras [ces choses] à ton fils, en ce jour-là, disant : C'est à cause de ce que l'Éternel m'a fait quand je sortis d'Égypte.

13:9 Et cela te sera un signe sur ta main, et un mémorial entre tes yeux, afin que la loi de l'Éternel soit en ta bouche, car l'Éternel t'a fait sortir d'Égypte à main forte.

12:50 Thus did all the children of Israel; as the LORD commanded Moses and Aaron, so did they.

12:51 And it came to pass the selfsame day, that the LORD did bring the children of Israel out of the land of Egypt by their armies.

13:1 And the LORD spake unto Moses, saying,

13:2 Sanctify unto me all the firstborn, whatsoever openeth the womb among the children of Israel, both of man and of beast: it is mine.

13:3 And Moses said unto the people, Remember this day, in which ye came out from Egypt, out of the house of bondage; for by strength of hand the LORD brought you out from this place: there shall no leavened bread be eaten.

13:4 This day came ye out in the month Abib.

13:5 And it shall be when the LORD shall bring thee into the land of the Canaanites, and the Hittites, and the Amorites, and the Hivites, and the Jebusites, which he sware unto thy fathers to give thee, a land flowing with milk and honey, that thou shalt keep this service in this month.

13:6 Seven days thou shalt eat unleavened bread, and in the seventh day shall be a feast to the LORD.

13:7 Unleavened bread shall be eaten seven days; and there shall no leavened bread be seen with thee, neither shall there be leaven seen with thee in all thy quarters.

13:8 And thou shalt shew thy son in that day, saying, This is done because of that which the LORD did unto me when I came forth out of Egypt.

13:9 And it shall be for a sign unto thee upon thine hand, and for a memorial between thine eyes, that the LORD's law may be in thy mouth: for with a strong hand hath the LORD brought thee out of Egypt.

13:10 Et tu garderas ce statut en sa saison, d'année en année*.

13:11 Et il arrivera, quand l'Éternel t'aura fait entrer dans le pays du Cananéen, comme il l'a juré à toi et à tes pères, et qu'il te l'aura donné,

13:12 que tu consacreras à l'Éternel tout ce qui ouvre la matrice, et tout ce qui ouvre la portière des bêtes qui t'appartiendront : les mâles seront à l'Éternel.

13:13 Et tout premier fruit des ânes, tu le rachèteras avec un agneau* ; et si tu ne le rachètes pas, tu lui briseras la nuque. Et tout premier-né des hommes parmi tes fils, tu le rachèteras.

13:14 Et quand ton fils t'interrogera à l'avenir, disant : Qu'est-ce que ceci ? alors tu lui diras : À main forte l'Éternel nous a fait sortir d'Égypte, de la maison de servitude*.

13:15 Et il arriva, quand le Pharaon s'obstinait à ne pas nous laisser aller, que l'Éternel tua tous les premiers-nés dans le pays d'Égypte, depuis le premier-né des hommes jusqu'au premier-né des bêtes ; c'est pourquoi je sacrifie à l'Éternel tout ce qui ouvre la matrice, les mâles, et je rachète tout premier-né de mes fils.

13:16 Et ce sera un signe sur ta main et un fronteau entre tes yeux, car à main forte l'Éternel nous a fait sortir d'Égypte. chevreau.

13:17 Et il arriva, quand le Pharaon laissa aller le peuple, que Dieu ne les conduisit pas par le chemin du pays des Philistins, qui est pourtant proche ; car Dieu dit : De peur que le peuple ne se repente lorsqu'ils verront la guerre, et qu'ils ne retournent en Égypte.

13:18 Et Dieu fit faire un détour au peuple par le chemin du désert de la mer Rouge ; et les fils d'Israël montèrent en ordre de bataille* hors du pays d'Égypte.

13:10 Thou shalt therefore keep this ordinance in his season from year to year.

13:11 And it shall be when the LORD shall bring thee into the land of the Canaanites, as he sware unto thee and to thy fathers, and shall give it thee,

13:12 That thou shalt set apart unto the LORD all that openeth the matrix, and every firstling that cometh of a beast which thou hast; the males shall be the LORD's.

13:13 And every firstling of an ass thou shalt redeem with a lamb; and if thou wilt not redeem it, then thou shalt break his neck: and all the firstborn of man among thy children shalt thou redeem.

13:14 And it shall be when thy son asketh thee in time to come, saying, What is this? that thou shalt say unto him, By strength of hand the LORD brought us out from Egypt, from the house of bondage:

13:15 And it came to pass, when Pharaoh would hardly let us go, that the LORD slew all the firstborn in the land of Egypt, both the firstborn of man, and the firstborn of beast: therefore I sacrifice to the LORD all that openeth the matrix, being males; but all the firstborn of my children I redeem.

13:16 And it shall be for a token upon thine hand, and for frontlets between thine eyes: for by strength of hand the LORD brought us forth out of Egypt.

13:17 And it came to pass, when Pharaoh had let the people go, that God led them not through the way of the land of the Philistines, although that was near; for God said, Lest peradventure the people repent when they see war, and they return to Egypt:

13:18 But God led the people about, through the way of the wilderness of the Red sea: and the children of Israel went up harnessed out of the land of Egypt.

13:19 Et Moïse prit les os de Joseph avec lui, car il avait expressément fait jurer les fils d'Israël, disant : Certainement Dieu vous visitera ; et vous ferez monter mes os d'ici avec vous.

13:20 Et ils partirent de Succoth, et campèrent à Etham, à l'extrémité du désert.

13:21 Et l'Éternel allait devant eux, de jour dans une colonne de nuée pour les conduire par le chemin, et de nuit dans une colonne de feu pour les éclairer, afin qu'ils marchassent jour et nuit :

13:22 la colonne de nuée ne se retira point, le jour, ni la colonne de feu, la nuit, de devant le peuple.

14:1 Et l'Éternel parla à Moïse, disant :

14:2 Dis aux fils d'Israël qu'ils se détournent, et qu'ils campent devant Pi-Hahiroth, entre Migdol et la mer ; devant Baal-Tsephon, vis-à-vis, vous camperez près de la mer.

14:3 Et le Pharaon dira des fils d'Israël : Ils sont embarrassés dans le pays, le désert les a enfermés.

14:4 Et j'endurcirai le cœur du Pharaon, et il les poursuivra : et je serai glorifié dans le Pharaon et en toute son armée ; et les Égyptiens sauront que je suis l'Éternel. Et ils firent ainsi.

14:5 Et il fut rapporté au roi d'Égypte que le peuple s'était enfui ; et le cœur du Pharaon et de ses serviteurs fut changé à l'égard du peuple, et ils dirent : Qu'avons-nous fait de laisser aller Israël, pour qu'il ne nous servît plus ?

14:6 Et il attela son char, et prit son peuple avec lui.

14:7 Et il prit six cents chars d'élite, et tous les chars de l'Égypte, et des capitaines sur tous.

13:19 And Moses took the bones of Joseph with him: for he had straitly sworn the children of Israel, saying, God will surely visit you; and ye shall carry up my bones away hence with you.

13:20 And they took their journey from Succoth, and encamped in Etham, in the edge of the wilderness.

13:21 And the LORD went before them by day in a pillar of a cloud, to lead them the way; and by night in a pillar of fire, to give them light; to go by day and night:

13:22 He took not away the pillar of the cloud by day, nor the pillar of fire by night, from before the people.

14:1 And the LORD spake unto Moses, saying,

14:2 Speak unto the children of Israel, that they turn and encamp before Pihahiroth, between Migdol and the sea, over against Baalzephon: before it shall ye encamp by the sea.

14:3 For Pharaoh will say of the children of Israel, They are entangled in the land, the wilderness hath shut them in.

14:4 And I will harden Pharaoh's heart, that he shall follow after them; and I will be honoured upon Pharaoh, and upon all his host; that the Egyptians may know that I am the LORD. And they did so.

14:5 And it was told the king of Egypt that the people fled: and the heart of Pharaoh and of his servants was turned against the people, and they said, Why have we done this, that we have let Israel go from serving us?

14:6 And he made ready his chariot, and took his people with him:

14:7 And he took six hundred chosen chariots, and all the chariots of Egypt, and captains over every one of them.

14:8 Et l'Éternel endurcit le cœur du Pharaon, roi d'Égypte, et il poursuivit les fils d'Israël. Et les fils d'Israël sortaient à main levée.

14:9 Et les Égyptiens les poursuivirent ; et tous les chevaux, les chars du Pharaon, et ses cavaliers et son armée, les atteignirent campés près de la mer, près de Pi-Hahiroth, devant Baal-Tsephon.

14:10 Et le Pharaon s'approcha, et les fils d'Israël levèrent leurs yeux, et voici, les Égyptiens marchaient après eux : et les fils d'Israël eurent une grande peur, et crièrent à l'Éternel ;

14:11 et ils dirent à Moïse : Est-ce parce qu'il n'y avait pas de sépulcres en Égypte, que tu nous as emmenés pour mourir dans le désert ? Que nous as-tu fait, de nous avoir fait sortir d'Égypte ?

14:12 N'est-ce pas ici la parole que nous te disions en Égypte, disant : Laisse-nous, et nous servirons les Égyptiens ? Car il nous vaut mieux servir les Égyptiens que de mourir dans le désert.

14:13 Et Moïse dit au peuple : Ne craignez point ; tenez-vous là, et voyez la délivrance de l'Éternel, qu'il opérera pour vous aujourd'hui ; car les Égyptiens que vous voyez aujourd'hui, vous ne les verrez plus, à jamais.

14:14 L'Éternel combattra pour vous, et vous, vous demeurerez tranquilles*.

14:15 Et l'Éternel dit à Moïse : Que cries-tu à moi ? Parle aux fils d'Israël, et qu'ils marchent.

14:16 Et toi, lève ta verge, et étends ta main sur la mer, et fends-la ; et que les fils d'Israël entrent au milieu de la mer à sec.

14:8 And the LORD hardened the heart of Pharaoh king of Egypt, and he pursued after the children of Israel: and the children of Israel went out with an high hand.

14:9 But the Egyptians pursued after them, all the horses and chariots of Pharaoh, and his horsemen, and his army, and overtook them encamping by the sea, beside Pihahiroth, before Baalzephon.

14:10 And when Pharaoh drew nigh, the children of Israel lifted up their eyes, and, behold, the Egyptians marched after them; and they were sore afraid: and the children of Israel cried out unto the LORD.

14:11 And they said unto Moses, Because there were no graves in Egypt, hast thou taken us away to die in the wilderness? wherefore hast thou dealt thus with us, to carry us forth out of Egypt?

14:12 Is not this the word that we did tell thee in Egypt, saying, Let us alone, that we may serve the Egyptians? For it had been better for us to serve the Egyptians, than that we should die in the wilderness.

14:13 And Moses said unto the people, Fear ye not, stand still, and see the salvation of the LORD, which he will shew to you to day: for the Egyptians whom ye have seen to day, ye shall see them again no more for ever.

14:14 The LORD shall fight for you, and ye shall hold your peace.

14:15 And the LORD said unto Moses, Wherefore criest thou unto me? speak unto the children of Israel, that they go forward:

14:16 But lift thou up thy rod, and stretch out thine hand over the sea, and divide it: and the children of Israel shall go on dry ground through the midst of the sea.

14:17 Et moi, voici, j'endurcirai le cœur des Égyptiens, et ils entreront après eux ; et je me glorifierai dans le Pharaon et en toute son armée, en ses chars et en ses cavaliers ;

14:18 et les Égyptiens sauront que je suis l'Éternel, quand je serai glorifié dans le Pharaon, en ses chars et en ses cavaliers.

14:19 Et l'Ange de Dieu, qui allait devant le camp d'Israël, partit, et s'en alla derrière eux ; et la colonne de nuée partit de devant eux et se tint derrière eux ;

14:20 et elle vint entre le camp des Égyptiens et le camp d'Israël ; et elle fut [pour les uns] une nuée et des ténèbres, et [pour les autres] elle éclairait la nuit ; et l'un n'approcha pas de l'autre de toute la nuit.

14:21 Et Moïse étendit sa main sur la mer : et l'Éternel fit aller la mer toute la nuit par un fort vent d'orient, et mit la mer à sec, et les eaux se fendirent ;

14:22 et les fils d'Israël entrèrent au milieu de la mer à sec ; et les eaux étaient pour eux un mur à leur droite et à leur gauche.

14:23 Et les Égyptiens les poursuivirent, et entrèrent après eux, tous les chevaux du Pharaon, ses chars et ses cavaliers, au milieu de la mer.

14:24 Et il arriva, sur la veille du matin, que l'Éternel, dans la colonne de feu et de nuée, regarda l'armée des Égyptiens, et mit en désordre l'armée des Égyptiens.

14:25 Et il ôta les roues de leurs chars et fit qu'on les menait difficilement. Et les Égyptiens dirent : Fuyons devant Israël, car l'Éternel combat pour eux contre les Égyptiens.

14:17 And I, behold, I will harden the hearts of the Egyptians, and they shall follow them: and I will get me honour upon Pharaoh, and upon all his host, upon his chariots, and upon his horsemen.

14:18 And the Egyptians shall know that I am the LORD, when I have gotten me honour upon Pharaoh, upon his chariots, and upon his horsemen.

14:19 And the angel of God, which went before the camp of Israel, removed and went behind them; and the pillar of the cloud went from before their face, and stood behind them:

14:20 And it came between the camp of the Egyptians and the camp of Israel; and it was a cloud and darkness to them, but it gave light by night to these: so that the one came not near the other all the night.

14:21 And Moses stretched out his hand over the sea; and the LORD caused the sea to go back by a strong east wind all that night, and made the sea dry land, and the waters were divided.

14:22 And the children of Israel went into the midst of the sea upon the dry ground: and the waters were a wall unto them on their right hand, and on their left.

14:23 And the Egyptians pursued, and went in after them to the midst of the sea, even all Pharaoh's horses, his chariots, and his horsemen.

14:24 And it came to pass, that in the morning watch the LORD looked unto the host of the Egyptians through the pillar of fire and of the cloud, and troubled the host of the Egyptians,

14:25 And took off their chariot wheels, that they drave them heavily: so that the Egyptians said, Let us flee from the face of Israel; for the LORD fighteth for them against the Egyptians.

14:26 Et l'Éternel dit à Moïse : Étends ta main sur la mer, et les eaux retourneront sur les Égyptiens, sur leurs chars et sur leurs cavaliers.

14:27 Et Moïse étendit sa main sur la mer : et, vers le matin, la mer reprit sa force ; et les Égyptiens s'enfuirent à sa rencontre ; et l'Éternel précipita les Égyptiens au milieu de la mer.

14:28 Et les eaux retournèrent et couvrirent les chars et les cavaliers de toute l'armée du Pharaon qui était entrée après eux dans la mer ; il n'en resta pas même un seul.

14:29 Et les fils d'Israël marchèrent à sec au milieu de la mer, et les eaux étaient pour eux un mur à leur droite et à leur gauche.

14:30 Et l'Éternel délivra en ce jour-là Israël de la main des Égyptiens, et Israël vit les Égyptiens morts sur le rivage de la mer.

14:31 Et Israël vit la grande puissance* que l'Éternel avait déployée** contre les Égyptiens ; et le peuple craignit l'Éternel, et ils crurent à l'Éternel, et à Moïse son serviteur.

15:1 Alors Moïse et les fils d'Israël chantèrent ce cantique à l'Éternel, et parlèrent, disant : Je chanterai à l'Éternel, car il s'est hautement élevé ; il a précipité dans la mer le cheval et celui qui le montait.

15:2 Jah* est ma force et mon cantique**, et il a été mon salut. Il est mon *Dieu, et je lui préparerai une habitation***, — le Dieu de mon père, et je l'exalterai.

15:3 L'Éternel est un homme de guerre ; l'Éternel est son nom.

15:4 Les chars du Pharaon, et son armée, il les a jetés dans la mer ; l'élite de ses capitaines a été enfoncée dans la mer Rouge.

14:26 And the LORD said unto Moses, Stretch out thine hand over the sea, that the waters may come again upon the Egyptians, upon their chariots, and upon their horsemen.

14:27 And Moses stretched forth his hand over the sea, and the sea returned to his strength when the morning appeared; and the Egyptians fled against it; and the LORD overthrew the Egyptians in the midst of the sea.

14:28 And the waters returned, and covered the chariots, and the horsemen, and all the host of Pharaoh that came into the sea after them; there remained not so much as one of them.

14:29 But the children of Israel walked upon dry land in the midst of the sea; and the waters were a wall unto them on their right hand, and on their left.

14:30 Thus the LORD saved Israel that day out of the hand of the Egyptians; and Israel saw the Egyptians dead upon the sea shore.

14:31 And Israel saw that great work which the LORD did upon the Egyptians: and the people feared the LORD, and believed the LORD, and his servant Moses.

15:1 Then sang Moses and the children of Israel this song unto the LORD, and spake, saying, I will sing unto the LORD, for he hath triumphed gloriously: the horse and his rider hath he thrown into the sea.

15:2 The LORD is my strength and song, and he is become my salvation: he is my God, and I will prepare him an habitation; my father's God, and I will exalt him.

15:3 The LORD is a man of war: the LORD is his name.

15:4 Pharaoh's chariots and his host hath he cast into the sea: his chosen captains also are drowned in the Red sea.

15:5 Les abîmes les ont couverts ; ils sont descendus dans les eaux profondes, comme une pierre.

15:6 Ta droite, ô Éternel ! s'est montrée magnifique en force ; ta droite, ô Éternel ! a écrasé l'ennemi.

15:7 Et dans la grandeur de ta majesté, tu as détruit ceux qui s'élevaient contre toi ; tu as lâché ta colère, elle les a dévorés comme du chaume.

15:8 Et par le souffle de tes narines, les eaux se sont amoncelées ; les courants se sont dressés comme une muraille ; les abîmes sont devenus solides au cœur de la mer.

15:9 L'ennemi disait : Je poursuivrai, j'atteindrai, je partagerai le butin ; mon âme sera assouvie d'eux ; je tirerai mon épée, ma main les exterminera.

15:10 Tu as soufflé de ton souffle, la mer les a couverts ; ils se sont enfoncés comme du plomb dans les eaux magnifiques.

15:11 Qui est comme toi parmi les *dieux, ô Éternel ? Qui est comme toi, magnifique en sainteté, terrible en louanges, opérant des merveilles ?

15:12 Tu as étendu ta droite, la terre les a engloutis.

15:13 Tu as conduit par ta bonté ce peuple que tu as racheté ; tu l'as guidé par ta force jusqu'à la demeure de ta sainteté.

15:14 Les peuples l'ont entendu, ils ont tremblé ; l'effroi a saisi les habitants de la Philistie.

15:15 Alors les chefs d'Édom ont été épouvantés ; le tremblement a saisi les forts de Moab ; tous les habitants de Canaan se sont fondus.

15:5 The depths have covered them: they sank into the bottom as a stone.

15:6 Thy right hand, O LORD, is become glorious in power: thy right hand, O LORD, hath dashed in pieces the enemy.

15:7 And in the greatness of thine excellency thou hast overthrown them that rose up against thee: thou sentest forth thy wrath, which consumed them as stubble.

15:8 And with the blast of thy nostrils the waters were gathered together, the floods stood upright as an heap, and the depths were congealed in the heart of the sea.

15:9 The enemy said, I will pursue, I will overtake, I will divide the spoil; my lust shall be satisfied upon them; I will draw my sword, my hand shall destroy them.

15:10 Thou didst blow with thy wind, the sea covered them: they sank as lead in the mighty waters.

15:11 Who is like unto thee, O LORD, among the gods? who is like thee, glorious in holiness, fearful in praises, doing wonders?

15:12 Thou stretchedst out thy right hand, the earth swallowed them.

15:13 Thou in thy mercy hast led forth the people which thou hast redeemed: thou hast guided them in thy strength unto thy holy habitation.

15:14 The people shall hear, and be afraid: sorrow shall take hold on the inhabitants of Palestina.

15:15 Then the dukes of Edom shall be amazed; the mighty men of Moab, trembling shall take hold upon them; all the inhabitants of Canaan shall melt away.

15:16 La crainte et la frayeur sont tombées sur eux : par la grandeur de ton bras ils sont devenus muets comme une pierre, jusqu'à ce que ton peuple, ô Éternel, ait passé, jusqu'à ce qu'ait passé ce peuple que tu t'es acquis

15:17 Tu les introduiras et tu les planteras sur la montagne de ton héritage, le lieu* que tu as préparé pour ton habitation, ô Éternel ! le sanctuaire, ô Seigneur ! que tes mains ont établi.

15:18 L'Éternel régnera à toujours et à perpétuité.

15:19 Car le cheval du Pharaon est entré dans la mer, avec son char et ses cavaliers, et l'Éternel a fait retourner sur eux les eaux de la mer ; et les fils d'Israël ont marché à sec au milieu de la mer.

15:20 Et Marie, la prophétesse, sœur d'Aaron, prit un tambourin en sa main, et toutes les femmes sortirent après elle, avec des tambourins et en chœurs* ;

15:21 et Marie leur répondait : Chantez à l'Éternel, car il s'est hautement élevé ; il a précipité dans la mer le cheval et celui qui le montait.

15:22 Et Moïse fit partir Israël de la mer Rouge, et ils sortirent vers le désert de Shur ; et ils marchèrent trois jours dans le désert, et ne trouvèrent point d'eau.

15:23 Et ils vinrent à Mara ; mais ils ne pouvaient boire des eaux de Mara car elles étaient amères : c'est pourquoi son nom fut appelé Mara*.

15:24 Et le peuple murmura contre Moïse, disant : Que boirons-nous ?

15:25 Et il cria à l'Éternel ; et l'Éternel lui enseigna un bois, et il le jeta dans les eaux, et les eaux devinrent douces. Là il lui* donna un statut et une ordonnance**, et là il l'éprouva, et dit :

15:16 Fear and dread shall fall upon them; by the greatness of thine arm they shall be as still as a stone; till thy people pass over, O LORD, till the people pass over, which thou hast purchased.

15:17 Thou shalt bring them in, and plant them in the mountain of thine inheritance, in the place, O LORD, which thou hast made for thee to dwell in, in the Sanctuary, O LORD, which thy hands have established.

15:18 The LORD shall reign for ever and ever.

15:19 For the horse of Pharaoh went in with his chariots and with his horsemen into the sea, and the LORD brought again the waters of the sea upon them; but the children of Israel went on dry land in the midst of the sea.

15:20 And Miriam the prophetess, the sister of Aaron, took a timbrel in her hand; and all the women went out after her with timbrels and with dances.

15:21 And Miriam answered them, Sing ye to the LORD, for he hath triumphed gloriously; the horse and his rider hath he thrown into the sea.

15:22 So Moses brought Israel from the Red sea, and they went out into the wilderness of Shur; and they went three days in the wilderness, and found no water.

15:23 And when they came to Marah, they could not drink of the waters of Marah, for they were bitter: therefore the name of it was called Marah.

15:24 And the people murmured against Moses, saying, What shall we drink?

15:25 And he cried unto the LORD; and the LORD shewed him a tree, which when he had cast into the waters, the waters were made sweet: there he made for them a statute and an ordinance, and there he proved them,

15:26 Si tu écoutes attentivement la voix de l'Éternel, ton Dieu, et si tu fais ce qui est droit à ses yeux, et si tu prêtes l'oreille à ses commandements, et si tu gardes tous ses statuts, je ne mettrai sur toi aucune des maladies que j'ai mises sur l'Égypte, car je suis l'Éternel qui te guérit.

15:27 Puis ils vinrent à Élim, où il y avait douze fontaines d'eau et soixante-dix palmiers ; et ils campèrent là, auprès des eaux.

16:1 Et ils partirent d'Élim, toute l'assemblée des fils d'Israël, et vinrent au désert de Sin, qui est entre Élim et Sinaï, le quinzième jour du second mois après leur sortie du pays d'Égypte*.

16:2 Et toute l'assemblée des fils d'Israël murmura contre Moïse et contre Aaron, dans le désert.

16:3 Et les fils d'Israël leur dirent : Ah ! que ne sommes-nous morts par la main de l'Éternel dans le pays d'Égypte, quand nous étions assis auprès des pots de chair, quand nous mangions du pain à satiété ! Car vous nous avez fait sortir dans ce désert pour faire mourir de faim toute cette congrégation.

16:4 Et l'Éternel dit à Moïse : Voici, je vais vous faire pleuvoir des cieux du pain, et le peuple sortira, et en recueillera chaque jour la portion d'un jour, afin que je l'éprouve, [pour voir] s'il marchera dans ma loi, ou non.

16:5 Et il arrivera que, le sixième jour, ils prépareront ce qu'ils auront rapporté, et ce sera le double de ce qu'ils recueilleront chaque jour.

16:6 Et Moïse et Aaron dirent à tous les fils d'Israël : Au soir vous saurez que l'Éternel vous a fait sortir du pays d'Égypte ;

15:26 And said, If thou wilt diligently hearken to the voice of the LORD thy God, and wilt do that which is right in his sight, and wilt give ear to his commandments, and keep all his statutes, I will put none of these diseases upon thee, which I have brought upon the Egyptians: for I am the LORD that healeth thee.

15:27 And they came to Elim, where were twelve wells of water, and threescore and ten palm trees: and they encamped there by the waters.

16:1 And they took their journey from Elim, and all the congregation of the children of Israel came unto the wilderness of Sin, which is between Elim and Sinai, on the fifteenth day of the second month after their departing out of the land of Egypt.

16:2 And the whole congregation of the children of Israel murmured against Moses and Aaron in the wilderness:

16:3 And the children of Israel said unto them, Would to God we had died by the hand of the LORD in the land of Egypt, when we sat by the flesh pots, and when we did eat bread to the full; for ye have brought us forth into this wilderness, to kill this whole assembly with hunger.

16:4 Then said the LORD unto Moses, Behold, I will rain bread from heaven for you; and the people shall go out and gather a certain rate every day, that I may prove them, whether they will walk in my law, or no.

16:5 And it shall come to pass, that on the sixth day they shall prepare that which they bring in; and it shall be twice as much as they gather daily.

16:6 And Moses and Aaron said unto all the children of Israel, At even, then ye shall know that the LORD hath brought you out from the land of Egypt:

16:7 et, au matin, vous verrez la gloire de l'Éternel, parce qu'il a entendu vos murmures contre l'Éternel ; car que sommes-nous, que vous murmuriez contre nous ?

16:8 Et Moïse dit : [Ce sera] en ce que l'Éternel vous donnera le soir de la chair à manger, et au matin du pain à satiété ; parce que l'Éternel a entendu vos murmures que vous avez proférés contre lui ; car que sommes-nous ? Vos murmures ne sont pas contre nous, mais contre l'Éternel.

16:9 Et Moïse dit à Aaron : Dis à toute l'assemblée des fils d'Israël : Approchez-vous devant l'Éternel ; car il a entendu vos murmures.

16:10 Et il arriva, comme Aaron parlait à toute l'assemblée des fils d'Israël, qu'ils se tournèrent vers le désert ; et voici, la gloire de l'Éternel parut dans la nuée.

16:11 Et l'Éternel parla à Moïse, disant :

16:12 J'ai entendu les murmures des fils d'Israël. Parle-leur, disant : Entre les deux soirs vous mangerez de la chair, et au matin vous serez rassasiés de pain ; et vous saurez que je suis l'Éternel, votre Dieu.

16:13 Et il arriva, le soir, que des cailles montèrent et couvrirent le camp ; et, au matin, il y eut une couche de rosée autour du camp ;

16:14 et la couche de rosée se leva, et voici sur la surface du désert quelque chose de menu, de grenu, quelque chose de menu comme la gelée blanche sur la terre.

16:15 Et les fils d'Israël le virent, et se dirent l'un à l'autre : Qu'est-ce* que cela ? Car ils ne savaient ce que c'était. Et Moïse leur dit : C'est le pain que l'Éternel vous a donné à manger.

16:7 And in the morning, then ye shall see the glory of the LORD; for that he heareth your murmurings against the LORD: and what are we, that ye murmur against us?

16:8 And Moses said, This shall be, when the LORD shall give you in the evening flesh to eat, and in the morning bread to the full; for that the LORD heareth your murmurings which ye murmur against him: and what are we? your murmurings are not against us, but against the LORD.

16:9 And Moses spake unto Aaron, Say unto all the congregation of the children of Israel, Come near before the LORD: for he hath heard your murmurings.

16:10 And it came to pass, as Aaron spake unto the whole congregation of the children of Israel, that they looked toward the wilderness, and, behold, the glory of the LORD appeared in the cloud.

16:11 And the LORD spake unto Moses, saying,

16:12 I have heard the murmurings of the children of Israel: speak unto them, saying, At even ye shall eat flesh, and in the morning ye shall be filled with bread; and ye shall know that I am the LORD your God.

16:13 And it came to pass, that at even the quails came up, and covered the camp: and in the morning the dew lay round about the host.

16:14 And when the dew that lay was gone up, behold, upon the face of the wilderness there lay a small round thing, as small as the hoar frost on the ground.

16:15 And when the children of Israel saw it, they said one to another, It is manna: for they wist not what it was. And Moses said unto them, This is the bread which the LORD hath given you to eat.

16:16 Voici la parole que l'Éternel a commandée : Recueillez-en, chacun en proportion de ce qu'il peut manger, un omer par tête, selon le nombre de vos personnes ; vous en prendrez chacun pour ceux qui sont dans sa tente.

16:17 Et les fils d'Israël firent ainsi, et ils recueillirent, l'un beaucoup, l'autre peu.

16:18 Et ils mesurèrent à l'omer : et celui qui avait beaucoup, n'eut pas trop ; et celui qui avait peu, n'en manqua pas ; ils avaient recueilli, chacun en proportion de ce qu'il mangeait.

16:19 Et Moïse leur dit : Que personne n'en laisse de reste jusqu'au matin.

16:20 Mais ils n'écoutèrent pas Moïse, et quelques-uns [d'entre eux] en laissèrent de reste jusqu'au matin ; et il s'y engendra des vers, et cela puait : et Moïse se mit en colère contre eux.

16:21 Et ils en recueillaient chaque matin, chacun en proportion de ce qu'il mangeait ; et à la chaleur du soleil cela fondait.

16:22 Et il arriva que, le sixième jour, ils recueillirent du pain au double, deux omers pour chacun ; et tous les principaux de l'assemblée vinrent et le rapportèrent à Moïse.

16:23 Et il leur dit : C'est ici ce que l'Éternel a dit : Demain est le repos, le sabbat consacré* à l'Éternel ; faites cuire ce que vous avez à cuire, et faites bouillir ce que vous avez à faire bouillir, et tout le surplus serrez-le pour vous, pour le garder jusqu'au matin.

16:24 Et ils le serrèrent jusqu'au matin, comme Moïse l'avait commandé ; et cela ne pua point, et il n'y eut point de vers dedans.

16:25 Et Moïse dit : Mangez-le aujourd'hui, car aujourd'hui est le sabbat [consacré] à l'Éternel ; aujourd'hui vous n'en trouverez point aux champs.

16:16 This is the thing which the LORD hath commanded, Gather of it every man according to his eating, an omer for every man, according to the number of your persons; take ye every man for them which are in his tents.

16:17 And the children of Israel did so, and gathered, some more, some less.

16:18 And when they did mete it with an omer, he that gathered much had nothing over, and he that gathered little had no lack; they gathered every man according to his eating.

16:19 And Moses said, Let no man leave of it till the morning.

16:20 Notwithstanding they hearkened not unto Moses; but some of them left of it until the morning, and it bred worms, and stank: and Moses was wroth with them.

16:21 And they gathered it every morning, every man according to his eating: and when the sun waxed hot, it melted.

16:22 And it came to pass, that on the sixth day they gathered twice as much bread, two omers for one man: and all the rulers of the congregation came and told Moses.

16:23 And he said unto them, This is that which the LORD hath said, To morrow is the rest of the holy sabbath unto the LORD: bake that which ye will bake to day, and seethe that ye will seethe; and that which remaineth over lay up for you to be kept until the morning.

16:24 And they laid it up till the morning, as Moses bade: and it did not stink, neither was there any worm therein.

16:25 And Moses said, Eat that to day; for to day is a sabbath unto the LORD: to day ye shall not find it in the field.

16:26 Six jours vous en recueillerez, mais au septième jour est le sabbat ; il n'y en aura point en ce [jour-là].

16:27 Et il arriva, le septième jour, que quelques-uns du peuple sortirent pour en recueillir, et ils n'en trouvèrent point.

16:28 Et l'Éternel dit à Moïse : Jusques à quand refuserez-vous de garder mes commandements et mes lois ?

16:29 Voyez que l'Éternel vous a donné le sabbat ; c'est pourquoi il vous donne au sixième jour du pain pour deux jours. Que chacun reste chez lui ; que personne ne sorte du lieu où il est, le septième jour.

16:30 Et le peuple se reposa le septième jour.

16:31 Et la maison d'Israël appela le nom de cela manne*. Et elle était comme de la semence de coriandre, blanche, et avait le goût d'un gâteau au miel. qui veut dire : qu'est-ce ? ou aussi : don.

16:32 Et Moïse dit : Voici la parole que l'Éternel a commandée : Qu'on en remplisse un omer pour le garder pour vos générations, afin qu'elles voient le pain que je vous ai fait manger dans le désert, lorsque je vous ai fait sortir du pays d'Égypte.

16:33 Et Moïse dit à Aaron : Prends une cruche, et mets-y plein un omer de manne, et pose-la devant l'Éternel, pour la garder pour vos générations.

16:34 Comme l'Éternel l'avait commandé à Moïse, Aaron la posa devant le témoignage pour être gardée.

16:35 Et les fils d'Israël mangèrent la manne quarante ans, jusqu'à ce qu'ils entrèrent dans un pays habité ; ils mangèrent la manne jusqu'à leur arrivée à la frontière* du pays de Canaan.

16:36 Or l'omer est la dixième partie de l'épha.

16:26 Six days ye shall gather it; but on the seventh day, which is the sabbath, in it there shall be none.

16:27 And it came to pass, that there went out some of the people on the seventh day for to gather, and they found none.

16:28 And the LORD said unto Moses, How long refuse ye to keep my commandments and my laws?

16:29 See, for that the LORD hath given you the sabbath, therefore he giveth you on the sixth day the bread of two days; abide ye every man in his place, let no man go out of his place on the seventh day.

16:30 So the people rested on the seventh day.

16:31 And the house of Israel called the name thereof Manna: and it was like coriander seed, white; and the taste of it was like wafers made with honey.

16:32 And Moses said, This is the thing which the LORD commandeth, Fill an omer of it to be kept for your generations; that they may see the bread wherewith I have fed you in the wilderness, when I brought you forth from the land of Egypt.

16:33 And Moses said unto Aaron, Take a pot, and put an omer full of manna therein, and lay it up before the LORD, to be kept for your generations.

16:34 As the LORD commanded Moses, so Aaron laid it up before the Testimony, to be kept.

16:35 And the children of Israel did eat manna forty years, until they came to a land inhabited; they did eat manna, until they came unto the borders of the land of Canaan.

16:36 Now an omer is the tenth part of an ephah.

17:1 Et toute l'assemblée des fils d'Israël partit du désert de Sin, selon leurs traites, d'après le commandement de l'Éternel, et ils campèrent à Rephidim ; et il n'y avait point d'eau à boire pour le peuple.

17:2 Et le peuple contesta avec Moïse, et ils dirent : Donnez-nous de l'eau pour que nous buvions. Et Moïse leur dit : Pourquoi contestez-vous avez moi ? Pourquoi tentez-vous l'Éternel ?

17:3 Et là, le peuple eut soif d'eau ; et le peuple murmura contre Moïse, et dit : Pourquoi nous as-tu fait monter d'Égypte, pour nous faire mourir de soif, moi, et mes enfants, et mon bétail ?

17:4 Et Moïse cria à l'Éternel, disant : Que ferai-je à ce peuple ? Encore un peu, et ils me lapideront.

17:5 Et l'Éternel dit à Moïse : passe devant le peuple et prends avec toi des anciens d'Israël ; et prends dans ta main ta verge avec laquelle tu as frappé le fleuve, et va.

17:6 Voici, je me tiens là devant toi, sur le rocher, en Horeb ; et tu frapperas le rocher, et il en sortira des eaux, et le peuple boira. Et Moïse fit ainsi devant les yeux des anciens d'Israël.

17:7 Et il appela le nom du lieu Massa* et Meriba**, à cause de la contestation des fils d'Israël, et parce qu'ils avaient tenté l'Éternel, en disant : L'Éternel est-il au milieu de nous, ou n'y est-il pas ?

17:8 Et Amalek vint, et combattit contre Israël, à Rephidim.

17:9 Et Moïse dit à Josué* : Choisis-nous des hommes, et sors, combats contre Amalek ; demain je me tiendrai sur le sommet de la colline, la verge de Dieu dans ma main.

17:1 And all the congregation of the children of Israel journeyed from the wilderness of Sin, after their journeys, according to the commandment of the LORD, and pitched in Rephidim: and there was no water for the people to drink.

17:2 Wherefore the people did chide with Moses, and said, Give us water that we may drink. And Moses said unto them, Why chide ye with me? wherefore do ye tempt the LORD?

17:3 And the people thirsted there for water; and the people murmured against Moses, and said, Wherefore is this that thou hast brought us up out of Egypt, to kill us and our children and our cattle with thirst?

17:4 And Moses cried unto the LORD, saying, What shall I do unto this people? they be almost ready to stone me.

17:5 And the LORD said unto Moses, Go on before the people, and take with thee of the elders of Israel; and thy rod, wherewith thou smotest the river, take in thine hand, and go.

17:6 Behold, I will stand before thee there upon the rock in Horeb; and thou shalt smite the rock, and there shall come water out of it, that the people may drink. And Moses did so in the sight of the elders of Israel.

17:7 And he called the name of the place Massah, and Meribah, because of the chiding of the children of Israel, and because they tempted the LORD, saying, Is the LORD among us, or not?

17:8 Then came Amalek, and fought with Israel in Rephidim.

17:9 And Moses said unto Joshua, Choose us out men, and go out, fight with Amalek: to morrow I will stand on the top of the hill with the rod of God in mine hand.

17:10 Et Josué fit comme Moïse lui avait dit, pour combattre contre Amalek ; et Moïse, Aaron, et Hur montèrent au sommet de la colline.

17:11 Et il arrivait, lorsque Moïse élevait sa main, qu'Israël avait le dessus ; et quand il reposait sa main, Amalek avait le dessus.

17:12 Mais les mains de Moïse étaient pesantes ; et ils prirent une pierre, et la mirent sous lui, et il s'assit dessus ; et Aaron et Hur soutenaient ses mains, l'un deçà, et l'autre delà ; et ses mains furent fermes jusqu'au coucher du soleil.

17:13 Et Josué abattit Amalek et son peuple au tranchant de l'épée.

17:14 Et l'Éternel dit à Moïse : Écris ceci pour mémorial dans le* livre, et fais-je entendre à Josué, que** j'effacerai entièrement la mémoire d'Amalek de dessous les cieux.

17:15 Et Moïse bâtit un autel, et appela son nom : Jéhovah-Nissi* ;

17:16 et il dit : Parce que Jah a juré*, l'Éternel aura la guerre contre Amalek de génération en génération.

18:1 Et Jéthro, sacrificateur de Madian, beau-père de Moïse, apprit tout ce que Dieu avait fait à Moïse et à Israël, son peuple, — que l'Éternel avait fait sortir Israël d'Égypte ;

18:2 et Jéthro, beau-père de Moïse, prit Séphora, la femme de Moïse, après que celui-ci l'eut renvoyée,

18:3 et ses deux fils, dont l'un s'appelait Guershom*, car il avait dit : J'ai séjourné dans un pays étranger ;

18:4 et l'autre Éliézer* : Car le Dieu de mon père m'a été en aide, et m'a délivré de l'épée du Pharaon.

17:10 So Joshua did as Moses had said to him, and fought with Amalek: and Moses, Aaron, and Hur went up to the top of the hill.

17:11 And it came to pass, when Moses held up his hand, that Israel prevailed: and when he let down his hand, Amalek prevailed.

17:12 But Moses hands were heavy; and they took a stone, and put it under him, and he sat thereon; and Aaron and Hur stayed up his hands, the one on the one side, and the other on the other side; and his hands were steady until the going down of the sun.

17:13 And Joshua discomfited Amalek and his people with the edge of the sword.

17:14 And the LORD said unto Moses, Write this for a memorial in a book, and rehearse it in the ears of Joshua: for I will utterly put out the remembrance of Amalek from under heaven.

17:15 And Moses built an altar, and called the name of it Jehovahnissi:

17:16 For he said, Because the LORD hath sworn that the LORD will have war with Amalek from generation to generation.

18:1 When Jethro, the priest of Midian, Moses' father in law, heard of all that God had done for Moses, and for Israel his people, and that the LORD had brought Israel out of Egypt;

18:2 Then Jethro, Moses' father in law, took Zipporah, Moses' wife, after he had sent her back,

18:3 And her two sons; of which the name of the one was Gershom; for he said, I have been an alien in a strange land:

18:4 And the name of the other was Eliezer; for the God of my father, said he, was mine help, and delivered me from the sword of Pharaoh:

18:5 Et Jéthro, beau-père de Moïse, vint, avec les fils et la femme de Moïse, vers celui-ci, au désert où il était campé, à la montagne de Dieu ;

18:6 et il fit dire à Moïse : Moi, ton beau-père Jéthro, je suis venu vers toi, et ta femme, et ses deux fils avec elle.

18:7 Et Moïse sortit à la rencontre de son beau-père, et se prosterna et le baisa ; et ils s'enquirent l'un de l'autre touchant leur bien-être, et entrèrent dans la tente.

18:8 Et Moïse raconta à son beau-père tout ce que l'Éternel avait fait au Pharaon et à l'Égypte à cause d'Israël, toute la fatigue qui les avait atteints en chemin, et comment l'Éternel les avait délivrés.

18:9 Et Jéthro se réjouit de tout le bien que l'Éternel avait fait à Israël, en ce qu'il l'avait délivré de la main des Égyptiens.

18:10 Et Jéthro dit : Béni soit l'Éternel, qui vous a délivrés de la main des Égyptiens et de la main du Pharaon, — qui a délivré le peuple de dessous la main des Égyptiens !

18:11 Maintenant je connais que l'Éternel est plus grand que tous les dieux ; car en cela [même] en quoi ils ont agi présomptueusement, il a été au-dessus d'eux.

18:12 Et Jéthro, beau-père de Moïse, prit un holocauste et des sacrifices pour Dieu ; et Aaron et tous les anciens d'Israël vinrent pour manger le pain avec le beau-père de Moïse, en la présence de Dieu.

18:13 Et il arriva, le lendemain, que Moïse s'assit pour juger le peuple ; et le peuple se tint auprès de Moïse depuis le matin jusqu'au soir ;

18:5 And Jethro, Moses' father in law, came with his sons and his wife unto Moses into the wilderness, where he encamped at the mount of God:

18:6 And he said unto Moses, I thy father in law Jethro am come unto thee, and thy wife, and her two sons with her.

18:7 And Moses went out to meet his father in law, and did obeisance, and kissed him; and they asked each other of their welfare; and they came into the tent.

18:8 And Moses told his father in law all that the LORD had done unto Pharaoh and to the Egyptians for Israel's sake, and all the travail that had come upon them by the way, and how the LORD delivered them.

18:9 And Jethro rejoiced for all the goodness which the LORD had done to Israel, whom he had delivered out of the hand of the Egyptians.

18:10 And Jethro said, Blessed be the LORD, who hath delivered you out of the hand of the Egyptians, and out of the hand of Pharaoh, who hath delivered the people from under the hand of the Egyptians.

18:11 Now I know that the LORD is greater than all gods: for in the thing wherein they dealt proudly he was above them.

18:12 And Jethro, Moses' father in law, took a burnt offering and sacrifices for God: and Aaron came, and all the elders of Israel, to eat bread with Moses' father in law before God.

18:13 And it came to pass on the morrow, that Moses sat to judge the people: and the people stood by Moses from the morning unto the evening.

18:14 et le beau-père de Moïse vit tout ce qu'il faisait avec le peuple, et il dit : Que fais-tu là avec le peuple ? Pourquoi es-tu assis seul, et tout le peuple se tient auprès de toi depuis le matin jusqu'au soir ?

18:15 Et Moïse dit à son beau-père : C'est que le peuple vient à moi pour consulter Dieu.

18:16 Quand ils ont quelque affaire, on vient à moi, et je juge entre l'un et l'autre, et je leur fais connaître les statuts de Dieu et ses lois.

18:17 Et le beau-père de Moïse lui dit : Ce que tu fais n'est pas bon.

18:18 Tu t'épuiseras certainement, toi et ce peuple qui est avec toi, car la chose est trop lourde pour toi ; tu ne peux la faire toi seul.

18:19 Maintenant, écoute ma voix, je te conseillerai, et Dieu sera avec toi. Sois pour le peuple auprès de Dieu et rapporte les affaires à Dieu ;

18:20 et enseigne-leur les statuts et les lois, et fais-leur connaître la voie dans laquelle ils doivent marcher, et l'œuvre qu'ils ont à faire.

18:21 Et choisis d'entre tout le peuple des hommes capables, craignant Dieu, des hommes de vérité, haïssant le gain déshonnête, et établis-les sur eux, chefs de milliers, chefs de centaines, chefs de cinquantaines, et chefs de dizaines ;

18:22 et qu'ils jugent le peuple en tout temps : et il arrivera qu'ils porteront devant toi toutes les grandes affaires, et toutes les petites affaires ils les jugeront eux-mêmes. Tu allégeras ce qui [pèse] sur toi ; ils le porteront avec toi.

18:23 Si tu fais cela, et que Dieu te le commande, tu pourras subsister, et tout ce peuple aussi arrivera en paix en son lieu.

18:14 And when Moses' father in law saw all that he did to the people, he said, What is this thing that thou doest to the people? why sittest thou thyself alone, and all the people stand by thee from morning unto even?

18:15 And Moses said unto his father in law, Because the people come unto me to enquire of God:

18:16 When they have a matter, they come unto me; and I judge between one and another, and I do make them know the statutes of God, and his laws.

18:17 And Moses' father in law said unto him, The thing that thou doest is not good.

18:18 Thou wilt surely wear away, both thou, and this people that is with thee: for this thing is too heavy for thee; thou art not able to perform it thyself alone.

18:19 Hearken now unto my voice, I will give thee counsel, and God shall be with thee: Be thou for the people to God-ward, that thou mayest bring the causes unto God:

18:20 And thou shalt teach them ordinances and laws, and shalt shew them the way wherein they must walk, and the work that they must do.

18:21 Moreover thou shalt provide out of all the people able men, such as fear God, men of truth, hating covetousness; and place such over them, to be rulers of thousands, and rulers of hundreds, rulers of fifties, and rulers of tens:

18:22 And let them judge the people at all seasons: and it shall be, that every great matter they shall bring unto thee, but every small matter they shall judge: so shall it be easier for thyself, and they shall bear the burden with thee.

18:23 If thou shalt do this thing, and God command thee so, then thou shalt be able to endure, and all this people shall also go to their place in peace.

18:24 Et Moïse écouta la voix de son beau-père, et fit tout ce qu'il avait dit.

18:25 Et Moïse choisit d'entre tout Israël des hommes capables, et les établit chefs sur le peuple, chefs de milliers, chefs de centaines chefs de cinquantaines, et chefs de dizaines ;

18:26 et ils jugèrent le peuple en tout temps : ils portaient devant Moïse les affaires difficiles, et toutes les petites affaires ils les jugeaient eux-mêmes.

18:27 Et Moïse laissa partir son beau-père, et il s'en alla dans son pays.

19:1 Au troisième mois après que les fils d'Israël furent sortis du pays d'Égypte, en ce même jour, ils vinrent au désert de Sinaï* :

19:2 ils partirent de Rephidim, et vinrent au désert de Sinaï, et campèrent dans le désert ; et Israël campa là devant la montagne.

19:3 Et Moïse monta vers Dieu ; et l'Éternel l'appela de la montagne, disant : Tu diras ainsi à la maison de Jacob, et tu l'annonceras aux fils d'Israël :

19:4 Vous avez vu ce que j'ai fait à l'Égypte, et comment je vous ai portés sur des ailes d'aigle, et vous ai amenés à moi.

19:5 Et maintenant, si vous écoutez attentivement ma voix et si vous gardez mon alliance, vous m'appartiendrez en propre d'entre* tous les peuples ; car toute la terre est à moi ;

19:6 et vous me serez un royaume de sacrificateurs, et une nation sainte. Ce sont là les paroles que tu diras aux fils d'Israël.

19:7 Et Moïse vint, et appela les anciens du peuple, et mit devant eux toutes ces paroles que l'Éternel lui avait commandées.

18:24 So Moses hearkened to the voice of his father in law, and did all that he had said.

18:25 And Moses chose able men out of all Israel, and made them heads over the people, rulers of thousands, rulers of hundreds, rulers of fifties, and rulers of tens.

18:26 And they judged the people at all seasons: the hard causes they brought unto Moses, but every small matter they judged themselves.

18:27 And Moses let his father in law depart; and he went his way into his own land.

19:1 In the third month, when the children of Israel were gone forth out of the land of Egypt, the same day came they into the wilderness of Sinai.

19:2 For they were departed from Rephidim, and were come to the desert of Sinai, and had pitched in the wilderness; and there Israel camped before the mount.

19:3 And Moses went up unto God, and the LORD called unto him out of the mountain, saying, Thus shalt thou say to the house of Jacob, and tell the children of Israel;

19:4 Ye have seen what I did unto the Egyptians, and how I bare you on eagles' wings, and brought you unto myself.

19:5 Now therefore, if ye will obey my voice indeed, and keep my covenant, then ye shall be a peculiar treasure unto me above all people: for all the earth is mine:

19:6 And ye shall be unto me a kingdom of priests, and an holy nation. These are the words which thou shalt speak unto the children of Israel.

19:7 And Moses came and called for the elders of the people, and laid before their faces all these words which the LORD commanded him.

19:8 Et tout le peuple ensemble répondit et dit : Tout ce que l'Éternel a dit, nous le ferons. Et Moïse rapporta à l'Éternel les paroles du peuple.

19:9 Et l'Éternel dit à Moïse : Voici, je viendrai à toi dans l'obscurité d'une nuée, afin que le peuple entende quand je parlerai avec toi, et qu'aussi ils te croient à toujours. Et Moïse rapporta à l'Éternel les paroles du peuple.

19:10 Et l'Éternel dit à Moïse : Va vers le peuple, et sanctifie-les, aujourd'hui et demain, et qu'ils lavent leurs vêtements ;

19:11 et qu'ils soient prêts pour le troisième jour ; car le troisième jour l'Éternel descendra, aux yeux de tout le peuple, sur la montagne de Sinaï.

19:12 Et tu mettras des bornes pour le peuple, à l'entour, disant : Donnez-vous garde de monter sur la montagne et d'en toucher l'extrémité. Quiconque touchera la montagne sera certainement mis à mort :

19:13 la main ne la touchera pas sans qu'elle soit lapidée ou transpercée ; bête, ou homme, ils ne vivront point. Quand le cor sonnera longuement, ils monteront vers la montagne.

19:14 Et Moïse descendit de la montagne vers le peuple, et sanctifia le peuple, et ils lavèrent leurs vêtements.

19:15 Et il dit au peuple : Soyez prêts pour le troisième jour ; ne vous approchez pas de [vos] femmes.

19:16 Et il arriva, le troisième jour, quand le matin fut venu, qu'il y eut des tonnerres* et des éclairs, et une épaisse nuée sur la montagne, et un son de trompette très fort ; et tout le peuple qui était dans le camp trembla.

19:17 Et Moïse fit sortir le peuple hors du camp à la rencontre de Dieu, et ils se tinrent au pied de la montagne.

19:8 And all the people answered together, and said, All that the LORD hath spoken we will do. And Moses returned the words of the people unto the LORD.

19:9 And the LORD said unto Moses, Lo, I come unto thee in a thick cloud, that the people may hear when I speak with thee, and believe thee for ever. And Moses told the words of the people unto the LORD.

19:10 And the LORD said unto Moses, Go unto the people, and sanctify them to day and to morrow, and let them wash their clothes,

19:11 And be ready against the third day: for the third day the LORD will come down in the sight of all the people upon mount Sinai.

19:12 And thou shalt set bounds unto the people round about, saying, Take heed to yourselves, that ye go not up into the mount, or touch the border of it: whosoever toucheth the mount shall be surely put to death:

19:13 There shall not an hand touch it, but he shall surely be stoned, or shot through; whether it be beast or man, it shall not live: when the trumpet soundeth long, they shall come up to the mount.

19:14 And Moses went down from the mount unto the people, and sanctified the people; and they washed their clothes.

19:15 And he said unto the people, Be ready against the third day: come not at your wives.

19:16 And it came to pass on the third day in the morning, that there were thunders and lightnings, and a thick cloud upon the mount, and the voice of the trumpet exceeding loud; so that all the people that was in the camp trembled.

19:17 And Moses brought forth the people out of the camp to meet with God; and they stood at the nether part of the mount.

19:18 Et toute la montagne de Sinaï fumait, parce que l'Éternel descendit en feu sur elle ; et sa fumée montait comme la fumée d'une fournaise, et toute la montagne tremblait fort.

19:19 Et comme le son de la trompette se renforçait de plus en plus, Moïse parla, et Dieu lui répondit par une voix.

19:20 Et l'Éternel descendit sur la montagne de Sinaï, sur le sommet de la montagne, et l'Éternel appela Moïse au sommet de la montagne ; et Moïse monta.

19:21 Et l'Éternel dit à Moïse : Descends, avertis solennellement le peuple, de peur qu'ils ne rompent les barrières pour monter* vers l'Éternel pour voir, et qu'un grand nombre d'entre eux ne tombe.

19:22 Et aussi, que les sacrificateurs qui s'approchent de l'Éternel se sanctifient, de peur que l'Éternel ne se jette sur eux*.

19:23 Et Moïse dit à l'Éternel : Le peuple ne pourra pas monter sur la montagne de Sinaï, car tu nous as solennellement avertis, en disant : Mets des bornes autour de la montagne, et sanctifie-la.

19:24 Et l'Éternel lui dit : Va, descends ; puis tu monteras, toi, et Aaron avec toi ; mais que les sacrificateurs et le peuple ne rompent point les barrières pour monter* vers l'Éternel de peur qu'il ne se jette sur eux**.

19:25 Et Moïse descendit vers le peuple et lui dit [ces choses].

20:1 Et Dieu prononça toutes ces paroles, disant :

20:2 Je suis l'Éternel, ton Dieu, qui t'ai fait sortir du pays d'Égypte, de la maison de servitude*.

20:3 Tu n'auras point d'autres dieux devant ma face.

19:18 And mount Sinai was altogether on a smoke, because the LORD descended upon it in fire: and the smoke thereof ascended as the smoke of a furnace, and the whole mount quaked greatly.

19:19 And when the voice of the trumpet sounded long, and waxed louder and louder, Moses spake, and God answered him by a voice.

19:20 And the LORD came down upon mount Sinai, on the top of the mount: and the LORD called Moses up to the top of the mount; and Moses went up.

19:21 And the LORD said unto Moses, Go down, charge the people, lest they break through unto the LORD to gaze, and many of them perish.

19:22 And let the priests also, which come near to the LORD, sanctify themselves, lest the LORD break forth upon them.

19:23 And Moses said unto the LORD, The people cannot come up to mount Sinai: for thou chargedst us, saying, Set bounds about the mount, and sanctify it.

19:24 And the LORD said unto him, Away, get thee down, and thou shalt come up, thou, and Aaron with thee: but let not the priests and the people break through to come up unto the LORD, lest he break forth upon them.

19:25 So Moses went down unto the people, and spake unto them.

20:1 And God spake all these words, saying,

20:2 I am the LORD thy God, which have brought thee out of the land of Egypt, out of the house of bondage.

20:3 Thou shalt have no other gods before me.

20:4 Tu ne te feras point d'image taillée, ni aucune ressemblance de ce qui est dans les cieux en haut, et de ce qui est sur la terre en bas, et de ce qui est dans les eaux au-dessous de la terre.

20:5 Tu ne t'inclineras point devant elles, et tu ne les serviras point ; car moi, l'Éternel, ton Dieu, je suis un *Dieu* jaloux, qui visite l'iniquité des pères sur les fils, sur la troisième et sur la quatrième [génération] de ceux qui me haïssent,

20:6 et qui use de bonté envers des milliers de ceux qui m'aiment et qui gardent mes commandements. Dieu ; comparer Genèse 1:1 et Deut. 32:15 ; voir Genèse 14:18.

20:7 Tu ne prendras point le nom de l'Éternel, ton Dieu, en vain* ; car l'Éternel ne tiendra point pour innocent celui qui aura pris son nom en vain.

20:8 Souviens-toi du jour du sabbat, pour le sanctifier.

20:9 Six jours tu travailleras, et tu feras toute ton œuvre ;

20:10 mais le septième jour est le sabbat [consacré] à l'Éternel, ton Dieu : tu ne feras aucune œuvre, ni toi, ni ton fils, ni ta fille, [ni] ton serviteur, ni ta servante, ni ta bête, ni ton étranger qui est dans tes portes.

20:11 Car en six jours l'Éternel a fait les cieux, et la terre, la mer, et tout ce qui est en eux, et il s'est reposé le septième jour ; c'est pourquoi l'Éternel a béni le jour du sabbat, et l'a sanctifié.

20:12 Honore ton père et ta mère, afin que tes jours soient prolongés sur la terre que l'Éternel, ton Dieu, te donne.

20:13 Tu ne tueras point.

20:14 Tu ne commettras point adultère.

20:15 Tu ne déroberas point.

20:16 Tu ne diras point de faux témoignage contre ton prochain.

20:4 Thou shalt not make unto thee any graven image, or any likeness of any thing that is in heaven above, or that is in the earth beneath, or that is in the water under the earth.

20:5 Thou shalt not bow down thyself to them, nor serve them: for I the LORD thy God am a jealous God, visiting the iniquity of the fathers upon the children unto the third and fourth generation of them that hate me;

20:6 And shewing mercy unto thousands of them that love me, and keep my commandments.

20:7 Thou shalt not take the name of the LORD thy God in vain; for the LORD will not hold him guiltless that taketh his name in vain.

20:8 Remember the sabbath day, to keep it holy.

20:9 Six days shalt thou labour, and do all thy work:

20:10 But the seventh day is the sabbath of the LORD thy God: in it thou shalt not do any work, thou, nor thy son, nor thy daughter, thy manservant, nor thy maidservant, nor thy cattle, nor thy stranger that is within thy gates:

20:11 For in six days the LORD made heaven and earth, the sea, and all that in them is, and rested the seventh day: wherefore the LORD blessed the sabbath day, and hallowed it.

20:12 Honour thy father and thy mother: that thy days may be long upon the land which the LORD thy God giveth thee.

20:13 Thou shalt not kill.

20:14 Thou shalt not commit adultery.

20:15 Thou shalt not steal.

20:16 Thou shalt not bear false witness against thy neighbour.

20:17 Tu ne convoiteras point la maison de ton prochain ; tu ne convoiteras point la femme de ton prochain, ni son serviteur, ni sa servante, ni son bœuf, ni son âne, ni rien qui soit à ton prochain.

20:18 Et tout le peuple aperçut les tonnerres, et les flammes, et le son de la trompette, et la montagne fumante ; et le peuple vit [cela], et ils tremblèrent et se tinrent loin,

20:19 et dirent à Moïse : Toi, parle avec nous, et nous écouterons ; mais que Dieu ne parle point avec nous, de peur que nous ne mourions.

20:20 Et Moïse dit au peuple : Ne craignez pas ; car c'est afin de vous éprouver que Dieu est venu, et afin que sa crainte soit devant vos yeux*, pour que vous ne péchiez point.

20:21 Et le peuple se tint loin ; et Moïse s'approcha de l'obscurité profonde où Dieu était.

20:22 Et l'Éternel dit à Moïse : Tu diras ainsi aux fils d'Israël : Vous avez vu que j'ai parlé avec vous des cieux.

20:23 Vous ne ferez point de dieux d'argent à côté de moi, et vous ne vous ferez pas des dieux d'or.

20:24 Tu me feras un autel de terre, et tu sacrifieras dessus tes holocaustes et tes sacrifices de prospérités, ton menu et ton gros bétail. En tout lieu où je mettrai la mémoire de mon nom, je viendrai à toi, et je te bénirai.

20:25 Et si tu me fais un autel de pierres, tu ne le bâtiras point de pierres taillées ; car si tu lèves ton ciseau dessus, tu le profaneras.

20:26 Et tu ne monteras point à mon autel par des degrés, afin que ta nudité n'y soit pas découverte.

21:1 Ce sont ici les jugements* que tu placeras devant eux :

20:17 Thou shalt not covet thy neighbour's house, thou shalt not covet thy neighbour's wife, nor his manservant, nor his maidservant, nor his ox, nor his ass, nor any thing that is thy neighbour's.

20:18 And all the people saw the thunderings, and the lightnings, and the noise of the trumpet, and the mountain smoking: and when the people saw it, they removed, and stood afar off.

20:19 And they said unto Moses, Speak thou with us, and we will hear: but let not God speak with us, lest we die.

20:20 And Moses said unto the people, Fear not: for God is come to prove you, and that his fear may be before your faces, that ye sin not.

20:21 And the people stood afar off, and Moses drew near unto the thick darkness where God was.

20:22 And the LORD said unto Moses, Thus thou shalt say unto the children of Israel, Ye have seen that I have talked with you from heaven.

20:23 Ye shall not make with me gods of silver, neither shall ye make unto you gods of gold.

20:24 An altar of earth thou shalt make unto me, and shalt sacrifice thereon thy burnt offerings, and thy peace offerings, thy sheep, and thine oxen: in all places where I record my name I will come unto thee, and I will bless thee.

20:25 And if thou wilt make me an altar of stone, thou shalt not build it of hewn stone: for if thou lift up thy tool upon it, thou hast polluted it.

20:26 Neither shalt thou go up by steps unto mine altar, that thy nakedness be not discovered thereon.

21:1 Now these are the judgments which thou shalt set before them.

21:2 Si tu achètes un serviteur hébreu, il servira six années, et, la septième, il sortira libre, gratuitement.	*21:2 If thou buy an Hebrew servant, six years he shall serve: and in the seventh he shall go out free for nothing.*
21:3 S'il est venu seul*, il sortira seul ; s'il avait une femme, sa femme sortira avec lui.	*21:3 If he came in by himself, he shall go out by himself: if he were married, then his wife shall go out with him.*
21:4 Si son maître lui a donné une femme, et qu'elle lui ait enfanté des fils ou des filles, la femme et ses enfants seront à son* maître, et lui, il sortira seul**.	*21:4 If his master have given him a wife, and she have born him sons or daughters; the wife and her children shall be her master's, and he shall go out by himself.*
21:5 Mais si le serviteur dit positivement : J'aime mon maître, ma femme et mes enfants, je ne veux pas sortir libre ;	*21:5 And if the servant shall plainly say, I love my master, my wife, and my children; I will not go out free:*
21:6 alors son maître le fera venir devant les juges*, et le fera approcher de la porte ou du poteau, et son maître lui percera l'oreille avec un poinçon ; et il le servira à toujours.	*21:6 Then his master shall bring him unto the judges; he shall also bring him to the door, or unto the door post; and his master shall bore his ear through with an aul; and he shall serve him for ever.*
21:7 Et si un homme vend sa fille pour être servante, elle ne sortira point comme sortent les serviteurs.	*21:7 And if a man sell his daughter to be a maidservant, she shall not go out as the menservants do.*
21:8 Si elle déplaît aux yeux de son maître qui se l'était fiancée, il la fera racheter ; il n'aura pas le pouvoir de la vendre à un peuple étranger, après l'avoir trompée.	*21:8 If she please not her master, who hath betrothed her to himself, then shall he let her be redeemed: to sell her unto a strange nation he shall have no power, seeing he hath dealt deceitfully with her.*
21:9 Et s'il l'a fiancée à son fils, il agira envers elle selon le droit des filles.	*21:9 And if he have betrothed her unto his son, he shall deal with her after the manner of daughters.*
21:10 S'il en prend une autre, il ne retranchera rien pour elle à sa nourriture, à son vêtement, et à son droit conjugal.	*21:10 If he take him another wife; her food, her raiment, and her duty of marriage, shall he not diminish.*
21:11 Et s'il ne fait pas pour elle ces trois choses-là, elle sortira gratuitement, sans [payer aucun] argent.	*21:11 And if he do not these three unto her, then shall she go out free without money.*
21:12 Si quelqu'un frappe un homme, et qu'il en meure, il sera certainement mis à mort.	*21:12 He that smiteth a man, so that he die, shall be surely put to death.*
21:13 Mais s'il ne lui a pas dressé d'embûche, et que Dieu l'ait fait tomber sous ses mains, je t'établirai un lieu où il s'enfuira.	*21:13 And if a man lie not in wait, but God deliver him into his hand; then I will appoint thee a place whither he shall flee.*

21:14 Et si un homme s'élève de propos délibéré contre son prochain, pour le tuer par ruse, tu l'arracheras de mon autel, pour qu'il meure.

21:15 Et celui qui frappera son père ou sa mère sera certainement mis à mort.

21:16 Et si quelqu'un vole un homme et qu'il le vende, ou qu'il soit trouvé en sa main, il sera certainement mis à mort.

21:17 Et celui qui maudit son père ou sa mère sera certainement mis à mort.

21:18 Et si des hommes contestent entre eux, et que l'un frappe l'autre avec une pierre ou avec le poing, et qu'il ne meure pas, mais tienne le lit :

21:19 s'il se lève et marche dehors sur son bâton, celui qui l'a frappé sera tenu pour quitte ; seulement, il payera son chômage, et le fera guérir complètement.

21:20 Et si quelqu'un frappe du bâton son serviteur ou sa servante, et qu'il meure sous sa main, il sera certainement vengé ;

21:21 seulement, s'il reste debout un jour ou deux jours, il ne sera pas vengé, car il est son argent.

21:22 Et si des hommes se querellent, et que [l'un d'eux] heurte une femme enceinte et qu'elle accouche sans qu'il y ait de malheur, une amende sera payée selon ce que le mari de la femme lui imposera, et il la donnera suivant [la décision des] juges.

21:23 Et s'il arrive malheur, tu donneras vie pour vie,

21:24 œil pour œil, dent pour dent, main pour main, pied pour pied,

21:25 brûlure pour brûlure, blessure pour blessure, meurtrissure pour meurtrissure.

21:26 Et si un homme frappe l'œil de son serviteur, ou l'œil de sa servante, et le lui fasse perdre, il les laissera aller libres pour l'œil ;

21:14 But if a man come presumptuously upon his neighbour, to slay him with guile; thou shalt take him from mine altar, that he may die.

21:15 And he that smiteth his father, or his mother, shall be surely put to death.

21:16 And he that stealeth a man, and selleth him, or if he be found in his hand, he shall surely be put to death.

21:17 And he that curseth his father, or his mother, shall surely be put to death.

21:18 And if men strive together, and one smite another with a stone, or with his fist, and he die not, but keepeth his bed:

21:19 If he rise again, and walk abroad upon his staff, then shall he that smote him be quit: only he shall pay for the loss of his time, and shall cause him to be thoroughly healed.

21:20 And if a man smite his servant, or his maid, with a rod, and he die under his hand; he shall be surely punished.

21:21 Notwithstanding, if he continue a day or two, he shall not be punished: for he is his money.

21:22 If men strive, and hurt a woman with child, so that her fruit depart from her, and yet no mischief follow: he shall be surely punished, according as the woman's husband will lay upon him; and he shall pay as the judges determine.

21:23 And if any mischief follow, then thou shalt give life for life,

21:24 Eye for eye, tooth for tooth, hand for hand, foot for foot,

21:25 Burning for burning, wound for wound, stripe for stripe.

21:26 And if a man smite the eye of his servant, or the eye of his maid, that it perish; he shall let him go free for his eye's sake.

God Almighty

21:27 et s'il fait tomber la dent de son serviteur ou la dent de sa servante, il les laissera aller libres pour la dent.

21:28 Et si un bœuf frappe de ses cornes un homme ou une femme, et qu'ils en meurent, le bœuf sera certainement lapidé, et sa chair ne sera pas mangée ; mais le maître du bœuf sera [tenu pour] non coupable.

21:29 Et si le bœuf frappait de ses cornes auparavant, et que son maître en ait été averti et qu'il ne l'ait pas tenu sous garde, et qu'il tue un homme ou une femme, le bœuf sera lapidé, et son maître aussi sera mis à mort.

21:30 Et si une indemnité lui est imposée, il donnera la rançon de sa vie selon tout ce qui lui sera imposé.

21:31 Soit qu'il ait frappé un fils, ou qu'il ait frappé une fille, il lui sera fait selon ce jugement*.

21:32 Si le bœuf a frappé de ses cornes un serviteur ou une servante, le possesseur* donnera à son maître trente sicles d'argent, et le bœuf sera lapidé.

21:33 Et si un homme ouvre une fosse, ou si un homme creuse une fosse, et ne la couvre pas, et qu'un bœuf ou un âne y tombe,

21:34 le propriétaire de la fosse donnera une compensation, il remettra l'argent au maître de la [bête] ; et la bête morte lui appartiendra.

21:35 Et si le bœuf d'un homme heurte le bœuf de son prochain, et qu'il en meure, ils vendront le bœuf vivant, et en partageront l'argent, et ils partageront aussi le mort.

21:36 Ou s'il était connu que le bœuf frappait de ses cornes auparavant, et que son maître ne l'ait pas tenu sous garde, il fera certainement compensation, bœuf pour bœuf ; et le [bœuf] mort lui appartiendra.

21:27 And if he smite out his manservant's tooth, or his maidservant's tooth; he shall let him go free for his tooth's sake.

21:28 If an ox gore a man or a woman, that they die: then the ox shall be surely stoned, and his flesh shall not be eaten; but the owner of the ox shall be quit.

21:29 But if the ox were wont to push with his horn in time past, and it hath been testified to his owner, and he hath not kept him in, but that he hath killed a man or a woman; the ox shall be stoned, and his owner also shall be put to death.

21:30 If there be laid on him a sum of money, then he shall give for the ransom of his life whatsoever is laid upon him.

21:31 Whether he have gored a son, or have gored a daughter, according to this judgment shall it be done unto him.

21:32 If the ox shall push a manservant or a maidservant; he shall give unto their master thirty shekels of silver, and the ox shall be stoned.

21:33 And if a man shall open a pit, or if a man shall dig a pit, and not cover it, and an ox or an ass fall therein;

21:34 The owner of the pit shall make it good, and give money unto the owner of them; and the dead beast shall be his.

21:35 And if one man's ox hurt another's, that he die; then they shall sell the live ox, and divide the money of it; and the dead ox also they shall divide.

21:36 Or if it be known that the ox hath used to push in time past, and his owner hath not kept him in; he shall surely pay ox for ox; and the dead shall be his own.

22:1 Si un homme vole un bœuf, ou un mouton*, et qu'il le tue ou le vende, il restituera cinq bœufs pour le bœuf, et quatre moutons pour le mouton.

22:2 Si le voleur est trouvé commettant effraction, et qu'il soit frappé et qu'il meure, il n'y aura pas coulpe de sang pour lui.

22:3 Si le soleil est levé sur lui, il y aura coulpe de sang pour lui : il aurait fait pleine compensation ; s'il n'avait rien eu, il aurait été vendu pour son vol.

22:4 Si ce qui a été volé est trouvé vivant entre ses mains, soit bœuf, soit âne, soit mouton, il fera compensation au double.

22:5 Si un homme fait brouter un champ ou une vigne, et envoie son bétail et qu'il broute dans le champ d'autrui, il fera compensation, du meilleur de son champ et du meilleur de sa vigne.

22:6 Si le feu sort et trouve des épines, et qu'un tas de gerbes, ou du blé sur pied, ou le champ, soit consumé, celui qui aura allumé l'incendie fera pleine compensation.

22:7 Si quelqu'un donne à son prochain de l'argent ou des objets à garder, et qu'ils soient volés de la maison de cet homme, si le voleur est trouvé, il fera compensation au double.

22:8 Si le voleur n'est pas trouvé, le maître de la maison sera amené devant les juges*, [pour jurer] s'il n'a pas mis sa main sur le bien de son prochain.

22:9 Dans toute affaire d'infidélité touchant un bœuf, touchant un âne, touchant un mouton, touchant un vêtement, touchant toute chose perdue dont on dira : C'est cela, — l'affaire des deux [parties] viendra devant les juges* ; celui que les juges* condamneront fera compensation au double à son prochain.

22:1 If a man shall steal an ox, or a sheep, and kill it, or sell it; he shall restore five oxen for an ox, and four sheep for a sheep.

22:2 If a thief be found breaking up, and be smitten that he die, there shall no blood be shed for him.

22:3 If the sun be risen upon him, there shall be blood shed for him; for he should make full restitution; if he have nothing, then he shall be sold for his theft.

22:4 If the theft be certainly found in his hand alive, whether it be ox, or ass, or sheep; he shall restore double.

22:5 If a man shall cause a field or vineyard to be eaten, and shall put in his beast, and shall feed in another man's field; of the best of his own field, and of the best of his own vineyard, shall he make restitution.

22:6 If fire break out, and catch in thorns, so that the stacks of corn, or the standing corn, or the field, be consumed therewith; he that kindled the fire shall surely make restitution.

22:7 If a man shall deliver unto his neighbour money or stuff to keep, and it be stolen out of the man's house; if the thief be found, let him pay double.

22:8 If the thief be not found, then the master of the house shall be brought unto the judges, to see whether he have put his hand unto his neighbour's goods.

22:9 For all manner of trespass, whether it be for ox, for ass, for sheep, for raiment, or for any manner of lost thing which another challengeth to be his, the cause of both parties shall come before the judges; and whom the judges shall condemn, he shall pay double unto his neighbour.

22:10 Si un homme donne à garder à son prochain un âne, ou un bœuf, ou un mouton, ou une bête quelconque, et que la bête meure, ou qu'elle se soit fait une fracture, ou qu'on l'ait emmenée, sans que personne l'ait vu,

22:11 le serment de l'Éternel interviendra entre les deux [parties], [pour jurer] s'il n'a pas mis sa main sur le bien de son prochain ; et le maître de la [bête] l'acceptera, et celui-là ne fera pas compensation ;

22:12 mais, si réellement elle lui a été volée, il fera compensation au maître :

22:13 si elle a été déchirée, il l'apportera en témoignage ; il ne compensera pas ce qui a été déchiré.

22:14 Et si un homme a emprunté [une bête] à son prochain, et qu'elle se fasse une fracture, ou qu'elle meure, et que son maître n'ait pas été avec elle, il fera certainement compensation.

22:15 Si son maître était avec elle, il ne fera pas compensation ; si elle a été louée elle sera venue pour son louage.

22:16 Et si un homme séduit une vierge non fiancée, et couche avec elle, il la prendra pour sa femme, en payant une dot.

22:17 Si son père refuse absolument de la lui donner, il [lui] pèsera de l'argent selon la dot des vierges.

22:18 Tu ne laisseras point vivre la magicienne.

22:19 Quiconque couche avec une bête sera certainement mis à mort.

22:20 Celui qui sacrifie à un dieu, si ce n'est à l'Éternel seul, sera voué à la destruction.

22:21 Tu ne traiteras pas mal et tu n'opprimeras pas l'étranger ; car vous avez été étrangers dans le pays d'Égypte.

22:22 Vous n'affligerez aucune veuve, ni aucun orphelin.

22:10 If a man deliver unto his neighbour an ass, or an ox, or a sheep, or any beast, to keep; and it die, or be hurt, or driven away, no man seeing it:

22:11 Then shall an oath of the LORD be between them both, that he hath not put his hand unto his neighbour's goods; and the owner of it shall accept thereof, and he shall not make it good.

22:12 And if it be stolen from him, he shall make restitution unto the owner thereof.

22:13 If it be torn in pieces, then let him bring it for witness, and he shall not make good that which was torn.

22:14 And if a man borrow ought of his neighbour, and it be hurt, or die, the owner thereof being not with it, he shall surely make it good.

22:15 But if the owner thereof be with it, he shall not make it good: if it be an hired thing, it came for his hire.

22:16 And if a man entice a maid that is not betrothed, and lie with her, he shall surely endow her to be his wife.

22:17 If her father utterly refuse to give her unto him, he shall pay money according to the dowry of virgins.

22:18 Thou shalt not suffer a witch to live.

22:19 Whosoever lieth with a beast shall surely be put to death.

22:20 He that sacrificeth unto any god, save unto the LORD only, he shall be utterly destroyed.

22:21 Thou shalt neither vex a stranger, nor oppress him: for ye were strangers in the land of Egypt.

22:22 Ye shall not afflict any widow, or fatherless child.

22:23 Si, en quoi que ce soit, tu les affliges, et qu'ils crient à moi, certainement j'entendrai leur cri ;

22:23 If thou afflict them in any wise, and they cry at all unto me, I will surely hear their cry;

22:24 et ma colère s'embrasera, et je vous tuerai par l'épée, et vos femmes seront veuves, et vos enfants orphelins.

22:24 And my wrath shall wax hot, and I will kill you with the sword; and your wives shall be widows, and your children fatherless.

22:25 Si tu prêtes de l'argent à mon peuple, au pauvre qui est avec toi, tu ne seras pas avec lui comme un usurier ; vous ne lui imposerez pas d'intérêt.

22:25 If thou lend money to any of my people that is poor by thee, thou shalt not be to him as an usurer, neither shalt thou lay upon him usury.

22:26 Si tu prends en gage le vêtement de ton prochain, tu le lui rendras avant que le soleil soit couché ;

22:26 If thou at all take thy neighbour's raiment to pledge, thou shalt deliver it unto him by that the sun goeth down:

22:27 car c'est sa seule couverture, son vêtement pour sa peau : dans quoi coucherait-il ? Il arrivera que, quand il criera à moi, je l'écouterai ; car je suis miséricordieux*.

22:27 For that is his covering only, it is his raiment for his skin: wherein shall he sleep? and it shall come to pass, when he crieth unto me, that I will hear; for I am gracious.

22:28 Tu n'outrageras pas les juges*, et tu ne maudiras pas le prince de ton peuple.

22:28 Thou shalt not revile the gods, nor curse the ruler of thy people.

22:29 Tu ne différeras point [à m'offrir de] l'abondance de ton [grenier] et de ce qui coule de ton pressoir. Le premier-né de tes fils, tu me le donneras.

22:29 Thou shalt not delay to offer the first of thy ripe fruits, and of thy liquors: the firstborn of thy sons shalt thou give unto me.

22:30 Tu feras ainsi de ton bœuf et de ton menu bétail : il sera sept jours avec sa mère ; le huitième jour, tu me le donneras.

22:30 Likewise shalt thou do with thine oxen, and with thy sheep: seven days it shall be with his dam; on the eighth day thou shalt give it me.

22:31 Et vous me serez des hommes saints, et vous ne mangerez point de la chair déchirée aux champs ; vous la jetterez aux chiens.

22:31 And ye shall be holy men unto me: neither shall ye eat any flesh that is torn of beasts in the field; ye shall cast it to the dogs.

23:1 Tu ne feras pas courir de faux bruits. Tu ne donneras pas la main au méchant, pour être un témoin inique*.

23:1 Thou shalt not raise a false report: put not thine hand with the wicked to be an unrighteous witness.

23:2 Tu n'iras pas après la foule, pour mal faire ; et tu ne répondras pas dans un procès en penchant du côté de la foule, pour faire fléchir [le jugement].

23:2 Thou shalt not follow a multitude to do evil; neither shalt thou speak in a cause to decline after many to wrest judgment:

23:3 Et tu ne favoriseras pas le pauvre dans son procès.

23:3 Neither shalt thou countenance a poor man in his cause.

23:4 Si tu rencontres le bœuf de ton ennemi, ou son âne, égaré, tu ne manqueras pas de le lui ramener.

23:5 Si tu vois l'âne de celui qui te hait couché sous son fardeau, tu te garderas de l'abandonner ; tu ne manqueras pas de le délier avec lui.

23:6 Tu ne feras pas fléchir le jugement de ton indigent dans son procès.

23:7 Tu t'éloigneras de la parole de mensonge, et tu ne tueras pas l'innocent et le juste ; car je ne justifierai pas le méchant.

23:8 Et tu ne recevras pas de présent ; car le présent aveugle ceux qui voient clair, et pervertit les paroles des justes.

23:9 Tu n'opprimeras pas l'étranger ; car vous savez ce qu'est le cœur* d'un étranger, car vous avez été étrangers dans le pays d'Égypte.

23:10 Pendant six années tu sèmeras ta terre, et tu en recueilleras le rapport ;

23:11 et la septième, tu la laisseras en jachère, et tu la laisseras inculte, et les indigents de ton peuple en mangeront, et ce qu'ils laisseront de reste, les bêtes des champs le mangeront. Tu en feras de même pour ta vigne et pour ton olivier.

23:12 — Six jours tu feras ton ouvrage, et le septième jour tu te reposeras, afin que ton bœuf et ton âne aient du repos, et que le fils de ta servante et l'étranger respirent.

23:13 Vous prendrez garde à tout ce que je vous ai dit ; et vous ne mentionnerez pas le nom d'autres dieux ; on ne l'entendra point de ta bouche.

23:14 Trois fois l'an tu me célébreras une fête.

23:4 If thou meet thine enemy's ox or his ass going astray, thou shalt surely bring it back to him again.

23:5 If thou see the ass of him that hateth thee lying under his burden, and wouldest forbear to help him, thou shalt surely help with him.

23:6 Thou shalt not wrest the judgment of thy poor in his cause.

23:7 Keep thee far from a false matter; and the innocent and righteous slay thou not: for I will not justify the wicked.

23:8 And thou shalt take no gift: for the gift blindeth the wise, and perverteth the words of the righteous.

23:9 Also thou shalt not oppress a stranger: for ye know the heart of a stranger, seeing ye were strangers in the land of Egypt.

23:10 And six years thou shalt sow thy land, and shalt gather in the fruits thereof:

23:11 But the seventh year thou shalt let it rest and lie still; that the poor of thy people may eat: and what they leave the beasts of the field shall eat. In like manner thou shalt deal with thy vineyard, and with thy oliveyard.

23:12 Six days thou shalt do thy work, and on the seventh day thou shalt rest: that thine ox and thine ass may rest, and the son of thy handmaid, and the stranger, may be refreshed.

23:13 And in all things that I have said unto you be circumspect: and make no mention of the name of other gods, neither let it be heard out of thy mouth.

23:14 Three times thou shalt keep a feast unto me in the year.

23:15 — Tu garderas la fête des pains sans levain ; pendant sept jours, au temps fixé du mois d'Abib*, tu mangeras des pains sans levain, comme je t'ai commandé, car en ce [mois] tu es sorti d'Égypte ; et on ne paraîtra pas à vide devant ma face ;

23:15 Thou shalt keep the feast of unleavened bread: (thou shalt eat unleavened bread seven days, as I commanded thee, in the time appointed of the month Abib; for in it thou camest out from Egypt: and none shall appear before me empty:)

23:16 — et la fête de la moisson des premiers fruits de tes travaux, de ce que tu auras semé dans le champ ;

23:16 And the feast of harvest, the firstfruits of thy labours, which thou hast sown in the field: and the feast of ingathering, which is in the end of the year, when thou hast gathered in thy labours out of the field.

23:17 — Trois fois l'an tous tes mâles paraîtront devant la face du Seigneur, l'Éternel.

23:17 Three items in the year all thy males shall appear before the LORD God.

23:18 Tu n'offriras* point le sang de mon sacrifice avec du pain levé ; et la graisse de ma fête ne passera pas la nuit jusqu'au matin.

23:18 Thou shalt not offer the blood of my sacrifice with leavened bread; neither shall the fat of my sacrifice remain until the morning.

23:19 Tu apporteras à la maison de l'Éternel, ton Dieu, les prémices des premiers fruits de ta terre. — Tu ne cuiras pas le chevreau dans le lait de sa mère.

23:19 The first of the firstfruits of thy land thou shalt bring into the house of the LORD thy God. Thou shalt not seethe a kid in his mother's milk.

23:20 Voici, j'envoie un ange devant toi, pour te garder dans le chemin, et pour t'amener au lieu que j'ai préparé.

23:20 Behold, I send an Angel before thee, to keep thee in the way, and to bring thee into the place which I have prepared.

23:21 Prends garde à toi à cause de sa présence, et écoute sa voix ; ne l'irrite pas ; car il ne pardonnera point votre transgression, car mon nom est en lui.

23:21 Beware of him, and obey his voice, provoke him not; for he will not pardon your transgressions: for my name is in him.

23:22 Mais si tu écoutes attentivement sa voix, et si tu fais tout ce que je dirai, je serai l'ennemi de tes ennemis et l'adversaire de tes adversaires.

23:22 But if thou shalt indeed obey his voice, and do all that I speak; then I will be an enemy unto thine enemies, and an adversary unto thine adversaries.

23:23 Car mon Ange ira devant toi, et t'amènera vers l'Amoréen, et le Héthien, et le Phérézien, et le Cananéen, le Hévien, et le Jébusien, et je les exterminerai.

23:23 For mine Angel shall go before thee, and bring thee in unto the Amorites, and the Hittites, and the Perizzites, and the Canaanites, the Hivites, and the Jebusites: and I will cut them off.

23:24 Tu ne te prosterneras point devant leurs dieux, et tu ne les serviras point, et tu ne feras pas selon leurs œuvres ; mais tu les détruiras absolument, et tu briseras entièrement leurs stèles*.

23:25 Vous servirez l'Éternel, votre Dieu, et il bénira ton pain et tes eaux, et j'ôterai la maladie du milieu de toi.

23:26 Il n'y aura pas de femelle* qui avorte, ou qui soit stérile dans ton pays ; j'accomplirai le nombre de tes jours.

23:27 J'enverrai ma frayeur devant toi, et je mettrai en déroute tout peuple contre* lequel tu iras, et je ferai que tous tes ennemis tourneront le dos devant toi.

23:28 Et j'enverrai des frelons* devant toi, et ils chasseront le Hévien, le Cananéen et le Héthien de devant toi.

23:29 Je ne les chasserai pas devant toi en une année, de peur que le pays ne devienne un désert et que les bêtes des champs ne se multiplient contre toi ;

23:30 je les chasserai peu à peu devant toi, jusqu'à ce que tu croisses en nombre*, et que tu hérites le pays.

23:31 Et j'ai établi tes limites depuis la mer Rouge jusqu'à la mer des Philistins, et depuis le désert jusqu'au fleuve* ; car je livrerai entre tes mains les habitants du pays, et tu les chasseras de devant toi.

23:32 Tu ne traiteras point alliance avec eux, ni avec leurs dieux.

23:33 Ils n'habiteront pas dans ton pays, de peur qu'ils ne te fassent pécher contre moi, car tu servirais leurs dieux ; certainement ce serait un piège pour toi.

24:1 Et il dit à Moïse : Monte vers l'Éternel, toi et Aaron, Nadab et Abihu, et soixante-dix des anciens d'Israël, et vous vous prosternerez de loin ;

23:24 Thou shalt not bow down to their gods, nor serve them, nor do after their works: but thou shalt utterly overthrow them, and quite break down their images.

23:25 And ye shall serve the LORD your God, and he shall bless thy bread, and thy water; and I will take sickness away from the midst of thee.

23:26 There shall nothing cast their young, nor be barren, in thy land: the number of thy days I will fulfil.

23:27 I will send my fear before thee, and will destroy all the people to whom thou shalt come, and I will make all thine enemies turn their backs unto thee.

23:28 And I will send hornets before thee, which shall drive out the Hivite, the Canaanite, and the Hittite, from before thee.

23:29 I will not drive them out from before thee in one year; lest the land become desolate, and the beast of the field multiply against thee.

23:30 By little and little I will drive them out from before thee, until thou be increased, and inherit the land.

23:31 And I will set thy bounds from the Red sea even unto the sea of the Philistines, and from the desert unto the river: for I will deliver the inhabitants of the land into your hand; and thou shalt drive them out before thee.

23:32 Thou shalt make no covenant with them, nor with their gods.

23:33 They shall not dwell in thy land, lest they make thee sin against me: for if thou serve their gods, it will surely be a snare unto thee.

24:1 And he said unto Moses, Come up unto the LORD, thou, and Aaron, Nadab, and Abihu, and seventy of the elders of Israel; and worship ye afar off.

24:2 et Moïse s'approchera seul de l'Éternel ; mais eux ne s'approcheront pas, et le peuple ne montera pas avec lui.

24:3 Et Moïse vint, et raconta au peuple toutes les paroles de l'Éternel, et toutes les ordonnances. Et tout le peuple répondit d'une seule voix, et dit : Toutes les paroles que l'Éternel a dites, nous les ferons.

24:4 Et Moïse écrivit toutes les paroles de l'Éternel ; et il se leva de bon matin, et bâtit un autel au pied de la montagne, et [dressa] douze stèles pour les douze tribus d'Israël ;

24:5 et il envoya des jeunes hommes des fils d'Israël qui offrirent des holocaustes, et sacrifièrent des taureaux à l'Éternel en sacrifices de prospérités.

24:6 Et Moïse prit la moitié du sang et le mit dans des bassins ; et de la moitié du sang il fit aspersion sur l'autel.

24:7 Et il prit le livre de l'alliance, et le lut aux oreilles du peuple ; et ils dirent : Tout ce que l'Éternel a dit, nous le ferons, et nous écouterons.

24:8 Et Moïse prit le sang, et en fit aspersion sur le peuple, et dit : Voici le sang de l'alliance que l'Éternel a faite avec vous selon toutes ces paroles.

24:9 Et Moïse et Aaron, Nadab et Abihu, et soixante-dix des anciens d'Israël montèrent ;

24:10 et ils virent le Dieu d'Israël, — et sous ses pieds comme un ouvrage de saphir transparent*, et comme le ciel même** en pureté***.

24:11 Et il ne porta point sa main sur les nobles d'entre les fils d'Israël : ils virent Dieu, et ils mangèrent et burent.

24:2 And Moses alone shall come near the LORD: but they shall not come nigh; neither shall the people go up with him.

24:3 And Moses came and told the people all the words of the LORD, and all the judgments: and all the people answered with one voice, and said, All the words which the LORD hath said will we do.

24:4 And Moses wrote all the words of the LORD, and rose up early in the morning, and builded an altar under the hill, and twelve pillars, according to the twelve tribes of Israel.

24:5 And he sent young men of the children of Israel, which offered burnt offerings, and sacrificed peace offerings of oxen unto the LORD.

24:6 And Moses took half of the blood, and put it in basons; and half of the blood he sprinkled on the altar.

24:7 And he took the book of the covenant, and read in the audience of the people: and they said, All that the LORD hath said will we do, and be obedient.

24:8 And Moses took the blood, and sprinkled it on the people, and said, Behold the blood of the covenant, which the LORD hath made with you concerning all these words.

24:9 Then went up Moses, and Aaron, Nadab, and Abihu, and seventy of the elders of Israel:

24:10 And they saw the God of Israel: and there was under his feet as it were a paved work of a sapphire stone, and as it were the body of heaven in his clearness.

24:11 And upon the nobles of the children of Israel he laid not his hand: also they saw God, and did eat and drink.

24:12 Et l'Éternel dit à Moïse : Monte vers moi sur la montagne, et sois là ; et je te donnerai les tables de pierre, et la loi et le commandement que j'ai écrits pour les instruire.

24:13 Et Moïse se leva, avec Josué qui le servait ; et Moïse monta sur la montagne de Dieu,

24:14 et il dit aux anciens : Attendez-nous ici jusqu'à ce que nous revenions à vous ; et voici, Aaron et Hur sont avec vous : quiconque aura quelque affaire, qu'il aille à eux.

24:15 Et Moïse monta sur la montagne, et la nuée couvrit la montagne.

24:16 Et la gloire de l'Éternel demeura sur la montagne de Sinaï, et la nuée la couvrit pendant six jours ; et le septième jour il appela Moïse du milieu de la nuée.

24:17 Et l'apparence de la gloire de l'Éternel était comme un feu dévorant sur le sommet de la montagne, aux yeux des fils d'Israël.

24:18 Et Moïse entra au milieu de la nuée, et monta sur la montagne ; et Moïse fut sur la montagne quarante jours et quarante nuits

25:1 Et l'Éternel parla à Moïse, disant :

25:2 Parle aux fils d'Israël, et qu'ils prennent pour moi une offrande élevée. Vous prendrez mon offrande élevée de tout homme qui aura un esprit libéral.

25:3 Et c'est ici l'offrande élevée que vous prendrez d'eux : de l'or, et de l'argent, et de l'airain ;

25:4 et du bleu, et de la pourpre, et de l'écarlate, et du coton blanc*, et du poil de chèvre ;

25:5 et des peaux de béliers teintes en rouge, et des peaux de taissons, et du bois de sittim ;

24:12 And the LORD said unto Moses, Come up to me into the mount, and be there: and I will give thee tables of stone, and a law, and commandments which I have written; that thou mayest teach them.

24:13 And Moses rose up, and his minister Joshua: and Moses went up into the mount of God.

24:14 And he said unto the elders, Tarry ye here for us, until we come again unto you: and, behold, Aaron and Hur are with you: if any man have any matters to do, let him come unto them.

24:15 And Moses went up into the mount, and a cloud covered the mount.

24:16 And the glory of the LORD abode upon mount Sinai, and the cloud covered it six days: and the seventh day he called unto Moses out of the midst of the cloud.

24:17 And the sight of the glory of the LORD was like devouring fire on the top of the mount in the eyes of the children of Israel.

24:18 And Moses went into the midst of the cloud, and gat him up into the mount: and Moses was in the mount forty days and forty nights.

25:1 And the LORD spake unto Moses, saying,

25:2 Speak unto the children of Israel, that they bring me an offering: of every man that giveth it willingly with his heart ye shall take my offering.

25:3 And this is the offering which ye shall take of them; gold, and silver, and brass,

25:4 And blue, and purple, and scarlet, and fine linen, and goats' hair,

25:5 And rams' skins dyed red, and badgers' skins, and shittim wood,

25:6 de l'huile pour le luminaire, des aromates pour l'huile de l'onction et pour l'encens des drogues odoriférantes ;

25:6 Oil for the light, spices for anointing oil, and for sweet incense,

25:7 des pierres d'onyx, et des pierres à enchâsser pour l'éphod et pour le pectoral.

25:7 Onyx stones, and stones to be set in the ephod, and in the breastplate.

25:8 Et ils feront pour moi un sanctuaire, et j'habiterai au milieu d'eux.

25:8 And let them make me a sanctuary; that I may dwell among them.

25:9 Selon tout ce que je te montre, le modèle du tabernacle et le modèle de tous ses ustensiles, ainsi vous ferez.

25:9 According to all that I shew thee, after the pattern of the tabernacle, and the pattern of all the instruments thereof, even so shall ye make it.

25:10 Et ils feront une arche de bois de sittim : sa longueur sera de deux coudées et demie, et sa largeur d'une coudée et demie, et sa hauteur d'une coudée et demie.

25:10 And they shall make an ark of shittim wood: two cubits and a half shall be the length thereof, and a cubit and a half the breadth thereof, and a cubit and a half the height thereof.

25:11 Et tu la plaqueras d'or pur ; tu la plaqueras dedans et dehors, et tu y feras un couronnement d'or tout autour ;

25:11 And thou shalt overlay it with pure gold, within and without shalt thou overlay it, and shalt make upon it a crown of gold round about.

25:12 et tu fondras pour elle quatre anneaux d'or, et tu les mettras à ses quatre coins*, deux anneaux à l'un de ses côtés, et deux anneaux à l'autre de ses côtés.

25:12 And thou shalt cast four rings of gold for it, and put them in the four corners thereof; and two rings shall be in the one side of it, and two rings in the other side of it.

25:13 Et tu feras des barres de bois de sittim, et tu les plaqueras d'or ;

25:13 And thou shalt make staves of shittim wood, and overlay them with gold.

25:14 et tu feras entrer les barres dans les anneaux, aux côtés de l'arche, pour porter l'arche par elles.

25:14 And thou shalt put the staves into the rings by the sides of the ark, that the ark may be borne with them.

25:15 Les barres seront dans les anneaux de l'arche ; on ne les en retirera point.

25:15 The staves shall be in the rings of the ark: they shall not be taken from it.

25:16 Et tu mettras dans l'arche le témoignage que je te donnerai.

25:16 And thou shalt put into the ark the testimony which I shall give thee.

25:17 — Et tu feras un propitiatoire* d'or pur : sa longueur sera de deux coudées et demie, et sa largeur d'une coudée et demie.

25:17 And thou shalt make a mercy seat of pure gold: two cubits and a half shall be the length thereof, and a cubit and a half the breadth thereof.

25:18 Et tu feras deux chérubins d'or ; tu les feras d'or battu, aux deux bouts du propitiatoire.

25:18 And thou shalt make two cherubims of gold, of beaten work shalt thou make them, in the two ends of the mercy seat.

God Almighty

25:19 Fais un chérubin au bout de deçà, et un chérubin au bout de delà : vous ferez les chérubins [tirés] du propitiatoire, à ses deux bouts.

25:20 Et les chérubins étendront les ailes en haut, couvrant de leurs ailes le propitiatoire, et leurs faces seront l'une vis-à-vis de l'autre ; les faces des chérubins seront [tournées] vers le propitiatoire.

25:21 Et tu mettras le propitiatoire sur l'arche, par-dessus, et tu mettras dans l'arche le témoignage que je te donnerai.

25:22 Et je me rencontrerai là avec toi, et je parlerai avec toi de dessus le propitiatoire, d'entre les deux chérubins qui seront sur l'arche du témoignage, [et te dirai] tout ce que je te commanderai pour les fils d'Israël.

25:23 Et tu feras une table de bois de sittim : sa longueur sera de deux coudées, et sa largeur d'une coudée, et sa hauteur d'une coudée et demie.

25:24 Et tu la plaqueras d'or pur, et tu y feras un couronnement d'or tout autour.

25:25 Et tu y feras un rebord d'une paume tout autour, et tu feras un couronnement d'or à son rebord, tout autour.

25:26 Et tu lui feras quatre anneaux d'or, et tu mettras les anneaux aux quatre coins qui seront à ses quatre pieds.

25:27 Les anneaux seront près du rebord, pour recevoir les barres, pour porter la table.

25:28 Et tu feras les barres de bois de sittim, et tu les plaqueras d'or ; et avec elles on portera la table.

25:19 And make one cherub on the one end, and the other cherub on the other end: even of the mercy seat shall ye make the cherubims on the two ends thereof.

25:20 And the cherubims shall stretch forth their wings on high, covering the mercy seat with their wings, and their faces shall look one to another; toward the mercy seat shall the faces of the cherubims be.

25:21 And thou shalt put the mercy seat above upon the ark; and in the ark thou shalt put the testimony that I shall give thee.

25:22 And there I will meet with thee, and I will commune with thee from above the mercy seat, from between the two cherubims which are upon the ark of the testimony, of all things which I will give thee in commandment unto the children of Israel.

25:23 Thou shalt also make a table of shittim wood: two cubits shall be the length thereof, and a cubit the breadth thereof, and a cubit and a half the height thereof.

25:24 And thou shalt overlay it with pure gold, and make thereto a crown of gold round about.

25:25 And thou shalt make unto it a border of an hand breadth round about, and thou shalt make a golden crown to the border thereof round about.

25:26 And thou shalt make for it four rings of gold, and put the rings in the four corners that are on the four feet thereof.

25:27 Over against the border shall the rings be for places of the staves to bear the table.

25:28 And thou shalt make the staves of shittim wood, and overlay them with gold, that the table may be borne with them.

25:29 Et tu feras ses plats, et ses coupes, et ses gobelets, et ses vases, avec lesquels on fera les libations ; tu les feras d'or pur.

25:30 Et tu mettras sur la table le pain de proposition*, devant moi, continuellement.

25:31 Et tu feras un chandelier d'or pur : le chandelier sera fait [d'or] battu ; son pied, et sa tige, ses calices, ses pommes, et ses fleurs, seront [tirés] de lui.

25:32 Et six branches* sortiront de ses côtés, trois branches du chandelier d'un côté et trois branches du chandelier de l'autre côté.

25:33 Il y aura, sur une branche, trois calices en forme de fleur d'amandier, une pomme et une fleur ; et, sur une [autre] branche, trois calices en forme de fleur d'amandier, une pomme et une fleur ; ainsi pour les six branches sortant du chandelier.

25:34 Et il y aura au chandelier quatre calices en forme de fleur d'amandier*, ses pommes et ses fleurs ;

25:35 et une pomme sous deux branches [sortant] de lui, et une pomme sous deux branches [sortant] de lui, et une pomme sous deux branches [sortant] de lui, pour les six branches sortant du chandelier ;

25:36 leurs pommes et leurs branches seront [tirées] de lui, le tout battu, d'une pièce, d'or pur.

25:37 — Et tu feras ses sept lampes ; et on allumera* ses lampes, afin qu'elles éclairent vis-à-vis de lui.

25:38 Et ses mouchettes et ses vases à cendre* seront d'or pur.

25:39 On le fera, avec tous ces ustensiles, d'un talent d'or pur.

25:29 And thou shalt make the dishes thereof, and spoons thereof, and covers thereof, and bowls thereof, to cover withal: of pure gold shalt thou make them.

25:30 And thou shalt set upon the table shewbread before me alway.

25:31 And thou shalt make a candlestick of pure gold: of beaten work shall the candlestick be made: his shaft, and his branches, his bowls, his knops, and his flowers, shall be of the same.

25:32 And six branches shall come out of the sides of it; three branches of the candlestick out of the one side, and three branches of the candlestick out of the other side:

25:33 Three bowls made like unto almonds, with a knop and a flower in one branch; and three bowls made like almonds in the other branch, with a knop and a flower: so in the six branches that come out of the candlestick.

25:34 And in the candlesticks shall be four bowls made like unto almonds, with their knops and their flowers.

25:35 And there shall be a knop under two branches of the same, and a knop under two branches of the same, and a knop under two branches of the same, according to the six branches that proceed out of the candlestick.

25:36 Their knops and their branches shall be of the same: all it shall be one beaten work of pure gold.

25:37 And thou shalt make the seven lamps thereof: and they shall light the lamps thereof, that they may give light over against it.

25:38 And the tongs thereof, and the snuffdishes thereof, shall be of pure gold.

25:39 Of a talent of pure gold shall he make it, with all these vessels.

25:40 Regarde, et fais selon le modèle qui t'en est montré sur la montagne.

26:1 Et tu feras le tabernacle de dix tapis de fin coton retors, et de bleu, et de pourpre, et d'écarlate ; tu les feras avec des chérubins, d'ouvrage d'art.

26:2 La longueur d'un tapis sera de vingt-huit coudées, et la largeur d'un tapis de quatre coudées : une même mesure pour tous les tapis.

26:3 Cinq tapis seront joints l'un à l'autre, et cinq tapis seront joints l'un à l'autre.

26:4 Et tu feras des ganses de bleu sur le bord d'un tapis, à l'extrémité de l'assemblage ; et tu feras de même au bord du tapis qui sera à l'extrémité dans le second assemblage.

26:5 Tu feras cinquante ganses à un tapis, et tu feras cinquante ganses à l'extrémité du tapis qui est dans le second assemblage, les ganses seront vis-à-vis l'une de l'autre.

26:6 Et tu feras cinquante agrafes d'or, et tu joindras les tapis l'un à l'autre par les agrafes, et ce sera un seul tabernacle.

26:7 Et tu feras des tapis de poil de chèvre pour une tente [qui sera] par-dessus le tabernacle ; tu feras onze de ces tapis ;

26:8 la longueur d'un tapis sera de trente coudées, et la largeur d'un tapis de quatre coudées : une même mesure pour les onze tapis.

26:9 Et tu joindras cinq tapis à part, et six tapis à part ; et tu replieras le sixième tapis sur le devant de la tente.

25:40 And look that thou make them after their pattern, which was shewed thee in the mount.

26:1 Moreover thou shalt make the tabernacle with ten curtains of fine twined linen, and blue, and purple, and scarlet: with cherubims of cunning work shalt thou make them.

26:2 The length of one curtain shall be eight and twenty cubits, and the breadth of one curtain four cubits: and every one of the curtains shall have one measure.

26:3 The five curtains shall be coupled together one to another; and other five curtains shall be coupled one to another.

26:4 And thou shalt make loops of blue upon the edge of the one curtain from the selvedge in the coupling; and likewise shalt thou make in the uttermost edge of another curtain, in the coupling of the second.

26:5 Fifty loops shalt thou make in the one curtain, and fifty loops shalt thou make in the edge of the curtain that is in the coupling of the second; that the loops may take hold one of another.

26:6 And thou shalt make fifty taches of gold, and couple the curtains together with the taches: and it shall be one tabernacle.

26:7 And thou shalt make curtains of goats' hair to be a covering upon the tabernacle: eleven curtains shalt thou make.

26:8 The length of one curtain shall be thirty cubits, and the breadth of one curtain four cubits: and the eleven curtains shall be all of one measure.

26:9 And thou shalt couple five curtains by themselves, and six curtains by themselves, and shalt double the sixth curtain in the forefront of the tabernacle.

26:10 Et tu feras cinquante ganses sur le bord du tapis qui sera à l'extrémité de l'assemblage, et cinquante ganses sur le bord du tapis du second assemblage.

26:11 Et tu feras cinquante agrafes d'airain, et tu feras entrer les agrafes dans les ganses ; et tu assembleras la tente, et elle sera une.

26:12 Et ce qui pend, le surplus des tapis de la tente, la moitié du tapis, savoir le surplus, pendra sur le derrière du tabernacle ;

26:13 et la coudée deçà, et la coudée delà, qui est de surplus dans la longueur des tapis de la tente, pendront sur les côtés du tabernacle, deçà et delà, pour le couvrir.

26:14 Et tu feras pour la tente une couverture de peaux de béliers teintes en rouge, et une couverture de peaux de taissons par-dessus.

26:15 Et tu feras les ais pour le tabernacle ; ils seront de bois de sittim, [placés] debout ;

26:16 la longueur d'un ais sera de dix coudées, et la largeur d'un ais d'une coudée et demie.

26:17 Il y aura deux tenons à un ais, en façon d'échelons, l'un répondant à l'autre* ; tu feras de même pour tous les ais du tabernacle.

26:18 Et tu feras les ais pour le tabernacle, vingt ais pour le côté du midi vers le sud ;

26:19 et tu feras quarante bases d'argent sous les vingt ais, deux bases sous un ais pour ses deux tenons et deux bases sous un ais pour ses deux tenons ;

26:20 et pour l'autre côté du tabernacle, du côté du nord, vingt ais,

26:21 et leurs quarante bases d'argent, deux bases sous un ais, et deux bases sous un ais.

26:10 And thou shalt make fifty loops on the edge of the one curtain that is outmost in the coupling, and fifty loops in the edge of the curtain which coupleth the second.

26:11 And thou shalt make fifty taches of brass, and put the taches into the loops, and couple the tent together, that it may be one.

26:12 And the remnant that remaineth of the curtains of the tent, the half curtain that remaineth, shall hang over the backside of the tabernacle.

26:13 And a cubit on the one side, and a cubit on the other side of that which remaineth in the length of the curtains of the tent, it shall hang over the sides of the tabernacle on this side and on that side, to cover it.

26:14 And thou shalt make a covering for the tent of rams' skins dyed red, and a covering above of badgers' skins.

26:15 And thou shalt make boards for the tabernacle of shittim wood standing up.

26:16 Ten cubits shall be the length of a board, and a cubit and a half shall be the breadth of one board.

26:17 Two tenons shall there be in one board, set in order one against another: thus shalt thou make for all the boards of the tabernacle.

26:18 And thou shalt make the boards for the tabernacle, twenty boards on the south side southward.

26:19 And thou shalt make forty sockets of silver under the twenty boards; two sockets under one board for his two tenons, and two sockets under another board for his two tenons.

26:20 And for the second side of the tabernacle on the north side there shall be twenty boards:

26:21 And their forty sockets of silver; two sockets under one board, and two sockets under another board.

26:22 Et pour le fond du tabernacle, vers l'occident, tu feras six ais.

26:23 Et tu feras deux ais pour les angles du tabernacle, au fond ;

26:24 ils seront joints* par le bas et parfaitement unis ensemble par le haut dans un anneau ; il en sera de même pour les deux ; ils seront aux** deux angles.

26:25 Et il y aura huit ais, et leurs bases d'argent : seize bases, deux bases sous un ais, et deux bases sous un ais.

26:26 — Et tu feras des traverses de bois de sittim, cinq pour les ais d'un côté du tabernacle,

26:27 et cinq traverses pour les ais de l'autre côté du tabernacle, et cinq traverses pour les ais du côté du tabernacle, pour le fond, vers l'occident ;

26:28 et la traverse du milieu sera au milieu des ais courant d'un bout à l'autre.

26:29 Et tu plaqueras d'or les ais, et tu feras d'or leurs anneaux qui recevront les traverses et tu plaqueras d'or les traverses.

26:30 Et tu dresseras le tabernacle selon son ordonnance qui t'a été montrée sur la montagne.

26:31 Et tu feras un voile de bleu, et de pourpre, et d'écarlate, et de fin coton retors ; on le fera d'ouvrage d'art, avec des chérubins ;

26:32 et tu le mettras sur quatre piliers de [bois de] sittim, plaqués d'or, et leurs crochets seront d'or ; ils seront sur quatre bases d'argent.

26:22 And for the sides of the tabernacle westward thou shalt make six boards.

26:23 And two boards shalt thou make for the corners of the tabernacle in the two sides.

26:24 And they shall be coupled together beneath, and they shall be coupled together above the head of it unto one ring: thus shall it be for them both; they shall be for the two corners.

26:25 And they shall be eight boards, and their sockets of silver, sixteen sockets; two sockets under one board, and two sockets under another board.

26:26 And thou shalt make bars of shittim wood; five for the boards of the one side of the tabernacle,

26:27 And five bars for the boards of the other side of the tabernacle, and five bars for the boards of the side of the tabernacle, for the two sides westward.

26:28 And the middle bar in the midst of the boards shall reach from end to end.

26:29 And thou shalt overlay the boards with gold, and make their rings of gold for places for the bars: and thou shalt overlay the bars with gold.

26:30 And thou shalt rear up the tabernacle according to the fashion thereof which was shewed thee in the mount.

26:31 And thou shalt make a vail of blue, and purple, and scarlet, and fine twined linen of cunning work: with cherubims shall it be made:

26:32 And thou shalt hang it upon four pillars of shittim wood overlaid with gold: their hooks shall be of gold, upon the four sockets of silver.

26:33 Et tu mettras le voile au-dessous des agrafes, et tu mettras là, au dedans du voile, l'arche du témoignage ; et le voile fera séparation pour vous entre le lieu saint et le lieu très saint*.

26:33 And thou shalt hang up the vail under the taches, that thou mayest bring in thither within the vail the ark of the testimony: and the vail shall divide unto you between the holy place and the most holy.

26:34 Et tu mettras le propitiatoire sur l'arche du témoignage, dans le lieu très saint.

26:34 And thou shalt put the mercy seat upon the ark of the testimony in the most holy place.

26:35 Et tu placeras la table en dehors du voile, et le chandelier vis-à-vis de la table, sur le côté du tabernacle qui est vers le sud, et tu mettras la table sur le côté nord.

26:35 And thou shalt set the table without the vail, and the candlestick over against the table on the side of the tabernacle toward the south: and thou shalt put the table on the north side.

26:36 Et tu feras pour l'entrée de la tente un rideau* de bleu, et de pourpre, et d'écarlate, et de fin coton retors, en ouvrage de brodeur ;

26:36 And thou shalt make an hanging for the door of the tent, of blue, and purple, and scarlet, and fine twined linen, wrought with needlework.

26:37 et tu feras pour le rideau cinq piliers de bois de sittim, et tu les plaqueras d'or, et leurs crochets seront d'or ; et tu fondras pour eux cinq bases d'airain.

26:37 And thou shalt make for the hanging five pillars of shittim wood, and overlay them with gold, and their hooks shall be of gold: and thou shalt cast five sockets of brass for them.

27:1 Et tu feras l'autel de bois de sittim : [il aura] cinq coudées de long, et cinq coudées de large ; l'autel sera carré, et sa hauteur sera de trois coudées.

27:1 And thou shalt make an altar of shittim wood, five cubits long, and five cubits broad; the altar shall be foursquare: and the height thereof shall be three cubits.

27:2 Et tu feras ses cornes à ses quatre coins ; ses cornes seront [tirées] de lui ; et tu le plaqueras d'airain.

27:2 And thou shalt make the horns of it upon the four corners thereof: his horns shall be of the same: and thou shalt overlay it with brass.

27:3 Et tu feras ses vases à cendre*, et ses pelles, et ses bassins, et ses fourchettes, et ses brasiers ; tous ses ustensiles, tu les feras d'airain.

27:3 And thou shalt make his pans to receive his ashes, and his shovels, and his basons, and his fleshhooks, and his firepans: all the vessels thereof thou shalt make of brass.

27:4 Et tu lui feras une grille en ouvrage de treillis, d'airain ; et tu feras au treillis quatre anneaux d'airain, à ses quatre bouts ;

27:4 And thou shalt make for it a grate of network of brass; and upon the net shalt thou make four brasen rings in the four corners thereof.

27:5 et tu le mettras au-dessous du contour de l'autel, en bas, et le treillis ira jusqu'au milieu de l'autel.

27:5 And thou shalt put it under the compass of the altar beneath, that the net may be even to the midst of the altar.

27:6 Et tu feras des barres pour l'autel, des barres de bois de sittim, et tu les plaqueras d'airain.

27:7 Et on fera entrer ses barres dans les anneaux ; et les barres seront aux deux côtés de l'autel, pour le porter.

27:8 Tu le feras creux, avec des planches, comme il t'a été montré sur la montagne ; on le fera ainsi.

27:9 Et tu feras le parvis du tabernacle : pour le côté du midi vers le sud, des tentures de fin coton retors pour le parvis, de cent coudées en longueur pour un côté,

27:10 et ses vingt piliers, et leurs vingt bases d'airain ; les crochets des piliers et leurs baguettes d'attache seront en argent.

27:11 Et de même pour le côté du nord, dans la longueur, [tu feras] des tentures de cent [coudées] en longueur, et ses vingt piliers, et leurs vingt bases d'airain ; les crochets des piliers et leurs baguettes d'attache seront en argent.

27:12 Et [pour] la largeur du parvis du côté de l'occident, [tu feras] cinquante coudées de tentures, leurs dix piliers et leurs dix bases.

27:13 Et la largeur du parvis du côté de l'orient, vers le levant, sera de cinquante coudées :

27:14 [tu feras], pour l'un des côtés, quinze coudées de tentures, leurs trois piliers et leurs trois bases,

27:15 et pour l'autre côté, quinze [coudées] de tentures, leurs trois piliers et leurs trois bases,

27:16 et pour la porte du parvis, un rideau de vingt coudées, de bleu, et de pourpre, et d'écarlate, et de fin coton retors, en ouvrage de brodeur, ses quatre piliers et leurs quatre bases.

27:6 And thou shalt make staves for the altar, staves of shittim wood, and overlay them with brass.

27:7 And the staves shall be put into the rings, and the staves shall be upon the two sides of the altar, to bear it.

27:8 Hollow with boards shalt thou make it: as it was shewed thee in the mount, so shall they make it.

27:9 And thou shalt make the court of the tabernacle: for the south side southward there shall be hangings for the court of fine twined linen of an hundred cubits long for one side:

27:10 And the twenty pillars thereof and their twenty sockets shall be of brass; the hooks of the pillars and their fillets shall be of silver.

27:11 And likewise for the north side in length there shall be hangings of an hundred cubits long, and his twenty pillars and their twenty sockets of brass; the hooks of the pillars and their fillets of silver.

27:12 And for the breadth of the court on the west side shall be hangings of fifty cubits: their pillars ten, and their sockets ten.

27:13 And the breadth of the court on the east side eastward shall be fifty cubits.

27:14 The hangings of one side of the gate shall be fifteen cubits: their pillars three, and their sockets three.

27:15 And on the other side shall be hangings fifteen cubits: their pillars three, and their sockets three.

27:16 And for the gate of the court shall be an hanging of twenty cubits, of blue, and purple, and scarlet, and fine twined linen, wrought with needlework: and their pillars shall be four, and their sockets four.

27:17 Tous les piliers du parvis, à l'entour, auront des baguettes d'attache en argent, leurs crochets, d'argent, et leurs bases, d'airain.

27:18 La longueur du parvis sera de cent coudées, et la largeur de cinquante tout le long, et la hauteur de cinq coudées, en fin coton retors ; et les bases des piliers* seront d'airain.

27:19 Tous les ustensiles du tabernacle, pour tout son service, et tous ses pieux, et tous les pieux du parvis, seront d'airain.

27:20 Et toi, tu commanderas aux fils d'Israël, et ils t'apporteront de l'huile d'olive pure, broyée*, pour le luminaire, pour faire luire** les lampes*** continuellement.

27:21 Aaron et ses fils les arrangeront devant l'Éternel, depuis le soir jusqu'au matin, dans la tente d'assignation, en dehors du voile qui est devant le témoignage. Ce sera de la part des fils d'Israël un statut perpétuel, en leurs générations.

28:1 Et toi, fais approcher de toi Aaron, ton frère, et ses fils avec lui, du milieu des fils d'Israël, pour exercer la sacrificature devant* moi Aaron, Nadab et Abihu, Éléazar et Ithamar, fils d'Aaron.

28:2 Et tu feras de saints vêtements à Aaron, ton frère, pour gloire et pour ornement.

28:3 Et toi, tu parleras à tous les hommes intelligents* que j'ai remplis de l'esprit de sagesse, et ils feront les vêtements d'Aaron pour le sanctifier, afin qu'il exerce la sacrificature devant moi.

27:17 All the pillars round about the court shall be filleted with silver; their hooks shall be of silver, and their sockets of brass.

27:18 The length of the court shall be an hundred cubits, and the breadth fifty every where, and the height five cubits of fine twined linen, and their sockets of brass.

27:19 All the vessels of the tabernacle in all the service thereof, and all the pins thereof, and all the pins of the court, shall be of brass.

27:20 And thou shalt command the children of Israel, that they bring thee pure oil olive beaten for the light, to cause the lamp to burn always.

27:21 In the tabernacle of the congregation without the vail, which is before the testimony, Aaron and his sons shall order it from evening to morning before the LORD: it shall be a statute for ever unto their generations on the behalf of the children of Israel.

28:1 And take thou unto thee Aaron thy brother, and his sons with him, from among the children of Israel, that he may minister unto me in the priest's office, even Aaron, Nadab and Abihu, Eleazar and Ithamar, Aaron's sons.

28:2 And thou shalt make holy garments for Aaron thy brother for glory and for beauty.

28:3 And thou shalt speak unto all that are wise hearted, whom I have filled with the spirit of wisdom, that they may make Aaron's garments to consecrate him, that he may minister unto me in the priest's office.

28:4 Et ce sont ici les vêtements qu'ils feront : un pectoral, et un éphod, et une robe, et une tunique brodée, une tiare, et une ceinture ; et ils feront les saints vêtements pour Aaron, ton frère, et pour ses fils, afin qu'ils exercent la sacrificature devant moi.

28:5 Et ils prendront de l'or, et du bleu, et de la pourpre, et de l'écarlate, et du fin coton ;

28:6 et ils feront l'éphod, d'or, de bleu, de pourpre, d'écarlate et de fin coton retors, en ouvrage d'art.

28:7 Il aura, à ses deux bouts, deux épaulières pour l'assembler ; il sera ainsi joint.

28:8 Et la ceinture* de son éphod, qui sera par-dessus, sera du même travail, de la même matière, d'or, de bleu, et de pourpre, et d'écarlate, et de fin coton retors.

28:9 — Et tu prendras deux pierres d'onyx*, et tu graveras sur elles les noms des fils d'Israël :

28:10 six de leurs noms sur une pierre, et les six noms restants sur la seconde pierre, selon leur naissance.

28:11 Tu graveras, en ouvrage de lapidaire, en gravure de cachet, les deux pierres, d'après les noms des fils d'Israël ; tu les feras enchâsser dans des chatons d'or.

28:12 Et tu mettras les deux pierres sur les épaulières de l'éphod, comme pierres de mémorial pour les fils d'Israël ; et Aaron portera leurs noms devant l'Éternel, sur ses deux épaules, en mémorial.

28:13 Et tu feras des chatons d'or,

28:14 et deux chaînettes d'or pur, à bouts ; tu les feras en ouvrage de torsade ; et tu attacheras les chaînettes en torsade aux chatons.

28:4 And these are the garments which they shall make; a breastplate, and an ephod, and a robe, and a broidered coat, a mitre, and a girdle: and they shall make holy garments for Aaron thy brother, and his sons, that he may minister unto me in the priest's office.

28:5 And they shall take gold, and blue, and purple, and scarlet, and fine linen.

28:6 And they shall make the ephod of gold, of blue, and of purple, of scarlet, and fine twined linen, with cunning work.

28:7 It shall have the two shoulderpieces thereof joined at the two edges thereof; and so it shall be joined together.

28:8 And the curious girdle of the ephod, which is upon it, shall be of the same, according to the work thereof; even of gold, of blue, and purple, and scarlet, and fine twined linen.

28:9 And thou shalt take two onyx stones, and grave on them the names of the children of Israel:

28:10 Six of their names on one stone, and the other six names of the rest on the other stone, according to their birth.

28:11 With the work of an engraver in stone, like the engravings of a signet, shalt thou engrave the two stones with the names of the children of Israel: thou shalt make them to be set in ouches of gold.

28:12 And thou shalt put the two stones upon the shoulders of the ephod for stones of memorial unto the children of Israel: and Aaron shall bear their names before the LORD upon his two shoulders for a memorial.

28:13 And thou shalt make ouches of gold;

28:14 And two chains of pure gold at the ends; of wreathen work shalt thou make them, and fasten the wreathen chains to the ouches.

28:15 Et tu feras le pectoral de jugement ; tu le feras en ouvrage d'art, comme l'ouvrage de l'éphod ; tu le feras d'or, de bleu, et de pourpre, et d'écarlate, et de fin coton retors.

28:15 And thou shalt make the breastplate of judgment with cunning work; after the work of the ephod thou shalt make it; of gold, of blue, and of purple, and of scarlet, and of fine twined linen, shalt thou make it.

28:16 Il sera carré, double ; sa longueur sera d'un empan, et sa largeur d'un empan.

28:16 Foursquare it shall be being doubled; a span shall be the length thereof, and a span shall be the breadth thereof.

28:17 Et tu le garniras de pierres enchâssées, de quatre rangées de pierres : la première rangée, une sardoine, une topaze, et une émeraude* ;

28:17 And thou shalt set in it settings of stones, even four rows of stones: the first row shall be a sardius, a topaz, and a carbuncle: this shall be the first row.

28:18 et la seconde rangée, une escarboucle, un saphir, et un diamant ;

28:18 And the second row shall be an emerald, a sapphire, and a diamond.

28:19 et la troisième rangée, une opale, une agate, et une améthyste ;

28:19 And the third row a ligure, an agate, and an amethyst.

28:20 et la quatrième rangée, un chrysolithe, un onyx* et un jaspe ; elles seront enchâssées dans de l'or, dans leurs montures.

28:20 And the fourth row a beryl, and an onyx, and a jasper: they shall be set in gold in their inclosings.

28:21 Et les pierres seront selon les noms des fils d'Israël, douze, selon leurs noms, en gravure de cachet, chacune selon son nom ; elles seront pour les douze tribus.

28:21 And the stones shall be with the names of the children of Israel, twelve, according to their names, like the engravings of a signet; every one with his name shall they be according to the twelve tribes.

28:22 — Et tu feras sur le pectoral des chaînettes à bouts, en ouvrage de torsade, d'or pur ;

28:22 And thou shalt make upon the breastplate chains at the ends of wreathen work of pure gold.

28:23 et tu feras sur le pectoral deux anneaux d'or ; et tu mettras les deux anneaux aux deux bouts du pectoral ;

28:23 And thou shalt make upon the breastplate two rings of gold, and shalt put the two rings on the two ends of the breastplate.

28:24 et tu mettras les deux torsades d'or dans les deux anneaux, aux bouts du pectoral ;

28:24 And thou shalt put the two wreathen chains of gold in the two rings which are on the ends of the breastplate.

28:25 et tu mettras les deux bouts des deux torsades dans les deux chatons, et tu les mettras sur les épaulières de l'éphod, sur le devant.

28:25 And the other two ends of the two wreathen chains thou shalt fasten in the two ouches, and put them on the shoulderpieces of the ephod before it.

28:26 Et tu feras deux anneaux d'or, et tu les placeras aux deux bouts du pectoral, sur son bord qui est contre l'éphod, en dedans.

28:27 Et tu feras deux anneaux d'or, et tu les mettras aux deux épaulières de l'éphod par en bas, sur le devant, juste à* sa jointure au-dessus de la ceinture de l'éphod.

28:28 Et on attachera le pectoral par ses anneaux aux anneaux de l'éphod avec un cordon de bleu, afin qu'il soit au-dessus de la ceinture de l'éphod, et que le pectoral ne bouge pas de dessus l'éphod.

28:29 Et Aaron portera les noms des fils d'Israël au pectoral de jugement sur son cœur, lorsqu'il entrera dans le lieu saint, comme mémorial devant l'Éternel, continuellement.

28:30 — Et tu mettras sur le pectoral de jugement les urim* et les thummim**, et ils seront sur le cœur d'Aaron, quand il entrera devant l'Éternel ; et Aaron portera le jugement des fils d'Israël sur son cœur, devant l'Éternel, continuellement.

28:31 Et tu feras la robe de l'éphod entièrement de bleu ;

28:32 et son ouverture pour la tête* sera au milieu ; il y aura une bordure à son ouverture, tout autour, en ouvrage de tisserand ; elle l'aura comme l'ouverture d'une cotte de mailles : elle ne se déchirera pas.

28:33 — Et tu feras sur ses bords des grenades de bleu, et de pourpre, et d'écarlate, sur ses bords, tout autour, et des clochettes d'or entre elles, tout autour :

28:34 une clochette d'or et une grenade, une clochette d'or et une grenade, sur les bords de la robe, tout autour.

28:26 And thou shalt make two rings of gold, and thou shalt put them upon the two ends of the breastplate in the border thereof, which is in the side of the ephod inward.

28:27 And two other rings of gold thou shalt make, and shalt put them on the two sides of the ephod underneath, toward the forepart thereof, over against the other coupling thereof, above the curious girdle of the ephod.

28:28 And they shall bind the breastplate by the rings thereof unto the rings of the ephod with a lace of blue, that it may be above the curious girdle of the ephod, and that the breastplate be not loosed from the ephod.

28:29 And Aaron shall bear the names of the children of Israel in the breastplate of judgment upon his heart, when he goeth in unto the holy place, for a memorial before the LORD continually.

28:30 And thou shalt put in the breastplate of judgment the Urim and the Thummim; and they shall be upon Aaron's heart, when he goeth in before the LORD: and Aaron shall bear the judgment of the children of Israel upon his heart before the LORD continually.

28:31 And thou shalt make the robe of the ephod all of blue.

28:32 And there shall be an hole in the top of it, in the midst thereof: it shall have a binding of woven work round about the hole of it, as it were the hole of an habergeon, that it be not rent.

28:33 And beneath upon the hem of it thou shalt make pomegranates of blue, and of purple, and of scarlet, round about the hem thereof; and bells of gold between them round about:

28:34 A golden bell and a pomegranate, a golden bell and a pomegranate, upon the hem of the robe round about.

28:35 Et Aaron en sera revêtu quand il fera le service ; et on en entendra le son quand il entrera dans le lieu saint, devant l'Éternel, et quand il en sortira, afin qu'il ne meure pas.

28:36 Et tu feras une lame d'or pur, et tu graveras sur elle, en gravure de cachet : Sainteté à l'Éternel ;

28:37 et tu la poseras sur un cordon de bleu, et elle sera sur la tiare ;

28:38 elle sera sur le devant de la tiare : et elle sera sur le front d'Aaron ; et Aaron portera l'iniquité des choses saintes que les fils d'Israël auront sanctifiées, dans tous les dons de leurs choses saintes ; et elle sera sur son front continuellement, pour être agréée pour eux devant l'Éternel.

28:39 Et tu broderas la tunique de fin coton ; et tu feras la tiare de fin coton ; et tu feras la ceinture en ouvrage de brodeur.

28:40 Et pour les fils d'Aaron tu feras des tuniques, et tu leur feras des ceintures, et tu leur feras des bonnets, pour gloire et pour ornement.

28:41 Et tu en revêtiras Aaron, ton frère, et ses fils avec lui ; et tu les oindras, et tu les consacreras*, et tu les sanctifieras afin qu'ils exercent la sacrificature devant moi.

28:42 Et tu leur feras des caleçons de lin pour couvrir la nudité de leur chair ; ils iront* des reins jusqu'aux cuisses.

28:43 Et ils seront sur Aaron et sur ses fils lorsqu'ils entreront dans la tente d'assignation ou lorsqu'ils s'approcheront de l'autel pour faire le service dans le lieu saint, afin qu'ils ne portent pas d'iniquité et ne meurent pas. [C'est] un statut perpétuel, pour lui et pour sa semence après lui.

28:35 And it shall be upon Aaron to minister: and his sound shall be heard when he goeth in unto the holy place before the LORD, and when he cometh out, that he die not.

28:36 And thou shalt make a plate of pure gold, and grave upon it, like the engravings of a signet, HOLINESS TO THE LORD.

28:37 And thou shalt put it on a blue lace, that it may be upon the mitre; upon the forefront of the mitre it shall be.

28:38 And it shall be upon Aaron's forehead, that Aaron may bear the iniquity of the holy things, which the children of Israel shall hallow in all their holy gifts; and it shall be always upon his forehead, that they may be accepted before the LORD.

28:39 And thou shalt embroider the coat of fine linen, and thou shalt make the mitre of fine linen, and thou shalt make the girdle of needlework.

28:40 And for Aaron's sons thou shalt make coats, and thou shalt make for them girdles, and bonnets shalt thou make for them, for glory and for beauty.

28:41 And thou shalt put them upon Aaron thy brother, and his sons with him; and shalt anoint them, and consecrate them, and sanctify them, that they may minister unto me in the priest's office.

28:42 And thou shalt make them linen breeches to cover their nakedness; from the loins even unto the thighs they shall reach:

28:43 And they shall be upon Aaron, and upon his sons, when they come in unto the tabernacle of the congregation, or when they come near unto the altar to minister in the holy place; that they bear not iniquity, and die: it shall be a statute for ever unto him and his seed after him.

29:1 Et c'est ici ce que tu feras pour eux, afin de les sanctifier pour exercer la sacrificature devant moi. Prends un jeune taureau* et deux béliers sans défaut,

29:2 et du pain sans levain, et des gâteaux sans levain, pétris à l'huile et des galettes sans levain ointes d'huile ; tu les feras de fine farine de froment ;

29:3 et tu les mettras dans une corbeille, et tu les présenteras dans la corbeille, et le jeune taureau et les deux béliers.

29:4 Et tu feras approcher Aaron et ses fils à l'entrée de la tente d'assignation, et tu les laveras avec de l'eau.

29:5 Et tu prendras les vêtements, et tu feras revêtir à Aaron la tunique et la robe de l'éphod, et l'éphod, et le pectoral, et tu le ceindras avec la ceinture de l'éphod ;

29:6 et tu placeras la tiare sur sa tête, et tu mettras le saint diadème sur la tiare.

29:7 Et tu prendras l'huile de l'onction, et tu la verseras sur sa tête, et tu l'oindras.

29:8 Et tu feras approcher ses fils, et tu les revêtiras des tuniques ;

29:9 et tu les ceindras de la ceinture, Aaron et ses fils, et tu leur attacheras les bonnets ; et la sacrificature sera pour eux un statut perpétuel : et tu consacreras* et Aaron et ses fils.

29:10 Et tu feras approcher le jeune taureau devant la tente d'assignation, et Aaron et ses fils poseront leurs mains sur la tête du taureau*,

29:11 et tu égorgeras le taureau devant l'Éternel, à l'entrée de la tente d'assignation ;

29:1 And this is the thing that thou shalt do unto them to hallow them, to minister unto me in the priest's office: Take one young bullock, and two rams without blemish,

29:2 And unleavened bread, and cakes unleavened tempered with oil, and wafers unleavened anointed with oil: of wheaten flour shalt thou make them.

29:3 And thou shalt put them into one basket, and bring them in the basket, with the bullock and the two rams.

29:4 And Aaron and his sons thou shalt bring unto the door of the tabernacle of the congregation, and shalt wash them with water.

29:5 And thou shalt take the garments, and put upon Aaron the coat, and the robe of the ephod, and the ephod, and the breastplate, and gird him with the curious girdle of the ephod:

29:6 And thou shalt put the mitre upon his head, and put the holy crown upon the mitre.

29:7 Then shalt thou take the anointing oil, and pour it upon his head, and anoint him.

29:8 And thou shalt bring his sons, and put coats upon them.

29:9 And thou shalt gird them with girdles, Aaron and his sons, and put the bonnets on them: and the priest's office shall be theirs for a perpetual statute: and thou shalt consecrate Aaron and his sons.

29:10 And thou shalt cause a bullock to be brought before the tabernacle of the congregation: and Aaron and his sons shall put their hands upon the head of the bullock.

29:11 And thou shalt kill the bullock before the LORD, by the door of the tabernacle of the congregation.

29:12 et tu prendras du sang du taureau, et tu le mettras avec ton doigt sur les cornes de l'autel, et tu verseras tout le sang au pied de l'autel.

29:13 Et tu prendras toute la graisse qui couvre l'intérieur, et le réseau* qui est sur le foie, et les deux rognons et la graisse qui est dessus, et tu les feras fumer** sur l'autel ;

29:14 et tu brûleras au feu, hors du camp, la chair du taureau, et sa peau, et sa fiente : c'est un sacrifice pour le péché.

29:15 Puis tu prendras l'un des béliers, et Aaron et ses fils poseront leurs mains sur la tête du bélier ; et tu égorgeras le bélier,

29:16 et tu prendras son sang, et tu en feras aspersion sur l'autel, tout autour.

29:17 Et tu couperas le bélier en morceaux ; et tu laveras son intérieur et ses jambes, et tu les mettras sur ses morceaux et sur sa tête ;

29:18 et tu feras fumer tout le bélier sur l'autel : c'est un holocauste à l'Éternel, une odeur agréable ; c'est un sacrifice par feu à l'Éternel.

29:19 Et tu prendras le second bélier, et Aaron et ses fils poseront leurs mains sur la tête du bélier ;

29:20 et tu égorgeras le bélier, et tu prendras de son sang, et tu le mettras sur le lobe de l'oreille droite d'Aaron, et sur le lobe de l'oreille droite de ses fils, et sur le pouce de leur main droite, et sur le gros orteil de leur pied droit ; et tu feras aspersion du sang sur l'autel, tout autour.

29:21 Et tu prendras du sang qui sera sur l'autel, et de l'huile de l'onction, et tu en feras aspersion* sur Aaron et sur ses vêtements, et sur ses fils et sur les vêtements de ses fils avec lui : et il sera saint, lui et ses vêtements, et ses fils et les vêtements de ses fils avec lui.

29:12 And thou shalt take of the blood of the bullock, and put it upon the horns of the altar with thy finger, and pour all the blood beside the bottom of the altar.

29:13 And thou shalt take all the fat that covereth the inwards, and the caul that is above the liver, and the two kidneys, and the fat that is upon them, and burn them upon the altar.

29:14 But the flesh of the bullock, and his skin, and his dung, shalt thou burn with fire without the camp: it is a sin offering.

29:15 Thou shalt also take one ram; and Aaron and his sons shall put their hands upon the head of the ram.

29:16 And thou shalt slay the ram, and thou shalt take his blood, and sprinkle it round about upon the altar.

29:17 And thou shalt cut the ram in pieces, and wash the inwards of him, and his legs, and put them unto his pieces, and unto his head.

29:18 And thou shalt burn the whole ram upon the altar: it is a burnt offering unto the LORD: it is a sweet savour, an offering made by fire unto the LORD.

29:19 And thou shalt take the other ram; and Aaron and his sons shall put their hands upon the head of the ram.

29:20 Then shalt thou kill the ram, and take of his blood, and put it upon the tip of the right ear of Aaron, and upon the tip of the right ear of his sons, and upon the thumb of their right hand, and upon the great toe of their right foot, and sprinkle the blood upon the altar round about.

29:21 And thou shalt take of the blood that is upon the altar, and of the anointing oil, and sprinkle it upon Aaron, and upon his garments, and upon his sons, and upon the garments of his sons with him: and he shall be hallowed, and his garments, and his sons, and his sons' garments with him.

29:22 — Et tu prendras la graisse du bélier, et la queue, et la graisse qui couvre l'intérieur, et le réseau du foie, et les deux rognons et la graisse qui est dessus, et l'épaule droite (car c'est un bélier de consécration),

29:23 et un pain*, et un gâteau de pain à l'huile, et une galette de la corbeille des pains sans levain qui sera devant l'Éternel ;

29:24 et tu mettras le tout sur les paumes des mains d'Aaron, et sur les paumes des mains de ses fils, et tu les tournoieras* comme offrande tournoyée devant l'Éternel ;

29:25 et tu les prendras de leurs mains, et tu les feras fumer sur l'autel, sur l'holocauste, en odeur agréable devant l'Éternel : c'est un sacrifice par feu à l'Éternel.

29:26 Et tu prendras la poitrine du bélier de consécration qui est pour Aaron, et tu la tournoieras comme offrande tournoyée devant l'Éternel ; et ce sera ta part.

29:27 Et tu sanctifieras la poitrine tournoyée et l'épaule élevée, [ce] qui aura été tournoyé et [ce] qui aura été élevé du bélier de consécration, de celui qui est pour Aaron et de celui qui est pour ses fils.

29:28 Et cela sera pour Aaron et pour ses fils un statut perpétuel, de la part des fils d'Israël, car c'est une offrande élevée : et ce sera une offrande élevée de la part des fils d'Israël, de leurs sacrifices de prospérités, leur offrande élevée à l'Éternel.

29:29 Et les saints vêtements qui sont pour Aaron seront pour ses fils après lui, afin qu'ils soient oints et consacrés dans ces vêtements.

29:22 Also thou shalt take of the ram the fat and the rump, and the fat that covereth the inwards, and the caul above the liver, and the two kidneys, and the fat that is upon them, and the right shoulder; for it is a ram of consecration:

29:23 And one loaf of bread, and one cake of oiled bread, and one wafer out of the basket of the unleavened bread that is before the LORD:

29:24 And thou shalt put all in the hands of Aaron, and in the hands of his sons; and shalt wave them for a wave offering before the LORD.

29:25 And thou shalt receive them of their hands, and burn them upon the altar for a burnt offering, for a sweet savour before the LORD: it is an offering made by fire unto the LORD.

29:26 And thou shalt take the breast of the ram of Aaron's consecration, and wave it for a wave offering before the LORD: and it shall be thy part.

29:27 And thou shalt sanctify the breast of the wave offering, and the shoulder of the heave offering, which is waved, and which is heaved up, of the ram of the consecration, even of that which is for Aaron, and of that which is for his sons:

29:28 And it shall be Aaron's and his sons' by a statute for ever from the children of Israel: for it is an heave offering: and it shall be an heave offering from the children of Israel of the sacrifice of their peace offerings, even their heave offering unto the LORD.

29:29 And the holy garments of Aaron shall be his sons' after him, to be anointed therein, and to be consecrated in them.

29:30 Celui d'entre ses fils qui sera sacrificateur à sa place, qui entrera dans la tente d'assignation pour faire le service dans le lieu saint, les revêtira pendant sept jours. balancer, ici et ailleurs.

29:31 Et tu prendras le bélier de consécration, et tu feras cuire sa chair dans un lieu saint ;

29:32 et Aaron et ses fils mangeront, à l'entrée de la tente d'assignation, la chair du bélier, et le pain qui sera dans la corbeille :

29:33 ils mangeront ces choses par lesquelles la propitiation aura été faite, pour les consacrer et les sanctifier : mais nul étranger n'en mangera, car elles sont saintes.

29:34 Et s'il reste de la chair des consécrations, ou du pain, jusqu'au matin, tu brûleras ce reste au feu ; il ne sera pas mangé, car il est saint.

29:35 Tu feras ainsi pour Aaron et pour ses fils, selon tout ce que je t'ai commandé ; tu mettras sept jours à les consacrer.

29:36 Et tu offriras comme sacrifice pour le péché, chaque jour, un jeune taureau, pour [faire] propitiation, et tu purifieras* l'autel en faisant propitiation pour lui ; et tu l'oindras pour le sanctifier.

29:37 Pendant sept jours, tu feras propitiation pour l'autel, et tu le sanctifieras, et l'autel sera une chose très sainte ; quiconque* touchera l'autel sera saint.

29:38 Et voici ce que tu offriras sur l'autel : deux agneaux d'un an, chaque jour, continuellement ;

29:39 tu offriras l'un des agneaux le matin, et le second agneau tu l'offriras entre les deux soirs,

29:30 And that son that is priest in his stead shall put them on seven days, when he cometh into the tabernacle of the congregation to minister in the holy place.

29:31 And thou shalt take the ram of the consecration, and seethe his flesh in the holy place.

29:32 And Aaron and his sons shall eat the flesh of the ram, and the bread that is in the basket by the door of the tabernacle of the congregation.

29:33 And they shall eat those things wherewith the atonement was made, to consecrate and to sanctify them: but a stranger shall not eat thereof, because they are holy.

29:34 And if ought of the flesh of the consecrations, or of the bread, remain unto the morning, then thou shalt burn the remainder with fire: it shall not be eaten, because it is holy.

29:35 And thus shalt thou do unto Aaron, and to his sons, according to all things which I have commanded thee: seven days shalt thou consecrate them.

29:36 And thou shalt offer every day a bullock for a sin offering for atonement: and thou shalt cleanse the altar, when thou hast made an atonement for it, and thou shalt anoint it, to sanctify it.

29:37 Seven days thou shalt make an atonement for the altar, and sanctify it; and it shall be an altar most holy: whatsoever toucheth the altar shall be holy.

29:38 Now this is that which thou shalt offer upon the altar; two lambs of the first year day by day continually.

29:39 The one lamb thou shalt offer in the morning; and the other lamb thou shalt offer at even:

29:40 et un dixième de fleur de farine, pétrie avec un quart de hin d'huile broyée*, et une libation d'un quart de hin de vin, pour un agneau.

29:41 Et tu offriras le second agneau entre les deux soirs ; tu l'offriras avec la même offrande de gâteau* qu'au matin, et la même libation, en odeur agréable, un sacrifice par feu à l'Éternel.

29:42 Ce sera l'holocauste continuel en vos générations, à l'entrée de la tente d'assignation, devant l'Éternel, où je me rencontrerai avec vous pour y parler avec toi.

29:43 Et je me rencontrerai là avec les fils d'Israël, et la tente* sera sanctifiée par ma gloire.

29:44 Et je sanctifierai la tente d'assignation et l'autel ; et je sanctifierai Aaron et ses fils, afin qu'ils exercent la sacrificature devant moi.

29:45 Et j'habiterai au milieu des fils d'Israël, et je leur serai Dieu ;

29:46 et ils sauront que moi, l'Éternel, je suis leur Dieu, qui les ai fait sortir du pays d'Égypte, pour habiter au milieu d'eux. Je suis l'Éternel, leur Dieu.

30:1 Et tu feras un autel pour faire fumer l'encens ; tu le feras de bois de sittim ;

30:2 sa longueur sera d'une coudée, et sa largeur d'une coudée ; il sera carré ; et sa hauteur sera de deux coudées ; ses cornes seront [tirées] de lui.

30:3 Et tu le plaqueras d'or pur, le dessus* et ses parois, tout autour, et ses cornes. Et tu lui feras un couronnement d'or tout autour ;

29:40 And with the one lamb a tenth deal of flour mingled with the fourth part of an hin of beaten oil; and the fourth part of an hin of wine for a drink offering.

29:41 And the other lamb thou shalt offer at even, and shalt do thereto according to the meat offering of the morning, and according to the drink offering thereof, for a sweet savour, an offering made by fire unto the LORD.

29:42 This shall be a continual burnt offering throughout your generations at the door of the tabernacle of the congregation before the LORD: where I will meet you, to speak there unto thee.

29:43 And there I will meet with the children of Israel, and the tabernacle shall be sanctified by my glory.

29:44 And I will sanctify the tabernacle of the congregation, and the altar: I will sanctify also both Aaron and his sons, to minister to me in the priest's office.

29:45 And I will dwell among the children of Israel, and will be their God.

29:46 And they shall know that I am the LORD their God, that brought them forth out of the land of Egypt, that I may dwell among them: I am the LORD their God.

30:1 And thou shalt make an altar to burn incense upon: of shittim wood shalt thou make it.

30:2 A cubit shall be the length thereof, and a cubit the breadth thereof; foursquare shall it be: and two cubits shall be the height thereof: the horns thereof shall be of the same.

30:3 And thou shalt overlay it with pure gold, the top thereof, and the sides thereof round about, and the horns thereof; and thou shalt make unto it a crown of gold round about.

30:4 et tu lui feras deux anneaux d'or au-dessous de son couronnement, sur ses deux côtés ; tu les feras à ses deux coins, et ils serviront à recevoir les barres, pour le porter par elles ;

30:4 And two golden rings shalt thou make to it under the crown of it, by the two corners thereof, upon the two sides of it shalt thou make it; and they shall be for places for the staves to bear it withal.

30:5 et tu feras les barres de bois de sittim, et tu les plaqueras d'or.

30:5 And thou shalt make the staves of shittim wood, and overlay them with gold.

30:6 Et tu le mettras vis-à-vis du voile qui est devant l'arche du témoignage, vis-à-vis du propitiatoire qui est sur le témoignage, où je me rencontrerai avec toi.

30:6 And thou shalt put it before the vail that is by the ark of the testimony, before the mercy seat that is over the testimony, where I will meet with thee.

30:7 Et Aaron y fera fumer l'encens des drogues odoriférantes ; chaque matin, il le fera fumer quand il arrangera les lampes.

30:7 And Aaron shall burn thereon sweet incense every morning: when he dresseth the lamps, he shall burn incense upon it.

30:8 Et quand Aaron allumera les lampes, entre les deux soirs, il le fera fumer, — un encens continuel devant l'Éternel, en vos générations.

30:8 And when Aaron lighteth the lamps at even, he shall burn incense upon it, a perpetual incense before the LORD throughout your generations.

30:9 Vous n'y brûlerez* pas d'encens étranger, ni d'holocauste, ni d'offrande de gâteau ; et vous n'y verserez pas de libation.

30:9 Ye shall offer no strange incense thereon, nor burnt sacrifice, nor meat offering; neither shall ye pour drink offering thereon.

30:10 Et Aaron fera propitiation pour* les cornes de l'autel** une fois l'an ; il fera propitiation pour l'autel*** une fois l'an, en vos générations, avec le sang du sacrifice de péché des propitiations. C'est une chose très sainte à l'Éternel.

30:10 And Aaron shall make an atonement upon the horns of it once in a year with the blood of the sin offering of atonements: once in the year shall he make atonement upon it throughout your generations: it is most holy unto the LORD.

30:11 Et l'Éternel parla à Moïse, disant :

30:11 And the LORD spake unto Moses, saying,

30:12 Quand tu relèveras le nombre des fils d'Israël selon leur dénombrement*, ils donneront chacun une rançon de son âme à l'Éternel, lorsque tu en feras le dénombrement, afin qu'il n'y ait pas de plaie au milieu d'eux quand tu en feras le dénombrement.

30:12 When thou takest the sum of the children of Israel after their number, then shall they give every man a ransom for his soul unto the LORD, when thou numberest them; that there be no plague among them, when thou numberest them.

30:13 Voici ce que donneront tous ceux qui passeront par le dénombrement : un demi-sicle, selon le sicle du sanctuaire, à vingt guéras le sicle, un demi-sicle en offrande* à l'Éternel.

30:13 This they shall give, every one that passeth among them that are numbered, half a shekel after the shekel of the sanctuary: (a shekel is twenty gerahs:) an half shekel shall be the offering of the LORD.

30:14 Tous ceux qui passeront par le dénombrement, depuis l'âge de vingt ans et au-dessus, donneront l'offrande* de l'Éternel.

30:15 Le riche n'augmentera pas, et le pauvre ne diminuera pas le demi-sicle, lorsque vous donnerez l'offrande* de l'Éternel pour faire propitiation pour vos âmes.

30:16 Et tu prendras des fils d'Israël l'argent de la propitiation, et tu le donneras pour le service de la tente d'assignation, et il sera pour les fils d'Israël un mémorial devant l'Éternel, afin de faire propitiation pour vos âmes.

30:17 Et l'Éternel parla à Moïse, disant :

30:18 Tu feras aussi une cuve d'airain, et son soubassement d'airain, pour s'y laver ; et tu la mettras entre la tente d'assignation et l'autel, et tu y mettras de l'eau ;

30:19 et Aaron et ses fils y laveront leurs mains et leurs pieds.

30:20 Quand ils entreront dans la tente d'assignation, ils se laveront avec de l'eau, afin qu'ils ne meurent pas, ou quand ils s'approcheront de l'autel pour faire le service, pour faire fumer le sacrifice fait par feu à l'Éternel.

30:21 Ils laveront leurs mains et leurs pieds, afin qu'ils ne meurent pas ; et ce leur sera un statut perpétuel, pour Aaron* et pour sa semence, en leurs générations.

30:22 Et l'Éternel parla à Moïse, disant :

30:23 Toi, prends des aromates les plus excellents : de la myrrhe franche*, cinq cents [sicles], et du cinnamome aromatique, moitié autant, deux cent cinquante [sicles], et du roseau aromatique, deux cent cinquante,

30:24 et de la casse, cinq cents, selon le sicle du sanctuaire, et un hin d'huile d'olive.

30:14 Every one that passeth among them that are numbered, from twenty years old and above, shall give an offering unto the LORD.

30:15 The rich shall not give more, and the poor shall not give less than half a shekel, when they give an offering unto the LORD, to make an atonement for your souls.

30:16 And thou shalt take the atonement money of the children of Israel, and shalt appoint it for the service of the tabernacle of the congregation; that it may be a memorial unto the children of Israel before the LORD, to make an atonement for your souls.

30:17 And the LORD spake unto Moses, saying,

30:18 Thou shalt also make a laver of brass, and his foot also of brass, to wash withal: and thou shalt put it between the tabernacle of the congregation and the altar, and thou shalt put water therein.

30:19 For Aaron and his sons shall wash their hands and their feet thereat:

30:20 When they go into the tabernacle of the congregation, they shall wash with water, that they die not; or when they come near to the altar to minister, to burn offering made by fire unto the LORD:

30:21 So they shall wash their hands and their feet, that they die not: and it shall be a statute for ever to them, even to him and to his seed throughout their generations.

30:22 Moreover the LORD spake unto Moses, saying,

30:23 Take thou also unto thee principal spices, of pure myrrh five hundred shekels, and of sweet cinnamon half so much, even two hundred and fifty shekels, and of sweet calamus two hundred and fifty shekels,

30:24 And of cassia five hundred shekels, after the shekel of the sanctuary, and of oil olive an hin:

30:25 Et tu en feras une huile pour l'onction sainte, une préparation composée, d'ouvrage de parfumeur : ce sera l'huile de l'onction sainte.

30:26 Et tu en oindras la tente d'assignation, et l'arche du témoignage,

30:27 et la table et tous ses ustensiles, et le chandelier et ses ustensiles, et l'autel de l'encens,

30:28 et l'autel de l'holocauste et tous ses ustensiles, et la cuve et son soubassement ;

30:29 et tu les sanctifieras, et ils seront très saints ; quiconque les touchera sera saint.

30:30 Et tu oindras Aaron et ses fils, et tu les sanctifieras pour exercer la sacrificature devant moi.

30:31 — Et tu parleras aux fils d'Israël, disant : Ce sera pour moi l'huile de l'onction sainte en vos générations ;

30:32 on n'en versera pas sur la chair de l'homme, et vous n'en ferez point de semblable dans ses proportions : elle est sainte, elle vous sera sainte.

30:33 Quiconque en composera de semblable, et en mettra sur un étranger*, sera retranché de ses peuples.

30:34 Et l'Éternel dit à Moïse : Prends des drogues odoriférantes, du stacte, et de la coquille odorante, et du galbanum, — des drogues odoriférantes, et de l'encens pur : de tout, à poids égal ;

30:35 et tu en feras un encens composé, d'ouvrage de parfumeur, salé, pur, saint.

30:36 Et tu en pileras très fin, et tu en mettras sur le devant du témoignage dans la tente d'assignation, où je me rencontrerai avec toi : ce vous sera une chose très sainte.

30:25 And thou shalt make it an oil of holy ointment, an ointment compound after the art of the apothecary: it shall be an holy anointing oil.

30:26 And thou shalt anoint the tabernacle of the congregation therewith, and the ark of the testimony,

30:27 And the table and all his vessels, and the candlestick and his vessels, and the altar of incense,

30:28 And the altar of burnt offering with all his vessels, and the laver and his foot.

30:29 And thou shalt sanctify them, that they may be most holy: whatsoever toucheth them shall be holy.

30:30 And thou shalt anoint Aaron and his sons, and consecrate them, that they may minister unto me in the priest's office.

30:31 And thou shalt speak unto the children of Israel, saying, This shall be an holy anointing oil unto me throughout your generations.

30:32 Upon man's flesh shall it not be poured, neither shall ye make any other like it, after the composition of it: it is holy, and it shall be holy unto you.

30:33 Whosoever compoundeth any like it, or whosoever putteth any of it upon a stranger, shall even be cut off from his people.

30:34 And the LORD said unto Moses, Take unto thee sweet spices, stacte, and onycha, and galbanum; these sweet spices with pure frankincense: of each shall there be a like weight:

30:35 And thou shalt make it a perfume, a confection after the art of the apothecary, tempered together, pure and holy:

30:36 And thou shalt beat some of it very small, and put of it before the testimony in the tabernacle of the congregation, where I will meet with thee: it shall be unto you most holy.

30:37 Et quant à l'encens que tu feras, vous n'en ferez point pour vous selon les mêmes proportions : il sera, pour toi, saint, [consacré] à l'Éternel.

30:38 Quiconque en fera de semblable pour le flairer, sera retranché de ses peuples.

31:1 Et l'Éternel parla à Moïse, disant :

31:2 Regarde j'ai appelé par nom Betsaleël, fils d'Uri, fils de Hur, de la tribu de Juda ;

31:3 et je l'ai rempli de l'esprit de Dieu, en sagesse, et en intelligence, et en connaissance, et pour toutes sortes d'ouvrages,

31:4 pour faire des inventions : pour travailler en or, et en argent, et en airain ;

31:5 pour tailler des pierres à enchâsser, et pour tailler le bois, afin d'exécuter toutes sortes d'ouvrages.

31:6 Et voici, j'ai donné avec lui Oholiab, fils d'Akhisamac, de la tribu de Dan ; et j'ai mis de la sagesse dans le cœur de tout homme intelligent*, afin qu'ils fassent tout ce que je t'ai commandé :

31:7 la tente d'assignation, et l'arche du témoignage, et le propitiatoire qui sera dessus, et tous les ustensiles de la tente,

31:8 et la table et ses ustensiles, et le chandelier pur et tous ses ustensiles, et l'autel de l'encens,

31:9 et l'autel de l'holocauste et tous ses ustensiles, et la cuve et son soubassement,

31:10 et les vêtements de service, et les saints vêtements d'Aaron, le sacrificateur, et les vêtements de ses fils, pour exercer la sacrificature,

31:11 et l'huile de l'onction, et l'encens des drogues odoriférantes pour le lieu saint. Ils feront selon tout ce que je t'ai commandé.

30:37 And as for the perfume which thou shalt make, ye shall not make to yourselves according to the composition thereof: it shall be unto thee holy for the LORD.

30:38 Whosoever shall make like unto that, to smell thereto, shall even be cut off from his people.

31:1 And the LORD spake unto Moses, saying,

31:2 See, I have called by name Bezaleel the son of Uri, the son of Hur, of the tribe of Judah:

31:3 And I have filled him with the spirit of God, in wisdom, and in understanding, and in knowledge, and in all manner of workmanship,

31:4 To devise cunning works, to work in gold, and in silver, and in brass,

31:5 And in cutting of stones, to set them, and in carving of timber, to work in all manner of workmanship.

31:6 And I, behold, I have given with him Aholiab, the son of Ahisamach, of the tribe of Dan: and in the hearts of all that are wise hearted I have put wisdom, that they may make all that I have commanded thee;

31:7 The tabernacle of the congregation, and the ark of the testimony, and the mercy seat that is thereupon, and all the furniture of the tabernacle,

31:8 And the table and his furniture, and the pure candlestick with all his furniture, and the altar of incense,

31:9 And the altar of burnt offering with all his furniture, and the laver and his foot,

31:10 And the cloths of service, and the holy garments for Aaron the priest, and the garments of his sons, to minister in the priest's office,

31:11 And the anointing oil, and sweet incense for the holy place: according to all that I have commanded thee shall they do.

31:12 Et Éternel parla à Moïse, disant :

31:13 Toi, parle aux fils d'Israël, disant : Certainement, vous garderez mes sabbats, car c'est un signe entre moi et vous, en vos générations, pour que vous sachiez que c'est moi, l'Éternel, qui vous sanctifie.

31:14 Et vous garderez le sabbat, car il vous sera saint : celui qui le profanera sera certainement mis à mort, car quiconque fera une œuvre en ce jour-là,... cette âme sera retranchée du milieu de ses peuples.

31:15 Pendant six jours le travail se fera, et le septième jour est le sabbat de repos consacré* à l'Éternel : quiconque fera une œuvre le jour du sabbat, sera certainement mis à mort.

31:16 Et les fils d'Israël garderont le sabbat, pour observer le sabbat en leurs générations, — une alliance perpétuelle.

31:17 C'est un signe entre moi et les fils d'Israël, à toujours ; car en six jours l'Éternel a fait les cieux et la terre, et le septième jour il s'est reposé, et a été rafraîchi.

31:18 Et lorsqu'il eut achevé de parler avec Moïse sur la montagne de Sinaï, il lui donna les deux tables du témoignage, tables de pierre, écrites du doigt de Dieu. *

32:1 Et quand le peuple vit que Moïse tardait à descendre de la montagne, le peuple s'assembla auprès d'Aaron, et ils lui dirent : Lève-toi, fais-nous un dieu* qui aille devant nous ; car ce Moïse, cet homme qui nous a fait monter du pays d'Égypte, nous ne savons ce qui lui est arrivé.

32:2 Et Aaron leur dit : Brisez les pendants d'or qui sont aux oreilles de vos femmes, de vos fils et de vos filles, et apportez-les-moi.

31:12 And the LORD spake unto Moses, saying,

31:13 Speak thou also unto the children of Israel, saying, Verily my sabbaths ye shall keep: for it is a sign between me and you throughout your generations; that ye may know that I am the LORD that doth sanctify you.

31:14 Ye shall keep the sabbath therefore; for it is holy unto you: every one that defileth it shall surely be put to death: for whosoever doeth any work therein, that soul shall be cut off from among his people.

31:15 Six days may work be done; but in the seventh is the sabbath of rest, holy to the LORD: whosoever doeth any work in the sabbath day, he shall surely be put to death.

31:16 Wherefore the children of Israel shall keep the sabbath, to observe the sabbath throughout their generations, for a perpetual covenant.

31:17 It is a sign between me and the children of Israel for ever: for in six days the LORD made heaven and earth, and on the seventh day he rested, and was refreshed.

31:18 And he gave unto Moses, when he had made an end of communing with him upon mount Sinai, two tables of testimony, tables of stone, written with the finger of God.

32:1 And when the people saw that Moses delayed to come down out of the mount, the people gathered themselves together unto Aaron, and said unto him, Up, make us gods, which shall go before us; for as for this Moses, the man that brought us up out of the land of Egypt, we wot not what is become of him.

32:2 And Aaron said unto them, Break off the golden earrings, which are in the ears of your wives, of your sons, and of your daughters, and bring them unto me.

32:3 Et tout le peuple arracha* les pendants d'or qui étaient à leurs oreilles, et ils les apportèrent à Aaron ;	32:3 And all the people brake off the golden earrings which were in their ears, and brought them unto Aaron.
32:4 et il les prit de leurs mains, et il forma l'or* avec un ciseau, et il en fit un veau de fonte. Et ils dirent : C'est ici ton dieu, ô Israël ! qui t'a fait monter du pays d'Égypte.	32:4 And he received them at their hand, and fashioned it with a graving tool, after he had made it a molten calf: and they said, These be thy gods, O Israel, which brought thee up out of the land of Egypt.
32:5 Et Aaron vit [le veau], et bâtit un autel devant lui ; et Aaron cria, et dit :	32:5 And when Aaron saw it, he built an altar before it; and Aaron made proclamation, and said, To morrow is a feast to the LORD.
32:6 Demain, une fête à l'Éternel ! Et lendemain, ils se levèrent de bonne heure, et offrirent des holocaustes, et amenèrent des sacrifices de prospérités. Et le peuple s'assit pour manger et pour boire, et ils se levèrent pour se divertir.	32:6 And they rose up early on the morrow, and offered burnt offerings, and brought peace offerings; and the people sat down to eat and to drink, and rose up to play.
32:7 Et l'Éternel dit à Moïse : Va, descends ; car ton peuple, que tu as fait monter du pays d'Égypte, s'est corrompu ;	32:7 And the LORD said unto Moses, Go, get thee down; for thy people, which thou broughtest out of the land of Egypt, have corrupted themselves:
32:8 ils se sont vite détournés du* chemin que je leur avais commandé ; ils se sont fait un veau de fonte, et se sont prosternés devant lui, et lui ont sacrifié, et ont dit : C'est ici ton dieu**, ô Israël ! qui t'a fait monter du pays d'Égypte.	32:8 They have turned aside quickly out of the way which I commanded them: they have made them a molten calf, and have worshipped it, and have sacrificed thereunto, and said, These be thy gods, O Israel, which have brought thee up out of the land of Egypt.
32:9 Et l'Éternel dit à Moïse : J'ai vu ce peuple, et voici, c'est un peuple de cou roide.	32:9 And the LORD said unto Moses, I have seen this people, and, behold, it is a stiffnecked people:
32:10 Et maintenant laisse-moi faire, afin que ma colère s'embrase contre eux, et que je les consume ; et je ferai de toi une grande nation.	32:10 Now therefore let me alone, that my wrath may wax hot against them, and that I may consume them: and I will make of thee a great nation.
32:11 Et Moïse implora l'Éternel, son Dieu, et dit : Pourquoi, ô Éternel, ta colère s'embraserait-elle contre ton peuple, que tu as fait sortir du pays d'Égypte, avec grande puissance et à main forte ?	32:11 And Moses besought the LORD his God, and said, LORD, why doth thy wrath wax hot against thy people, which thou hast brought forth out of the land of Egypt with great power, and with a mighty hand?

32:12 Pourquoi les Égyptiens parleraient-ils, disant : C'est pour leur mal qu'il les a fait sortir, pour les tuer dans les montagnes, et pour les consumer de dessus la face de la terre ? Reviens de l'ardeur de ta colère, et repens-toi du mal [que tu veux faire] à ton peuple.

32:12 Wherefore should the Egyptians speak, and say, For mischief did he bring them out, to slay them in the mountains, and to consume them from the face of the earth? Turn from thy fierce wrath, and repent of this evil against thy people.

32:13 Souviens-toi d'Abraham, d'Isaac, et d'Israël, tes serviteurs, auxquels tu as juré par toi-même, et auxquels tu as dit : Je multiplierai votre semence comme les étoiles des cieux, et je donnerai à votre semence tout ce pays dont j'ai parlé, et ils l'hériteront pour toujours.

32:13 Remember Abraham, Isaac, and Israel, thy servants, to whom thou swarest by thine own self, and saidst unto them, I will multiply your seed as the stars of heaven, and all this land that I have spoken of will I give unto your seed, and they shall inherit it for ever.

32:14 Et l'Éternel se repentit du mal qu'il avait dit qu'il ferait à son peuple.

32:14 And the LORD repented of the evil which he thought to do unto his people.

32:15 Et Moïse se tourna, et descendit de la montagne, les deux tables du témoignage dans sa main : les tables étaient écrites de leurs deux côtés ; elles étaient écrites deçà et delà.

32:15 And Moses turned, and went down from the mount, and the two tables of the testimony were in his hand: the tables were written on both their sides; on the one side and on the other were they written.

32:16 Et les tables étaient l'ouvrage de Dieu, et l'écriture était l'écriture de Dieu, gravée sur les tables.

32:16 And the tables were the work of God, and the writing was the writing of God, graven upon the tables.

32:17 — Et Josué entendit la voix du peuple, qui jetait des cris, et il dit à Moïse : Il y a un bruit de guerre au camp !

32:17 And when Joshua heard the noise of the people as they shouted, he said unto Moses, There is a noise of war in the camp.

32:18 Et [Moïse] dit : Ce n'est pas un bruit de cris de victoire*, ni un bruit de cris de défaite** ; j'entends une voix de gens qui chantent en s'entre-répondant.

32:18 And he said, It is not the voice of them that shout for mastery, neither is it the voice of them that cry for being overcome: but the noise of them that sing do I hear.

32:19 — Et il arriva que lorsque [Moïse] s'approcha du camp, il vit le veau et les danses ; et la colère de Moïse s'embrasa, et il jeta de ses mains les tables, et les brisa au pied de la montagne.

32:19 And it came to pass, as soon as he came nigh unto the camp, that he saw the calf, and the dancing: and Moses' anger waxed hot, and he cast the tables out of his hands, and brake them beneath the mount.

32:20 Et il prit le veau qu'ils avaient fait, et le brûla au feu, et le moulut jusqu'à ce qu'il fut en poudre ; puis il le répandit sur la surface de l'eau, et en fit boire aux fils d'Israël.

32:20 And he took the calf which they had made, and burnt it in the fire, and ground it to powder, and strawed it upon the water, and made the children of Israel drink of it.

32:21 Et Moïse dit à Aaron : Que t'a fait ce peuple, pour que tu aies fait venir sur lui un si grand péché ?

32:22 Et Aaron dit : Que la colère de mon seigneur ne s'embrase point ; tu connais le peuple, qu'il est [plongé] dans le mal.

32:23 Or ils m'ont dit : Fais-nous un dieu* qui marche devant nous ; car ce Moïse, cet homme qui nous a fait monter du pays d'Égypte, nous ne savons ce qui lui est arrivé.

32:24 Et je leur ai dit : Qui a de l'or ? Ils l'ont arraché*, et me l'ont donné ; et je l'ai jeté au feu, et il en est sorti ce veau.

32:25 Et Moïse vit que le peuple était dans le désordre ; car Aaron l'avait livré au désordre, pour leur honte parmi leurs adversaires.

32:26 Et Moïse se tint à la porte du camp, et dit : À moi, quiconque est pour l'Éternel ! Et tous les fils de Lévi se rassemblèrent vers lui.

32:27 Et il leur dit : Ainsi dit l'Éternel, le Dieu d'Israël : Que chacun mette son épée sur sa cuisse ; passez et revenez d'une porte à l'autre dans le camp, et que chacun de vous tue son frère, et chacun son compagnon, et chacun son intime ami.

32:28 Et les fils de Lévi firent selon la parole de Moïse ; et il tomba d'entre le peuple, ce jour-là, environ trois mille hommes.

32:29 Et Moïse dit : Consacrez-vous aujourd'hui à l'Éternel, chacun dans son fils et dans son frère, afin de faire venir aujourd'hui sur vous [une] bénédiction.

32:30 Et il arriva, le lendemain, que Moïse dit au peuple : Vous avez commis un grand péché, et maintenant je monterai vers l'Éternel : peut-être ferai-je propitiation pour votre péché.

32:21 And Moses said unto Aaron, What did this people unto thee, that thou hast brought so great a sin upon them?

32:22 And Aaron said, Let not the anger of my lord wax hot: thou knowest the people, that they are set on mischief.

32:23 For they said unto me, Make us gods, which shall go before us: for as for this Moses, the man that brought us up out of the land of Egypt, we wot not what is become of him.

32:24 And I said unto them, Whosoever hath any gold, let them break it off. So they gave it me: then I cast it into the fire, and there came out this calf.

32:25 And when Moses saw that the people were naked; (for Aaron had made them naked unto their shame among their enemies:)

32:26 Then Moses stood in the gate of the camp, and said, Who is on the LORD's side? let him come unto me. And all the sons of Levi gathered themselves together unto him.

32:27 And he said unto them, Thus saith the LORD God of Israel, Put every man his sword by his side, and go in and out from gate to gate throughout the camp, and slay every man his brother, and every man his companion, and every man his neighbour.

32:28 And the children of Levi did according to the word of Moses: and there fell of the people that day about three thousand men.

32:29 For Moses had said, Consecrate yourselves today to the LORD, even every man upon his son, and upon his brother; that he may bestow upon you a blessing this day.

32:30 And it came to pass on the morrow, that Moses said unto the people, Ye have sinned a great sin: and now I will go up unto the LORD; peradventure I shall make an atonement for your sin.

32:31 Et Moïse retourna vers l'Éternel, et dit : Hélas ! ce peuple a commis un grand péché, et ils se sont fait un dieu* d'or.

32:32 Et maintenant, si tu pardonnes leur péché … ; sinon, efface-moi, je te prie, de ton livre que tu as écrit.

32:33 Et l'Éternel dit à Moïse : Celui qui aura péché contre moi, je l'effacerai de mon livre.

32:34 Et maintenant ; va, conduis le peuple où je t'ai dit. Voici, mon Ange ira devant toi : et le jour où je visiterai, je visiterai sur eux leur péché.

32:35 Et l'Éternel frappa le peuple, parce qu'ils avaient fait le veau qu'Aaron avait fait.

33:1 Et l'Éternel dit à Moïse : Va, monte d'ici, toi et le peuple que tu as fait monter du pays d'Égypte, dans le pays que j'ai promis par serment à Abraham, à Isaac, et à Jacob, disant :

33:2 Je le donnerai à ta semence ; et j'enverrai un ange devant toi, et je chasserai le Cananéen, l'Amoréen, et le Héthien, et le Phérézien, le Hévien, et le Jébusien,

33:3 — dans un pays ruisselant de lait et de miel ; car je ne monterai pas au milieu de toi, car tu es un peuple de cou roide ; de peur que je ne te consume en chemin.

33:4 Et le peuple entendit cette parole fâcheuse, et mena deuil, et personne ne mit ses ornements sur soi.

33:5 Or l'Éternel avait dit à Moïse : Dis aux fils d'Israël : Vous êtes un peuple de cou roide ; je monterai en un instant au milieu de toi, et je te consumerai ; et maintenant, ôte tes ornements de dessus toi, et je saurai ce que je te ferai.

32:31 And Moses returned unto the LORD, and said, Oh, this people have sinned a great sin, and have made them gods of gold.

32:32 Yet now, if thou wilt forgive their sin—; and if not, blot me, I pray thee, out of thy book which thou hast written.

32:33 And the LORD said unto Moses, Whosoever hath sinned against me, him will I blot out of my book.

32:34 Therefore now go, lead the people unto the place of which I have spoken unto thee: behold, mine Angel shall go before thee: nevertheless in the day when I visit I will visit their sin upon them.

32:35 And the LORD plagued the people, because they made the calf, which Aaron made.

33:1 And the LORD said unto Moses, Depart, and go up hence, thou and the people which thou hast brought up out of the land of Egypt, unto the land which I sware unto Abraham, to Isaac, and to Jacob, saying, Unto thy seed will I give it:

33:2 And I will send an angel before thee; and I will drive out the Canaanite, the Amorite, and the Hittite, and the Perizzite, the Hivite, and the Jebusite:

33:3 Unto a land flowing with milk and honey: for I will not go up in the midst of thee; for thou art a stiffnecked people: lest I consume thee in the way.

33:4 And when the people heard these evil tidings, they mourned: and no man did put on him his ornaments.

33:5 For the LORD had said unto Moses, Say unto the children of Israel, Ye are a stiffnecked people: I will come up into the midst of thee in a moment, and consume thee: therefore now put off thy ornaments from thee, that I may know what to do unto thee.

33:6 Et les fils d'Israël se dépouillèrent de leurs ornements, à* la montagne de Horeb.	33:6 And the children of Israel stripped themselves of their ornaments by the mount Horeb.
33:7 Et Moïse prit une tente*, et la tendit pour lui hors du camp, loin du camp, et il l'appela la tente d'assignation ; et il arriva que tous ceux qui cherchaient l'Éternel sortirent vers la tente d'assignation qui était hors du camp.	33:7 And Moses took the tabernacle, and pitched it without the camp, afar off from the camp, and called it the Tabernacle of the congregation. And it came to pass, that every one which sought the LORD went out unto the tabernacle of the congregation, which was without the camp.
33:8 Et il arriva que, lorsque Moïse sortit vers la tente, tout le peuple se leva, et se tint chacun à l'entrée de sa tente, et suivit des yeux Moïse, jusqu'à ce qu'il entra dans la tente.	33:8 And it came to pass, when Moses went out unto the tabernacle, that all the people rose up, and stood every man at his tent door, and looked after Moses, until he was gone into the tabernacle.
33:9 Et il arriva que, comme Moïse entrait dans la tente, la colonne de nuée descendit, et se tint à l'entrée de la tente, et [l'Éternel] parla avec Moïse.	33:9 And it came to pass, as Moses entered into the tabernacle, the cloudy pillar descended, and stood at the door of the tabernacle, and the Lord talked with Moses.
33:10 Et tout le peuple vit la colonne de nuée se tenant à l'entrée de la tente ; et tout le peuple se leva, et ils se prosternèrent, chacun à l'entrée de sa tente.	33:10 And all the people saw the cloudy pillar stand at the tabernacle door: and all the people rose up and worshipped, every man in his tent door.
33:11 Et l'Éternel parlait à Moïse face à face, comme un homme parle avec son ami ; et [Moïse] retournait au camp ; et son serviteur Josué, fils de Nun, jeune homme, ne sortait pas de l'intérieur de la tente.	33:11 And the LORD spake unto Moses face to face, as a man speaketh unto his friend. And he turned again into the camp: but his servant Joshua, the son of Nun, a young man, departed not out of the tabernacle.
33:12 Et Moïse dit à l'Éternel : Regarde tu me dis : Fais monter ce peuple ; et tu ne m'as pas fait connaître celui que tu enverras avec moi ; et tu as dit : Je te connais par nom, et tu as aussi trouvé grâce à mes yeux.	33:12 And Moses said unto the LORD, See, thou sayest unto me, Bring up this people: and thou hast not let me know whom thou wilt send with me. Yet thou hast said, I know thee by name, and thou hast also found grace in my sight.
33:13 Et maintenant, je te prie, si j'ai trouvé grâce à tes yeux, fais-moi connaître, je te prie, ton chemin*, et je te connaîtrai, afin que je trouve grâce à tes yeux ; et considère que cette nation est ton peuple.	33:13 Now therefore, I pray thee, if I have found grace in thy sight, shew me now thy way, that I may know thee, that I may find grace in thy sight: and consider that this nation is thy people.
33:14 Et [l'Éternel] dit : Ma face ira, et je te donnerai du repos.	33:14 And he said, My presence shall go with thee, and I will give thee rest.

33:15 Et [Moïse] lui dit : Si ta face ne vient pas, ne nous fais pas monter d'ici ;

33:16 car à quoi connaîtra-t-on que j'ai trouvé grâce à tes yeux, moi et ton peuple ? Ne sera-ce pas en ce que tu marcheras avec nous ? Ainsi, moi et ton peuple, nous serons séparés de tout peuple qui est sur la face de la terre.

33:17 Et l'Éternel dit à Moïse : Je ferai cela aussi dont tu as parlé ; car tu as trouvé grâce à mes yeux, et je te connais par nom.

33:18 Et [Moïse] dit : Fais-moi voir, je te prie, ta gloire.

33:19 Et il dit : Je ferai passer toute ma bonté devant ta face, et je crierai le nom de l'Éternel devant toi ; et je ferai grâce à qui je ferai grâce, et je ferai miséricorde à qui je ferai miséricorde.

33:20 Et il dit : Tu ne peux pas voir ma face, car l'homme ne peut me voir et vivre.

33:21 Et l'Éternel dit : Voici un lieu près de moi, et tu te tiendras sur le rocher ;

33:22 et il arrivera, quand ma gloire passera, que je te mettrai dans la fente du rocher, et je te couvrirai de ma main jusqu'à ce que je sois passé ;

33:23 puis je retirerai ma main, et tu me verras par derrière ; mais ma face ne se verra pas.

34:1 Et l'Éternel dit à Moïse : Taille-toi deux tables de pierre comme les premières, et j'écrirai sur les tables les paroles qui étaient sur les premières tables que tu as brisées.

34:2 Et sois prêt au matin, et monte au matin sur la montagne de Sinaï, et tiens-toi là devant moi, sur le sommet de la montagne.

33:15 And he said unto him, If thy presence go not with me, carry us not up hence.

33:16 For wherein shall it be known here that I and thy people have found grace in thy sight? is it not in that thou goest with us? so shall we be separated, I and thy people, from all the people that are upon the face of the earth.

33:17 And the LORD said unto Moses, I will do this thing also that thou hast spoken: for thou hast found grace in my sight, and I know thee by name.

33:18 And he said, I beseech thee, shew me thy glory.

33:19 And he said, I will make all my goodness pass before thee, and I will proclaim the name of the LORD before thee; and will be gracious to whom I will be gracious, and will shew mercy on whom I will shew mercy.

33:20 And he said, Thou canst not see my face: for there shall no man see me, and live.

33:21 And the LORD said, Behold, there is a place by me, and thou shalt stand upon a rock:

33:22 And it shall come to pass, while my glory passeth by, that I will put thee in a clift of the rock, and will cover thee with my hand while I pass by:

33:23 And I will take away mine hand, and thou shalt see my back parts: but my face shall not be seen.

34:1 And the LORD said unto Moses, Hew thee two tables of stone like unto the first: and I will write upon these tables the words that were in the first tables, which thou brakest.

34:2 And be ready in the morning, and come up in the morning unto mount Sinai, and present thyself there to me in the top of the mount.

34:3 Et personne ne montera avec toi, et même personne ne sera vu sur toute la montagne, et ni le menu ni le gros bétail ne paîtra devant cette montagne.

34:4 Et Moïse tailla deux tables de pierre comme les premières, et se leva de bon matin, et monta sur la montagne de Sinaï, comme l'Éternel le lui avait commandé, et prit en sa main les deux tables de pierre.

34:5 Et l'Éternel descendit dans la nuée, et se tint là avec lui, et cria le nom de l'Éternel.

34:6 Et l'Éternel passa devant lui, et cria : L'Éternel, l'Éternel ! *Dieu*, miséricordieux et faisant grâce, lent à la colère, et grand en bonté et en vérité,

34:7 gardant la bonté envers des milliers [de générations], pardonnant l'iniquité, la transgression et le péché, et qui ne tient nullement [celui qui en est coupable] pour innocent, qui visite l'iniquité des pères sur les fils, et sur les fils des fils, sur la troisième et sur la quatrième [génération] !

34:8 Et Moïse se hâta, et s'inclina jusqu'à terre, et se prosterna,

34:9 et dit : Si j'ai trouvé grâce à tes yeux, Seigneur, que le Seigneur marche, je te prie, au milieu de nous ; car c'est un peuple de cou roide ; et pardonne nos iniquités et nos péchés, et prends-nous pour héritage.

34:10 Et il dit : Voici, j'établis une alliance : devant tout ton peuple, je ferai des merveilles qui n'ont pas été opérées* sur toute la terre, ni en aucune nation ; et tout le peuple, au milieu duquel tu es, verra l'œuvre de l'Éternel ; car ce que je vais faire avec toi est une chose terrible.

34:11 —Garde ce que je te commande aujourd'hui : Voici, je vais chasser de devant toi l'Amoréen, et le Cananéen, et le Héthien, et le Phérézien, et le Hévien, et le Jébusien.

34:3 And no man shall come up with thee, neither let any man be seen throughout all the mount; neither let the flocks nor herds feed before that mount.

34:4 And he hewed two tables of stone like unto the first; and Moses rose up early in the morning, and went up unto mount Sinai, as the LORD had commanded him, and took in his hand the two tables of stone.

34:5 And the LORD descended in the cloud, and stood with him there, and proclaimed the name of the LORD.

34:6 And the LORD passed by before him, and proclaimed, The LORD, The LORD God, merciful and gracious, longsuffering, and abundant in goodness and truth,

34:7 Keeping mercy for thousands, forgiving iniquity and transgression and sin, and that will by no means clear the guilty; visiting the iniquity of the fathers upon the children, and upon the children's children, unto the third and to the fourth generation.

34:8 And Moses made haste, and bowed his head toward the earth, and worshipped.

34:9 And he said, If now I have found grace in thy sight, O LORD, let my LORD, I pray thee, go among us; for it is a stiffnecked people; and pardon our iniquity and our sin, and take us for thine inheritance.

34:10 And he said, Behold, I make a covenant: before all thy people I will do marvels, such as have not been done in all the earth, nor in any nation: and all the people among which thou art shall see the work of the LORD: for it is a terrible thing that I will do with thee.

34:11 Observe thou that which I command thee this day: behold, I drive out before thee the Amorite, and the Canaanite, and the Hittite, and the Perizzite, and the Hivite, and the Jebusite.

34:12 Garde-toi de traiter alliance avec l'habitant du pays dans lequel tu vas entrer, de peur qu'il ne soit en piège au milieu de toi.

34:13 Mais vous démolirez leurs autels, et vous briserez leurs statues, et vous abattrez leurs ashères*.

34:14 Car tu ne te prosterneras point devant un autre *dieu (car l'Éternel dont le nom est Jaloux, est un

34:15 de peur que tu ne traites* une alliance avec les habitants du pays, et que lorsqu'ils se prostituent après leurs dieux et sacrifient à leurs dieux, on ne t'invite, et que tu ne manges de leur sacrifice,

34:16 et que tu ne prennes de leurs filles pour tes fils, et que leurs filles ne se prostituent après leurs dieux et ne fassent que tes fils se prostituent après leurs dieux.

34:17 — Tu ne te feras point de dieu de fonte.

34:18 — Tu garderas la fête des pains sans levain : pendant sept jours tu mangeras des pains sans levain, comme je te l'ai commandé, au temps fixé du mois d'Abib* ; car c'est au mois d'Abib que tu es sorti d'Égypte.

34:19 — Tout ce qui ouvre la matrice est à moi, et tout ce qui naît mâle de ton bétail, le premier-né, tant du gros que du menu bétail.

34:20 Et le premier-né de l'âne, tu le rachèteras avec un agneau* ; et si tu ne le rachètes pas, tu lui briseras la nuque. Tout premier-né de tes fils, tu le rachèteras ; et on ne paraîtra pas à vide devant ma face.

34:21 — Six jours tu travailleras, et le septième jour, tu te reposeras ; tu te reposeras, [même] au temps du labourage et de la moisson.

34:22 — Et tu feras la fête des semaines, des premiers fruits de la moisson du froment, et la fête de la récolte, à la fin* de l'année.

34:12 Take heed to thyself, lest thou make a covenant with the inhabitants of the land whither thou goest, lest it be for a snare in the midst of thee:

34:13 But ye shall destroy their altars, break their images, and cut down their groves:

34:14 For thou shalt worship no other god: for the LORD, whose name is Jealous, is a jealous God:

34:15 Lest thou make a covenant with the inhabitants of the land, and they go a whoring after their gods, and do sacrifice unto their gods, and one call thee, and thou eat of his sacrifice;

34:16 And thou take of their daughters unto thy sons, and their daughters go a whoring after their gods, and make thy sons go a whoring after their gods.

34:17 Thou shalt make thee no molten gods.

34:18 The feast of unleavened bread shalt thou keep. Seven days thou shalt eat unleavened bread, as I commanded thee, in the time of the month Abib: for in the month Abib thou camest out from Egypt.

34:19 All that openeth the matrix is mine; and every firstling among thy cattle, whether ox or sheep, that is male.

34:20 But the firstling of an ass thou shalt redeem with a lamb: and if thou redeem him not, then shalt thou break his neck. All the firstborn of thy sons thou shalt redeem. And none shall appear before me empty.

34:21 Six days thou shalt work, but on the seventh day thou shalt rest: in earing time and in harvest thou shalt rest.

34:22 And thou shalt observe the feast of weeks, of the firstfruits of wheat harvest, and the feast of ingathering at the year's end.

34:23 — Trois fois l'an, tout mâle d'entre vous paraîtra devant la face du Seigneur, l'Éternel, le Dieu d'Israël.

34:24 Car je déposséderai les nations devant toi, et j'élargirai tes limites ; et nul ne désirera ton pays, lorsque tu monteras pour paraître devant la face de l'Éternel, ton Dieu, trois fois l'an.

34:25 — Tu n'offriras pas* le sang de mon sacrifice avec du pain levé ; et le sacrifice de la fête de la Pâque ne passera pas la nuit jusqu'au matin.

34:26 Tu apporteras à la maison de l'Éternel, ton Dieu, les prémices des premiers fruits de ta terre. — Tu ne cuiras pas le chevreau dans le lait de sa mère.

34:27 Et l'Éternel dit à Moïse : Écris* ces paroles ; car, selon la teneur de ces paroles, j'ai fait alliance avec toi et avec Israël.

34:28 Et [Moïse] fut là avec l'Éternel quarante jours et quarante nuits ; il ne mangea point de pain et il ne but point d'eau ; [l'Éternel] écrivit sur les tables les paroles de l'alliance, les dix paroles.

34:29 Et il arriva que, lorsque Moïse descendit de la montagne de Sinaï (et les deux tables du témoignage étaient dans la main de Moïse lorsqu'il descendit de la montagne), Moïse ne savait pas que la peau de son visage rayonnait, parce qu'il avait parlé* avec Lui.

34:30 Et Aaron et tous les fils d'Israël virent Moïse, et voici, la peau de son visage rayonnait, et ils craignirent de s'approcher de lui ;

34:31 et Moïse les appela, et Aaron et tous les princes de l'assemblée revinrent auprès de lui, et Moïse leur parla.

34:32 Et après cela, tous les fils d'Israël s'approchèrent, et il leur commanda tout ce que l'Éternel lui avait dit sur la montagne de Sinaï.

34:23 Thrice in the year shall all your menchildren appear before the LORD God, the God of Israel.

34:24 For I will cast out the nations before thee, and enlarge thy borders: neither shall any man desire thy land, when thou shalt go up to appear before the LORD thy God thrice in the year.

34:25 Thou shalt not offer the blood of my sacrifice with leaven; neither shall the sacrifice of the feast of the passover be left unto the morning.

34:26 The first of the firstfruits of thy land thou shalt bring unto the house of the LORD thy God. Thou shalt not seethe a kid in his mother's milk.

34:27 And the LORD said unto Moses, Write thou these words: for after the tenor of these words I have made a covenant with thee and with Israel.

34:28 And he was there with the LORD forty days and forty nights; he did neither eat bread, nor drink water. And he wrote upon the tables the words of the covenant, the ten commandments.

34:29 And it came to pass, when Moses came down from mount Sinai with the two tables of testimony in Moses' hand, when he came down from the mount, that Moses wist not that the skin of his face shone while he talked with him.

34:30 And when Aaron and all the children of Israel saw Moses, behold, the skin of his face shone; and they were afraid to come nigh him.

34:31 And Moses called unto them; and Aaron and all the rulers of the congregation returned unto him: and Moses talked with them.

34:32 And afterward all the children of Israel came nigh: and he gave them in commandment all that the LORD had spoken with him in mount Sinai.

34:33 Et Moïse cessa de parler avec eux : or il avait mis un voile sur son visage.

34:34 Et lorsque Moïse entrait devant l'Éternel pour parler avec lui, il ôtait le voile jusqu'à ce qu'il sortît ; puis il sortait et disait aux fils d'Israël ce qui lui avait été commandé.

34:35 Et les fils d'Israël voyaient le visage de Moïse, que la peau du visage de Moïse rayonnait ; et Moïse remettait le voile sur son visage jusqu'à ce qu'il entrât pour parler avec Lui.

35:1 Et Moïse réunit toute l'assemblée des fils d'Israël, et leur dit : Ce sont ici les choses que l'Éternel a commandé de faire :

35:2 Pendant six jours le travail se fera, mais le septième jour sera pour vous un [jour] saint, un sabbat de repos [consacré] à l'Éternel : quiconque fera une œuvre ce jour-là, sera mis à mort.

35:3 Vous n'allumerez point de feu, dans toutes vos habitations, le jour du sabbat.

35:4 Et Moïse parla à toute l'assemblée des fils d'Israël, en disant : Voici ce que l'Éternel a commandé, disant :

35:5 Prenez, de ce qui est à vous, une offrande* pour l'Éternel ; que tout homme qui a un esprit libéral apporte l'offrande élevée de l'Éternel : de l'or, et de l'argent, et de l'airain ;

35:6 et du bleu, et de la pourpre, et de l'écarlate, et du coton blanc, et du poil de chèvre ;

35:7 et des peaux de béliers teintes en rouge, et des peaux de taissons, et du bois de sittim ;

35:8 et de l'huile pour le luminaire, et des aromates pour l'huile de l'onction et pour l'encens des drogues odoriférantes ;

34:33 And till Moses had done speaking with them, he put a vail on his face.

34:34 But when Moses went in before the LORD to speak with him, he took the vail off, until he came out. And he came out, and spake unto the children of Israel that which he was commanded.

34:35 And the children of Israel saw the face of Moses, that the skin of Moses' face shone: and Moses put the vail upon his face again, until he went in to speak with him.

35:1 And Moses gathered all the congregation of the children of Israel together, and said unto them, These are the words which the LORD hath commanded, that ye should do them.

35:2 Six days shall work be done, but on the seventh day there shall be to you an holy day, a sabbath of rest to the LORD: whosoever doeth work therein shall be put to death.

35:3 Ye shall kindle no fire throughout your habitations upon the sabbath day.

35:4 And Moses spake unto all the congregation of the children of Israel, saying, This is the thing which the LORD commanded, saying,

35:5 Take ye from among you an offering unto the LORD: whosoever is of a willing heart, let him bring it, an offering of the LORD; gold, and silver, and brass,

35:6 And blue, and purple, and scarlet, and fine linen, and goats' hair,

35:7 And rams' skins dyed red, and badgers' skins, and shittim wood,

35:8 And oil for the light, and spices for anointing oil, and for the sweet incense,

35:9 et des pierres d'onyx, et des pierres à enchâsser pour l'éphod et pour le pectoral.

35:10 — Et que tous les hommes intelligents* parmi vous viennent, et fassent tout ce que l'Éternel a commandé :

35:11 le tabernacle, sa tente, et sa couverture, ses agrafes, et ses ais, ses traverses, ses piliers, et ses bases ;

35:12 l'arche et ses barres, le propitiatoire, et le voile qui sert de rideau ;

35:13 la table et ses barres, et tous ses ustensiles, et le pain de proposition ;

35:14 et le chandelier du luminaire, et ses ustensiles, et ses lampes, et l'huile du luminaire ;

35:15 et l'autel de l'encens et ses barres ; et l'huile de l'onction, et l'encens des drogues odoriférantes ; et le rideau de l'entrée, pour l'entrée du tabernacle ;

35:16 l'autel de l'holocauste et la grille d'airain qui lui appartient, ses barres et tous ses ustensiles ; la cuve et son soubassement ;

35:17 les tentures du parvis, ses piliers, et ses bases, et le rideau de la porte du parvis ;

35:18 les pieux du tabernacle, et les pieux du parvis, et leurs cordages ;

35:19 les vêtements de service pour servir dans le lieu saint, les saints vêtements pour Aaron, le sacrificateur, et les vêtements de ses fils pour exercer la sacrificature.

35:20 Et toute l'assemblée des fils d'Israël sortit de devant Moïse.

35:21 Et tout homme que son cœur y porta, et tous ceux qui avaient un esprit libéral, vinrent et apportèrent l'offrande de l'Éternel pour l'œuvre de la tente d'assignation, et pour tout son service, et pour les saints vêtements.

35:9 And onyx stones, and stones to be set for the ephod, and for the breastplate.

35:10 And every wise hearted among you shall come, and make all that the LORD hath commanded;

35:11 The tabernacle, his tent, and his covering, his taches, and his boards, his bars, his pillars, and his sockets,

35:12 The ark, and the staves thereof, with the mercy seat, and the vail of the covering,

35:13 The table, and his staves, and all his vessels, and the shewbread,

35:14 The candlestick also for the light, and his furniture, and his lamps, with the oil for the light,

35:15 And the incense altar, and his staves, and the anointing oil, and the sweet incense, and the hanging for the door at the entering in of the tabernacle,

35:16 The altar of burnt offering, with his brasen grate, his staves, and all his vessels, the laver and his foot,

35:17 The hangings of the court, his pillars, and their sockets, and the hanging for the door of the court,

35:18 The pins of the tabernacle, and the pins of the court, and their cords,

35:19 The cloths of service, to do service in the holy place, the holy garments for Aaron the priest, and the garments of his sons, to minister in the priest's office.

35:20 And all the congregation of the children of Israel departed from the presence of Moses.

35:21 And they came, every one whose heart stirred him up, and every one whom his spirit made willing, and they brought the LORD's offering to the work of the tabernacle of the congregation, and for all his service, and for the holy garments.

35:22 Et les hommes vinrent avec les femmes : tout homme qui offrit une offrande tournoyée* d'or à l'Éternel, tous ceux qui avaient un esprit libéral apportèrent des anneaux de nez, et des pendants d'oreille, et des anneaux, et des colliers, toutes sortes d'objets d'or.

35:22 And they came, both men and women, as many as were willing hearted, and brought bracelets, and earrings, and rings, and tablets, all jewels of gold: and every man that offered offered an offering of gold unto the LORD.

35:23 Et tout homme chez qui se trouva du bleu, et de la pourpre, et de l'écarlate, et du coton blanc*, et du poil de chèvre, et des peaux de béliers teintes en rouge, et des peaux de taissons, les apporta.

35:23 And every man, with whom was found blue, and purple, and scarlet, and fine linen, and goats' hair, and red skins of rams, and badgers' skins, brought them.

35:24 Tout [homme] qui offrit une offrande élevée d'argent et d'airain, apporta l'offrande de l'Éternel ; et tout [homme] chez qui se trouva du bois de sittim pour toute l'œuvre du service, l'apporta.

35:24 Every one that did offer an offering of silver and brass brought the LORD's offering: and every man, with whom was found shittim wood for any work of the service, brought it.

35:25 Et toute femme intelligente* fila de sa main, et apporta ce qu'elle avait filé : le bleu, et la pourpre, et l'écarlate, et le fin coton ;

35:25 And all the women that were wise hearted did spin with their hands, and brought that which they had spun, both of blue, and of purple, and of scarlet, and of fine linen.

35:26 et toutes les femmes habiles* que leur cœur y porta filèrent du poil de chèvre.

35:26 And all the women whose heart stirred them up in wisdom spun goats' hair.

35:27 Et les princes apportèrent les pierres d'onyx et les pierres à enchâsser pour l'éphod et pour le pectoral ;

35:27 And the rulers brought onyx stones, and stones to be set, for the ephod, and for the breastplate;

35:28 et les aromates, et l'huile pour le luminaire, et pour l'huile de l'onction, et pour l'encens des drogues odoriférantes.

35:28 And spice, and oil for the light, and for the anointing oil, and for the sweet incense.

35:29 Les fils d'Israël, tout homme et toute femme qui eurent un esprit libéral pour apporter pour toute l'œuvre que, par Moïse, l'Éternel avait commandé de faire, apportèrent une offrande volontaire à l'Éternel. ailleurs : sages.

35:29 The children of Israel brought a willing offering unto the LORD, every man and woman, whose heart made them willing to bring for all manner of work, which the LORD had commanded to be made by the hand of Moses.

35:30 Et Moïse dit aux fils d'Israël : Voyez, l'Éternel a appelé par nom Betsaleël, fils d'Uri, fils de Hur, de la tribu de Juda ;

35:30 And Moses said unto the children of Israel, See, the LORD hath called by name Bezaleel the son of Uri, the son of Hur, of the tribe of Judah;

35:31 et il l'a rempli de l'esprit de Dieu, en sagesse, en intelligence, et en connaissance, et pour toute espèce d'ouvrages ;

35:32 et pour faire des inventions, pour travailler en or, et en argent, et en airain ;

35:33 et pour tailler des pierres à enchâsser, et pour tailler le bois, afin d'exécuter des dessins en toutes sortes d'ouvrages ;

35:34 et à lui et à Oholiab, fils d'Akhisamac, de la tribu de Dan, il a mis au cœur d'enseigner ;

35:35 il les a remplis de sagesse de cœur pour faire tout ouvrage de graveur et d'inventeur, et de brodeur en bleu et en pourpre, en écarlate et en fin coton, et [tout ouvrage] de tisserand, faisant toute espèce de travail, et inventant des dessins.

36:1 Et Betsaleël et Oholiab, et tout homme sage de cœur à qui l'Éternel avait donné de la sagesse et de l'intelligence pour savoir faire toute l'œuvre du service du lieu saint, firent selon tout ce que l'Éternel avait commandé.

36:2 Et Moïse appela Betsaleël et Oholiab, et tout homme intelligent* dans le cœur duquel l'Éternel avait mis de la sagesse, tous ceux que leur cœur porta à s'approcher de l'œuvre, pour la faire ;

36:3 et ils prirent de devant Moïse toute l'offrande que les fils d'Israël avaient apportée pour l'œuvre du service du lieu saint, pour la faire. Et on lui apportait* encore chaque matin des offrandes volontaires.

36:4 Et tous les hommes sages qui travaillaient à toute l'œuvre du lieu saint vinrent chacun de l'ouvrage qu'ils faisaient,

36:5 et parlèrent à Moïse, disant : Le peuple apporte beaucoup plus qu'il ne faut pour le service de l'œuvre que l'Éternel a commandé de faire.

35:31 And he hath filled him with the spirit of God, in wisdom, in understanding, and in knowledge, and in all manner of workmanship;

35:32 And to devise curious works, to work in gold, and in silver, and in brass,

35:33 And in the cutting of stones, to set them, and in carving of wood, to make any manner of cunning work.

35:34 And he hath put in his heart that he may teach, both he, and Aholiab, the son of Ahisamach, of the tribe of Dan.

35:35 Them hath he filled with wisdom of heart, to work all manner of work, of the engraver, and of the cunning workman, and of the embroiderer, in blue, and in purple, in scarlet, and in fine linen, and of the weaver, even of them that do any work, and of those that devise cunning work.

36:1 Then wrought Bezaleel and Aholiab, and every wise hearted man, in whom the LORD put wisdom and understanding to know how to work all manner of work for the service of the sanctuary, according to all that the LORD had commanded.

36:2 And Moses called Bezaleel and Aholiab, and every wise hearted man, in whose heart the LORD had put wisdom, even every one whose heart stirred him up to come unto the work to do it:

36:3 And they received of Moses all the offering, which the children of Israel had brought for the work of the service of the sanctuary, to make it withal. And they brought yet unto him free offerings every morning.

36:4 And all the wise men, that wrought all the work of the sanctuary, came every man from his work which they made;

36:5 And they spake unto Moses, saying, The people bring much more than enough for the service of the work, which the LORD commanded to make.

36:6 Et Moïse commanda, et on fit crier* dans le camp : Que ni homme ni femme ne fasse plus d'ouvrage pour l'offrande* pour le lieu saint.

36:7 Et le peuple cessa d'apporter ; car le travail était suffisant pour tout l'ouvrage à faire, et il y en avait de reste.

36:8 Et tous les hommes intelligents* parmi ceux qui travaillaient à l'œuvre du tabernacle, firent dix tapis de fin coton retors, et de bleu, et de pourpre, et d'écarlate ; ils les firent avec des chérubins, d'ouvrage d'art.

36:9 La longueur d'un tapis était de vingt-huit coudées, et la largeur d'un tapis de quatre coudées : une même mesure pour tous les tapis.

36:10 Et on joignit cinq tapis l'un à l'autre, et on joignit cinq tapis l'un à l'autre.

36:11 Et on fit des ganses de bleu sur le bord d'un tapis, à l'extrémité de l'assemblage ; on fit de même au bord du tapis qui était à l'extrémité dans le second assemblage.

36:12 On fit cinquante ganses à un tapis, et on fit cinquante ganses à l'extrémité du tapis qui était dans le second assemblage, [mettant] les ganses vis-à-vis l'une de l'autre.

36:13 Et on fit cinquante agrafes d'or, et on joignit un tapis à l'autre par les agrafes ; et ce fut un seul tabernacle.

36:14 Et on fit des tapis de poil de chèvre pour une tente par-dessus le tabernacle ; on fit onze de ces tapis.

36:15 La longueur d'un tapis était de trente coudées, et la largeur d'un tapis de quatre coudées : une même mesure pour les onze tapis.

36:6 And Moses gave commandment, and they caused it to be proclaimed throughout the camp, saying, Let neither man nor woman make any more work for the offering of the sanctuary. So the people were restrained from bringing.

36:7 For the stuff they had was sufficient for all the work to make it, and too much.

36:8 And every wise hearted man among them that wrought the work of the tabernacle made ten curtains of fine twined linen, and blue, and purple, and scarlet: with cherubims of cunning work made he them.

36:9 The length of one curtain was twenty and eight cubits, and the breadth of one curtain four cubits: the curtains were all of one size.

36:10 And he coupled the five curtains one unto another: and the other five curtains he coupled one unto another.

36:11 And he made loops of blue on the edge of one curtain from the selvedge in the coupling: likewise he made in the uttermost side of another curtain, in the coupling of the second.

36:12 Fifty loops made he in one curtain, and fifty loops made he in the edge of the curtain which was in the coupling of the second: the loops held one curtain to another.

36:13 And he made fifty taches of gold, and coupled the curtains one unto another with the taches: so it became one tabernacle.

36:14 And he made curtains of goats' hair for the tent over the tabernacle: eleven curtains he made them.

36:15 The length of one curtain was thirty cubits, and four cubits was the breadth of one curtain: the eleven curtains were of one size.

36:16 Et on joignit cinq tapis à part, et six tapis à part.	*36:16 And he coupled five curtains by themselves, and six curtains by themselves.*
36:17 Et on fit cinquante ganses sur le bord du tapis qui était à l'extrémité de l'assemblage, et on fit cinquante ganses sur le bord du tapis du second assemblage ;	*36:17 And he made fifty loops upon the uttermost edge of the curtain in the coupling, and fifty loops made he upon the edge of the curtain which coupleth the second.*
36:18 et on fit cinquante agrafes d'airain pour assembler la tente, pour qu'elle fût une.	*36:18 And he made fifty taches of brass to couple the tent together, that it might be one.*
36:19 Et on fit pour la tente une couverture de peaux de béliers teintes en rouge, et une couverture de peaux de taissons par-dessus.	*36:19 And he made a covering for the tent of rams' skins dyed red, and a covering of badgers' skins above that.*
36:20 Et on fit les ais pour le tabernacle ; ils étaient de bois de sittim, [placés] debout ;	*36:20 And he made boards for the tabernacle of shittim wood, standing up.*
36:21 la longueur d'un ais était de dix coudées, et la largeur d'un ais d'une coudée et demie ;	*36:21 The length of a board was ten cubits, and the breadth of a board one cubit and a half.*
36:22 il y avait deux tenons à un ais, en façon d'échelons, l'un répondant à l'autre* ; on fit de même pour tous les ais du tabernacle.	*36:22 One board had two tenons, equally distant one from another: thus did he make for all the boards of the tabernacle.*
36:23 Et on fit les ais pour le tabernacle, vingt ais pour le côté du midi vers le sud ;	*36:23 And he made boards for the tabernacle; twenty boards for the south side southward:*
36:24 et on fit quarante bases d'argent sous les vingt ais, deux bases sous un ais pour ses deux tenons, et deux bases sous un ais pour ses deux tenons.	*36:24 And forty sockets of silver he made under the twenty boards; two sockets under one board for his two tenons, and two sockets under another board for his two tenons.*
36:25 Et on fit pour l'autre côté du tabernacle, du côté du nord,	*36:25 And for the other side of the tabernacle, which is toward the north corner, he made twenty boards,*
36:26 vingt ais, et leurs quarante bases d'argent, deux bases sous un ais, et deux bases sous un ais.	*36:26 And their forty sockets of silver; two sockets under one board, and two sockets under another board.*
36:27 Et pour le fond du tabernacle, vers l'occident, on fit six ais.	*36:27 And for the sides of the tabernacle westward he made six boards.*
36:28 Et on fit deux ais pour les angles du tabernacle, au fond ;	*36:28 And two boards made he for the corners of the tabernacle in the two sides.*
36:29 et ils étaient joints par le bas, et parfaitement unis ensemble par le haut dans un anneau ; on fit de même pour les deux, aux deux angles.	*36:29 And they were coupled beneath, and coupled together at the head thereof, to one ring: thus he did to both of them in both the corners.*

36:30 Et il y avait huit ais et leurs bases d'argent, seize bases, deux bases sous chaque ais.

36:31 — Et on fit des traverses de bois de sittim, cinq pour les ais d'un côté du tabernacle,

36:32 et cinq traverses pour les ais de l'autre côté du tabernacle, et cinq traverses pour les ais du tabernacle, pour le fond, vers l'occident ;

36:33 et on fit la traverse du milieu pour courir par le milieu des ais, d'un bout à l'autre.

36:34 Et on plaqua d'or les ais, et on fit d'or leurs anneaux pour recevoir les traverses, et on plaqua d'or les traverses.

36:35 Et on fit le voile de bleu, et de pourpre, et d'écarlate, et de fin coton retors ; on le fit d'ouvrage d'art, avec des chérubins.

36:36 Et on lui fit quatre piliers de [bois de] sittim, et on les plaqua d'or, et leurs crochets étaient d'or ; et on fondit pour eux quatre bases d'argent.

36:37 Et on fit pour l'entrée de la tente un rideau de bleu, et de pourpre, et d'écarlate et de fin coton retors, en ouvrage de brodeur,

36:38 et ses cinq piliers, et leurs crochets ; et on plaqua d'or leurs chapiteaux et leurs baguettes d'attache ; et leurs cinq bases étaient d'airain.

37:1 Et Betsaleël fit l'arche de bois de bois de sittim : sa longueur était de deux coudées et demie, et sa largeur d'une coudée et demie, et sa hauteur d'une coudée et demie.

37:2 Et il la plaqua d'or pur, dedans et dehors, et lui fit un couronnement d'or tout autour ;

36:30 And there were eight boards; and their sockets were sixteen sockets of silver, under every board two sockets.

36:31 And he made bars of shittim wood; five for the boards of the one side of the tabernacle,

36:32 And five bars for the boards of the other side of the tabernacle, and five bars for the boards of the tabernacle for the sides westward.

36:33 And he made the middle bar to shoot through the boards from the one end to the other.

36:34 And he overlaid the boards with gold, and made their rings of gold to be places for the bars, and overlaid the bars with gold.

36:35 And he made a vail of blue, and purple, and scarlet, and fine twined linen: with cherubims made he it of cunning work.

36:36 And he made thereunto four pillars of shittim wood, and overlaid them with gold: their hooks were of gold; and he cast for them four sockets of silver.

36:37 And he made an hanging for the tabernacle door of blue, and purple, and scarlet, and fine twined linen, of needlework;

36:38 And the five pillars of it with their hooks: and he overlaid their chapiters and their fillets with gold: but their five sockets were of brass.

37:1 And Bezaleel made the ark of shittim wood: two cubits and a half was the length of it, and a cubit and a half the breadth of it, and a cubit and a half the height of it:

37:2 And he overlaid it with pure gold within and without, and made a crown of gold to it round about.

37:3 et il fondit pour elle quatre anneaux d'or, pour ses quatre coins*, deux anneaux à l'un de ses côtés, et deux anneaux à l'autre de ses côtés.

37:4 Et il fit des barres de bois de sittim, et les plaqua d'or ;

37:5 et il fit entrer les barres dans les anneaux aux côtés de l'arche, pour porter l'arche.

37:6 — Et il fit un propitiatoire d'or pur : sa longueur était de deux coudées et demie, et sa largeur d'une coudée et demie.

37:7 Et il fit deux chérubins d'or ; il les fit d'or battu, aux deux bouts du propitiatoire,

37:8 un chérubin au bout de deçà, et un chérubin au bout de delà ; il fit les chérubins [tirés] du propitiatoire, à ses deux bouts.

37:9 Et les chérubins étendaient les ailes en haut, couvrant de leurs ailes le propitiatoire ; et leurs faces étaient l'une vis-à-vis de l'autre ; les faces des chérubins étaient [tournées] vers le propitiatoire.

37:10 Et il fit la table de bois de sittim : sa longueur était de deux coudées, et sa largeur d'une coudée, et sa hauteur d'une coudée et demie ;

37:11 et il la plaqua d'or pur, et y fit un couronnement d'or tout autour.

37:12 Et il y fit un rebord d'une paume tout autour, et il fit un couronnement d'or à son rebord, tout autour ;

37:13 et il lui fondit quatre anneaux d'or, et il mit les anneaux aux quatre coins qui étaient à ses quatre pieds.

37:14 Les anneaux étaient près du rebord, pour recevoir les barres, pour porter la table ;

37:3 And he cast for it four rings of gold, to be set by the four corners of it; even two rings upon the one side of it, and two rings upon the other side of it.

37:4 And he made staves of shittim wood, and overlaid them with gold.

37:5 And he put the staves into the rings by the sides of the ark, to bear the ark.

37:6 And he made the mercy seat of pure gold: two cubits and a half was the length thereof, and one cubit and a half the breadth thereof.

37:7 And he made two cherubims of gold, beaten out of one piece made he them, on the two ends of the mercy seat;

37:8 One cherub on the end on this side, and another cherub on the other end on that side: out of the mercy seat made he the cherubims on the two ends thereof.

37:9 And the cherubims spread out their wings on high, and covered with their wings over the mercy seat, with their faces one to another; even to the mercy seatward were the faces of the cherubims.

37:10 And he made the table of shittim wood: two cubits was the length thereof, and a cubit the breadth thereof, and a cubit and a half the height thereof:

37:11 And he overlaid it with pure gold, and made thereunto a crown of gold round about.

37:12 Also he made thereunto a border of an handbreadth round about; and made a crown of gold for the border thereof round about.

37:13 And he cast for it four rings of gold, and put the rings upon the four corners that were in the four feet thereof.

37:14 Over against the border were the rings, the places for the staves to bear the table.

37:15 et il fit les barres de bois de sittim, et les plaqua d'or, pour porter la table.

37:16 Et il fit d'or pur les ustensiles qui étaient sur la table, ses plats, et ses coupes, et ses vases, et les gobelets avec lesquels on fait les libations.

37:17 Et il fit le chandelier d'or pur ; il fit le chandelier [d'or] battu ; son pied, et sa tige, ses calices, ses pommes, et ses fleurs, étaient [tirés] de lui ;

37:18 et six branches sortaient de ses côtés, trois branches du chandelier d'un côté, et trois branches du chandelier de l'autre côté.

37:19 Il y avait, sur une branche, trois calices en forme de fleur d'amandier, une pomme et une fleur, et, sur une [autre] branche, trois calices en forme de fleur d'amandier, une pomme et une fleur ; ainsi pour les six branches sortant du chandelier.

37:20 Et il y avait au chandelier quatre calices en forme de fleur d'amandier, ses pommes et ses fleurs ;

37:21 et une pomme sous deux branches [sortant] de lui, et une pomme sous deux branches [sortant] de lui, et une pomme sous deux branches [sortant] de lui, pour les six branches qui sortaient de lui ;

37:22 leurs pommes et leurs branches étaient [tirées] de lui, le tout battu, d'une pièce, d'or pur.

37:23 — Et il fit ses sept lampes, et ses mouchettes, et ses vases à cendre, d'or pur :

37:24 il le fit, avec tous ses ustensiles, d'un talent d'or pur.

37:15 And he made the staves of shittim wood, and overlaid them with gold, to bear the table.

37:16 And he made the vessels which were upon the table, his dishes, and his spoons, and his bowls, and his covers to cover withal, of pure gold.

37:17 And he made the candlestick of pure gold: of beaten work made he the candlestick; his shaft, and his branch, his bowls, his knops, and his flowers, were of the same:

37:18 And six branches going out of the sides thereof; three branches of the candlestick out of the one side thereof, and three branches of the candlestick out of the other side thereof:

37:19 Three bowls made after the fashion of almonds in one branch, a knop and a flower; and three bowls made like almonds in another branch, a knop and a flower: so throughout the six branches going out of the candlestick.

37:20 And in the candlestick were four bowls made like almonds, his knops, and his flowers:

37:21 And a knop under two branches of the same, and a knop under two branches of the same, and a knop under two branches of the same, according to the six branches going out of it.

37:22 Their knops and their branches were of the same: all of it was one beaten work of pure gold.

37:23 And he made his seven lamps, and his snuffers, and his snuffdishes, of pure gold.

37:24 Of a talent of pure gold made he it, and all the vessels thereof.

37:25 Et il fit l'autel de l'encens, de bois de sittim : sa longueur était d'une coudée, et sa largeur d'une coudée ; il était carré ; et sa hauteur était de deux coudées ; ses cornes étaient [tirées] de lui.	*37:25 And he made the incense altar of shittim wood: the length of it was a cubit, and the breadth of it a cubit; it was foursquare; and two cubits was the height of it; the horns thereof were of the same.*
37:26 Et il le plaqua d'or pur, le dessus et ses parois, tout autour, et ses cornes. Et il lui fit un couronnement d'or tout autour.	*37:26 And he overlaid it with pure gold, both the top of it, and the sides thereof round about, and the horns of it: also he made unto it a crown of gold round about.*
37:27 Et il lui fit deux anneaux d'or au-dessous de son couronnement, sur ses deux côtés, à ses deux coins, pour recevoir les barres, pour le porter par elles.	*37:27 And he made two rings of gold for it under the crown thereof, by the two corners of it, upon the two sides thereof, to be places for the staves to bear it withal.*
37:28 Et il fit les barres de bois de sittim, et les plaqua d'or.	*37:28 And he made the staves of shittim wood, and overlaid them with gold.*
37:29 Et il fit l'huile sainte de l'onction et le pur encens des drogues odoriférantes, d'ouvrage de parfumeur.	*37:29 And he made the holy anointing oil, and the pure incense of sweet spices, according to the work of the apothecary.*
38:1 Et il fit l'autel de l'holocauste de bois de sittim : sa longueur était de cinq coudées, et sa largeur de cinq coudées ; il était carré, et sa hauteur était de trois coudées.	*38:1 And he made the altar of burnt offering of shittim wood: five cubits was the length thereof, and five cubits the breadth thereof; it was foursquare; and three cubits the height thereof.*
38:2 Et il fit ses cornes à ses quatre coins ; ses cornes étaient [tirées] de lui ; et il le plaqua d'airain.	*38:2 And he made the horns thereof on the four corners of it; the horns thereof were of the same: and he overlaid it with brass.*
38:3 Et il fit tous les ustensiles de l'autel : les vases, et les pelles, et les bassins, les fourchettes, et les brasiers ; il fit tous ses ustensiles d'airain.	*38:3 And he made all the vessels of the altar, the pots, and the shovels, and the basons, and the fleshhooks, and the firepans: all the vessels thereof made he of brass.*
38:4 Et il fit pour l'autel une grille en ouvrage de treillis, d'airain, au-dessous de son contour, en bas, jusqu'au milieu ;	*38:4 And he made for the altar a brasen grate of network under the compass thereof beneath unto the midst of it.*
38:5 et il fondit quatre anneaux pour les quatre bouts de la grille d'airain, pour recevoir les barres.	*38:5 And he cast four rings for the four ends of the grate of brass, to be places for the staves.*
38:6 Et il fit les barres de bois de sittim, et les plaqua d'airain ;	*38:6 And he made the staves of shittim wood, and overlaid them with brass.*
38:7 et il fit entrer les barres dans les anneaux, sur les côtés de l'autel, pour le porter par elles ; il le fit creux, avec des planches.	*38:7 And he put the staves into the rings on the sides of the altar, to bear it withal; he made the altar hollow with boards.*

38:8 Et il fit la cuve d'airain, et son soubassement d'airain, avec les miroirs des femmes* qui s'attroupaient à l'entrée de la tente d'assignation.

38:9 Et il fit le parvis : pour le côté du midi vers le sud, les tentures du parvis de fin coton retors, de cent coudées,

38:10 leurs vingt piliers, et leurs vingt bases d'airain ; les crochets des piliers et leurs baguettes d'attache étaient d'argent.

38:11 Et pour le côté du nord, cent coudées, leurs vingt piliers, et leurs vingt bases d'airain ; les crochets des piliers et leurs baguettes d'attache, d'argent.

38:12 Et pour le côté de l'occident, des tentures de cinquante coudées, leurs dix piliers et leurs dix bases ; les crochets des piliers et leurs baguettes d'attache étaient d'argent.

38:13 Et pour le côté de l'orient, vers le levant, cinquante coudées ;

38:14 sur un côté quinze coudées de tentures, leurs trois piliers et leurs trois bases ;

38:15 et sur l'autre côté, deçà et delà de la porte du parvis, quinze coudées de tentures, leurs trois piliers et leurs trois bases.

38:16 Toutes les tentures du parvis, à l'entour, étaient de fin coton retors ; et les bases des piliers, d'airain ;

38:17 les crochets des piliers et leurs baguettes d'attache, d'argent ; et le plaqué de leurs chapiteaux, d'argent ; et tous les piliers du parvis avaient des baguettes d'attache en argent.

38:8 And he made the laver of brass, and the foot of it of brass, of the lookingglasses of the women assembling, which assembled at the door of the tabernacle of the congregation.

38:9 And he made the court: on the south side southward the hangings of the court were of fine twined linen, an hundred cubits:

38:10 Their pillars were twenty, and their brasen sockets twenty; the hooks of the pillars and their fillets were of silver.

38:11 And for the north side the hangings were an hundred cubits, their pillars were twenty, and their sockets of brass twenty; the hooks of the pillars and their fillets of silver.

38:12 And for the west side were hangings of fifty cubits, their pillars ten, and their sockets ten; the hooks of the pillars and their fillets of silver.

38:13 And for the east side eastward fifty cubits.

38:14 The hangings of the one side of the gate were fifteen cubits; their pillars three, and their sockets three.

38:15 And for the other side of the court gate, on this hand and that hand, were hangings of fifteen cubits; their pillars three, and their sockets three.

38:16 All the hangings of the court round about were of fine twined linen.

38:17 And the sockets for the pillars were of brass; the hooks of the pillars and their fillets of silver; and the overlaying of their chapiters of silver; and all the pillars of the court were filleted with silver.

38:18 — Et le rideau de la porte du parvis était de bleu, et de pourpre, et d'écarlate, et de fin coton retors, en ouvrage de brodeur ; et la longueur, de vingt coudées ; et la hauteur, dans la largeur [de la porte], de cinq coudées, correspondant aux tentures du parvis ;

38:19 et ses quatre piliers, et leurs quatre bases, d'airain ; leurs crochets, d'argent ; et le plaqué de leurs chapiteaux et leurs baguettes d'attache, d'argent.

38:20 Et tous les pieux du tabernacle et du parvis, à l'entour, étaient d'airain.

38:21 Et c'est ici l'inventaire du tabernacle, du tabernacle du témoignage, qui fut dressé par le commandement de Moïse : [ce fut] le service des Lévites, sous la main d'Ithamar, fils d'Aaron, le sacrificateur.

38:22 Et Betsaleël, fils d'Uri, fils de Hur, de la tribu de Juda, fit tout ce que l'Éternel avait commandé à Moïse ;

38:23 et avec lui Oholiab, fils d'Akhisamac, de la tribu de Dan, graveur, et inventeur, et brodeur en bleu, et en pourpre, et en écarlate, et en fin coton.

38:24 Tout l'or qui fut employé pour l'œuvre, pour toute l'œuvre du lieu saint, l'or de l'offrande*, fut de vingt-neuf talents et sept cent trente sicles, selon le sicle du sanctuaire.

38:25 Et l'argent de ceux de l'assemblée qui furent dénombrés fut de cent talents* et mille sept cent soixante-quinze sicles, selon le sicle du sanctuaire,

38:26 un béka par tête, la moitié d'un sicle, selon le sicle du sanctuaire pour tous ceux qui passèrent par le dénombrement, depuis l'âge de vingt ans et au-dessus, pour six cent trois mille cinq cent cinquante [hommes].

38:18 And the hanging for the gate of the court was needlework, of blue, and purple, and scarlet, and fine twined linen: and twenty cubits was the length, and the height in the breadth was five cubits, answerable to the hangings of the court.

38:19 And their pillars were four, and their sockets of brass four; their hooks of silver, and the overlaying of their chapiters and their fillets of silver.

38:20 And all the pins of the tabernacle, and of the court round about, were of brass.

38:21 This is the sum of the tabernacle, even of the tabernacle of testimony, as it was counted, according to the commandment of Moses, for the service of the Levites, by the hand of Ithamar, son to Aaron the priest.

38:22 And Bezaleel the son Uri, the son of Hur, of the tribe of Judah, made all that the LORD commanded Moses.

38:23 And with him was Aholiab, son of Ahisamach, of the tribe of Dan, an engraver, and a cunning workman, and an embroiderer in blue, and in purple, and in scarlet, and fine linen.

38:24 All the gold that was occupied for the work in all the work of the holy place, even the gold of the offering, was twenty and nine talents, and seven hundred and thirty shekels, after the shekel of the sanctuary.

38:25 And the silver of them that were numbered of the congregation was an hundred talents, and a thousand seven hundred and threescore and fifteen shekels, after the shekel of the sanctuary:

38:26 A bekah for every man, that is, half a shekel, after the shekel of the sanctuary, for every one that went to be numbered, from twenty years old and upward, for six hundred thousand and three thousand and five hundred and fifty men.

38:27 Et les cent talents d'argent étaient pour fondre les bases du lieu saint, et les bases du voile, cent bases pour les cent talents, un talent par base ;

38:27 And of the hundred talents of silver were cast the sockets of the sanctuary, and the sockets of the vail; an hundred sockets of the hundred talents, a talent for a socket.

38:28 et des mille sept cent soixante-quinze [sicles] on fit les crochets des piliers, et on plaqua leurs chapiteaux, et on les joignit par les baguettes.

38:28 And of the thousand seven hundred seventy and five shekels he made hooks for the pillars, and overlaid their chapiters, and filleted them.

38:29 Et l'airain de l'offrande* fut de soixante-dix talents et deux mille quatre cents sicles ;

38:29 And the brass of the offering was seventy talents, and two thousand and four hundred shekels.

38:30 et on en fit les bases de l'entrée de la tente d'assignation, et l'autel d'airain, et la grille d'airain qui lui appartient, et tous les ustensiles de l'autel ;

38:30 And therewith he made the sockets to the door of the tabernacle of the congregation, and the brasen altar, and the brasen grate for it, and all the vessels of the altar,

38:31 et les bases du parvis tout autour, et les bases de la porte du parvis, et tous les pieux du tabernacle, et tous les pieux du parvis, tout autour.

38:31 And the sockets of the court round about, and the sockets of the court gate, and all the pins of the tabernacle, and all the pins of the court round about.

39:1 Et du bleu, et de la pourpre, et de l'écarlate, ils firent les vêtements de service pour servir dans le lieu saint ; et ils firent les saints vêtements qui étaient pour Aaron, comme l'Éternel l'avait commandé à Moïse.

39:1 And of the blue, and purple, and scarlet, they made cloths of service, to do service in the holy place, and made the holy garments for Aaron; as the LORD commanded Moses.

39:2 Et on fit l'éphod d'or, de bleu, et de pourpre, et d'écarlate, et de fin coton retors.

39:2 And he made the ephod of gold, blue, and purple, and scarlet, and fine twined linen.

39:3 Et ils étendirent des lames d'or, et on les coupa par filets pour les brocher parmi le bleu, et parmi la pourpre, et parmi l'écarlate, et parmi le fin coton, en ouvrage d'art.

39:3 And they did beat the gold into thin plates, and cut it into wires, to work it in the blue, and in the purple, and in the scarlet, and in the fine linen, with cunning work.

39:4 Ils y firent des épaulières qui l'assemblaient ; il était joint par ses deux bouts.

39:4 They made shoulderpieces for it, to couple it together: by the two edges was it coupled together.

39:5 Et la ceinture de son éphod, qui était par-dessus, était de la même matière, du même travail, d'or, de bleu, et de pourpre, et d'écarlate, et de fin coton retors, comme l'Éternel l'avait commandé à Moïse.

39:5 And the curious girdle of his ephod, that was upon it, was of the same, according to the work thereof; of gold, blue, and purple, and scarlet, and fine twined linen; as the LORD commanded Moses.

39:6 — Et ils firent les pierres d'onyx*, enchâssées dans des chatons d'or, gravées en gravure de cachet d'après les noms des fils d'Israël ;

39:7 et on les mit sur les épaulières de l'éphod comme pierres de mémorial pour les fils d'Israël, comme l'Éternel l'avait commandé à Moïse.

39:8 Et on fit le pectoral en ouvrage d'art, comme l'ouvrage de l'éphod, d'or, de bleu, et de pourpre, et d'écarlate, et de fin coton retors.

39:9 Il était carré ; ils firent le pectoral double ; sa longueur d'un empan, et sa largeur d'un empan, double ;

39:10 et ils le garnirent de quatre rangées de pierres : la première rangée, une sardoine, une topaze, et une émeraude ;

39:11 et la seconde rangée, une escarboucle, un saphir, et un diamant ;

39:12 et la troisième rangée, une opale, une agate, et une améthyste ;

39:13 et la quatrième rangée, un chrysolithe, un onyx*, et un jaspe, enchâssés dans des chatons d'or, dans leurs montures.

39:14 Et les pierres étaient selon les noms des fils d'Israël, douze, selon leurs noms, en gravure de cachet, chacune selon son nom, pour les douze tribus.

39:15 — Et ils firent sur le pectoral des chaînettes à bouts, en ouvrage de torsade, d'or pur.

39:16 Et ils firent deux chatons d'or, et deux anneaux d'or, et ils mirent les deux anneaux aux deux bouts du pectoral ;

39:17 et ils mirent les deux torsades d'or dans les deux anneaux, aux bouts du pectoral ;

39:6 And they wrought onyx stones inclosed in ouches of gold, graven, as signets are graven, with the names of the children of Israel.

39:7 And he put them on the shoulders of the ephod, that they should be stones for a memorial to the children of Israel; as the LORD commanded Moses.

39:8 And he made the breastplate of cunning work, like the work of the ephod; of gold, blue, and purple, and scarlet, and fine twined linen.

39:9 It was foursquare; they made the breastplate double: a span was the length thereof, and a span the breadth thereof, being doubled.

39:10 And they set in it four rows of stones: the first row was a sardius, a topaz, and a carbuncle: this was the first row.

39:11 And the second row, an emerald, a sapphire, and a diamond.

39:12 And the third row, a ligure, an agate, and an amethyst.

39:13 And the fourth row, a beryl, an onyx, and a jasper: they were inclosed in ouches of gold in their inclosings.

39:14 And the stones were according to the names of the children of Israel, twelve, according to their names, like the engravings of a signet, every one with his name, according to the twelve tribes.

39:15 And they made upon the breastplate chains at the ends, of wreathen work of pure gold.

39:16 And they made two ouches of gold, and two gold rings; and put the two rings in the two ends of the breastplate.

39:17 And they put the two wreathen chains of gold in the two rings on the ends of the breastplate.

39:18 et ils mirent les deux bouts des deux torsades dans les deux chatons, et ils les mirent sur les épaulières de l'éphod, sur le devant.

39:18 And the two ends of the two wreathen chains they fastened in the two ouches, and put them on the shoulderpieces of the ephod, before it.

39:19 Et ils firent deux anneaux d'or, et les placèrent aux deux bouts du pectoral, sur son bord qui était contre l'éphod, en dedans.

39:19 And they made two rings of gold, and put them on the two ends of the breastplate, upon the border of it, which was on the side of the ephod inward.

39:20 Et ils firent deux anneaux d'or, et les mirent aux deux épaulières de l'éphod par en bas, sur le devant, juste à sa jointure au-dessus de la ceinture de l'éphod ;

39:20 And they made two other golden rings, and put them on the two sides of the ephod underneath, toward the forepart of it, over against the other coupling thereof, above the curious girdle of the ephod.

39:21 et ils attachèrent le pectoral par ses anneaux aux anneaux de l'éphod avec un cordon de bleu, afin qu'il fût au-dessus de la ceinture de l'éphod, et que le pectoral ne bougeât pas de dessus l'éphod, comme l'Éternel l'avait commandé à Moïse.

39:21 And they did bind the breastplate by his rings unto the rings of the ephod with a lace of blue, that it might be above the curious girdle of the ephod, and that the breastplate might not be loosed from the ephod; as the LORD commanded Moses.

39:22 Et on fit la robe de l'éphod en ouvrage de tisserand, entièrement de bleu ;

39:22 And he made the robe of the ephod of woven work, all of blue.

39:23 et l'ouverture de la robe était au milieu, comme l'ouverture d'une cotte de mailles ; il y avait une bordure à son ouverture, tout autour, afin qu'elle ne se déchirât pas.

39:23 And there was an hole in the midst of the robe, as the hole of an habergeon, with a band round about the hole, that it should not rend.

39:24 — Et sur les bords de la robe ils firent des grenades de bleu et de pourpre et d'écarlate retors.

39:24 And they made upon the hems of the robe pomegranates of blue, and purple, and scarlet, and twined linen.

39:25 Et ils firent des clochettes d'or pur, et mirent les clochettes entre les grenades sur les bords de la robe, tout autour, entre les grenades :

39:25 And they made bells of pure gold, and put the bells between the pomegranates upon the hem of the robe, round about between the pomegranates;

39:26 une clochette et une grenade, une clochette et une grenade, sur les bords de la robe, tout autour, pour faire le service, comme l'Éternel l'avait commandé à Moïse.

39:26 A bell and a pomegranate, a bell and a pomegranate, round about the hem of the robe to minister in; as the LORD commanded Moses.

39:27 Et ils firent les tuniques de fin coton en ouvrage de tisserand, pour Aaron et pour ses fils ;

39:27 And they made coats of fine linen of woven work for Aaron, and for his sons,

39:28 et la tiare de fin coton, et les bonnets d'ornement, de fin coton, et les caleçons de lin, de byssus* retors ;

39:28 And a mitre of fine linen, and goodly bonnets of fine linen, and linen breeches of fine twined linen,

39:29 et la ceinture, de fin coton retors, et de bleu, et de pourpre, et d'écarlate, en ouvrage de brodeur, comme l'Éternel l'avait commandé à Moïse.

39:30 Et ils firent la lame du saint diadème, d'or pur, et écrivirent dessus, en écriture de gravure de cachet : Sainteté à l'Éternel.

39:31 Et ils mirent dessus un cordon de bleu, pour l'attacher à la tiare, par-dessus, comme l'Éternel l'avait commandé à Moïse.

39:32 Et tout le travail du tabernacle de la tente d'assignation fut achevé ; et les fils d'Israël firent selon tout ce que l'Éternel avait commandé à Moïse : ils firent ainsi.

39:33 Et ils apportèrent le tabernacle à Moïse : la tente, et tous ses ustensiles, ses agrafes, ses ais, ses traverses, et ses piliers, et ses bases ;

39:34 et la couverture de peaux de béliers teintes en rouge, et la couverture de peaux de taissons, et le voile qui sert de rideau* ;

39:35 l'arche du témoignage, et ses barres, et le propitiatoire ;

39:36 la table, tous ses ustensiles, et le pain de proposition ;

39:37 le chandelier pur, ses lampes, les lampes à ranger, et tous ses ustensiles, et l'huile du luminaire ;

39:38 et l'autel d'or, et l'huile de l'onction, et l'encens des drogues odoriférantes ; et le rideau de l'entrée de la tente ;

39:39 l'autel d'airain, et la grille d'airain qui lui appartient, ses barres, et tous ses ustensiles ; la cuve et son soubassement ;

39:40 les tentures du parvis, ses piliers, et ses bases ; et le rideau pour la porte du parvis, ses cordages, et ses pieux ; et tous les ustensiles du service du tabernacle, pour la tente d'assignation ;

39:29 And a girdle of fine twined linen, and blue, and purple, and scarlet, of needlework; as the LORD commanded Moses.

39:30 And they made the plate of the holy crown of pure gold, and wrote upon it a writing, like to the engravings of a signet, HOLINESS TO THE LORD.

39:31 And they tied unto it a lace of blue, to fasten it on high upon the mitre; as the LORD commanded Moses.

39:32 Thus was all the work of the tabernacle of the tent of the congregation finished: and the children of Israel did according to all that the LORD commanded Moses, so did they.

39:33 And they brought the tabernacle unto Moses, the tent, and all his furniture, his taches, his boards, his bars, and his pillars, and his sockets,

39:34 And the covering of rams' skins dyed red, and the covering of badgers' skins, and the vail of the covering,

39:35 The ark of the testimony, and the staves thereof, and the mercy seat,

39:36 The table, and all the vessels thereof, and the shewbread,

39:37 The pure candlestick, with the lamps thereof, even with the lamps to be set in order, and all the vessels thereof, and the oil for light,

39:38 And the golden altar, and the anointing oil, and the sweet incense, and the hanging for the tabernacle door,

39:39 The brasen altar, and his grate of brass, his staves, and all his vessels, the laver and his foot,

39:40 The hangings of the court, his pillars, and his sockets, and the hanging for the court gate, his cords, and his pins, and all the vessels of the service of the tabernacle, for the tent of the congregation,

39:41 les vêtements de service, pour servir dans le lieu saint : les saints vêtements pour Aaron, le sacrificateur, et les vêtements de ses fils, pour exercer la sacrificature.

39:41 The cloths of service to do service in the holy place, and the holy garments for Aaron the priest, and his sons' garments, to minister in the priest's office.

39:42 Selon tout ce que l'Éternel avait commandé à Moïse, ainsi les fils d'Israël firent tout le travail.

39:42 According to all that the LORD commanded Moses, so the children of Israel made all the work.

39:43 Et Moïse vit tout l'ouvrage, et voici, ils l'avaient fait comme l'Éternel l'avait commandé ; ils l'avaient fait ainsi. Et Moïse les bénit. *

39:43 And Moses did look upon all the work, and, behold, they had done it as the LORD had commanded, even so had they done it: and Moses blessed them.

40:1 Et l'Éternel parla à Moïse, disant :

40:1 And the LORD spake unto Moses, saying,

40:2 Au* premier mois, le premier jour du mois, tu dresseras le tabernacle de la tente d'assignation ;

40:2 On the first day of the first month shalt thou set up the tabernacle of the tent of the congregation.

40:3 et tu y placeras l'arche du témoignage, et tu couvriras l'arche avec le voile.

40:3 And thou shalt put therein the ark of the testimony, and cover the ark with the vail.

40:4 Et tu apporteras la table, et tu y arrangeras ce qui doit y être arrangé* ; et tu apporteras le chandelier, et tu allumeras ses lampes.

40:4 And thou shalt bring in the table, and set in order the things that are to be set in order upon it; and thou shalt bring in the candlestick, and light the lamps thereof.

40:5 Et tu mettras l'autel d'or pour l'encens devant l'arche du témoignage ; et tu placeras le rideau à l'entrée du tabernacle.

40:5 And thou shalt set the altar of gold for the incense before the ark of the testimony, and put the hanging of the door to the tabernacle.

40:6 Et tu mettras l'autel de l'holocauste devant l'entrée du tabernacle de la tente d'assignation.

40:6 And thou shalt set the altar of the burnt offering before the door of the tabernacle of the tent of the congregation.

40:7 Et tu mettras la cuve entre la tente d'assignation et l'autel, et tu y mettras de l'eau.

40:7 And thou shalt set the laver between the tent of the congregation and the altar, and shalt put water therein.

40:8 Et tu placeras le parvis tout autour, et tu mettras le rideau de la porte du parvis.

40:8 And thou shalt set up the court round about, and hang up the hanging at the court gate.

40:9 Et tu prendras l'huile de l'onction, et tu en oindras le tabernacle et tout ce qui est dedans ; et tu le sanctifieras avec tous ses ustensiles, et il sera saint.

40:9 And thou shalt take the anointing oil, and anoint the tabernacle, and all that is therein, and shalt hallow it, and all the vessels thereof: and it shall be holy.

40:10 Et tu oindras l'autel de l'holocauste et tous ses ustensiles ; et tu sanctifieras l'autel, et l'autel sera une chose très sainte.

40:11 Et tu oindras la cuve et son soubassement, et tu la sanctifieras.

40:12 Et tu feras approcher Aaron et ses fils à l'entrée de la tente d'assignation, et tu les laveras avec de l'eau.

40:13 Et tu revêtiras Aaron des saints vêtements, et tu l'oindras, et tu le sanctifieras, et il exercera la sacrificature devant moi.

40:14 Et tu feras approcher ses fils, et tu les revêtiras des tuniques,

40:15 et tu les oindras comme tu auras oint leur père ; et ils exerceront la sacrificature devant moi ; et leur onction leur sera pour [exercer] une sacrificature perpétuelle en leurs générations.

40:16 Et Moïse fit selon tout ce que l'Éternel lui avait commandé ; il fit ainsi.

40:17 Et il arriva, le premier mois, en la seconde année, le premier [jour] du mois, que le tabernacle fut dressé.

40:18 Et Moïse dressa le tabernacle, et mit ses bases, et plaça ses ais, et mit ses traverses, et dressa ses piliers.

40:19 Et il étendit la tente sur le tabernacle, et mit la couverture de la tente sur elle, par-dessus, comme l'Éternel l'avait commandé à Moïse.

40:20 Et il prit et mit le témoignage dans l'arche ; et il plaça les barres à l'arche ; et il mit le propitiatoire sur l'arche, par-dessus.

40:21 Et il apporta l'arche dans le tabernacle, et plaça le voile qui sert de rideau*, et en couvrit l'arche du témoignage, comme l'Éternel l'avait commandé à Moïse.

40:10 And thou shalt anoint the altar of the burnt offering, and all his vessels, and sanctify the altar: and it shall be an altar most holy.

40:11 And thou shalt anoint the laver and his foot, and sanctify it.

40:12 And thou shalt bring Aaron and his sons unto the door of the tabernacle of the congregation, and wash them with water.

40:13 And thou shalt put upon Aaron the holy garments, and anoint him, and sanctify him; that he may minister unto me in the priest's office.

40:14 And thou shalt bring his sons, and clothe them with coats:

40:15 And thou shalt anoint them, as thou didst anoint their father, that they may minister unto me in the priest's office: for their anointing shall surely be an everlasting priesthood throughout their generations.

40:16 Thus did Moses: according to all that the LORD commanded him, so did he.

40:17 And it came to pass in the first month in the second year, on the first day of the month, that the tabernacle was reared up.

40:18 And Moses reared up the tabernacle, and fastened his sockets, and set up the boards thereof, and put in the bars thereof, and reared up his pillars.

40:19 And he spread abroad the tent over the tabernacle, and put the covering of the tent above upon it; as the LORD commanded Moses.

40:20 And he took and put the testimony into the ark, and set the staves on the ark, and put the mercy seat above upon the ark:

40:21 And he brought the ark into the tabernacle, and set up the vail of the covering, and covered the ark of the testimony; as the LORD commanded Moses.

40:22 Et il mit la table dans la tente d'assignation, sur le côté du tabernacle, vers le nord, en dehors du voile ;

40:23 et il rangea sur elle, en ordre, le pain devant l'Éternel, comme l'Éternel l'avait commandé à Moïse.

40:24 Et il plaça le chandelier dans la tente d'assignation, vis-à-vis de la table, sur le côté du tabernacle, vers le midi ;

40:25 et il alluma* les lampes devant l'Éternel, comme l'Éternel l'avait commandé à Moïse.

40:26 Et il plaça l'autel d'or dans la tente d'assignation, devant le voile ;

40:27 et il fit fumer dessus l'encens des drogues odoriférantes, comme l'Éternel l'avait commandé à Moïse.

40:28 Et il plaça le rideau de l'entrée du tabernacle.

40:29 Et il plaça l'autel de l'holocauste à l'entrée du tabernacle de la tente d'assignation, et il offrit sur lui l'holocauste et l'offrande de gâteau, comme l'Éternel l'avait commandé à Moïse.

40:30 Et il plaça la cuve entre la tente d'assignation et l'autel, et y mit de l'eau pour se laver.

40:31 Et Moïse, et Aaron et ses fils, s'y lavèrent les mains et les pieds ;

40:32 lorsqu'ils entraient dans la tente d'assignation, et qu'ils s'approchaient de l'autel, ils se lavaient, comme l'Éternel l'avait commandé à Moïse.

40:33 Et il dressa le parvis tout autour du tabernacle et de l'autel, et mit le rideau à la porte du parvis. Et Moïse acheva l'œuvre. *

40:34 Et la nuée couvrit la tente d'assignation, et la gloire de l'Éternel remplit le tabernacle ;

40:22 And he put the table in the tent of the congregation, upon the side of the tabernacle northward, without the vail.

40:23 And he set the bread in order upon it before the LORD; as the LORD had commanded Moses.

40:24 And he put the candlestick in the tent of the congregation, over against the table, on the side of the tabernacle southward.

40:25 And he lighted the lamps before the LORD; as the LORD commanded Moses.

40:26 And he put the golden altar in the tent of the congregation before the vail:

40:27 And he burnt sweet incense thereon; as the LORD commanded Moses.

40:28 And he set up the hanging at the door of the tabernacle.

40:29 And he put the altar of burnt offering by the door of the tabernacle of the tent of the congregation, and offered upon it the burnt offering and the meat offering; as the LORD commanded Moses.

40:30 And he set the laver between the tent of the congregation and the altar, and put water there, to wash withal.

40:31 And Moses and Aaron and his sons washed their hands and their feet thereat:

40:32 When they went into the tent of the congregation, and when they came near unto the altar, they washed; as the LORD commanded Moses.

40:33 And he reared up the court round about the tabernacle and the altar, and set up the hanging of the court gate. So Moses finished the work.

40:34 Then a cloud covered the tent of the congregation, and the glory of the LORD filled the tabernacle.

40:35 et Moïse ne pouvait entrer dans la tente d'assignation ; car la nuée demeura dessus, et la gloire de l'Éternel remplissait le tabernacle.

40:36 Et quand la nuée se levait de dessus le tabernacle, les fils d'Israël partaient, dans toutes leurs traites ;

40:37 et si la nuée ne se levait pas, ils ne partaient pas, jusqu'au jour où elle se levait ;

40:38 car la nuée de l'Éternel était sur le tabernacle le jour, et un feu y était la nuit, aux yeux de toute la maison d'Israël, dans toutes leurs traites.

LÉVITIQUE

1:1 Et l'Éternel appela Moïse, et lui parla, de la tente d'assignation, disant :

1:2 Parle aux fils d'Israël, et dis-leur : Quand un homme d'entre vous présentera une offrande* à l'Éternel, vous présenterez votre offrande de bétail, du gros ou du menu bétail.

1:3 Si son offrande est un holocauste de gros bétail, il la présentera, — un mâle sans défaut* ; il la présentera à l'entrée de la tente d'assignation, pour être agréé devant l'Éternel.

1:4 Et il posera sa main sur la tête de l'holocauste, et il sera agréé pour lui, pour faire propitiation pour lui.

1:5 Et il égorgera le jeune taureau* devant l'Éternel ; et les fils d'Aaron, les sacrificateurs, présenteront le sang, et ils feront aspersion du sang tout autour sur l'autel qui est à l'entrée de la tente d'assignation ;

1:6 et il écorchera l'holocauste et le coupera en morceaux.

1:7 Et les fils d'Aaron, le sacrificateur, mettront du feu sur l'autel, et arrangeront du bois sur le feu ;

40:35 And Moses was not able to enter into the tent of the congregation, because the cloud abode thereon, and the glory of the LORD filled the tabernacle.

40:36 And when the cloud was taken up from over the tabernacle, the children of Israel went onward in all their journeys:

40:37 But if the cloud were not taken up, then they journeyed not till the day that it was taken up.

40:38 For the cloud of the LORD was upon the tabernacle by day, and fire was on it by night, in the sight of all the house of Israel, throughout all their journeys.

The Third Book of Moses: Called Leviticus

1:1 And the LORD called unto Moses, and spake unto him out of the tabernacle of the congregation, saying,

1:2 Speak unto the children of Israel, and say unto them, If any man of you bring an offering unto the LORD, ye shall bring your offering of the cattle, even of the herd, and of the flock.

1:3 If his offering be a burnt sacrifice of the herd, let him offer a male without blemish: he shall offer it of his own voluntary will at the door of the tabernacle of the congregation before the LORD.

1:4 And he shall put his hand upon the head of the burnt offering; and it shall be accepted for him to make atonement for him.

1:5 And he shall kill the bullock before the LORD: and the priests, Aaron's sons, shall bring the blood, and sprinkle the blood round about upon the altar that is by the door of the tabernacle of the congregation.

1:6 And he shall flay the burnt offering, and cut it into his pieces.

1:7 And the sons of Aaron the priest shall put fire upon the altar, and lay the wood in order upon the fire:

1:8 et les fils d'Aaron, les sacrificateurs, arrangeront les morceaux, la tête et la graisse, sur le bois qui est sur le feu qui est sur l'autel.	1:8 And the priests, Aaron's sons, shall lay the parts, the head, and the fat, in order upon the wood that is on the fire which is upon the altar:
1:9 Et il lavera avec de l'eau l'intérieur et les jambes, et le sacrificateur fera fumer* le tout sur l'autel ; [c'est] un holocauste, un sacrifice par feu, une odeur agréable à l'Éternel.	1:9 But his inwards and his legs shall he wash in water: and the priest shall burn all on the altar, to be a burnt sacrifice, an offering made by fire, of a sweet savour unto the LORD.
1:10 Et si son offrande pour l'holocauste est de menu bétail, d'entre les moutons ou d'entre les chèvres, il la présentera, — un mâle sans défaut ;	1:10 And if his offering be of the flocks, namely, of the sheep, or of the goats, for a burnt sacrifice; he shall bring it a male without blemish.
1:11 et il l'égorgera à côté de l'autel, vers le nord, devant l'Éternel ; et les fils d'Aaron, les sacrificateurs, feront aspersion du sang sur l'autel, tout autour ;	1:11 And he shall kill it on the side of the altar northward before the LORD: and the priests, Aaron's sons, shall sprinkle his blood round about upon the altar.
1:12 et il le coupera en morceaux, avec sa tête et sa graisse, et le sacrificateur les arrangera sur le bois qui est sur le feu qui est sur l'autel ;	1:12 And he shall cut it into his pieces, with his head and his fat: and the priest shall lay them in order on the wood that is on the fire which is upon the altar:
1:13 et il lavera avec de l'eau l'intérieur et les jambes ; et le sacrificateur présentera le tout et le fera fumer sur l'autel : c'est un holocauste, un sacrifice par feu, une odeur agréable à l'Éternel.	1:13 But he shall wash the inwards and the legs with water: and the priest shall bring it all, and burn it upon the altar: it is a burnt sacrifice, an offering made by fire, of a sweet savour unto the LORD.
1:14 Et si son offrande à l'Éternel est un holocauste d'oiseaux, il présentera son offrande de tourterelles ou de jeunes pigeons*.	1:14 And if the burnt sacrifice for his offering to the LORD be of fowls, then he shall bring his offering of turtledoves, or of young pigeons.
1:15 Et le sacrificateur l'apportera* à l'autel, et lui détachera la tête avec l'ongle, et la fera fumer sur l'autel ; et il en épreindra le sang contre la paroi de l'autel ;	1:15 And the priest shall bring it unto the altar, and wring off his head, and burn it on the altar; and the blood thereof shall be wrung out at the side of the altar:
1:16 et il ôtera son gésier avec son ordure*, et les jettera à côté de l'autel, vers l'orient, au lieu où sont les cendres ;	1:16 And he shall pluck away his crop with his feathers, and cast it beside the altar on the east part, by the place of the ashes:
1:17 et il fendra l'oiseau* entre les ailes, il ne le divisera pas ; et le sacrificateur le fera fumer sur l'autel, sur le bois qui est sur le feu : c'est un holocauste, un sacrifice par feu, une odeur agréable à l'Éternel.	1:17 And he shall cleave it with the wings thereof, but shall not divide it asunder: and the priest shall burn it upon the altar, upon the wood that is upon the fire: it is a burnt sacrifice, an offering made by fire, of a sweet savour unto the LORD.

God Almighty

2:1 Et quand quelqu'un présentera en offrande* une offrande de gâteau à l'Éternel, son offrande sera de fleur de farine, et il versera de l'huile sur elle, et mettra de l'encens dessus ;	2:1 And when any will offer a meat offering unto the LORD, his offering shall be of fine flour; and he shall pour oil upon it, and put frankincense thereon:
2:2 et il l'apportera aux fils d'Aaron, les sacrificateurs ; et le sacrificateur prendra une pleine poignée de la fleur de farine et de l'huile, avec tout l'encens, et il en fera fumer le mémorial sur l'autel : [c'est] un sacrifice par feu, une odeur agréable à l'Éternel ;	2:2 And he shall bring it to Aaron's sons the priests: and he shall take thereout his handful of the flour thereof, and of the oil thereof, with all the frankincense thereof; and the priest shall burn the memorial of it upon the altar, to be an offering made by fire, of a sweet savour unto the LORD:
2:3 et le reste de l'offrande de gâteau sera pour Aaron et pour ses fils : [c'est] une chose très sainte entre les sacrifices de l'Éternel faits par feu.	2:3 And the remnant of the meat offering shall be Aaron's and his sons': it is a thing most holy of the offerings of the LORD made by fire.
2:4 Et quand tu présenteras en offrande une offrande de gâteau cuit au four, ce sera de la fleur de farine, des gâteaux sans levain, pétris à l'huile, et des galettes sans levain ointes d'huile.	2:4 And if thou bring an oblation of a meat offering baken in the oven, it shall be unleavened cakes of fine flour mingled with oil, or unleavened wafers anointed with oil.
2:5 Et si ton offrande est une offrande de gâteau cuit sur la plaque, elle sera de fleur de farine pétrie à l'huile, sans levain.	2:5 And if thy oblation be a meat offering baken in a pan, it shall be of fine flour unleavened, mingled with oil.
2:6 Tu la briseras en morceaux, et tu verseras de l'huile dessus : c'est une offrande de gâteau.	2:6 Thou shalt part it in pieces, and pour oil thereon: it is a meat offering.
2:7 Et si ton offrande est une offrande de gâteau cuit dans la poêle, elle sera faite de fleur de farine, avec de l'huile.	2:7 And if thy oblation be a meat offering baken in the fryingpan, it shall be made of fine flour with oil.
2:8 Et tu apporteras à l'Éternel l'offrande de gâteau qui est faite de ces choses, et on la présentera au sacrificateur, et il l'apportera à l'autel.	2:8 And thou shalt bring the meat offering that is made of these things unto the LORD: and when it is presented unto the priest, he shall bring it unto the altar.
2:9 Et le sacrificateur lèvera de l'offrande de gâteau son* mémorial, et le fera fumer sur l'autel : [c'est] un sacrifice par feu, une odeur agréable à l'Éternel.	2:9 And the priest shall take from the meat offering a memorial thereof, and shall burn it upon the altar: it is an offering made by fire, of a sweet savour unto the LORD.
2:10 Et le reste de l'offrande de gâteau sera pour Aaron et pour ses fils : [c'est] une chose très sainte entre les sacrifices de l'Éternel faits par feu.	2:10 And that which is left of the meat offering shall be Aaron's and his sons': it is a thing most holy of the offerings of the LORD made by fire.

2:11 Aucune offrande de gâteau que vous présenterez à l'Éternel ne sera faite avec du levain ; car du levain et du miel, vous n'en ferez point fumer comme sacrifice par feu à l'Éternel.

2:12 Pour l'offrande* des prémices, vous les présenterez à l'Éternel ; mais ils ne seront point brûlés** sur l'autel en odeur agréable.

2:13 Et toute offrande de ton offrande de gâteau, tu la saleras de sel, et tu ne laisseras point manquer sur ton offrande de gâteau le sel de l'alliance de ton Dieu ; sur toutes tes offrandes tu présenteras du sel.

2:14 Et si tu présentes à l'Éternel une offrande de gâteau des premiers fruits, tu présenteras, pour l'offrande de gâteau de tes premiers fruits, des épis nouveaux rôtis au feu, les grains broyés d'épis grenus ;

2:15 et tu mettras de l'huile dessus, et tu placeras de l'encens dessus : c'est une offrande de gâteau*.

2:16 Et le sacrificateur en fera fumer le mémorial, une portion de ses grains broyés et de son huile avec tout son encens : [c'est] un sacrifice par feu à l'Éternel.

3:1 Et si son offrande* est un sacrifice de prospérités, si c'est du gros bétail qu'il présente, soit mâle, soit femelle, il le présentera sans défaut devant l'Éternel ;

3:2 et il posera sa main sur la tête de son offrande, et il l'égorgera à l'entrée de la tente d'assignation ; et les fils d'Aaron, les sacrificateurs, feront aspersion du sang sur l'autel, tout autour.

3:3 Et il présentera, du sacrifice de prospérités, un sacrifice fait par feu à l'Éternel : la graisse qui couvre l'intérieur, et toute la graisse qui est sur l'intérieur,

2:11 No meat offering, which ye shall bring unto the LORD, shall be made with leaven: for ye shall burn no leaven, nor any honey, in any offering of the LORD made by fire.

2:12 As for the oblation of the firstfruits, ye shall offer them unto the LORD: but they shall not be burnt on the altar for a sweet savour.

2:13 And every oblation of thy meat offering shalt thou season with salt; neither shalt thou suffer the salt of the covenant of thy God to be lacking from thy meat offering: with all thine offerings thou shalt offer salt.

2:14 And if thou offer a meat offering of thy firstfruits unto the LORD, thou shalt offer for the meat offering of thy firstfruits green ears of corn dried by the fire, even corn beaten out of full ears.

2:15 And thou shalt put oil upon it, and lay frankincense thereon: it is a meat offering.

2:16 And the priest shall burn the memorial of it, part of the beaten corn thereof, and part of the oil thereof, with all the frankincense thereof: it is an offering made by fire unto the LORD.

3:1 And if his oblation be a sacrifice of peace offering, if he offer it of the herd; whether it be a male or female, he shall offer it without blemish before the LORD.

3:2 And he shall lay his hand upon the head of his offering, and kill it at the door of the tabernacle of the congregation: and Aaron's sons the priests shall sprinkle the blood upon the altar round about.

3:3 And he shall offer of the sacrifice of the peace offering an offering made by fire unto the LORD; the fat that covereth the inwards, and all the fat that is upon the inwards,

3:4 et les deux rognons, et la graisse qui est dessus, qui est sur les reins, et le réseau qui est sur le foie, qu'on ôtera jusque sur les rognons ;

3:5 et les fils d'Aaron feront fumer cela sur l'autel, sur l'holocauste qui est sur le bois qui est sur le feu : [c'est] un sacrifice par feu, une odeur agréable à l'Éternel.

3:6 Et si son offrande pour le sacrifice de prospérités à l'Éternel est de menu bétail, mâle ou femelle, il le présentera sans défaut.

3:7 Si c'est un agneau qu'il présente pour son offrande, il le présentera devant l'Éternel ;

3:8 et il posera sa main sur la tête de son offrande, et il l'égorgera devant la tente d'assignation ; et les fils d'Aaron feront aspersion du sang sur l'autel, tout autour.

3:9 Et il présentera, du sacrifice de prospérités, un sacrifice fait par feu à l'Éternel : sa graisse, la queue qu'on ôtera entière jusque contre l'échine, et la graisse qui couvre l'intérieur, et toute la graisse qui est sur l'intérieur,

3:10 et les deux rognons, et la graisse qui est dessus, qui est sur les reins, et le réseau qui est sur le foie, qu'on ôtera jusque sur les rognons ;

3:11 et le sacrificateur fera fumer cela sur l'autel : [c'est] un pain de sacrifice par feu à l'Éternel.

3:12 Et si son offrande est une chèvre, il la présentera devant l'Éternel ;

3:13 et il posera sa main sur sa tête, et il l'égorgera devant la tente d'assignation ; et les fils d'Aaron feront aspersion du sang sur l'autel, tout autour ;

3:4 And the two kidneys, and the fat that is on them, which is by the flanks, and the caul above the liver, with the kidneys, it shall he take away.

3:5 And Aaron's sons shall burn it on the altar upon the burnt sacrifice, which is upon the wood that is on the fire: it is an offering made by fire, of a sweet savour unto the LORD.

3:6 And if his offering for a sacrifice of peace offering unto the LORD be of the flock; male or female, he shall offer it without blemish.

3:7 If he offer a lamb for his offering, then shall he offer it before the LORD.

3:8 And he shall lay his hand upon the head of his offering, and kill it before the tabernacle of the congregation: and Aaron's sons shall sprinkle the blood thereof round about upon the altar.

3:9 And he shall offer of the sacrifice of the peace offering an offering made by fire unto the LORD; the fat thereof, and the whole rump, it shall he take off hard by the backbone; and the fat that covereth the inwards, and all the fat that is upon the inwards,

3:10 And the two kidneys, and the fat that is upon them, which is by the flanks, and the caul above the liver, with the kidneys, it shall he take away.

3:11 And the priest shall burn it upon the altar: it is the food of the offering made by fire unto the LORD.

3:12 And if his offering be a goat, then he shall offer it before the LORD.

3:13 And he shall lay his hand upon the head of it, and kill it before the tabernacle of the congregation: and the sons of Aaron shall sprinkle the blood thereof upon the altar round about.

3:14 et il en présentera son offrande, un sacrifice par feu à l'Éternel : la graisse qui couvre l'intérieur, et toute la graisse qui est sur l'intérieur,

3:15 et les deux rognons, et la graisse qui est dessus, qui est sur les reins, et le réseau qui est sur le foie, qu'on ôtera jusque sur les rognons ;

3:16 et le sacrificateur les fera fumer sur l'autel : [c'est] un pain de sacrifice par feu, en odeur agréable. Toute graisse appartient à l'Éternel.

3:17 [C'est] un statut perpétuel, en vos générations, dans toutes vos habitations : vous ne mangerez aucune graisse ni aucun sang.

4:1 Et l'Éternel parla à Moïse, disant : Parle aux fils d'Israël, en disant :

4:2 Si quelqu'un* a péché par erreur contre quelqu'un des commandements de l'Éternel dans les choses qui ne doivent pas se faire, et a commis quelqu'une de ces choses :

4:3 si c'est le sacrificateur oint qui a péché selon quelque faute du peuple, alors il présentera à l'Éternel, pour son péché qu'il aura commis, un jeune taureau* sans défaut, en sacrifice pour le péché.

4:4 Et il amènera le taureau à l'entrée de la tente d'assignation, devant l'Éternel ; et il posera sa main sur la tête du taureau, et égorgera le taureau devant l'Éternel ;

4:5 et le sacrificateur oint prendra du sang du taureau, et il l'apportera dans la tente d'assignation ;

4:6 et le sacrificateur trempera son doigt dans le sang, et fera aspersion du sang sept fois, devant l'Éternel, par devant le voile du lieu saint ;

3:14 And he shall offer thereof his offering, even an offering made by fire unto the LORD; the fat that covereth the inwards, and all the fat that is upon the inwards,

3:15 And the two kidneys, and the fat that is upon them, which is by the flanks, and the caul above the liver, with the kidneys, it shall he take away.

3:16 And the priest shall burn them upon the altar: it is the food of the offering made by fire for a sweet savour: all the fat is the LORD's.

3:17 It shall be a perpetual statute for your generations throughout all your dwellings, that ye eat neither fat nor blood.

4:1 And the LORD spake unto Moses, saying,

4:2 Speak unto the children of Israel, saying, If a soul shall sin through ignorance against any of the commandments of the LORD concerning things which ought not to be done, and shall do against any of them:

4:3 If the priest that is anointed do sin according to the sin of the people; then let him bring for his sin, which he hath sinned, a young bullock without blemish unto the LORD for a sin offering.

4:4 And he shall bring the bullock unto the door of the tabernacle of the congregation before the LORD; and shall lay his hand upon the bullock's head, and kill the bullock before the LORD.

4:5 And the priest that is anointed shall take of the bullock's blood, and bring it to the tabernacle of the congregation:

4:6 And the priest shall dip his finger in the blood, and sprinkle of the blood seven times before the LORD, before the vail of the sanctuary.

4:7 et le sacrificateur mettra du sang sur les cornes de l'autel de l'encens des drogues odoriférantes qui est dans la tente d'assignation, devant l'Éternel ; et il versera tout le sang du taureau au pied de l'autel de l'holocauste qui est à l'entrée de la tente d'assignation.

4:8 Et toute la graisse du taureau du sacrifice pour le péché, il la lèvera : la graisse qui couvre l'intérieur, et toute la graisse qui est sur l'intérieur,

4:9 et les deux rognons, et la graisse qui est dessus, qui est sur les reins, et le réseau qui est sur le foie, qu'on ôtera jusque sur les rognons,

4:10 comme on les lève du bœuf* du sacrifice de prospérités : et le sacrificateur les fera fumer sur l'autel de l'holocauste.

4:11 Et la peau du taureau et toute sa chair, avec sa tête, et ses jambes, et son intérieur, et sa fiente,

4:12 tout le taureau, il* l'emportera hors du camp, dans un lieu net, là où l'on verse les cendres, et il* le brûlera sur du bois, au feu ; il sera brûlé au lieu où l'on verse les cendres.

4:13 Et si toute l'assemblée d'Israël a péché par erreur et que la chose soit restée cachée aux yeux de la congrégation, et qu'ils aient fait, à l'égard de l'un de tous les commandements de l'Éternel, ce qui ne doit pas se faire, et se soient rendus coupables,

4:14 et que le péché qu'ils ont commis contre le [commandement] vienne à être connu, alors la congrégation présentera un jeune taureau en sacrifice pour le péché, et on l'amènera devant la tente d'assignation ;

4:15 et les anciens de l'assemblée poseront leurs mains sur la tête du taureau, devant l'Éternel ; et on égorgera le taureau devant l'Éternel.

4:7 And the priest shall put some of the blood upon the horns of the altar of sweet incense before the LORD, which is in the tabernacle of the congregation; and shall pour all the blood of the bullock at the bottom of the altar of the burnt offering, which is at the door of the tabernacle of the congregation.

4:8 And he shall take off from it all the fat of the bullock for the sin offering; the fat that covereth the inwards, and all the fat that is upon the inwards,

4:9 And the two kidneys, and the fat that is upon them, which is by the flanks, and the caul above the liver, with the kidneys, it shall he take away,

4:10 As it was taken off from the bullock of the sacrifice of peace offerings: and the priest shall burn them upon the altar of the burnt offering.

4:11 And the skin of the bullock, and all his flesh, with his head, and with his legs, and his inwards, and his dung,

4:12 Even the whole bullock shall he carry forth without the camp unto a clean place, where the ashes are poured out, and burn him on the wood with fire: where the ashes are poured out shall he be burnt.

4:13 And if the whole congregation of Israel sin through ignorance, and the thing be hid from the eyes of the assembly, and they have done somewhat against any of the commandments of the LORD concerning things which should not be done, and are guilty;

4:14 When the sin, which they have sinned against it, is known, then the congregation shall offer a young bullock for the sin, and bring him before the tabernacle of the congregation.

4:15 And the elders of the congregation shall lay their hands upon the head of the bullock before the LORD: and the bullock shall be killed before the LORD.

4:16 Et le sacrificateur oint apportera du sang du taureau dans la tente d'assignation ;

4:17 et le sacrificateur trempera son doigt dans ce sang, et en fera aspersion, sept fois, devant l'Éternel, par devant le voile ;

4:18 et il mettra du sang sur les cornes de l'autel qui est devant l'Éternel, dans la tente d'assignation ; et il versera tout le sang au pied de l'autel de l'holocauste qui est à l'entrée de la tente d'assignation.

4:19 Et il lèvera toute la graisse, et la fera fumer sur l'autel :

4:20 il fera du taureau comme il a fait du taureau pour le péché ; il fera ainsi de lui. Et le sacrificateur fera propitiation pour eux, et il leur sera pardonné.

4:21 Et on emportera le taureau hors du camp, et on le brûlera comme on a brûlé le premier taureau : c'est un sacrifice pour le péché pour la congrégation.

4:22 Si un chef a péché, et a fait par erreur, à l'égard de l'un de tous les commandements de l'Éternel, son Dieu, ce qui ne doit pas se faire, et s'est rendu coupable,

4:23 si on lui a fait connaître son péché qu'il a commis, alors il amènera pour son offrande* un bouc, un mâle sans défaut ;

4:24 et il posera sa main sur la tête du bouc, et il l'égorgera au lieu où l'on égorge l'holocauste devant l'Éternel : c'est un sacrifice pour le péché.

4:25 Et le sacrificateur prendra avec son doigt du sang du sacrifice pour le péché, et le mettra sur les cornes de l'autel de l'holocauste, et il versera le sang au pied de l'autel de l'holocauste ;

4:16 And the priest that is anointed shall bring of the bullock's blood to the tabernacle of the congregation:

4:17 And the priest shall dip his finger in some of the blood, and sprinkle it seven times before the LORD, even before the vail.

4:18 And he shall put some of the blood upon the horns of the altar which is before the LORD, that is in the tabernacle of the congregation, and shall pour out all the blood at the bottom of the altar of the burnt offering, which is at the door of the tabernacle of the congregation.

4:19 And he shall take all his fat from him, and burn it upon the altar.

4:20 And he shall do with the bullock as he did with the bullock for a sin offering, so shall he do with this: and the priest shall make an atonement for them, and it shall be forgiven them.

4:21 And he shall carry forth the bullock without the camp, and burn him as he burned the first bullock: it is a sin offering for the congregation.

4:22 When a ruler hath sinned, and done somewhat through ignorance against any of the commandments of the LORD his God concerning things which should not be done, and is guilty;

4:23 Or if his sin, wherein he hath sinned, come to his knowledge; he shall bring his offering, a kid of the goats, a male without blemish:

4:24 And he shall lay his hand upon the head of the goat, and kill it in the place where they kill the burnt offering before the LORD: it is a sin offering.

4:25 And the priest shall take of the blood of the sin offering with his finger, and put it upon the horns of the altar of burnt offering, and shall pour out his blood at the bottom of the altar of burnt offering.

4:26 et il fera fumer toute la graisse sur l'autel, comme la graisse du sacrifice de prospérités ; et le sacrificateur fera propitiation pour lui [pour le purifier] de son péché, et il lui sera pardonné.

4:27 Et si quelqu'un du peuple du pays a péché par erreur, en faisant à l'égard de l'un des commandements de l'Éternel, ce qui ne doit pas se faire, et s'est rendu coupable,

4:28 si on lui a fait connaître son péché qu'il a commis, alors il amènera son offrande*, une chèvre, une femelle sans défaut, pour son péché qu'il a commis ;

4:29 et il posera sa main sur la tête du sacrifice pour le péché, et égorgera le sacrifice pour le péché au lieu où [l'on égorge] l'holocauste.

4:30 Et le sacrificateur prendra du sang de la [chèvre] avec son doigt, et le mettra sur les cornes de l'autel de l'holocauste, et il versera tout le sang au pied de l'autel.

4:31 Et il ôtera toute la graisse, comme la graisse a été ôtée de dessus le sacrifice de prospérités ; et le sacrificateur la fera fumer sur l'autel, en odeur agréable à l'Éternel ; et le sacrificateur fera propitiation pour lui, et il lui sera pardonné.

4:32 Et s'il amène un agneau pour son offrande* de sacrifice pour le péché, ce sera une femelle sans défaut qu'il amènera ;

4:33 et il posera sa main sur la tête du sacrifice pour le péché, et l'égorgera en sacrifice pour le péché au lieu où l'on égorge l'holocauste.

4:34 Et le sacrificateur prendra, avec son doigt, du sang du sacrifice pour le péché et le mettra sur les cornes de l'autel de l'holocauste, et il versera tout le sang au pied de l'autel.

4:26 And he shall burn all his fat upon the altar, as the fat of the sacrifice of peace offerings: and the priest shall make an atonement for him as concerning his sin, and it shall be forgiven him.

4:27 And if any one of the common people sin through ignorance, while he doeth somewhat against any of the commandments of the LORD concerning things which ought not to be done, and be guilty;

4:28 Or if his sin, which he hath sinned, come to his knowledge: then he shall bring his offering, a kid of the goats, a female without blemish, for his sin which he hath sinned.

4:29 And he shall lay his hand upon the head of the sin offering, and slay the sin offering in the place of the burnt offering.

4:30 And the priest shall take of the blood thereof with his finger, and put it upon the horns of the altar of burnt offering, and shall pour out all the blood thereof at the bottom of the altar.

4:31 And he shall take away all the fat thereof, as the fat is taken away from off the sacrifice of peace offerings; and the priest shall burn it upon the altar for a sweet savour unto the LORD; and the priest shall make an atonement for him, and it shall be forgiven him.

4:32 And if he bring a lamb for a sin offering, he shall bring it a female without blemish.

4:33 And he shall lay his hand upon the head of the sin offering, and slay it for a sin offering in the place where they kill the burnt offering.

4:34 And the priest shall take of the blood of the sin offering with his finger, and put it upon the horns of the altar of burnt offering, and shall pour out all the blood thereof at the bottom of the altar:

4:35 Et il ôtera toute la graisse, comme la graisse de l'agneau a été ôtée du sacrifice de prospérités ; et le sacrificateur la fera fumer sur l'autel, sur les sacrifices de l'Éternel faits par feu ; et le sacrificateur fera propitiation pour lui pour son péché qu'il a commis ; et il lui sera pardonné.

5:1 Et si quelqu'un a péché en ce que, étant témoin et ayant entendu la voix d'adjuration, ayant vu ou su, il ne déclare pas [la chose], alors il portera son iniquité ;

5:2 — ou si quelqu'un a touché une chose impure quelconque, soit le corps mort d'une bête sauvage impure, ou le corps mort d'une bête domestique impure, ou le corps mort d'un reptile impur et que cela lui soit resté caché, alors il est impur et coupable ;

5:3 — ou s'il a touché l'impureté de l'homme, quelle que soit son impureté par laquelle il se rend impur, et que cela lui soit resté caché, quand il le sait, alors il est coupable ;

5:4 — ou si quelqu'un, parlant légèrement de ses lèvres, a juré de faire du mal ou du bien, selon tout ce que l'homme profère légèrement en jurant, et que cela lui soit resté caché, quand il le sait, alors il est coupable en l'un de ces points-là.

5:5 Et il arrivera, s'il est coupable en l'un de ces points-là, qu'il confessera ce en quoi il aura péché ;

5:6 et il amènera à l'Éternel son sacrifice pour le délit*, pour son péché qu'il a commis, une femelle du menu bétail, soit brebis, soit chèvre, en sacrifice pour le péché ; et le sacrificateur fera propitiation pour lui [pour le purifier] de son péché.

4:35 And he shall take away all the fat thereof, as the fat of the lamb is taken away from the sacrifice of the peace offerings; and the priest shall burn them upon the altar, according to the offerings made by fire unto the LORD: and the priest shall make an atonement for his sin that he hath committed, and it shall be forgiven him.

5:1 And if a soul sin, and hear the voice of swearing, and is a witness, whether he hath seen or known of it; if he do not utter it, then he shall bear his iniquity.

5:2 Or if a soul touch any unclean thing, whether it be a carcase of an unclean beast, or a carcase of unclean cattle, or the carcase of unclean creeping things, and if it be hidden from him; he also shall be unclean, and guilty.

5:3 Or if he touch the uncleanness of man, whatsoever uncleanness it be that a man shall be defiled withal, and it be hid from him; when he knoweth of it, then he shall be guilty.

5:4 Or if a soul swear, pronouncing with his lips to do evil, or to do good, whatsoever it be that a man shall pronounce with an oath, and it be hid from him; when he knoweth of it, then he shall be guilty in one of these.

5:5 And it shall be, when he shall be guilty in one of these things, that he shall confess that he hath sinned in that thing:

5:6 And he shall bring his trespass offering unto the LORD for his sin which he hath sinned, a female from the flock, a lamb or a kid of the goats, for a sin offering; and the priest shall make an atonement for him concerning his sin.

5:7 Et si ses moyens ne peuvent atteindre à un agneau*, il apportera à l'Éternel, pour son délit qu'il a commis, deux tourterelles ou deux jeunes pigeons, l'un pour le sacrifice pour le péché, et l'autre pour l'holocauste.

5:8 Et il les apportera au sacrificateur, et le sacrificateur* présentera celui qui est pour le sacrifice pour le péché, premièrement, et lui détachera la tête avec l'ongle près du cou, mais il ne le divisera pas ;

5:9 et il fera aspersion du sang du sacrifice pour le péché sur la paroi de l'autel, et le reste du sang, il l'épreindra au pied de l'autel : c'est un sacrifice pour le péché.

5:10 Et du second, il en fera un holocauste selon l'ordonnance. Et le sacrificateur fera propitiation pour lui [pour le purifier] de son péché qu'il a commis, et il lui sera pardonné.

5:11 Et si ses moyens ne peuvent atteindre à deux tourterelles ou à deux jeunes pigeons, alors celui qui a péché apportera pour son offrande* la dixième partie d'un épha de fleur de farine en sacrifice pour le péché ; il ne mettra pas d'huile dessus, et il ne mettra pas d'encens dessus ; car c'est un sacrifice pour le péché.

5:12 Et il l'apportera au sacrificateur, et le sacrificateur en prendra une pleine poignée pour mémorial, et la fera fumer sur l'autel sur les sacrifices faits par feu à l'Éternel : c'est un sacrifice pour le péché.

5:13 Et le sacrificateur fera propitiation pour lui, pour son péché qu'il a commis en l'une de ces choses-là, et il lui sera pardonné ; et le [reste] sera pour le sacrificateur, comme l'offrande de gâteau.

5:14 Et l'Éternel parla à Moïse, disant :

5:7 And if he be not able to bring a lamb, then he shall bring for his trespass, which he hath committed, two turtledoves, or two young pigeons, unto the LORD; one for a sin offering, and the other for a burnt offering.

5:8 And he shall bring them unto the priest, who shall offer that which is for the sin offering first, and wring off his head from his neck, but shall not divide it asunder:

5:9 And he shall sprinkle of the blood of the sin offering upon the side of the altar; and the rest of the blood shall be wrung out at the bottom of the altar: it is a sin offering.

5:10 And he shall offer the second for a burnt offering, according to the manner: and the priest shall make an atonement for him for his sin which he hath sinned, and it shall be forgiven him.

5:11 But if he be not able to bring two turtledoves, or two young pigeons, then he that sinned shall bring for his offering the tenth part of an ephah of fine flour for a sin offering; he shall put no oil upon it, neither shall he put any frankincense thereon: for it is a sin offering.

5:12 Then shall he bring it to the priest, and the priest shall take his handful of it, even a memorial thereof, and burn it on the altar, according to the offerings made by fire unto the LORD: it is a sin offering.

5:13 And the priest shall make an atonement for him as touching his sin that he hath sinned in one of these, and it shall be forgiven him: and the remnant shall be the priest's, as a meat offering.

5:14 And the LORD spake unto Moses, saying,

5:15 Si quelqu'un a commis une infidélité et a péché par erreur dans les choses saintes de l'Éternel, il amènera son sacrifice pour le délit à l'Éternel, un bélier sans défaut, pris du menu bétail, selon ton estimation en sicles d'argent, selon le sicle du sanctuaire, en sacrifice pour le délit.

5:16 Et ce en quoi il a péché [en prenant] de la chose sainte, il le restituera, et y ajoutera par-dessus un cinquième, et le donnera au sacrificateur ; et le sacrificateur fera propitiation pour lui avec le bélier du sacrifice pour le délit ; et il lui sera pardonné.

5:17 Et si quelqu'un a péché, et a fait, à l'égard de l'un de tous les commandements de l'Éternel, ce qui ne doit pas se faire, et ne l'a pas su, il sera coupable, et portera son iniquité.

5:18 Et il amènera au sacrificateur un bélier sans défaut, pris du menu bétail, selon ton estimation, en sacrifice pour le délit* ; et le sacrificateur fera propitiation pour lui, pour son erreur qu'il a commise sans le savoir ; et il lui sera pardonné.

5:19 C'est un sacrifice pour le délit ; certainement il s'est rendu coupable envers l'Éternel.

5:20 Et l'Éternel parla à Moïse, disant :

5:21 Si quelqu'un a péché, et a commis une infidélité envers l'Éternel, et a menti à son prochain pour une chose qu'on lui a confiée, ou qu'on a déposée entre ses mains, ou qu'il a volée, ou extorquée à son prochain ;

5:22 ou s'il a trouvé une chose perdue, et qu'il mente à ce sujet, et qu'il jure en mentant à l'égard de l'une de toutes les choses qu'un homme fait de manière à pécher en les faisant* ;

5:15 If a soul commit a trespass, and sin through ignorance, in the holy things of the LORD; then he shall bring for his trespass unto the LORD a ram without blemish out of the flocks, with thy estimation by shekels of silver, after the shekel of the sanctuary, for a trespass offering.

5:16 And he shall make amends for the harm that he hath done in the holy thing, and shall add the fifth part thereto, and give it unto the priest: and the priest shall make an atonement for him with the ram of the trespass offering, and it shall be forgiven him.

5:17 And if a soul sin, and commit any of these things which are forbidden to be done by the commandments of the LORD; though he wist it not, yet is he guilty, and shall bear his iniquity.

5:18 And he shall bring a ram without blemish out of the flock, with thy estimation, for a trespass offering, unto the priest: and the priest shall make an atonement for him concerning his ignorance wherein he erred and wist it not, and it shall be forgiven him.

5:19 It is a trespass offering: he hath certainly trespassed against the LORD.

6:1 And the LORD spake unto Moses, saying,

6:2 If a soul sin, and commit a trespass against the LORD, and lie unto his neighbour in that which was delivered him to keep, or in fellowship, or in a thing taken away by violence, or hath deceived his neighbour;

6:3 Or have found that which was lost, and lieth concerning it, and sweareth falsely; in any of all these that a man doeth, sinning therein:

5:23 alors, s'il a péché et qu'il soit coupable, il arrivera qu'il rendra l'objet qu'il a volé, ou la chose qu'il a extorquée, ou le dépôt qui lui a été confié, ou la chose perdue qu'il a trouvée,

5:24 ou tout ce à l'égard de quoi il a juré en mentant ; et il restituera le principal, et ajoutera un cinquième par-dessus ; il le donnera à celui à qui cela appartient, le jour de son sacrifice pour le délit.

5:25 Et il amènera, pour l'Éternel, au sacrificateur, son sacrifice pour le délit, un bélier sans défaut, pris du menu bétail, selon ton estimation, en sacrifice pour le délit.

5:26 Et le sacrificateur fera propitiation pour lui devant l'Éternel ; et il lui sera pardonné, quelle que soit la faute qu'il ait faite en laquelle il s'est rendu coupable.

6:1 Et l'Éternel parla à Moïse, disant :

6:2 Commande à Aaron et à ses fils, en disant : C'est ici la loi de l'holocauste. C'est l'holocauste : il sera sur le foyer sur* l'autel toute la nuit jusqu'au matin ; et le feu de l'autel brûlera sur lui.

6:3 Et le sacrificateur revêtira sa tunique de lin, et mettra sur sa chair ses caleçons de lin, et il lèvera la cendre* de l'holocauste que le feu a consumé sur l'autel, et la mettra à côté de l'autel ;

6:4 et il ôtera ses vêtements, et revêtira d'autres vêtements, et il emportera la cendre hors du camp en un lieu pur.

6:5 Et le feu qui est sur l'autel y brûlera ; on ne le laissera pas s'éteindre. Et le sacrificateur allumera du bois sur ce [feu] chaque matin, et y arrangera l'holocauste, et y fera fumer les graisses des sacrifices de prospérités.

6:4 Then it shall be, because he hath sinned, and is guilty, that he shall restore that which he took violently away, or the thing which he hath deceitfully gotten, or that which was delivered him to keep, or the lost thing which he found,

6:5 Or all that about which he hath sworn falsely; he shall even restore it in the principal, and shall add the fifth part more thereto, and give it unto him to whom it appertaineth, in the day of his trespass offering.

6:6 And he shall bring his trespass offering unto the LORD, a ram without blemish out of the flock, with thy estimation, for a trespass offering, unto the priest:

6:7 And the priest shall make an atonement for him before the LORD: and it shall be forgiven him for any thing of all that he hath done in trespassing therein.

6:8 And the LORD spake unto Moses, saying,

6:9 Command Aaron and his sons, saying, This is the law of the burnt offering: It is the burnt offering, because of the burning upon the altar all night unto the morning, and the fire of the altar shall be burning in it.

6:10 And the priest shall put on his linen garment, and his linen breeches shall he put upon his flesh, and take up the ashes which the fire hath consumed with the burnt offering on the altar, and he shall put them beside the altar.

6:11 And he shall put off his garments, and put on other garments, and carry forth the ashes without the camp unto a clean place.

6:12 And the fire upon the altar shall be burning in it; it shall not be put out: and the priest shall burn wood on it every morning, and lay the burnt offering in order upon it; and he shall burn thereon the fat of the peace offerings.

6:6 Le feu brûlera continuellement sur l'autel, on ne le laissera pas s'éteindre.

6:7 Et c'est ici la loi de l'offrande de gâteau : [l'un] des fils d'Aaron la présentera devant l'Éternel, devant l'autel.

6:8 Et il lèvera une poignée de la fleur de farine du gâteau et de son huile, et tout l'encens qui est sur le gâteau, et il fera fumer cela sur l'autel, une odeur agréable, son* mémorial à l'Éternel.

6:9 Et ce qui en restera, Aaron et ses fils le mangeront ; on le mangera sans levain, dans un lieu saint ; ils le mangeront dans le parvis de la tente d'assignation.

6:10 On ne le cuira pas avec du levain. C'est leur portion, que je leur ai donnée de mes sacrifices faits par feu. C'est une chose très sainte, comme le sacrifice pour le péché et comme le sacrifice pour le délit.

6:11 Tout mâle d'entre les enfants* d'Aaron en mangera ; [c'est] un statut perpétuel en vos générations, [leur part] des sacrifices faits par feu à l'Éternel : quiconque** les touchera sera saint.

6:12 Et l'Éternel parla à Moïse, disant :

6:13 C'est ici l'offrande* d'Aaron et de ses fils, qu'ils présenteront à l'Éternel, le jour de son onction : un dixième d'épha de fleur de farine, en offrande de gâteau continuelle, une moitié le matin et une moitié le soir.

6:14 Elle* sera apprêtée sur une plaque avec de l'huile ; tu l'apporteras mêlée [avec de l'huile] ; tu présenteras les morceaux cuits du gâteau en odeur agréable à l'Éternel.

6:15 Et le sacrificateur d'entre ses fils qui sera oint à sa place, fera cela ; [c'est] un statut perpétuel : on le fera fumer tout entier à l'Éternel.

6:13 The fire shall ever be burning upon the altar; it shall never go out.

6:14 And this is the law of the meat offering: the sons of Aaron shall offer it before the LORD, before the altar.

6:15 And he shall take of it his handful, of the flour of the meat offering, and of the oil thereof, and all the frankincense which is upon the meat offering, and shall burn it upon the altar for a sweet savour, even the memorial of it, unto the LORD.

6:16 And the remainder thereof shall Aaron and his sons eat: with unleavened bread shall it be eaten in the holy place; in the court of the tabernacle of the congregation they shall eat it.

6:17 It shall not be baken with leaven. I have given it unto them for their portion of my offerings made by fire; it is most holy, as is the sin offering, and as the trespass offering.

6:18 All the males among the children of Aaron shall eat of it. It shall be a statute for ever in your generations concerning the offerings of the LORD made by fire: every one that toucheth them shall be holy.

6:19 And the LORD spake unto Moses, saying,

6:20 This is the offering of Aaron and of his sons, which they shall offer unto the LORD in the day when he is anointed; the tenth part of an ephah of fine flour for a meat offering perpetual, half of it in the morning, and half thereof at night.

6:21 In a pan it shall be made with oil; and when it is baken, thou shalt bring it in: and the baken pieces of the meat offering shalt thou offer for a sweet savour unto the LORD.

6:22 And the priest of his sons that is anointed in his stead shall offer it: it is a statute for ever unto the LORD; it shall be wholly burnt.

6:16 Et tout gâteau de sacrificateur sera [brûlé] tout entier ; il ne sera pas mangé.

6:17 Et l'Éternel parla à Moïse, disant :

6:18 Parle à Aaron et à ses fils, en disant : C'est ici la loi du sacrifice pour le péché : au lieu où l'holocauste sera égorgé, le sacrifice pour le péché sera égorgé devant l'Éternel : c'est une chose très sainte.

6:19 Le sacrificateur qui l'offre pour le péché le mangera ; on le mangera dans un lieu saint, dans le parvis de la tente d'assignation.

6:20 Quiconque* en touchera la chair sera saint ; et s'il en rejaillit du sang sur un vêtement, ce sur quoi le sang aura rejailli, tu le laveras dans un lieu saint ;

6:21 et le vase de terre dans lequel il a été cuit sera cassé ; et s'il a été cuit dans un vase d'airain, il sera écuré et lavé dans l'eau.

6:22 Tout mâle d'entre les sacrificateurs en mangera : c'est une chose très sainte.

6:23 Nul sacrifice pour le péché dont le sang sera porté dans la tente d'assignation pour faire propitiation dans le lieu saint, ne sera mangé ; il sera brûlé au feu.

7:1 Et c'est ici la loi du sacrifice pour le délit ; c'est une chose très sainte.

7:2 Au lieu où l'on égorge l'holocauste, on égorgera le sacrifice pour le délit, et on fera aspersion de son sang sur l'autel, tout autour.

7:3 Et on en présentera toute la graisse, la queue, et la graisse qui couvre l'intérieur,

7:4 et les deux rognons et la graisse qui est dessus, qui est sur les reins, et le réseau qui est sur le foie, qu'on ôtera jusque sur les rognons.

6:23 For every meat offering for the priest shall be wholly burnt: it shall not be eaten.

6:24 And the LORD spake unto Moses, saying,

6:25 Speak unto Aaron and to his sons, saying, This is the law of the sin offering: In the place where the burnt offering is killed shall the sin offering be killed before the LORD: it is most holy.

6:26 The priest that offereth it for sin shall eat it: in the holy place shall it be eaten, in the court of the tabernacle of the congregation.

6:27 Whatsoever shall touch the flesh thereof shall be holy: and when there is sprinkled of the blood thereof upon any garment, thou shalt wash that whereon it was sprinkled in the holy place.

6:28 But the earthen vessel wherein it is sodden shall be broken: and if it be sodden in a brasen pot, it shall be both scoured, and rinsed in water.

6:29 All the males among the priests shall eat thereof: it is most holy.

6:30 And no sin offering, whereof any of the blood is brought into the tabernacle of the congregation to reconcile withal in the holy place, shall be eaten: it shall be burnt in the fire.

7:1 Likewise this is the law of the trespass offering: it is most holy.

7:2 In the place where they kill the burnt offering shall they kill the trespass offering: and the blood thereof shall he sprinkle round about upon the altar.

7:3 And he shall offer of it all the fat thereof; the rump, and the fat that covereth the inwards,

7:4 And the two kidneys, and the fat that is on them, which is by the flanks, and the caul that is above the liver, with the kidneys, it shall he take away:

7:5 Et le sacrificateur les fera fumer sur l'autel, comme sacrifice par feu à l'Éternel : c'est un sacrifice pour le délit.

7:5 And the priest shall burn them upon the altar for an offering made by fire unto the LORD: it is a trespass offering.

7:6 Tout mâle d'entre les sacrificateurs en mangera ; il sera mangé dans un lieu saint : C'est une chose très sainte.

7:6 Every male among the priests shall eat thereof: it shall be eaten in the holy place: it is most holy.

7:7 Comme le sacrifice pour le péché, ainsi est le sacrifice pour le délit ; il y a une seule loi pour eux : il appartient au sacrificateur qui a fait propitiation par lui.

7:7 As the sin offering is, so is the trespass offering: there is one law for them: the priest that maketh atonement therewith shall have it.

7:8 — Et quant au sacrificateur qui présentera l'holocauste de quelqu'un, la peau de l'holocauste qu'il aura présenté sera pour le sacrificateur : elle lui appartient.

7:8 And the priest that offereth any man's burnt offering, even the priest shall have to himself the skin of the burnt offering which he hath offered.

7:9 Et toute offrande de gâteau qui sera cuit au four ou qui sera apprêté dans la poêle ou sur la plaque, sera pour le sacrificateur qui le présente : elle lui appartient.

7:9 And all the meat offering that is baken in the oven, and all that is dressed in the fryingpan, and in the pan, shall be the priest's that offereth it.

7:10 Et toute offrande de gâteau pétri à l'huile et sec, sera pour tous les fils d'Aaron, pour l'un comme pour l'autre.

7:10 And every meat offering, mingled with oil, and dry, shall all the sons of Aaron have, one as much as another.

7:11 Et c'est ici la loi du sacrifice de prospérités qu'on présentera à l'Éternel :

7:11 And this is the law of the sacrifice of peace offerings, which he shall offer unto the LORD.

7:12 Si quelqu'un le présente comme action de grâces, il présentera, avec* le sacrifice d'action de grâces, des gâteaux sans levain pétris à l'huile, et des galettes sans levain ointes d'huile, et de la fleur de farine mêlée [avec de l'huile], en gâteaux pétris à l'huile.

7:12 If he offer it for a thanksgiving, then he shall offer with the sacrifice of thanksgiving unleavened cakes mingled with oil, and unleavened wafers anointed with oil, and cakes mingled with oil, of fine flour, fried.

7:13 Il présentera pour son offrande, avec les gâteaux, du pain levé avec son sacrifice d'action de grâces de prospérités ;

7:13 Besides the cakes, he shall offer for his offering leavened bread with the sacrifice of thanksgiving of his peace offerings.

7:14 et de l'offrande entière, il en présentera un en offrande élevée à l'Éternel : il sera pour le sacrificateur qui aura fait aspersion du sang du sacrifice de prospérités ; il lui appartient.

7:14 And of it he shall offer one out of the whole oblation for an heave offering unto the LORD, and it shall be the priest's that sprinkleth the blood of the peace offerings.

7:15 Et la chair de son sacrifice d'action de grâces de prospérités sera mangée le jour où elle sera présentée ; on n'en laissera rien jusqu'au matin.

7:15 And the flesh of the sacrifice of his peace offerings for thanksgiving shall be eaten the same day that it is offered; he shall not leave any of it until the morning.

7:16 Et si le sacrifice de son offrande est un vœu, ou [une offrande] volontaire, son sacrifice sera mangé le jour où il l'aura présenté ; et ce qui en restera sera mangé le lendemain ;

7:17 et ce qui restera de la chair du sacrifice sera brûlé au feu le troisième jour.

7:18 Et si quelqu'un mange de la chair de son sacrifice de prospérités le troisième jour, [le sacrifice] ne sera pas agréé ; il ne sera pas imputé à celui qui l'aura présenté : ce sera une chose impure ; et l'âme qui en mangera portera son iniquité.

7:19 Et la chair qui aura touché quelque chose d'impur ne sera point mangée : elle sera brûlée au feu. Quant à la chair, quiconque est pur mangera la chair.

7:20 Et l'âme qui, ayant sur soi son impureté mangera de la chair du sacrifice de prospérités qui appartient à l'Éternel, cette âme-là sera retranchée de ses peuples.

7:21 Et si une âme touche quoi que ce soit d'impur, impureté d'homme, ou bête impure, ou toute [autre] chose abominable et impure, et qu'elle mange de la chair du sacrifice de prospérités qui appartient à l'Éternel, cette âme-là sera retranchée de ses peuples.

7:22 Et l'Éternel parla à Moïse, disant :

7:23 Parle aux fils d'Israël, en disant : Vous ne mangerez aucune graisse de bœuf ou de mouton ou de chèvre.

7:24 La graisse d'un corps mort ou la graisse d'une [bête] déchirée pourra être employée à tout usage, mais vous n'en mangerez point ;

7:25 car quiconque mangera de la graisse d'une bête dont on présente à l'Éternel un sacrifice fait par feu, l'âme qui en aura mangé sera retranchée de ses peuples.

7:16 But if the sacrifice of his offering be a vow, or a voluntary offering, it shall be eaten the same day that he offereth his sacrifice: and on the morrow also the remainder of it shall be eaten:

7:17 But the remainder of the flesh of the sacrifice on the third day shall be burnt with fire.

7:18 And if any of the flesh of the sacrifice of his peace offerings be eaten at all on the third day, it shall not be accepted, neither shall it be imputed unto him that offereth it: it shall be an abomination, and the soul that eateth of it shall bear his iniquity.

7:19 And the flesh that toucheth any unclean thing shall not be eaten; it shall be burnt with fire: and as for the flesh, all that be clean shall eat thereof.

7:20 But the soul that eateth of the flesh of the sacrifice of peace offerings, that pertain unto the LORD, having his uncleanness upon him, even that soul shall be cut off from his people.

7:21 Moreover the soul that shall touch any unclean thing, as the uncleanness of man, or any unclean beast, or any abominable unclean thing, and eat of the flesh of the sacrifice of peace offerings, which pertain unto the LORD, even that soul shall be cut off from his people.

7:22 And the LORD spake unto Moses, saying,

7:23 Speak unto the children of Israel, saying, Ye shall eat no manner of fat, of ox, or of sheep, or of goat.

7:24 And the fat of the beast that dieth of itself, and the fat of that which is torn with beasts, may be used in any other use: but ye shall in no wise eat of it.

7:25 For whosoever eateth the fat of the beast, of which men offer an offering made by fire unto the LORD, even the soul that eateth it shall be cut off from his people.

7:26 Et vous ne mangerez aucun sang, dans aucune de vos habitations, soit d'oiseaux, soit de bétail.

7:27 Toute âme qui aura mangé de quelque sang que ce soit, cette âme-là sera retranchée de ses peuples.

7:28 Et l'Éternel parla à Moïse, disant :

7:29 Parle aux fils d'Israël, en disant : Celui qui présentera son sacrifice de prospérités à l'Éternel apportera à l'Éternel son offrande, prise de son sacrifice de prospérités.

7:30 Ses mains apporteront les sacrifices faits par feu à l'Éternel ; il apportera la graisse avec la poitrine : la poitrine, pour la tournoyer* comme offrande tournoyée devant l'Éternel.

7:31 Et le sacrificateur fera fumer la graisse sur l'autel ; et la poitrine sera pour Aaron et pour ses fils.

7:32 Et vous donnerez au sacrificateur, comme offrande élevée, l'épaule droite de vos sacrifices de prospérités.

7:33 Celui des fils d'Aaron qui présentera le sang et la graisse des sacrifices de prospérités aura pour sa part l'épaule droite.

7:34 Car j'ai pris des fils d'Israël la poitrine tournoyée et l'épaule élevée de leurs sacrifices de prospérités, et je les ai données à Aaron, le sacrificateur, et à ses fils, par statut perpétuel, de la part des fils d'Israël.

7:35 C'est là [le droit de] l'onction d'Aaron et [de] l'onction de ses fils, dans les sacrifices de l'Éternel faits par feu, du jour qu'on les aura fait approcher pour exercer la sacrificature devant l'Éternel,

7:36 ce que l'Éternel a commandé de leur donner, de la part des fils d'Israël, du jour qu'il les aura oints ; [c'est] un statut perpétuel en leurs générations.

7:26 Moreover ye shall eat no manner of blood, whether it be of fowl or of beast, in any of your dwellings.

7:27 Whatsoever soul it be that eateth any manner of blood, even that soul shall be cut off from his people.

7:28 And the LORD spake unto Moses, saying,

7:29 Speak unto the children of Israel, saying, He that offereth the sacrifice of his peace offerings unto the LORD shall bring his oblation unto the LORD of the sacrifice of his peace offerings.

7:30 His own hands shall bring the offerings of the LORD made by fire, the fat with the breast, it shall he bring, that the breast may be waved for a wave offering before the LORD.

7:31 And the priest shall burn the fat upon the altar: but the breast shall be Aaron's and his sons'.

7:32 And the right shoulder shall ye give unto the priest for an heave offering of the sacrifices of your peace offerings.

7:33 He among the sons of Aaron, that offereth the blood of the peace offerings, and the fat, shall have the right shoulder for his part.

7:34 For the wave breast and the heave shoulder have I taken of the children of Israel from off the sacrifices of their peace offerings, and have given them unto Aaron the priest and unto his sons by a statute for ever from among the children of Israel.

7:35 This is the portion of the anointing of Aaron, and of the anointing of his sons, out of the offerings of the LORD made by fire, in the day when he presented them to minister unto the LORD in the priest's office;

7:36 Which the LORD commanded to be given them of the children of Israel, in the day that he anointed them, by a statute for ever throughout their generations.

7:37 Telle est la loi de l'holocauste, de l'offrande de gâteau, et du sacrifice pour le péché, et du sacrifice pour le délit, et du sacrifice de consécration, et du sacrifice de prospérités,

7:38 laquelle l'Éternel commanda à Moïse sur la montagne de Sinaï, le jour où il commanda aux fils d'Israël de présenter leurs offrandes* à l'Éternel, dans le désert de Sinaï.

8:1 Et l'Éternel parla à Moïse, disant :

8:2 Prends Aaron et ses fils avec lui, et les vêtements, et l'huile de l'onction, et le jeune taureau du sacrifice pour le péché, et les deux béliers, et la corbeille des pains sans levain ;

8:3 et convoque toute l'assemblée à l'entrée de la tente d'assignation.

8:4 Et Moïse fit comme l'Éternel lui avait commandé, et l'assemblée fut convoquée à l'entrée de la tente d'assignation.

8:5 Et Moïse dit à l'assemblée : C'est ici ce que l'Éternel a commandé de faire.

8:6 Et Moïse fit approcher Aaron et ses fils, et les lava avec de l'eau ;

8:7 et il mit sur lui la tunique, et le ceignit avec la ceinture, et le revêtit de la robe, et mit sur lui l'éphod, et le ceignit avec la ceinture de l'éphod, qu'il lia par elle sur lui ;

8:8 et il plaça sur lui le pectoral, et mit sur le pectoral les urim* et les thummim** ;

8:9 et il plaça la tiare sur sa tête, et, sur la tiare, sur le devant, il plaça la lame d'or, le saint diadème, comme l'Éternel l'avait commandé à Moïse.

7:37 This is the law of the burnt offering, of the meat offering, and of the sin offering, and of the trespass offering, and of the consecrations, and of the sacrifice of the peace offerings;

7:38 Which the LORD commanded Moses in mount Sinai, in the day that he commanded the children of Israel to offer their oblations unto the LORD, in the wilderness of Sinai.

8:1 And the LORD spake unto Moses, saying,

8:2 Take Aaron and his sons with him, and the garments, and the anointing oil, and a bullock for the sin offering, and two rams, and a basket of unleavened bread;

8:3 And gather thou all the congregation together unto the door of the tabernacle of the congregation.

8:4 And Moses did as the LORD commanded him; and the assembly was gathered together unto the door of the tabernacle of the congregation.

8:5 And Moses said unto the congregation, This is the thing which the LORD commanded to be done.

8:6 And Moses brought Aaron and his sons, and washed them with water.

8:7 And he put upon him the coat, and girded him with the girdle, and clothed him with the robe, and put the ephod upon him, and he girded him with the curious girdle of the ephod, and bound it unto him therewith.

8:8 And he put the breastplate upon him: also he put in the breastplate the Urim and the Thummim.

8:9 And he put the mitre upon his head; also upon the mitre, even upon his forefront, did he put the golden plate, the holy crown; as the LORD commanded Moses.

8:10 Et Moïse prit l'huile de l'onction, et oignit le tabernacle et toutes les choses qui y étaient, et les sanctifia ;

8:11 et il en fit aspersion* sur l'autel sept fois, et il oignit l'autel, et tous ses ustensiles, et la cuve et son soubassement, pour les sanctifier ;

8:12 et il versa de l'huile de l'onction sur la tête d'Aaron, et l'oignit, pour le sanctifier.

8:13 Et Moïse fit approcher les fils d'Aaron, et les revêtit des tuniques, et les ceignit de la ceinture, et leur attacha les bonnets, comme l'Éternel l'avait commandé à Moïse.

8:14 Et il fit approcher le taureau* du sacrifice pour le péché, et Aaron et ses fils posèrent leurs mains sur la tête du taureau du sacrifice pour le péché ;

8:15 et on l'égorgea, et Moïse prit le sang, et en mit avec son doigt sur les cornes de l'autel, tout autour, et il purifia* l'autel ; et il versa le sang au pied de l'autel et le sanctifia, faisant propitiation pour** lui.

8:16 Et il prit toute la graisse qui était sur l'intérieur, et le réseau du foie, et les deux rognons, et leur graisse, et Moïse les fit fumer sur l'autel.

8:17 Et le taureau, et sa peau, et sa chair, et sa fiente, il les brûla au feu, hors du camp, comme l'Éternel l'avait commandé à Moïse.

8:18 Et il fit approcher le bélier de l'holocauste, et Aaron et ses fils posèrent leurs mains sur la tête du bélier ;

8:19 et on l'égorgea, et Moïse fit aspersion du sang sur l'autel, tout autour ;

8:20 et on coupa le bélier en morceaux, et Moïse en fit fumer la tête, et les morceaux, et la graisse ;

8:10 And Moses took the anointing oil, and anointed the tabernacle and all that was therein, and sanctified them.

8:11 And he sprinkled thereof upon the altar seven times, and anointed the altar and all his vessels, both the laver and his foot, to sanctify them.

8:12 And he poured of the anointing oil upon Aaron's head, and anointed him, to sanctify him.

8:13 And Moses brought Aaron's sons, and put coats upon them, and girded them with girdles, and put bonnets upon them; as the LORD commanded Moses.

8:14 And he brought the bullock for the sin offering: and Aaron and his sons laid their hands upon the head of the bullock for the sin offering.

8:15 And he slew it; and Moses took the blood, and put it upon the horns of the altar round about with his finger, and purified the altar, and poured the blood at the bottom of the altar, and sanctified it, to make reconciliation upon it.

8:16 And he took all the fat that was upon the inwards, and the caul above the liver, and the two kidneys, and their fat, and Moses burned it upon the altar.

8:17 But the bullock, and his hide, his flesh, and his dung, he burnt with fire without the camp; as the LORD commanded Moses.

8:18 And he brought the ram for the burnt offering: and Aaron and his sons laid their hands upon the head of the ram.

8:19 And he killed it; and Moses sprinkled the blood upon the altar round about.

8:20 And he cut the ram into pieces; and Moses burnt the head, and the pieces, and the fat.

8:21 et on lava avec de l'eau l'intérieur et les jambes, et Moïse fit fumer tout le bélier sur l'autel : ce fut un holocauste en odeur agréable, ce fut un sacrifice par feu à l'Éternel, comme l'Éternel l'avait commandé à Moïse.	8:21 And he washed the inwards and the legs in water; and Moses burnt the whole ram upon the altar: it was a burnt sacrifice for a sweet savour, and an offering made by fire unto the LORD; as the LORD commanded Moses.
8:22 Et il fit approcher le second bélier, le bélier de consécration ; et Aaron et ses fils posèrent leurs mains sur la tête du bélier ;	8:22 And he brought the other ram, the ram of consecration: and Aaron and his sons laid their hands upon the head of the ram.
8:23 et on l'égorgea, et Moïse prit de son sang, et le mit sur le lobe de l'oreille droite d'Aaron, et sur le pouce de sa main droite, et sur le gros orteil de son pied droit ;	8:23 And he slew it; and Moses took of the blood of it, and put it upon the tip of Aaron's right ear, and upon the thumb of his right hand, and upon the great toe of his right foot.
8:24 et il fit approcher les fils d'Aaron, et Moïse mit du sang sur le lobe de leur oreille droite, et sur le pouce de leur main droite, et sur le gros orteil de leur pied droit ; et Moïse fit aspersion du sang sur l'autel, tout autour.	8:24 And he brought Aaron's sons, and Moses put of the blood upon the tip of their right ear, and upon the thumbs of their right hands, and upon the great toes of their right feet: and Moses sprinkled the blood upon the altar round about.
8:25 Et il prit la graisse, et la queue, et toute la graisse qui était sur l'intérieur, et le réseau du foie, et les deux rognons et leur graisse, et l'épaule droite ;	8:25 And he took the fat, and the rump, and all the fat that was upon the inwards, and the caul above the liver, and the two kidneys, and their fat, and the right shoulder:
8:26 et il prit, de la corbeille des pains sans levain qui était devant l'Éternel, un gâteau sans levain, et un gâteau de pain à l'huile, et une galette, et les plaça sur les graisses et sur l'épaule droite ;	8:26 And out of the basket of unleavened bread, that was before the LORD, he took one unleavened cake, and a cake of oiled bread, and one wafer, and put them on the fat, and upon the right shoulder:
8:27 et il mit le tout sur les paumes des mains d'Aaron et sur les paumes des mains de ses fils, et les tournoya comme offrande tournoyée devant l'Éternel.	8:27 And he put all upon Aaron's hands, and upon his sons' hands, and waved them for a wave offering before the LORD.
8:28 Et Moïse les prit des paumes de leurs mains, et les fit fumer sur l'autel sur l'holocauste : ce fut un sacrifice de consécration, en odeur agréable ; ce fut un sacrifice par feu à l'Éternel.	8:28 And Moses took them from off their hands, and burnt them on the altar upon the burnt offering: they were consecrations for a sweet savour: it is an offering made by fire unto the LORD.

8:29 Et Moïse prit la poitrine, et la tournoya comme offrande tournoyée devant l'Éternel ; ce fut, — du bélier de consécration, — la part de Moïse, comme l'Éternel l'avait commandé à Moïse.

8:29 And Moses took the breast, and waved it for a wave offering before the LORD: for of the ram of consecration it was Moses' part; as the LORD commanded Moses.

8:30 Et Moïse prit de l'huile de l'onction et du sang qui était sur l'autel, et il en fit aspersion sur Aaron, sur ses vêtements, et sur ses fils et sur les vêtements de ses fils avec lui : il sanctifia Aaron, ses vêtements, et ses fils et les vêtements de ses fils avec lui.

8:30 And Moses took of the anointing oil, and of the blood which was upon the altar, and sprinkled it upon Aaron, and upon his garments, and upon his sons, and upon his sons' garments with him; and sanctified Aaron, and his garments, and his sons, and his sons' garments with him.

8:31 Et Moïse dit à Aaron et à ses fils : Cuisez la chair à l'entrée de la tente d'assignation, et vous la mangerez là, ainsi que le pain qui est dans la corbeille de consécration, comme j'ai commandé, en disant : Aaron et ses fils les mangeront.

8:31 And Moses said unto Aaron and to his sons, Boil the flesh at the door of the tabernacle of the congregation: and there eat it with the bread that is in the basket of consecrations, as I commanded, saying, Aaron and his sons shall eat it.

8:32 Et le reste de la chair et du pain, vous le brûlerez au feu.

8:32 And that which remaineth of the flesh and of the bread shall ye burn with fire.

8:33 Et vous ne sortirez pas de l'entrée de la tente d'assignation pendant sept jours, jusqu'au jour de l'accomplissement des jours de votre consécration ; car on mettra sept jours à vous consacrer*.

8:33 And ye shall not go out of the door of the tabernacle of the congregation in seven days, until the days of your consecration be at an end: for seven days shall he consecrate you.

8:34 L'Éternel a commandé de faire comme on a fait aujourd'hui, pour faire propitiation pour vous.

8:34 As he hath done this day, so the LORD hath commanded to do, to make an atonement for you.

8:35 Et vous demeurerez pendant sept jours à l'entrée de la tente d'assignation, jour et nuit, et vous garderez ce que l'Éternel vous a donné à garder, afin que vous ne mouriez pas ; car il m'a été ainsi commandé.

8:35 Therefore shall ye abide at the door of the tabernacle of the congregation day and night seven days, and keep the charge of the LORD, that ye die not: for so I am commanded.

8:36 Et Aaron et ses fils firent toutes les choses que l'Éternel avait commandées par* Moïse.

8:36 So Aaron and his sons did all things which the LORD commanded by the hand of Moses.

9:1 Et il arriva, le huitième jour, que Moïse appela Aaron et ses fils, et les anciens d'Israël ;

9:1 And it came to pass on the eighth day, that Moses called Aaron and his sons, and the elders of Israel;

9:2 et il dit à Aaron : Prends un jeune veau pour le sacrifice pour le péché, et un bélier pour l'holocauste, sans défaut, et présente-les devant l'Éternel.

9:2 And he said unto Aaron, Take thee a young calf for a sin offering, and a ram for a burnt offering, without blemish, and offer them before the LORD.

9:3 Et tu parleras aux fils d'Israël, en disant : Prenez un bouc pour le sacrifice pour le péché ; et un veau, et un agneau, âgés d'un an, sans défaut, pour l'holocauste ;

9:4 et un taureau et un bélier pour le sacrifice de prospérités, pour sacrifier devant l'Éternel, et une offrande de gâteau pétri à l'huile, car aujourd'hui l'Éternel vous apparaîtra.

9:5 Et ils amenèrent* devant la tente d'assignation ce que Moïse avait commandé ; et toute l'assemblée s'approcha, et ils se tinrent devant l'Éternel.

9:6 Et Moïse dit : C'est ici ce que l'Éternel a commandé ; faites-le, et la gloire de l'Éternel vous apparaîtra.

9:7 Et Moïse dit à Aaron : Approche-toi de l'autel, et offre ton sacrifice pour le péché, et ton holocauste, et fais propitiation pour toi et pour le peuple ; et offre l'offrande du peuple, et fais propitiation pour eux, comme l'Éternel a commandé.

9:8 Et Aaron s'approcha de l'autel, et égorgea le veau du sacrifice pour le péché, qui était pour lui ;

9:9 et les fils d'Aaron lui présentèrent le sang, et il trempa son doigt dans le sang, et le mit sur les cornes de l'autel, et versa le sang au pied de l'autel.

9:10 Et il fit fumer sur l'autel la graisse, et les rognons, et le réseau pris du foie du sacrifice pour le péché, comme l'Éternel l'avait commandé à Moïse.

9:11 Et la chair et la peau, il les brûla au feu, hors du camp.

9:12 Et il égorgea l'holocauste, et les fils d'Aaron lui présentèrent le sang, et il en fit aspersion sur l'autel, tout autour.

9:3 And unto the children of Israel thou shalt speak, saying, Take ye a kid of the goats for a sin offering; and a calf and a lamb, both of the first year, without blemish, for a burnt offering;

9:4 Also a bullock and a ram for peace offerings, to sacrifice before the LORD; and a meat offering mingled with oil: for to day the LORD will appear unto you.

9:5 And they brought that which Moses commanded before the tabernacle of the congregation: and all the congregation drew near and stood before the LORD.

9:6 And Moses said, This is the thing which the LORD commanded that ye should do: and the glory of the LORD shall appear unto you.

9:7 And Moses said unto Aaron, Go unto the altar, and offer thy sin offering, and thy burnt offering, and make an atonement for thyself, and for the people: and offer the offering of the people, and make an atonement for them; as the LORD commanded.

9:8 Aaron therefore went unto the altar, and slew the calf of the sin offering, which was for himself.

9:9 And the sons of Aaron brought the blood unto him: and he dipped his finger in the blood, and put it upon the horns of the altar, and poured out the blood at the bottom of the altar:

9:10 But the fat, and the kidneys, and the caul above the liver of the sin offering, he burnt upon the altar; as the LORD commanded Moses.

9:11 And the flesh and the hide he burnt with fire without the camp.

9:12 And he slew the burnt offering; and Aaron's sons presented unto him the blood, which he sprinkled round about upon the altar.

9:13 Et ils lui présentèrent l'holocauste [coupé] en morceaux, et la tête, et il les fit fumer sur l'autel ;

9:14 et il lava l'intérieur et les jambes, et il les fit fumer sur l'holocauste sur l'autel.

9:15 — Et il présenta l'offrande du peuple : il prit le bouc du sacrifice pour le péché qui était pour le peuple, et l'égorgea, et l'offrit pour le péché, comme précédemment [le veau].

9:16 Et il présenta l'holocauste, et le fit selon l'ordonnance.

9:17 Et il présenta l'offrande de gâteau, et il en remplit la paume de sa main et la fit fumer sur l'autel, outre l'holocauste du matin.

9:18 Et il égorgea le taureau et le bélier du sacrifice de prospérités qui était pour le peuple, et les fils d'Aaron lui présentèrent le sang, et il en fit aspersion sur l'autel, tout autour.

9:19 Et [ils présentèrent] les graisses du taureau et du bélier, la queue, et ce qui couvre [l'intérieur], et les rognons, et le réseau du foie ;

9:20 et ils mirent les graisses sur les poitrines, et il fit fumer les graisses sur l'autel.

9:21 Et Aaron tournoya en offrande tournoyée devant l'Éternel les poitrines et l'épaule droite, comme Moïse l'avait commandé.

9:22 — Et Aaron éleva ses mains vers le peuple et les bénit ; et il descendit après avoir offert le sacrifice pour le péché, et l'holocauste, et le sacrifice de prospérités.

9:23 Et Moïse et Aaron entrèrent dans la tente d'assignation ; puis ils sortirent et bénirent le peuple : et la gloire de l'Éternel apparut à tout le peuple ;

9:13 And they presented the burnt offering unto him, with the pieces thereof, and the head: and he burnt them upon the altar.

9:14 And he did wash the inwards and the legs, and burnt them upon the burnt offering on the altar.

9:15 And he brought the people's offering, and took the goat, which was the sin offering for the people, and slew it, and offered it for sin, as the first.

9:16 And he brought the burnt offering, and offered it according to the manner.

9:17 And he brought the meat offering, and took an handful thereof, and burnt it upon the altar, beside the burnt sacrifice of the morning.

9:18 He slew also the bullock and the ram for a sacrifice of peace offerings, which was for the people: and Aaron's sons presented unto him the blood, which he sprinkled upon the altar round about,

9:19 And the fat of the bullock and of the ram, the rump, and that which covereth the inwards, and the kidneys, and the caul above the liver:

9:20 And they put the fat upon the breasts, and he burnt the fat upon the altar:

9:21 And the breasts and the right shoulder Aaron waved for a wave offering before the LORD; as Moses commanded.

9:22 And Aaron lifted up his hand toward the people, and blessed them, and came down from offering of the sin offering, and the burnt offering, and peace offerings.

9:23 And Moses and Aaron went into the tabernacle of the congregation, and came out, and blessed the people: and the glory of the LORD appeared unto all the people.

9:24 et le feu sortit de devant l'Éternel, et consuma sur l'autel l'holocauste et les graisses, et tout le peuple le vit, et ils poussèrent des cris de joie, et tombèrent sur leurs faces.	*9:24 And there came a fire out from before the LORD, and consumed upon the altar the burnt offering and the fat: which when all the people saw, they shouted, and fell on their faces.*
10:1 Et les fils d'Aaron, Nadab et Abihu, prirent chacun leur encensoir, et y mirent du feu, et placèrent de l'encens dessus, et présentèrent devant l'Éternel un feu étranger, ce qu'il ne leur avait pas commandé.	*10:1 And Nadab and Abihu, the sons of Aaron, took either of them his censer, and put fire therein, and put incense thereon, and offered strange fire before the LORD, which he commanded them not.*
10:2 Et le feu sortit de devant l'Éternel, et les dévora, et ils moururent devant l'Éternel.	*10:2 And there went out fire from the LORD, and devoured them, and they died before the LORD.*
10:3 Et Moïse dit à Aaron : C'est là ce que l'Éternel prononça, en disant : Je serai sanctifié en ceux qui s'approchent de moi, et devant tout le peuple je serai glorifié. Et Aaron se tut.	*10:3 Then Moses said unto Aaron, This is it that the LORD spake, saying, I will be sanctified in them that come nigh me, and before all the people I will be glorified. And Aaron held his peace.*
10:4 Et Moïse appela Mishaël et Eltsaphan, fils d'IJziel, oncle d'Aaron, et leur dit : Approchez-vous, emportez vos frères de devant le lieu saint, hors du camp.	*10:4 And Moses called Mishael and Elzaphan, the sons of Uzziel the uncle of Aaron, and said unto them, Come near, carry your brethren from before the sanctuary out of the camp.*
10:5 Et ils s'approchèrent, et les emportèrent dans leurs tuniques hors du camp, comme Moïse avait dit.	*10:5 So they went near, and carried them in their coats out of the camp; as Moses had said.*
10:6 Et Moïse dit à Aaron, et à Éléazar et à Ithamar, ses fils : Ne découvrez pas vos têtes et ne déchirez pas vos vêtements, afin que vous ne mouriez pas, et qu'il n'y ait pas de la colère contre toute l'assemblée ; mais vos frères, toute la maison d'Israël, pleureront l'embrasement que l'Éternel a allumé.	*10:6 And Moses said unto Aaron, and unto Eleazar and unto Ithamar, his sons, Uncover not your heads, neither rend your clothes; lest ye die, and lest wrath come upon all the people: but let your brethren, the whole house of Israel, bewail the burning which the LORD hath kindled.*
10:7 Et ne sortez pas de l'entrée de la tente d'assignation, de peur que vous ne mouriez, car l'huile de l'onction de l'Éternel est sur vous. Et ils firent selon la parole de Moïse.	*10:7 And ye shall not go out from the door of the tabernacle of the congregation, lest ye die: for the anointing oil of the LORD is upon you. And they did according to the word of Moses.*
10:8 Et l'Éternel parla à Aaron, disant :	*10:8 And the LORD spake unto Aaron, saying,*

10:9 Vous ne boirez point de vin ni de boisson forte, toi et tes fils avec toi, quand vous entrerez dans la tente d'assignation, afin que vous ne mouriez pas. [C'est] un statut perpétuel, en vos générations,

10:10 afin que vous discerniez entre ce qui est saint et ce qui est profane, et entre ce qui est impur et ce qui est pur,

10:11 et afin que vous enseigniez aux fils d'Israël tous les statuts que l'Éternel leur a dits par Moïse.

10:12 Et Moïse dit à Aaron, et à Éléazar et à Ithamar, ses fils qui restaient : Prenez l'offrande de gâteau, ce qui reste des sacrifices de l'Éternel faits par feu, et mangez-la en pains sans levain, à côté de l'autel ; car c'est une chose très sainte.

10:13 Et vous la mangerez dans un lieu saint, parce que c'est là ta part* et la part de tes fils dans les sacrifices de l'Éternel faits par feu ; car il m'a été ainsi commandé.

10:14 Et vous mangerez la poitrine tournoyée et l'épaule élevée, dans un lieu pur, toi et tes fils et tes filles avec toi ; car elles vous sont données comme ta part et la part de tes fils dans les sacrifices de prospérités des fils d'Israël.

10:15 Ils apporteront l'épaule élevée et la poitrine tournoyée (avec les sacrifices par feu, qui sont les graisses), pour les tournoyer comme offrande tournoyée devant l'Éternel ; et cela t'appartiendra, et à tes fils avec toi, par statut perpétuel, comme l'Éternel l'a commandé.

10:16 Et Moïse chercha diligemment le bouc du sacrifice pour le péché ; mais voici, il avait été brûlé ; et [Moïse] se mit en colère contre Éléazar et Ithamar, les fils d'Aaron qui restaient, et il [leur] dit :

10:9 Do not drink wine nor strong drink, thou, nor thy sons with thee, when ye go into the tabernacle of the congregation, lest ye die: it shall be a statute for ever throughout your generations:

10:10 And that ye may put difference between holy and unholy, and between unclean and clean;

10:11 And that ye may teach the children of Israel all the statutes which the LORD hath spoken unto them by the hand of Moses.

10:12 And Moses spake unto Aaron, and unto Eleazar and unto Ithamar, his sons that were left, Take the meat offering that remaineth of the offerings of the LORD made by fire, and eat it without leaven beside the altar: for it is most holy:

10:13 And ye shall eat it in the holy place, because it is thy due, and thy sons' due, of the sacrifices of the LORD made by fire: for so I am commanded.

10:14 And the wave breast and heave shoulder shall ye eat in a clean place; thou, and thy sons, and thy daughters with thee: for they be thy due, and thy sons' due, which are given out of the sacrifices of peace offerings of the children of Israel.

10:15 The heave shoulder and the wave breast shall they bring with the offerings made by fire of the fat, to wave it for a wave offering before the LORD; and it shall be thine, and thy sons' with thee, by a statute for ever; as the LORD hath commanded.

10:16 And Moses diligently sought the goat of the sin offering, and, behold, it was burnt: and he was angry with Eleazar and Ithamar, the sons of Aaron which were left alive, saying,

10:17 Pourquoi n'avez-vous pas mangé le sacrifice pour le péché dans un lieu saint ? car c'est une chose très sainte ; et Il vous l'a donné pour porter l'iniquité de l'assemblée, pour faire propitiation pour eux devant l'Éternel :

10:18 voici, son sang n'a pas été porté dans l'intérieur du lieu saint ; vous devez de toute manière le manger dans le lieu saint, comme je l'ai commandé.

10:19 Et Aaron dit à Moïse : Voici, ils ont présenté aujourd'hui leur sacrifice pour le péché et leur holocauste devant l'Éternel, et ces choses me sont arrivées ; et si j'eusse mangé aujourd'hui le sacrifice pour le péché, cela eût-il été bon aux yeux de l'Éternel ?

10:20 Et Moïse l'entendit, et cela fut bon à ses yeux.

11:1 Et l'Éternel parla à Moïse et à Aaron, leur disant :

11:2 Parlez aux fils d'Israël, en disant : Ce sont ici les animaux dont vous mangerez, d'entre toutes les bêtes qui sont sur la terre.

11:3 Vous mangerez, d'entre les bêtes qui ruminent, tout ce qui a l'ongle fendu et le pied complètement divisé.

11:4 Seulement de ceci vous ne mangerez pas, d'entre celles qui ruminent, et d'entre celles qui ont l'ongle fendu : le chameau, car il rumine, mais il n'a pas l'ongle fendu ; il vous est impur :

11:5 et le daman, car il rumine, mais il n'a pas l'ongle fendu ; il vous est impur :

11:6 et le lièvre, car il rumine, mais il n'a pas l'ongle fendu ; il vous est impur :

11:7 et le porc, car il a l'ongle fendu et le pied complètement divisé, mais il ne rumine nullement ; il vous est impur.

10:17 Wherefore have ye not eaten the sin offering in the holy place, seeing it is most holy, and God hath given it you to bear the iniquity of the congregation, to make atonement for them before the LORD?

10:18 Behold, the blood of it was not brought in within the holy place: ye should indeed have eaten it in the holy place, as I commanded.

10:19 And Aaron said unto Moses, Behold, this day have they offered their sin offering and their burnt offering before the LORD; and such things have befallen me: and if I had eaten the sin offering to day, should it have been accepted in the sight of the LORD?

10:20 And when Moses heard that, he was content.

11:1 And the LORD spake unto Moses and to Aaron, saying unto them,

11:2 Speak unto the children of Israel, saying, These are the beasts which ye shall eat among all the beasts that are on the earth.

11:3 Whatsoever parteth the hoof, and is clovenfooted, and cheweth the cud, among the beasts, that shall ye eat.

11:4 Nevertheless these shall ye not eat of them that chew the cud, or of them that divide the hoof: as the camel, because he cheweth the cud, but divideth not the hoof; he is unclean unto you.

11:5 And the coney, because he cheweth the cud, but divideth not the hoof; he is unclean unto you.

11:6 And the hare, because he cheweth the cud, but divideth not the hoof; he is unclean unto you.

11:7 And the swine, though he divide the hoof, and be clovenfooted, yet he cheweth not the cud; he is unclean to you.

11:8 Vous ne mangerez pas de leur chair, et vous ne toucherez pas leur corps mort ; ils vous sont impurs.

11:8 Of their flesh shall ye not eat, and their carcase shall ye not touch; they are unclean to you.

11:9 Vous mangerez de ceci, d'entre tout ce qui est dans les eaux : vous mangerez tout ce qui a des nageoires et des écailles, dans les eaux, dans les mers et dans les rivières.

11:9 These shall ye eat of all that are in the waters: whatsoever hath fins and scales in the waters, in the seas, and in the rivers, them shall ye eat.

11:10 Et tout ce qui n'a point de nageoires et d'écailles, dans les mers et dans les rivières, de tout ce qui fourmille dans les eaux et de tout être* vivant qui est dans les eaux, — vous sera une chose abominable.

11:10 And all that have not fins and scales in the seas, and in the rivers, of all that move in the waters, and of any living thing which is in the waters, they shall be an abomination unto you:

11:11 Cela vous sera une chose abominable ; vous ne mangerez pas de leur chair, et vous aurez en abomination leur corps mort.

11:11 They shall be even an abomination unto you; ye shall not eat of their flesh, but ye shall have their carcases in abomination.

11:12 Tout ce qui, dans les eaux, n'a point de nageoires et d'écailles, vous sera une chose abominable.

11:12 Whatsoever hath no fins nor scales in the waters, that shall be an abomination unto you.

11:13 Et d'entre les oiseaux, vous aurez ceux-ci en abomination ; on n'en mangera point, ce sera une chose abominable : l'aigle, et l'orfraie, et l'aigle de mer,

11:13 And these are they which ye shall have in abomination among the fowls; they shall not be eaten, they are an abomination: the eagle, and the ossifrage, and the ospray,

11:14 et le faucon, et le milan, selon son espèce ;

11:14 And the vulture, and the kite after his kind;

11:15 tout corbeau, selon son espèce ;

11:15 Every raven after his kind;

11:16 et l'autruche femelle, et l'autruche mâle, et la mouette, et l'épervier, selon son espèce ;

11:16 And the owl, and the night hawk, and the cuckow, and the hawk after his kind,

11:17 et le hibou, et le plongeon, et l'ibis,

11:17 And the little owl, and the cormorant, and the great owl,

11:18 et le cygne*, et le pélican, et le vautour,

11:18 And the swan, and the pelican, and the gier eagle,

11:19 et la cigogne, [et] le héron, selon son espèce, et la huppe, et la chauve-souris.

11:19 And the stork, the heron after her kind, and the lapwing, and the bat.

11:20 Tout reptile* volant qui marche sur quatre [pieds], vous sera une chose abominable.

11:20 All fowls that creep, going upon all four, shall be an abomination unto you.

God Almighty

11:21 Seulement de ceci vous mangerez, d'entre tous les reptiles volants qui marchent sur quatre [pieds], ceux qui ont, au-dessus de leurs pieds, des jambes avec lesquelles ils sautent sur la terre.

11:22 Ce sont ici ceux d'entre eux dont vous mangerez : la sauterelle selon son espèce, et le solham selon son espèce, et le khargol selon son espèce, et le khagab selon son espèce*.

11:23 Mais tout reptile volant qui a quatre pieds vous sera une chose abominable ;

11:24 et par eux vous vous rendrez impurs : quiconque touchera leur corps mort sera impur jusqu'au soir ;

11:25 et quiconque portera [quelque chose] de leur corps mort lavera ses vêtements, et sera impur jusqu'au soir.

11:26 Toute bête qui a l'ongle fendu, mais qui n'a pas le [pied] complètement divisé et ne rumine pas, vous sera impure ; quiconque les touchera sera impur.

11:27 Et tout ce qui marche sur ses pattes, parmi tous les animaux qui marchent sur quatre [pieds], vous sera impur ; quiconque touchera leur corps mort sera impur jusqu'au soir ;

11:28 et celui qui aura porté leur corps mort lavera ses vêtements, et sera impur jusqu'au soir. Ils vous seront impurs.

11:29 Et ceci vous sera impur parmi les reptiles qui rampent* sur la terre : la taupe, et la souris, et le lézard selon son espèce ;

11:30 et le lézard gémissant, et le coakh*, et le letaa*, et la limace, et le caméléon.

11:31 Ceux-ci vous seront impurs parmi tous les reptiles ; quiconque les touchera morts sera impur jusqu'au soir.

11:21 Yet these may ye eat of every flying creeping thing that goeth upon all four, which have legs above their feet, to leap withal upon the earth;

11:22 Even these of them ye may eat; the locust after his kind, and the bald locust after his kind, and the beetle after his kind, and the grasshopper after his kind.

11:23 But all other flying creeping things, which have four feet, shall be an abomination unto you.

11:24 And for these ye shall be unclean: whosoever toucheth the carcase of them shall be unclean until the even.

11:25 And whosoever beareth ought of the carcase of them shall wash his clothes, and be unclean until the even.

11:26 The carcases of every beast which divideth the hoof, and is not clovenfooted, nor cheweth the cud, are unclean unto you: every one that toucheth them shall be unclean.

11:27 And whatsoever goeth upon his paws, among all manner of beasts that go on all four, those are unclean unto you: whoso toucheth their carcase shall be unclean until the even.

11:28 And he that beareth the carcase of them shall wash his clothes, and be unclean until the even: they are unclean unto you.

11:29 These also shall be unclean unto you among the creeping things that creep upon the earth; the weasel, and the mouse, and the tortoise after his kind,

11:30 And the ferret, and the chameleon, and the lizard, and the snail, and the mole.

11:31 These are unclean to you among all that creep: whosoever doth touch them, when they be dead, shall be unclean until the even.

11:32 Et tout ce sur quoi il en tombera quand ils seront morts, sera impur : ustensile de bois, vêtement, peau, ou sac, — tout objet qui sert à un usage quelconque, sera mis dans l'eau, et sera impur jusqu'au soir ; alors il sera net ;

11:33 et tout vase de terre dans lequel il en tombe quelque chose,… tout ce qui est dedans, sera impur, et vous casserez le [vase] ;

11:34 et tout aliment qu'on mange, sur lequel il sera venu de [cette] eau, sera impur ; et tout breuvage qu'on boit, dans quelque vase que ce soit, sera impur ;

11:35 et tout ce sur quoi tombe quelque chose de leur corps mort, sera impur ; le four et le foyer seront détruits : ils sont impurs, et ils vous seront impurs ;

11:36 mais une fontaine ou un puits, un amas d'eaux, sera net. Mais celui qui touchera leur corps mort sera impur.

11:37 Et s'il tombe quelque chose de leur corps mort sur une semence qui se sème, elle sera pure ;

11:38 mais si on avait mis de l'eau sur la semence, et qu'il tombe sur elle quelque chose de leur corps mort, elle vous sera impure.

11:39 — Et s'il meurt une des bêtes qui vous servent d'aliment, celui qui en touchera le corps mort sera impur jusqu'au soir ;

11:40 et celui qui mangera de son corps mort lavera ses vêtements, et sera impur jusqu'au soir ; et celui qui portera son corps mort lavera ses vêtements, et sera impur jusqu'au soir.

11:41 Et tout reptile qui rampe sur la terre sera une chose abominable ; on n'en mangera pas.

11:32 And upon whatsoever any of them, when they are dead, doth fall, it shall be unclean; whether it be any vessel of wood, or raiment, or skin, or sack, whatsoever vessel it be, wherein any work is done, it must be put into water, and it shall be unclean until the even; so it shall be cleansed.

11:33 And every earthen vessel, whereinto any of them falleth, whatsoever is in it shall be unclean; and ye shall break it.

11:34 Of all meat which may be eaten, that on which such water cometh shall be unclean: and all drink that may be drunk in every such vessel shall be unclean.

11:35 And every thing whereupon any part of their carcase falleth shall be unclean; whether it be oven, or ranges for pots, they shall be broken down: for they are unclean and shall be unclean unto you.

11:36 Nevertheless a fountain or pit, wherein there is plenty of water, shall be clean: but that which toucheth their carcase shall be unclean.

11:37 And if any part of their carcase fall upon any sowing seed which is to be sown, it shall be clean.

11:38 But if any water be put upon the seed, and any part of their carcase fall thereon, it shall be unclean unto you.

11:39 And if any beast, of which ye may eat, die; he that toucheth the carcase thereof shall be unclean until the even.

11:40 And he that eateth of the carcase of it shall wash his clothes, and be unclean until the even: he also that beareth the carcase of it shall wash his clothes, and be unclean until the even.

11:41 And every creeping thing that creepeth upon the earth shall be an abomination; it shall not be eaten.

11:42 De tout ce qui marche sur le ventre, et de tout ce qui marche sur quatre [pieds], et de tout ce qui a beaucoup de pieds, parmi tous les reptiles qui rampent sur la terre, vous n'en mangerez pas ; car c'est une chose abominable.

11:43 Ne rendez pas vos âmes abominables par aucun reptile qui rampe, et ne vous rendez pas impurs par eux, de sorte que vous soyez impurs par eux.

11:44 Car je suis l'Éternel, votre Dieu : et vous vous sanctifierez, et vous serez saints, car je suis saint ; et vous ne rendrez pas vos âmes impures par aucun reptile qui se meut sur la terre.

11:45 Car je suis l'Éternel qui vous ai fait monter du pays d'Égypte, afin que je sois votre Dieu : et vous serez saints, car je suis saint.

11:46 Telle est la loi touchant les bêtes et les oiseaux, et tout être vivant qui se meut dans les eaux, et tout être qui rampe sur la terre ;

11:47 afin de discerner entre ce qui est impur et ce qui est pur, et entre l'animal qu'on mange et l'animal qu'on ne mangera pas.

12:1 Et l'Éternel parla à Moïse, disant :

12:2 Parle aux fils d'Israël, en disant : Si une femme conçoit et enfante un fils, elle sera impure sept jours ; elle sera impure comme aux jours de l'impureté de ses mois.

12:3 Et au huitième jour on circoncira la chair du prépuce de l'[enfant].

12:4 Et elle demeurera trente-trois jours dans le sang de sa purification ; elle ne touchera aucune chose sainte, et ne viendra pas au sanctuaire, jusqu'à ce que les jours de sa purification soient accomplis.

11:42 Whatsoever goeth upon the belly, and whatsoever goeth upon all four, or whatsoever hath more feet among all creeping things that creep upon the earth, them ye shall not eat; for they are an abomination.

11:43 Ye shall not make yourselves abominable with any creeping thing that creepeth, neither shall ye make yourselves unclean with them, that ye should be defiled thereby.

11:44 For I am the LORD your God: ye shall therefore sanctify yourselves, and ye shall be holy; for I am holy: neither shall ye defile yourselves with any manner of creeping thing that creepeth upon the earth.

11:45 For I am the LORD that bringeth you up out of the land of Egypt, to be your God: ye shall therefore be holy, for I am holy.

11:46 This is the law of the beasts, and of the fowl, and of every living creature that moveth in the waters, and of every creature that creepeth upon the earth:

11:47 To make a difference between the unclean and the clean, and between the beast that may be eaten and the beast that may not be eaten.

12:1 And the LORD spake unto Moses, saying,

12:2 Speak unto the children of Israel, saying, If a woman have conceived seed, and born a man child: then she shall be unclean seven days; according to the days of the separation for her infirmity shall she be unclean.

12:3 And in the eighth day the flesh of his foreskin shall be circumcised.

12:4 And she shall then continue in the blood of her purifying three and thirty days; she shall touch no hallowed thing, nor come into the sanctuary, until the days of her purifying be fulfilled.

12:5 Et si c'est une fille qu'elle enfante, elle sera impure deux semaines comme dans sa séparation, et elle demeurera soixante-six jours dans le sang de sa purification.

12:6 Et quand les jours de sa purification seront accomplis, pour un fils ou pour une fille, elle amènera au sacrificateur, à l'entrée de la tente d'assignation, un agneau âgé d'un an pour holocauste, et un jeune pigeon ou une tourterelle pour sacrifice pour le péché ;

12:7 et il présentera ces choses devant l'Éternel, et fera propitiation pour elle, et elle sera purifiée du flux* de son sang. Telle est la loi de celle qui enfante un fils ou une fille.

12:8 Et si ses moyens ne suffisent pas pour trouver un agneau, elle prendra deux tourterelles ou deux jeunes pigeons, l'un pour l'holocauste, et l'autre pour le sacrifice pour le péché ; et le sacrificateur fera propitiation pour elle, et elle sera pure.

13:1 Et l'Éternel parla à Moïse et à Aaron, disant :

13:2 Si un homme a dans la peau de sa chair une tumeur, ou une dartre, ou une tache blanchâtre, et qu'elle soit devenue, dans la peau de sa chair, une plaie [comme] de lèpre, on l'amènera à Aaron, le sacrificateur, ou à l'un de ses fils, les sacrificateurs ;

13:3 et le sacrificateur verra la plaie qui est dans la peau de sa chair ; et si le poil dans la plaie est devenu blanc, et si la plaie paraît plus enfoncée que la peau de sa chair, c'est une plaie de lèpre ; et le sacrificateur le verra, et le déclarera impur.

13:4 Et si la tache* dans la peau de sa chair est blanche, et si elle ne paraît pas plus enfoncée que la peau, et si le poil n'est pas devenu blanc, le sacrificateur fera enfermer pendant sept jours [celui qui a] la plaie ;

12:5 But if she bear a maid child, then she shall be unclean two weeks, as in her separation: and she shall continue in the blood of her purifying threescore and six days.

12:6 And when the days of her purifying are fulfilled, for a son, or for a daughter, she shall bring a lamb of the first year for a burnt offering, and a young pigeon, or a turtledove, for a sin offering, unto the door of the tabernacle of the congregation, unto the priest:

12:7 Who shall offer it before the LORD, and make an atonement for her; and she shall be cleansed from the issue of her blood. This is the law for her that hath born a male or a female.

12:8 And if she be not able to bring a lamb, then she shall bring two turtles, or two young pigeons; the one for the burnt offering, and the other for a sin offering: and the priest shall make an atonement for her, and she shall be clean.

13:1 And the LORD spake unto Moses and Aaron, saying,

13:2 When a man shall have in the skin of his flesh a rising, a scab, or bright spot, and it be in the skin of his flesh like the plague of leprosy; then he shall be brought unto Aaron the priest, or unto one of his sons the priests:

13:3 And the priest shall look on the plague in the skin of the flesh: and when the hair in the plague is turned white, and the plague in sight be deeper than the skin of his flesh, it is a plague of leprosy: and the priest shall look on him, and pronounce him unclean.

13:4 If the bright spot be white in the skin of his flesh, and in sight be not deeper than the skin, and the hair thereof be not turned white; then the priest shall shut up him that hath the plague seven days:

13:5 et le sacrificateur le verra le septième jour : et voici, la plaie est demeurée à ses yeux au même état, la plaie ne s'est pas étendue dans la peau ; alors le sacrificateur le fera enfermer pendant sept autres jours.

13:6 Et le sacrificateur le verra pour la seconde fois, le septième jour : et voici, la plaie s'efface, et la plaie ne s'est pas étendue dans la peau ; alors le sacrificateur le déclarera pur : c'est une dartre ; et il lavera ses vêtements, et sera pur.

13:7 Mais si la dartre s'est beaucoup étendue dans la peau, après qu'il aura été vu par le sacrificateur pour sa purification, il sera vu une seconde fois par le sacrificateur ;

13:8 et le sacrificateur le regardera : et voici, la dartre s'est étendue dans la peau ; alors le sacrificateur le déclarera impur : c'est une lèpre.

13:9 S'il y a une plaie [comme] de lèpre dans un homme, on l'amènera au sacrificateur,

13:10 et le sacrificateur le verra : et voici, il y a une tumeur blanche dans la peau, et elle a fait devenir blanc le poil, et il y a une trace de chair vive dans la tumeur,

13:11 — c'est une lèpre invétérée dans la peau de sa chair ; alors le sacrificateur le déclarera impur ; il ne le fera pas enfermer, car il est impur.

13:12 Et si la lèpre fait éruption sur la peau, et que la lèpre couvre toute la peau de [celui qui a] la plaie, de la tête aux pieds, autant qu'en pourra voir le sacrificateur,

13:13 le sacrificateur le verra : et voici, la lèpre a couvert toute sa chair ; alors il déclarera pur [celui qui a] la plaie : il est tout entier devenu blanc ; il est pur.

13:14 Et le jour où l'on verra en lui de la chair vive, il sera impur.

13:5 And the priest shall look on him the seventh day: and, behold, if the plague in his sight be at a stay, and the plague spread not in the skin; then the priest shall shut him up seven days more:

13:6 And the priest shall look on him again the seventh day: and, behold, if the plague be somewhat dark, and the plague spread not in the skin, the priest shall pronounce him clean: it is but a scab: and he shall wash his clothes, and be clean.

13:7 But if the scab spread much abroad in the skin, after that he hath been seen of the priest for his cleansing, he shall be seen of the priest again.

13:8 And if the priest see that, behold, the scab spreadeth in the skin, then the priest shall pronounce him unclean: it is a leprosy.

13:9 When the plague of leprosy is in a man, then he shall be brought unto the priest;

13:10 And the priest shall see him: and, behold, if the rising be white in the skin, and it have turned the hair white, and there be quick raw flesh in the rising;

13:11 It is an old leprosy in the skin of his flesh, and the priest shall pronounce him unclean, and shall not shut him up: for he is unclean.

13:12 And if a leprosy break out abroad in the skin, and the leprosy cover all the skin of him that hath the plague from his head even to his foot, wheresoever the priest looketh;

13:13 Then the priest shall consider: and, behold, if the leprosy have covered all his flesh, he shall pronounce him clean that hath the plague: it is all turned white: he is clean.

13:14 But when raw flesh appeareth in him, he shall be unclean.

13:15 Et le sacrificateur regardera la chair vive, et le déclarera impur : la chair vive est impure, c'est de la lèpre.

13:16 Mais si la chair vive change et devient blanche, il viendra vers le sacrificateur ;

13:17 et le sacrificateur le verra : et voici, la plaie est devenue blanche ; alors le sacrificateur déclarera pur [celui qui a] la plaie : il est pur.

13:18 Et si la chair a eu dans sa peau un ulcère, et qu'il soit guéri,

13:19 et qu'il y ait, à l'endroit de l'ulcère, une tumeur blanche, ou une tache blanche roussâtre, [l'homme] se montrera au sacrificateur ;

13:20 et le sacrificateur la verra : et voici, elle paraît plus enfoncée que la peau, et son poil est devenu blanc ; alors le sacrificateur le déclarera impur : c'est une plaie de lèpre, elle a fait éruption dans l'ulcère.

13:21 Et si le sacrificateur la voit, et voici, il n'y a pas en elle de poil blanc, et elle n'est pas plus enfoncée que la peau, mais elle s'efface, le sacrificateur le fera enfermer pendant sept jours.

13:22 Et si elle s'est beaucoup étendue dans la peau, alors le sacrificateur le déclarera impur : c'est une plaie.

13:23 Mais si la tache est demeurée à sa place au même état, [et] ne s'est pas étendue, c'est la cicatrice de l'ulcère : le sacrificateur le déclarera pur.

13:24 Ou si la chair a dans sa peau une brûlure de feu, et que la marque de la brûlure soit une tache d'un blanc roussâtre ou blanche,

13:15 And the priest shall see the raw flesh, and pronounce him to be unclean: for the raw flesh is unclean: it is a leprosy.

13:16 Or if the raw flesh turn again, and be changed unto white, he shall come unto the priest;

13:17 And the priest shall see him: and, behold, if the plague be turned into white; then the priest shall pronounce him clean that hath the plague: he is clean.

13:18 The flesh also, in which, even in the skin thereof, was a boil, and is healed,

13:19 And in the place of the boil there be a white rising, or a bright spot, white, and somewhat reddish, and it be shewed to the priest;

13:20 And if, when the priest seeth it, behold, it be in sight lower than the skin, and the hair thereof be turned white; the priest shall pronounce him unclean: it is a plague of leprosy broken out of the boil.

13:21 But if the priest look on it, and, behold, there be no white hairs therein, and if it be not lower than the skin, but be somewhat dark; then the priest shall shut him up seven days:

13:22 And if it spread much abroad in the skin, then the priest shall pronounce him unclean: it is a plague.

13:23 But if the bright spot stay in his place, and spread not, it is a burning boil; and the priest shall pronounce him clean.

13:24 Or if there be any flesh, in the skin whereof there is a hot burning, and the quick flesh that burneth have a white bright spot, somewhat reddish, or white;

13:25 le sacrificateur la verra : et voici, le poil est devenu blanc dans la tache, et elle paraît plus enfoncée que la peau, — c'est une lèpre ; elle a fait éruption dans la brûlure ; et le sacrificateur le déclarera impur : c'est une plaie de lèpre.

13:26 Et si le sacrificateur la voit, et voici, il n'y a pas de poil blanc dans la tache, et elle n'est pas plus enfoncée que la peau, et elle s'efface, le sacrificateur le fera enfermer pendant sept jours ;

13:27 et le sacrificateur le verra le septième jour : — si la [tache] s'est beaucoup étendue dans la peau, alors le sacrificateur le déclarera impur : c'est une plaie de lèpre.

13:28 Mais si la tache est demeurée à sa place au même état, [et] ne s'est pas étendue dans la peau, et qu'elle s'efface, c'est une tumeur de la brûlure, et le sacrificateur le déclarera pur ; car c'est la cicatrice de la brûlure.

13:29 Et si un homme ou une femme a une plaie à la tête ou à la barbe,

13:30 le sacrificateur verra la plaie : et voici, elle paraît plus enfoncée que la peau, ayant en elle du poil jaunâtre et fin, alors le sacrificateur le déclarera impur : c'est la teigne, c'est une lèpre de la tête ou de la barbe.

13:31 Et si le sacrificateur voit la plaie de la teigne, et voici, elle ne paraît pas plus enfoncée que la peau, et elle n'a pas de poil noir, alors le sacrificateur fera enfermer pendant sept jours [celui qui a] la plaie de la teigne.

13:32 Et le sacrificateur verra la plaie le septième jour : et voici, la teigne ne s'est pas étendue, et elle n'a pas de poil jaunâtre, et la teigne ne paraît pas plus enfoncée que la peau,

13:25 Then the priest shall look upon it: and, behold, if the hair in the bright spot be turned white, and it be in sight deeper than the skin; it is a leprosy broken out of the burning: wherefore the priest shall pronounce him unclean: it is the plague of leprosy.

13:26 But if the priest look on it, and, behold, there be no white hair in the bright spot, and it be no lower than the other skin, but be somewhat dark; then the priest shall shut him up seven days:

13:27 And the priest shall look upon him the seventh day: and if it be spread much abroad in the skin, then the priest shall pronounce him unclean: it is the plague of leprosy.

13:28 And if the bright spot stay in his place, and spread not in the skin, but it be somewhat dark; it is a rising of the burning, and the priest shall pronounce him clean: for it is an inflammation of the burning.

13:29 If a man or woman have a plague upon the head or the beard;

13:30 Then the priest shall see the plague: and, behold, if it be in sight deeper than the skin; and there be in it a yellow thin hair; then the priest shall pronounce him unclean: it is a dry scall, even a leprosy upon the head or beard.

13:31 And if the priest look on the plague of the scall, and, behold, it be not in sight deeper than the skin, and that there is no black hair in it; then the priest shall shut up him that hath the plague of the scall seven days:

13:32 And in the seventh day the priest shall look on the plague: and, behold, if the scall spread not, and there be in it no yellow hair, and the scall be not in sight deeper than the skin;

13:33 alors l'homme* se rasera, mais il ne rasera pas [l'endroit de] la teigne ; et le sacrificateur fera enfermer pendant sept autres jours [celui qui a] la teigne.

13:33 He shall be shaven, but the scall shall he not shave; and the priest shall shut up him that hath the scall seven days more:

13:34 Et le sacrificateur verra la teigne le septième jour : et voici, la teigne ne s'est pas étendue dans la peau, et elle ne paraît pas plus enfoncée que la peau, alors le sacrificateur le déclarera pur ; et l'homme* lavera ses vêtements, et il sera pur.

13:34 And in the seventh day the priest shall look on the scall: and, behold, if the scall be not spread in the skin, nor be in sight deeper than the skin; then the priest shall pronounce him clean: and he shall wash his clothes, and be clean.

13:35 Et si la teigne s'est beaucoup étendue dans la peau, après sa purification,

13:35 But if the scall spread much in the skin after his cleansing;

13:36 le sacrificateur le verra ; et si* la teigne s'est étendue dans la peau, le sacrificateur ne cherchera pas de poil jaunâtre : il est impur.

13:36 Then the priest shall look on him: and, behold, if the scall be spread in the skin, the priest shall not seek for yellow hair; he is unclean.

13:37 Et si la teigne est demeurée au même état, à ses yeux, et que du poil noir y ait poussé, la teigne est guérie : il est pur, et le sacrificateur le déclarera pur.

13:37 But if the scall be in his sight at a stay, and that there is black hair grown up therein; the scall is healed, he is clean: and the priest shall pronounce him clean.

13:38 Et si un homme ou une femme a dans la peau de sa chair des taches, des taches blanches,

13:38 If a man also or a woman have in the skin of their flesh bright spots, even white bright spots;

13:39 le sacrificateur le verra ; et voici, dans la peau de leur chair, il y a des taches blanches, ternes, c'est une simple tache qui a fait éruption dans la peau : il est pur.

13:39 Then the priest shall look: and, behold, if the bright spots in the skin of their flesh be darkish white; it is a freckled spot that groweth in the skin; he is clean.

13:40 Et si un homme a perdu les cheveux de sa tête, il est chauve : il est pur ;

13:40 And the man whose hair is fallen off his head, he is bald; yet is he clean.

13:41 et s'il a perdu les cheveux de sa tête du côté du visage, il est chauve par devant : il est pur.

13:41 And he that hath his hair fallen off from the part of his head toward his face, he is forehead bald: yet is he clean.

13:42 Et s'il y a, dans la partie chauve du haut ou de devant, une plaie blanche roussâtre, c'est une lèpre qui a fait éruption dans la partie chauve du haut ou de devant ;

13:42 And if there be in the bald head, or bald forehead, a white reddish sore; it is a leprosy sprung up in his bald head, or his bald forehead.

13:43 et le sacrificateur le verra : et voici, la tumeur de la plaie est d'un blanc roussâtre dans la partie chauve du haut ou de devant, comme une apparence de lèpre dans la peau de la chair ;

13:43 Then the priest shall look upon it: and, behold, if the rising of the sore be white reddish in his bald head, or in his bald forehead, as the leprosy appeareth in the skin of the flesh;

13:44 c'est un homme lépreux, il est impur ; le sacrificateur le déclarera entièrement impur : sa plaie est en sa tête.

13:45 Et le lépreux en qui sera la plaie aura ses vêtements déchirés et sa tête découverte, et il se couvrira la barbe, et il criera : Impur ! Impur !

13:46 Tout le temps que la plaie sera en lui, il sera impur ; il est impur ; il habitera seul, son habitation sera hors du camp.

13:47 Et s'il y a une plaie de lèpre en un vêtement, en un vêtement de laine ou en un vêtement de lin,

13:48 ou dans la chaîne ou dans la trame du lin ou de la laine, ou dans une peau, ou dans quelque ouvrage [fait] de peau,

13:49 et si la plaie est verdâtre ou roussâtre dans le vêtement, ou dans la peau, ou dans la chaîne, ou dans la trame, ou dans quelque objet [fait] de peau, c'est une plaie de lèpre, et elle sera montrée au sacrificateur.

13:50 Et le sacrificateur verra la plaie, et il fera enfermer pendant sept jours [l'objet où est] la plaie ;

13:51 et le septième jour, il verra la plaie : — si la plaie s'est étendue dans le vêtement, soit dans la chaîne, soit dans la trame, soit dans la peau, dans un ouvrage quelconque qui a été fait de peau, la plaie est une lèpre rongeante : la chose est impure.

13:52 Alors on brûlera le vêtement, ou la chaîne, ou la trame de laine ou de lin, ou tout objet [fait] de peau dans lequel est la plaie ; car c'est une lèpre rongeante ; la chose sera brûlée au feu.

13:53 Et si le sacrificateur regarde, et voici, la plaie ne s'est pas étendue dans le vêtement, ou dans la chaîne, ou dans la trame, ou dans quelque objet [fait] de peau,

13:54 alors le sacrificateur commandera qu'on lave l'objet où est la plaie, et le fera enfermer pendant sept autres jours.

13:44 He is a leprous man, he is unclean: the priest shall pronounce him utterly unclean; his plague is in his head.

13:45 And the leper in whom the plague is, his clothes shall be rent, and his head bare, and he shall put a covering upon his upper lip, and shall cry, Unclean, unclean.

13:46 All the days wherein the plague shall be in him he shall be defiled; he is unclean: he shall dwell alone; without the camp shall his habitation be.

13:47 The garment also that the plague of leprosy is in, whether it be a woollen garment, or a linen garment;

13:48 Whether it be in the warp, or woof; of linen, or of woollen; whether in a skin, or in any thing made of skin;

13:49 And if the plague be greenish or reddish in the garment, or in the skin, either in the warp, or in the woof, or in any thing of skin; it is a plague of leprosy, and shall be shewed unto the priest:

13:50 And the priest shall look upon the plague, and shut up it that hath the plague seven days:

13:51 And he shall look on the plague on the seventh day: if the plague be spread in the garment, either in the warp, or in the woof, or in a skin, or in any work that is made of skin; the plague is a fretting leprosy; it is unclean.

13:52 He shall therefore burn that garment, whether warp or woof, in woollen or in linen, or any thing of skin, wherein the plague is: for it is a fretting leprosy; it shall be burnt in the fire.

13:53 And if the priest shall look, and, behold, the plague be not spread in the garment, either in the warp, or in the woof, or in any thing of skin;

13:54 Then the priest shall command that they wash the thing wherein the plague is, and he shall shut it up seven days more:

13:55 Et le sacrificateur verra, après que la plaie aura été lavée : et voici, la plaie n'a pas changé d'aspect*, et la plaie ne s'est pas étendue, — la chose est impure, tu la brûleras au feu ; c'est une érosion à son envers ou à son endroit**.

13:56 Et si le sacrificateur regarde, et voici, la plaie s'efface après avoir été lavée alors on l'arrachera du vêtement, ou de la peau, ou de la chaîne, ou de la trame.

13:57 Et si elle paraît encore dans le vêtement, ou dans la chaîne, ou dans la trame, ou dans quelque objet [fait] de peau, c'est une [lèpre] qui fait éruption ; tu brûleras au feu l'objet où est la plaie.

13:58 Et le vêtement, ou la chaîne, ou la trame, ou tout objet [fait] de peau que tu auras lavé, et d'où la plaie s'est retirée, sera lavé une seconde fois, et il sera pur.

13:59 Telle est la loi touchant la plaie de la lèpre dans un vêtement de laine ou de lin, ou dans la chaîne ou dans la trame, ou dans quelque objet [fait] de peau, pour le purifier* ou le déclarer impur.

14:1 Et l'Éternel parla à Moïse, disant :

14:2 C'est ici la loi du lépreux, au jour de sa purification : il sera amené au sacrificateur ;

14:3 et le sacrificateur sortira hors du camp ; et le sacrificateur le verra : et voici, le lépreux est guéri de la plaie de la lèpre ;

14:4 alors le sacrificateur commandera qu'on prenne, pour celui qui doit être purifié, deux oiseaux* vivants et purs, et du bois de cèdre, et de l'écarlate, et de l'hysope ;

14:5 et le sacrificateur commandera qu'on égorge l'un des oiseaux sur un vase de terre, sur de l'eau vive.

13:55 And the priest shall look on the plague, after that it is washed: and, behold, if the plague have not changed his colour, and the plague be not spread; it is unclean; thou shalt burn it in the fire; it is fret inward, whether it be bare within or without.

13:56 And if the priest look, and, behold, the plague be somewhat dark after the washing of it; then he shall rend it out of the garment, or out of the skin, or out of the warp, or out of the woof:

13:57 And if it appear still in the garment, either in the warp, or in the woof, or in any thing of skin; it is a spreading plague: thou shalt burn that wherein the plague is with fire.

13:58 And the garment, either warp, or woof, or whatsoever thing of skin it be, which thou shalt wash, if the plague be departed from them, then it shall be washed the second time, and shall be clean.

13:59 This is the law of the plague of leprosy in a garment of woollen or linen, either in the warp, or woof, or any thing of skins, to pronounce it clean, or to pronounce it unclean.

14:1 And the LORD spake unto Moses, saying,

14:2 This shall be the law of the leper in the day of his cleansing: He shall be brought unto the priest:

14:3 And the priest shall go forth out of the camp; and the priest shall look, and, behold, if the plague of leprosy be healed in the leper;

14:4 Then shall the priest command to take for him that is to be cleansed two birds alive and clean, and cedar wood, and scarlet, and hyssop:

14:5 And the priest shall command that one of the birds be killed in an earthen vessel over running water:

14:6 Quant à l'oiseau vivant, il le prendra, et le bois de cèdre, et l'écarlate, et l'hysope, et il les trempera, ainsi que l'oiseau vivant, dans le sang de l'oiseau égorgé sur l'eau vive ;

14:7 et il fera aspersion*, sept fois, sur celui qui doit être purifié de la lèpre, et il le purifiera** ; puis il lâchera dans les champs l'oiseau vivant.

14:8 Et celui qui doit être purifié lavera ses vêtements et rasera tout son poil, et se lavera* dans l'eau ; et il sera pur. Et après cela, il entrera dans le camp, et il habitera sept jours hors de sa tente.

14:9 Et il arrivera que, le septième jour, il rasera tout son poil, sa tête et sa barbe et ses sourcils ; il rasera tout son poil ; et il lavera ses vêtements, et il lavera sa chair dans l'eau, et il sera pur.

14:10 Et le huitième jour, il prendra deux agneaux sans défaut, et une jeune brebis âgée d'un an, sans défaut, et trois dixièmes de fleur de farine pétrie à l'huile, en offrande de gâteau, et un log* d'huile.

14:11 Et le sacrificateur qui fait la purification placera l'homme qui doit être purifié, et ces choses, devant l'Éternel, à l'entrée de la tente d'assignation ;

14:12 et le sacrificateur prendra l'un des agneaux, et le présentera comme sacrifice pour le délit, avec le log d'huile, et les tournoiera en offrande tournoyée devant l'Éternel ;

14:13 puis il égorgera l'agneau au lieu où l'on égorge le sacrifice pour le péché et l'holocauste, dans un lieu saint ; car le sacrifice pour le délit est comme le sacrifice pour le péché, il appartient au sacrificateur : c'est une chose très sainte.

14:6 As for the living bird, he shall take it, and the cedar wood, and the scarlet, and the hyssop, and shall dip them and the living bird in the blood of the bird that was killed over the running water:

14:7 And he shall sprinkle upon him that is to be cleansed from the leprosy seven times, and shall pronounce him clean, and shall let the living bird loose into the open field.

14:8 And he that is to be cleansed shall wash his clothes, and shave off all his hair, and wash himself in water, that he may be clean: and after that he shall come into the camp, and shall tarry abroad out of his tent seven days.

14:9 But it shall be on the seventh day, that he shall shave all his hair off his head and his beard and his eyebrows, even all his hair he shall shave off: and he shall wash his clothes, also he shall wash his flesh in water, and he shall be clean.

14:10 And on the eighth day he shall take two he lambs without blemish, and one ewe lamb of the first year without blemish, and three tenth deals of fine flour for a meat offering, mingled with oil, and one log of oil.

14:11 And the priest that maketh him clean shall present the man that is to be made clean, and those things, before the LORD, at the door of the tabernacle of the congregation:

14:12 And the priest shall take one he lamb, and offer him for a trespass offering, and the log of oil, and wave them for a wave offering before the LORD:

14:13 And he shall slay the lamb in the place where he shall kill the sin offering and the burnt offering, in the holy place: for as the sin offering is the priest's, so is the trespass offering: it is most holy:

14:14 Et le sacrificateur prendra du sang du sacrifice pour le délit, et le sacrificateur le mettra sur le lobe de l'oreille droite de celui qui doit être purifié, et sur le pouce de sa main droite, et sur le gros orteil de son pied droit.

14:15 Et le sacrificateur prendra du log d'huile, et en versera dans la paume de sa main gauche, à lui, le sacrificateur ;

14:16 et le sacrificateur trempera le doigt de sa [main] droite dans* l'huile qui est dans sa paume gauche, et fera aspersion de l'huile avec son doigt, sept fois, devant l'Éternel.

14:17 Et du reste de l'huile qui sera dans sa paume, le sacrificateur en mettra sur le lobe de l'oreille droite de celui qui doit être purifié, et sur le pouce de sa main droite, et sur le gros orteil de son pied droit, sur le sang du sacrifice pour le délit ;

14:18 et le reste de l'huile qui sera dans la paume du sacrificateur, il le mettra sur la tête de celui qui doit être purifié ; et le sacrificateur fera propitiation pour lui devant l'Éternel.

14:19 Et le sacrificateur offrira le sacrifice pour le péché, et fera propitiation pour celui qui doit être purifié de son impureté ; et après, il égorgera l'holocauste.

14:20 Et le sacrificateur offrira* l'holocauste et le gâteau sur l'autel ; et le sacrificateur fera propitiation pour celui [qui doit être purifié] **, et il sera pur.

14:21 Et s'il est pauvre, et que sa main ne puisse atteindre jusque-là, il prendra un agneau comme sacrifice pour le délit, pour offrande tournoyée, afin de faire propitiation pour lui, et un dixième de fleur de farine pétrie à l'huile, pour offrande de gâteau et un log d'huile,

14:14 And the priest shall take some of the blood of the trespass offering, and the priest shall put it upon the tip of the right ear of him that is to be cleansed, and upon the thumb of his right hand, and upon the great toe of his right foot:

14:15 And the priest shall take some of the log of oil, and pour it into the palm of his own left hand:

14:16 And the priest shall dip his right finger in the oil that is in his left hand, and shall sprinkle of the oil with his finger seven times before the LORD:

14:17 And of the rest of the oil that is in his hand shall the priest put upon the tip of the right ear of him that is to be cleansed, and upon the thumb of his right hand, and upon the great toe of his right foot, upon the blood of the trespass offering:

14:18 And the remnant of the oil that is in the priest's hand he shall pour upon the head of him that is to be cleansed: and the priest shall make an atonement for him before the LORD.

14:19 And the priest shall offer the sin offering, and make an atonement for him that is to be cleansed from his uncleanness; and afterward he shall kill the burnt offering:

14:20 And the priest shall offer the burnt offering and the meat offering upon the altar: and the priest shall make an atonement for him, and he shall be clean.

14:21 And if he be poor, and cannot get so much; then he shall take one lamb for a trespass offering to be waved, to make an atonement for him, and one tenth deal of fine flour mingled with oil for a meat offering, and a log of oil;

14:22 et deux tourterelles ou deux jeunes pigeons, selon ce que sa main pourra atteindre : l'un sera un sacrifice pour le péché, l'autre un holocauste.

14:23 Et le huitième jour de sa purification, il les apportera au sacrificateur, à l'entrée de la tente d'assignation, devant l'Éternel ;

14:24 et le sacrificateur prendra l'agneau du sacrifice pour le délit, et le log d'huile, et le sacrificateur les tournoiera en offrande tournoyée devant l'Éternel ;

14:25 et il égorgera l'agneau du sacrifice pour le délit ; et le sacrificateur prendra du sang du sacrifice pour le délit, et le mettra sur le lobe de l'oreille droite de celui qui doit être purifié, et sur le pouce de sa main droite, et sur le gros orteil de son pied droit.

14:26 Et le sacrificateur versera de l'huile dans la paume de sa main gauche, à lui, le sacrificateur ;

14:27 et avec le doigt de sa [main] droite, le sacrificateur fera aspersion de l'huile qui sera dans la paume de sa main gauche, sept fois, devant l'Éternel.

14:28 Et le sacrificateur mettra de l'huile qui sera dans sa paume, sur le lobe de l'oreille droite de celui qui doit être purifié, et sur le pouce de sa main droite, et sur le gros orteil de son pied droit, sur l'endroit où [aura été mis] le sang du sacrifice pour le délit ;

14:29 et le reste de l'huile qui sera dans la paume du sacrificateur, il le mettra sur la tête de celui qui doit être purifié, pour faire propitiation pour lui devant l'Éternel.

14:30 Et, de ce que sa main aura pu atteindre, il offrira l'une des tourterelles, ou l'un des jeunes pigeons :

14:22 And two turtledoves, or two young pigeons, such as he is able to get; and the one shall be a sin offering, and the other a burnt offering.

14:23 And he shall bring them on the eighth day for his cleansing unto the priest, unto the door of the tabernacle of the congregation, before the LORD.

14:24 And the priest shall take the lamb of the trespass offering, and the log of oil, and the priest shall wave them for a wave offering before the LORD:

14:25 And he shall kill the lamb of the trespass offering, and the priest shall take some of the blood of the trespass offering, and put it upon the tip of the right ear of him that is to be cleansed, and upon the thumb of his right hand, and upon the great toe of his right foot:

14:26 And the priest shall pour of the oil into the palm of his own left hand:

14:27 And the priest shall sprinkle with his right finger some of the oil that is in his left hand seven times before the LORD:

14:28 And the priest shall put of the oil that is in his hand upon the tip of the right ear of him that is to be cleansed, and upon the thumb of his right hand, and upon the great toe of his right foot, upon the place of the blood of the trespass offering:

14:29 And the rest of the oil that is in the priest's hand he shall put upon the head of him that is to be cleansed, to make an atonement for him before the LORD.

14:30 And he shall offer the one of the turtledoves, or of the young pigeons, such as he can get;

14:31 de ce que sa main aura pu atteindre, l'un sera un sacrifice pour le péché, l'autre un holocauste, avec l'offrande de gâteau ; et le sacrificateur fera propitiation pour celui qui doit être purifié, devant l'Éternel.

14:32 — Telle est la loi touchant celui en qui il y a une plaie de lèpre, et dont la main n'a pas su atteindre [ce qui était ordonné] pour sa purification.

14:33 Et l'Éternel parla à Moïse et à Aaron, disant :

14:34 Quand vous serez entrés dans le pays de Canaan, que je vous donne en possession, si je mets une plaie de lèpre dans une maison du pays de votre possession,

14:35 celui à qui sera la maison viendra et le fera savoir au sacrificateur, en disant : Il me semble voir comme une plaie dans ma maison ;

14:36 et le sacrificateur commandera qu'on vide la maison avant que le sacrificateur entre pour voir la plaie, afin que tout ce qui est dans la maison ne soit pas rendu impur ; et après cela, le sacrificateur entrera pour voir la maison.

14:37 Et il regardera la plaie : et voici, la plaie est dans les murs de la maison, des creux verdâtres ou roussâtres, et ils paraissent plus enfoncés que la surface du mur ;

14:38 alors le sacrificateur sortira de la maison, à l'entrée de la maison, et fera fermer la maison pendant sept jours.

14:39 Et le septième jour, le sacrificateur retournera, et regardera : et voici, la plaie s'est étendue dans les murs de la maison ;

14:40 alors le sacrificateur commandera qu'on arrache les pierres dans lesquelles est la plaie, et qu'on les jette hors de la ville, dans un lieu impur.

14:31 Even such as he is able to get, the one for a sin offering, and the other for a burnt offering, with the meat offering: and the priest shall make an atonement for him that is to be cleansed before the LORD.

14:32 This is the law of him in whom is the plague of leprosy, whose hand is not able to get that which pertaineth to his cleansing.

14:33 And the LORD spake unto Moses and unto Aaron, saying,

14:34 When ye be come into the land of Canaan, which I give to you for a possession, and I put the plague of leprosy in a house of the land of your possession;

14:35 And he that owneth the house shall come and tell the priest, saying, It seemeth to me there is as it were a plague in the house:

14:36 Then the priest shall command that they empty the house, before the priest go into it to see the plague, that all that is in the house be not made unclean: and afterward the priest shall go in to see the house:

14:37 And he shall look on the plague, and, behold, if the plague be in the walls of the house with hollow strakes, greenish or reddish, which in sight are lower than the wall;

14:38 Then the priest shall go out of the house to the door of the house, and shut up the house seven days:

14:39 And the priest shall come again the seventh day, and shall look: and, behold, if the plague be spread in the walls of the house;

14:40 Then the priest shall command that they take away the stones in which the plague is, and they shall cast them into an unclean place without the city:

14:41 Et il fera râcler la maison au dedans, tout autour, et la poussière qu'on aura râclée, on la versera hors de la ville, dans un lieu impur ;

14:42 et on prendra d'autres pierres, et on les mettra au lieu des [premières] pierres, et on prendra d'autre enduit*, et on enduira la maison.

14:43 Et si la plaie revient et fait éruption dans la maison après qu'on aura arraché les pierres, et après qu'on aura râclé la maison, et après qu'on l'aura enduite,

14:44 le sacrificateur entrera et regardera : et voici, la plaie s'est étendue dans la maison, — c'est une lèpre rongeante dans la maison : elle est impure.

14:45 Alors on démolira la maison, ses pierres et son bois, avec tout l'enduit* de la maison, et on les transportera hors de la ville, dans un lieu impur.

14:46 Et celui qui sera entré dans la maison pendant tous les jours où elle aura été fermée, sera impur jusqu'au soir ;

14:47 et celui qui aura couché dans la maison lavera ses vêtements ; et celui qui aura mangé dans la maison lavera ses vêtements.

14:48 Mais si le sacrificateur entre, et regarde, et voici, la plaie ne s'est pas étendue dans la maison après que la maison a été enduite, le sacrificateur déclarera la maison pure, car la plaie est guérie.

14:49 Et il prendra, pour purifier* la maison, deux oiseaux**, et du bois de cèdre, et de l'écarlate, et de l'hysope ;

14:50 et il égorgera l'un des oiseaux sur un vase de terre, sur de l'eau vive ;

14:41 And he shall cause the house to be scraped within round about, and they shall pour out the dust that they scrape off without the city into an unclean place:

14:42 And they shall take other stones, and put them in the place of those stones; and he shall take other morter, and shall plaister the house.

14:43 And if the plague come again, and break out in the house, after that he hath taken away the stones, and after he hath scraped the house, and after it is plaistered;

14:44 Then the priest shall come and look, and, behold, if the plague be spread in the house, it is a fretting leprosy in the house; it is unclean.

14:45 And he shall break down the house, the stones of it, and the timber thereof, and all the morter of the house; and he shall carry them forth out of the city into an unclean place.

14:46 Moreover he that goeth into the house all the while that it is shut up shall be unclean until the even.

14:47 And he that lieth in the house shall wash his clothes; and he that eateth in the house shall wash his clothes.

14:48 And if the priest shall come in, and look upon it, and, behold, the plague hath not spread in the house, after the house was plaistered: then the priest shall pronounce the house clean, because the plague is healed.

14:49 And he shall take to cleanse the house two birds, and cedar wood, and scarlet, and hyssop:

14:50 And he shall kill the one of the birds in an earthen vessel over running water:

14:51 et il prendra le bois de cèdre, et l'hysope, et l'écarlate, et l'oiseau vivant, et les trempera dans le sang de l'oiseau égorgé, et dans l'eau vive ; et il fera aspersion sur la maison, sept fois ;

14:52 et il purifiera* la maison avec le sang de l'oiseau et avec l'eau vive, et avec l'oiseau vivant, et avec le bois de cèdre, et avec l'hysope, et avec l'écarlate ;

14:53 et il lâchera l'oiseau vivant hors de la ville, dans les champs. Et il fera propitiation pour la maison, et elle sera pure.

14:54 Telle est la loi touchant toute plaie de lèpre, et la teigne,

14:55 et touchant la lèpre des vêtements et des maisons,

14:56 et les tumeurs, et les dartres, et les taches blanchâtres,

14:57 pour enseigner en quel temps il y a impureté et en quel temps il y a pureté : telle est la loi de la lèpre.

15:1 Et l'Éternel parla à Moïse et à Aaron, disant :

15:2 Parlez aux fils d'Israël, et dites-leur : Tout homme qui a un flux [découlant] de sa chair, — son flux le rend impur.

15:3 Et ceci sera son impureté, dans son flux : soit que sa chair laisse couler son flux, ou que sa chair retienne son flux, c'est son impureté.

15:4 Tout lit sur lequel aura couché celui qui est atteint d'un flux sera impur ; et tout objet sur lequel il se sera assis sera impur.

15:5 Et l'homme qui aura touché son lit lavera ses vêtements, et se lavera dans l'eau ; et il sera impur jusqu'au soir.

15:6 Et celui qui s'assiéra sur un objet sur lequel celui qui a le flux se sera assis, lavera ses vêtements, et se lavera dans l'eau ; et il sera impur jusqu'au soir.

14:51 And he shall take the cedar wood, and the hyssop, and the scarlet, and the living bird, and dip them in the blood of the slain bird, and in the running water, and sprinkle the house seven times:

14:52 And he shall cleanse the house with the blood of the bird, and with the running water, and with the living bird, and with the cedar wood, and with the hyssop, and with the scarlet:

14:53 But he shall let go the living bird out of the city into the open fields, and make an atonement for the house: and it shall be clean.

14:54 This is the law for all manner of plague of leprosy, and scall,

14:55 And for the leprosy of a garment, and of a house,

14:56 And for a rising, and for a scab, and for a bright spot:

14:57 To teach when it is unclean, and when it is clean: this is the law of leprosy.

15:1 And the LORD spake unto Moses and to Aaron, saying,

15:2 Speak unto the children of Israel, and say unto them, When any man hath a running issue out of his flesh, because of his issue he is unclean.

15:3 And this shall be his uncleanness in his issue: whether his flesh run with his issue, or his flesh be stopped from his issue, it is his uncleanness.

15:4 Every bed, whereon he lieth that hath the issue, is unclean: and every thing, whereon he sitteth, shall be unclean.

15:5 And whosoever toucheth his bed shall wash his clothes, and bathe himself in water, and be unclean until the even.

15:6 And he that sitteth on any thing whereon he sat that hath the issue shall wash his clothes, and bathe himself in water, and be unclean until the even.

15:7 Et celui qui touchera la chair de celui qui a le flux, lavera ses vêtements, et se lavera dans l'eau ; et il sera impur jusqu'au soir.

15:8 Et si celui qui a le flux crache sur un [homme] qui est pur, celui-ci lavera ses vêtements, et se lavera dans l'eau ; et il sera impur jusqu'au soir.

15:9 Tout char sur lequel sera monté celui qui a le flux sera impur.

15:10 Et quiconque touchera quelque chose qui aura été sous lui, sera impur jusqu'au soir ; et celui qui portera une de ces choses lavera ses vêtements, et se lavera dans l'eau ; et il sera impur jusqu'au soir.

15:11 Et quiconque aura été touché par celui qui a le flux et qui n'aura pas lavé ses mains dans l'eau, lavera ses vêtements, et se lavera dans l'eau ; et il sera impur jusqu'au soir.

15:12 Et les vases* de terre que celui qui a le flux aura touchés seront cassés ; et tout vase de bois sera lavé dans l'eau.

15:13 Et lorsque celui qui a le flux sera purifié de son flux, il comptera sept jours pour sa purification ; puis il lavera ses vêtements, et il lavera sa chair dans l'eau vive ; et il sera pur.

15:14 Et le huitième jour, il prendra deux tourterelles, ou deux jeunes pigeons, et il viendra devant l'Éternel, à l'entrée de la tente d'assignation, et les donnera au sacrificateur ;

15:15 et le sacrificateur les offrira, l'un en sacrifice pour le péché, et l'autre en holocauste ; et le sacrificateur fera propitiation pour lui devant l'Éternel, à cause de son flux.

15:7 And he that toucheth the flesh of him that hath the issue shall wash his clothes, and bathe himself in water, and be unclean until the even.

15:8 And if he that hath the issue spit upon him that is clean; then he shall wash his clothes, and bathe himself in water, and be unclean until the even.

15:9 And what saddle soever he rideth upon that hath the issue shall be unclean.

15:10 And whosoever toucheth any thing that was under him shall be unclean until the even: and he that beareth any of those things shall wash his clothes, and bathe himself in water, and be unclean until the even.

15:11 And whomsoever he toucheth that hath the issue, and hath not rinsed his hands in water, he shall wash his clothes, and bathe himself in water, and be unclean until the even.

15:12 And the vessel of earth, that he toucheth which hath the issue, shall be broken: and every vessel of wood shall be rinsed in water.

15:13 And when he that hath an issue is cleansed of his issue; then he shall number to himself seven days for his cleansing, and wash his clothes, and bathe his flesh in running water, and shall be clean.

15:14 And on the eighth day he shall take to him two turtledoves, or two young pigeons, and come before the LORD unto the door of the tabernacle of the congregation, and give them unto the priest:

15:15 And the priest shall offer them, the one for a sin offering, and the other for a burnt offering; and the priest shall make an atonement for him before the LORD for his issue.

15:16 Et lorsque la semence sort d'un homme, il lavera dans l'eau toute sa chair ; et il sera impur jusqu'au soir.

15:17 Et tout vêtement ou toute peau sur lesquels il y aura de la semence, sera lavé dans l'eau, et sera impur jusqu'au soir.

15:18 Et une femme avec laquelle un homme aura couché ayant commerce avec elle ; … ils se laveront dans l'eau, et seront impurs jusqu'au soir.

15:19 Et si une femme a un flux, et que son flux en sa chair soit du sang, elle sera dans sa séparation* sept jours, et quiconque la touchera sera impur jusqu'au soir.

15:20 Et toute chose sur laquelle elle aura couché durant sa séparation* sera impure ; et toute chose sur laquelle elle aura été assise sera impure ;

15:21 et quiconque touchera son lit lavera ses vêtements, et se lavera dans l'eau ; et il sera impur jusqu'au soir.

15:22 Et quiconque touchera un objet, quel qu'il soit, sur lequel elle se sera assise, lavera ses vêtements, et se lavera dans l'eau ; et il sera impur jusqu'au soir.

15:23 Et s'il y a quelque chose sur le lit, ou sur l'objet, quel qu'il soit, sur lequel elle se sera assise, quiconque l'aura touché sera impur jusqu'au soir.

15:24 Et si un homme a couché avec elle, et que son impureté* soit sur lui, il sera impur sept jours ; et tout lit sur lequel il se couchera sera impur.

15:25 Et lorsqu'une femme a un flux de sang qui coule plusieurs jours hors le temps de sa séparation*, ou lorsqu'elle a le flux au delà du temps de sa séparation, tous les jours du flux de son impureté elle est impure, comme aux jours de sa séparation.

15:16 And if any man's seed of copulation go out from him, then he shall wash all his flesh in water, and be unclean until the even.

15:17 And every garment, and every skin, whereon is the seed of copulation, shall be washed with water, and be unclean until the even.

15:18 The woman also with whom man shall lie with seed of copulation, they shall both bathe themselves in water, and be unclean until the even.

15:19 And if a woman have an issue, and her issue in her flesh be blood, she shall be put apart seven days: and whosoever toucheth her shall be unclean until the even.

15:20 And every thing that she lieth upon in her separation shall be unclean: every thing also that she sitteth upon shall be unclean.

15:21 And whosoever toucheth her bed shall wash his clothes, and bathe himself in water, and be unclean until the even.

15:22 And whosoever toucheth any thing that she sat upon shall wash his clothes, and bathe himself in water, and be unclean until the even.

15:23 And if it be on her bed, or on any thing whereon she sitteth, when he toucheth it, he shall be unclean until the even.

15:24 And if any man lie with her at all, and her flowers be upon him, he shall be unclean seven days; and all the bed whereon he lieth shall be unclean.

15:25 And if a woman have an issue of her blood many days out of the time of her separation, or if it run beyond the time of her separation; all the days of the issue of her uncleanness shall be as the days of her separation: she shall be unclean.

15:26 Tout lit sur lequel elle couchera tous les jours de son flux sera pour elle comme le lit de sa séparation* ; et tout objet sur lequel elle se sera assise sera impur, selon l'impureté de sa séparation*.

15:27 Et quiconque aura touché ces choses sera impur, et il lavera ses vêtements, et se lavera dans l'eau ; et il sera impur jusqu'au soir.

15:28 Et si elle est purifiée de son flux, elle comptera sept jours, et après, elle sera pure ;

15:29 et le huitième jour, elle prendra deux tourterelles ou deux jeunes pigeons, et les apportera au sacrificateur, à l'entrée de la tente d'assignation.

15:30 Et le sacrificateur offrira l'un en sacrifice pour le péché, et l'autre en holocauste ; et le sacrificateur fera propitiation pour elle devant l'Éternel, à cause du flux de son impureté.

15:31 Et vous séparerez les fils d'Israël de leurs impuretés, et ils ne mourront pas dans leurs impuretés, en souillant mon tabernacle qui est au milieu d'eux.

15:32 Telle est la loi pour celui qui a un flux ou pour celui duquel sort de la semence qui le rend impur,

15:33 et pour la femme qui souffre à cause de ses mois, pendant sa séparation, et pour toute personne qui a un flux, soit homme, soit femme, et pour celui qui couche avec une femme impure.

16:1 Et l'Éternel parla à Moïse, après la mort des deux fils d'Aaron, lorsque, s'étant approchés de l'Éternel, ils moururent ;

16:2 et l'Éternel dit à Moïse : Dis à Aaron, ton frère, qu'il n'entre pas en tout temps dans le lieu saint, au dedans du voile, devant le propitiatoire qui est sur l'arche, afin qu'il ne meure pas ; car j'apparais dans la nuée sur le propitiatoire.

15:26 Every bed whereon she lieth all the days of her issue shall be unto her as the bed of her separation: and whatsoever she sitteth upon shall be unclean, as the uncleanness of her separation.

15:27 And whosoever toucheth those things shall be unclean, and shall wash his clothes, and bathe himself in water, and be unclean until the even.

15:28 But if she be cleansed of her issue, then she shall number to herself seven days, and after that she shall be clean.

15:29 And on the eighth day she shall take unto her two turtles, or two young pigeons, and bring them unto the priest, to the door of the tabernacle of the congregation.

15:30 And the priest shall offer the one for a sin offering, and the other for a burnt offering; and the priest shall make an atonement for her before the LORD for the issue of her uncleanness.

15:31 Thus shall ye separate the children of Israel from their uncleanness; that they die not in their uncleanness, when they defile my tabernacle that is among them.

15:32 This is the law of him that hath an issue, and of him whose seed goeth from him, and is defiled therewith;

15:33 And of her that is sick of her flowers, and of him that hath an issue, of the man, and of the woman, and of him that lieth with her that is unclean.

16:1 And the LORD spake unto Moses after the death of the two sons of Aaron, when they offered before the LORD, and died;

16:2 And the LORD said unto Moses, Speak unto Aaron thy brother, that he come not at all times into the holy place within the vail before the mercy seat, which is upon the ark; that he die not: for I will appear in the cloud upon the mercy seat.

16:3 Aaron entrera de cette manière dans le lieu saint : avec un jeune taureau pour sacrifice pour le péché, et un bélier pour holocauste ;

16:4 il se revêtira d'une sainte tunique de lin, et des caleçons de lin seront sur sa chair, et il se ceindra d'une ceinture de lin, et il s'enveloppera la tête d'une tiare de lin : ce sont de saints vêtements ; et il lavera sa chair dans l'eau ; puis il s'en vêtira.

16:5 Et il prendra de l'assemblée des fils d'Israël deux boucs pour un sacrifice pour le péché, et un bélier pour un holocauste.

16:6 Et Aaron présentera le taureau du sacrifice pour le péché, qui est pour lui-même, et fera propitiation pour lui-même et pour sa maison.

16:7 Et il prendra les deux boucs, et les placera devant l'Éternel, à l'entrée de la tente d'assignation.

16:8 Et Aaron jettera le sort sur les deux boucs, un sort pour l'Éternel et un sort pour azazel*.

16:9 Et Aaron présentera le bouc sur lequel le sort sera tombé* pour l'Éternel, et en fera un sacrifice pour le péché.

16:10 Et le bouc sur lequel le sort sera tombé pour azazel, sera placé vivant devant l'Éternel, afin de faire propitiation sur lui, pour l'envoyer au désert pour être azazel.

16:11 Et Aaron présentera le taureau du sacrifice pour le péché, qui est pour lui-même, et fera propitiation pour lui-même et pour sa maison ; et il égorgera le taureau du sacrifice pour le péché, qui est pour lui-même ;

16:3 Thus shall Aaron come into the holy place: with a young bullock for a sin offering, and a ram for a burnt offering.

16:4 He shall put on the holy linen coat, and he shall have the linen breeches upon his flesh, and shall be girded with a linen girdle, and with the linen mitre shall he be attired: these are holy garments; therefore shall he wash his flesh in water, and so put them on.

16:5 And he shall take of the congregation of the children of Israel two kids of the goats for a sin offering, and one ram for a burnt offering.

16:6 And Aaron shall offer his bullock of the sin offering, which is for himself, and make an atonement for himself, and for his house.

16:7 And he shall take the two goats, and present them before the LORD at the door of the tabernacle of the congregation.

16:8 And Aaron shall cast lots upon the two goats; one lot for the LORD, and the other lot for the scapegoat.

16:9 And Aaron shall bring the goat upon which the LORD's lot fell, and offer him for a sin offering.

16:10 But the goat, on which the lot fell to be the scapegoat, shall be presented alive before the LORD, to make an atonement with him, and to let him go for a scapegoat into the wilderness.

16:11 And Aaron shall bring the bullock of the sin offering, which is for himself, and shall make an atonement for himself, and for his house, and shall kill the bullock of the sin offering which is for himself:

16:12 puis il prendra plein un encensoir de charbons de feu, de dessus l'autel [qui est] devant l'Éternel, et plein ses paumes d'encens de drogues odoriférantes pulvérisées, et il les apportera au dedans du voile ;

16:13 et il mettra l'encens sur le feu, devant l'Éternel, pour que la nuée de l'encens couvre le propitiatoire qui est sur le témoignage, afin qu'il ne meure pas.

16:14 Et il prendra du sang du taureau, et il en fera aspersion* avec son doigt sur le devant du propitiatoire, vers l'orient ; et il fera aspersion du sang avec son doigt, sept fois, devant le propitiatoire.

16:15 Et il égorgera le bouc du sacrifice pour le péché, qui est pour le peuple, et il apportera son sang au dedans du voile, et fera avec son sang, comme il a fait avec le sang du taureau : il en fera aspersion* sur le propitiatoire et devant le propitiatoire.

16:16 Et il fera propitiation pour le lieu saint, [le purifiant] des* impuretés des fils d'Israël et de* leurs transgressions, selon tous leurs péchés ; et il fera de même pour la tente d'assignation, qui demeure avec eux au milieu de leurs impuretés.

16:17 Et personne ne sera dans la tente d'assignation quand il y entrera pour faire propitiation dans le lieu saint, jusqu'à ce qu'il en sorte ; et il fera propitiation pour lui-même et pour sa maison, et pour toute la congrégation d'Israël.

16:18 Et il sortira vers l'autel qui est devant l'Éternel, et fera propitiation pour lui ; et il prendra du sang du taureau et du sang du bouc, et le mettra sur les cornes de l'autel, tout autour ;

16:12 And he shall take a censer full of burning coals of fire from off the altar before the LORD, and his hands full of sweet incense beaten small, and bring it within the vail:

16:13 And he shall put the incense upon the fire before the LORD, that the cloud of the incense may cover the mercy seat that is upon the testimony, that he die not:

16:14 And he shall take of the blood of the bullock, and sprinkle it with his finger upon the mercy seat eastward; and before the mercy seat shall he sprinkle of the blood with his finger seven times.

16:15 Then shall he kill the goat of the sin offering, that is for the people, and bring his blood within the vail, and do with that blood as he did with the blood of the bullock, and sprinkle it upon the mercy seat, and before the mercy seat:

16:16 And he shall make an atonement for the holy place, because of the uncleanness of the children of Israel, and because of their transgressions in all their sins: and so shall he do for the tabernacle of the congregation, that remaineth among them in the midst of their uncleanness.

16:17 And there shall be no man in the tabernacle of the congregation when he goeth in to make an atonement in the holy place, until he come out, and have made an atonement for himself, and for his household, and for all the congregation of Israel.

16:18 And he shall go out unto the altar that is before the LORD, and make an atonement for it; and shall take of the blood of the bullock, and of the blood of the goat, and put it upon the horns of the altar round about.

16:19 et il fera sur lui aspersion* du sang avec son doigt, sept fois, et il le purifiera, et le sanctifiera des** impuretés des fils d'Israël.

16:19 And he shall sprinkle of the blood upon it with his finger seven times, and cleanse it, and hallow it from the uncleanness of the children of Israel.

16:20 Et quand il aura achevé de faire propitiation pour le lieu saint, et pour la tente d'assignation, et pour l'autel, il présentera le bouc vivant.

16:20 And when he hath made an end of reconciling the holy place, and the tabernacle of the congregation, and the altar, he shall bring the live goat:

16:21 Et Aaron posera ses deux mains sur la tête du bouc vivant, et confessera sur lui toutes les iniquités des fils d'Israël et toutes leurs transgressions, selon tous leurs péchés ; il les mettra sur la tête du bouc, et l'enverra au désert par un homme qui se tiendra prêt [pour cela] ;

16:21 And Aaron shall lay both his hands upon the head of the live goat, and confess over him all the iniquities of the children of Israel, and all their transgressions in all their sins, putting them upon the head of the goat, and shall send him away by the hand of a fit man into the wilderness:

16:22 et le bouc portera sur lui toutes leurs iniquités dans une terre inhabitée ; et l'homme* laissera aller le bouc dans le désert.

16:22 And the goat shall bear upon him all their iniquities unto a land not inhabited: and he shall let go the goat in the wilderness.

16:23 Et Aaron rentrera à la tente d'assignation, et quittera les vêtements de lin dont il s'était vêtu quand il était entré dans le lieu saint, et les déposera là ;

16:23 And Aaron shall come into the tabernacle of the congregation, and shall put off the linen garments, which he put on when he went into the holy place, and shall leave them there:

16:24 et il lavera sa chair dans l'eau dans un lieu saint, et se revêtira de ses vêtements ; et il sortira, et il offrira son holocauste et l'holocauste du peuple, et fera propitiation pour lui-même et pour le peuple.

16:24 And he shall wash his flesh with water in the holy place, and put on his garments, and come forth, and offer his burnt offering, and the burnt offering of the people, and make an atonement for himself, and for the people.

16:25 Et il fera fumer sur l'autel la graisse du sacrifice pour le péché.

16:25 And the fat of the sin offering shall he burn upon the altar.

16:26 Et celui qui aura conduit le bouc pour être azazel, lavera ses vêtements, et lavera sa chair dans l'eau ; et après cela il rentrera dans le camp.

16:26 And he that let go the goat for the scapegoat shall wash his clothes, and bathe his flesh in water, and afterward come into the camp.

16:27 Et on transportera hors du camp le taureau du sacrifice pour le péché et le bouc du sacrifice pour le péché, desquels le sang aura été porté dans le lieu saint pour faire propitiation, et on brûlera au feu leur peau, et leur chair, et leur fiente.

16:27 And the bullock for the sin offering, and the goat for the sin offering, whose blood was brought in to make atonement in the holy place, shall one carry forth without the camp; and they shall burn in the fire their skins, and their flesh, and their dung.

16:28 Et celui qui les aura brûlées lavera ses vêtements, et lavera sa chair dans l'eau ; et après cela il rentrera dans le camp.

16:29 Et ceci sera pour vous un statut perpétuel : au septième mois, le dixième [jour] du mois, vous affligerez vos âmes, et vous ne ferez aucune œuvre, tant l'Israélite de naissance* que l'étranger qui séjourne au milieu de vous ;

16:30 car, en ce jour-là, il sera fait propitiation pour vous, afin de vous purifier : [et] vous serez purs de tous vos péchés devant l'Éternel.

16:31 Ce sera pour vous un sabbat de repos, et vous affligerez vos âmes ; [c'est] un statut perpétuel.

16:32 Et le sacrificateur qui aura été oint et qui aura été consacré pour exercer la sacrificature à la place de son père, fera propitiation ; et il revêtira les vêtements de lin, les saints vêtements ;

16:33 et il fera propitiation pour le saint sanctuaire, et il fera propitiation pour la tente d'assignation et pour l'autel, et il fera propitiation pour les sacrificateurs et pour tout le peuple de la congrégation.

16:34 Et ceci sera pour vous un statut perpétuel, afin de faire propitiation pour les fils d'Israël [pour les purifier] de* tous leurs péchés, une fois l'an. Et on fit comme l'Éternel avait commandé à Moïse.

17:1 Et l'Éternel parla à Moïse, disant :

17:2 Parle à Aaron et à ses fils, et à tous les fils d'Israël, et dis-leur : C'est ici ce que l'Éternel a commandé, disant :

17:3 Quiconque de la maison d'Israël aura égorgé un bœuf ou un mouton on une chèvre, dans le camp, ou qui l'aura égorgé hors du camp,

16:28 And he that burneth them shall wash his clothes, and bathe his flesh in water, and afterward he shall come into the camp.

16:29 And this shall be a statute for ever unto you: that in the seventh month, on the tenth day of the month, ye shall afflict your souls, and do no work at all, whether it be one of your own country, or a stranger that sojourneth among you:

16:30 For on that day shall the priest make an atonement for you, to cleanse you, that ye may be clean from all your sins before the LORD.

16:31 It shall be a sabbath of rest unto you, and ye shall afflict your souls, by a statute for ever.

16:32 And the priest, whom he shall anoint, and whom he shall consecrate to minister in the priest's office in his father's stead, shall make the atonement, and shall put on the linen clothes, even the holy garments:

16:33 And he shall make an atonement for the holy sanctuary, and he shall make an atonement for the tabernacle of the congregation, and for the altar, and he shall make an atonement for the priests, and for all the people of the congregation.

16:34 And this shall be an everlasting statute unto you, to make an atonement for the children of Israel for all their sins once a year. And he did as the LORD commanded Moses.

17:1 And the LORD spake unto Moses, saying,

17:2 Speak unto Aaron, and unto his sons, and unto all the children of Israel, and say unto them; This is the thing which the LORD hath commanded, saying,

17:3 What man soever there be of the house of Israel, that killeth an ox, or lamb, or goat, in the camp, or that killeth it out of the camp,

17:4 et ne l'aura pas amené à l'entrée de la tente d'assignation pour le présenter comme offrande* à l'Éternel devant le tabernacle de l'Éternel, le sang sera imputé à cet homme-là : il a versé du sang ; cet homme-là sera retranché du milieu de son peuple ;

17:4 And bringeth it not unto the door of the tabernacle of the congregation, to offer an offering unto the LORD before the tabernacle of the LORD; blood shall be imputed unto that man; he hath shed blood; and that man shall be cut off from among his people:

17:5 — afin que les fils d'Israël amènent leurs sacrifices qu'ils sacrifient dans les champs, qu'ils les amènent à l'Éternel, à l'entrée de la tente d'assignation, vers le sacrificateur, et qu'ils les sacrifient en sacrifices de prospérités à l'Éternel.

17:5 To the end that the children of Israel may bring their sacrifices, which they offer in the open field, even that they may bring them unto the LORD, unto the door of the tabernacle of the congregation, unto the priest, and offer them for peace offerings unto the LORD.

17:6 Et le sacrificateur fera aspersion du sang sur l'autel de l'Éternel, à l'entrée de la tente d'assignation, et en fera fumer la graisse en odeur agréable à l'Éternel ;

17:6 And the priest shall sprinkle the blood upon the altar of the LORD at the door of the tabernacle of the congregation, and burn the fat for a sweet savour unto the LORD.

17:7 et ils ne sacrifieront plus leurs sacrifices aux démons* après lesquels ils se prostituent. Ceci sera pour eux un statut perpétuel, en leurs générations.

17:7 And they shall no more offer their sacrifices unto devils, after whom they have gone a whoring. This shall be a statute for ever unto them throughout their generations.

17:8 Et tu leur diras : Quiconque de la maison d'Israël, ou des étrangers qui séjournent au milieu d'eux, offrira* un holocauste ou un sacrifice,

17:8 And thou shalt say unto them, Whatsoever man there be of the house of Israel, or of the strangers which sojourn among you, that offereth a burnt offering or sacrifice,

17:9 et ne l'amènera pas à l'entrée de la tente d'assignation pour le sacrifier* à l'Éternel, cet homme-là sera retranché de ses peuples.

17:9 And bringeth it not unto the door of the tabernacle of the congregation, to offer it unto the LORD; even that man shall be cut off from among his people.

17:10 Et quiconque de la maison d'Israël ou des étrangers qui séjournent au milieu d'eux, aura mangé de quelque sang que ce soit, je mettrai ma face contre celui* qui aura mangé du sang, et je le retrancherai du milieu de son peuple ;

17:10 And whatsoever man there be of the house of Israel, or of the strangers that sojourn among you, that eateth any manner of blood; I will even set my face against that soul that eateth blood, and will cut him off from among his people.

17:11 car l'âme* de la chair est dans le sang ; et moi je vous l'ai donné sur l'autel, pour faire propitiation pour vos âmes ; car c'est le sang qui fait propitiation pour** l'âme.

17:11 For the life of the flesh is in the blood: and I have given it to you upon the altar to make an atonement for your souls: for it is the blood that maketh an atonement for the soul.

17:12 C'est pourquoi j'ai dit aux fils d'Israël : Personne* d'entre vous ne mangera du sang, et l'étranger qui séjourne au milieu de vous ne mangera pas de sang.

17:13 Et quiconque des fils d'Israël et des étrangers qui séjournent au milieu d'eux prendra, à la chasse, une bête ou un oiseau qui se mange, en versera le sang et le recouvrira de poussière ;

17:14 car, quant à la vie de toute chair, son sang est sa vie en elle ; et j'ai dit aux fils d'Israël : Vous ne mangerez le sang d'aucune chair ; car l'âme de toute chair est son sang ; quiconque en mangera sera retranché.

17:15 Et toute personne, tant l'Israélite de naissance* que l'étranger, qui mangera du corps d'une bête morte [d'elle-même] ou déchirée, lavera ses vêtements et se lavera dans l'eau, et sera impure jusqu'au soir : alors elle sera pure.

17:16 Et si elle ne lave pas [ses vêtements] et ne lave pas sa chair, elle portera son iniquité.

18:1 Et l'Éternel parla à Moïse, disant :

18:2 Parle aux fils d'Israël, et dis-leur : Moi, je suis l'Éternel, votre Dieu.

18:3 Vous ne ferez pas ce qui se fait dans le pays d'Égypte où vous avez habité, et vous ne ferez pas ce qui se fait dans le pays de Canaan où je vous fais entrer, et vous ne marcherez pas selon leurs coutumes.

18:4 Vous pratiquerez mes ordonnances*, et vous garderez mes statuts pour y marcher. Moi, je suis l'Éternel, votre Dieu.

18:5 Et vous garderez mes statuts et mes ordonnances, par lesquels, s'il les pratique, un homme vivra. Moi, je suis l'Éternel.

18:6 Nul homme ne s'approchera de sa proche parente, pour découvrir sa nudité. Moi, je suis l'Éternel.

17:12 Therefore I said unto the children of Israel, No soul of you shall eat blood, neither shall any stranger that sojourneth among you eat blood.

17:13 And whatsoever man there be of the children of Israel, or of the strangers that sojourn among you, which hunteth and catcheth any beast or fowl that may be eaten; he shall even pour out the blood thereof, and cover it with dust.

17:14 For it is the life of all flesh; the blood of it is for the life thereof: therefore I said unto the children of Israel, Ye shall eat the blood of no manner of flesh: for the life of all flesh is the blood thereof: whosoever eateth it shall be cut off.

17:15 And every soul that eateth that which died of itself, or that which was torn with beasts, whether it be one of your own country, or a stranger, he shall both wash his clothes, and bathe himself in water, and be unclean until the even: then shall he be clean.

17:16 But if he wash them not, nor bathe his flesh; then he shall bear his iniquity.

18:1 And the LORD spake unto Moses, saying,

18:2 Speak unto the children of Israel, and say unto them, I am the LORD your God.

18:3 After the doings of the land of Egypt, wherein ye dwelt, shall ye not do: and after the doings of the land of Canaan, whither I bring you, shall ye not do: neither shall ye walk in their ordinances.

18:4 Ye shall do my judgments, and keep mine ordinances, to walk therein: I am the LORD your God.

18:5 Ye shall therefore keep my statutes, and my judgments: which if a man do, he shall live in them: I am the LORD.

18:6 None of you shall approach to any that is near of kin to him, to uncover their nakedness: I am the LORD.

18:7 Tu ne découvriras point la nudité de ton père, ni la nudité de ta mère : c'est ta mère ; tu ne découvriras point sa nudité.

18:7 The nakedness of thy father, or the nakedness of thy mother, shalt thou not uncover: she is thy mother; thou shalt not uncover her nakedness.

18:8 Tu ne découvriras point la nudité de la femme de ton père ; c'est la nudité de ton père.

18:8 The nakedness of thy father's wife shalt thou not uncover: it is thy father's nakedness.

18:9 La nudité de ta sœur, fille de ton père ou fille de ta mère, née dans la maison ou née au dehors, — sa nudité, tu ne la découvriras point.

18:9 The nakedness of thy sister, the daughter of thy father, or daughter of thy mother, whether she be born at home, or born abroad, even their nakedness thou shalt not uncover.

18:10 La nudité de la fille de ton fils ou de la fille de ta fille, — sa nudité, tu ne la découvriras point ; car c'est ta nudité.

18:10 The nakedness of thy son's daughter, or of thy daughter's daughter, even their nakedness thou shalt not uncover: for theirs is thine own nakedness.

18:11 La nudité de la fille de la femme de ton père, née de ton père, — c'est ta sœur : tu ne découvriras point sa nudité.

18:11 The nakedness of thy father's wife's daughter, begotten of thy father, she is thy sister, thou shalt not uncover her nakedness.

18:12 Tu ne découvriras point la nudité de la sœur de ton père ; elle est propre chair de ton père.

18:12 Thou shalt not uncover the nakedness of thy father's sister: she is thy father's near kinswoman.

18:13 Tu ne découvriras point la nudité de la sœur de ta mère ; car elle est propre chair de ta mère.

18:13 Thou shalt not uncover the nakedness of thy mother's sister: for she is thy mother's near kinswoman.

18:14 Tu ne découvriras point la nudité du frère de ton père ; tu ne t'approcheras point de sa femme : elle est ta tante.

18:14 Thou shalt not uncover the nakedness of thy father's brother, thou shalt not approach to his wife: she is thine aunt.

18:15 Tu ne découvriras point la nudité de ta belle-fille : elle est la femme de ton fils ; tu ne découvriras point sa nudité.

18:15 Thou shalt not uncover the nakedness of thy daughter in law: she is thy son's wife; thou shalt not uncover her nakedness.

18:16 Tu ne découvriras point la nudité de la femme de ton frère ; c'est la nudité de ton frère.

18:16 Thou shalt not uncover the nakedness of thy brother's wife: it is thy brother's nakedness.

18:17 Tu ne découvriras point la nudité d'une femme et de sa fille ; tu ne prendras point la fille de son fils, ni la fille de sa fille, pour découvrir sa nudité ; elles sont sa propre chair : c'est un crime.

18:17 Thou shalt not uncover the nakedness of a woman and her daughter, neither shalt thou take her son's daughter, or her daughter's daughter, to uncover her nakedness; for they are her near kinswomen: it is wickedness.

18:18 Et tu ne prendras point une femme auprès de sa sœur pour l'affliger en découvrant sa nudité à côté d'elle, de son vivant.

18:19 Et tu ne t'approcheras point d'une femme durant la séparation de son impureté, pour découvrir sa nudité.

18:20 Et tu n'auras point commerce avec la femme de ton prochain, pour te rendre impur avec elle.

18:21 Et tu ne donneras point de tes enfants* pour les faire passer [par le feu] à Moloc**, et tu ne profaneras point le nom de ton Dieu. Moi, je suis l'Éternel.

18:22 Tu ne coucheras point avec un mâle, comme on couche avec une femme : c'est une abomination.

18:23 Tu ne coucheras point avec une bête pour te rendre impur avec elle ; et une femme ne se tiendra pas devant une bête, pour se prostituer à elle : c'est une confusion.

18:24 Vous ne vous rendrez point impurs par aucune de ces choses, car c'est par toutes ces choses que les nations que je chasse devant vous se sont rendues impures ;

18:25 et le pays s'est rendu impur ; et je punis sur lui son iniquité, et le pays vomit ses habitants.

18:26 Mais vous, vous garderez mes statuts et mes ordonnances, et vous ne ferez aucune de toutes ces abominations, ni l'Israélite de naissance*, ni l'étranger qui séjourne au milieu de vous ;

18:27 car les hommes du pays, qui y ont été avant vous, ont pratiqué toutes ces abominations, et le pays en a été rendu impur ;

18:28 afin que le pays ne vous vomisse pas, quand vous l'aurez rendu impur, comme il a vomi la nation qui y a été avant vous.

18:18 Neither shalt thou take a wife to her sister, to vex her, to uncover her nakedness, beside the other in her life time.

18:19 Also thou shalt not approach unto a woman to uncover her nakedness, as long as she is put apart for her uncleanness.

18:20 Moreover thou shalt not lie carnally with thy neighbour's wife, to defile thyself with her.

18:21 And thou shalt not let any of thy seed pass through the fire to Molech, neither shalt thou profane the name of thy God: I am the LORD.

18:22 Thou shalt not lie with mankind, as with womankind: it is abomination.

18:23 Neither shalt thou lie with any beast to defile thyself therewith: neither shall any woman stand before a beast to lie down thereto: it is confusion.

18:24 Defile not ye yourselves in any of these things: for in all these the nations are defiled which I cast out before you:

18:25 And the land is defiled: therefore I do visit the iniquity thereof upon it, and the land itself vomiteth out her inhabitants.

18:26 Ye shall therefore keep my statutes and my judgments, and shall not commit any of these abominations; neither any of your own nation, nor any stranger that sojourneth among you:

18:27 (For all these abominations have the men of the land done, which were before you, and the land is defiled;)

18:28 That the land spue not you out also, when ye defile it, as it spued out the nations that were before you.

18:29 Car quiconque fera aucune de toutes ces abominations, ... les âmes qui les pratiqueront, seront retranchées du milieu de leur peuple.

18:30 Et vous garderez ce que j'ai ordonné de garder, en sorte que vous ne pratiquiez pas les coutumes abominables qui se sont pratiquées avant vous ; et vous ne vous rendrez point impurs par elles. Moi, je suis l'Éternel, votre Dieu. l'indigène.

19:1 Et l'Éternel parla à Moïse, disant :

19:2 Parle à toute l'assemblée des fils d'Israël, et dis-leur : Vous serez saints, car moi, l'Éternel votre Dieu, je suis saint.

19:3 Vous craindrez chacun sa mère et son père ; et vous garderez mes sabbats. Moi, je suis l'Éternel, votre Dieu.

19:4 Vous ne vous tournerez point vers les idoles, et vous ne vous ferez point de dieux de fonte. Moi, je suis l'Éternel, votre Dieu.

19:5 Et si vous sacrifiez un sacrifice de prospérités à l'Éternel, vous le sacrifierez pour être agréés.

19:6 Il sera mangé le jour où vous l'aurez sacrifié, et le lendemain ; et ce qui restera le troisième jour, sera brûlé au feu.

19:7 Et si on en mange aucunement le troisième jour, ce sera une chose impure ; il ne sera point agréé.

19:8 Et celui qui en mangera portera son iniquité, car il a profané ce qui est consacré* à l'Éternel ; et cette âme-là sera retranchée de ses peuples.

19:9 Et quand vous ferez la moisson de votre terre, tu n'achèveras pas de moissonner les coins de ton champ et tu ne glaneras pas la glanure de ta moisson.

18:29 For whosoever shall commit any of these abominations, even the souls that commit them shall be cut off from among their people.

18:30 Therefore shall ye keep mine ordinance, that ye commit not any one of these abominable customs, which were committed before you, and that ye defile not yourselves therein: I am the LORD your God.

19:1 And the LORD spake unto Moses, saying,

19:2 Speak unto all the congregation of the children of Israel, and say unto them, Ye shall be holy: for I the LORD your God am holy.

19:3 Ye shall fear every man his mother, and his father, and keep my sabbaths: I am the LORD your God.

19:4 Turn ye not unto idols, nor make to yourselves molten gods: I am the LORD your God.

19:5 And if ye offer a sacrifice of peace offerings unto the LORD, ye shall offer it at your own will.

19:6 It shall be eaten the same day ye offer it, and on the morrow: and if ought remain until the third day, it shall be burnt in the fire.

19:7 And if it be eaten at all on the third day, it is abominable; it shall not be accepted.

19:8 Therefore every one that eateth it shall bear his iniquity, because he hath profaned the hallowed thing of the LORD: and that soul shall be cut off from among his people.

19:9 And when ye reap the harvest of your land, thou shalt not wholly reap the corners of thy field, neither shalt thou gather the gleanings of thy harvest.

19:10 Et tu ne grappilleras pas ta vigne, ni ne recueilleras les grains tombés de ta vigne ; tu les laisseras pour le pauvre et pour l'étranger. Moi, je suis l'Éternel, votre Dieu.

19:11 Vous ne volerez pas, et vous ne vous tromperez pas [l'un l'autre], et vous ne vous mentirez pas l'un à l'autre.

19:12 Et vous ne jurerez pas par mon nom, en mentant ; et tu ne profaneras pas le nom de ton Dieu. Moi, je suis l'Éternel.

19:13 Tu n'opprimeras pas ton prochain, et tu ne le pilleras pas. Le salaire de ton homme à gages ne passera pas la nuit chez toi jusqu'au matin.

19:14 Tu ne maudiras pas le sourd, et tu ne mettras pas d'achoppement devant l'aveugle, mais tu craindras ton Dieu. Moi, je suis l'Éternel.

19:15 Vous ne ferez pas d'injustice dans le jugement : tu n'auras pas égard à la personne du pauvre, et tu n'honoreras pas la personne du riche ; tu jugeras ton prochain avec justice.

19:16 Tu n'iras point çà et là médisant parmi ton peuple. Tu ne t'élèveras pas contre la vie* de ton prochain. Moi, je suis l'Éternel.

19:17 Tu ne haïras point ton frère dans ton cœur. Tu ne manqueras pas à reprendre ton prochain, et tu ne porteras pas de péché à cause de lui*.

19:18 Tu ne te vengeras pas, et tu ne garderas pas rancune aux fils de ton peuple ; mais tu aimeras ton prochain comme toi-même. Moi, je suis l'Éternel.

19:19 Vous garderez mes statuts. Tu n'accoupleras pas, parmi ton bétail, deux espèces différentes. Tu ne sèmeras pas ton champ de deux espèces [de semence] ; et tu ne mettras pas sur toi un vêtement d'un tissu mélangé de deux espèces de fil.

19:10 And thou shalt not glean thy vineyard, neither shalt thou gather every grape of thy vineyard; thou shalt leave them for the poor and stranger: I am the LORD your God.

19:11 Ye shall not steal, neither deal falsely, neither lie one to another.

19:12 And ye shall not swear by my name falsely, neither shalt thou profane the name of thy God: I am the LORD.

19:13 Thou shalt not defraud thy neighbour, neither rob him: the wages of him that is hired shall not abide with thee all night until the morning.

19:14 Thou shalt not curse the deaf, nor put a stumblingblock before the blind, but shalt fear thy God: I am the LORD.

19:15 Ye shall do no unrighteousness in judgment: thou shalt not respect the person of the poor, nor honor the person of the mighty: but in righteousness shalt thou judge thy neighbour.

19:16 Thou shalt not go up and down as a talebearer among thy people: neither shalt thou stand against the blood of thy neighbour; I am the LORD.

19:17 Thou shalt not hate thy brother in thine heart: thou shalt in any wise rebuke thy neighbour, and not suffer sin upon him.

19:18 Thou shalt not avenge, nor bear any grudge against the children of thy people, but thou shalt love thy neighbour as thyself: I am the LORD.

19:19 Ye shall keep my statutes. Thou shalt not let thy cattle gender with a diverse kind: thou shalt not sow thy field with mingled seed: neither shall a garment mingled of linen and woollen come upon thee.

19:20 Et si un homme couche et a commerce avec une femme, et qu'elle soit servante, fiancée à un homme, et qu'elle n'ait aucunement été rachetée ni mise en liberté, ils seront châtiés* ; on ne les mettra pas à mort, car elle n'avait pas été mise en liberté.

19:21 Et l'homme* amènera à l'Éternel, à l'entrée de la tente d'assignation, son sacrifice pour le délit, un bélier en sacrifice pour le délit.

19:22 Et le sacrificateur fera propitiation pour lui devant l'Éternel, avec le bélier du sacrifice pour le délit, à cause de son péché qu'il a commis ; et son péché qu'il a commis lui sera pardonné.

19:23 Et quand vous serez entrés dans le pays, et que vous y aurez planté toute sorte d'arbres dont on mange, vous en regarderez le fruit comme incirconcis ; il sera incirconcis pour vous pendant trois ans : on n'en mangera point.

19:24 Et la quatrième année tout leur fruit sera une chose sainte à la louange de l'Éternel.

19:25 Et la cinquième année vous mangerez leur fruit, afin qu'ils vous multiplient leur rapport. Moi, je suis l'Éternel, votre Dieu.

19:26 Vous ne mangerez rien avec le sang. — Vous ne pratiquerez ni enchantements, ni pronostics.

19:27 —Vous n'arrondirez point les coins de votre chevelure*, et vous ne gâterez pas les coins de votre barbe.

19:28 Et vous ne ferez point d'incisions dans votre chair pour un mort, et vous ne vous ferez pas de tatouages. Moi, je suis l'Éternel.

19:29 — Tu ne profaneras point ta fille, pour la faire se prostituer, afin que le pays ne se prostitue pas et que le pays ne se remplisse pas d'infamie.

19:20 And whosoever lieth carnally with a woman, that is a bondmaid, betrothed to an husband, and not at all redeemed, nor freedom given her; she shall be scourged; they shall not be put to death, because she was not free.

19:21 And he shall bring his trespass offering unto the LORD, unto the door of the tabernacle of the congregation, even a ram for a trespass offering.

19:22 And the priest shall make an atonement for him with the ram of the trespass offering before the LORD for his sin which he hath done: and the sin which he hath done shall be forgiven him.

19:23 And when ye shall come into the land, and shall have planted all manner of trees for food, then ye shall count the fruit thereof as uncircumcised: three years shall it be as uncircumcised unto you: it shall not be eaten of.

19:24 But in the fourth year all the fruit thereof shall be holy to praise the LORD withal.

19:25 And in the fifth year shall ye eat of the fruit thereof, that it may yield unto you the increase thereof: I am the LORD your God.

19:26 Ye shall not eat any thing with the blood: neither shall ye use enchantment, nor observe times.

19:27 Ye shall not round the corners of your heads, neither shalt thou mar the corners of thy beard.

19:28 Ye shall not make any cuttings in your flesh for the dead, nor print any marks upon you: I am the LORD.

19:29 Do not prostitute thy daughter, to cause her to be a whore; lest the land fall to whoredom, and the land become full of wickedness.

19:30 — Vous garderez mes sabbats, et vous révérerez mon sanctuaire. Moi, je suis l'Éternel.

19:31 — Ne vous tournez pas vers ceux qui évoquent les esprits, ni vers les diseurs de bonne aventure ; n'ayez pas recours à eux pour vous rendre impurs. Moi, je suis l'Éternel, votre Dieu.

19:32 Tu te lèveras devant les cheveux blancs, et tu honoreras la personne du vieillard, et tu craindras ton Dieu. Moi, je suis l'Éternel.

19:33 Si quelque étranger séjourne avec toi dans votre pays, vous ne l'opprimerez pas.

19:34 L'étranger qui séjourne parmi vous sera pour vous comme l'Israélite de naissance*, et tu l'aimeras comme toi-même ; car vous avez été étrangers dans le pays d'Égypte. Moi, je suis l'Éternel, votre Dieu.

19:35 Et vous ne ferez pas d'injustice dans le jugement, ni dans la mesure de longueur, ni dans le poids, ni dans la mesure de capacité.

19:36 Vous aurez des balances justes, des poids* justes, l'épha juste, et le hin juste. Moi, je suis l'Éternel, votre Dieu, qui vous ai fait sortir du pays d'Égypte.

19:37 Et vous garderez tous mes statuts et toutes mes ordonnances, et vous les ferez. Moi, je suis l'Éternel.

20:1 Et l'Éternel parla à Moïse, disant :

20:2 Tu diras aussi aux fils d'Israël : Quiconque d'entre les fils d'Israël, ou d'entre les étrangers qui séjournent en Israël, donnera de ses enfants* à Moloc, sera certainement mis à mort ; le peuple du pays le lapidera avec des pierres.

20:3 Et moi, je mettrai ma face contre cet homme-là, et je le retrancherai du milieu de son peuple, parce qu'il a donné de ses enfants* à Moloc, pour rendre impur mon sanctuaire et pour profaner mon saint nom.

19:30 Ye shall keep my sabbaths, and reverence my sanctuary: I am the LORD.

19:31 Regard not them that have familiar spirits, neither seek after wizards, to be defiled by them: I am the LORD your God.

19:32 Thou shalt rise up before the hoary head, and honour the face of the old man, and fear thy God: I am the LORD.

19:33 And if a stranger sojourn with thee in your land, ye shall not vex him.

19:34 But the stranger that dwelleth with you shall be unto you as one born among you, and thou shalt love him as thyself; for ye were strangers in the land of Egypt: I am the LORD your God.

19:35 Ye shall do no unrighteousness in judgment, in meteyard, in weight, or in measure.

19:36 Just balances, just weights, a just ephah, and a just hin, shall ye have: I am the LORD your God, which brought you out of the land of Egypt.

19:37 Therefore shall ye observe all my statutes, and all my judgments, and do them: I am the LORD.

20:1 And the LORD spake unto Moses, saying,

20:2 Again, thou shalt say to the children of Israel, Whosoever he be of the children of Israel, or of the strangers that sojourn in Israel, that giveth any of his seed unto Molech; he shall surely be put to death: the people of the land shall stone him with stones.

20:3 And I will set my face against that man, and will cut him off from among his people; because he hath given of his seed unto Molech, to defile my sanctuary, and to profane my holy name.

20:4 Et si le peuple du pays ferme les yeux, en quelque manière, sur cet homme, quand il donne de ses enfants* à Moloc, pour ne pas le faire mourir,

20:5 moi, je mettrai ma face contre cet homme et contre sa famille, et je le retrancherai du milieu de son peuple, lui et tous ceux qui se prostituent après lui, se prostituant après Moloc.

20:6 — Et l'âme qui se tournera vers ceux qui évoquent les esprits, et vers les diseurs de bonne aventure, se prostituant après eux, je mettrai ma face contre cette âme-là, et je la retrancherai du milieu de son peuple.

20:7 Et vous vous sanctifierez et vous serez saints, car moi, je suis l'Éternel, votre Dieu.

20:8 Et vous garderez mes statuts, et vous les ferez. Moi, je suis l'Éternel qui vous sanctifie.

20:9 Tout homme qui maudira son père et sa mère sera certainement mis à mort ; il a maudit son père et sa mère, son sang est sur lui.

20:10 Et un homme qui commet adultère avec la femme d'un autre, — qui commet adultère avec la femme de son prochain… : l'homme et la femme adultères seront certainement mis à mort.

20:11 Et l'homme qui couchera avec la femme de son père, découvre la nudité de son père ; ils seront certainement mis à mort, tous deux : leur sang est sur eux.

20:12 Et si un homme couche avec sa belle-fille, ils seront certainement mis à mort, tous deux ; ils ont fait une confusion : leur sang est sur eux.

20:13 Et si un homme couche avec un mâle, comme on couche avec une femme, ils ont fait tous deux une chose abominable ; ils seront certainement mis à mort : leur sang est sur eux.

20:4 And if the people of the land do any ways hide their eyes from the man, when he giveth of his seed unto Molech, and kill him not:

20:5 Then I will set my face against that man, and against his family, and will cut him off, and all that go a whoring after him, to commit whoredom with Molech, from among their people.

20:6 And the soul that turneth after such as have familiar spirits, and after wizards, to go a whoring after them, I will even set my face against that soul, and will cut him off from among his people.

20:7 Sanctify yourselves therefore, and be ye holy: for I am the LORD your God.

20:8 And ye shall keep my statutes, and do them: I am the LORD which sanctify you.

20:9 For every one that curseth his father or his mother shall be surely put to death: he hath cursed his father or his mother; his blood shall be upon him.

20:10 And the man that committeth adultery with another man's wife, even he that committeth adultery with his neighbour's wife, the adulterer and the adulteress shall surely be put to death.

20:11 And the man that lieth with his father's wife hath uncovered his father's nakedness: both of them shall surely be put to death; their blood shall be upon them.

20:12 And if a man lie with his daughter in law, both of them shall surely be put to death: they have wrought confusion; their blood shall be upon them.

20:13 If a man also lie with mankind, as he lieth with a woman, both of them have committed an abomination: they shall surely be put to death; their blood shall be upon them.

20:14 Et si un homme prend une femme et sa mère, c'est une infamie ; on les brûlera au feu, lui et elles, et il n'y aura point d'infamie au milieu de vous.

20:15 Et si un homme couche avec une bête, il sera certainement mis à mort ; et vous tuerez la bête.

20:16 Et si une femme s'approche d'une bête, quelle qu'elle soit, pour se prostituer à elle, tu tueras la femme et la bête ; elles seront certainement mises à mort : leur sang est sur elles.

20:17 Et si un homme prend sa sœur, fille de son père, ou fille de sa mère, et voit sa nudité, et qu'elle voie sa nudité à lui, c'est une honte : ils seront retranchés devant les yeux des fils de leur peuple ; il a découvert la nudité de sa sœur, il portera son iniquité.

20:18 Et si un homme couche avec une femme qui a son infirmité, et découvre sa nudité, il met à découvert son flux, et elle découvre le flux de son sang : ils seront tous deux retranchés du milieu de leur peuple.

20:19 Et tu ne découvriras point la nudité de la sœur de ta mère, ni de la sœur de ton père ; car celui qui fait cela met* à nu sa propre chair : ils porteront leur iniquité.

20:20 Et si un homme couche avec sa tante, il découvre la nudité de son oncle ; ils porteront leur péché : ils mourront sans enfants.

20:21 Et si un homme prend la femme de son frère, c'est une impureté ; il découvre la nudité de son frère : ils n'auront pas d'enfants.

20:22 Et vous garderez tous mes statuts et toutes mes ordonnances, et vous les ferez ; afin que le pays où je vous fais entrer pour y habiter ne vous vomisse pas.

20:14 And if a man take a wife and her mother, it is wickedness: they shall be burnt with fire, both he and they; that there be no wickedness among you.

20:15 And if a man lie with a beast, he shall surely be put to death: and ye shall slay the beast.

20:16 And if a woman approach unto any beast, and lie down thereto, thou shalt kill the woman, and the beast: they shall surely be put to death; their blood shall be upon them.

20:17 And if a man shall take his sister, his father's daughter, or his mother's daughter, and see her nakedness, and she see his nakedness; it is a wicked thing; and they shall be cut off in the sight of their people: he hath uncovered his sister's nakedness; he shall bear his iniquity.

20:18 And if a man shall lie with a woman having her sickness, and shall uncover her nakedness; he hath discovered her fountain, and she hath uncovered the fountain of her blood: and both of them shall be cut off from among their people.

20:19 And thou shalt not uncover the nakedness of thy mother's sister, nor of thy father's sister: for he uncovereth his near kin: they shall bear their iniquity.

20:20 And if a man shall lie with his uncle's wife, he hath uncovered his uncle's nakedness: they shall bear their sin; they shall die childless.

20:21 And if a man shall take his brother's wife, it is an unclean thing: he hath uncovered his brother's nakedness; they shall be childless.

20:22 Ye shall therefore keep all my statutes, and all my judgments, and do them: that the land, whither I bring you to dwell therein, spue you not out.

20:23 Et vous ne marcherez point dans les statuts de la nation que je chasse devant vous ; car ils ont fait toutes ces choses-là, et je les ai eus en abomination ;

20:24 et je vous ai dit : C'est vous qui posséderez leur terre, et je vous la donnerai pour la posséder, un pays ruisselant de lait et de miel. Moi, je suis l'Éternel, votre Dieu, qui vous ai séparés des peuples.

20:25 Et vous discernerez entre la bête pure et l'impure, et entre l'oiseau impur et le pur, et vous ne vous* rendrez point abominables par des bêtes, ou par des oiseaux, ou par tout ce qui rampe sur la terre, que j'ai séparé, le déclarant impur.

20:26 Et vous me serez saints, car je suis saint, moi, l'Éternel ; et je vous ai séparés des peuples, pour être à moi.

20:27 Et si un homme ou une femme sont évocateurs d'esprits, ou diseurs de bonne aventure, ils seront certainement mis à mort ; on les lapidera avec des pierres : leur sang sera sur eux.

21:1 Et l'Éternel dit à Moïse : Parle aux sacrificateurs, fils d'Aaron, et dis-leur : Que le sacrificateur* ne se rende pas impur parmi ses peuples pour un mort**,

21:2 excepté pour son proche parent, pour sa mère, et pour son père, et pour son fils, et pour sa fille, et pour son frère ;

21:3 et pour sa sœur vierge qui lui est proche, et qui n'aura pas été mariée, pour elle il se rendra impur.

21:4 Il ne se rendra pas impur comme chef parmi son peuple, pour se profaner.

21:5 Ils ne se feront point de place chauve sur leur tête, et ils ne raseront pas les coins de leur barbe ni ne se feront d'incisions dans leur chair.

20:23 And ye shall not walk in the manners of the nation, which I cast out before you: for they committed all these things, and therefore I abhorred them.

20:24 But I have said unto you, Ye shall inherit their land, and I will give it unto you to possess it, a land that floweth with milk and honey: I am the LORD your God, which have separated you from other people.

20:25 Ye shall therefore put difference between clean beasts and unclean, and between unclean fowls and clean: and ye shall not make your souls abominable by beast, or by fowl, or by any manner of living thing that creepeth on the ground, which I have separated from you as unclean.

20:26 And ye shall be holy unto me: for I the LORD am holy, and have severed you from other people, that ye should be mine.

20:27 A man also or woman that hath a familiar spirit, or that is a wizard, shall surely be put to death: they shall stone them with stones: their blood shall be upon them.

21:1 And the LORD said unto Moses, Speak unto the priests the sons of Aaron, and say unto them, There shall none be defiled for the dead among his people:

21:2 But for his kin, that is near unto him, that is, for his mother, and for his father, and for his son, and for his daughter, and for his brother.

21:3 And for his sister a virgin, that is nigh unto him, which hath had no husband; for her may he be defiled.

21:4 But he shall not defile himself, being a chief man among his people, to profane himself.

21:5 They shall not make baldness upon their head, neither shall they shave off the corner of their beard, nor make any cuttings in their flesh.

21:6 Ils seront saints, [consacrés] à leur Dieu, et ils ne profaneront pas le nom de leur Dieu, car ils présentent les sacrifices de l'Éternel faits par feu, le pain de leur Dieu ; et ils seront saints.

21:7 Ils ne prendront point pour femme une prostituée ou une femme déshonorée ; et ils ne prendront pas une femme répudiée par son mari, car le sacrificateur* est saint, [consacré] à son Dieu.

21:8 Et tu le tiendras pour saint, car il présente le pain de ton Dieu. Il te sera saint, car je suis saint, moi, l'Éternel qui vous sanctifie.

21:9 Et si la fille d'un sacrificateur se profane* en se prostituant, elle profane son père ; elle sera brûlée au feu.

21:10 Et le grand sacrificateur d'entre ses frères, sur la tête duquel l'huile de l'onction aura été versée et qui aura été consacré pour revêtir les [saints] vêtements, ne découvrira pas sa tête et ne déchirera pas ses vêtements.

21:11 Il n'ira vers aucune personne morte ; il ne se rendra impur ni pour son père, ni pour sa mère ;

21:12 et il ne sortira pas du sanctuaire, et ne profanera pas le sanctuaire de son Dieu ; car la consécration* de l'huile de l'onction de son Dieu est sur lui. Moi, je suis l'Éternel.

21:13 Et il prendra pour femme une vierge.

21:14 Une veuve, ou une répudiée, ou une femme déshonorée, une prostituée, il ne les prendra point ; mais il prendra pour femme une vierge d'entre ses peuples.

21:15 Et il ne profanera pas sa semence parmi ses peuples, car moi, je suis l'Éternel qui le sanctifie. ailleurs : nazaréat.

21:16 Et l'Éternel parla à Moïse, disant :

21:6 They shall be holy unto their God, and not profane the name of their God: for the offerings of the LORD made by fire, and the bread of their God, they do offer: therefore they shall be holy.

21:7 They shall not take a wife that is a whore, or profane; neither shall they take a woman put away from her husband: for he is holy unto his God.

21:8 Thou shalt sanctify him therefore; for he offereth the bread of thy God: he shall be holy unto thee: for I the LORD, which sanctify you, am holy.

21:9 And the daughter of any priest, if she profane herself by playing the whore, she profaneth her father: she shall be burnt with fire.

21:10 And he that is the high priest among his brethren, upon whose head the anointing oil was poured, and that is consecrated to put on the garments, shall not uncover his head, nor rend his clothes;

21:11 Neither shall he go in to any dead body, nor defile himself for his father, or for his mother;

21:12 Neither shall he go out of the sanctuary, nor profane the sanctuary of his God; for the crown of the anointing oil of his God is upon him: I am the LORD.

21:13 And he shall take a wife in her virginity.

21:14 A widow, or a divorced woman, or profane, or an harlot, these shall he not take: but he shall take a virgin of his own people to wife.

21:15 Neither shall he profane his seed among his people: for I the LORD do sanctify him.

21:16 And the LORD spake unto Moses, saying,

21:17 Parle à Aaron, en disant : Aucun homme de ta semence, en ses générations, qui a quelque défaut corporel, ne s'approchera pour présenter le pain de son Dieu ;

21:18 car quiconque a un défaut corporel ne s'approchera pas : l'homme aveugle, ou boiteux, ou camus, ou qui a l'un de ses membres plus long que l'autre ;

21:19 ou l'homme qui a une fracture au pied ou une fracture à la main ;

21:20 ou celui qui est bossu, ou grêle, ou qui a une tache à l'œil, ou qui a une gale, ou une dartre, ou qui a les testicules écrasés.

21:21 Nul homme de la semence d'Aaron, le sacrificateur, en qui il y aura quelque défaut corporel, ne s'approchera pour présenter les sacrifices de l'Éternel faits par feu ; il y a en lui un défaut corporel : il ne s'approchera pas pour présenter le pain de son Dieu.

21:22 Il mangera du pain de son Dieu, des choses très saintes et des choses saintes ;

21:23 seulement il n'entrera pas vers le voile, et ne s'approchera pas de l'autel, car il y a en lui un défaut corporel, et il ne profanera pas mes sanctuaires* ; car moi, je suis l'Éternel qui les sanctifie.

21:24 Moïse parla ainsi à Aaron et à ses fils, et à tous les fils d'Israël.

22:1 Et l'Éternel parla à Moïse, disant :

22:2 Parle à Aaron et à ses fils, afin qu'ils se séparent des choses saintes des fils d'Israël, et qu'ils ne profanent pas mon saint nom dans les choses que ceux-ci me sanctifient. Moi, je suis l'Éternel.

22:3 Dis-leur : Tout homme de toute votre semence, en vos générations, qui, ayant son impureté sur lui, s'approchera des choses saintes que les fils d'Israël ont sanctifiées à l'Éternel, cette âme-là sera retranchée de devant moi. Moi, je suis l'Éternel.

21:17 Speak unto Aaron, saying, Whosoever he be of thy seed in their generations that hath any blemish, let him not approach to offer the bread of his God.

21:18 For whatsoever man he be that hath a blemish, he shall not approach: a blind man, or a lame, or he that hath a flat nose, or any thing superfluous,

21:19 Or a man that is brokenfooted, or brokenhanded,

21:20 Or crookbackt, or a dwarf, or that hath a blemish in his eye, or be scurvy, or scabbed, or hath his stones broken;

21:21 No man that hath a blemish of the seed of Aaron the priest shall come nigh to offer the offerings of the LORD made by fire: he hath a blemish; he shall not come nigh to offer the bread of his God.

21:22 He shall eat the bread of his God, both of the most holy, and of the holy.

21:23 Only he shall not go in unto the vail, nor come nigh unto the altar, because he hath a blemish; that he profane not my sanctuaries: for I the LORD do sanctify them.

21:24 And Moses told it unto Aaron, and to his sons, and unto all the children of Israel.

22:1 And the LORD spake unto Moses, saying,

22:2 Speak unto Aaron and to his sons, that they separate themselves from the holy things of the children of Israel, and that they profane not my holy name in those things which they hallow unto me: I am the LORD.

22:3 Say unto them, Whosoever he be of all your seed among your generations, that goeth unto the holy things, which the children of Israel hallow unto the LORD, having his uncleanness upon him, that soul shall be cut off from my presence: I am the LORD.

22:4 Aucun homme de la semence d'Aaron, qui est lépreux ou qui a un flux, ne mangera des choses saintes, jusqu'à ce qu'il soit purifié ; et celui qui aura touché quelqu'un qui est impur par un mort, ou celui de qui est sorti de la semence,

22:5 ou celui qui a touché un reptile quelconque qui le rende impur, ou un homme qui le rende impur de quelque impureté dont il soit affecté,

22:6 — l'homme* qui aura touché cela, sera impur jusqu'au soir, et ne mangera pas des choses saintes, s'il n'a pas lavé** sa chair dans l'eau ;

22:7 et après le coucher du soleil il sera pur ; et ensuite, il mangera des choses saintes, car c'est son pain.

22:8 [Aucun d'eux] ne mangera d'une bête morte [d'elle-même] ou déchirée, pour se rendre impur par elle. Moi, je suis l'Éternel.

22:9 Et ils garderont ce que j'ai ordonné de garder, afin qu'ils ne portent pas de péché sur eux, et qu'ils ne meurent pas, pour avoir profané [mon ordonnance]. Moi, je suis l'Éternel qui les sanctifie.

22:10 Et aucun étranger* ne mangera de ce qui est saint ; celui qui demeure chez un sacrificateur, et l'homme à gages, ne mangeront pas de ce qui est saint.

22:11 Mais si le sacrificateur a acheté de son argent un esclave*, celui-ci en mangera, ainsi que celui qui est né dans sa maison : ceux-là mangeront de son pain.

22:12 Et une fille de sacrificateur, si elle est [mariée] à un étranger, ne mangera pas des offrandes élevées* des choses saintes.

22:13 Mais si une fille de sacrificateur est veuve ou répudiée, et n'a pas d'enfants*, et est retournée dans la maison de son père, comme dans sa jeunesse, elle mangera du pain de son père ; mais aucun étranger n'en mangera.

22:4 What man soever of the seed of Aaron is a leper, or hath a running issue; he shall not eat of the holy things, until he be clean. And whoso toucheth any thing that is unclean by the dead, or a man whose seed goeth from him;

22:5 Or whosoever toucheth any creeping thing, whereby he may be made unclean, or a man of whom he may take uncleanness, whatsoever uncleanness he hath;

22:6 The soul which hath touched any such shall be unclean until even, and shall not eat of the holy things, unless he wash his flesh with water.

22:7 And when the sun is down, he shall be clean, and shall afterward eat of the holy things; because it is his food.

22:8 That which dieth of itself, or is torn with beasts, he shall not eat to defile himself therewith; I am the LORD.

22:9 They shall therefore keep mine ordinance, lest they bear sin for it, and die therefore, if they profane it: I the LORD do sanctify them.

22:10 There shall no stranger eat of the holy thing: a sojourner of the priest, or an hired servant, shall not eat of the holy thing.

22:11 But if the priest buy any soul with his money, he shall eat of it, and he that is born in his house: they shall eat of his meat.

22:12 If the priest's daughter also be married unto a stranger, she may not eat of an offering of the holy things.

22:13 But if the priest's daughter be a widow, or divorced, and have no child, and is returned unto her father's house, as in her youth, she shall eat of her father's meat: but there shall be no stranger eat thereof.

22:14 Et si un homme, par ignorance, mange d'une chose sainte, il donnera au sacrificateur la chose sainte, et y ajoutera un cinquième par-dessus.

22:15 Et on ne profanera pas les choses saintes des fils d'Israël, qu'ils offrent en offrande élevée à l'Éternel,

22:16 et on ne leur fera pas porter l'iniquité du délit quand ils mangeront de leurs choses saintes, car moi je suis l'Éternel qui les sanctifie.

22:17 Et l'Éternel parla à Moïse, disant :

22:18 Parle à Aaron et à ses fils, et à tous les fils d'Israël, et dis-leur : Quiconque de la maison d'Israël ou de ceux qui séjournent en Israël, présentera son offrande*, selon tous leurs vœux et selon toutes leurs offrandes volontaires qu'ils présentent en holocauste à l'Éternel,

22:19 — pour être agréé*, [offrira] un mâle sans tare, de gros bétail, de moutons, ou de chèvres.

22:20 Vous ne présenterez aucune chose qui ait quelque défaut corporel, car elle ne sera point agréée pour vous.

22:21 Et si un homme présente un sacrifice de prospérités à l'Éternel, pour s'acquitter d'un vœu, ou en offrande volontaire, soit de gros bétail, soit de menu bétail, [son offrande] sera sans tare, pour être agréée ; il n'y aura en elle aucun défaut corporel.

22:22 Vous ne présenterez point à l'Éternel ce qui est aveugle, ou qui a une fracture ou qui est mutilé, ou qui a des ulcères, on une gale, ou une dartre, et vous n'en ferez pas un sacrifice fait par feu sur l'autel, à l'Éternel.

22:23 Tu pourras faire un sacrifice volontaire d'un bœuf ou d'un agneau* ayant quelque membre trop long ou trop court ; mais pour un vœu, ils ne seront pas agréés.

22:14 And if a man eat of the holy thing unwittingly, then he shall put the fifth part thereof unto it, and shall give it unto the priest with the holy thing.

22:15 And they shall not profane the holy things of the children of Israel, which they offer unto the LORD;

22:16 Or suffer them to bear the iniquity of trespass, when they eat their holy things: for I the LORD do sanctify them.

22:17 And the LORD spake unto Moses, saying,

22:18 Speak unto Aaron, and to his sons, and unto all the children of Israel, and say unto them, Whatsoever he be of the house of Israel, or of the strangers in Israel, that will offer his oblation for all his vows, and for all his freewill offerings, which they will offer unto the LORD for a burnt offering;

22:19 Ye shall offer at your own will a male without blemish, of the beeves, of the sheep, or of the goats.

22:20 But whatsoever hath a blemish, that shall ye not offer: for it shall not be acceptable for you.

22:21 And whosoever offereth a sacrifice of peace offerings unto the LORD to accomplish his vow, or a freewill offering in beeves or sheep, it shall be perfect to be accepted; there shall be no blemish therein.

22:22 Blind, or broken, or maimed, or having a wen, or scurvy, or scabbed, ye shall not offer these unto the LORD, nor make an offering by fire of them upon the altar unto the LORD.

22:23 Either a bullock or a lamb that hath any thing superfluous or lacking in his parts, that mayest thou offer for a freewill offering; but for a vow it shall not be accepted.

22:24 Et vous ne présenterez pas à l'Éternel ce qui sera froissé, ou écrasé, ou arraché, ou coupé ; vous ne ferez point cela dans votre pays.

22:25 Et de la main d'un étranger, vous ne présenterez aucune de ces choses comme le pain de votre Dieu ; car leur corruption est en elles, il y a un défaut en elles : elles ne seront pas agréées pour vous.

22:26 Et l'Éternel parla à Moïse, disant :

22:27 Un veau, ou un agneau ou un chevreau, lorsqu'il sera né, sera sept jours sous sa mère ; et depuis le huitième jour et après, il sera agréé pour l'offrande* du sacrifice fait par feu à l'Éternel.

22:28 Et vous n'égorgerez pas la vache, ou la brebis, elle et son petit, en un même jour.

22:29 Et si vous sacrifiez un sacrifice d'action de grâces à l'Éternel, vous le sacrifierez pour être agréé pour vous.

22:30 Il sera mangé le jour même ; vous n'en laisserez rien jusqu'au matin. Moi, je suis l'Éternel.

22:31 Et vous garderez mes commandements, et vous les ferez. Moi, je suis l'Éternel.

22:32 Et vous ne profanerez pas mon saint nom, mais je serai sanctifié au milieu des fils d'Israël : moi, je suis l'Éternel qui vous sanctifie

22:33 [et] qui vous ai fait sortir du pays d'Égypte pour être votre Dieu. Moi, je suis l'Éternel.

23:1 Et l'Éternel parla à Moïse, disant :

23:2 Parle aux fils d'Israël, et dis-leur : Les jours solennels* de l'Éternel, que vous publierez, seront de saintes convocations. Ce sont ici mes jours solennels :

22:24 Ye shall not offer unto the LORD that which is bruised, or crushed, or broken, or cut; neither shall ye make any offering thereof in your land.

22:25 Neither from a stranger's hand shall ye offer the bread of your God of any of these; because their corruption is in them, and blemishes be in them: they shall not be accepted for you.

22:26 And the LORD spake unto Moses, saying,

22:27 When a bullock, or a sheep, or a goat, is brought forth, then it shall be seven days under the dam; and from the eighth day and thenceforth it shall be accepted for an offering made by fire unto the LORD.

22:28 And whether it be cow, or ewe, ye shall not kill it and her young both in one day.

22:29 And when ye will offer a sacrifice of thanksgiving unto the LORD, offer it at your own will.

22:30 On the same day it shall be eaten up; ye shall leave none of it until the morrow: I am the LORD.

22:31 Therefore shall ye keep my commandments, and do them: I am the LORD.

22:32 Neither shall ye profane my holy name; but I will be hallowed among the children of Israel: I am the LORD which hallow you,

22:33 That brought you out of the land of Egypt, to be your God: I am the LORD.

23:1 And the LORD spake unto Moses, saying,

23:2 Speak unto the children of Israel, and say unto them, Concerning the feasts of the LORD, which ye shall proclaim to be holy convocations, even these are my feasts.

23:3 Six jours on travaillera ; et le septième jour est un sabbat de repos, une sainte convocation ; vous ne ferez aucune œuvre : c'est un sabbat [consacré] à l'Éternel dans toutes vos habitations.

23:4 Ce sont ici les jours solennels de l'Éternel, de saintes convocations, que vous publierez en leurs temps assignés.

23:5 Le premier mois, le quatorzième [jour] du mois, entre les deux soirs, est la Pâque à l'Éternel.

23:6 Et le quinzième jour de ce mois, est la fête des pains sans levain à l'Éternel : sept jours, vous mangerez des pains sans levain.

23:7 Le premier jour, vous aurez une sainte convocation ; vous ne ferez aucune œuvre de service ;

23:8 et vous présenterez à l'Éternel, pendant sept jours, un sacrifice par feu : au septième jour [il y aura] une sainte convocation ; vous ne ferez aucune œuvre de service.

23:9 Et l'Éternel parla à Moïse, disant :

23:10 Parle aux fils d'Israël, et dis-leur : Quand vous serez entrés dans le pays que je vous donne et que vous en aurez fait la moisson, vous apporterez au sacrificateur une gerbe des prémices de votre moisson ;

23:11 et il tournoiera la gerbe devant l'Éternel, pour que vous soyez agréés ; le sacrificateur la tournoiera le lendemain du sabbat.

23:12 Et le jour où vous ferez tournoyer la gerbe, vous offrirez un agneau sans défaut, âgé d'un an, en holocauste à l'Éternel ;

23:13 et pour son offrande de gâteau, deux dixièmes de fleur de farine pétrie à l'huile, un sacrifice par feu à l'Éternel, une odeur agréable ; et sa libation sera du vin, le quart d'un hin.

23:3 Six days shall work be done: but the seventh day is the sabbath of rest, an holy convocation; ye shall do no work therein: it is the sabbath of the LORD in all your dwellings.

23:4 These are the feasts of the LORD, even holy convocations, which ye shall proclaim in their seasons.

23:5 In the fourteenth day of the first month at even is the LORD's passover.

23:6 And on the fifteenth day of the same month is the feast of unleavened bread unto the LORD: seven days ye must eat unleavened bread.

23:7 In the first day ye shall have an holy convocation: ye shall do no servile work therein.

23:8 But ye shall offer an offering made by fire unto the LORD seven days: in the seventh day is an holy convocation: ye shall do no servile work therein.

23:9 And the LORD spake unto Moses, saying,

23:10 Speak unto the children of Israel, and say unto them, When ye be come into the land which I give unto you, and shall reap the harvest thereof, then ye shall bring a sheaf of the firstfruits of your harvest unto the priest:

23:11 And he shall wave the sheaf before the LORD, to be accepted for you: on the morrow after the sabbath the priest shall wave it.

23:12 And ye shall offer that day when ye wave the sheaf an he lamb without blemish of the first year for a burnt offering unto the LORD.

23:13 And the meat offering thereof shall be two tenth deals of fine flour mingled with oil, an offering made by fire unto the LORD for a sweet savour: and the drink offering thereof shall be of wine, the fourth part of an hin.

23:14 Et vous ne mangerez ni pain, ni grain rôti, ni grain en épi, jusqu'à ce même jour, jusqu'à ce que vous ayez apporté l'offrande de votre Dieu. [C'est] un statut perpétuel, en vos générations, dans toutes vos habitations.

23:15 — Et vous compterez depuis le lendemain du sabbat, depuis le jour que vous aurez apporté la gerbe de l'offrande tournoyée, sept semaines* ; elles seront complètes** :

23:16 vous compterez cinquante jours jusqu'au lendemain du septième sabbat, et vous présenterez à l'Éternel une offrande de gâteau nouvelle ;

23:17 vous apporterez de vos habitations deux pains, en offrande tournoyée ; ils seront de deux dixièmes de fleur de farine ; vous les cuirez avec du levain : ce sont les premiers fruits à l'Éternel.

23:18 Et vous présenterez avec le pain sept agneaux sans défaut, âgés d'un an, et un jeune taureau, et deux béliers : ils seront un holocauste à l'Éternel, avec leur offrande de gâteau et leurs libations, un sacrifice par feu, une odeur agréable à l'Éternel.

23:19 Et vous offrirez un bouc en sacrifice pour le péché, et deux agneaux âgés d'un an en sacrifice de prospérités ;

23:20 et le sacrificateur les tournoiera avec le pain des premiers fruits, en offrande tournoyée devant l'Éternel, avec les deux agneaux : ils seront saints, [consacrés] à l'Éternel pour le sacrificateur.

23:21 Et vous publierez [une convocation] en ce même jour ; ce sera pour vous une sainte convocation ; vous ne ferez aucune œuvre de service : [C'est] un statut perpétuel, dans toutes vos habitations, en vos générations.

23:14 And ye shall eat neither bread, nor parched corn, nor green ears, until the selfsame day that ye have brought an offering unto your God: it shall be a statute for ever throughout your generations in all your dwellings.

23:15 And ye shall count unto you from the morrow after the sabbath, from the day that ye brought the sheaf of the wave offering; seven sabbaths shall be complete:

23:16 Even unto the morrow after the seventh sabbath shall ye number fifty days; and ye shall offer a new meat offering unto the LORD.

23:17 Ye shall bring out of your habitations two wave loaves of two tenth deals; they shall be of fine flour; they shall be baken with leaven; they are the firstfruits unto the LORD.

23:18 And ye shall offer with the bread seven lambs without blemish of the first year, and one young bullock, and two rams: they shall be for a burnt offering unto the LORD, with their meat offering, and their drink offerings, even an offering made by fire, of sweet savour unto the LORD.

23:19 Then ye shall sacrifice one kid of the goats for a sin offering, and two lambs of the first year for a sacrifice of peace offerings.

23:20 And the priest shall wave them with the bread of the firstfruits for a wave offering before the LORD, with the two lambs: they shall be holy to the LORD for the priest.

23:21 And ye shall proclaim on the selfsame day, that it may be an holy convocation unto you: ye shall do no servile work therein: it shall be a statute for ever in all your dwellings throughout your generations.

23:22 — Et quand vous ferez la moisson de votre terre, tu n'achèveras pas de moissonner les coins de ton champ, et tu ne glaneras pas la glanure de ta moisson ; tu les laisseras pour le pauvre et pour l'étranger. Moi, je suis l'Éternel, votre Dieu.

23:23 Et l'Éternel parla à Moïse, disant :

23:24 Parle aux fils d'Israël, en disant : Au septième mois, le premier [jour] du mois, il y aura un repos pour vous, un mémorial de jubilation, une sainte convocation ;

23:25 vous ne ferez aucune œuvre de service, et vous présenterez à l'Éternel un sacrifice fait par feu.

23:26 Et l'Éternel parla à Moïse, disant :

23:27 De même, le dixième [jour] de ce septième mois, c'est le jour des propitiations : ce sera pour vous une sainte convocation, et vous affligerez vos âmes, et vous présenterez à l'Éternel un sacrifice fait par feu.

23:28 Et ce même jour vous ne ferez aucune œuvre, car c'est un jour de propitiation, pour faire propitiation pour vous, devant l'Éternel, votre Dieu.

23:29 Car toute âme qui ne s'affligera pas en ce même jour, sera retranchée de ses peuples.

23:30 Et toute âme qui fera une œuvre quelconque en ce même jour, cette âme, je la ferai périr du milieu de son peuple.

23:31 Vous ne ferez aucune œuvre : [c'est] un statut perpétuel, en vos générations, dans toutes vos habitations.

23:32 C'est un sabbat de repos pour vous, et vous affligerez vos âmes. Le neuvième [jour] du mois, au soir, d'un soir à l'autre soir, vous célébrerez* votre sabbat.

23:33 Et l'Éternel parla à Moïse, disant :

23:22 And when ye reap the harvest of your land, thou shalt not make clean riddance of the corners of thy field when thou reapest, neither shalt thou gather any gleaning of thy harvest: thou shalt leave them unto the poor, and to the stranger: I am the LORD your God.

23:23 And the LORD spake unto Moses, saying,

23:24 Speak unto the children of Israel, saying, In the seventh month, in the first day of the month, shall ye have a sabbath, a memorial of blowing of trumpets, an holy convocation.

23:25 Ye shall do no servile work therein: but ye shall offer an offering made by fire unto the LORD.

23:26 And the LORD spake unto Moses, saying,

23:27 Also on the tenth day of this seventh month there shall be a day of atonement: it shall be an holy convocation unto you; and ye shall afflict your souls, and offer an offering made by fire unto the LORD.

23:28 And ye shall do no work in that same day: for it is a day of atonement, to make an atonement for you before the LORD your God.

23:29 For whatsoever soul it be that shall not be afflicted in that same day, he shall be cut off from among his people.

23:30 And whatsoever soul it be that doeth any work in that same day, the same soul will I destroy from among his people.

23:31 Ye shall do no manner of work: it shall be a statute for ever throughout your generations in all your dwellings.

23:32 It shall be unto you a sabbath of rest, and ye shall afflict your souls: in the ninth day of the month at even, from even unto even, shall ye celebrate your sabbath.

23:33 And the LORD spake unto Moses, saying,

23:34 Parle aux fils d'Israël, en disant : Le quinzième jour de ce septième mois, la fête des tabernacles* [se célébrera] à l'Éternel pendant sept jours.

23:35 Le premier jour il y aura une sainte convocation ; vous ne ferez aucune œuvre de service.

23:36 Pendant sept jours vous présenterez à l'Éternel un sacrifice fait par feu ; le huitième jour, vous aurez une sainte convocation, et vous présenterez à l'Éternel un sacrifice fait par feu : c'est une assemblée solennelle ; vous ne ferez aucune œuvre de service

23:37 Ce sont là les jours solennels* de l'Éternel, que vous publierez, de saintes convocations, afin de présenter des sacrifices faits par feu à l'Éternel, des holocaustes, et des offrandes de gâteau, des sacrifices, et des libations, chaque jour ce qui est établi pour ce jour,

23:38 outre les sabbats de l'Éternel, et outre vos dons, et outre tous vos vœux, et outre toutes vos offrandes volontaires que vous donnerez à l'Éternel.

23:39 Mais le quinzième jour du septième mois, quand vous aurez recueilli le rapport de la terre, vous célébrerez la fête de l'Éternel pendant sept jours : le premier jour il y aura repos, et le huitième jour il y aura repos.

23:40 Et le premier jour vous prendrez du fruit de beaux arbres, des branches de palmiers, et des rameaux d'arbres touffus et de saules de rivière ; et vous vous réjouirez devant l'Éternel, votre Dieu, pendant sept jours.

23:41 Et vous célébrerez la fête comme fête à l'Éternel, pendant sept jours chaque année ; [c'est] un statut perpétuel, en vos générations : vous la célébrerez le septième mois.

23:42 Vous habiterez sept jours dans des tabernacles* ; tous les indigènes en Israël habiteront dans des tabernacles,

23:34 Speak unto the children of Israel, saying, The fifteenth day of this seventh month shall be the feast of tabernacles for seven days unto the LORD.

23:35 On the first day shall be an holy convocation: ye shall do no servile work therein.

23:36 Seven days ye shall offer an offering made by fire unto the LORD: on the eighth day shall be an holy convocation unto you; and ye shall offer an offering made by fire unto the LORD: it is a solemn assembly; and ye shall do no servile work therein.

23:37 These are the feasts of the LORD, which ye shall proclaim to be holy convocations, to offer an offering made by fire unto the LORD, a burnt offering, and a meat offering, a sacrifice, and drink offerings, every thing upon his day:

23:38 Beside the sabbaths of the LORD, and beside your gifts, and beside all your vows, and beside all your freewill offerings, which ye give unto the LORD.

23:39 Also in the fifteenth day of the seventh month, when ye have gathered in the fruit of the land, ye shall keep a feast unto the LORD seven days: on the first day shall be a sabbath, and on the eighth day shall be a sabbath.

23:40 And ye shall take you on the first day the boughs of goodly trees, branches of palm trees, and the boughs of thick trees, and willows of the brook; and ye shall rejoice before the LORD your God seven days.

23:41 And ye shall keep it a feast unto the LORD seven days in the year. It shall be a statute for ever in your generations: ye shall celebrate it in the seventh month.

23:42 Ye shall dwell in booths seven days; all that are Israelites born shall dwell in booths:

23:43 afin que vos générations sachent que j'ai fait habiter les fils d'Israël dans des tabernacles, lorsque je les fis sortir du pays d'Égypte. Moi, je suis votre Dieu.

23:44 Et Moïse dit aux fils d'Israël les jours solennels* de l'Éternel

24:1 Et l'Éternel parla à Moïse, disant :

24:2 Commande aux fils d'Israël qu'ils t'apportent de l'huile d'olive pure, broyée, pour le luminaire, afin de faire brûler* la lampe continuellement.

24:3 Aaron l'arrangera devant l'Éternel, continuellement, du soir au matin, en dehors du voile du témoignage, dans la tente d'assignation : [c'est] un statut perpétuel en vos générations ;

24:4 il arrangera les lampes sur le chandelier pur, devant l'Éternel, continuellement.

24:5 Et tu prendras de la fleur de farine, et tu en cuiras douze gâteaux : chaque gâteau sera de deux dixièmes ;

24:6 et tu les placeras en deux rangées, six par rangée, sur la table pure, devant l'Éternel,

24:7 et tu mettras de l'encens pur sur [chaque] rangée ; et ce sera un pain de mémorial, un sacrifice par feu à l'Éternel.

24:8 Chaque jour de sabbat on les arrangera devant l'Éternel, continuellement, de la part des fils d'Israël : [c'est] une alliance perpétuelle.

24:9 Et cela appartiendra à Aaron et à ses fils, et ils le mangeront dans un lieu saint ; car ce lui sera une chose très sainte d'entre les sacrifices de l'Éternel faits par feu : [c'est] un statut perpétuel.

23:43 That your generations may know that I made the children of Israel to dwell in booths, when I brought them out of the land of Egypt: I am the LORD your God.

23:44 And Moses declared unto the children of Israel the feasts of the LORD.

24:1 And the LORD spake unto Moses, saying,

24:2 Command the children of Israel, that they bring unto thee pure oil olive beaten for the light, to cause the lamps to burn continually.

24:3 Without the vail of the testimony, in the tabernacle of the congregation, shall Aaron order it from the evening unto the morning before the LORD continually: it shall be a statute for ever in your generations.

24:4 He shall order the lamps upon the pure candlestick before the LORD continually.

24:5 And thou shalt take fine flour, and bake twelve cakes thereof: two tenth deals shall be in one cake.

24:6 And thou shalt set them in two rows, six on a row, upon the pure table before the LORD.

24:7 And thou shalt put pure frankincense upon each row, that it may be on the bread for a memorial, even an offering made by fire unto the LORD.

24:8 Every sabbath he shall set it in order before the LORD continually, being taken from the children of Israel by an everlasting covenant.

24:9 And it shall be Aaron's and his sons'; and they shall eat it in the holy place: for it is most holy unto him of the offerings of the LORD made by fire by a perpetual statute.

24:10 Et le fils d'une femme israélite (mais il était fils d'un homme égyptien), sortit parmi les fils d'Israël ; et le fils de la femme israélite et un homme israélite se battirent dans le camp ;

24:11 et le fils de la femme israélite blasphéma le Nom et [le] maudit ; et on l'amena à Moïse. Or le nom de sa mère était Shelomith, fille de Dibri, de la tribu de Dan.

24:12 Et on le mit sous garde, afin de décider [de son sort], selon la parole* de l'Éternel.

24:13 Et l'Éternel parla à Moïse, disant :

24:14 Fais sortir hors du camp celui qui a maudit ; et que tous ceux qui l'ont entendu posent leurs mains sur sa tête, et que toute l'assemblée le lapide.

24:15 Et tu parleras aux fils d'Israël, en disant : Tout homme qui aura maudit son Dieu, portera son péché ;

24:16 et celui qui blasphémera le nom de l'Éternel sera certainement mis à mort : toute l'assemblée ne manquera pas de le lapider ; on mettra à mort tant l'étranger que l'Israélite de naissance*, lorsqu'il aura blasphémé le Nom.

24:17 Et si quelqu'un a frappé à mort un homme, il sera certainement mis à mort.

24:18 Et celui qui aura frappé à mort une bête, fera compensation, vie pour vie.

24:19 Et si un homme a causé quelque mal corporel à son prochain, il lui sera fait comme il a fait :

24:20 fracture pour fracture, œil pour œil, dent pour dent ; selon le mal corporel qu'il aura causé à un homme, ainsi il lui sera fait.

24:21 Celui qui frappera [à mort] une bête, fera compensation pour elle, et celui qui aura frappé [à mort] un homme, sera mis à mort.

24:10 And the son of an Israelitish woman, whose father was an Egyptian, went out among the children of Israel: and this son of the Israelitish woman and a man of Israel strove together in the camp;

24:11 And the Israelitish woman's son blasphemed the name of the Lord, and cursed. And they brought him unto Moses: (and his mother's name was Shelomith, the daughter of Dibri, of the tribe of Dan:)

24:12 And they put him in ward, that the mind of the LORD might be shewed them.

24:13 And the LORD spake unto Moses, saying,

24:14 Bring forth him that hath cursed without the camp; and let all that heard him lay their hands upon his head, and let all the congregation stone him.

24:15 And thou shalt speak unto the children of Israel, saying, Whosoever curseth his God shall bear his sin.

24:16 And he that blasphemeth the name of the LORD, he shall surely be put to death, and all the congregation shall certainly stone him: as well the stranger, as he that is born in the land, when he blasphemeth the name of the Lord, shall be put to death.

24:17 And he that killeth any man shall surely be put to death.

24:18 And he that killeth a beast shall make it good; beast for beast.

24:19 And if a man cause a blemish in his neighbour; as he hath done, so shall it be done to him;

24:20 Breach for breach, eye for eye, tooth for tooth: as he hath caused a blemish in a man, so shall it be done to him again.

24:21 And he that killeth a beast, he shall restore it: and he that killeth a man, he shall be put to death.

24:22 Il y aura une même loi* pour vous : il en sera de l'étranger comme de l'Israélite de naissance** ; car moi, je suis l'Éternel, votre Dieu.

24:22 Ye shall have one manner of law, as well for the stranger, as for one of your own country: for I am the LORD your God.

24:23 Et Moïse parla aux fils d'Israël, et ils firent sortir hors du camp celui qui avait maudit, et le lapidèrent avec des pierres. Et les fils d'Israël firent comme l'Éternel avait commandé à Moïse.

24:23 And Moses spake to the children of Israel, that they should bring forth him that had cursed out of the camp, and stone him with stones. And the children of Israel did as the LORD commanded Moses.

25:1 Et l'Éternel parla à Moïse, sur la montagne de Sinaï, disant :

25:1 And the LORD spake unto Moses in mount Sinai, saying,

25:2 Parle aux fils d'Israël, et dis-leur : Quand vous serez entrés dans le pays que je vous donne, le pays célébrera* un sabbat à l'Éternel.

25:2 Speak unto the children of Israel, and say unto them, When ye come into the land which I give you, then shall the land keep a sabbath unto the LORD.

25:3 Pendant six ans tu sèmeras ton champ, et pendant six ans tu tailleras ta vigne, et tu en recueilleras le rapport ;

25:3 Six years thou shalt sow thy field, and six years thou shalt prune thy vineyard, and gather in the fruit thereof;

25:4 et la septième année, il y aura un sabbat de repos pour le pays, un sabbat [consacré] à l'Éternel : tu ne sèmeras pas ton champ, et tu ne tailleras pas ta vigne.

25:4 But in the seventh year shall be a sabbath of rest unto the land, a sabbath for the LORD: thou shalt neither sow thy field, nor prune thy vineyard.

25:5 Tu ne moissonneras pas ce qui vient de soi-même de ta moisson [précédente], et tu ne vendangeras pas les grappes de ta vigne non taillée : ce sera une année de repos pour le pays.

25:5 That which groweth of its own accord of thy harvest thou shalt not reap, neither gather the grapes of thy vine undressed: for it is a year of rest unto the land.

25:6 Et le sabbat du pays vous servira de nourriture, à toi, et à ton serviteur, et à ta servante, et à ton homme à gages et à ton hôte qui séjournent chez toi,

25:6 And the sabbath of the land shall be meat for you; for thee, and for thy servant, and for thy maid, and for thy hired servant, and for thy stranger that sojourneth with thee.

25:7 et à ton bétail et aux animaux qui seront dans ton pays : tout son rapport servira de nourriture.

25:7 And for thy cattle, and for the beast that are in thy land, shall all the increase thereof be meat.

25:8 Et tu compteras sept sabbats d'années, sept fois sept ans ; et les jours de ces sept sabbats d'années te feront quarante-neuf ans.

25:8 And thou shalt number seven sabbaths of years unto thee, seven times seven years; and the space of the seven sabbaths of years shall be unto thee forty and nine years.

25:9 Et, au septième mois, le dixième [jour] du mois, tu feras passer le son bruyant de la trompette ; le jour des propitiations, vous ferez passer la trompette par tout votre pays ;

25:10 et vous sanctifierez l'année de l'an cinquantième, et vous publierez la liberté dans le pays à tous ses habitants : ce sera pour vous un jubilé* ; vous retournerez chacun dans sa possession, et vous retournerez chacun à sa famille.

25:11 Cette année de l'an cinquantième sera pour vous un jubilé : vous ne sèmerez pas, et vous ne moissonnerez pas ce qui vient de soi-même, et vous ne vendangerez pas la vigne non taillée ;

25:12 car c'est le Jubilé : il vous sera saint ; vous mangerez en l'y prenant ce que le champ rapportera.

25:13 En cette année du Jubilé, vous retournerez chacun dans sa possession.

25:14 Et si vous vendez quelque chose à votre prochain, ou si vous achetez de la main de votre prochain, que nul ne fasse tort à son frère.

25:15 Tu achèteras de ton prochain d'après le nombre des années depuis le Jubilé ; il te vendra d'après le nombre des années de rapport.

25:16 À proportion que le nombre des années sera grand, tu augmenteras le prix ; et à proportion que le nombre des années sera petit, tu diminueras le prix, car c'est le nombre des récoltes qu'il te vend.

25:17 Et nul de vous ne fera tort à son prochain, et tu craindras ton Dieu, car moi, je suis l'Éternel, votre Dieu.

25:18 Et vous pratiquerez mes statuts, et vous garderez mes ordonnances, et vous les pratiquerez, et ainsi vous habiterez dans le pays en sécurité ;

25:9 Then shalt thou cause the trumpet of the jubile to sound on the tenth day of the seventh month, in the day of atonement shall ye make the trumpet sound throughout all your land.

25:10 And ye shall hallow the fiftieth year, and proclaim liberty throughout all the land unto all the inhabitants thereof: it shall be a jubile unto you; and ye shall return every man unto his possession, and ye shall return every man unto his family.

25:11 A jubile shall that fiftieth year be unto you: ye shall not sow, neither reap that which groweth of itself in it, nor gather the grapes in it of thy vine undressed.

25:12 For it is the jubile; it shall be holy unto you: ye shall eat the increase thereof out of the field.

25:13 In the year of this jubile ye shall return every man unto his possession.

25:14 And if thou sell ought unto thy neighbour, or buyest ought of thy neighbour's hand, ye shall not oppress one another:

25:15 According to the number of years after the jubile thou shalt buy of thy neighbour, and according unto the number of years of the fruits he shall sell unto thee:

25:16 According to the multitude of years thou shalt increase the price thereof, and according to the fewness of years thou shalt diminish the price of it: for according to the number of the years of the fruits doth he sell unto thee.

25:17 Ye shall not therefore oppress one another; but thou shalt fear thy God:for I am the LORD your God.

25:18 Wherefore ye shall do my statutes, and keep my judgments, and do them; and ye shall dwell in the land in safety.

25:19 et le pays vous donnera son fruit, et vous mangerez à rassasiement, et vous l'habiterez en sécurité.

25:20 Et si vous dites : Que mangerons-nous la septième année ; voici, nous ne semons pas, et nous ne recueillons pas nos produits ?

25:21 je commanderai que ma bénédiction soit sur vous en la sixième année, et elle donnera le produit de trois ans.

25:22 Et vous sèmerez la huitième année et vous mangerez du vieux produit, jusqu'à la neuvième année ; jusqu'à ce que son produit soit venu, vous mangerez le vieux.

25:23 Et le pays ne se vendra pas à perpétuité*, car le pays est à moi ; car vous, vous êtes chez moi comme des étrangers et comme des hôtes.

25:24 Et dans tout le pays de votre possession, vous donnerez le droit de rachat pour la terre.

25:25 Si ton frère est devenu pauvre, et vend une partie de sa possession, alors que celui qui a le droit de rachat, son plus proche parent, vienne et rachète la chose vendue par son frère.

25:26 Mais si un homme n'a personne qui ait le droit de rachat, et que sa main ait acquis et trouvé suffisamment de quoi faire son rachat,

25:27 il comptera les années depuis sa vente, et restituera le surplus à celui à qui il avait vendu, et il retournera dans sa possession.

25:28 Et si sa main n'a pas trouvé suffisamment de quoi lui rendre, la chose vendue restera en la main de celui qui l'aura achetée, jusqu'à l'année du Jubilé : la chose vendue sera libérée* au Jubilé, et [le vendeur] rentrera dans sa possession.

25:29 Et si quelqu'un a vendu une maison d'habitation dans une ville murée, il aura son droit de rachat jusqu'à la fin de l'année de sa vente : son droit de rachat subsistera une année entière ;

25:19 And the land shall yield her fruit, and ye shall eat your fill, and dwell therein in safety.

25:20 And if ye shall say, What shall we eat the seventh year? behold, we shall not sow, nor gather in our increase:

25:21 Then I will command my blessing upon you in the sixth year, and it shall bring forth fruit for three years.

25:22 And ye shall sow the eighth year, and eat yet of old fruit until the ninth year; until her fruits come in ye shall eat of the old store.

25:23 The land shall not be sold for ever: for the land is mine, for ye are strangers and sojourners with me.

25:24 And in all the land of your possession ye shall grant a redemption for the land.

25:25 If thy brother be waxen poor, and hath sold away some of his possession, and if any of his kin come to redeem it, then shall he redeem that which his brother sold.

25:26 And if the man have none to redeem it, and himself be able to redeem it;

25:27 Then let him count the years of the sale thereof, and restore the overplus unto the man to whom he sold it; that he may return unto his possession.

25:28 But if he be not able to restore it to him, then that which is sold shall remain in the hand of him that hath bought it until the year of jubile: and in the jubile it shall go out, and he shall return unto his possession.

25:29 And if a man sell a dwelling house in a walled city, then he may redeem it within a whole year after it is sold; within a full year may he redeem it.

25:30 mais si elle n'est pas rachetée avant que l'année entière soit accomplie, la maison qui est dans la ville murée restera définitivement à l'acheteur, en ses générations ; elle ne sera pas libérée* au Jubilé.

25:31 Mais les maisons des villages qui n'ont pas de murs tout autour, seront considérées comme des champs du pays ; il y aura droit de rachat pour elles, et elles seront libérées* au Jubilé.

25:32 Et quant aux villes des Lévites et aux maisons des villes de leur possession, les Lévites auront un droit perpétuel de rachat.

25:33 Et si quelqu'un a racheté d'un des Lévites, la maison vendue dans la ville de* sa possession sera libérée** au Jubilé ; car les maisons des villes des Lévites sont leur possession au milieu des fils d'Israël.

25:34 Et les champs des banlieues de leurs villes ne seront pas vendus, car c'est leur possession à perpétuité.

25:35 Et si ton frère est devenu pauvre, et que sa main devienne tremblante à côté de toi, tu le soutiendras, étranger ou hôte, afin qu'il vive à côté de toi.

25:36 Tu ne prendras de lui ni intérêt ni usure ; et tu craindras ton Dieu, afin que ton frère vive à côté de toi.

25:37 Tu ne lui donneras pas ton argent à intérêt, et tu ne lui donneras pas tes vivres à usure.

25:38 Moi, je suis l'Éternel, votre Dieu, qui vous ai fait sortir du pays d'Égypte pour vous donner le pays de Canaan, pour être votre Dieu.

25:39 Et si ton frère est devenu pauvre à côté de toi, et qu'il se vende à toi, tu ne lui feras pas faire un service d'esclave* ;

25:30 And if it be not redeemed within the space of a full year, then the house that is in the walled city shall be established for ever to him that bought it throughout his generations: it shall not go out in the jubile.

25:31 But the houses of the villages which have no wall round about them shall be counted as the fields of the country: they may be redeemed, and they shall go out in the jubile.

25:32 Notwithstanding the cities of the Levites, and the houses of the cities of their possession, may the Levites redeem at any time.

25:33 And if a man purchase of the Levites, then the house that was sold, and the city of his possession, shall go out in the year of jubile: for the houses of the cities of the Levites are their possession among the children of Israel.

25:34 But the field of the suburbs of their cities may not be sold; for it is their perpetual possession.

25:35 And if thy brother be waxen poor, and fallen in decay with thee; then thou shalt relieve him: yea, though he be a stranger, or a sojourner; that he may live with thee.

25:36 Take thou no usury of him, or increase: but fear thy God; that thy brother may live with thee.

25:37 Thou shalt not give him thy money upon usury, nor lend him thy victuals for increase.

25:38 I am the LORD your God, which brought you forth out of the land of Egypt, to give you the land of Canaan, and to be your God.

25:39 And if thy brother that dwelleth by thee be waxen poor, and be sold unto thee; thou shalt not compel him to serve as a bondservant:

25:40 il sera avec toi comme un homme à gages et un hôte ; il te servira jusqu'à l'année du Jubilé :	*25:40 But as an hired servant, and as a sojourner, he shall be with thee, and shall serve thee unto the year of jubile.*
25:41 alors il sortira de chez toi, lui et ses fils avec lui, et il retournera à sa famille, et retournera dans la possession de ses pères.	*25:41 And then shall he depart from thee, both he and his children with him, and shall return unto his own family, and unto the possession of his fathers shall he return.*
25:42 Car ils sont mes serviteurs, que j'ai fait sortir du pays d'Égypte ; ils ne seront pas vendus comme on vend les esclaves*.	*25:42 For they are my servants, which I brought forth out of the land of Egypt: they shall not be sold as bondmen.*
25:43 Tu ne domineras pas sur lui avec dureté, et tu craindras ton Dieu.	*25:43 Thou shalt not rule over him with rigour; but shalt fear thy God.*
25:44 Mais quant à ton serviteur et à ta servante qui seront à toi,… d'entre les nations qui vous environnent, de ceux-là, vous achèterez des serviteurs et des servantes.	*25:44 Both thy bondmen, and thy bondmaids, which thou shalt have, shall be of the heathen that are round about you; of them shall ye buy bondmen and bondmaids.*
25:45 Et vous en achèterez aussi des fils des étrangers qui séjournent chez vous, et de leurs familles qui sont avec vous, qu'ils engendreront dans votre pays ; et ils seront votre possession.	*25:45 Moreover of the children of the strangers that do sojourn among you, of them shall ye buy, and of their families that are with you, which they begat in your land: and they shall be your possession.*
25:46 Et vous les laisserez en héritage à vos fils après vous, pour qu'ils en aient la possession ; vous vous servirez d'eux à toujours ; mais quant à vos frères, les fils d'Israël, un homme ne dominera pas avec dureté sur son frère.	*25:46 And ye shall take them as an inheritance for your children after you, to inherit them for a possession; they shall be your bondmen for ever: but over your brethren the children of Israel, ye shall not rule one over another with rigour.*
25:47 Et si un étranger ou un homme qui séjourne chez toi s'est enrichi*, et que ton frère qui est à côté de lui soit devenu pauvre et se soit vendu à l'étranger qui séjourne chez toi, ou à un homme issu de la famille de l'étranger,	*25:47 And if a sojourner or stranger wax rich by thee, and thy brother that dwelleth by him wax poor, and sell himself unto the stranger or sojourner by thee, or to the stock of the stranger's family:*
25:48 — après qu'il se sera vendu, il y aura pour lui droit de rachat ; un de ses frères le rachètera ;	*25:48 After that he is sold he may be redeemed again; one of his brethren may redeem him:*
25:49 ou son oncle, ou le fils de son oncle le rachètera ; ou quelque proche parent de sa famille le rachètera ; ou si sa main y peut atteindre, il se rachètera lui-même.	*25:49 Either his uncle, or his uncle's son, may redeem him, or any that is nigh of kin unto him of his family may redeem him; or if he be able, he may redeem himself.*

25:50 Et il comptera avec celui qui l'a acheté, depuis l'année qu'il s'est vendu à lui jusqu'à l'année du Jubilé ; et l'argent de son prix sera à raison du nombre des années ; il sera chez son maître* selon les journées d'un homme à gages.

25:51 S'il y a encore beaucoup d'années, il restituera le prix de son rachat à raison de celles-ci, sur le prix pour lequel il aura été acheté ;

25:52 et s'il reste peu d'années jusqu'à l'année du Jubilé, il comptera avec lui ; à raison du nombre des années, il restituera le prix de son rachat.

25:53 Il sera chez lui comme un homme à gages, d'année en année ; le maître* ne dominera pas sur lui avec dureté devant tes yeux.

25:54 Et s'il n'est pas racheté par un de ces moyens, il sortira l'année du Jubilé, lui et ses fils avec lui.

25:55 Car les fils d'Israël me sont serviteurs ; ils sont mes serviteurs que j'ai fait sortir du pays d'Égypte. Moi, je suis l'Éternel, votre Dieu.

26:1 Vous ne vous ferez pas d'idoles, et vous ne vous dresserez pas d'image taillée, ou de statue, et vous ne mettrez pas de pierre sculptée dans votre pays, pour vous prosterner devant elles ; car moi, je suis l'Éternel, votre Dieu.

26:2 Vous garderez mes sabbats, et vous révérerez mon sanctuaire. Moi, je suis l'Éternel.

26:3 Si vous marchez dans mes statuts, et si vous gardez mes commandements et les pratiquez,

26:4 je vous donnerai vos pluies en leur temps, et la terre donnera son rapport, et l'arbre des champs donnera son fruit.

25:50 And he shall reckon with him that bought him from the year that he was sold to him unto the year of jubile: and the price of his sale shall be according unto the number of years, according to the time of an hired servant shall it be with him.

25:51 If there be yet many years behind, according unto them he shall give again the price of his redemption out of the money that he was bought for.

25:52 And if there remain but few years unto the year of jubile, then he shall count with him, and according unto his years shall he give him again the price of his redemption.

25:53 And as a yearly hired servant shall he be with him: and the other shall not rule with rigour over him in thy sight.

25:54 And if he be not redeemed in these years, then he shall go out in the year of jubile, both he, and his children with him.

25:55 For unto me the children of Israel are servants; they are my servants whom I brought forth out of the land of Egypt: I am the LORD your God.

26:1 Ye shall make you no idols nor graven image, neither rear you up a standing image, neither shall ye set up any image of stone in your land, to bow down unto it: for I am the LORD your God.

26:2 Ye shall keep my sabbaths, and reverence my sanctuary: I am the LORD.

26:3 If ye walk in my statutes, and keep my commandments, and do them;

26:4 Then I will give you rain in due season, and the land shall yield her increase, and the trees of the field shall yield their fruit.

26:5 Le temps du foulage* atteindra pour vous la vendange, et la vendange atteindra les semailles ; et vous mangerez votre pain à rassasiement, et vous habiterez en sécurité dans votre pays.

26:5 And your threshing shall reach unto the vintage, and the vintage shall reach unto the sowing time: and ye shall eat your bread to the full, and dwell in your land safely.

26:6 Et je donnerai la paix dans le pays ; et vous dormirez sans que personne vous épouvante ; et je ferai disparaître du pays les bêtes mauvaises, et l'épée ne passera pas par votre pays.

26:6 And I will give peace in the land, and ye shall lie down, and none shall make you afraid: and I will rid evil beasts out of the land, neither shall the sword go through your land.

26:7 Et vous poursuivrez vos ennemis, et ils tomberont devant vous par l'épée.

26:7 And ye shall chase your enemies, and they shall fall before you by the sword.

26:8 Et cinq d'entre vous en poursuivront cent, et cent d'entre vous en poursuivront dix mille, et vos ennemis tomberont devant vous par l'épée.

26:8 And five of you shall chase an hundred, and an hundred of you shall put ten thousand to flight: and your enemies shall fall before you by the sword.

26:9 Et je me tournerai vers vous, et je vous ferai fructifier, et je vous multiplierai, et je mettrai à effet mon alliance avec vous.

26:9 For I will have respect unto you, and make you fruitful, and multiply you, and establish my covenant with you.

26:10 Et vous mangerez de vieilles provisions, et vous sortirez le vieux de devant le nouveau.

26:10 And ye shall eat old store, and bring forth the old because of the new.

26:11 Et je mettrai mon tabernacle au milieu de vous, et mon âme ne vous aura pas en horreur ;

26:11 And I set my tabernacle among you: and my soul shall not abhor you.

26:12 et je marcherai au milieu de vous ; et je serai votre Dieu, et vous serez mon peuple.

26:12 And I will walk among you, and will be your God, and ye shall be my people.

26:13 Moi, je suis l'Éternel, votre Dieu, qui vous ai fait sortir du pays d'Égypte, afin que vous ne fussiez pas leurs esclaves* : j'ai brisé les liens de votre joug, et je vous ai fait marcher la tête levée.

26:13 I am the LORD your God, which brought you forth out of the land of Egypt, that ye should not be their bondmen; and I have broken the bands of your yoke, and made you go upright.

26:14 Mais si vous ne m'écoutez pas, et si vous ne pratiquez pas tous ces commandements,

26:14 But if ye will not hearken unto me, and will not do all these commandments;

26:15 et si vous méprisez mes statuts, et si votre âme a en horreur mes ordonnances, de sorte que vous ne pratiquiez pas tous mes commandements et que vous rompiez mon alliance,

26:15 And if ye shall despise my statutes, or if your soul abhor my judgments, so that ye will not do all my commandments, but that ye break my covenant:

26:16 moi aussi, je vous ferai ceci : J'ordonnerai sur vous la frayeur, la consomption et la fièvre qui consumeront vos yeux et feront défaillir votre âme ; et vous sèmerez en vain votre semence, car vos ennemis la mangeront.

26:17 Et je tournerai ma face contre vous : vous serez battus devant vos ennemis ; ceux qui vous haïssent domineront sur vous ; et vous fuirez sans que personne vous poursuive.

26:18 Et si, après cela encore, vous ne m'écoutez pas, je vous châtierai encore sept fois plus à cause de vos péchés ;

26:19 et je briserai l'orgueil de votre force, et je ferai que votre ciel sera comme de fer, et votre terre comme d'airain.

26:20 Et vous dépenserez votre force en vain, et votre terre ne donnera pas son rapport, et les arbres de la terre ne donneront pas leur fruit.

26:21 Et si vous marchez en opposition avec moi et que vous ne vouliez pas m'écouter, je vous frapperai encore sept fois plus, selon vos péchés ;

26:22 et j'enverrai contre vous les bêtes des champs, qui vous raviront vos enfants, et détruiront votre bétail, et vous réduiront à un petit nombre ; et vos chemins seront désolés.

26:23 Et si par ces choses-là vous ne recevez pas mon instruction, et que vous marchiez en opposition avec moi,

26:24 je marcherai, moi aussi, en opposition avec vous, et je vous frapperai, moi aussi, sept fois plus, à cause de vos péchés ;

26:25 et je ferai venir sur vous l'épée qui exécute la vengeance de l'alliance ; et quand vous serez rassemblés* dans vos villes, j'enverrai la peste au milieu de vous, et vous serez livrés en la main de l'ennemi.

26:16 I also will do this unto you; I will even appoint over you terror, consumption, and the burning ague, that shall consume the eyes, and cause sorrow of heart: and ye shall sow your seed in vain, for your enemies shall eat it.

26:17 And I will set my face against you, and ye shall be slain before your enemies: they that hate you shall reign over you; and ye shall flee when none pursueth you.

26:18 And if ye will not yet for all this hearken unto me, then I will punish you seven times more for your sins.

26:19 And I will break the pride of your power; and I will make your heaven as iron, and your earth as brass:

26:20 And your strength shall be spent in vain: for your land shall not yield her increase, neither shall the trees of the land yield their fruits.

26:21 And if ye walk contrary unto me, and will not hearken unto me; I will bring seven times more plagues upon you according to your sins.

26:22 I will also send wild beasts among you, which shall rob you of your children, and destroy your cattle, and make you few in number; and your high ways shall be desolate.

26:23 And if ye will not be reformed by me by these things, but will walk contrary unto me;

26:24 Then will I also walk contrary unto you, and will punish you yet seven times for your sins.

26:25 And I will bring a sword upon you, that shall avenge the quarrel of my covenant: and when ye are gathered together within your cities, I will send the pestilence among you; and ye shall be delivered into the hand of the enemy.

26:26 Quand je vous briserai le bâton du pain, dix femmes cuiront votre pain dans un seul four et vous rendront votre pain au poids ; et vous mangerez, et vous ne serez pas rassasiés.

26:27 Et si avec cela vous ne m'écoutez pas, et que vous marchiez en opposition avec moi,

26:28 je marcherai aussi en opposition avec vous, avec fureur, et je vous châtierai, moi aussi, sept fois plus, à cause de vos péchés ;

26:29 et vous mangerez la chair de vos fils, et vous mangerez la chair de vos filles ;

26:30 je détruirai vos hauts lieux, et j'abattrai vos colonnes consacrées au soleil, et je mettrai vos cadavres sur les cadavres de vos idoles*, et mon âme vous aura en horreur.

26:31 Et je réduirai vos villes en déserts, et je désolerai vos sanctuaires, et je ne flairerai pas l'odeur agréable de vos parfums,

26:32 et je désolerai le pays, et vos ennemis qui y habiteront en seront étonnés ;

26:33 et vous, je vous disperserai parmi les nations, et je tirerai l'épée après vous, et votre pays sera mis en désolation, et vos villes seront un désert.

26:34 Alors le pays jouira de ses sabbats tous les jours de sa désolation : quand vous, vous serez dans le pays de vos ennemis, alors le pays se reposera, et jouira de* ses sabbats.

26:35 Tous les jours qu'il sera désolé, il se reposera, parce qu'il ne s'était pas reposé dans vos sabbats pendant que vous y habitiez.

26:36 Et quant à ceux qui demeureront de reste d'entre vous, je ferai venir la lâcheté dans leur cœur, dans les pays de leurs ennemis, et le bruit d'une feuille emportée [par le vent] les poursuivra, et ils fuiront comme on fuit l'épée, et tomberont sans que personne les poursuive ;

26:26 And when I have broken the staff of your bread, ten women shall bake your bread in one oven, and they shall deliver you your bread again by weight: and ye shall eat, and not be satisfied.

26:27 And if ye will not for all this hearken unto me, but walk contrary unto me;

26:28 Then I will walk contrary unto you also in fury; and I, even I, will chastise you seven times for your sins.

26:29 And ye shall eat the flesh of your sons, and the flesh of your daughters shall ye eat.

26:30 And I will destroy your high places, and cut down your images, and cast your carcases upon the carcases of your idols, and my soul shall abhor you.

26:31 And I will make your cities waste, and bring your sanctuaries unto desolation, and I will not smell the savour of your sweet odours.

26:32 And I will bring the land into desolation: and your enemies which dwell therein shall be astonished at it.

26:33 And I will scatter you among the heathen, and will draw out a sword after you: and your land shall be desolate, and your cities waste.

26:34 Then shall the land enjoy her sabbaths, as long as it lieth desolate, and ye be in your enemies' land; even then shall the land rest, and enjoy her sabbaths.

26:35 As long as it lieth desolate it shall rest; because it did not rest in your sabbaths, when ye dwelt upon it.

26:36 And upon them that are left alive of you I will send a faintness into their hearts in the lands of their enemies; and the sound of a shaken leaf shall chase them; and they shall flee, as fleeing from a sword; and they shall fall when none pursueth.

26:37 et ils trébucheront l'un par-dessus l'autre comme devant l'épée, sans que personne les poursuive ; et vous ne pourrez pas tenir devant vos ennemis ;

26:38 et vous périrez parmi les nations, et le pays de vos ennemis vous dévorera.

26:39 Et ceux qui demeureront de reste d'entre vous, se consumeront dans leur iniquité, dans les pays de vos ennemis ; et ils se consumeront, dans les iniquités de leurs pères, avec eux.

26:40 Et ils confesseront leur iniquité et l'iniquité de leurs pères, selon leurs infidélités par lesquelles ils ont été infidèles envers moi, et aussi comment ils ont marché en opposition avec moi,

26:41 en sorte que moi aussi, j'ai marché en opposition avec eux, et que je les ai amenés dans le pays de leurs ennemis. Si alors leur cœur incirconcis s'humilie et qu'alors ils acceptent la punition de leur iniquité,

26:42 je me souviendrai de mon alliance avec Jacob, et aussi de mon alliance avec Isaac, et je me souviendrai aussi de mon alliance avec Abraham, et je me souviendrai de la terre :

26:43 la terre aura été abandonnée par eux, et elle aura joui de ses sabbats, dans sa désolation, eux n'y étant plus ; et ils accepteront la punition de leur iniquité, parce que..., oui, parce qu'ils ont méprisé mes ordonnances, et que leurs âmes ont eu en horreur mes statuts.

26:44 Même alors, quand ils seront dans le pays de leurs ennemis, je ne les mépriserai pas et je ne les aurai pas en horreur pour en finir avec eux, pour rompre mon alliance avec eux ;

26:37 And they shall fall one upon another, as it were before a sword, when none pursueth: and ye shall have no power to stand before your enemies.

26:38 And ye shall perish among the heathen, and the land of your enemies shall eat you up.

26:39 And they that are left of you shall pine away in their iniquity in your enemies' lands; and also in the iniquities of their fathers shall they pine away with them.

26:40 If they shall confess their iniquity, and the iniquity of their fathers, with their trespass which they trespassed against me, and that also they have walked contrary unto me;

26:41 And that I also have walked contrary unto them, and have brought them into the land of their enemies; if then their uncircumcised hearts be humbled, and they then accept of the punishment of their iniquity:

26:42 Then will I remember my covenant with Jacob, and also my covenant with Isaac, and also my covenant with Abraham will I remember; and I will remember the land.

26:43 The land also shall be left of them, and shall enjoy her sabbaths, while she lieth desolate without them: and they shall accept of the punishment of their iniquity: because, even because they despised my judgments, and because their soul abhorred my statutes.

26:44 And yet for all that, when they be in the land of their enemies, I will not cast them away, neither will I abhor them, to destroy them utterly, and to break my covenant with them: for I am the LORD their God.

26:45 car moi, je suis l'Éternel, leur Dieu ; et je me souviendrai en leur faveur de l'alliance faite avec leurs ancêtres, lesquels j'ai fait sortir du pays d'Égypte, sous les yeux des nations, pour être leur Dieu. Moi, je suis l'Éternel.

26:45 But I will for their sakes remember the covenant of their ancestors, whom I brought forth out of the land of Egypt in the sight of the heathen, that I might be their God: I am the LORD.

26:46 Ce sont là les statuts et les ordonnances, et les lois que l'Éternel établit entre lui et les fils d'Israël, sur la montagne de Sinaï, par Moïse.

26:46 These are the statutes and judgments and laws, which the LORD made between him and the children of Israel in mount Sinai by the hand of Moses.

27:1 Et l'Éternel parla à Moïse, disant :

27:1 And the LORD spake unto Moses, saying,

27:2 Parle aux fils d'Israël, et dis-leur : Si quelqu'un a mis à part quoi que ce soit par un vœu, les personnes seront à l'Éternel selon ton estimation.

27:2 Speak unto the children of Israel, and say unto them, When a man shall make a singular vow, the persons shall be for the LORD by thy estimation.

27:3 Et ton estimation d'un mâle depuis l'âge de vingt ans jusqu'à l'âge de soixante ans, ton estimation sera de cinquante sicles d'argent, selon le sicle du sanctuaire ;

27:3 And thy estimation shall be of the male from twenty years old even unto sixty years old, even thy estimation shall be fifty shekels of silver, after the shekel of the sanctuary.

27:4 et si c'est une femme, ton estimation sera de trente sicles.

27:4 And if it be a female, then thy estimation shall be thirty shekels.

27:5 Et si c'est un mâle depuis l'âge de cinq ans jusqu'à l'âge de vingt ans, ton estimation sera de vingt sicles, et pour une femme, de dix sicles ;

27:5 And if it be from five years old even unto twenty years old, then thy estimation shall be of the male twenty shekels, and for the female ten shekels.

27:6 et si c'est un mâle depuis l'âge d'un mois jusqu'à l'âge de cinq ans, ton estimation sera de cinq sicles d'argent, et ton estimation d'une fille sera de trois sicles d'argent.

27:6 And if it be from a month old even unto five years old, then thy estimation shall be of the male five shekels of silver, and for the female thy estimation shall be three shekels of silver.

27:7 Et si c'est un mâle de l'âge de soixante ans et au-dessus, ton estimation sera de quinze aicles, et pour une femme, de dix sicles.

27:7 And if it be from sixty years old and above; if it be a male, then thy estimation shall be fifteen shekels, and for the female ten shekels.

27:8 Et s'il est plus pauvre que ton estimation, on le fera se tenir devant le sacrificateur, et le sacrificateur en fera l'estimation : le sacrificateur en fera l'estimation à raison de ce que peut atteindre la main de celui qui a fait le vœu.

27:8 But if he be poorer than thy estimation, then he shall present himself before the priest, and the priest shall value him; according to his ability that vowed shall the priest value him.

27:9 Et si c'est une des bêtes qu'on présente en offrande à l'Éternel, tout ce qu'on donnera à l'Éternel sera saint.	27:9 And if it be a beast, whereof men bring an offering unto the LORD, all that any man giveth of such unto the LORD shall be holy.
27:10 On ne la changera pas, et on ne la remplacera pas par une autre, une bonne par une mauvaise, ou une mauvaise par une bonne ; et si l'on remplace, en quelque manière que ce soit, une bête par une autre, celle-ci et celle qui la remplacera seront saintes.	27:10 He shall not alter it, nor change it, a good for a bad, or a bad for a good: and if he shall at all change beast for beast, then it and the exchange thereof shall be holy.
27:11 Et si c'est quelque bête impure qu'on ne peut présenter en offrande à l'Éternel, on placera la bête devant le sacrificateur,	27:11 And if it be any unclean beast, of which they do not offer a sacrifice unto the LORD, then he shall present the beast before the priest:
27:12 et le sacrificateur en fera l'estimation, selon qu'elle sera bonne ou mauvaise ; il en sera selon ton estimation, sacrificateur !	27:12 And the priest shall value it, whether it be good or bad: as thou valuest it, who art the priest, so shall it be.
27:13 Et si on veut la racheter, alors on ajoutera un cinquième à ton estimation.	27:13 But if he will at all redeem it, then he shall add a fifth part thereof unto thy estimation.
27:14 Et quand quelqu'un sanctifiera sa maison pour qu'elle soit sainte, [consacrée] à l'Éternel, le sacrificateur en fera l'estimation, selon qu'elle sera bonne ou mauvaise ; on s'en tiendra à l'estimation que le sacrificateur en fera.	27:14 And when a man shall sanctify his house to be holy unto the LORD, then the priest shall estimate it, whether it be good or bad: as the priest shall estimate it, so shall it stand.
27:15 Et si celui qui l'a sanctifiée rachète sa maison, il ajoutera le cinquième de l'argent de ton estimation par-dessus, et elle lui appartiendra.	27:15 And if he that sanctified it will redeem his house, then he shall add the fifth part of the money of thy estimation unto it, and it shall be his.
27:16 Et si quelqu'un sanctifie à l'Éternel une partie du champ de sa possession, ton estimation sera à raison de ce qu'on peut y semer* : le khomer** de semence d'orge à cinquante sicles d'argent.	27:16 And if a man shall sanctify unto the LORD some part of a field of his possession, then thy estimation shall be according to the seed thereof: an homer of barley seed shall be valued at fifty shekels of silver.
27:17 S'il sanctifie son champ dès l'année du Jubilé, on s'en tiendra à ton estimation.	27:17 If he sanctify his field from the year of jubile, according to thy estimation it shall stand.

27:18 Et si c'est après le Jubilé qu'il sanctifie son champ, le sacrificateur lui comptera l'argent à raison des années qui restent jusqu'à l'année du Jubilé, et il sera fait une réduction sur ton estimation.

27:19 Et si celui qui a sanctifié le champ veut le racheter, il ajoutera le cinquième de l'argent de ton estimation par-dessus, et il lui restera.

27:20 Et s'il ne rachète pas le champ ou qu'il vende le champ à un autre homme, il ne pourra plus être racheté.

27:21 Et le champ, en étant libéré au Jubilé, sera saint, [consacré] à l'Éternel, comme un champ voué ; la possession en sera au sacrificateur.

27:22 Et s'il sanctifie à l'Éternel un champ qu'il ait acheté, qui ne soit pas des champs de sa possession,

27:23 le sacrificateur lui comptera le montant de ton estimation jusqu'à l'année du Jubilé, et il donnera, ce jour-là, le montant de ton estimation, comme une chose sainte [consacrée] à l'Éternel ;

27:24 dans l'année du Jubilé, le champ retournera à celui de qui il l'avait acheté et à qui appartenait la possession de la terre.

27:25 Et toute estimation que tu auras faite sera selon le sicle du sanctuaire : le sicle sera de vingt guéras.

27:26 Seulement, le premier-né d'entre les bêtes, qui est offert comme prémices à l'Éternel, nul ne pourra le sanctifier : si c'est un bœuf ou un agneau*, il est à l'Éternel.

27:27 Et s'il est des bêtes impures, on le rachètera selon ton estimation, et on ajoutera un cinquième par-dessus ; et si on ne le rachète pas, il sera vendu selon ton estimation.

27:18 But if he sanctify his field after the jubile, then the priest shall reckon unto him the money according to the years that remain, even unto the year of the jubile, and it shall be abated from thy estimation.

27:19 And if he that sanctified the field will in any wise redeem it, then he shall add the fifth part of the money of thy estimation unto it, and it shall be assured to him.

27:20 And if he will not redeem the field, or if he have sold the field to another man, it shall not be redeemed any more.

27:21 But the field, when it goeth out in the jubile, shall be holy unto the LORD, as a field devoted; the possession thereof shall be the priest's.

27:22 And if a man sanctify unto the LORD a field which he hath bought, which is not of the fields of his possession;

27:23 Then the priest shall reckon unto him the worth of thy estimation, even unto the year of the jubile: and he shall give thine estimation in that day, as a holy thing unto the LORD.

27:24 In the year of the jubile the field shall return unto him of whom it was bought, even to him to whom the possession of the land did belong.

27:25 And all thy estimations shall be according to the shekel of the sanctuary: twenty gerahs shall be the shekel.

27:26 Only the firstling of the beasts, which should be the LORD's firstling, no man shall sanctify it; whether it be ox, or sheep: it is the LORD's.

27:27 And if it be of an unclean beast, then he shall redeem it according to thine estimation, and shall add a fifth part of it thereto: or if it be not redeemed, then it shall be sold according to thy estimation.

27:28 Seulement, aucune chose vouée que quelqu'un aura vouée à l'Éternel, de tout ce qu'il a, soit homme, ou bête, ou champ de sa possession, ne se vendra ni ne se rachètera : toute chose vouée sera très sainte, [consacrée] à l'Éternel.

27:29 Quiconque d'entre les hommes est voué [à Dieu] ne pourra être racheté : il sera certainement mis à mort.

27:30 Et toute dîme de la terre, de la semence de la terre, du fruit des arbres, est à l'Éternel : c'est une chose sainte [consacrée] à l'Éternel.

27:31 Et si quelqu'un veut racheter quelque chose de sa dîme, il y ajoutera un cinquième par-dessus.

27:32 Quant à toute dîme du gros et du menu bétail, de tout ce qui passe sous la verge, la dîme sera sainte, [consacrée] à l'Éternel.

27:33 On ne distinguera pas entre le bon et le mauvais, et on ne le changera pas ; et si on le change, la bête changée et celle qui la remplace seront saintes, elles ne seront pas rachetées.

27:34 Ce sont là les commandements que l'Éternel commanda à Moïse pour les fils d'Israël, sur la montagne de Sinaï.

NOMBRES

1:1 Et l'Éternel parla à Moïse, au désert de Sinaï, dans la tente d'assignation, le premier [jour] du second mois de la seconde année après leur sortie du pays d'Égypte*, disant :

1:2 Relevez la somme de toute l'assemblée des fils d'Israël, selon leurs familles, selon leurs maisons de pères, suivant le nombre des noms, tous les mâles, par tête ;

1:3 depuis l'âge de vingt ans et au-dessus, tous ceux d'Israël qui sont propres au service militaire, vous les compterez selon leurs armées, toi et Aaron.

27:28 Notwithstanding no devoted thing, that a man shall devote unto the LORD of all that he hath, both of man and beast, and of the field of his possession, shall be sold or redeemed: every devoted thing is most holy unto the LORD.

27:29 None devoted, which shall be devoted of men, shall be redeemed; but shall surely be put to death.

27:30 And all the tithe of the land, whether of the seed of the land, or of the fruit of the tree, is the LORD's: it is holy unto the LORD.

27:31 And if a man will at all redeem ought of his tithes, he shall add thereto the fifth part thereof.

27:32 And concerning the tithe of the herd, or of the flock, even of whatsoever passeth under the rod, the tenth shall be holy unto the LORD.

27:33 He shall not search whether it be good or bad, neither shall he change it: and if he change it at all, then both it and the change thereof shall be holy; it shall not be redeemed.

27:34 These are the commandments, which the LORD commanded Moses for the children of Israel in mount Sinai.

The Fourth Book of Moses: Called Numbers

1:1 And the LORD spake unto Moses in the wilderness of Sinai, in the tabernacle of the congregation, on the first day of the second month, in the second year after they were come out of the land of Egypt, saying,

1:2 Take ye the sum of all the congregation of the children of Israel, after their families, by the house of their fathers, with the number of their names, every male by their polls;

1:3 From twenty years old and upward, all that are able to go forth to war in Israel: thou and Aaron shall number them by their armies.

1:4 Et, avec vous, il y aura un homme par tribu, un homme chef de sa maison de pères.

1:4 And with you there shall be a man of every tribe; every one head of the house of his fathers.

1:5 Et ce sont ici les noms des hommes qui se tiendront avec vous : pour Ruben, Élitsur, fils de Shedéur ;

1:5 And these are the names of the men that shall stand with you: of the tribe of Reuben; Elizur the son of Shedeur.

1:6 pour Siméon, Shelumiel, fils de Tsurishaddaï ;

1:6 Of Simeon; Shelumiel the son of Zurishaddai.

1:7 pour Juda, Nakhshon, fils d'Amminadab ;

1:7 Of Judah; Nahshon the son of Amminadab.

1:8 pour Issacar, Nethaneël, fils de Tsuar ;

1:8 Of Issachar; Nethaneel the son of Zuar.

1:9 pour Zabulon, Éliab, fils de Hélon ;

1:9 Of Zebulun; Eliab the son of Helon.

1:10 pour les fils de Joseph, pour Éphraïm, Élishama, fils d'Ammihud ; pour Manassé, Gameliel, fils de Pedahtsur ;

1:10 Of the children of Joseph: of Ephraim; Elishama the son of Ammihud: of Manasseh; Gamaliel the son of Pedahzur.

1:11 pour Benjamin, Abidan, fils de Guidhoni ;

1:11 Of Benjamin; Abidan the son of Gideoni.

1:12 pour Dan, Akhiézer, fils d'Ammishaddaï ;

1:12 Of Dan; Ahiezer the son of Ammishaddai.

1:13 pour Aser, Paghiel, fils d'Ocran ;

1:13 Of Asher; Pagiel the son of Ocran.

1:14 pour Gad, Éliasaph, fils de Dehuel ;

1:14 Of Gad; Eliasaph the son of Deuel.

1:15 pour Nephthali, Akhira, fils d'Énan.

1:15 Of Naphtali; Ahira the son of Enan.

1:16 Ce sont là ceux qui furent les principaux* de l'assemblée les princes des tribus de leurs pères, les chefs des milliers d'Israël.

1:16 These were the renowned of the congregation, princes of the tribes of their fathers, heads of thousands in Israel.

1:17 Et Moïse et Aaron prirent ces hommes-là, qui avaient été désignés par leurs noms,

1:17 And Moses and Aaron took these men which are expressed by their names:

1:18 et ils réunirent toute l'assemblée, le premier [jour] du second mois ; et chacun déclara sa filiation, selon leurs familles, selon leurs maisons de pères, suivant le nombre des noms, depuis l'âge de vingt ans et au-dessus, par tête.

1:18 And they assembled all the congregation together on the first day of the second month, and they declared their pedigrees after their families, by the house of their fathers, according to the number of the names, from twenty years old and upward, by their polls.

1:19 Comme l'Éternel l'avait commandé à Moïse, ainsi il les dénombra dans le désert de Sinaï.

1:19 As the LORD commanded Moses, so he numbered them in the wilderness of Sinai.

1:20 Et les fils de Ruben, premier-né d'Israël, leurs générations, selon leurs familles, selon leurs maisons de pères, suivant le nombre des noms, par tête, tous les mâles, depuis l'âge de vingt ans et au-dessus, tous ceux qui étaient propres au service militaire,

1:21 ceux qui furent dénombrés de la tribu de Ruben furent quarante-six mille cinq cents.

1:22 Des fils de Siméon : leurs générations, selon leurs familles, selon leurs maisons de pères, ceux qui furent dénombrés suivant le nombre des noms, par tête, tous les mâles, depuis l'âge de vingt ans et au-dessus, tous ceux qui étaient propres au service militaire,

1:23 ceux qui furent dénombrés de la tribu de Siméon furent cinquante-neuf mille trois cents.

1:24 Des fils de Gad : leurs générations, selon leurs familles, selon leurs maisons de pères, suivant le nombre des noms, depuis l'âge de vingt ans au-dessus, tous ceux qui étaient propres au service militaire,

1:25 ceux qui furent dénombrés de la tribu de Gad furent quarante-cinq mille six cent cinquante.

1:26 Des fils de Juda : leurs générations, selon leurs familles, selon leurs maisons de pères, suivant le nombre des noms, depuis l'âge de vingt ans au-dessus, tous ceux qui étaient propres au service militaire,

1:27 ceux qui furent dénombrés de la tribu de Juda furent soixante-quatorze mille six cents.

1:28 Des fils d'Issacar : leurs générations, selon leurs familles, selon leurs maisons de pères, suivant le nombre des noms, depuis l'âge de vingt ans au-dessus, tous ceux qui étaient propres au service militaire,

1:20 And the children of Reuben, Israel's eldest son, by their generations, after their families, by the house of their fathers, according to the number of the names, by their polls, every male from twenty years old and upward, all that were able to go forth to war;

1:21 Those that were numbered of them, even of the tribe of Reuben, were forty and six thousand and five hundred.

1:22 Of the children of Simeon, by their generations, after their families, by the house of their fathers, those that were numbered of them, according to the number of the names, by their polls, every male from twenty years old and upward, all that were able to go forth to war;

1:23 Those that were numbered of them, even of the tribe of Simeon, were fifty and nine thousand and three hundred.

1:24 Of the children of Gad, by their generations, after their families, by the house of their fathers, according to the number of the names, from twenty years old and upward, all that were able to go forth to war;

1:25 Those that were numbered of them, even of the tribe of Gad, were forty and five thousand six hundred and fifty.

1:26 Of the children of Judah, by their generations, after their families, by the house of their fathers, according to the number of the names, from twenty years old and upward, all that were able to go forth to war;

1:27 Those that were numbered of them, even of the tribe of Judah, were threescore and fourteen thousand and six hundred.

1:28 Of the children of Issachar, by their generations, after their families, by the house of their fathers, according to the number of the names, from twenty years old and upward, all that were able to go forth to war;

1:29 ceux qui furent dénombrés de la tribu d'Issacar furent cinquante-quatre mille quatre cents.

1:30 Des fils de Zabulon : leurs générations, selon leurs familles, selon leurs maisons de pères, suivant le nombre des noms, depuis l'âge de vingt ans et au-dessus, tous ceux qui étaient propres au service militaire,

1:31 ceux qui furent dénombrés de la tribu de Zabulon furent cinquante-sept mille quatre cents.

1:32 Des fils de Joseph, des fils d'Éphraïm : leurs générations, selon leurs familles, selon leurs maisons de pères, suivant le nombre des noms, depuis l'âge de vingt ans et au-dessus, tous ceux qui étaient propres au service militaire,

1:33 ceux qui furent dénombrés de la tribu d'Éphraïm furent quarante mille cinq cents.

1:34 Des fils de Manassé : leurs générations, selon leurs familles, selon leurs maisons de pères, suivant le nombre des noms, depuis l'âge de vingt ans et au-dessus, tous ceux qui étaient propres au service militaire,

1:35 ceux qui furent dénombrés de la tribu de Manassé furent trente-deux mille deux cents.

1:36 Des fils de Benjamin : leurs générations, selon leurs familles, selon leurs maisons de pères, suivant le nombre des noms, depuis l'âge de vingt ans et au-dessus, tous ceux qui étaient propres au service militaire,

1:37 ceux qui furent dénombrés de la tribu de Benjamin furent trente-cinq mille quatre cents.

1:29 Those that were numbered of them, even of the tribe of Issachar, were fifty and four thousand and four hundred.

1:30 Of the children of Zebulun, by their generations, after their families, by the house of their fathers, according to the number of the names, from twenty years old and upward, all that were able to go forth to war;

1:31 Those that were numbered of them, even of the tribe of Zebulun, were fifty and seven thousand and four hundred.

1:32 Of the children of Joseph, namely, of the children of Ephraim, by their generations, after their families, by the house of their fathers, according to the number of the names, from twenty years old and upward, all that were able to go forth to war;

1:33 Those that were numbered of them, even of the tribe of Ephraim, were forty thousand and five hundred.

1:34 Of the children of Manasseh, by their generations, after their families, by the house of their fathers, according to the number of the names, from twenty years old and upward, all that were able to go forth to war;

1:35 Those that were numbered of them, even of the tribe of Manasseh, were thirty and two thousand and two hundred.

1:36 Of the children of Benjamin, by their generations, after their families, by the house of their fathers, according to the number of the names, from twenty years old and upward, all that were able to go forth to war;

1:37 Those that were numbered of them, even of the tribe of Benjamin, were thirty and five thousand and four hundred.

1:38 Des fils de Dan : leurs générations, selon leurs familles, selon leurs maisons de pères, suivant le nombre des noms, depuis l'âge de vingt ans et au-dessus, tous ceux qui étaient propres au service militaire,

1:39 ceux qui furent dénombrés de la tribu de Dan furent soixante-deux mille sept cents.

1:40 Des fils d'Aser : leurs générations, selon leurs familles, selon leurs maisons de pères, suivant le nombre des noms, depuis l'âge de vingt ans et au-dessus, tous ceux qui étaient propres au service militaire,

1:41 ceux qui furent dénombrés de la tribu d'Aser furent quarante et un mille cinq cents.

1:42 Des fils de Nephthali : leurs générations, selon leurs familles, selon leurs maisons de pères, suivant le nombre des noms, depuis l'âge de vingt ans et au-dessus, tous ceux qui étaient propres au service militaire,

1:43 ceux qui furent dénombrés de la tribu de Nephthali furent cinquante-trois mille quatre cents.

1:44 Ce sont là les dénombrés que Moïse et Aaron et les douze hommes, princes d'Israël, dénombrèrent : il y avait un homme pour chaque maison de pères.

1:45 Et tous les dénombrés des fils d'Israël, selon leurs maisons de pères, depuis l'âge de vingt ans et au-dessus, tous ceux qui étaient propres au service militaire en Israël,

1:46 tous les dénombrés, furent six cent trois mille cinq cent cinquante.

1:47 Mais les Lévites, selon la tribu de leurs pères, ne furent pas dénombrés parmi eux.

1:48 Car l'Éternel avait parlé à Moïse, disant :

1:38 Of the children of Dan, by their generations, after their families, by the house of their fathers, according to the number of the names, from twenty years old and upward, all that were able to go forth to war;

1:39 Those that were numbered of them, even of the tribe of Dan, were threescore and two thousand and seven hundred.

1:40 Of the children of Asher, by their generations, after their families, by the house of their fathers, according to the number of the names, from twenty years old and upward, all that were able to go forth to war;

1:41 Those that were numbered of them, even of the tribe of Asher, were forty and one thousand and five hundred.

1:42 Of the children of Naphtali, throughout their generations, after their families, by the house of their fathers, according to the number of the names, from twenty years old and upward, all that were able to go forth to war;

1:43 Those that were numbered of them, even of the tribe of Naphtali, were fifty and three thousand and four hundred.

1:44 These are those that were numbered, which Moses and Aaron numbered, and the princes of Israel, being twelve men: each one was for the house of his fathers.

1:45 So were all those that were numbered of the children of Israel, by the house of their fathers, from twenty years old and upward, all that were able to go forth to war in Israel;

1:46 Even all they that were numbered were six hundred thousand and three thousand and five hundred and fifty.

1:47 But the Levites after the tribe of their fathers were not numbered among them.

1:48 For the LORD had spoken unto Moses, saying,

1:49 Seulement, tu ne dénombreras pas la tribu de Lévi et tu n'en relèveras pas la somme parmi les fils d'Israël.

1:50 Et toi, tu préposeras les Lévites sur le tabernacle du témoignage, et sur tous ses ustensiles, et sur tout ce qui lui appartient : ce seront eux qui porteront le tabernacle et tous ses ustensiles ; ils en feront le service, et camperont autour du tabernacle ;

1:51 et quand le tabernacle partira, les Lévites le démonteront, et quand le tabernacle campera, les Lévites le dresseront ; et l'étranger qui en approchera sera mis à mort.

1:52 Et les fils d'Israël camperont chacun dans son camp, et chacun près de sa bannière, selon leurs armées.

1:53 Et les Lévites camperont autour du tabernacle du témoignage, afin qu'il n'y ait point de colère sur l'assemblée des fils d'Israël ; et les Lévites auront la garde du tabernacle du témoignage.

1:54 Et les fils d'Israël firent selon tout ce que l'Éternel avait commandé à Moïse ; ils firent ainsi.

2:1 Et l'Éternel parla à Moïse et à Aaron, disant :

2:2 Les fils d'Israël camperont chacun près de sa bannière, sous les enseignes de leurs maisons de pères ; ils camperont autour de la tente d'assignation, à distance, vis-à-vis.

2:3 [Voici] ceux qui camperont à l'orient, vers le levant, [sous] la bannière du camp de Juda, selon leurs armées : le prince des fils de Juda, Nakhshon, fils d'Amminadab,

2:4 et son armée ; et ses dénombrés*, soixante-quatorze mille six cents.

1:49 Only thou shalt not number the tribe of Levi, neither take the sum of them among the children of Israel:

1:50 But thou shalt appoint the Levites over the tabernacle of testimony, and over all the vessels thereof, and over all things that belong to it: they shall bear the tabernacle, and all the vessels thereof; and they shall minister unto it, and shall encamp round about the tabernacle.

1:51 And when the tabernacle setteth forward, the Levites shall take it down: and when the tabernacle is to be pitched, the Levites shall set it up: and the stranger that cometh nigh shall be put to death.

1:52 And the children of Israel shall pitch their tents, every man by his own camp, and every man by his own standard, throughout their hosts.

1:53 But the Levites shall pitch round about the tabernacle of testimony, that there be no wrath upon the congregation of the children of Israel: and the Levites shall keep the charge of the tabernacle of testimony.

1:54 And the children of Israel did according to all that the LORD commanded Moses, so did they.

2:1 And the LORD spake unto Moses and unto Aaron, saying,

2:2 Every man of the children of Israel shall pitch by his own standard, with the ensign of their father's house: far off about the tabernacle of the congregation shall they pitch.

2:3 And on the east side toward the rising of the sun shall they of the standard of the camp of Judah pitch throughout their armies: and Nahshon the son of Amminadab shall be captain of the children of Judah.

2:4 And his host, and those that were numbered of them, were threescore and fourteen thousand and six hundred.

2:5 — Et ceux qui camperont près de lui, sont la tribu d'Issacar : le prince des fils d'Issacar, Nethaneël, fils de Tsuar,

2:6 et son armée ; et ses dénombrés, cinquante-quatre mille quatre cents.

2:7 — [Avec eux] sera la tribu de Zabulon : le prince des fils de Zabulon, Éliab, fils de Hélon,

2:8 et son armée ; et ses dénombrés, cinquante-sept mille quatre cents.

2:9 — Tous les dénombrés du camp de Juda, cent quatre-vingt-six mille quatre cents, selon leurs armées ; ils partiront les premiers.

2:10 La bannière du camp de Ruben, selon ses armées, sera vers le midi : le prince des fils de Ruben, Élitsur, fils de Shedéur,

2:11 et son armée ; et ses dénombrés, quarante-six mille cinq cents.

2:12 — Et ceux qui camperont près de lui, sont la tribu de Siméon : le prince des fils de Siméon, Shelumiel, fils de Tsurishaddaï,

2:13 et son armée ; et ses dénombrés, cinquante-neuf mille trois cents.

2:14 — Et [avec eux] sera la tribu de Gad : le prince des fils de Gad, Éliasaph, fils de Rehuel*,

2:15 et son armée ; et ses dénombrés, quarante-cinq mille six cent cinquante.

2:16 — Tous les dénombrés du camp de Ruben, cent cinquante et un mille quatre cent cinquante, selon leurs armées ; et ils partiront les seconds.

2:5 And those that do pitch next unto him shall be the tribe of Issachar: and Nethaneel the son of Zuar shall be captain of the children of Issachar.

2:6 And his host, and those that were numbered thereof, were fifty and four thousand and four hundred.

2:7 Then the tribe of Zebulun: and Eliab the son of Helon shall be captain of the children of Zebulun.

2:8 And his host, and those that were numbered thereof, were fifty and seven thousand and four hundred.

2:9 All that were numbered in the camp of Judah were an hundred thousand and fourscore thousand and six thousand and four hundred, throughout their armies. These shall first set forth.

2:10 On the south side shall be the standard of the camp of Reuben according to their armies: and the captain of the children of Reuben shall be Elizur the son of Shedeur.

2:11 And his host, and those that were numbered thereof, were forty and six thousand and five hundred.

2:12 And those which pitch by him shall be the tribe of Simeon: and the captain of the children of Simeon shall be Shelumiel the son of Zurishaddai.

2:13 And his host, and those that were numbered of them, were fifty and nine thousand and three hundred.

2:14 Then the tribe of Gad: and the captain of the sons of Gad shall be Eliasaph the son of Reuel.

2:15 And his host, and those that were numbered of them, were forty and five thousand and six hundred and fifty.

2:16 All that were numbered in the camp of Reuben were an hundred thousand and fifty and one thousand and four hundred and fifty, throughout their armies. And they shall set forth in the second rank.

2:17 Et la tente d'assignation partira, le camp des Lévites étant au milieu des camps ; comme ils auront campé, ainsi ils partiront, chacun à sa place, selon leurs bannières.

2:18 La bannière du camp d'Éphraïm, selon ses armées, sera vers l'occident : le prince des fils d'Éphraïm, Élishama, fils d'Ammihud,

2:19 et son armée ; et ses dénombrés, quarante mille cinq cents.

2:20 — Et près de lui la tribu de Manassé ; le prince des fils de Manassé, Gameliel, fils de Pedahtsur,

2:21 et son armée ; et ses dénombrés, trente-deux mille deux cents.

2:22 — Et [avec eux] sera la tribu de Benjamin : le prince des fils de Benjamin, Abidan, fils de Guidhoni, et son armée ;

2:23 et ses dénombrés, trente-cinq mille quatre cents.

2:24 — Tous les dénombrés du camp d'Éphraïm, cent huit mille cent, selon leurs armées ; et ils partiront les troisièmes.

2:25 La bannière du camp de Dan, selon ses armées, sera vers le nord : le prince des fils de Dan, Akhiézer, fils d'Ammishaddaï,

2:26 et son armée ; et ses dénombrés, soixante-deux mille sept cents.

2:27 — Et ceux qui camperont près de lui, sont la tribu d'Aser : le prince des fils d'Aser, Paghiel, fils d'Ocran,

2:17 Then the tabernacle of the congregation shall set forward with the camp of the Levites in the midst of the camp: as they encamp, so shall they set forward, every man in his place by their standards.

2:18 On the west side shall be the standard of the camp of Ephraim according to their armies: and the captain of the sons of Ephraim shall be Elishama the son of Ammihud.

2:19 And his host, and those that were numbered of them, were forty thousand and five hundred.

2:20 And by him shall be the tribe of Manasseh: and the captain of the children of Manasseh shall be Gamaliel the son of Pedahzur.

2:21 And his host, and those that were numbered of them, were thirty and two thousand and two hundred.

2:22 Then the tribe of Benjamin: and the captain of the sons of Benjamin shall be Abidan the son of Gideoni.

2:23 And his host, and those that were numbered of them, were thirty and five thousand and four hundred.

2:24 All that were numbered of the camp of Ephraim were an hundred thousand and eight thousand and an hundred, throughout their armies. And they shall go forward in the third rank.

2:25 The standard of the camp of Dan shall be on the north side by their armies: and the captain of the children of Dan shall be Ahiezer the son of Ammishaddai.

2:26 And his host, and those that were numbered of them, were threescore and two thousand and seven hundred.

2:27 And those that encamp by him shall be the tribe of Asher: and the captain of the children of Asher shall be Pagiel the son of Ocran.

2:28 et son armée ; et ses dénombrés, quarante et un mille cinq cents.	2:28 And his host, and those that were numbered of them, were forty and one thousand and five hundred.
2:29 — Et [avec eux] sera la tribu de Nephthali : le prince des fils de Nephthali, Akhira, fils d'Énan,	2:29 Then the tribe of Naphtali: and the captain of the children of Naphtali shall be Ahira the son of Enan.
2:30 et son armée ; et ses dénombrés, cinquante-trois mille quatre cents.	2:30 And his host, and those that were numbered of them, were fifty and three thousand and four hundred.
2:31 — Tous les dénombrés du camp de Dan, cent cinquante-sept mille six cents ; ils partiront les derniers, selon leurs bannières.	2:31 All they that were numbered in the camp of Dan were an hundred thousand and fifty and seven thousand and six hundred. They shall go hindmost with their standards.
2:32 Ce sont là les dénombrés des fils d'Israël, selon leurs maisons de pères. Tous les dénombrés des camps, selon leurs armées, furent six cent trois mille cinq cent cinquante.	2:32 These are those which were numbered of the children of Israel by the house of their fathers: all those that were numbered of the camps throughout their hosts were six hundred thousand and three thousand and five hundred and fifty.
2:33 Mais les Lévites ne furent pas dénombrés parmi les fils d'Israël, ainsi que l'Éternel l'avait commandé à Moïse.	2:33 But the Levites were not numbered among the children of Israel; as the LORD commanded Moses.
2:34 Et les fils d'Israël firent selon tout ce que l'Éternel avait commandé à Moïse : ainsi ils campèrent selon leurs bannières, et ainsi ils partirent, chacun selon leurs familles, selon leurs maisons de pères.	2:34 And the children of Israel did according to all that the LORD commanded Moses: so they pitched by their standards, and so they set forward, every one after their families, according to the house of their fathers.
3:1 Et ce sont ici les générations d'Aaron et de Moïse, au jour que l'Éternel parla à Moïse sur la montagne de Sinaï.	3:1 These also are the generations of Aaron and Moses in the day that the LORD spake with Moses in mount Sinai.
3:2 Et ce sont ici les noms des fils d'Aaron : le premier-né, Nadab, et Abihu, Éléazar et Ithamar.	3:2 And these are the names of the sons of Aaron; Nadab the firstborn, and Abihu, Eleazar, and Ithamar.
3:3 Ce sont là les noms des fils d'Aaron, les sacrificateurs oints qui furent consacrés* pour exercer la sacrificature.	3:3 These are the names of the sons of Aaron, the priests which were anointed, whom he consecrated to minister in the priest's office.

3:4 Et Nadab et Abihu moururent devant l'Éternel, lorsqu'ils présentèrent un feu étranger devant l'Éternel dans le désert de Sinaï, et ils n'eurent point de fils ; et Éléazar et Ithamar exercèrent la sacrificature en présence d'Aaron, leur père.

3:4 And Nadab and Abihu died before the LORD, when they offered strange fire before the LORD, in the wilderness of Sinai, and they had no children: and Eleazar and Ithamar ministered in the priest's office in the sight of Aaron their father.

3:5 Et l'Éternel parla à Moïse, disant :

3:5 And the LORD spake unto Moses, saying,

3:6 Fais approcher la tribu de Lévi, et fais-la se tenir devant Aaron, le sacrificateur, afin qu'ils le servent,

3:6 Bring the tribe of Levi near, and present them before Aaron the priest, that they may minister unto him.

3:7 et qu'ils accomplissent ce qui appartient à son service*, et au service* de toute l'assemblée, devant la tente d'assignation, pour faire le service du tabernacle ;

3:7 And they shall keep his charge, and the charge of the whole congregation before the tabernacle of the congregation, to do the service of the tabernacle.

3:8 et ils auront la charge de tous les ustensiles de la tente d'assignation, et de ce qui se rapporte au service* des fils d'Israël, pour faire le service du tabernacle.

3:8 And they shall keep all the instruments of the tabernacle of the congregation, and the charge of the children of Israel, to do the service of the tabernacle.

3:9 Et tu donneras les Lévites à Aaron et à ses fils ; ils lui sont absolument donnés d'entre les* fils d'Israël.

3:9 And thou shalt give the Levites unto Aaron and to his sons: they are wholly given unto him out of the children of Israel.

3:10 Et tu établiras Aaron et ses fils, afin qu'ils accomplissent les devoirs de leur sacrificature ; et l'étranger qui approchera sera mis à mort.

3:10 And thou shalt appoint Aaron and his sons, and they shall wait on their priest's office: and the stranger that cometh nigh shall be put to death.

3:11 Et l'Éternel parla à Moïse, disant :

3:11 And the LORD spake unto Moses, saying,

3:12 Et moi, voici, j'ai pris les Lévites du milieu des fils d'Israël, à la place de tout premier-né d'entre les fils d'Israël qui ouvre la matrice ; et les Lévites seront à moi ;

3:12 And I, behold, I have taken the Levites from among the children of Israel instead of all the firstborn that openeth the matrix among the children of Israel: therefore the Levites shall be mine;

3:13 car tout premier-né est à moi. Le jour où j'ai frappé tout premier-né dans le pays d'Égypte, je me suis sanctifié tout premier-né en Israël, depuis l'homme jusqu'à la bête : ils seront à moi. Je suis l'Éternel.

3:13 Because all the firstborn are mine; for on the day that I smote all the firstborn in the land of Egypt I hallowed unto me all the firstborn in Israel, both man and beast: mine shall they be: I am the LORD.

3:14 Et l'Éternel parla à Moïse, dans le désert de Sinaï, disant :

3:14 And the LORD spake unto Moses in the wilderness of Sinai, saying,

3:15 Dénombre les fils de Lévi selon leurs maisons de pères, selon leurs familles : tu dénombreras tous les mâles depuis l'âge d'un mois et au-dessus.

3:16 Et Moïse les dénombra selon le commandement* de l'Éternel, comme il lui avait été commandé.

3:17 Ce sont ici les fils de Lévi, selon leurs noms : Guershon, et Kehath, et Merari.

3:18 Et ce sont ici les noms des fils de Guershon, selon leurs familles : Libni et Shimhi.

3:19 Et les fils de Kehath*, selon leurs familles : Amram, et Jitsehar, Hébron, et Uziel.

3:20 Et les fils de Merari, selon leurs familles : Makhli et Mushi. Ce sont là les familles de Lévi, selon leurs maisons de pères.

3:21 De Guershon, la famille des Libnites et la famille des Shimhites ; ce sont là les familles des Guershonites :

3:22 ceux d'entre eux qui furent dénombrés, en comptant tous les mâles depuis l'âge d'un mois et au- dessus, ceux qui furent dénombrés furent sept mille cinq cents.

3:23 Les familles des Guershonites campèrent derrière le tabernacle, vers l'occident ;

3:24 et le prince de la maison de père des Guershonites était Éliasaph, fils de Laël.

3:25 Et la charge des fils de Guershon, à la tente d'assignation, était le tabernacle et la tente, sa couverture, et le rideau de l'entrée de la tente d'assignation,

3:26 et les tentures du parvis, et le rideau de l'entrée du parvis qui entoure le tabernacle et l'autel, et ses cordages pour tout son service.

3:15 Number the children of Levi after the house of their fathers, by their families: every male from a month old and upward shalt thou number them.

3:16 And Moses numbered them according to the word of the LORD, as he was commanded.

3:17 And these were the sons of Levi by their names; Gershon, and Kohath, and Merari.

3:18 And these are the names of the sons of Gershon by their families; Libni, and Shimei.

3:19 And the sons of Kohath by their families; Amram, and Izehar, Hebron, and Uzziel.

3:20 And the sons of Merari by their families; Mahli, and Mushi. These are the families of the Levites according to the house of their fathers.

3:21 Of Gershon was the family of the Libnites, and the family of the Shimites: these are the families of the Gershonites.

3:22 Those that were numbered of them, according to the number of all the males, from a month old and upward, even those that were numbered of them were seven thousand and five hundred.

3:23 The families of the Gershonites shall pitch behind the tabernacle westward.

3:24 And the chief of the house of the father of the Gershonites shall be Eliasaph the son of Lael.

3:25 And the charge of the sons of Gershon in the tabernacle of the congregation shall be the tabernacle, and the tent, the covering thereof, and the hanging for the door of the tabernacle of the congregation,

3:26 And the hangings of the court, and the curtain for the door of the court, which is by the tabernacle, and by the altar round about, and the cords of it for all the service thereof.

3:27 Et de Kehath, la famille des Amramites, et la famille des Jitseharites, et la famille des Hébronites, et la famille des Uziélites ; ce sont là les familles des Kehathites :

3:28 en comptant tous les mâles, depuis l'âge d'un mois et au-dessus, il y en eut huit mille six cents, qui avaient la charge du lieu saint.

3:29 Les familles des fils de Kehath campèrent à côté du tabernacle, vers le midi ;

3:30 et le prince de la maison de père des familles des Kehathites était Élitsaphan, fils d'Uziel.

3:31 Et leur charge était l'arche, et la table, et le chandelier, et les autels, et les ustensiles du lieu saint, avec lesquels on fait le service, et le rideau* et tout le service qui s'y rattachait.

3:32 — Et le prince des princes des Lévites était Éléazar, fils d'Aaron, le sacrificateur ; il était établi sur ceux qui avaient la charge du lieu saint.

3:33 De Merari, la famille des Makhlites et la famille des Mushites ; ce sont là les familles de Merari :

3:34 et ceux d'entre eux qui furent dénombrés, en comptant tous les mâles depuis l'âge d'un mois et au-dessus, furent six mille deux cents.

3:35 Et le prince de la maison de père des familles de Merari était Tsuriel, fils d'Abikhaïl. Ils campèrent du côté du tabernacle, vers le nord.

3:36 Et la surveillance des ais du tabernacle, et de ses traverses, et de ses piliers, et de ses bases, et de tous ses ustensiles, et tout le service qui s'y rattachait,

3:27 And of Kohath was the family of the Amramites, and the family of the Izeharites, and the family of the Hebronites, and the family of the Uzzielites: these are the families of the Kohathites.

3:28 In the number of all the males, from a month old and upward, were eight thousand and six hundred, keeping the charge of the sanctuary.

3:29 The families of the sons of Kohath shall pitch on the side of the tabernacle southward.

3:30 And the chief of the house of the father of the families of the Kohathites shall be Elizaphan the son of Uzziel.

3:31 And their charge shall be the ark, and the table, and the candlestick, and the altars, and the vessels of the sanctuary wherewith they minister, and the hanging, and all the service thereof.

3:32 And Eleazar the son of Aaron the priest shall be chief over the chief of the Levites, and have the oversight of them that keep the charge of the sanctuary.

3:33 Of Merari was the family of the Mahlites, and the family of the Mushites: these are the families of Merari.

3:34 And those that were numbered of them, according to the number of all the males, from a month old and upward, were six thousand and two hundred.

3:35 And the chief of the house of the father of the families of Merari was Zuriel the son of Abihail: these shall pitch on the side of the tabernacle northward.

3:36 And under the custody and charge of the sons of Merari shall be the boards of the tabernacle, and the bars thereof, and the pillars thereof, and the sockets thereof, and all the vessels thereof, and all that serveth thereto,

3:37 et les piliers du parvis tout autour, et leurs bases, et leurs pieux, et leurs cordages, furent confiés aux fils de Merari.

3:38 Et ceux qui campèrent devant le tabernacle, vers l'orient, devant la tente d'assignation, vers le levant, furent Moïse et Aaron et ses fils, veillant au service* du sanctuaire pour ce qui était confié aux fils d'Israël. — Et l'étranger qui approchera sera mis à mort.

3:39 Tous les Lévites dénombrés, que Moïse et Aaron dénombrèrent selon leurs familles, selon le commandement de l'Éternel, tous les mâles, depuis l'âge d'un mois et au-dessus, furent vingt-deux mille.

3:40 Et l'Éternel dit à Moïse : Dénombre tous les premiers-nés mâles des fils d'Israël, depuis l'âge d'un mois et au-dessus, et relève le nombre de leurs noms.

3:41 Et tu prendras les Lévites pour moi (je suis l'Éternel), à la place de tous les premiers-nés parmi les fils d'Israël, et le bétail des Lévites à la place de tous les premiers-nés parmi le bétail des fils d'Israël.

3:42 Et Moïse fit le dénombrement de tous les premiers-nés parmi les fils d'Israël, comme l'Éternel lui avait commandé ;

3:43 et tous les premiers-nés mâles, selon le nombre des noms, depuis l'âge d'un mois et au-dessus, selon leur dénombrement, furent vingt-deux mille deux cent soixante-treize.

3:44 Et l'Éternel parla à Moïse, disant :

3:45 Prends les Lévites, à la place de tous les premiers-nés parmi les fils d'Israël, et le bétail des Lévites, à la place de leur bétail ; et les Lévites seront à moi. Je suis l'Éternel.

3:37 And the pillars of the court round about, and their sockets, and their pins, and their cords.

3:38 But those that encamp before the tabernacle toward the east, even before the tabernacle of the congregation eastward, shall be Moses, and Aaron and his sons, keeping the charge of the sanctuary for the charge of the children of Israel; and the stranger that cometh nigh shall be put to death.

3:39 All that were numbered of the Levites, which Moses and Aaron numbered at the commandment of the LORD, throughout their families, all the males from a month old and upward, were twenty and two thousand.

3:40 And the LORD said unto Moses, Number all the firstborn of the males of the children of Israel from a month old and upward, and take the number of their names.

3:41 And thou shalt take the Levites for me (I am the LORD) instead of all the firstborn among the children of Israel; and the cattle of the Levites instead of all the firstlings among the cattle of the children of Israel.

3:42 And Moses numbered, as the LORD commanded him, all the firstborn among the children of Israel.

3:43 And all the firstborn males by the number of names, from a month old and upward, of those that were numbered of them, were twenty and two thousand two hundred and threescore and thirteen.

3:44 And the LORD spake unto Moses, saying,

3:45 Take the Levites instead of all the firstborn among the children of Israel, and the cattle of the Levites instead of their cattle; and the Levites shall be mine: I am the LORD.

3:46 Et quant à ceux qu'il faut racheter, les deux cent soixante-treize parmi les premiers-nés des fils d'Israël, qui sont de plus que les Lévites,

3:47 tu prendras cinq sicles par tête ; tu les prendras selon le sicle du sanctuaire, le sicle à vingt guéras,

3:48 et tu donneras à Aaron et à ses fils l'argent de ceux qui sont rachetés, qui sont de plus que les [Lévites].

3:49 Et Moïse prit l'argent du rachat, de ceux qui étaient de plus que le nombre de ceux qui avaient été rachetés par les Lévites ;

3:50 il prit l'argent de la part des premiers-nés des fils d'Israël, mille trois cent soixante-cinq [sicles], selon le sicle du sanctuaire.

3:51 Et Moïse donna l'argent des rachetés à Aaron et à ses fils, selon le commandement de l'Éternel, comme l'Éternel l'avait commandé à Moïse.

4:1 Et l'Éternel parla à Moïse et à Aaron, disant :

4:2 Relève la somme des fils de Kehath d'entre les fils de Lévi, selon leurs familles, selon leurs maisons de pères,

4:3 depuis l'âge de trente ans et au-dessus, jusqu'à l'âge de cinquante ans, tous ceux qui entrent en service* pour faire l'œuvre dans la tente d'assignation.

4:4 C'est ici le service des fils de Kehath, dans la tente d'assignation : c'est une chose très sainte.

4:5 — Et lorsque le camp partira, Aaron et ses fils entreront, et ils démonteront le voile qui sert de rideau, et en couvriront l'arche du témoignage ;

4:6 et ils mettront dessus une couverture de peaux de taissons, et étendront par-dessus un drap tout de bleu ; et ils y placeront les barres.

3:46 And for those that are to be redeemed of the two hundred and threescore and thirteen of the firstborn of the children of Israel, which are more than the Levites;

3:47 Thou shalt even take five shekels apiece by the poll, after the shekel of the sanctuary shalt thou take them: (the shekel is twenty gerahs:)

3:48 And thou shalt give the money, wherewith the odd number of them is to be redeemed, unto Aaron and to his sons.

3:49 And Moses took the redemption money of them that were over and above them that were redeemed by the Levites:

3:50 Of the firstborn of the children of Israel took he the money; a thousand three hundred and threescore and five shekels, after the shekel of the sanctuary:

3:51 And Moses gave the money of them that were redeemed unto Aaron and to his sons, according to the word of the LORD, as the LORD commanded Moses.

4:1 And the LORD spake unto Moses and unto Aaron, saying,

4:2 Take the sum of the sons of Kohath from among the sons of Levi, after their families, by the house of their fathers,

4:3 From thirty years old and upward even until fifty years old, all that enter into the host, to do the work in the tabernacle of the congregation.

4:4 This shall be the service of the sons of Kohath in the tabernacle of the congregation, about the most holy things:

4:5 And when the camp setteth forward, Aaron shall come, and his sons, and they shall take down the covering vail, and cover the ark of testimony with it:

4:6 And shall put thereon the covering of badgers' skins, and shall spread over it a cloth wholly of blue, and shall put in the staves thereof.

4:7 Et ils étendront un drap de bleu sur la table des pains de proposition, et mettront sur elle les plats, et les coupes, et les vases, et les gobelets de libation ; et le pain continuel sera sur elle.

4:8 Et ils étendront sur ces choses un drap d'écarlate, et ils le couvriront d'une couverture de peaux de taissons, et ils y placeront les barres.

4:9 Et ils prendront un drap de bleu, et en couvriront le chandelier du luminaire, et ses lampes, et ses mouchettes, et ses vases à cendre, et tous ses vases à huile, dont on fait usage pour son service ;

4:10 et ils le mettront, avec tous ses ustensiles, dans une couverture de peaux de taissons, et le mettront sur une perche.

4:11 Et sur l'autel d'or ils étendront un drap de bleu, et le couvriront d'une couverture de peaux de taissons, et y placeront les barres.

4:12 Et ils prendront tous les ustensiles du service avec lesquels on sert dans le lieu saint, et ils les mettront dans un drap de bleu, et les couvriront d'une couverture de peaux de taissons, et les mettront sur une perche.

4:13 Et ils ôteront les cendres de l'autel, et ils étendront sur lui un drap de pourpre.

4:14 Et ils mettront dessus tous ses ustensiles dont on fait usage pour son service : les brasiers, les fourchettes, et les pelles, et les bassins, tous les ustensiles de l'autel ; et ils étendront dessus une couverture de peaux de taissons, et y placeront les barres.

4:7 And upon the table of shewbread they shall spread a cloth of blue, and put thereon the dishes, and the spoons, and the bowls, and covers to cover withal: and the continual bread shall be thereon:

4:8 And they shall spread upon them a cloth of scarlet, and cover the same with a covering of badgers' skins, and shall put in the staves thereof.

4:9 And they shall take a cloth of blue, and cover the candlestick of the light, and his lamps, and his tongs, and his snuffdishes, and all the oil vessels thereof, wherewith they minister unto it:

4:10 And they shall put it and all the vessels thereof within a covering of badgers' skins, and shall put it upon a bar.

4:11 And upon the golden altar they shall spread a cloth of blue, and cover it with a covering of badgers' skins, and shall put to the staves thereof:

4:12 And they shall take all the instruments of ministry, wherewith they minister in the sanctuary, and put them in a cloth of blue, and cover them with a covering of badgers' skins, and shall put them on a bar:

4:13 And they shall take away the ashes from the altar, and spread a purple cloth thereon:

4:14 And they shall put upon it all the vessels thereof, wherewith they minister about it, even the censers, the fleshhooks, and the shovels, and the basons, all the vessels of the altar; and they shall spread upon it a covering of badgers' skins, and put to the staves of it.

4:15 — Et lorsque Aaron et ses fils auront achevé de couvrir le lieu saint et tous les ustensiles du lieu saint, lors du départ du camp, après cela les fils de Kehath viendront pour les porter, afin qu'ils ne touchent pas les choses saintes, et ne meurent pas. C'est là ce que les fils de Kehath porteront de la tente d'assignation.

4:15 And when Aaron and his sons have made an end of covering the sanctuary, and all the vessels of the sanctuary, as the camp is to set forward; after that, the sons of Kohath shall come to bear it: but they shall not touch any holy thing, lest they die. These things are the burden of the sons of Kohath in the tabernacle of the congregation.

4:16 Et Éléazar, fils d'Aaron, le sacrificateur, aura la surveillance de l'huile du luminaire, et de l'encens des drogues odoriférantes, et de l'offrande de gâteau continuelle, et de l'huile de l'onction, la surveillance de tout le tabernacle et de tout ce qui y est, du lieu saint et de ses ustensiles.

4:16 And to the office of Eleazar the son of Aaron the priest pertaineth the oil for the light, and the sweet incense, and the daily meat offering, and the anointing oil, and the oversight of all the tabernacle, and of all that therein is, in the sanctuary, and in the vessels thereof.

4:17 Et l'Éternel parla à Moïse et à Aaron, disant :

4:17 And the LORD spake unto Moses and unto Aaron saying,

4:18 Ne faites pas que la tribu des familles des Kehathites soit retranchée d'entre les Lévites ;

4:18 Cut ye not off the tribe of the families of the Kohathites from among the Levites:

4:19 et faites ceci pour eux, afin qu'ils vivent et ne meurent pas, en s'approchant du lieu très saint : Aaron et ses fils viendront, et les placeront chacun à son service et à son fardeau.

4:19 But thus do unto them, that they may live, and not die, when they approach unto the most holy things: Aaron and his sons shall go in, and appoint them every one to his service and to his burden:

4:20 Et ils n'entreront pas pour voir*, quand on enveloppera les choses saintes, afin qu'ils ne meurent pas.

4:20 But they shall not go in to see when the holy things are covered, lest they die.

4:21 Et l'Éternel parla à Moïse, disant :

4:21 And the LORD spake unto Moses, saying,

4:22 Relève aussi la somme des fils de Guershon, selon leurs maisons de pères, selon leurs familles ;

4:22 Take also the sum of the sons of Gershon, throughout the houses of their fathers, by their families;

4:23 tu les dénombreras depuis l'âge de trente ans et au-dessus, jusqu'à l'âge de cinquante ans : tous ceux qui entrent en service* pour s'employer au service, à la tente d'assignation.

4:23 From thirty years old and upward until fifty years old shalt thou number them; all that enter in to perform the service, to do the work in the tabernacle of the congregation.

4:24 C'est ici le service des familles des Guershonites, pour servir et pour porter :

4:24 This is the service of the families of the Gershonites, to serve, and for burdens:

4:25 ils porteront les tapis du tabernacle et la tente d'assignation, sa couverture, et la couverture de peaux de taissons qui est sur elle par-dessus, et le rideau de l'entrée de la tente d'assignation,

4:26 et les tentures du parvis, et le rideau de l'entrée de la porte du parvis qui entoure le tabernacle et l'autel, et leurs cordages, et tous les ustensiles de leur service ; tout ce qui doit être fait avec eux constituera leur service.

4:27 Tout le service des fils des Guershonites, dans tout ce qu'ils portent et dans tout leur service, sera selon les ordres d'Aaron et de ses fils ; et vous leur donnerez* en charge tout ce qu'ils doivent porter.

4:28 C'est là le service des familles des fils des Guershonites à la tente d'assignation ; et leur charge sera sous la main d'Ithamar, fils d'Aaron, le sacrificateur.

4:29 Quant aux fils de Merari, tu les dénombreras selon leurs familles, selon leurs maisons de pères.

4:30 Tu les dénombreras depuis l'âge de trente ans et au-dessus, jusqu'à l'âge de cinquante ans, tous ceux qui entrent en service* pour s'employer au service de la tente d'assignation.

4:31 Et c'est ici la charge de ce qu'ils auront à porter, selon tout leur service à la tente d'assignation : les ais du tabernacle, et ses traverses, et ses piliers, et ses bases,

4:32 et les piliers du parvis tout autour, et leurs bases, et leurs pieux, et leurs cordages, tous leurs ustensiles, selon tout leur service ; et vous leur compterez, [en les désignant] par nom, les objets* qu'ils auront charge de porter.

4:25 And they shall bear the curtains of the tabernacle, and the tabernacle of the congregation, his covering, and the covering of the badgers' skins that is above upon it, and the hanging for the door of the tabernacle of the congregation,

4:26 And the hangings of the court, and the hanging for the door of the gate of the court, which is by the tabernacle and by the altar round about, and their cords, and all the instruments of their service, and all that is made for them: so shall they serve.

4:27 At the appointment of Aaron and his sons shall be all the service of the sons of the Gershonites, in all their burdens, and in all their service: and ye shall appoint unto them in charge all their burdens.

4:28 This is the service of the families of the sons of Gershon in the tabernacle of the congregation: and their charge shall be under the hand of Ithamar the son of Aaron the priest.

4:29 As for the sons of Merari, thou shalt number them after their families, by the house of their fathers;

4:30 From thirty years old and upward even unto fifty years old shalt thou number them, every one that entereth into the service, to do the work of the tabernacle of the congregation.

4:31 And this is the charge of their burden, according to all their service in the tabernacle of the congregation; the boards of the tabernacle, and the bars thereof, and the pillars thereof, and sockets thereof,

4:32 And the pillars of the court round about, and their sockets, and their pins, and their cords, with all their instruments, and with all their service: and by name ye shall reckon the instruments of the charge of their burden.

4:33 C'est là le service des familles des fils de Merari, pour tout leur service à la tente d'assignation, sous la main d'Ithamar, fils d'Aaron, le sacrificateur.

4:34 Et Moïse et Aaron, et les princes de l'assemblée, dénombrèrent les fils des Kehathites, selon leurs familles et selon leurs maisons de pères,

4:35 depuis l'âge de trente ans et au-dessus, jusqu'à l'âge de cinquante ans, tous ceux qui entraient en service* pour servir dans la tente d'assignation :

4:36 leurs dénombrés, selon leurs familles, furent deux mille sept cent cinquante.

4:37 Ce sont là les dénombrés des familles des Kehathites, tous ceux qui servaient dans la tente d'assignation, que Moïse et Aaron dénombrèrent selon le commandement de l'Éternel par* Moïse.

4:38 Et ceux qui furent dénombrés d'entre les fils de Guershon, selon leurs familles, et selon leurs maisons de pères,

4:39 depuis l'âge de trente ans et au-dessus, jusqu'à l'âge de cinquante ans, tous ceux qui entraient en service* pour servir à la tente d'assignation :

4:40 leurs dénombrés, selon leurs familles, selon leurs maisons de pères, furent deux mille six cent trente.

4:41 Ce sont là les dénombrés des familles des fils de Guershon, tous ceux qui servaient à la tente d'assignation, que Moïse et Aaron dénombrèrent selon le commandement de l'Éternel.

4:42 Et ceux qui furent dénombrés d'entre les familles des fils de Merari, selon leurs familles, selon leurs maisons de pères,

---

4:33 This is the service of the families of the sons of Merari, according to all their service, in the tabernacle of the congregation, under the hand of Ithamar the son of Aaron the priest.

4:34 And Moses and Aaron and the chief of the congregation numbered the sons of the Kohathites after their families, and after the house of their fathers,

4:35 From thirty years old and upward even unto fifty years old, every one that entereth into the service, for the work in the tabernacle of the congregation:

4:36 And those that were numbered of them by their families were two thousand seven hundred and fifty.

4:37 These were they that were numbered of the families of the Kohathites, all that might do service in the tabernacle of the congregation, which Moses and Aaron did number according to the commandment of the LORD by the hand of Moses.

4:38 And those that were numbered of the sons of Gershon, throughout their families, and by the house of their fathers,

4:39 From thirty years old and upward even unto fifty years old, every one that entereth into the service, for the work in the tabernacle of the congregation,

4:40 Even those that were numbered of them, throughout their families, by the house of their fathers, were two thousand and six hundred and thirty.

4:41 These are they that were numbered of the families of the sons of Gershon, of all that might do service in the tabernacle of the congregation, whom Moses and Aaron did number according to the commandment of the LORD.

4:42 And those that were numbered of the families of the sons of Merari, throughout their families, by the house of their fathers,

4:43 depuis l'âge de trente ans et au-dessus, jusqu'à l'âge de cinquante ans, tous ceux qui entraient en service* pour servir à la tente d'assignation :

4:44 leurs dénombrés, selon leurs familles, furent trois mille deux cents.

4:45 Ce sont là les dénombrés des familles des fils de Merari, que Moïse et Aaron dénombrèrent selon le commandement de l'Éternel par Moïse.

4:46 Tous ceux qui furent dénombrés, que Moïse et Aaron et les princes d'Israël dénombrèrent, savoir les Lévites, selon leurs familles et selon leurs maisons de pères,

4:47 depuis l'âge de trente ans et au-dessus, jusqu'à l'âge de cinquante ans, tous ceux qui entraient pour s'employer à l'œuvre du service et à l'œuvre du portage, à la tente d'assignation,

4:48 — les dénombrés, furent huit mille cinq cent quatre-vingts.

4:49 On les dénombra selon le commandement de l'Éternel par Moïse, chacun selon son service et selon son fardeau ; et ils furent dénombrés par lui, comme l'Éternel l'avait commandé à Moïse.

5:1 Et l'Éternel parla à Moïse, disant :

5:2 Commande aux fils d'Israël qu'ils mettent hors du camp tout lépreux, et quiconque a un flux, et quiconque est impur pour un mort.

5:3 Tant homme que femme, vous les mettrez dehors ; vous les mettrez hors du camp, afin qu'ils ne rendent pas impurs leurs camps, au milieu desquels j'habite.

5:4 Et les fils d'Israël firent ainsi, et les mirent hors du camp ; comme l'Éternel avait dit à Moïse, ainsi firent les fils d'Israël.

4:43 From thirty years old and upward even unto fifty years old, every one that entereth into the service, for the work in the tabernacle of the congregation,

4:44 Even those that were numbered of them after their families, were three thousand and two hundred.

4:45 These be those that were numbered of the families of the sons of Merari, whom Moses and Aaron numbered according to the word of the LORD by the hand of Moses.

4:46 All those that were numbered of the Levites, whom Moses and Aaron and the chief of Israel numbered, after their families, and after the house of their fathers,

4:47 From thirty years old and upward even unto fifty years old, every one that came to do the service of the ministry, and the service of the burden in the tabernacle of the congregation.

4:48 Even those that were numbered of them, were eight thousand and five hundred and fourscore,

4:49 According to the commandment of the LORD they were numbered by the hand of Moses, every one according to his service, and according to his burden: thus were they numbered of him, as the LORD commanded Moses.

5:1 And the LORD spake unto Moses, saying,

5:2 Command the children of Israel, that they put out of the camp every leper, and every one that hath an issue, and whosoever is defiled by the dead:

5:3 Both male and female shall ye put out, without the camp shall ye put them; that they defile not their camps, in the midst whereof I dwell.

5:4 And the children of Israel did so, and put them out without the camp: as the LORD spake unto Moses, so did the children of Israel.

5:5 Et l'Éternel parla à Moïse, disant :

5:6 Parle aux fils d'Israël : Si un homme ou une femme a commis quelqu'un de tous les péchés de l'homme, en commettant une infidélité envers l'Éternel, et que cette âme-là se soit rendue coupable,

5:7 ils confesseront leur péché qu'ils ont commis ; et le coupable* restituera en principal ce en quoi il s'est rendu coupable, et il y ajoutera un cinquième, et le donnera à celui envers qui il s'est rendu coupable.

5:8 Et si l'homme n'a pas de proche parent* à qui restituer la chose due, alors la chose due, restituée à l'Éternel, sera au sacrificateur, outre le bélier de propitiation avec lequel on fera propitiation pour lui.

5:9 Et toute offrande élevée de toutes les choses saintes des fils d'Israël qu'ils présenteront au sacrificateur, sera à lui.

5:10 Et les choses saintes de chacun seront à lui ; ce que chacun donnera au sacrificateur sera à lui.

5:11 Et l'Éternel parla à Moïse, disant :

5:12 Parle aux fils d'Israël, et dis-leur : Si la femme de quelqu'un se détourne et lui devient infidèle,

5:13 et qu'un homme couche avec elle, ayant commerce avec elle, et que cela soit caché aux yeux de son mari, et qu'elle se soit rendue impure en secret, et qu'il n'y ait pas de témoin contre elle, et qu'elle n'ait pas été surprise ;

5:14 — et que l'esprit de jalousie vienne sur lui et qu'il soit jaloux de sa femme, et qu'elle se soit rendue impure ; ou si l'esprit de jalousie vient sur lui et qu'il soit jaloux de sa femme, et qu'elle ne se soit pas rendue impure ;

5:5 And the LORD spake unto Moses, saying,

5:6 Speak unto the children of Israel, When a man or woman shall commit any sin that men commit, to do a trespass against the LORD, and that person be guilty;

5:7 Then they shall confess their sin which they have done: and he shall recompense his trespass with the principal thereof, and add unto it the fifth part thereof, and give it unto him against whom he hath trespassed.

5:8 But if the man have no kinsman to recompense the trespass unto, let the trespass be recompensed unto the LORD, even to the priest; beside the ram of the atonement, whereby an atonement shall be made for him.

5:9 And every offering of all the holy things of the children of Israel, which they bring unto the priest, shall be his.

5:10 And every man's hallowed things shall be his: whatsoever any man giveth the priest, it shall be his.

5:11 And the LORD spake unto Moses, saying,

5:12 Speak unto the children of Israel, and say unto them, If any man's wife go aside, and commit a trespass against him,

5:13 And a man lie with her carnally, and it be hid from the eyes of her husband, and be kept close, and she be defiled, and there be no witness against her, neither she be taken with the manner;

5:14 And the spirit of jealousy come upon him, and he be jealous of his wife, and she be defiled: or if the spirit of jealousy come upon him, and he be jealous of his wife, and she be not defiled:

5:15 — alors l'homme amènera sa femme au sacrificateur, et il apportera pour elle son offrande*, le dixième d'un épha de farine d'orge ; il ne versera pas d'huile dessus et n'y mettra pas d'encens, car c'est une offrande de gâteau de jalousie, un gâteau** de mémorial, qui met en mémoire l'iniquité.

5:16 Et le sacrificateur la fera approcher, et la fera se tenir devant l'Éternel ;

5:17 et le sacrificateur prendra de l'eau sainte dans un vase de terre, et le sacrificateur prendra de la poussière qui sera sur le sol du tabernacle, et la mettra dans l'eau.

5:18 Et le sacrificateur fera tenir la femme debout devant l'Éternel, et découvrira la tête de la femme et mettra sur les paumes de ses mains le gâteau* de mémorial ; c'est un gâteau de jalousie ; et dans la main du sacrificateur seront les eaux amères qui apportent la malédiction.

5:19 Et le sacrificateur adjurera la femme, et lui dira : Si un homme n'a pas couché avec toi, et si tu ne t'es pas détournée et rendue impure en étant avec un autre que ton mari, sois quitte de [l'effet de] ces eaux amères qui apportent la malédiction.

5:20 Mais si tu t'es détournée en étant avec un autre que ton mari, et que tu te sois rendue impure, et qu'un autre que ton mari ait couché avec toi : ...

5:21 alors le sacrificateur adjurera la femme avec un serment d'exécration, et le sacrificateur dira à la femme : Que l'Éternel fasse de toi une exécration et un serment, au milieu de ton peuple, l'Éternel faisant dessécher ta hanche et enfler ton ventre ;

5:22 et ces eaux qui apportent la malédiction entreront dans tes entrailles pour te faire enfler le ventre et pour faire dessécher ta hanche. Et la femme dira : Amen ! amen !

5:15 Then shall the man bring his wife unto the priest, and he shall bring her offering for her, the tenth part of an ephah of barley meal; he shall pour no oil upon it, nor put frankincense thereon; for it is an offering of jealousy, an offering of memorial, bringing iniquity to remembrance.

5:16 And the priest shall bring her near, and set her before the LORD:

5:17 And the priest shall take holy water in an earthen vessel; and of the dust that is in the floor of the tabernacle the priest shall take, and put it into the water:

5:18 And the priest shall set the woman before the LORD, and uncover the woman's head, and put the offering of memorial in her hands, which is the jealousy offering: and the priest shall have in his hand the bitter water that causeth the curse:

5:19 And the priest shall charge her by an oath, and say unto the woman, If no man have lain with thee, and if thou hast not gone aside to uncleanness with another instead of thy husband, be thou free from this bitter water that causeth the curse:

5:20 But if thou hast gone aside to another instead of thy husband, and if thou be defiled, and some man have lain with thee beside thine husband:

5:21 Then the priest shall charge the woman with an oath of cursing, and the priest shall say unto the woman, The LORD make thee a curse and an oath among thy people, when the LORD doth make thy thigh to rot, and thy belly to swell;

5:22 And this water that causeth the curse shall go into thy bowels, to make thy belly to swell, and thy thigh to rot: And the woman shall say, Amen, amen.

5:23 — Et le sacrificateur écrira ces exécrations dans un livre, et les effacera avec les eaux amères.

5:24 Et il fera boire à la femme les eaux amères qui apportent la malédiction, et les eaux qui apportent la malédiction entreront en elle, pour être amères.

5:25 Et le sacrificateur prendra, de la main de la femme, le gâteau* de jalousie, et tournoiera le gâteau devant l'Éternel, et le présentera à l'autel.

5:26 Et le sacrificateur prendra de l'offrande de gâteau une poignée pour mémorial*, et la fera fumer sur l'autel ; et après, il fera boire les eaux à la femme.

5:27 Quand il lui aura fait boire les eaux, il arrivera que, si elle s'est rendue impure et qu'elle ait été infidèle à son mari, les eaux qui apportent la malédiction entreront en elle pour être amères, et son ventre enflera, et sa hanche se desséchera : et la femme sera une exécration au milieu de son peuple.

5:28 Et si la femme ne s'est pas rendue impure, mais qu'elle soit pure, alors elle sera quitte, et elle aura des enfants.

5:29 Telle est la loi de jalousie, quand une femme se sera détournée pour être avec un autre que son mari et se sera rendue impure,

5:30 ou si l'esprit de jalousie est venu sur un homme et qu'il soit jaloux de sa femme : il fera tenir la femme debout devant l'Éternel, et le sacrificateur lui appliquera toute cette loi ;

5:31 l'homme sera exempt d'iniquité, et cette femme portera son iniquité.

6:1 Et l'Éternel parla à Moïse, disant :

5:23 And the priest shall write these curses in a book, and he shall blot them out with the bitter water:

5:24 And he shall cause the woman to drink the bitter water that causeth the curse: and the water that causeth the curse shall enter into her, and become bitter.

5:25 Then the priest shall take the jealousy offering out of the woman's hand, and shall wave the offering before the LORD, and offer it upon the altar:

5:26 And the priest shall take an handful of the offering, even the memorial thereof, and burn it upon the altar, and afterward shall cause the woman to drink the water.

5:27 And when he hath made her to drink the water, then it shall come to pass, that, if she be defiled, and have done trespass against her husband, that the water that causeth the curse shall enter into her, and become bitter, and her belly shall swell, and her thigh shall rot: and the woman shall be a curse among her people.

5:28 And if the woman be not defiled, but be clean; then she shall be free, and shall conceive seed.

5:29 This is the law of jealousies, when a wife goeth aside to another instead of her husband, and is defiled;

5:30 Or when the spirit of jealousy cometh upon him, and he be jealous over his wife, and shall set the woman before the LORD, and the priest shall execute upon her all this law.

5:31 Then shall the man be guiltless from iniquity, and this woman shall bear her iniquity.

6:1 And the LORD spake unto Moses, saying,

6:2 Parle aux fils d'Israël, et dis-leur : Si un homme ou une femme se consacre en faisant vœu de nazaréat*, pour se séparer [afin d'être] à l'Éternel,

6:3 il s'abstiendra* de vin et de boisson forte, il ne boira ni vinaigre de vin, ni vinaigre de boisson forte, et il ne boira d'aucune liqueur de raisins, et ne mangera point de raisins frais ou secs.

6:4 Pendant tous les jours de son nazaréat*, il ne mangera rien de ce qui est fait de la vigne**, depuis les pépins jusqu'à la peau.

6:5 Pendant tous les jours du vœu de son nazaréat, le rasoir ne passera pas sur sa tête ; jusqu'à l'accomplissement des jours pour lesquels il s'est séparé [pour être] à l'Éternel, il sera saint ; il laissera croître les boucles des* cheveux de sa tête.

6:6 Pendant tous les jours de sa consécration* à l'Éternel, il ne s'approchera d'aucune personne morte.

6:7 Il ne se rendra pas impur pour son père, ni pour sa mère, [ni] pour son frère, ni pour sa sœur, quand ils mourront ; car le nazaréat de son Dieu est sur sa tête.

6:8 Pendant tous les jours de son nazaréat, il est consacré à l'Éternel.

6:9 Et si quelqu'un vient à mourir subitement auprès de lui, d'une manière imprévue, et qu'il ait rendu impure la tête de son nazaréat, il rasera sa tête au jour de sa purification ; il la rasera le septième jour.

6:10 Et le huitième jour il apportera au sacrificateur deux tourterelles ou deux jeunes pigeons, à l'entrée de la tente d'assignation.

6:11 Et le sacrificateur offrira l'un en sacrifice pour le péché, et l'autre en holocauste, et fera propitiation pour lui de ce qu'il a péché à l'occasion du mort ; et il sanctifiera sa tête ce jour-là.

6:2 Speak unto the children of Israel, and say unto them, When either man or woman shall separate themselves to vow a vow of a Nazarite, to separate themselves unto the LORD:

6:3 He shall separate himself from wine and strong drink, and shall drink no vinegar of wine, or vinegar of strong drink, neither shall he drink any liquor of grapes, nor eat moist grapes, or dried.

6:4 All the days of his separation shall he eat nothing that is made of the vine tree, from the kernels even to the husk.

6:5 All the days of the vow of his separation there shall no razor come upon his head: until the days be fulfilled, in the which he separateth himself unto the LORD, he shall be holy, and shall let the locks of the hair of his head grow.

6:6 All the days that he separateth himself unto the LORD he shall come at no dead body.

6:7 He shall not make himself unclean for his father, or for his mother, for his brother, or for his sister, when they die: because the consecration of his God is upon his head.

6:8 All the days of his separation he is holy unto the LORD.

6:9 And if any man die very suddenly by him, and he hath defiled the head of his consecration; then he shall shave his head in the day of his cleansing, on the seventh day shall he shave it.

6:10 And on the eighth day he shall bring two turtles, or two young pigeons, to the priest, to the door of the tabernacle of the congregation:

6:11 And the priest shall offer the one for a sin offering, and the other for a burnt offering, and make an atonement for him, for that he sinned by the dead, and shall hallow his head that same day.

6:12 Et il consacrera* à l'Éternel les jours de son nazaréat, et il amènera un agneau, âgé d'un an, en sacrifice pour le délit ; et les premiers jours seront comptés pour rien, car il a rendu impur son nazaréat.

6:12 And he shall consecrate unto the LORD the days of his separation, and shall bring a lamb of the first year for a trespass offering: but the days that were before shall be lost, because his separation was defiled.

6:13 Et c'est ici la loi du nazaréen : au jour où les jours de son nazaréat seront accomplis, on le fera venir à l'entrée de la tente d'assignation ;

6:13 And this is the law of the Nazarite, when the days of his separation are fulfilled: he shall be brought unto the door of the tabernacle of the congregation:

6:14 et il présentera son offrande à l'Éternel, un agneau mâle, âgé d'un an, sans défaut, pour holocauste, et un agneau femelle, âgé d'un an, sans défaut, en sacrifice pour le péché, et un bélier sans défaut, pour sacrifice de prospérités ;

6:14 And he shall offer his offering unto the LORD, one he lamb of the first year without blemish for a burnt offering, and one ewe lamb of the first year without blemish for a sin offering, and one ram without blemish for peace offerings,

6:15 et une corbeille de pains sans levain, des gâteaux de fleur de farine pétris à l'huile, et des galettes sans levain ointes d'huile, et leur offrande de gâteau et leurs libations.

6:15 And a basket of unleavened bread, cakes of fine flour mingled with oil, and wafers of unleavened bread anointed with oil, and their meat offering, and their drink offerings.

6:16 Et le sacrificateur les présentera devant l'Éternel, et il offrira son sacrifice pour le péché, et son holocauste ;

6:16 And the priest shall bring them before the LORD, and shall offer his sin offering, and his burnt offering:

6:17 et il offrira le bélier en sacrifice de prospérités à l'Éternel, avec la corbeille des pains sans levain ; et le sacrificateur offrira son offrande de gâteau et sa libation.

6:17 And he shall offer the ram for a sacrifice of peace offerings unto the LORD, with the basket of unleavened bread: the priest shall offer also his meat offering, and his drink offering.

6:18 Et le nazaréen rasera, à l'entrée de la tente d'assignation, la tête de son nazaréat, et il prendra les cheveux de la tête de son nazaréat et les mettra sur le feu qui est sous le sacrifice de prospérités.

6:18 And the Nazarite shall shave the head of his separation at the door of the tabernacle of the congregation, and shall take the hair of the head of his separation, and put it in the fire which is under the sacrifice of the peace offerings.

6:19 Et le sacrificateur prendra l'épaule cuite du bélier, et un gâteau sans levain de la corbeille, et une galette sans levain, et il les mettra sur les paumes des mains du nazaréen, après qu'il aura fait raser [les cheveux de] son nazaréat.

6:19 And the priest shall take the sodden shoulder of the ram, and one unleavened cake out of the basket, and one unleavened wafer, and shall put them upon the hands of the Nazarite, after the hair of his separation is shaven:

6:20 Et le sacrificateur les tournoiera en offrande tournoyée devant l'Éternel : c'est une chose sainte qui appartient au sacrificateur, avec la poitrine tournoyée, et avec l'épaule élevée. Et après cela le nazaréen boira du vin.	*6:20 And the priest shall wave them for a wave offering before the LORD: this is holy for the priest, with the wave breast and heave shoulder: and after that the Nazarite may drink wine.*
6:21 Telle est la loi du nazaréen qui se sera voué, [telle] son offrande à l'Éternel pour son nazaréat, outre ce que sa main aura pu atteindre ; selon son vœu qu'il aura fait, ainsi il fera, suivant la loi de son nazaréat.	*6:21 This is the law of the Nazarite who hath vowed, and of his offering unto the LORD for his separation, beside that that his hand shall get: according to the vow which he vowed, so he must do after the law of his separation.*
6:22 Et l'Éternel parla à Moïse, disant :	*6:22 And the LORD spake unto Moses, saying,*
6:23 Parle à Aaron et à ses fils, disant : Vous bénirez ainsi les fils d'Israël, en leur disant :	*6:23 Speak unto Aaron and unto his sons, saying, On this wise ye shall bless the children of Israel, saying unto them,*
6:24 L'Éternel te bénisse, et te garde !	*6:24 The LORD bless thee, and keep thee:*
6:25 L'Éternel fasse lever la lumière de sa face sur toi et use de grâce envers toi !	*6:25 The LORD make his face shine upon thee, and be gracious unto thee:*
6:26 L'Éternel lève sa face sur toi et te donne la paix !	*6:26 The LORD lift up his countenance upon thee, and give thee peace.*
6:27 Et ils mettront mon nom sur les fils d'Israël ; et moi, je les bénirai.	*6:27 And they shall put my name upon the children of Israel, and I will bless them.*
7:1 Et il arriva, le jour où Moïse eut achevé de dresser le tabernacle, et qu'il l'eut oint et sanctifié avec tous ses ustensiles, et l'autel avec tous ses ustensiles, et qu'il les eut oints et sanctifiés,	*7:1 And it came to pass on the day that Moses had fully set up the tabernacle, and had anointed it, and sanctified it, and all the instruments thereof, both the altar and all the vessels thereof, and had anointed them, and sanctified them;*
7:2 que les princes d'Israël, chefs de leurs maisons de pères, princes des tribus, qui avaient été préposés sur ceux qui furent dénombrés, présentèrent [leur offrande].	*7:2 That the princes of Israel, heads of the house of their fathers, who were the princes of the tribes, and were over them that were numbered, offered:*
7:3 Ils amenèrent leur offrande devant l'Éternel : six chariots couverts et douze bœufs, un chariot pour deux princes, et un bœuf pour un [prince] ; et ils les présentèrent devant le tabernacle.	*7:3 And they brought their offering before the LORD, six covered wagons, and twelve oxen; a wagon for two of the princes, and for each one an ox: and they brought them before the tabernacle.*
7:4 Et l'Éternel parla à Moïse, disant :	*7:4 And the LORD spake unto Moses, saying,*

7:5 Prends d'eux [ces choses], et elles seront employées au service de la tente d'assignation, et tu les donneras aux Lévites, à chacun en proportion de son service.	7:5 Take it of them, that they may be to do the service of the tabernacle of the congregation; and thou shalt give them unto the Levites, to every man according to his service.
7:6 Et Moïse prit les chariots et les bœufs, et les donna aux Lévites.	7:6 And Moses took the wagons and the oxen, and gave them unto the Levites.
7:7 Il donna deux chariots et quatre bœufs aux fils de Guershon, en proportion de leur service ;	7:7 Two wagons and four oxen he gave unto the sons of Gershon, according to their service:
7:8 et il donna quatre chariots et huit bœufs aux fils de Merari, en proportion de leur service, — sous la main d'Ithamar, fils d'Aaron, le sacrificateur.	7:8 And four wagons and eight oxen he gave unto the sons of Merari, according unto their service, under the hand of Ithamar the son of Aaron the priest.
7:9 Et il n'en donna pas aux fils de Kehath, car le service du lieu saint leur appartenait : ils portaient sur l'épaule.	7:9 But unto the sons of Kohath he gave none: because the service of the sanctuary belonging unto them was that they should bear upon their shoulders.
7:10 Et les princes présentèrent [leur offrande pour] la dédicace de l'autel, le jour où il fut oint : les princes présentèrent leur offrande devant l'autel.	7:10 And the princes offered for dedicating of the altar in the day that it was anointed, even the princes offered their offering before the altar.
7:11 Et l'Éternel dit à Moïse : Ils présenteront, un prince un jour, et un prince l'autre jour, leur offrande pour la dédicace de l'autel.	7:11 And the LORD said unto Moses, They shall offer their offering, each prince on his day, for the dedicating of the altar.
7:12 Et celui qui présenta son offrande le premier jour, fut Nakhshon, fils d'Amminadab, de la tribu de Juda ;	7:12 And he that offered his offering the first day was Nahshon the son of Amminadab, of the tribe of Judah:
7:13 et son offrande fut : un plat d'argent du poids de cent trente [sicles], un bassin d'argent de soixante-dix sicles, selon le sicle du sanctuaire, tous deux pleins de fleur de farine pétrie à l'huile, pour une offrande de gâteau ;	7:13 And his offering was one silver charger, the weight thereof was an hundred and thirty shekels, one silver bowl of seventy shekels, after the shekel of the sanctuary; both of them were full of fine flour mingled with oil for a meat offering:
7:14 une coupe d'or de dix [sicles], pleine d'encens ;	7:14 One spoon of ten shekels of gold, full of incense:
7:15 un jeune taureau, un bélier, un agneau* âgé d'un an, pour l'holocauste ;	7:15 One young bullock, one ram, one lamb of the first year, for a burnt offering:
7:16 un bouc, en sacrifice pour le péché ;	7:16 One kid of the goats for a sin offering:

7:17 et, pour le sacrifice de prospérités, deux taureaux, cinq béliers, cinq boucs, cinq agneaux âgés d'un an. Telle fut l'offrande de Nakhshon, fils d'Amminadab.

7:18 Le second jour, Nethaneël, fils de Tsuar, prince d'Issacar, présenta [son offrande].

7:19 Il présenta son offrande : un plat d'argent du poids de cent trente [sicles], un bassin d'argent de soixante-dix sicles, selon le sicle du sanctuaire, tous deux pleins de fleur de farine pétrie à l'huile, pour une offrande de gâteau ;

7:20 une coupe d'or de dix [sicles], pleine d'encens ;

7:21 un jeune taureau, un bélier, un agneau âgé d'un an, pour l'holocauste ;

7:22 un bouc, en sacrifice pour le péché ;

7:23 et, pour le sacrifice de prospérités, deux taureaux, cinq béliers, cinq boucs, cinq agneaux âgés d'un an. Telle fut l'offrande de Nethaneël, fils de Tsuar.

7:24 Le troisième jour, le prince des fils de Zabulon, Éliab, fils de Hélon.

7:25 Son offrande fut : un plat d'argent du poids de cent trente [sicles], un bassin d'argent de soixante-dix sicles, selon le sicle du sanctuaire, tous deux pleins de fleur de farine pétrie à l'huile, pour une offrande de gâteau ;

7:26 une coupe d'or de dix [sicles], pleine d'encens ;

7:27 un jeune taureau, un bélier, un agneau âgé d'un an, pour l'holocauste ;

7:28 un bouc, en sacrifice pour le péché ;

7:29 et, pour le sacrifice de prospérités, deux taureaux, cinq béliers, cinq boucs, cinq agneaux âgés d'un an. Telle fut l'offrande d'Éliab, fils de Hélon.

7:30 Le quatrième jour, le prince des fils de Ruben, Élitsur, fils de Shedéur.

7:17 And for a sacrifice of peace offerings, two oxen, five rams, five he goats, five lambs of the first year: this was the offering of Nahshon the son of Amminadab.

7:18 On the second day Nethaneel the son of Zuar, prince of Issachar, did offer:

7:19 He offered for his offering one silver charger, the weight whereof was an hundred and thirty shekels, one silver bowl of seventy shekels, after the shekel of the sanctuary; both of them full of fine flour mingled with oil for a meat offering:

7:20 One spoon of gold of ten shekels, full of incense:

7:21 One young bullock, one ram, one lamb of the first year, for a burnt offering:

7:22 One kid of the goats for a sin offering:

7:23 And for a sacrifice of peace offerings, two oxen, five rams, five he goats, five lambs of the first year: this was the offering of Nethaneel the son of Zuar.

7:24 On the third day Eliab the son of Helon, prince of the children of Zebulun, did offer:

7:25 His offering was one silver charger, the weight whereof was an hundred and thirty shekels, one silver bowl of seventy shekels, after the shekel of the sanctuary; both of them full of fine flour mingled with oil for a meat offering:

7:26 One golden spoon of ten shekels, full of incense:

7:27 One young bullock, one ram, one lamb of the first year, for a burnt offering:

7:28 One kid of the goats for a sin offering:

7:29 And for a sacrifice of peace offerings, two oxen, five rams, five he goats, five lambs of the first year: this was the offering of Eliab the son of Helon.

7:30 On the fourth day Elizur the son of Shedeur, prince of the children of Reuben, did offer:

7:31 Son offrande fut : un plat d'argent du poids de cent trente [sicles], un bassin d'argent de soixante-dix sicles, selon le sicle du sanctuaire, tous deux pleins de fleur de farine pétrie à l'huile, pour une offrande de gâteau ;

7:32 une coupe d'or de dix [sicles], pleine d'encens ;

7:33 un jeune taureau, un bélier, un agneau âgé d'un an, pour l'holocauste ;

7:34 un bouc, en sacrifice pour le péché ;

7:35 et, pour le sacrifice de prospérités, deux taureaux, cinq béliers, cinq boucs, cinq agneaux âgés d'un an. Telle fut l'offrande d'Élitsur, fils de Shedéur.

7:36 Le cinquième jour, le prince des fils de Siméon, Shelumiel, fils de Tsurishaddaï.

7:37 Son offrande fut : un plat d'argent du poids de cent trente [sicles], un bassin d'argent de soixante-dix sicles, selon le sicle du sanctuaire, tous deux pleins de fleur de farine pétrie à l'huile, pour une offrande de gâteau ;

7:38 une coupe d'or de dix [sicles], pleine d'encens ;

7:39 un jeune taureau, un bélier, un agneau âgé d'un an, pour l'holocauste ;

7:40 un bouc, en sacrifice pour le péché ;

7:41 et, pour le sacrifice de prospérités, deux taureaux, cinq béliers, cinq boucs, cinq agneaux âgés d'un an. Telle fut l'offrande de Shelumiel, fils de Tsurishaddaï.

7:42 Le sixième jour, le prince des fils de Gad, Éliasaph, fils de Dehuel.

7:43 Son offrande fut : un plat d'argent du poids de cent trente [sicles], un bassin d'argent de soixante-dix sicles, selon le sicle du sanctuaire, tous deux pleins de fleur de farine pétrie à l'huile, pour une offrande de gâteau ;

7:31 His offering was one silver charger of the weight of an hundred and thirty shekels, one silver bowl of seventy shekels, after the shekel of the sanctuary; both of them full of fine flour mingled with oil for a meat offering:

7:32 One golden spoon of ten shekels, full of incense:

7:33 One young bullock, one ram, one lamb of the first year, for a burnt offering:

7:34 One kid of the goats for a sin offering:

7:35 And for a sacrifice of peace offerings, two oxen, five rams, five he goats, five lambs of the first year: this was the offering of Elizur the son of Shedeur.

7:36 On the fifth day Shelumiel the son of Zurishaddai, prince of the children of Simeon, did offer:

7:37 His offering was one silver charger, the weight whereof was an hundred and thirty shekels, one silver bowl of seventy shekels, after the shekel of the sanctuary; both of them full of fine flour mingled with oil for a meat offering:

7:38 One golden spoon of ten shekels, full of incense:

7:39 One young bullock, one ram, one lamb of the first year, for a burnt offering:

7:40 One kid of the goats for a sin offering:

7:41 And for a sacrifice of peace offerings, two oxen, five rams, five he goats, five lambs of the first year: this was the offering of Shelumiel the son of Zurishaddai.

7:42 On the sixth day Eliasaph the son of Deuel, prince of the children of Gad, offered:

7:43 His offering was one silver charger of the weight of an hundred and thirty shekels, a silver bowl of seventy shekels, after the shekel of the sanctuary; both of them full of fine flour mingled with oil for a meat offering:

7:44 une coupe d'or de dix [sicles], pleine d'encens ;	7:44 One golden spoon of ten shekels, full of incense:
7:45 un jeune taureau, un bélier, un agneau âgé d'un an, pour l'holocauste ;	7:45 One young bullock, one ram, one lamb of the first year, for a burnt offering:
7:46 un bouc, en sacrifice pour le péché ;	7:46 One kid of the goats for a sin offering:
7:47 et, pour le sacrifice de prospérités, deux taureaux, cinq béliers, cinq boucs, cinq agneaux âgés d'un an. Telle fut l'offrande d'Éliasaph, fils de Dehuel.	7:47 And for a sacrifice of peace offerings, two oxen, five rams, five he goats, five lambs of the first year: this was the offering of Eliasaph the son of Deuel.
7:48 Le septième jour, le prince des fils d'Éphraïm, Élishama, fils d'Ammihud.	7:48 On the seventh day Elishama the son of Ammihud, prince of the children of Ephraim, offered:
7:49 Son offrande fut : un plat d'argent du poids de cent trente [sicles], un bassin d'argent de soixante-dix sicles, selon le sicle du sanctuaire, tous deux pleins de fleur de farine pétrie à l'huile, pour une offrande de gâteau ;	7:49 His offering was one silver charger, the weight whereof was an hundred and thirty shekels, one silver bowl of seventy shekels, after the shekel of the sanctuary; both of them full of fine flour mingled with oil for a meat offering:
7:50 une coupe d'or de dix [sicles], pleine d'encens ;	7:50 One golden spoon of ten shekels, full of incense:
7:51 un jeune taureau, un bélier, un agneau âgé d'un an, pour l'holocauste ;	7:51 One young bullock, one ram, one lamb of the first year, for a burnt offering:
7:52 un bouc, en sacrifice pour le péché ;	7:52 One kid of the goats for a sin offering:
7:53 et, pour le sacrifice de prospérités, deux taureaux, cinq béliers, cinq boucs, cinq agneaux âgés d'un an. Telle fut l'offrande d'Élishama, fils d'Ammihud.	7:53 And for a sacrifice of peace offerings, two oxen, five rams, five he goats, five lambs of the first year: this was the offering of Elishama the son of Ammihud.
7:54 Le huitième jour, le prince des fils de Manassé, Gameliel, fils de Pedahtsur.	7:54 On the eighth day offered Gamaliel the son of Pedahzur, prince of the children of Manasseh:
7:55 Son offrande fut : un plat d'argent du poids de cent trente [sicles], un bassin d'argent de soixante-dix sicles, selon le sicle du sanctuaire, tous deux pleins de fleur de farine pétrie à l'huile, pour une offrande de gâteau ;	7:55 His offering was one silver charger of the weight of an hundred and thirty shekels, one silver bowl of seventy shekels, after the shekel of the sanctuary; both of them full of fine flour mingled with oil for a meat offering:
7:56 une coupe d'or de dix [sicles], pleine d'encens ;	7:56 One golden spoon of ten shekels, full of incense:
7:57 un jeune taureau, un bélier, un agneau âgé d'un an, pour l'holocauste ;	7:57 One young bullock, one ram, one lamb of the first year, for a burnt offering:
7:58 un bouc, en sacrifice pour le péché ;	7:58 One kid of the goats for a sin offering:

7:59 et, pour le sacrifice de prospérités, deux taureaux, cinq béliers, cinq boucs, cinq agneaux âgés d'un an. Telle fut l'offrande de Gameliel fils de Pedahtsur.

7:59 *And for a sacrifice of peace offerings, two oxen, five rams, five he goats, five lambs of the first year: this was the offering of Gamaliel the son of Pedahzur.*

7:60 Le neuvième jour, le prince des fils de Benjamin, Abidan, fils de Guidhoni.

7:60 *On the ninth day Abidan the son of Gideoni, prince of the children of Benjamin, offered:*

7:61 Son offrande fut : un plat d'argent du poids de cent trente [sicles], un bassin d'argent de soixante-dix sicles, selon le sicle du sanctuaire, tous deux pleins de fleur de farine pétrie à l'huile, pour une offrande de gâteau ;

7:61 *His offering was one silver charger, the weight whereof was an hundred and thirty shekels, one silver bowl of seventy shekels, after the shekel of the sanctuary; both of them full of fine flour mingled with oil for a meat offering:*

7:62 une coupe d'or de dix [sicles], pleine d'encens ;

7:62 *One golden spoon of ten shekels, full of incense:*

7:63 un jeune taureau, un bélier, un agneau âgé d'un an, pour l'holocauste ;

7:63 *One young bullock, one ram, one lamb of the first year, for a burnt offering:*

7:64 un bouc, en sacrifice pour le péché ;

7:64 *One kid of the goats for a sin offering:*

7:65 et, pour le sacrifice de prospérités, deux taureaux, cinq béliers, cinq boucs, cinq agneaux âgés d'un an. Telle fut l'offrande d'Abidan, fils de Guidhoni.

7:65 *And for a sacrifice of peace offerings, two oxen, five rams, five he goats, five lambs of the first year: this was the offering of Abidan the son of Gideoni.*

7:66 Le dixième jour, le prince des fils de Dan, Akhiézer, fils d'Ammishaddaï.

7:66 *On the tenth day Ahiezer the son of Ammishaddai, prince of the children of Dan, offered:*

7:67 Son offrande fut : un plat d'argent du poids de cent trente [sicles], un bassin d'argent de soixante-dix sicles, selon le sicle du sanctuaire, tous deux pleins de fleur de farine pétrie à l'huile, pour une offrande de gâteau ;

7:67 *His offering was one silver charger, the weight whereof was an hundred and thirty shekels, one silver bowl of seventy shekels, after the shekel of the sanctuary; both of them full of fine flour mingled with oil for a meat offering:*

7:68 une coupe d'or de dix [sicles], pleine d'encens ;

7:68 *One golden spoon of ten shekels, full of incense:*

7:69 un jeune taureau, un bélier, un agneau âgé d'un an, pour l'holocauste ;

7:69 *One young bullock, one ram, one lamb of the first year, for a burnt offering:*

7:70 un bouc, en sacrifice pour le péché ;

7:70 *One kid of the goats for a sin offering:*

7:71 et, pour le sacrifice de prospérités, deux taureaux, cinq béliers, cinq boucs, cinq agneaux âgés d'un an. Telle fut l'offrande d'Akhiézer, fils d'Ammishaddaï.

7:71 *And for a sacrifice of peace offerings, two oxen, five rams, five he goats, five lambs of the first year: this was the offering of Ahiezer the son of Ammishaddai.*

7:72 Le onzième jour, le prince des fils d'Aser, Paghiel, fils d'Ocran.

7:73 Son offrande fut : un plat d'argent du poids de cent trente [sicles], un bassin d'argent de soixante-dix sicles, selon le sicle du sanctuaire, tous deux pleins de fleur de farine pétrie à l'huile, pour une offrande de gâteau ;

7:74 une coupe d'or de dix [sicles], pleine d'encens ;

7:75 un jeune taureau, un bélier, un agneau âgé d'un an, pour l'holocauste ;

7:76 un bouc, en sacrifice pour le péché ;

7:77 et, pour le sacrifice de prospérités, deux taureaux, cinq béliers, cinq boucs, cinq agneaux âgés d'un an. Telle fut l'offrande de Paghiel, fils d'Ocran.

7:78 Le douzième jour, le prince des fils de Nephthali, Akhira, fils d'Énan.

7:79 Son offrande fut : un plat d'argent du poids de cent trente [sicles], un bassin d'argent de soixante-dix sicles, selon le sicle du sanctuaire, tous deux pleins de fleur de farine pétrie à l'huile, pour une offrande de gâteau ;

7:80 une coupe d'or de dix [sicles], pleine d'encens ;

7:81 un jeune taureau, un bélier, un agneau âgé d'un an, pour l'holocauste ;

7:82 un bouc, en sacrifice pour le péché ;

7:83 et, pour le sacrifice de prospérités, deux taureaux, cinq béliers, cinq boucs, cinq agneaux âgés d'un an. Telle fut l'offrande d'Akhira, fils d'Énan.

7:84 Telle fut, de la part des princes d'Israël, [l'offrande pour] la dédicace de l'autel, au jour où il fut oint : douze plats d'argent, douze bassins d'argent, douze coupes d'or ;

7:72 On the eleventh day Pagiel the son of Ocran, prince of the children of Asher, offered:

7:73 His offering was one silver charger, the weight whereof was an hundred and thirty shekels, one silver bowl of seventy shekels, after the shekel of the sanctuary; both of them full of fine flour mingled with oil for a meat offering:

7:74 One golden spoon of ten shekels, full of incense:

7:75 One young bullock, one ram, one lamb of the first year, for a burnt offering:

7:76 One kid of the goats for a sin offering:

7:77 And for a sacrifice of peace offerings, two oxen, five rams, five he goats, five lambs of the first year: this was the offering of Pagiel the son of Ocran.

7:78 On the twelfth day Ahira the son of Enan, prince of the children of Naphtali, offered:

7:79 His offering was one silver charger, the weight whereof was an hundred and thirty shekels, one silver bowl of seventy shekels, after the shekel of the sanctuary; both of them full of fine flour mingled with oil for a meat offering:

7:80 One golden spoon of ten shekels, full of incense:

7:81 One young bullock, one ram, one lamb of the first year, for a burnt offering:

7:82 One kid of the goats for a sin offering:

7:83 And for a sacrifice of peace offerings, two oxen, five rams, five he goats, five lambs of the first year: this was the offering of Ahira the son of Enan.

7:84 This was the dedication of the altar, in the day when it was anointed, by the princes of Israel: twelve chargers of silver, twelve silver bowls, twelve spoons of gold:

7:85 chaque plat d'argent était de cent trente [sicles], et chaque bassin de soixante-dix : tout l'argent des vases fut de deux mille quatre cents [sicles], selon le sicle du sanctuaire.

7:86 Douze coupes d'or, pleines d'encens, chacune de dix [sicles], selon le sicle du sanctuaire : tout l'or des coupes, de cent vingt [sicles].

7:87 Tout le bétail pour l'holocauste fut : douze taureaux, douze béliers, douze agneaux âgés d'un an, et leurs offrandes de gâteau ; et douze boucs, en sacrifice pour le péché.

7:88 Et tout le bétail pour le sacrifice de prospérités fut : vingt-quatre taureaux, soixante béliers, soixante boucs, soixante agneaux âgés d'un an. Telle fut [l'offrande pour] la dédicace de l'autel, après qu'il fut oint.

7:89 Et quand Moïse entrait dans la tente d'assignation pour parler avec Lui, il entendait la voix qui lui parlait de dessus le propitiatoire qui était sur l'arche du témoignage, d'entre les deux chérubins ; et il Lui parlait.

8:1 Et l'Éternel parla à Moïse, disant :

8:2 Parle à Aaron et dis-lui : Quand tu allumeras* les lampes, les sept lampes éclaireront sur le devant, vis-à-vis du chandelier.

8:3 Et Aaron fit ainsi ; il alluma les* lampes [pour éclairer] sur le devant, vis-à-vis du chandelier, comme l'Éternel l'avait commandé à Moïse.

8:4 Et le chandelier était fait ainsi : il était d'or battu ; depuis son pied jusqu'à ses fleurs, il était [d'or] battu. Selon la forme que l'Éternel avait montrée à Moïse, ainsi il avait fait le chandelier.

7:85 Each charger of silver weighing an hundred and thirty shekels, each bowl seventy: all the silver vessels weighed two thousand and four hundred shekels, after the shekel of the sanctuary:

7:86 The golden spoons were twelve, full of incense, weighing ten shekels apiece, after the shekel of the sanctuary: all the gold of the spoons was an hundred and twenty shekels.

7:87 All the oxen for the burnt offering were twelve bullocks, the rams twelve, the lambs of the first year twelve, with their meat offering: and the kids of the goats for sin offering twelve.

7:88 And all the oxen for the sacrifice of the peace offerings were twenty and four bullocks, the rams sixty, the he goats sixty, the lambs of the first year sixty. This was the dedication of the altar, after that it was anointed.

7:89 And when Moses was gone into the tabernacle of the congregation to speak with him, then he heard the voice of one speaking unto him from off the mercy seat that was upon the ark of testimony, from between the two cherubims: and he spake unto him.

8:1 And the LORD spake unto Moses, saying,

8:2 Speak unto Aaron and say unto him, When thou lightest the lamps, the seven lamps shall give light over against the candlestick.

8:3 And Aaron did so; he lighted the lamps thereof over against the candlestick, as the LORD commanded Moses.

8:4 And this work of the candlestick was of beaten gold, unto the shaft thereof, unto the flowers thereof, was beaten work: according unto the pattern which the LORD had shewed Moses, so he made the candlestick.

8:5 Et l'Éternel parla à Moïse, disant :

8:6 Prends les Lévites du milieu des fils d'Israël, et purifie-les.

8:7 Et tu leur feras ainsi pour les purifier : tu feras aspersion sur eux de l'eau de purification du péché ; et ils feront passer le rasoir sur toute leur chair, et ils laveront leurs vêtements, et se purifieront.

8:8 Et ils prendront un jeune taureau, et son offrande de gâteau de fleur de farine pétrie à l'huile ; et tu prendras un second jeune taureau, pour sacrifice pour le péché.

8:9 Et tu feras approcher les Lévites devant la tente d'assignation, et tu réuniras toute l'assemblée des fils d'Israël ;

8:10 et tu feras approcher les Lévites devant l'Éternel, et les fils d'Israël poseront leurs mains sur les Lévites ;

8:11 et Aaron offrira* les Lévites en offrande tournoyée devant l'Éternel, de la part des fils d'Israël, et ils seront employés au service de l'Éternel.

8:12 Et les Lévites poseront leurs mains sur la tête des taureaux ; et tu offriras l'un en sacrifice pour le péché, et l'autre en holocauste à l'Éternel, afin de faire propitiation pour les Lévites.

8:13 Et tu feras tenir les Lévites devant Aaron et devant ses fils, et tu les offriras* en offrande tournoyée à l'Éternel.

8:14 Et tu sépareras les Lévites du milieu des fils d'Israël, et les Lévites seront à moi.

8:15 — Après cela les Lévites viendront pour faire le service de la tente d'assignation, et tu les purifieras, et tu les offriras* en offrande tournoyée ;

8:5 And the LORD spake unto Moses, saying,

8:6 Take the Levites from among the children of Israel, and cleanse them.

8:7 And thus shalt thou do unto them, to cleanse them: Sprinkle water of purifying upon them, and let them shave all their flesh, and let them wash their clothes, and so make themselves clean.

8:8 Then let them take a young bullock with his meat offering, even fine flour mingled with oil, and another young bullock shalt thou take for a sin offering.

8:9 And thou shalt bring the Levites before the tabernacle of the congregation: and thou shalt gather the whole assembly of the children of Israel together:

8:10 And thou shalt bring the Levites before the LORD: and the children of Israel shall put their hands upon the Levites:

8:11 And Aaron shall offer the Levites before the LORD for an offering of the children of Israel, that they may execute the service of the LORD.

8:12 And the Levites shall lay their hands upon the heads of the bullocks: and thou shalt offer the one for a sin offering, and the other for a burnt offering, unto the LORD, to make an atonement for the Levites.

8:13 And thou shalt set the Levites before Aaron, and before his sons, and offer them for an offering unto the LORD.

8:14 Thus shalt thou separate the Levites from among the children of Israel: and the Levites shall be mine.

8:15 And after that shall the Levites go in to do the service of the tabernacle of the congregation: and thou shalt cleanse them, and offer them for an offering.

8:16 car ils me sont entièrement donnés du milieu des fils d'Israël : je les ai pris pour moi à la place de tous ceux qui ouvrent la matrice, de tous les premiers-nés d'entre les fils d'Israël.

8:17 Car tout premier-né parmi les fils d'Israël est à moi, tant les hommes que les bêtes ; je me les suis sanctifiés le jour où je frappai tout premier-né dans le pays d'Égypte.

8:18 Et j'ai pris les Lévites à la place de tous les premiers-nés parmi les fils d'Israël.

8:19 Et j'ai donné les Lévites en don à Aaron et à ses fils, du milieu des fils d'Israël, pour s'employer au service des fils d'Israël à la tente d'assignation, et pour faire propitiation pour les fils d'Israël, afin qu'il n'y ait pas de plaie au milieu des fils d'Israël quand les fils d'Israël s'approcheraient du lieu saint.

8:20 — Et Moïse et Aaron, et toute l'assemblée des fils d'Israël, firent à l'égard des Lévites tout ce que l'Éternel avait commandé à Moïse touchant les Lévites ; les fils d'Israël firent ainsi à leur égard.

8:21 Et les Lévites se purifièrent*, et lavèrent leurs vêtements ; et Aaron les offrit** en offrande tournoyée devant l'Éternel ; et Aaron fit propitiation pour eux, pour les purifier.

8:22 Et après cela, les Lévites vinrent pour faire leur service à la tente d'assignation, devant Aaron et devant ses fils. Comme l'Éternel avait commandé à Moïse touchant les Lévites, ainsi on fit à leur égard.

8:23 Et l'Éternel parla à Moïse, disant :

8:24 C'est ici ce qui concerne les Lévites : Depuis l'âge de vingt-cinq ans et au-dessus, [le Lévite] entrera en service* pour être employé à la tente d'assignation ;

8:16 For they are wholly given unto me from among the children of Israel; instead of such as open every womb, even instead of the firstborn of all the children of Israel, have I taken them unto me.

8:17 For all the firstborn of the children of Israel are mine, both man and beast: on the day that I smote every firstborn in the land of Egypt I sanctified them for myself.

8:18 And I have taken the Levites for all the firstborn of the children of Israel.

8:19 And I have given the Levites as a gift to Aaron and to his sons from among the children of Israel, to do the service of the children of Israel in the tabernacle of the congregation, and to make an atonement for the children of Israel: that there be no plague among the children of Israel, when the children of Israel come nigh unto the sanctuary.

8:20 And Moses, and Aaron, and all the congregation of the children of Israel, did to the Levites according unto all that the LORD commanded Moses concerning the Levites, so did the children of Israel unto them.

8:21 And the Levites were purified, and they washed their clothes; and Aaron offered them as an offering before the LORD; and Aaron made an atonement for them to cleanse them.

8:22 And after that went the Levites in to do their service in the tabernacle of the congregation before Aaron, and before his sons: as the LORD had commanded Moses concerning the Levites, so did they unto them.

8:23 And the LORD spake unto Moses, saying,

8:24 This is it that belongeth unto the Levites: from twenty and five years old and upward they shall go in to wait upon the service of the tabernacle of the congregation:

8:25 et depuis l'âge de cinquante ans, il se retirera du labeur du service, et ne servira plus ;

8:26 et il s'emploiera avec ses frères à la tente d'assignation, pour garder ce qui doit être gardé, mais il ne fera pas de service. Tu feras ainsi à l'égard des Lévites touchant leurs charges.

9:1 Et l'Éternel parla à Moïse, dans le désert de Sinaï, le premier mois de la seconde année après leur sortie du pays d'Égypte*, disant :

9:2 Que les fils d'Israël fassent aussi la Pâque au temps fixé.

9:3 Vous la ferez au temps fixé, le quatorzième jour de ce mois, entre les deux soirs ; vous la ferez selon tous ses statuts et selon toutes ses ordonnances.

9:4 — Et Moïse dit aux fils d'Israël de faire la Pâque.

9:5 Et ils firent la Pâque, le premier [mois], le quatorzième jour du mois, entre les deux soirs, au désert de Sinaï : selon tout ce que l'Éternel avait commandé à Moïse, ainsi firent les fils d'Israël.

9:6 Et il y eut des hommes qui étaient impurs à cause du corps mort d'un homme, et qui ne pouvaient pas faire la Pâque ce jour-là ; et ils se présentèrent ce jour-là devant Moïse et devant Aaron.

9:7 Et ces hommes lui dirent : Nous sommes impurs à cause du corps mort d'un homme ; pourquoi serions-nous exclus de présenter l'offrande* de l'Éternel au temps fixé, au milieu des fils d'Israël ?

9:8 Et Moïse leur dit : Tenez-vous là, et j'entendrai ce que l'Éternel commandera à votre égard.

9:9 Et l'Éternel parla à Moïse, disant :

8:25 And from the age of fifty years they shall cease waiting upon the service thereof, and shall serve no more:

8:26 But shall minister with their brethren in the tabernacle of the congregation, to keep the charge, and shall do no service. Thus shalt thou do unto the Levites touching their charge.

9:1 And the LORD spake unto Moses in the wilderness of Sinai, in the first month of the second year after they were come out of the land of Egypt, saying,

9:2 Let the children of Israel also keep the passover at his appointed season.

9:3 In the fourteenth day of this month, at even, ye shall keep it in his appointed season: according to all the rites of it, and according to all the ceremonies thereof, shall ye keep it.

9:4 And Moses spake unto the children of Israel, that they should keep the passover.

9:5 And they kept the passover on the fourteenth day of the first month at even in the wilderness of Sinai: according to all that the LORD commanded Moses, so did the children of Israel.

9:6 And there were certain men, who were defiled by the dead body of a man, that they could not keep the passover on that day: and they came before Moses and before Aaron on that day:

9:7 And those men said unto him, We are defiled by the dead body of a man: wherefore are we kept back, that we may not offer an offering of the LORD in his appointed season among the children of Israel?

9:8 And Moses said unto them, Stand still, and I will hear what the LORD will command concerning you.

9:9 And the LORD spake unto Moses, saying,

9:10 Parle aux fils d'Israël, en disant : Si un homme d'entre vous ou de votre postérité est impur à cause d'un corps mort, ou est en voyage au loin, il fera la Pâque à l'Éternel.

9:10 Speak unto the children of Israel, saying, If any man of you or of your posterity shall be unclean by reason of a dead body, or be in a journey afar off, yet he shall keep the passover unto the LORD.

9:11 Ils la feront le second mois, le quatorzième jour, entre les deux soirs ; ils la mangeront avec des pains sans levain et des herbes amères ;

9:11 The fourteenth day of the second month at even they shall keep it, and eat it with unleavened bread and bitter herbs.

9:12 ils n'en laisseront rien jusqu'au matin et n'en casseront pas un os ; ils la feront selon tous les statuts de la Pâque.

9:12 They shall leave none of it unto the morning, nor break any bone of it: according to all the ordinances of the passover they shall keep it.

9:13 Mais l'homme qui est pur et qui n'est pas en voyage, qui s'abstient de faire la Pâque, cette âme sera retranchée de ses peuples ; car il n'a pas présenté l'offrande de l'Éternel au temps fixé : cet homme portera son péché.

9:13 But the man that is clean, and is not in a journey, and forbeareth to keep the passover, even the same soul shall be cut off from among his people: because he brought not the offering of the LORD in his appointed season, that man shall bear his sin.

9:14 Et si un étranger séjourne chez vous, et veut faire la Pâque à l'Éternel, il la fera ainsi, selon le statut de la Pâque et selon son ordonnance. Il y aura un même statut pour vous, tant pour l'étranger que pour l'Israélite de naissance*.

9:14 And if a stranger shall sojourn among you, and will keep the passover unto the LORD; according to the ordinance of the passover, and according to the manner thereof, so shall he do: ye shall have one ordinance, both for the stranger, and for him that was born in the land.

9:15 Et le jour que le tabernacle fut dressé, la nuée couvrit le tabernacle de la tente du témoignage, et elle était le soir sur le tabernacle comme l'apparence du feu, jusqu'au matin.

9:15 And on the day that the tabernacle was reared up the cloud covered the tabernacle, namely, the tent of the testimony: and at even there was upon the tabernacle as it were the appearance of fire, until the morning.

9:16 Il en fut ainsi continuellement : la nuée le couvrait, et la nuit, elle avait l'apparence du feu.

9:16 So it was alway: the cloud covered it by day, and the appearance of fire by night.

9:17 Et selon que la nuée se levait de dessus la tente, après cela les fils d'Israël partaient ; et au lieu où la nuée demeurait, là les fils d'Israël campaient.

9:17 And when the cloud was taken up from the tabernacle, then after that the children of Israel journeyed: and in the place where the cloud abode, there the children of Israel pitched their tents.

9:18 Au commandement de l'Éternel, les fils d'Israël partaient, et au commandement de l'Éternel, ils campaient ; pendant tous les jours que la nuée demeurait sur le tabernacle, ils campaient.

9:19 Et si la nuée prolongeait sa demeure sur le tabernacle plusieurs jours, alors les fils d'Israël gardaient ce que l'Éternel leur avait donné à garder, et ne partaient pas.

9:20 Et s'il arrivait que la nuée fût sur le tabernacle peu de jours, ils campaient au commandement de l'Éternel, et au commandement de l'Éternel, ils partaient.

9:21 Et s'il arrivait que la nuée y fût depuis le soir jusqu'au matin, et que la nuée se levât au matin, alors ils partaient ; ou si, après un jour et une nuit, la nuée* se levait, ils partaient ;

9:22 ou si la nuée prolongeait sa demeure pendant deux jours, ou un mois, ou [beaucoup] de jours* sur le tabernacle, pour y demeurer, les fils d'Israël campaient et ne partaient pas ; mais quand elle se levait, ils partaient.

9:23 Au commandement de l'Éternel ils campaient, et au commandement de l'Éternel ils partaient ; ils gardaient ce que Éternel leur avait donné à garder, selon le commandement de l'Éternel par Moïse.

10:1 Et l'Éternel parla à Moïse, disant :

10:2 Fais-toi deux trompettes ; tu les feras d'argent battu ; et elles te serviront pour la convocation de l'assemblée, et pour le départ des camps.

10:3 Et lorsqu'on en sonnera, toute l'assemblée s'assemblera vers toi, à l'entrée de la tente d'assignation.

9:18 At the commandment of the LORD the children of Israel journeyed, and at the commandment of the LORD they pitched: as long as the cloud abode upon the tabernacle they rested in their tents.

9:19 And when the cloud tarried long upon the tabernacle many days, then the children of Israel kept the charge of the LORD, and journeyed not.

9:20 And so it was, when the cloud was a few days upon the tabernacle; according to the commandment of the LORD they abode in their tents, and according to the commandment of the LORD they journeyed.

9:21 And so it was, when the cloud abode from even unto the morning, and that the cloud was taken up in the morning, then they journeyed: whether it was by day or by night that the cloud was taken up, they journeyed.

9:22 Or whether it were two days, or a month, or a year, that the cloud tarried upon the tabernacle, remaining thereon, the children of Israel abode in their tents, and journeyed not: but when it was taken up, they journeyed.

9:23 At the commandment of the LORD they rested in the tents, and at the commandment of the LORD they journeyed: they kept the charge of the LORD, at the commandment of the LORD by the hand of Moses.

10:1 And the LORD spake unto Moses, saying,

10:2 Make thee two trumpets of silver; of a whole piece shalt thou make them: that thou mayest use them for the calling of the assembly, and for the journeying of the camps.

10:3 And when they shall blow with them, all the assembly shall assemble themselves to thee at the door of the tabernacle of the congregation.

10:4 Et si l'on sonne d'une seule, alors les princes, les chefs des milliers d'Israël, s'assembleront vers toi.

10:5 Et quand vous sonnerez avec éclat, les camps qui sont campés à l'orient partiront.

10:6 Et quand vous sonnerez avec éclat une seconde fois, les camps qui sont campés au midi partiront ; on sonnera avec éclat pour leurs départs.

10:7 Et quand on réunira la congrégation, vous sonnerez, mais non pas avec éclat.

10:8 Les fils d'Aaron, les sacrificateurs, sonneront des trompettes ; et elles seront pour vous un statut perpétuel en vos générations.

10:9 Et quand, dans votre pays, vous irez à la guerre contre l'ennemi qui vous presse, alors vous sonnerez des trompettes avec éclat, et vous serez rappelés en mémoire devant l'Éternel, votre Dieu, et vous serez délivrés de vos ennemis.

10:10 Et dans vos jours de joie, et dans vos jours solennels, et au commencement de vos mois, vous sonnerez des trompettes sur vos holocaustes, et sur vos sacrifices de prospérités, et elles seront un mémorial pour vous devant votre Dieu. Moi, je suis l'Éternel, votre Dieu.

10:11 Et il arriva, en la seconde année, au second mois, le vingtième [jour] du mois, que la nuée se leva de dessus le tabernacle du témoignage. *

10:12 Et les fils d'Israël partirent du désert de Sinaï, selon leur ordre de départ, et la nuée demeura dans le désert de Paran.

10:13 Et ils partirent, pour la première fois, selon le commandement de l'Éternel par Moïse.

10:4 And if they blow but with one trumpet, then the princes, which are heads of the thousands of Israel, shall gather themselves unto thee.

10:5 When ye blow an alarm, then the camps that lie on the east parts shall go forward.

10:6 When ye blow an alarm the second time, then the camps that lie on the south side shall take their journey: they shall blow an alarm for their journeys.

10:7 But when the congregation is to be gathered together, ye shall blow, but ye shall not sound an alarm.

10:8 And the sons of Aaron, the priests, shall blow with the trumpets; and they shall be to you for an ordinance for ever throughout your generations.

10:9 And if ye go to war in your land against the enemy that oppresseth you, then ye shall blow an alarm with the trumpets; and ye shall be remembered before the LORD your God, and ye shall be saved from your enemies.

10:10 Also in the day of your gladness, and in your solemn days, and in the beginnings of your months, ye shall blow with the trumpets over your burnt offerings, and over the sacrifices of your peace offerings; that they may be to you for a memorial before your God: I am the LORD your God.

10:11 And it came to pass on the twentieth day of the second month, in the second year, that the cloud was taken up from off the tabernacle of the testimony.

10:12 And the children of Israel took their journeys out of the wilderness of Sinai; and the cloud rested in the wilderness of Paran.

10:13 And they first took their journey according to the commandment of the LORD by the hand of Moses.

10:14 La bannière du camp des fils de Juda partit la première, selon leurs armées ; et son armée était sous Nakhshon, fils d'Amminadab ;

10:15 et l'armée de la tribu des fils d'Issacar était sous Nethaneël, fils de Tsuar ;

10:16 et l'armée de la tribu des fils de Zabulon était sous Éliab, fils de Hélon.

10:17 Et le tabernacle fut démonté ; puis les fils de Guershon et les fils de Merari partirent, portant le tabernacle.

10:18 Et la bannière du camp de Ruben partit, selon leurs armées ; et son armée était sous Élitsur, fils de Shedéur ;

10:19 et l'armée de la tribu des fils de Siméon était sous Shelumiel, fils de Tsurishaddaï ;

10:20 et l'armée de la tribu des fils de Gad était sous Éliasaph, fils de Dehuel.

10:21 Puis les Kehathites partirent, portant le sanctuaire ; et on dressa le tabernacle, en attendant leur arrivée.

10:22 Et la bannière du camp des fils d'Éphraïm partit, selon leurs armées ; et son armée était sous Élishama, fils d'Ammihud ;

10:23 et l'armée de la tribu des fils de Manassé était sous Gameliel, fils de Pedahtsur ;

10:24 et l'armée de la tribu des fils de Benjamin était sous Abidan, fils de Guidhoni.

10:25 Et la bannière du camp des fils de Dan partit, à l'arrière-garde de tous les camps, selon leurs armées ; et son armée était sous Akhiézer, fils d'Ammishaddaï ;

10:14 In the first place went the standard of the camp of the children of Judah according to their armies: and over his host was Nahshon the son of Amminadab.

10:15 And over the host of the tribe of the children of Issachar was Nethaneel the son of Zuar.

10:16 And over the host of the tribe of the children of Zebulun was Eliab the son of Helon.

10:17 And the tabernacle was taken down; and the sons of Gershon and the sons of Merari set forward, bearing the tabernacle.

10:18 And the standard of the camp of Reuben set forward according to their armies: and over his host was Elizur the son of Shedeur.

10:19 And over the host of the tribe of the children of Simeon was Shelumiel the son of Zurishaddai.

10:20 And over the host of the tribe of the children of Gad was Eliasaph the son of Deuel.

10:21 And the Kohathites set forward, bearing the sanctuary: and the other did set up the tabernacle against they came.

10:22 And the standard of the camp of the children of Ephraim set forward according to their armies: and over his host was Elishama the son of Ammihud.

10:23 And over the host of the tribe of the children of Manasseh was Gamaliel the son of Pedahzur.

10:24 And over the host of the tribe of the children of Benjamin was Abidan the son of Gideoni.

10:25 And the standard of the camp of the children of Dan set forward, which was the rereward of all the camps throughout their hosts: and over his host was Ahiezer the son of Ammishaddai.

10:26 et l'armée de la tribu des fils d'Aser était sous Paghiel, fils d'Ocran ;

10:27 et l'armée de la tribu des fils de Nephthali était sous Akhira, fils d'Énan.

10:28 Tel fut l'ordre de marche des fils d'Israël, selon leurs armées ; et ils partirent.

10:29 Et Moïse dit à Hobab, fils de Rehuel, Madianite, beau-père de Moïse : Nous partons pour le lieu dont l'Éternel a dit : Je vous le donnerai. Viens avec nous, et nous te ferons du bien ; car l'Éternel a dit du bien à l'égard d'Israël.

10:30 Et il lui dit : Je n'irai pas ; mais je m'en irai dans mon pays, et vers ma parenté*.

10:31 Et [Moïse] dit : Je te prie, ne nous laisse pas, parce que tu connais les lieux où nous aurons à camper dans le désert ; et tu nous serviras d'yeux.

10:32 Et il arrivera, si tu viens avec nous, que le bien que l'Éternel veut nous faire nous te le ferons.

10:33 Et ils partirent de la montagne de l'Éternel, le chemin de trois jours ; et l'arche de l'alliance de l'Éternel alla devant eux, le chemin de trois jours, pour leur chercher un lieu de repos.

10:34 Et la nuée de l'Éternel était sur eux de jour, quand ils partaient de leur campement.

10:35 Et il arrivait qu'au départ de l'arche, Moïse disait : Lève-toi, Éternel ! et que tes ennemis soient dispersés, et que ceux qui te haïssent s'enfuient devant toi !

10:36 Et quand elle se reposait, il disait : Reviens, Éternel, aux dix mille milliers d'Israël !

10:26 And over the host of the tribe of the children of Asher was Pagiel the son of Ocran.

10:27 And over the host of the tribe of the children of Naphtali was Ahira the son of Enan.

10:28 Thus were the journeyings of the children of Israel according to their armies, when they set forward.

10:29 And Moses said unto Hobab, the son of Raguel the Midianite, Moses' father in law, We are journeying unto the place of which the LORD said, I will give it you: come thou with us, and we will do thee good: for the LORD hath spoken good concerning Israel.

10:30 And he said unto him, I will not go; but I will depart to mine own land, and to my kindred.

10:31 And he said, Leave us not, I pray thee; forasmuch as thou knowest how we are to encamp in the wilderness, and thou mayest be to us instead of eyes.

10:32 And it shall be, if thou go with us, yea, it shall be, that what goodness the LORD shall do unto us, the same will we do unto thee.

10:33 And they departed from the mount of the LORD three days' journey: and the ark of the covenant of the LORD went before them in the three days' journey, to search out a resting place for them.

10:34 And the cloud of the LORD was upon them by day, when they went out of the camp.

10:35 And it came to pass, when the ark set forward, that Moses said, Rise up, LORD, and let thine enemies be scattered; and let them that hate thee flee before thee.

10:36 And when it rested, he said, Return, O LORD, unto the many thousands of Israel.

11:1 Et il arriva que comme le peuple se plaignait, cela fut mauvais aux oreilles de l'Éternel* ; et l'Éternel l'entendit, et sa colère s'embrasa, et le feu de l'Éternel brûla parmi eux, et dévora au bout du camp.

11:2 Et le peuple cria à Moïse, et Moïse pria l'Éternel, et le feu s'éteignit.

11:3 Et on appela le nom de ce lieu Tabhéra*, parce que le feu de l'Éternel avait brûlé parmi eux.

11:4 Et le ramassis [de peuple] qui était au milieu d'eux s'éprit de convoitise, et les fils d'Israël aussi se mirent encore à pleurer, et dirent : Qui nous fera manger de la chair ?

11:5 Il nous souvient du poisson que nous mangions en Égypte pour rien, des concombres, et des melons, et des poireaux, et des oignons, et de l'ail ;

11:6 et maintenant notre âme est asséchée ; il n'y a rien, si ce n'est cette manne devant nos yeux.

11:7 — Et la manne était comme la graine de coriandre, et son apparence comme l'apparence du bdellium.

11:8 Le peuple se dispersait et la ramassait ; et ils la broyaient sous la meule ou la pilaient dans le mortier ; et ils la cuisaient dans des pots, et en faisaient des gâteaux ; et son goût était comme le goût d'un gâteau à l'huile*.

11:9 Et quand la rosée descendait la nuit sur le camp la manne descendait dessus.

11:10 Et Moïse entendit le peuple pleurant, selon ses familles, chacun à l'entrée de sa tente ; et la colère de l'Éternel s'embrasa extrêmement, et cela fut mauvais aux yeux de Moïse.

11:1 And when the people complained, it displeased the LORD: and the LORD heard it; and his anger was kindled; and the fire of the LORD burnt among them, and consumed them that were in the uttermost parts of the camp.

11:2 And the people cried unto Moses; and when Moses prayed unto the LORD, the fire was quenched.

11:3 And he called the name of the place Taberah: because the fire of the LORD burnt among them.

11:4 And the mixt multitude that was among them fell a lusting: and the children of Israel also wept again, and said, Who shall give us flesh to eat?

11:5 We remember the fish, which we did eat in Egypt freely; the cucumbers, and the melons, and the leeks, and the onions, and the garlick:

11:6 But now our soul is dried away: there is nothing at all, beside this manna, before our eyes.

11:7 And the manna was as coriander seed, and the colour thereof as the colour of bdellium.

11:8 And the people went about, and gathered it, and ground it in mills, or beat it in a mortar, and baked it in pans, and made cakes of it: and the taste of it was as the taste of fresh oil.

11:9 And when the dew fell upon the camp in the night, the manna fell upon it.

11:10 Then Moses heard the people weep throughout their families, every man in the door of his tent: and the anger of the LORD was kindled greatly; Moses also was displeased.

11:11 Et Moïse dit à l'Éternel : Pourquoi as-tu fait ce mal à ton serviteur ? et pourquoi n'ai-je pas trouvé grâce à tes yeux, que tu aies mis sur moi le fardeau de tout ce peuple ?

11:11 And Moses said unto the LORD, Wherefore hast thou afflicted thy servant? and wherefore have I not found favour in thy sight, that thou layest the burden of all this people upon me?

11:12 Est-ce moi qui ai conçu tout ce peuple ? Est-ce moi qui l'ai enfanté, pour que tu me dises : Porte- le dans ton sein, comme le nourricier porte l'enfant qui tette, jusqu'au pays que tu as promis par serment à ses pères ?

11:12 Have I conceived all this people? have I begotten them, that thou shouldest say unto me, Carry them in thy bosom, as a nursing father beareth the sucking child, unto the land which thou swarest unto their fathers?

11:13 D'où aurais-je de la chair pour en donner à tout ce peuple ? car ils pleurent après moi, disant : Donne-nous de la chair, afin que nous en mangions.

11:13 Whence should I have flesh to give unto all this people? for they weep unto me, saying, Give us flesh, that we may eat.

11:14 Je ne puis, moi seul, porter tout ce peuple, car il est trop pesant pour moi.

11:14 I am not able to bear all this people alone, because it is too heavy for me.

11:15 Et si tu agis ainsi avec moi, tue-moi donc, je te prie, si j'ai trouvé grâce à tes yeux, et que je ne voie pas mon malheur.

11:15 And if thou deal thus with me, kill me, I pray thee, out of hand, if I have found favour in thy sight; and let me not see my wretchedness.

11:16 Et l'Éternel dit à Moïse : Assemble-moi soixante-dix hommes des anciens d'Israël, que tu sais être les anciens du peuple et ses magistrats*, et amène-les à la tente d'assignation, et ils se tiendront là avec toi.

11:16 And the LORD said unto Moses, Gather unto me seventy men of the elders of Israel, whom thou knowest to be the elders of the people, and officers over them; and bring them unto the tabernacle of the congregation, that they may stand there with thee.

11:17 Et je descendrai, et je parlerai là avec toi, et j'ôterai de l'Esprit qui est sur toi, et je le mettrai sur eux, afin qu'ils portent avec toi le fardeau du peuple, et que tu ne le portes pas toi seul.

11:17 And I will come down and talk with thee there: and I will take of the spirit which is upon thee, and will put it upon them; and they shall bear the burden of the people with thee, that thou bear it not thyself alone.

11:18 Et tu diras au peuple : Sanctifiez-vous pour demain, et vous mangerez de la chair ; car vous avez pleuré aux oreilles de l'Éternel, disant : Qui nous fera manger de la chair ? car nous étions bien en Égypte ! Et l'Éternel vous donnera de la chair, et vous en mangerez.

11:18 And say thou unto the people, Sanctify yourselves against to morrow, and ye shall eat flesh: for ye have wept in the ears of the LORD, saying, Who shall give us flesh to eat? for it was well with us in Egypt: therefore the LORD will give you flesh, and ye shall eat.

11:19 Vous n'en mangerez pas un jour, ni deux jours, ni cinq jours, ni dix jours, ni vingt jours, [mais] jusqu'à un mois entier,

11:19 Ye shall not eat one day, nor two days, nor five days, neither ten days, nor twenty days;

11:20 jusqu'à ce qu'elle vous sorte par les narines et que vous l'ayez en dégoût ; parce que vous avez méprisé l'Éternel qui est au milieu de vous, et que vous avez pleuré devant lui, disant : Pourquoi sommes-nous donc sortis d'Égypte ?

11:21 Et Moïse dit : Il y a six cent mille hommes de pied dans ce peuple au milieu duquel je suis, et tu as dit : Je leur donnerai de la chair, et ils en mangeront un mois entier.

11:22 Leur égorgera-t-on du menu et du gros bétail, afin qu'il y en ait assez pour eux ? ou assemblera-t-on tous les poissons de la mer pour eux, afin qu'il y en ait assez pour eux ?

11:23 Et l'Éternel dit à Moïse : La main de l'Éternel est-elle devenue courte ? Tu verras maintenant si ce que j'ai dit t'arrivera ou non.

11:24 Et Moïse sortit, et dit au peuple les paroles de l'Éternel ; et il assembla soixante-dix hommes des anciens du peuple, et les fit se tenir tout autour de la tente.

11:25 Et l'Éternel descendit dans la nuée, et lui parla ; et il ôta de l'Esprit qui était sur lui, et le mit sur les soixante-dix anciens. Et il arriva qu'aussitôt que l'Esprit reposa sur eux, ils prophétisèrent, mais ils ne continuèrent pas.

11:26 Et il était demeuré deux hommes dans le camp ; le nom de l'un était Eldad, et le nom du second, Médad ; et l'Esprit reposa sur eux ; et ils étaient de ceux qui avaient été inscrits, mais ils n'étaient pas sortis vers la tente, et ils prophétisèrent dans le camp.

11:27 Et un jeune homme courut et rapporta cela à Moïse, disant : Eldad et Médad prophétisent dans le camp.

11:28 Et Josué, fils de Nun, qui servait Moïse, l'un de ses jeunes gens*, répondit et dit : Mon seigneur Moïse, empêche-les.

11:20 But even a whole month, until it come out at your nostrils, and it be loathsome unto you: because that ye have despised the LORD which is among you, and have wept before him, saying, Why came we forth out of Egypt?

11:21 And Moses said, The people, among whom I am, are six hundred thousand footmen; and thou hast said, I will give them flesh, that they may eat a whole month.

11:22 Shall the flocks and the herds be slain for them, to suffice them? or shall all the fish of the sea be gathered together for them, to suffice them?

11:23 And the LORD said unto Moses, Is the LORD's hand waxed short? thou shalt see now whether my word shall come to pass unto thee or not.

11:24 And Moses went out, and told the people the words of the LORD, and gathered the seventy men of the elders of the people, and set them round about the tabernacle.

11:25 And the LORD came down in a cloud, and spake unto him, and took of the spirit that was upon him, and gave it unto the seventy elders: and it came to pass, that, when the spirit rested upon them, they prophesied, and did not cease.

11:26 But there remained two of the men in the camp, the name of the one was Eldad, and the name of the other Medad: and the spirit rested upon them; and they were of them that were written, but went not out unto the tabernacle: and they prophesied in the camp.

11:27 And there ran a young man, and told Moses, and said, Eldad and Medad do prophesy in the camp.

11:28 And Joshua the son of Nun, the servant of Moses, one of his young men, answered and said, My lord Moses, forbid them.

11:29 Et Moïse lui dit : Es-tu jaloux pour moi ? Ah ! que plutôt tout le peuple de l'Éternel fût prophète ; que l'Éternel mît son Esprit sur eux !	*11:29 And Moses said unto him, Enviest thou for my sake? would God that all the LORD's people were prophets, and that the LORD would put his spirit upon them!*
11:30 Et Moïse revint dans le camp, lui et les anciens d'Israël.	*11:30 And Moses gat him into the camp, he and the elders of Israel.*
11:31 Et il se leva, de par l'Éternel, un vent qui fit venir de la mer* des cailles, et les jeta sur le camp, environ une journée de chemin en deçà, et environ une journée de chemin en delà, tout autour du camp, et environ deux coudées sur la surface de la terre.	*11:31 And there went forth a wind from the LORD, and brought quails from the sea, and let them fall by the camp, as it were a day's journey on this side, and as it were a day's journey on the other side, round about the camp, and as it were two cubits high upon the face of the earth.*
11:32 Et le peuple se leva tout ce jour-là, et toute la nuit, et tout le jour du lendemain, et amassa des cailles : celui qui en avait amassé le moins, en avait amassé dix khomers ; et ils les étendirent pour eux tout autour du camp.	*11:32 And the people stood up all that day, and all that night, and all the next day, and they gathered the quails: he that gathered least gathered ten homers: and they spread them all abroad for themselves round about the camp.*
11:33 — La chair était encore entre leurs dents, avant qu'elle fût mâchée, que la colère de l'Éternel s'embrasa contre le peuple, et que l'Éternel frappa le peuple d'un fort grand coup.	*11:33 And while the flesh was yet between their teeth, ere it was chewed, the wrath of the LORD was kindled against the people, and the LORD smote the people with a very great plague.*
11:34 Et on appela le nom de ce lieu-là Kibroth-Hattaava*, parce qu'on y enterra le peuple qui avait convoité.	*11:34 And he called the name of that place Kibrothhattaavah: because there they buried the people that lusted.*
11:35 De Kibroth-Hattaava le peuple partit pour Hatséroth, et ils furent à Hatséroth.	*11:35 And the people journeyed from Kibrothhattaavah unto Hazeroth; and abode at Hazeroth.*
12:1 Et Marie*et Aaron parlèrent contre Moïse à l'occasion de la femme éthiopienne** qu'il avait prise, car il avait pris une femme éthiopienne.	*12:1 And Miriam and Aaron spake against Moses because of the Ethiopian woman whom he had married: for he had married an Ethiopian woman.*
12:2 Et ils dirent : L'Éternel n'a-t-il parlé que par* Moïse seulement ? N'a-t-il pas parlé aussi par* nous ? Et l'Éternel l'entendit.	*12:2 And they said, Hath the LORD indeed spoken only by Moses? hath he not spoken also by us? And the LORD heard it.*
12:3 Et cet homme, Moïse, était très doux*, plus que tous les hommes qui étaient sur la face de la terre.	*12:3 (Now the man Moses was very meek, above all the men which were upon the face of the earth.)*

12:4 Et soudain l'Éternel dit à Moïse, et à Aaron et à Marie : Sortez, vous trois, vers la tente d'assignation. Et ils sortirent eux trois.

12:5 Et l'Éternel descendit dans la colonne de nuée, et se tint à l'entrée de la tente ; et il appela Aaron et Marie, et ils sortirent eux deux.

12:6 Et il dit : Écoutez mes paroles : S'il y a un prophète parmi vous, moi l'Éternel, je me ferai connaître à lui en vision, je lui parlerai en songe.

12:7 Il n'en est pas ainsi de mon serviteur Moïse, qui* est fidèle dans toute ma maison ;

12:8 je parle avec lui bouche à bouche, et [en me révélant] clairement, et non en énigmes ; et il voit la ressemblance de l'Éternel. Et pourquoi n'avez-vous pas craint de parler contre mon serviteur, contre Moïse ?

12:9 Et la colère de l'Éternel s'embrasa contre eux, et il s'en alla ;

12:10 et la nuée se retira de dessus la tente : et voici, Marie était lépreuse, comme la neige ; et Aaron se tourna vers Marie, et voici, elle était lépreuse.

12:11 — Et Aaron dit à Moïse : Ah, mon seigneur ! ne mets pas, je te prie, sur nous, ce péché par lequel nous avons agi follement et par lequel nous avons péché.

12:12 Je te prie, qu'elle ne soit pas comme un [enfant] mort, dont la chair est à demi consumée quand il sort du ventre de sa mère.

12:13 Et Moïse cria à l'Éternel, disant : Ô *Dieu ! je te prie, guéris-la, je te prie.

12:14 Et l'Éternel dit à Moïse : Si son père lui eût craché au visage, ne serait-elle pas pendant sept jours dans la honte ? Qu'elle soit exclue*, sept jours, hors du camp, et après, qu'elle y soit recueillie.

12:4 And the LORD spake suddenly unto Moses, and unto Aaron, and unto Miriam, Come out ye three unto the tabernacle of the congregation. And they three came out.

12:5 And the LORD came down in the pillar of the cloud, and stood in the door of the tabernacle, and called Aaron and Miriam: and they both came forth.

12:6 And he said, Hear now my words: If there be a prophet among you, I the LORD will make myself known unto him in a vision, and will speak unto him in a dream.

12:7 My servant Moses is not so, who is faithful in all mine house.

12:8 With him will I speak mouth to mouth, even apparently, and not in dark speeches; and the similitude of the LORD shall he behold: wherefore then were ye not afraid to speak against my servant Moses?

12:9 And the anger of the LORD was kindled against them; and he departed.

12:10 And the cloud departed from off the tabernacle; and, behold, Miriam became leprous, white as snow: and Aaron looked upon Miriam, and, behold, she was leprous.

12:11 And Aaron said unto Moses, Alas, my lord, I beseech thee, lay not the sin upon us, wherein we have done foolishly, and wherein we have sinned.

12:12 Let her not be as one dead, of whom the flesh is half consumed when he cometh out of his mother's womb.

12:13 And Moses cried unto the LORD, saying, Heal her now, O God, I beseech thee.

12:14 And the LORD said unto Moses, If her father had but spit in her face, should she not be ashamed seven days? let her be shut out from the camp seven days, and after that let her be received in again.

12:15 Et Marie demeura exclue hors du camp sept jours ; et le peuple ne partit pas jusqu'à ce que Marie eût été recueillie. enfermée

13:1 Et après, le peuple partit de Hatséroth, et il campa au désert de Paran.

13:2 Et l'Éternel parla à Moïse, disant :

13:3 Envoie des hommes, et ils reconnaîtront le pays de Canaan, que je donne aux fils d'Israël ; vous enverrez un homme pour chaque tribu de ses pères, tous des princes parmi eux.

13:4 Et Moïse les envoya du désert de Paran, selon le commandement de l'Éternel. Tous ces hommes étaient des chefs des fils d'Israël.

13:5 Et ce sont ici leurs noms : pour la tribu de Ruben, Shammua, fils de Zaccur ;

13:6 pour la tribu de Siméon, Shaphath, fils de Hori ;

13:7 pour la tribu de Juda, Caleb, fils de Jephunné ;

13:8 pour la tribu d'Issacar, Jighal, fils de Joseph ;

13:9 pour la tribu d'Éphraïm, Osée, fils de Nun ;

13:10 pour la tribu de Benjamin, Palti, fils de Raphu ;

13:11 pour la tribu de Zabulon, Gaddiel, fils de Sodi ;

13:12 pour la tribu de Joseph, pour la tribu de Manassé, Gaddi, fils de Susi ;

13:13 pour la tribu de Dan, Ammiel, fils de Guemalli ;

13:14 pour la tribu d'Aser, Sethur, fils de Micaël ;

13:15 pour la tribu de Nephthali, Nakhbi, fils de Vophsi ;

12:15 And Miriam was shut out from the camp seven days: and the people journeyed not till Miriam was brought in again.

12:16 And afterward the people removed from Hazeroth, and pitched in the wilderness of Paran.

13:1 And the LORD spake unto Moses, saying,

13:2 Send thou men, that they may search the land of Canaan, which I give unto the children of Israel: of every tribe of their fathers shall ye send a man, every one a ruler among them.

13:3 And Moses by the commandment of the LORD sent them from the wilderness of Paran: all those men were heads of the children of Israel.

13:4 And these were their names: of the tribe of Reuben, Shammua the son of Zaccur.

13:5 Of the tribe of Simeon, Shaphat the son of Hori.

13:6 Of the tribe of Judah, Caleb the son of Jephunneh.

13:7 Of the tribe of Issachar, Igal the son of Joseph.

13:8 Of the tribe of Ephraim, Oshea the son of Nun.

13:9 Of the tribe of Benjamin, Palti the son of Raphu.

13:10 Of the tribe of Zebulun, Gaddiel the son of Sodi.

13:11 Of the tribe of Joseph, namely, of the tribe of Manasseh, Gaddi the son of Susi.

13:12 Of the tribe of Dan, Ammiel the son of Gemalli.

13:13 Of the tribe of Asher, Sethur the son of Michael.

13:14 Of the tribe of Naphtali, Nahbi the son of Vophsi.

13:16 pour la tribu de Gad, Gueuël, fils de Maki.

13:17 — Ce sont là les noms des hommes que Moïse envoya pour reconnaître le pays. Et Moïse appela Osée*, fils de Nun, Josué**.

13:18 Et Moïse les envoya pour reconnaître le pays de Canaan, et leur dit : Montez de ce côté, par le midi ; et vous monterez [dans] la montagne ;

13:19 et vous verrez le pays, ce qu'il est, et le peuple qui l'habite ; s'il est fort ou faible, s'il est en petit nombre ou en grand nombre ;

13:20 et quel est le pays où il habite, s'il est bon ou mauvais ; et quelles sont les villes dans lesquelles il habite, si c'est dans des camps ou dans des villes murées ;

13:21 et quel est le pays, s'il est gras ou maigre, s'il y a des arbres ou s'il n'y en a pas. Ayez bon courage, et prenez du fruit du pays. Or c'était le temps des premiers raisins.

13:22 Et ils montèrent et reconnurent le pays, depuis le désert de Tsin jusqu'à Rehob, quand on vient à* Hamath.

13:23 Et ils montèrent par le midi, et vinrent jusqu'à Hébron ; et là étaient Akhiman, Shéshaï et Thalmaï, enfants d'Anak. Et Hébron avait été bâtie sept ans avant Tsoan d'Égypte.

13:24 Et ils vinrent jusqu'au torrent* d'Eshcol, et coupèrent de là un sarment avec une grappe de raisin ; et ils le portèrent à deux au moyen d'une perche, et des grenades et des figues.

13:25 On appela ce lieu-là torrent d'Eshcol*, à cause de la grappe que les fils d'Israël y coupèrent.

13:26 Et ils revinrent de la reconnaissance du pays au bout de quarante jours.

13:15 Of the tribe of Gad, Geuel the son of Machi.

13:16 These are the names of the men which Moses sent to spy out the land. And Moses called Oshea the son of Nun Jehoshua.

13:17 And Moses sent them to spy out the land of Canaan, and said unto them, Get you up this way southward, and go up into the mountain:

13:18 And see the land, what it is, and the people that dwelleth therein, whether they be strong or weak, few or many;

13:19 And what the land is that they dwell in, whether it be good or bad; and what cities they be that they dwell in, whether in tents, or in strong holds;

13:20 And what the land is, whether it be fat or lean, whether there be wood therein, or not. And be ye of good courage, and bring of the fruit of the land. Now the time was the time of the firstripe grapes.

13:21 So they went up, and searched the land from the wilderness of Zin unto Rehob, as men come to Hamath.

13:22 And they ascended by the south, and came unto Hebron; where Ahiman, Sheshai, and Talmai, the children of Anak, were. (Now Hebron was built seven years before Zoan in Egypt.)

13:23 And they came unto the brook of Eshcol, and cut down from thence a branch with one cluster of grapes, and they bare it between two upon a staff; and they brought of the pomegranates, and of the figs.

13:24 The place was called the brook Eshcol, because of the cluster of grapes which the children of Israel cut down from thence.

13:25 And they returned from searching of the land after forty days.

13:27 Et ils allèrent, et arrivèrent auprès de Moïse et d'Aaron, et de toute l'assemblée des fils d'Israël, au désert de Paran, à Kadès ; et ils leur rendirent compte, ainsi qu'à toute l'assemblée, et leur montrèrent le fruit du pays.

13:28 Et ils racontèrent à Moïse*, et dirent : Nous sommes allés dans le pays où tu nous as envoyés ; et vraiment il est ruisselant de lait et de miel, et en voici le fruit.

13:29 Seulement, le peuple qui habite dans le pays est fort, et les villes sont fortifiées, très grandes ; et nous y avons vu aussi les enfants d'Anak.

13:30 Amalek habite le pays du midi ; et le Héthien, le Jébusien et l'Amoréen habitent la montagne ; et le Cananéen habite le long de la mer et sur le rivage du Jourdain.

13:31 Et Caleb fit taire le peuple devant Moïse, et dit : Montons hardiment et prenons possession du [pays], car nous sommes bien capables de le faire.

13:32 Mais les hommes qui étaient montés avec lui, dirent : Nous ne sommes pas capables de monter contre ce peuple, car il est plus fort que nous.

13:33 Et ils décrièrent devant les fils d'Israël le pays qu'ils avaient reconnu, disant : Le pays par lequel nous avons passé pour le reconnaître est un pays qui dévore ses habitants, et tout le peuple que nous y avons vu est de* haute stature.

13:34 Et nous y avons vu les géants, fils d'Anak, qui est [de la race] des géants ; et nous étions à nos yeux comme des sauterelles, et nous étions de même à leurs yeux.

14:1 Et toute l'assemblée éleva sa voix, et jeta des cris, et le peuple pleura cette nuit-là.

13:26 And they went and came to Moses, and to Aaron, and to all the congregation of the children of Israel, unto the wilderness of Paran, to Kadesh; and brought back word unto them, and unto all the congregation, and shewed them the fruit of the land.

13:27 And they told him, and said, We came unto the land whither thou sentest us, and surely it floweth with milk and honey; and this is the fruit of it.

13:28 Nevertheless the people be strong that dwell in the land, and the cities are walled, and very great: and moreover we saw the children of Anak there.

13:29 The Amalekites dwell in the land of the south: and the Hittites, and the Jebusites, and the Amorites, dwell in the mountains: and the Canaanites dwell by the sea, and by the coast of Jordan.

13:30 And Caleb stilled the people before Moses, and said, Let us go up at once, and possess it; for we are well able to overcome it.

13:31 But the men that went up with him said, We be not able to go up against the people; for they are stronger than we.

13:32 And they brought up an evil report of the land which they had searched unto the children of Israel, saying, The land, through which we have gone to search it, is a land that eateth up the inhabitants thereof; and all the people that we saw in it are men of a great stature.

13:33 And there we saw the giants, the sons of Anak, which come of the giants: and we were in our own sight as grasshoppers, and so we were in their sight.

14:1 And all the congregation lifted up their voice, and cried; and the people wept that night.

14:2 Et tous les fils d'Israël murmurèrent contre Moïse et contre Aaron ; et toute l'assemblée leur dit : Oh ! si nous étions morts dans le pays d'Égypte ! Ou si nous étions morts dans ce désert !	*14:2 And all the children of Israel murmured against Moses and against Aaron: and the whole congregation said unto them, Would God that we had died in the land of Egypt! or would God we had died in this wilderness!*
14:3 Et pourquoi l'Éternel nous fait-il venir dans ce pays, pour y tomber par l'épée, pour que nos femmes et nos petits enfants deviennent une proie ? Ne serait-il pas bon pour nous de retourner en Égypte ?	*14:3 And wherefore hath the LORD brought us unto this land, to fall by the sword, that our wives and our children should be a prey? were it not better for us to return into Egypt?*
14:4 Et ils se dirent l'un à l'autre : Établissons un chef, et retournons en Égypte.	*14:4 And they said one to another, Let us make a captain, and let us return into Egypt.*
14:5 Et Moïse et Aaron tombèrent sur leurs faces devant toute la congrégation de l'assemblée des fils d'Israël.	*14:5 Then Moses and Aaron fell on their faces before all the assembly of the congregation of the children of Israel.*
14:6 Et Josué, fils de Nun, et Caleb, fils de Jephunné, qui étaient d'entre ceux qui avaient reconnu le pays, déchirèrent leurs vêtements,	*14:6 And Joshua the son of Nun, and Caleb the son of Jephunneh, which were of them that searched the land, rent their clothes:*
14:7 et parlèrent à toute l'assemblée des fils d'Israël, disant : Le pays par lequel nous avons passé pour le reconnaître est un très bon* pays.	*14:7 And they spake unto all the company of the children of Israel, saying, The land, which we passed through to search it, is an exceeding good land.*
14:8 Si l'Éternel prend plaisir en nous, il nous fera entrer dans ce pays-là et nous le donnera, un pays qui ruisselle de lait et de miel.	*14:8 If the LORD delight in us, then he will bring us into this land, and give it us; a land which floweth with milk and honey.*
14:9 Seulement, ne vous rebellez pas contre l'Éternel ; et ne craignez pas le peuple du pays, car ils seront notre pain : leur protection* s'est retirée de dessus eux, et l'Éternel est avec nous ; ne les craignez pas.	*14:9 Only rebel not ye against the LORD, neither fear ye the people of the land; for they are bread for us: their defence is departed from them, and the LORD is with us: fear them not.*
14:10 Et toute l'assemblée parla de les lapider avec des pierres. Et la gloire de l'Éternel apparut à tous les fils d'Israël à la tente d'assignation.	*14:10 But all the congregation bade stone them with stones. And the glory of the LORD appeared in the tabernacle of the congregation before all the children of Israel.*

14:11 Et l'Éternel dit à Moïse : Jusques à quand ce peuple-ci me méprisera-t-il et jusques à quand ne me croira-t-il pas*, après tous les signes que j'ai faits au milieu de lui ?

14:12 Je le frapperai de peste, et je le détruirai* ; et je ferai de toi une nation plus grande et plus forte que lui.

14:13 Et Moïse dit à l'Éternel : Mais les Égyptiens en entendront parler (car par ta force tu as fait monter ce peuple du milieu d'eux),

14:14 et ils [le] diront aux habitants de ce pays, qui ont entendu que toi, Éternel, tu étais au milieu de ce peuple, que toi, Éternel, tu te faisais voir face à face, et que ta nuée se tenait sur eux, et que tu marchais devant eux dans une colonne de nuée, le jour, et dans une colonne de feu, la nuit.

14:15 Si tu fais périr ce peuple comme un seul homme, les nations qui ont entendu parler de toi, parleront, disant :

14:16 Parce que l'Éternel ne pouvait pas faire entrer ce peuple dans le pays qu'il leur avait promis par serment, il les a tués dans le désert.

14:17 Et maintenant, je te prie, que la puissance du Seigneur soit magnifiée, comme tu as parlé, disant :

14:18 L'Éternel est lent à la colère, et grand en bonté, pardonnant l'iniquité et la transgression, et qui ne tient nullement [celui qui en est coupable] pour innocent, qui visite l'iniquité des pères sur les fils, sur la troisième et sur la quatrième [génération].

14:19 Pardonne, je te prie, l'iniquité de ce peuple, selon la grandeur de ta bonté, et comme tu as pardonné à ce peuple depuis l'Égypte jusqu'ici.

14:20 Et l'Éternel dit : J'ai pardonné selon ta parole.

14:11 And the LORD said unto Moses, How long will this people provoke me? and how long will it be ere they believe me, for all the signs which I have shewed among them?

14:12 I will smite them with the pestilence, and disinherit them, and will make of thee a greater nation and mightier than they.

14:13 And Moses said unto the LORD, Then the Egyptians shall hear it, (for thou broughtest up this people in thy might from among them;)

14:14 And they will tell it to the inhabitants of this land: for they have heard that thou LORD art among this people, that thou LORD art seen face to face, and that thy cloud standeth over them, and that thou goest before them, by day time in a pillar of a cloud, and in a pillar of fire by night.

14:15 Now if thou shalt kill all this people as one man, then the nations which have heard the fame of thee will speak, saying,

14:16 Because the LORD was not able to bring this people into the land which he sware unto them, therefore he hath slain them in the wilderness.

14:17 And now, I beseech thee, let the power of my LORD be great, according as thou hast spoken, saying,

14:18 The LORD is longsuffering, and of great mercy, forgiving iniquity and transgression, and by no means clearing the guilty, visiting the iniquity of the fathers upon the children unto the third and fourth generation.

14:19 Pardon, I beseech thee, the iniquity of this people according unto the greatness of thy mercy, and as thou hast forgiven this people, from Egypt even until now.

14:20 And the LORD said, I have pardoned according to thy word:

14:21 Mais, aussi vrai que je suis vivant, toute la terre sera remplie de la gloire de l'Éternel !

14:22 Car tous ces hommes qui ont vu ma gloire, et mes signes, que j'ai faits en Égypte et dans le désert, et qui m'ont tenté ces dix fois, et qui n'ont pas écouté ma voix ;...

14:23 s'ils voient le pays que j'avais promis par serment à leurs pères ! Aucun de ceux qui m'ont méprisé ne le verra.

14:24 Mais mon serviteur Caleb, parce qu'il a été animé d'un autre esprit et qu'il m'a pleinement suivi, je l'introduirai dans le pays où il est entré, et sa semence le possédera.

14:25 Or l'Amalékite et le Cananéen habitent dans la vallée : demain tournez-vous, et partez pour le désert, vous dirigeant vers la mer Rouge.

14:26 Et l'Éternel parla à Moïse et à Aaron, disant :

14:27 Jusques à quand [supporterai-je] cette méchante assemblée qui murmure contre moi ? J'ai entendu les murmures des fils d'Israël, qu'ils murmurent contre moi.

14:28 Dis-leur : Je suis vivant, dit l'Éternel, si je ne vous fais comme vous avez parlé à mes oreilles ... !

14:29 Vos cadavres tomberont dans ce désert. Et tous ceux d'entre vous qui ont été dénombrés, selon tout le compte qui a été fait de vous, depuis l'âge de vingt ans et au-dessus, vous qui avez murmuré contre moi,...

14:30 si vous entrez dans le pays touchant lequel j'ai levé ma main pour vous y faire habiter, excepté Caleb, fils de Jephunné, et Josué, fils de Nun !

14:31 Mais vos petits enfants, dont vous avez dit qu'ils seraient une proie, je les ferai entrer, et ils connaîtront le pays que vous avez méprisé.

14:21 But as truly as I live, all the earth shall be filled with the glory of the LORD.

14:22 Because all those men which have seen my glory, and my miracles, which I did in Egypt and in the wilderness, and have tempted me now these ten times, and have not hearkened to my voice;

14:23 Surely they shall not see the land which I sware unto their fathers, neither shall any of them that provoked me see it:

14:24 But my servant Caleb, because he had another spirit with him, and hath followed me fully, him will I bring into the land whereinto he went; and his seed shall possess it.

14:25 (Now the Amalekites and the Canaanites dwelt in the valley.) Tomorrow turn you, and get you into the wilderness by the way of the Red sea.

14:26 And the LORD spake unto Moses and unto Aaron, saying,

14:27 How long shall I bear with this evil congregation, which murmur against me? I have heard the murmurings of the children of Israel, which they murmur against me.

14:28 Say unto them, As truly as I live, saith the LORD, as ye have spoken in mine ears, so will I do to you:

14:29 Your carcases shall fall in this wilderness; and all that were numbered of you, according to your whole number, from twenty years old and upward which have murmured against me.

14:30 Doubtless ye shall not come into the land, concerning which I sware to make you dwell therein, save Caleb the son of Jephunneh, and Joshua the son of Nun.

14:31 But your little ones, which ye said should be a prey, them will I bring in, and they shall know the land which ye have despised.

14:32 Et quant à vous, vos cadavres tomberont dans ce désert.

14:33 Et vos fils seront paissant dans le désert quarante ans, et ils porteront [la peine de] vos prostitutions, jusqu'à ce que vos cadavres soient consumés dans le désert.

14:34 Selon le nombre des jours que vous avez mis à reconnaître le pays, quarante jours, un jour pour une année, vous porterez vos iniquités quarante ans, et vous connaîtrez ce que c'est que je me sois détourné de vous.

14:35 Moi, l'Éternel, j'ai parlé ; si je ne fais ceci à toute cette méchante assemblée qui s'est assemblée contre moi ! Ils seront consumes dans ce désert, et ils y mourront.

14:36 Et les hommes que Moïse avait envoyés pour reconnaître le pays, et qui revinrent et firent murmurer contre lui toute l'assemblée en décriant le pays,

14:37 ces hommes qui avaient décrié le pays, moururent de plaie devant l'Éternel.

14:38 Mais d'entre les hommes qui étaient allés pour reconnaître le pays, Josué, fils de Nun, et Caleb, fils de Jephunné, [seuls] vécurent.

14:39 Et Moïse dit ces choses à tous les fils d'Israël, et le peuple mena très grand deuil.

14:40 Et ils se levèrent de bon matin et montèrent sur le sommet de la montagne, disant : Nous voici ; nous monterons au lieu dont l'Éternel a parlé ; car nous avons péché.

14:41 Et Moïse dit : Pourquoi transgressez-vous ainsi le commandement de l'Éternel ? Cela ne réussira point.

14:42 Ne montez pas, car l'Éternel n'est pas au milieu de vous, afin que vous ne soyez pas battus devant vos ennemis ;

14:32 But as for you, your carcases, they shall fall in this wilderness.

14:33 And your children shall wander in the wilderness forty years, and bear your whoredoms, until your carcases be wasted in the wilderness.

14:34 After the number of the days in which ye searched the land, even forty days, each day for a year, shall ye bear your iniquities, even forty years, and ye shall know my breach of promise.

14:35 I the LORD have said, I will surely do it unto all this evil congregation, that are gathered together against me: in this wilderness they shall be consumed, and there they shall die.

14:36 And the men, which Moses sent to search the land, who returned, and made all the congregation to murmur against him, by bringing up a slander upon the land,

14:37 Even those men that did bring up the evil report upon the land, died by the plague before the LORD.

14:38 But Joshua the son of Nun, and Caleb the son of Jephunneh, which were of the men that went to search the land, lived still.

14:39 And Moses told these sayings unto all the children of Israel: and the people mourned greatly.

14:40 And they rose up early in the morning, and gat them up into the top of the mountain, saying, Lo, we be here, and will go up unto the place which the LORD hath promised: for we have sinned.

14:41 And Moses said, Wherefore now do ye transgress the commandment of the LORD? but it shall not prosper.

14:42 Go not up, for the LORD is not among you; that ye be not smitten before your enemies.

14:43 car l'Amalékite et le Cananéen sont là devant vous, et vous tomberez par l'épée ; car, parce que vous vous êtes détournés de* l'Éternel, l'Éternel ne sera pas avec vous.

14:44 Toutefois ils s'obstinèrent* à monter sur le sommet de la montagne ; mais l'arche de l'alliance de l'Éternel et Moïse ne bougèrent pas du milieu du camp.

14:45 Et les Amalékites et les Cananéens qui habitaient cette montagne-là, descendirent, et les battirent, et les taillèrent en pièces jusqu'à Horma*.

15:1 Et l'Éternel parla à Moïse, disant :

15:2 Parle aux fils d'Israël, et dis-leur : Quand vous serez entrés dans le pays de votre habitation, que je vous donne,

15:3 et que vous offrirez un sacrifice par feu à l'Éternel, un holocauste, ou un sacrifice pour s'acquitter d'un vœu, ou un sacrifice volontaire, ou dans vos jours solennels, pour offrir une odeur agréable à l'Éternel, de gros ou de menu bétail,

15:4 alors celui qui présentera son offrande* à l'Éternel, présentera une offrande de gâteau d'un dixième de fleur de farine pétrie avec le quart d'un hin d'huile ;

15:5 et tu offriras le quart d'un hin de vin pour la libation, sur l'holocauste ou le sacrifice, pour un agneau.

15:6 Et pour un bélier, tu offriras comme offrande de gâteau deux dixièmes de fleur de farine pétrie avec le tiers d'un hin d'huile,

15:7 et le tiers d'un hin de vin pour la libation ; tu le présenteras comme odeur agréable à l'Éternel.

15:8 Et si tu offres un jeune taureau* comme holocauste, ou comme sacrifice pour t'acquitter d'un vœu, ou comme sacrifice de prospérités à l'Éternel,

14:43 For the Amalekites and the Canaanites are there before you, and ye shall fall by the sword: because ye are turned away from the LORD, therefore the LORD will not be with you.

14:44 But they presumed to go up unto the hill top: nevertheless the ark of the covenant of the LORD, and Moses, departed not out of the camp.

14:45 Then the Amalekites came down, and the Canaanites which dwelt in that hill, and smote them, and discomfited them, even unto Hormah.

15:1 And the LORD spake unto Moses, saying,

15:2 Speak unto the children of Israel, and say unto them, When ye be come into the land of your habitations, which I give unto you,

15:3 And will make an offering by fire unto the LORD, a burnt offering, or a sacrifice in performing a vow, or in a freewill offering, or in your solemn feasts, to make a sweet savour unto the LORD, of the herd or of the flock:

15:4 Then shall he that offereth his offering unto the LORD bring a meat offering of a tenth deal of flour mingled with the fourth part of an hin of oil.

15:5 And the fourth part of an hin of wine for a drink offering shalt thou prepare with the burnt offering or sacrifice, for one lamb.

15:6 Or for a ram, thou shalt prepare for a meat offering two tenth deals of flour mingled with the third part of an hin of oil.

15:7 And for a drink offering thou shalt offer the third part of an hin of wine, for a sweet savour unto the LORD.

15:8 And when thou preparest a bullock for a burnt offering, or for a sacrifice in performing a vow, or peace offerings unto the LORD:

15:9 on présentera avec le jeune taureau*, comme offrande de gâteau, trois dixièmes de fleur de farine pétrie avec un demi-hin d'huile ;

15:10 et tu présenteras un demi-hin de vin pour la libation, en sacrifice par feu, d'odeur agréable à l'Éternel.

15:11 On en fera ainsi pour un taureau, ou pour un bélier, ou pour un agneau, ou pour un chevreau,

15:12 selon le nombre que vous en offrirez ; vous en ferez ainsi pour chacun, selon leur nombre.

15:13 Tous les Israélites de naissance* feront ces choses ainsi, en présentant un sacrifice par feu, d'odeur agréable à l'Éternel.

15:14 Et si un étranger séjourne parmi vous, ou si quelqu'un est au milieu de vous en vos générations, et qu'il offre un sacrifice par feu, d'odeur agréable à l'Éternel, — comme vous faites, ainsi il fera.

15:15 Pour ce qui est de la congrégation, il y aura un même statut pour vous et pour l'étranger en séjour, un statut perpétuel en vos générations ; comme vous, ainsi sera l'étranger devant l'Éternel.

15:16 Il y aura une même loi et une même ordonnance pour vous et pour l'étranger qui séjourne parmi vous.

15:17 Et l'Éternel parla à Moïse, disant :

15:18 Parle aux fils d'Israël, et dis-leur : Quand vous serez entrés dans le pays où je vous fais entrer,

15:19 et que* vous mangerez du pain du pays, vous en offrirez à l'Éternel une offrande élevée ;

15:9 Then shall he bring with a bullock a meat offering of three tenth deals of flour mingled with half an hin of oil.

15:10 And thou shalt bring for a drink offering half an hin of wine, for an offering made by fire, of a sweet savour unto the LORD.

15:11 Thus shall it be done for one bullock, or for one ram, or for a lamb, or a kid.

15:12 According to the number that ye shall prepare, so shall ye do to every one according to their number.

15:13 All that are born of the country shall do these things after this manner, in offering an offering made by fire, of a sweet savour unto the LORD.

15:14 And if a stranger sojourn with you, or whosoever be among you in your generations, and will offer an offering made by fire, of a sweet savour unto the LORD; as ye do, so he shall do.

15:15 One ordinance shall be both for you of the congregation, and also for the stranger that sojourneth with you, an ordinance for ever in your generations: as ye are, so shall the stranger be before the LORD.

15:16 One law and one manner shall be for you, and for the stranger that sojourneth with you.

15:17 And the LORD spake unto Moses, saying,

15:18 Speak unto the children of Israel, and say unto them, When ye come into the land whither I bring you,

15:19 Then it shall be, that, when ye eat of the bread of the land, ye shall offer up an heave offering unto the LORD.

15:20 vous offrirez les prémices de votre pâte, une galette, en offrande élevée ; comme l'offrande élevée de l'aire, ainsi vous l'offrirez.

15:21 Vous donnerez, en vos générations, à l'Éternel, une offrande élevée des prémices de votre pâte.

15:22 Et lorsque vous aurez péché par erreur, et que vous n'aurez pas fait tous ces commandements que l'Éternel a dits à Moïse,

15:23 tout ce que l'Éternel vous a commandé par Moïse, depuis le jour que l'Éternel a donné ses commandements, et dans la suite en vos générations,

15:24 s'il arrive que la chose a été faite par erreur, loin des yeux de l'assemblée, alors toute l'assemblée offrira un jeune taureau en holocauste, en odeur agréable à l'Éternel, et son offrande de gâteau et sa libation, selon l'ordonnance, et un bouc en sacrifice pour le péché.

15:25 Et le sacrificateur fera propitiation pour toute l'assemblée des fils d'Israël, et il leur sera pardonné, car c'est une chose arrivée par erreur, et ils ont amené devant l'Éternel leur offrande, un sacrifice par feu à l'Éternel, et le sacrifice pour leur péché, à cause de leur erreur.

15:26 Et il sera pardonné à toute l'assemblée des fils d'Israël et à l'étranger qui séjourne parmi eux, car [cela est arrivé] à tout le peuple par erreur.

15:27 Et si une âme pèche par erreur, elle présentera une chèvre âgée d'un an pour sacrifice pour le péché.

15:28 Et le sacrificateur fera propitiation pour l'âme qui aura péché par erreur, quand elle aura péché par erreur devant l'Éternel, afin de faire propitiation pour elle, et il lui sera pardonné.

15:20 Ye shall offer up a cake of the first of your dough for an heave offering: as ye do the heave offering of the threshingfloor, so shall ye heave it.

15:21 Of the first of your dough ye shall give unto the LORD an heave offering in your generations.

15:22 And if ye have erred, and not observed all these commandments, which the LORD hath spoken unto Moses,

15:23 Even all that the LORD hath commanded you by the hand of Moses, from the day that the LORD commanded Moses, and henceforward among your generations;

15:24 Then it shall be, if ought be committed by ignorance without the knowledge of the congregation, that all the congregation shall offer one young bullock for a burnt offering, for a sweet savour unto the LORD, with his meat offering, and his drink offering, according to the manner, and one kid of the goats for a sin offering.

15:25 And the priest shall make an atonement for all the congregation of the children of Israel, and it shall be forgiven them; for it is ignorance: and they shall bring their offering, a sacrifice made by fire unto the LORD, and their sin offering before the LORD, for their ignorance:

15:26 And it shall be forgiven all the congregation of the children of Israel, and the stranger that sojourneth among them; seeing all the people were in ignorance.

15:27 And if any soul sin through ignorance, then he shall bring a she goat of the first year for a sin offering.

15:28 And the priest shall make an atonement for the soul that sinneth ignorantly, when he sinneth by ignorance before the LORD, to make an atonement for him; and it shall be forgiven him.

15:29 Il y aura une même loi pour vous quant à celui qui a agi par erreur, tant pour celui qui est né dans le pays parmi les fils d'Israël, que pour l'étranger qui séjourne au milieu d'eux.

15:30 Mais l'âme qui aura péché par fierté*, tant l'Israélite de naissance** que l'étranger, elle a outragé l'Éternel : cette âme sera retranchée du milieu de son peuple,

15:31 car elle a méprisé la parole de l'Éternel, et elle a enfreint son commandement : cette âme sera certainement retranchée ; son iniquité est sur elle.

15:32 Et comme les fils d'Israël étaient au désert, ils trouvèrent un homme qui ramassait du bois le jour du sabbat.

15:33 Et ceux qui le trouvèrent ramassant du bois, l'amenèrent à Moïse et à Aaron, et à toute l'assemblée.

15:34 Et on le mit sous garde, car ce qu'on devait lui faire n'avait pas été clairement indiqué.

15:35 — Et l'Éternel dit à Moïse : L'homme sera mis à mort ; que toute l'assemblée le lapide avec des pierres hors du camp.

15:36 Et toute l'assemblée le mena hors du camp, et ils le lapidèrent avec des pierres, et il mourut, comme l'Éternel l'avait commandé à Moïse.

15:37 Et l'Éternel parla à Moïse, disant :

15:38 Parle aux fils d'Israël, et dis-leur qu'ils se fassent, en leurs générations, une houppe* aux coins de leurs vêtements, et qu'ils mettent à la houppe du coin un cordon de bleu.

15:29 Ye shall have one law for him that sinneth through ignorance, both for him that is born among the children of Israel, and for the stranger that sojourneth among them.

15:30 But the soul that doeth ought presumptuously, whether he be born in the land, or a stranger, the same reproacheth the LORD; and that soul shall be cut off from among his people.

15:31 Because he hath despised the word of the LORD, and hath broken his commandment, that soul shall utterly be cut off; his iniquity shall be upon him.

15:32 And while the children of Israel were in the wilderness, they found a man that gathered sticks upon the sabbath day.

15:33 And they that found him gathering sticks brought him unto Moses and Aaron, and unto all the congregation.

15:34 And they put him in ward, because it was not declared what should be done to him.

15:35 And the LORD said unto Moses, The man shall be surely put to death: all the congregation shall stone him with stones without the camp.

15:36 And all the congregation brought him without the camp, and stoned him with stones, and he died; as the LORD commanded Moses.

15:37 And the LORD spake unto Moses, saying,

15:38 Speak unto the children of Israel, and bid them that they make them fringes in the borders of their garments throughout their generations, and that they put upon the fringe of the borders a ribband of blue:

15:39 Et elle sera pour vous une houppe* ; et vous la verrez, et il vous souviendra de tous les commandements de l'Éternel, afin que vous les fassiez, et que vous ne recherchiez pas [les pensées de] votre cœur, ni [les désirs de] vos yeux, après lesquels vous vous prostituez ;

15:40 afin que vous vous souveniez de tous mes commandements, et que vous les fassiez, et que vous soyez saints, [consacrés] à votre Dieu.

15:41 Moi, je suis l'Éternel, votre Dieu, qui vous ai fait sortir du pays d'Égypte pour être votre Dieu. Moi, je suis l'Éternel, votre Dieu.

16:1 Et Coré*, fils de Jitsehar, fils de Kehath, fils de Lévi, s'éleva dans son esprit, et Dathan et Abiram, fils d'Éliab, et On, fils de Péleth, [qui étaient] fils de Ruben ;

16:2 et ils se levèrent devant Moïse, avec deux cent cinquante hommes des fils d'Israël, princes de l'assemblée, [hommes] appelés au conseil, des hommes de renom.

16:3 Et ils s'attroupèrent contre Moïse et contre Aaron, et leur dirent : C'en est assez ! car toute l'assemblée, eux tous sont saints, et l'Éternel est au milieu d'eux ; et pourquoi vous élevez-vous au-dessus de la congrégation de l'Éternel ?

16:4 Et Moïse l'entendit, et tomba sur sa face ;

16:5 et il parla à Coré et à toute son assemblée, disant : Demain, l'Éternel fera connaître qui est à lui, et qui est saint, et il le fera approcher de lui ; et celui qu'il a choisi, il le fera approcher de lui.

16:6 Faites ceci : Prenez des encensoirs, Coré et toute son assemblée ;

15:39 And it shall be unto you for a fringe, that ye may look upon it, and remember all the commandments of the LORD, and do them; and that ye seek not after your own heart and your own eyes, after which ye use to go a whoring:

15:40 That ye may remember, and do all my commandments, and be holy unto your God.

15:41 I am the LORD your God, which brought you out of the land of Egypt, to be your God: I am the LORD your God.

16:1 Now Korah, the son of Izhar, the son of Kohath, the son of Levi, and Dathan and Abiram, the sons of Eliab, and On, the son of Peleth, sons of Reuben, took men:

16:2 And they rose up before Moses, with certain of the children of Israel, two hundred and fifty princes of the assembly, famous in the congregation, men of renown:

16:3 And they gathered themselves together against Moses and against Aaron, and said unto them, Ye take too much upon you, seeing all the congregation are holy, every one of them, and the LORD is among them: wherefore then lift ye up yourselves above the congregation of the LORD?

16:4 And when Moses heard it, he fell upon his face:

16:5 And he spake unto Korah and unto all his company, saying, Even to morrow the LORD will shew who are his, and who is holy; and will cause him to come near unto him: even him whom he hath chosen will he cause to come near unto him.

16:6 This do; Take you censers, Korah, and all his company;

16:7 et demain, mettez-y du feu et placez de l'encens dessus, devant l'Éternel ; et il arrivera que l'homme que l'Éternel aura choisi, celui-là sera saint. C'en est assez, fils de Lévi !

16:8 Et Moïse dit à Coré : Écoutez, fils de Lévi :

16:9 Est-ce peu de chose pour vous que le Dieu d'Israël vous ait séparés de l'assemblée d'Israël, en vous faisant approcher de lui pour faire le service du tabernacle de l'Éternel, et pour vous tenir devant l'assemblée afin de la servir,

16:10 — qu'il t'ait fait approcher, toi et tous tes frères, les fils de Lévi, avec toi,... que vous recherchiez aussi la sacrificature ?

16:11 C'est pourquoi, toi et toute ton assemblée, vous vous êtes rassemblés contre l'Éternel ; et Aaron, qui est-il, que vous murmuriez contre lui ?

16:12 Et Moïse envoya appeler Dathan et Abiram, fils d'Éliab ; mais ils dirent : Nous ne monterons pas.

16:13 Est-ce peu de chose que tu nous aies fait monter hors d'un pays ruisselant de lait et de miel, pour nous faire mourir dans le désert, que tu te fasses absolument dominateur sur nous ?

16:14 Certes tu ne nous as pas introduits dans un pays ruisselant de lait et de miel, et tu ne nous as pas donné un héritage de champs et de vignes ! Veux-tu crever les yeux de ces gens ? Nous ne monterons pas.

16:15 Et Moïse entra dans une ardente colère, et il dit à l'Éternel : N'aie pas égard à leur offrande ; je n'ai pas pris d'eux même un âne, et je n'ai pas fait tort à un seul d'entre eux.

16:16 Et Moïse dit à Coré : Toi, et toute ton assemblée, soyez demain devant l'Éternel, toi et eux, et Aaron.

16:7 And put fire therein, and put incense in them before the LORD to morrow: and it shall be that the man whom the LORD doth choose, he shall be holy: ye take too much upon you, ye sons of Levi.

16:8 And Moses said unto Korah, Hear, I pray you, ye sons of Levi:

16:9 Seemeth it but a small thing unto you, that the God of Israel hath separated you from the congregation of Israel, to bring you near to himself to do the service of the tabernacle of the LORD, and to stand before the congregation to minister unto them?

16:10 And he hath brought thee near to him, and all thy brethren the sons of Levi with thee: and seek ye the priesthood also?

16:11 For which cause both thou and all thy company are gathered together against the LORD: and what is Aaron, that ye murmur against him?

16:12 And Moses sent to call Dathan and Abiram, the sons of Eliab: which said, We will not come up:

16:13 Is it a small thing that thou hast brought us up out of a land that floweth with milk and honey, to kill us in the wilderness, except thou make thyself altogether a prince over us?

16:14 Moreover thou hast not brought us into a land that floweth with milk and honey, or given us inheritance of fields and vineyards: wilt thou put out the eyes of these men? we will not come up.

16:15 And Moses was very wroth, and said unto the LORD, Respect not thou their offering: I have not taken one ass from them, neither have I hurt one of them.

16:16 And Moses said unto Korah, Be thou and all thy company before the LORD, thou, and they, and Aaron, to morrow:

16:17 Et prenez chacun votre encensoir, et mettez de l'encens dessus ; et présentez devant l'Éternel chacun votre encensoir, deux cent cinquante encensoirs ; et toi, et Aaron, chacun son encensoir.

16:18 Et ils prirent chacun son encensoir, et y mirent du feu, et placèrent de l'encens dessus, et se tinrent à l'entrée de la tente d'assignation, avec Moïse et Aaron.

16:19 Et Coré réunit contre eux toute l'assemblée à l'entrée de la tente d'assignation ; et la gloire de l'Éternel apparut à toute l'assemblée.

16:20 Et l'Éternel parla à Moïse et à Aaron, disant :

16:21 Séparez-vous du milieu de cette assemblée, et je les consumerai en un moment.

16:22 Et ils tombèrent sur leurs faces, et dirent : Ô *Dieu ! Dieu des esprits de toute chair ! un seul homme péchera, et tu seras courroucé contre toute l'assemblée ?

16:23 Et l'Éternel parla à Moïse, disant :

16:24 Parle à l'assemblée, en disant : Retirez-vous d'autour de la demeure* de Coré, de Dathan et d'Abiram.

16:25 Et Moïse se leva et alla vers Dathan et Abiram ; et les anciens d'Israël allèrent après lui.

16:26 Et il parla à l'assemblée, disant : Éloignez-vous, je vous prie, d'auprès des tentes de ces méchants hommes, et ne touchez à rien qui leur appartienne, de peur que vous ne périssiez dans tous leurs péchés.

16:27 Et ils se retirèrent d'auprès de la demeure de Coré, de Dathan et d'Abiram, tout à l'entour. Et Dathan et Abiram sortirent, et se tinrent à l'entrée de leurs tentes avec leurs femmes, et leurs fils, et leurs petits enfants.

16:17 And take every man his censer, and put incense in them, and bring ye before the LORD every man his censer, two hundred and fifty censers; thou also, and Aaron, each of you his censer.

16:18 And they took every man his censer, and put fire in them, and laid incense thereon, and stood in the door of the tabernacle of the congregation with Moses and Aaron.

16:19 And Korah gathered all the congregation against them unto the door of the tabernacle of the congregation: and the glory of the LORD appeared unto all the congregation.

16:20 And the LORD spake unto Moses and unto Aaron, saying,

16:21 Separate yourselves from among this congregation, that I may consume them in a moment.

16:22 And they fell upon their faces, and said, O God, the God of the spirits of all flesh, shall one man sin, and wilt thou be wroth with all the congregation?

16:23 And the LORD spake unto Moses, saying,

16:24 Speak unto the congregation, saying, Get you up from about the tabernacle of Korah, Dathan, and Abiram.

16:25 And Moses rose up and went unto Dathan and Abiram; and the elders of Israel followed him.

16:26 And he spake unto the congregation, saying, Depart, I pray you, from the tents of these wicked men, and touch nothing of their's, lest ye be consumed in all their sins.

16:27 So they gat up from the tabernacle of Korah, Dathan, and Abiram, on every side: and Dathan and Abiram came out, and stood in the door of their tents, and their wives, and their sons, and their little children.

16:28 Et Moïse dit : À ceci vous connaîtrez que l'Éternel m'a envoyé pour faire toutes ces œuvres, car elles ne sont pas sorties de mon cœur :

16:29 si ceux-là meurent selon la mort de tout homme, et s'ils sont visités de la visitation de tout homme, l'Éternel ne m'a pas envoyé ;

16:30 mais si l'Éternel crée une chose nouvelle, et que le sol ouvre sa bouche et les engloutisse avec tout ce qui est à eux, et qu'ils descendent vivants dans le shéol*, alors vous saurez que ces hommes ont méprisé l'Éternel.

16:31 Et il arriva, comme il achevait de prononcer toutes ces paroles, que le sol qui était sous eux se fendit ;

16:32 et la terre ouvrit sa bouche, et les engloutit, [eux] et leurs maisons, et tous les hommes qui étaient à Coré, et tout leur avoir.

16:33 Et ils descendirent vivants dans le shéol, eux et tout ce qui était à eux ; et la terre les couvrit, et ils périrent du milieu de la congrégation.

16:34 Et tout Israël qui était autour d'eux s'enfuit à leur cri ; car ils disaient :... De peur que la terre ne nous engloutisse !

16:35 Et il sortit du feu de la part de l'Éternel, et il consuma les deux cent cinquante hommes qui présentaient l'encens.

16:36 Et l'Éternel parla à Moïse, disant :

16:37 Dis à Éléazar, fils d'Aaron, le sacrificateur, qu'il relève les encensoirs du milieu de l'incendie, et répands-en le feu au loin, car ils sont sanctifiés,
—

16:28 And Moses said, Hereby ye shall know that the LORD hath sent me to do all these works; for I have not done them of mine own mind.

16:29 If these men die the common death of all men, or if they be visited after the visitation of all men; then the LORD hath not sent me.

16:30 But if the LORD make a new thing, and the earth open her mouth, and swallow them up, with all that appertain unto them, and they go down quick into the pit; then ye shall understand that these men have provoked the LORD.

16:31 And it came to pass, as he had made an end of speaking all these words, that the ground clave asunder that was under them:

16:32 And the earth opened her mouth, and swallowed them up, and their houses, and all the men that appertained unto Korah, and all their goods.

16:33 They, and all that appertained to them, went down alive into the pit, and the earth closed upon them: and they perished from among the congregation.

16:34 And all Israel that were round about them fled at the cry of them: for they said, Lest the earth swallow us up also.

16:35 And there came out a fire from the LORD, and consumed the two hundred and fifty men that offered incense.

16:36 And the LORD spake unto Moses, saying,

16:37 Speak unto Eleazar the son of Aaron the priest, that he take up the censers out of the burning, and scatter thou the fire yonder; for they are hallowed.

16:38 les encensoirs de ceux-là qui ont péché contre leurs propres âmes ; et on en fera des lames aplaties pour en plaquer l'autel ; car ils les ont présentés devant l'Éternel, et ils sont sanctifiés ; et ils seront un signe aux fils d'Israël.

16:39 Et Éléazar, le sacrificateur, prit les encensoirs d'airain qu'avaient présentés les [hommes] qui furent brûlés, et on les aplatit pour plaquer l'autel,

16:40 en mémorial pour les fils d'Israël, afin qu'aucun étranger qui n'est pas de la semence d'Aaron ne s'approche pour brûler* l'encens devant l'Éternel, et ne soit comme Coré et son assemblée, — selon que l'Éternel lui** avait parlé par Moïse.

16:41 Et le lendemain, toute l'assemblée des fils d'Israël murmura contre Moïse et contre Aaron, disant : Vous avez mis à mort le peuple de l'Éternel.

16:42 Et il arriva, comme l'assemblée se réunissait contre Moïse et contre Aaron, qu'ils regardèrent vers la tente d'assignation, et voici, la nuée la couvrit, et la gloire de l'Éternel apparut.

16:43 Et Moïse et Aaron vinrent devant la tente d'assignation.

16:44 Et l'Éternel parla à Moïse, disant :

16:45 Retirez-vous* du milieu de cette assemblée, et je les consumerai en un moment. Et ils tombèrent sur leurs faces.

16:46 Et Moïse dit à Aaron : Prends l'encensoir, et mets-y du feu de dessus l'autel, et mets-y de l'encens, et porte-le promptement vers l'assemblée, et fais propitiation pour eux ; car la colère est sortie de devant l'Éternel, la plaie a commencé.

16:38 The censers of these sinners against their own souls, let them make them broad plates for a covering of the altar: for they offered them before the LORD, therefore they are hallowed: and they shall be a sign unto the children of Israel.

16:39 And Eleazar the priest took the brasen censers, wherewith they that were burnt had offered; and they were made broad plates for a covering of the altar:

16:40 To be a memorial unto the children of Israel, that no stranger, which is not of the seed of Aaron, come near to offer incense before the LORD; that he be not as Korah, and as his company: as the LORD said to him by the hand of Moses.

16:41 But on the morrow all the congregation of the children of Israel murmured against Moses and against Aaron, saying, Ye have killed the people of the LORD.

16:42 And it came to pass, when the congregation was gathered against Moses and against Aaron, that they looked toward the tabernacle of the congregation: and, behold, the cloud covered it, and the glory of the LORD appeared.

16:43 And Moses and Aaron came before the tabernacle of the congregation.

16:44 And the LORD spake unto Moses, saying,

16:45 Get you up from among this congregation, that I may consume them as in a moment. And they fell upon their faces.

16:46 And Moses said unto Aaron, Take a censer, and put fire therein from off the altar, and put on incense, and go quickly unto the congregation, and make an atonement for them: for there is wrath gone out from the LORD; the plague is begun.

16:47 Et Aaron le prit, comme Moïse lui avait dit, et il courut au milieu de la congrégation ; et voici, la plaie avait commencé au milieu du peuple. Et il mit l'encens, et fit propitiation pour le peuple.

16:48 Et il se tint entre les morts et les vivants, et la plaie s'arrêta.

16:49 Et il y en eut quatorze mille sept cents qui moururent de la plaie, outre ceux qui étaient morts dans l'affaire de Coré.

16:50 Et Aaron retourna vers Moïse, à l'entrée de la tente d'assignation ; et la plaie s'arrêta.

17:1 Et l'Éternel parla à Moïse, disant :

17:2 Parle aux fils d'Israël, et prends d'eux, de tous leurs princes selon leurs maisons de pères, une verge par maison de père, douze verges ; tu écriras le nom de chacun sur sa verge ;

17:3 et tu écriras le nom d'Aaron sur la verge de Lévi ; car il y aura une verge pour [chaque] chef de leurs maisons de pères.

17:4 Et tu les poseras dans la tente d'assignation, devant le témoignage, où je me rencontre avec vous.

17:5 Et il arrivera que la verge de l'homme que j'ai choisi bourgeonnera ; et je ferai cesser de devant moi les murmures des fils d'Israël, par lesquels ils murmurent contre vous.

17:6 Et Moïse parla aux fils d'Israël ; et tous leurs princes lui donnèrent une verge, une verge pour chaque prince, selon leurs maisons de pères : douze verges ; et la verge d'Aaron était au milieu de ces* verges.

17:7 Et Moïse posa les verges devant l'Éternel, dans la tente du témoignage.

16:47 And Aaron took as Moses commanded, and ran into the midst of the congregation; and, behold, the plague was begun among the people: and he put on incense, and made an atonement for the people.

16:48 And he stood between the dead and the living; and the plague was stayed.

16:49 Now they that died in the plague were fourteen thousand and seven hundred, beside them that died about the matter of Korah.

16:50 And Aaron returned unto Moses unto the door of the tabernacle of the congregation: and the plague was stayed.

17:1 And the LORD spake unto Moses, saying,

17:2 Speak unto the children of Israel, and take of every one of them a rod according to the house of their fathers, of all their princes according to the house of their fathers twelve rods: write thou every man's name upon his rod.

17:3 And thou shalt write Aaron's name upon the rod of Levi: for one rod shall be for the head of the house of their fathers.

17:4 And thou shalt lay them up in the tabernacle of the congregation before the testimony, where I will meet with you.

17:5 And it shall come to pass, that the man's rod, whom I shall choose, shall blossom: and I will make to cease from me the murmurings of the children of Israel, whereby they murmur against you.

17:6 And Moses spake unto the children of Israel, and every one of their princes gave him a rod apiece, for each prince one, according to their fathers' houses, even twelve rods: and the rod of Aaron was among their rods.

17:7 And Moses laid up the rods before the LORD in the tabernacle of witness.

17:8 Et il arriva, le lendemain, que Moïse entra dans la tente du témoignage, et voici, la verge d'Aaron, pour la maison de Lévi, avait bourgeonné, et avait poussé des boutons, et avait produit des fleurs et mûri des amandes.

17:9 Et Moïse porta* toutes les verges de devant l'Éternel à tous les fils d'Israël ; et ils les virent, et reprirent chacun sa verge.

17:10 Et l'Éternel dit à Moïse : Reporte la verge d'Aaron devant le témoignage, pour être gardée comme un signe aux fils de rébellion ; et tu feras cesser leurs murmures de devant moi, et ils ne mourront pas.

17:11 Et Moïse fit comme l'Éternel lui avait commandé ; il fit ainsi.

17:12 Et les fils d'Israël parlèrent à Moïse, disant : Voici, nous expirons, nous périssons, nous périssons tous !

17:13 Quiconque s'approche en aucune manière du tabernacle de l'Éternel, meurt ; faut-il donc que nous expirions tous ?

18:1 Et l'Éternel dit à Aaron : Toi, et tes fils, et la maison de ton père avec toi, vous porterez l'iniquité du sanctuaire ; et toi et tes fils avec toi, vous porterez l'iniquité de votre sacrificature.

18:2 Et fais aussi approcher tes frères, la tribu de Lévi, la tribu de ton père, avec toi, et ils te seront adjoints*, et ils te serviront ; et toi et tes fils avec toi, [vous servirez] devant la tente du témoignage.

18:3 Et ils vaqueront à ce dont tu leur donneras la charge, et au service* de toute la tente ; seulement, ils n'approcheront pas des ustensiles du lieu saint, et de l'autel, de peur qu'ils ne meurent, eux et vous aussi.

17:8 And it came to pass, that on the morrow Moses went into the tabernacle of witness; and, behold, the rod of Aaron for the house of Levi was budded, and brought forth buds, and bloomed blossoms, and yielded almonds.

17:9 And Moses brought out all the rods from before the LORD unto all the children of Israel: and they looked, and took every man his rod.

17:10 And the LORD said unto Moses, Bring Aaron's rod again before the testimony, to be kept for a token against the rebels; and thou shalt quite take away their murmurings from me, that they die not.

17:11 And Moses did so: as the LORD commanded him, so did he.

17:12 And the children of Israel spake unto Moses, saying, Behold, we die, we perish, we all perish.

17:13 Whosoever cometh any thing near unto the tabernacle of the LORD shall die: shall we be consumed with dying?

18:1 And the LORD said unto Aaron, Thou and thy sons and thy father's house with thee shall bear the iniquity of the sanctuary: and thou and thy sons with thee shall bear the iniquity of your priesthood.

18:2 And thy brethren also of the tribe of Levi, the tribe of thy father, bring thou with thee, that they may be joined unto thee, and minister unto thee: but thou and thy sons with thee shall minister before the tabernacle of witness.

18:3 And they shall keep thy charge, and the charge of all the tabernacle: only they shall not come nigh the vessels of the sanctuary and the altar, that neither they, nor ye also, die.

18:4 Et ils te seront adjoints, et ils seront chargés de ce qui concerne la tente d'assignation, selon tout le service de la tente ; et nul étranger n'approchera de vous.

18:4 And they shall be joined unto thee, and keep the charge of the tabernacle of the congregation, for all the service of the tabernacle: and a stranger shall not come nigh unto you.

18:5 Et vous serez chargés de ce qui concerne le lieu saint, et de ce qui concerne l'autel, afin qu'il n'y ait plus de colère contre les fils d'Israël.

18:5 And ye shall keep the charge of the sanctuary, and the charge of the altar: that there be no wrath any more upon the children of Israel.

18:6 Et moi, voici, j'ai pris vos frères, les Lévites, du milieu des fils d'Israël ; ils vous sont donnés en don pour l'Éternel, afin qu'ils s'emploient au service de la tente d'assignation.

18:6 And I, behold, I have taken your brethren the Levites from among the children of Israel: to you they are given as a gift for the LORD, to do the service of the tabernacle of the congregation.

18:7 Et toi, et tes fils avec toi, vous accomplirez les fonctions de votre sacrificature en tout ce qui regarde l'autel et relativement à ce qui est au dedans du voile, et vous ferez le service. Je vous donne votre sacrificature comme un service de [pur] don ; et l'étranger qui approchera sera mis à mort.

18:7 Therefore thou and thy sons with thee shall keep your priest's office for everything of the altar, and within the vail; and ye shall serve: I have given your priest's office unto you as a service of gift: and the stranger that cometh nigh shall be put to death.

18:8 Et l'Éternel parla à Aaron : Et moi, voici, je t'ai donné la charge de mes offrandes élevées, de toutes les choses saintes des fils d'Israël ; je te les ai données, à cause de l'onction, et à tes fils, par statut perpétuel.

18:8 And the LORD spake unto Aaron, Behold, I also have given thee the charge of mine heave offerings of all the hallowed things of the children of Israel; unto thee have I given them by reason of the anointing, and to thy sons, by an ordinance for ever.

18:9 Ceci sera à toi des choses très saintes, qui n'ont pas été consumées : toutes leurs offrandes*, savoir toutes leurs offrandes de gâteau et tous leurs sacrifices pour le péché et tous leurs sacrifices pour le délit qu'ils m'apporteront** ; ce sont des choses très saintes pour toi et pour tes fils.

18:9 This shall be thine of the most holy things, reserved from the fire: every oblation of theirs, every meat offering of theirs, and every sin offering of theirs, and every trespass offering of theirs which they shall render unto me, shall be most holy for thee and for thy sons.

18:10 Tu les mangeras comme des choses très saintes*, tout mâle en mangera : ce sera pour toi une chose sainte.

18:10 In the most holy place shalt thou eat it; every male shall eat it: it shall be holy unto thee.

18:11 Et ceci sera à toi : les offrandes élevées de leurs dons, avec toutes les offrandes tournoyées des fils d'Israël ; je te les ai données, et à tes fils et à tes filles avec toi, par statut perpétuel ; quiconque sera pur dans ta maison en mangera.

18:12 Tout le meilleur* de l'huile et tout le meilleur* du moût et du froment, les prémices qu'ils donneront à l'Éternel, je te les donne.

18:13 Les premiers fruits de tout ce qui est dans leur pays, qu'ils apporteront à l'Éternel, seront à toi ; quiconque sera pur dans ta maison en mangera.

18:14 Tout ce qui est voué [à Dieu] en Israël sera à toi.

18:15 Tout ce qui ouvre la matrice, de toute chair, qui sera présenté à l'Éternel, tant homme que bête, sera à toi ; seulement tu ne manqueras pas de racheter le premier-né de l'homme, et tu rachèteras le premier-né des bêtes impures.

18:16 Et ceux qui doivent être rachetés, depuis l'âge d'un mois, tu les rachèteras selon ton estimation, qui sera de cinq sicles d'argent, selon le sicle du sanctuaire, qui est de vingt guéras.

18:17 Seulement tu ne rachèteras pas le premier-né de la vache, ou le premier-né de la brebis, ou le premier-né de la chèvre ; ils sont saints. Tu feras aspersion de leur sang sur l'autel, et tu feras fumer leur graisse en sacrifice par feu, en odeur agréable à l'Éternel.

18:18 Et leur chair sera à toi ; elle sera à toi, comme la poitrine tournoyée et comme l'épaule droite.

18:11 And this is thine; the heave offering of their gift, with all the wave offerings of the children of Israel: I have given them unto thee, and to thy sons and to thy daughters with thee, by a statute for ever: every one that is clean in thy house shall eat of it.

18:12 All the best of the oil, and all the best of the wine, and of the wheat, the firstfruits of them which they shall offer unto the LORD, them have I given thee.

18:13 And whatsoever is first ripe in the land, which they shall bring unto the LORD, shall be thine; every one that is clean in thine house shall eat of it.

18:14 Every thing devoted in Israel shall be thine.

18:15 Every thing that openeth the matrix in all flesh, which they bring unto the LORD, whether it be of men or beasts, shall be thine: nevertheless the firstborn of man shalt thou surely redeem, and the firstling of unclean beasts shalt thou redeem.

18:16 And those that are to be redeemed from a month old shalt thou redeem, according to thine estimation, for the money of five shekels, after the shekel of the sanctuary, which is twenty gerahs.

18:17 But the firstling of a cow, or the firstling of a sheep, or the firstling of a goat, thou shalt not redeem; they are holy: thou shalt sprinkle their blood upon the altar, and shalt burn their fat for an offering made by fire, for a sweet savour unto the LORD.

18:18 And the flesh of them shall be thine, as the wave breast and as the right shoulder are thine.

18:19 Toutes les offrandes élevées des choses saintes que les fils d'Israël offrent* à l'Éternel, je te les ai données, et à tes fils et à tes filles avec toi, par statut perpétuel ; c'est une alliance de sel, à perpétuité, devant l'Éternel, pour toi et pour ta semence avec toi.

18:19 All the heave offerings of the holy things, which the children of Israel offer unto the LORD, have I given thee, and thy sons and thy daughters with thee, by a statute for ever: it is a covenant of salt for ever before the LORD unto thee and to thy seed with thee.

18:20 Et l'Éternel dit à Aaron : Tu n'auras pas d'héritage dans leur pays, et il n'y aura pas de part pour toi au milieu d'eux : moi, je suis ta part et ton héritage au milieu des fils d'Israël.

18:20 And the LORD spake unto Aaron, Thou shalt have no inheritance in their land, neither shalt thou have any part among them: I am thy part and thine inheritance among the children of Israel.

18:21 Et voici, j'ai donné pour héritage aux fils de Lévi toutes les dîmes en Israël, pour* leur service auquel ils s'emploient, le service de la tente d'assignation.

18:21 And, behold, I have given the children of Levi all the tenth in Israel for an inheritance, for their service which they serve, even the service of the tabernacle of the congregation.

18:22 Et les fils d'Israël n'approcheront plus de la tente d'assignation, pour porter le péché et mourir ;

18:22 Neither must the children of Israel henceforth come nigh the tabernacle of the congregation, lest they bear sin, and die.

18:23 mais le Lévite, lui, s'emploiera au service de la tente d'assignation, et ils* porteront leur iniquité ; c'est un statut perpétuel en vos générations. Et ils ne possèderont pas d'héritage au milieu des fils d'Israël ;

18:23 But the Levites shall do the service of the tabernacle of the congregation, and they shall bear their iniquity: it shall be a statute for ever throughout your generations, that among the children of Israel they have no inheritance.

18:24 car j'ai donné pour héritage aux Lévites les dîmes des fils d'Israël, qu'ils offrent à l'Éternel en offrande élevée ; c'est pourquoi j'ai dit d'eux qu'ils ne possèderont pas d'héritage au milieu des fils d'Israël.

18:24 But the tithes of the children of Israel, which they offer as an heave offering unto the LORD, I have given to the Levites to inherit: therefore I have said unto them, Among the children of Israel they shall have no inheritance.

18:25 Et l'Éternel parla à Moïse, disant :

18:25 And the LORD spake unto Moses, saying,

18:26 Tu parleras aussi aux Lévites, et tu leur diras : Quand vous prendrez des fils d'Israël la dîme que je vous ai donnée, de leur part, pour votre héritage, vous en offrirez une offrande élevée à l'Éternel, la dîme de la dîme.

18:26 Thus speak unto the Levites, and say unto them, When ye take of the children of Israel the tithes which I have given you from them for your inheritance, then ye shall offer up an heave offering of it for the LORD, even a tenth part of the tithe.

18:27 Et votre offrande élevée vous sera comptée comme le froment pris de l'aire, et comme l'abondance [du moût] pris de la cuve.

18:28 Ainsi vous aussi, vous offrirez une offrande élevée à l'Éternel, de toutes vos dîmes que vous prendrez de la part des fils d'Israël ; et vous en donnerez l'offrande élevée de l'Éternel à Aaron, le sacrificateur.

18:29 De toutes les choses qui vous sont données, vous offrirez toute l'offrande élevée de l'Éternel, — de tout le meilleur*, la partie sanctifiée.

18:30 Et tu leur diras : Quand vous en aurez offert le meilleur [en offrande élevée], cela sera compté aux Lévites comme le produit de l'aire et comme le produit de la cuve.

18:31 Et vous le mangerez en tout lieu, vous et vos maisons ; car c'est votre salaire pour* votre service à la tente d'assignation.

18:32 Et vous ne porterez pas de péché à son sujet, quand vous en aurez offert le meilleur [en offrande élevée] ; et vous ne profanerez pas les choses saintes des fils d'Israël, et vous ne mourrez pas.

19:1 Et l'Éternel parla à Moïse et à Aaron, disant :

19:2 C'est ici le statut de la loi que l'Éternel a commandé, en disant : Parle aux fils d'Israël, et qu'ils t'amènent une génisse rousse, sans tare, qui n'ait aucun défaut corporel, [et] qui n'ait point porté le joug.

19:3 Et vous la donnerez à Éléazar, le sacrificateur, et il la mènera hors du camp, et on l'égorgera devant lui.

19:4 Et Éléazar, le sacrificateur, prendra de son sang avec son doigt et fera aspersion* de son sang, sept fois, droit devant la tente d'assignation ;

18:27 And this your heave offering shall be reckoned unto you, as though it were the corn of the threshingfloor, and as the fulness of the winepress.

18:28 Thus ye also shall offer an heave offering unto the LORD of all your tithes, which ye receive of the children of Israel; and ye shall give thereof the LORD's heave offering to Aaron the priest.

18:29 Out of all your gifts ye shall offer every heave offering of the LORD, of all the best thereof, even the hallowed part thereof out of it.

18:30 Therefore thou shalt say unto them, When ye have heaved the best thereof from it, then it shall be counted unto the Levites as the increase of the threshingfloor, and as the increase of the winepress.

18:31 And ye shall eat it in every place, ye and your households: for it is your reward for your service in the tabernacle of the congregation.

18:32 And ye shall bear no sin by reason of it, when ye have heaved from it the best of it: neither shall ye pollute the holy things of the children of Israel, lest ye die.

19:1 And the LORD spake unto Moses and unto Aaron, saying,

19:2 This is the ordinance of the law which the LORD hath commanded, saying, Speak unto the children of Israel, that they bring thee a red heifer without spot, wherein is no blemish, and upon which never came yoke:

19:3 And ye shall give her unto Eleazar the priest, that he may bring her forth without the camp, and one shall slay her before his face:

19:4 And Eleazar the priest shall take of her blood with his finger, and sprinkle of her blood directly before the tabernacle of the congregation seven times:

19:5 et on brûlera la génisse devant ses yeux : on brûlera sa peau, et sa chair, et son sang, avec sa fiente.

19:6 Et le sacrificateur prendra du bois de cèdre, et de l'hysope, et de l'écarlate, et les jettera au milieu du feu où brûle la génisse.

19:7 Et le sacrificateur lavera ses vêtements et lavera sa chair dans l'eau ; et après, il entrera dans le camp ; et le sacrificateur sera impur jusqu'au soir.

19:8 Et celui qui l'aura brûlée lavera ses vêtements dans l'eau, et lavera sa chair dans l'eau ; et il sera impur jusqu'au soir.

19:9 Et un homme pur ramassera la cendre de la génisse, et la déposera hors du camp en un lieu pur, et elle sera gardée pour l'assemblée des fils d'Israël comme eau de séparation : c'est une purification pour le péché.

19:10 Et celui qui aura ramassé la cendre de la génisse lavera ses vêtements, et sera impur jusqu'au soir. Ce sera un statut perpétuel pour les fils d'Israël et pour l'étranger qui séjourne au milieu d'eux.

19:11 Celui qui aura touché un mort, un cadavre* d'homme quelconque, sera impur sept jours.

19:12 Il se purifiera* avec cette [eau] le troisième jour, et le septième jour il sera pur ; mais s'il ne se purifie pas le troisième jour, alors il ne sera pas pur le septième jour.

19:13 Quiconque aura touché un mort, le cadavre d'un homme qui est mort, et ne se sera pas purifié, a rendu impur le tabernacle de l'Éternel ; et cette âme sera retranchée d'Israël, car l'eau de séparation n'a pas été répandue* sur elle ; elle sera impure, son impureté est encore sur elle.

19:5 And one shall burn the heifer in his sight; her skin, and her flesh, and her blood, with her dung, shall he burn:

19:6 And the priest shall take cedar wood, and hyssop, and scarlet, and cast it into the midst of the burning of the heifer.

19:7 Then the priest shall wash his clothes, and he shall bathe his flesh in water, and afterward he shall come into the camp, and the priest shall be unclean until the even.

19:8 And he that burneth her shall wash his clothes in water, and bathe his flesh in water, and shall be unclean until the even.

19:9 And a man that is clean shall gather up the ashes of the heifer, and lay them up without the camp in a clean place, and it shall be kept for the congregation of the children of Israel for a water of separation: it is a purification for sin.

19:10 And he that gathereth the ashes of the heifer shall wash his clothes, and be unclean until the even: and it shall be unto the children of Israel, and unto the stranger that sojourneth among them, for a statute for ever.

19:11 He that toucheth the dead body of any man shall be unclean seven days.

19:12 He shall purify himself with it on the third day, and on the seventh day he shall be clean: but if he purify not himself the third day, then the seventh day he shall not be clean.

19:13 Whosoever toucheth the dead body of any man that is dead, and purifieth not himself, defileth the tabernacle of the LORD; and that soul shall be cut off from Israel: because the water of separation was not sprinkled upon him, he shall be unclean; his uncleanness is yet upon him.

19:14 C'est ici la loi, lorsqu'un homme meurt dans une tente : quiconque entre dans la tente, et tout ce qui est dans la tente, sera impur sept jours ;

19:15 et tout vase découvert, sur lequel il n'y a pas de couvercle attaché, sera impur.

19:16 Et quiconque touchera, dans les* champs, [un homme] qui aura été tué par l'épée, ou un mort, ou un ossement d'homme, ou un sépulcre, sera impur sept jours.

19:17 Et on prendra, pour l'homme impur, de la poudre de ce qui a été brûlé pour la purification, et on mettra dessus de l'eau vive dans un vase.

19:18 Et un homme pur prendra de l'hysope, et la trempera dans l'eau, et en fera aspersion sur la tente, et sur tous les ustensiles, et sur les personnes qui sont là, et sur celui qui aura touché l'ossement, ou l'homme tué, ou le mort, ou le sépulcre ;

19:19 et l'homme pur fera aspersion sur l'homme impur, le troisième jour et le septième jour, et il le purifiera le septième jour ; et il lavera ses vêtements, et se lavera dans l'eau, et le soir il sera pur.

19:20 Et l'homme qui sera impur, et qui ne se sera pas purifié, cette âme-là sera retranchée du milieu de la congrégation, — car il a rendu impur le sanctuaire de l'Éternel ; l'eau de séparation n'a pas été répandue* sur lui ; il est impur.

19:21 Et ce sera pour eux un statut perpétuel. Et celui qui aura fait aspersion avec l'eau de séparation lavera ses vêtements, et celui qui aura touché l'eau de séparation sera impur jusqu'au soir.

19:22 Et tout ce que l'homme impur aura touché sera impur ; et celui* qui l'aura touché sera impur jusqu'au soir.

19:14 This is the law, when a man dieth in a tent: all that come into the tent, and all that is in the tent, shall be unclean seven days.

19:15 And every open vessel, which hath no covering bound upon it, is unclean.

19:16 And whosoever toucheth one that is slain with a sword in the open fields, or a dead body, or a bone of a man, or a grave, shall be unclean seven days.

19:17 And for an unclean person they shall take of the ashes of the burnt heifer of purification for sin, and running water shall be put thereto in a vessel:

19:18 And a clean person shall take hyssop, and dip it in the water, and sprinkle it upon the tent, and upon all the vessels, and upon the persons that were there, and upon him that touched a bone, or one slain, or one dead, or a grave:

19:19 And the clean person shall sprinkle upon the unclean on the third day, and on the seventh day: and on the seventh day he shall purify himself, and wash his clothes, and bathe himself in water, and shall be clean at even.

19:20 But the man that shall be unclean, and shall not purify himself, that soul shall be cut off from among the congregation, because he hath defiled the sanctuary of the LORD: the water of separation hath not been sprinkled upon him; he is unclean.

19:21 And it shall be a perpetual statute unto them, that he that sprinkleth the water of separation shall wash his clothes; and he that toucheth the water of separation shall be unclean until even.

19:22 And whatsoever the unclean person toucheth shall be unclean; and the soul that toucheth it shall be unclean until even.

20:1 Et les fils d'Israël, toute l'assemblée, vinrent au désert de Tsin, le premier mois ; et le peuple habita à Kadès ; et Marie mourut là, et y fut enterrée. *

20:1 Then came the children of Israel, even the whole congregation, into the desert of Zin in the first month: and the people abode in Kadesh; and Miriam died there, and was buried there.

20:2 Et il n'y avait pas d'eau pour l'assemblée ; et ils s'attroupèrent contre Moïse et contre Aaron.

20:2 And there was no water for the congregation: and they gathered themselves together against Moses and against Aaron.

20:3 Et le peuple contesta avec Moïse, et ils parlèrent, disant : Que n'avons-nous péri, quand nos frères périrent devant l'Éternel !

20:3 And the people chode with Moses, and spake, saying, Would God that we had died when our brethren died before the LORD!

20:4 Et pourquoi avez-vous amené la congrégation de l'Éternel dans ce désert, pour y mourir, nous et nos bêtes ?

20:4 And why have ye brought up the congregation of the LORD into this wilderness, that we and our cattle should die there?

20:5 Et pourquoi nous avez-vous fait monter d'Égypte, pour nous amener dans ce mauvais lieu ? Ce n'est pas un lieu où l'on puisse semer ; [on n'y trouve] ni figuiers, ni vignes, ni grenadiers, et il n'y a pas d'eau pour boire.

20:5 And wherefore have ye made us to come up out of Egypt, to bring us in unto this evil place? it is no place of seed, or of figs, or of vines, or of pomegranates; neither is there any water to drink.

20:6 Et Moïse et Aaron vinrent de devant la congrégation à l'entrée de la tente d'assignation, et tombèrent sur leurs faces ; et la gloire de l'Éternel leur apparut.

20:6 And Moses and Aaron went from the presence of the assembly unto the door of the tabernacle of the congregation, and they fell upon their faces: and the glory of the LORD appeared unto them.

20:7 Et l'Éternel parla à Moïse, disant :

20:7 And the LORD spake unto Moses, saying,

20:8 Prends la verge, et réunis l'assemblée, toi et Aaron, ton frère, et vous parlerez devant leurs yeux au rocher, et il donnera ses eaux ; et tu leur feras sortir de l'eau du rocher, et tu donneras à boire à l'assemblée et à leurs bêtes.

20:8 Take the rod, and gather thou the assembly together, thou, and Aaron thy brother, and speak ye unto the rock before their eyes; and it shall give forth his water, and thou shalt bring forth to them water out of the rock: so thou shalt give the congregation and their beasts drink.

20:9 Et Moïse prit la verge de devant l'Éternel, comme il lui avait commandé.

20:9 And Moses took the rod from before the LORD, as he commanded him.

20:10 Et Moïse et Aaron réunirent la congrégation devant le rocher, et il leur dit : Écoutez, rebelles ! Vous ferons-nous sortir de l'eau de ce rocher ?

20:10 And Moses and Aaron gathered the congregation together before the rock, and he said unto them, Hear now, ye rebels; must we fetch you water out of this rock?

20:11 Et Moïse leva sa main, et frappa le rocher de sa verge, deux fois ; et il en sortit des eaux en abondance, et l'assemblée but, et leurs bêtes.

20:12 Et l'Éternel dit à Moïse et à Aaron : Parce que vous ne m'avez pas cru, pour me sanctifier aux yeux des fils d'Israël, à cause de cela vous n'introduirez pas cette congrégation dans le pays que je leur donne.

20:13 Ce sont là les eaux de Meriba*, ou les fils d'Israël contestèrent avec l'Éternel ; et il se sanctifia en eux.

20:14 Et Moïse envoya de Kadès des messagers au roi d'Édom : Ainsi dit ton frère, Israël : Tu sais toute la fatigue qui nous a atteints.

20:15 Nos pères descendirent en Égypte, et nous avons habité en Égypte longtemps, et les Égyptiens nous ont maltraités, nous et nos pères.

20:16 Et nous avons crié à l'Éternel, et il a entendu notre voix, et il a envoyé un ange, et nous a fait sortir d'Égypte. Et voici, nous sommes à Kadès, ville à l'extrémité de tes limites.

20:17 Je te prie, que nous passions par ton pays ; nous ne passerons pas par les champs, ni par les vignes, et nous ne boirons pas de l'eau des puits ; nous marcherons par le chemin du roi, nous ne nous détournerons ni à droite ni à gauche, jusqu'à ce que nous ayons passé tes limites.

20:18 Et Édom lui dit : Tu ne passeras pas chez moi, de peur que je ne sorte à ta rencontre avec l'épée.

20:19 Et les fils d'Israël lui dirent : Nous monterons par le chemin battu ; et si nous buvons de tes eaux, moi et mon bétail, j'en donnerai le prix ; seulement, sans autre chose, je passerai avec mes pieds.

20:11 And Moses lifted up his hand, and with his rod he smote the rock twice: and the water came out abundantly, and the congregation drank, and their beasts also.

20:12 And the LORD spake unto Moses and Aaron, Because ye believed me not, to sanctify me in the eyes of the children of Israel, therefore ye shall not bring this congregation into the land which I have given them.

20:13 This is the water of Meribah; because the children of Israel strove with the LORD, and he was sanctified in them.

20:14 And Moses sent messengers from Kadesh unto the king of Edom, Thus saith thy brother Israel, Thou knowest all the travail that hath befallen us:

20:15 How our fathers went down into Egypt, and we have dwelt in Egypt a long time; and the Egyptians vexed us, and our fathers:

20:16 And when we cried unto the LORD, he heard our voice, and sent an angel, and hath brought us forth out of Egypt: and, behold, we are in Kadesh, a city in the uttermost of thy border:

20:17 Let us pass, I pray thee, through thy country: we will not pass through the fields, or through the vineyards, neither will we drink of the water of the wells: we will go by the king's high way, we will not turn to the right hand nor to the left, until we have passed thy borders.

20:18 And Edom said unto him, Thou shalt not pass by me, lest I come out against thee with the sword.

20:19 And the children of Israel said unto him, We will go by the high way: and if I and my cattle drink of thy water, then I will pay for it: I will only, without doing anything else, go through on my feet.

20:20 Et [Édom] dit : Tu ne passeras pas. Et Édom sortit à sa rencontre avec un grand peuple, et à main forte.

20:21 Et Édom refusa de laisser passer Israël par ses limites ; et Israël se détourna d'auprès de lui.

20:22 Et ils partirent de Kadès ; et les fils d'Israël, toute l'assemblée, vinrent à la montagne de Hor.

20:23 Et l'Éternel parla à Moïse et à Aaron, dans la montagne de Hor, sur la limite du pays d'Édom, en disant :

20:24 Aaron sera recueilli vers ses peuples, car il n'entrera pas dans le pays que j'ai donné aux fils d'Israël, parce que vous vous êtes rebellés contre mon commandement aux eaux de Meriba.

20:25 Prends Aaron et Éléazar, son fils, et fais-les monter sur la montagne de Hor ;

20:26 et dépouille Aaron de ses vêtements, et fais-les revêtir à Éléazar, son fils ; et Aaron sera recueilli, et mourra là.

20:27 Et Moïse fit comme l'Éternel avait commandé ; et ils montèrent sur la montagne de Hor aux yeux de toute l'assemblée.

20:28 Et Moïse dépouilla Aaron de ses vêtements, et en revêtit Éléazar, son fils ; et Aaron mourut là, au sommet de la montagne ; puis Moïse et Éléazar descendirent de la montagne.

20:29 Et toute l'assemblée vit qu'Aaron avait expiré, et toute la maison d'Israël pleura Aaron trente jours.

21:1 Et le Cananéen, le roi d'Arad, qui habitait le midi*, entendit qu'Israël venait par le chemin d'Atharim**, et il combattit contre Israël, et lui emmena des prisonniers.

20:20 And he said, Thou shalt not go through. And Edom came out against him with much people, and with a strong hand.

20:21 Thus Edom refused to give Israel passage through his border: wherefore Israel turned away from him.

20:22 And the children of Israel, even the whole congregation, journeyed from Kadesh, and came unto mount Hor.

20:23 And the LORD spake unto Moses and Aaron in mount Hor, by the coast of the land of Edom, saying,

20:24 Aaron shall be gathered unto his people: for he shall not enter into the land which I have given unto the children of Israel, because ye rebelled against my word at the water of Meribah.

20:25 Take Aaron and Eleazar his son, and bring them up unto mount Hor:

20:26 And strip Aaron of his garments, and put them upon Eleazar his son: and Aaron shall be gathered unto his people, and shall die there.

20:27 And Moses did as the LORD commanded: and they went up into mount Hor in the sight of all the congregation.

20:28 And Moses stripped Aaron of his garments, and put them upon Eleazar his son; and Aaron died there in the top of the mount: and Moses and Eleazar came down from the mount.

20:29 And when all the congregation saw that Aaron was dead, they mourned for Aaron thirty days, even all the house of Israel.

21:1 And when king Arad the Canaanite, which dwelt in the south, heard tell that Israel came by the way of the spies; then he fought against Israel, and took some of them prisoners.

21:2 Et Israël fit un vœu à l'Éternel, et dit : Si tu livres ce peuple en ma main, je détruirai entièrement ses villes.	*21:2 And Israel vowed a vow unto the LORD, and said, If thou wilt indeed deliver this people into my hand, then I will utterly destroy their cities.*
21:3 Et l'Éternel entendit la voix d'Israël, et [lui] livra les Cananéens ; et il les détruisit entièrement, ainsi que leurs villes. Et on appela le nom de ce lieu Horma*.	*21:3 And the LORD hearkened to the voice of Israel, and delivered up the Canaanites; and they utterly destroyed them and their cities: and he called the name of the place Hormah.*
21:4 Et ils partirent de la montagne de Hor, par le chemin de la mer Rouge, pour faire le tour du pays d'Édom, et le cœur du peuple se découragea* en chemin.	*21:4 And they journeyed from mount Hor by the way of the Red sea, to compass the land of Edom: and the soul of the people was much discouraged because of the way.*
21:5 Et le peuple parla contre Dieu et contre Moïse : Pourquoi nous avez-vous fait monter hors d'Égypte, pour mourir dans le désert ? car il n'y a pas de pain, et il n'y a pas d'eau, et notre âme est dégoûtée de ce pain misérable.	*21:5 And the people spake against God, and against Moses, Wherefore have ye brought us up out of Egypt to die in the wilderness? for there is no bread, neither is there any water; and our soul loatheth this light bread.*
21:6 Et l'Éternel envoya parmi le peuple les serpents brûlants, et ils mordaient le peuple ; et, de ceux d'Israël, il mourut un grand peuple.	*21:6 And the LORD sent fiery serpents among the people, and they bit the people; and much people of Israel died.*
21:7 Et le peuple vint à Moïse, et dit : Nous avons péché, car nous avons parlé contre l'Éternel et contre toi ; prie l'Éternel qu'il retire de dessus nous les serpents. Et Moïse pria pour le peuple.	*21:7 Therefore the people came to Moses, and said, We have sinned, for we have spoken against the LORD, and against thee; pray unto the LORD, that he take away the serpents from us. And Moses prayed for the people.*
21:8 Et l'Éternel dit à Moïse : Fais-toi un [serpent] brûlant, et mets-le sur une perche ; et il arrivera que quiconque sera mordu, et le regardera*, vivra.	*21:8 And the LORD said unto Moses, Make thee a fiery serpent, and set it upon a pole: and it shall come to pass, that every one that is bitten, when he looketh upon it, shall live.*
21:9 Et Moïse fit un serpent d'airain, et le mit sur une perche ; et il arrivait que, lorsqu'un serpent avait mordu un homme, et qu'il regardait le serpent d'airain, il vivait.	*21:9 And Moses made a serpent of brass, and put it upon a pole, and it came to pass, that if a serpent had bitten any man, when he beheld the serpent of brass, he lived.*
21:10 Et les fils d'Israël partirent, et campèrent à Oboth.	*21:10 And the children of Israel set forward, and pitched in Oboth.*
21:11 Et ils partirent d'Oboth, et campèrent à Ijim-Abarim*, dans le désert qui est vis-à-vis de Moab, vers le soleil levant.	*21:11 And they journeyed from Oboth, and pitched at Ijeabarim, in the wilderness which is before Moab, toward the sunrising.*

21:12 De là ils partirent, et campèrent dans la vallée* de Zéred.

21:13 De là ils partirent, et campèrent de l'autre côté de l'Arnon, qui est dans le désert, sortant des limites des Amoréens ; car l'Arnon est la frontière de Moab, entre Moab et l'Amoréen.

21:14 C'est pourquoi il est dit dans le livre des guerres de l'Éternel : Vaheb en Supha, et les rivières* de l'Arnon ;

21:15 Et le cours des rivières*, qui tend vers l'habitation d'Ar, Et qui s'appuie sur la frontière de Moab.

21:16 Et de là [ils vinrent] à Beër*. C'est là le puits au sujet duquel l'Éternel dit à Moïse : Assemble le peuple, et je leur donnerai de l'eau.

21:17 Alors Israël chanta ce cantique : Monte, puits ! Chantez-lui :

21:18 Puits, que des princes ont creusé, que les hommes nobles du peuple, avec le législateur*, ont creusé avec leurs bâtons !

21:19 Et du désert, [ils vinrent] à Matthana ; et de Matthana, à Nakhaliel ;

21:20 et de Nakhaliel, à Bamoth ; et de Bamoth, à la vallée qui est dans les champs de Moab, au sommet du Pisga, qui se montre au-dessus de la surface du désert. *

21:21 Et Israël envoya des messagers à Sihon, roi des Amoréens, disant :

21:22 Je passerai par ton pays : nous ne nous détournerons pas dans les champs, ni dans les vignes ; nous ne boirons pas de l'eau des puits ; nous marcherons par le chemin du roi, jusqu'à ce que nous ayons passé tes limites.

21:12 From thence they removed, and pitched in the valley of Zared.

21:13 From thence they removed, and pitched on the other side of Arnon, which is in the wilderness that cometh out of the coasts of the Amorites: for Arnon is the border of Moab, between Moab and the Amorites.

21:14 Wherefore it is said in the book of the wars of the LORD, What he did in the Red sea, and in the brooks of Arnon,

21:15 And at the stream of the brooks that goeth down to the dwelling of Ar, and lieth upon the border of Moab.

21:16 And from thence they went to Beer: that is the well whereof the LORD spake unto Moses, Gather the people together, and I will give them water.

21:17 Then Israel sang this song, Spring up, O well; sing ye unto it:

21:18 The princes digged the well, the nobles of the people digged it, by the direction of the lawgiver, with their staves. And from the wilderness they went to Mattanah:

21:19 And from Mattanah to Nahaliel: and from Nahaliel to Bamoth:

21:20 And from Bamoth in the valley, that is in the country of Moab, to the top of Pisgah, which looketh toward Jeshimon.

21:21 And Israel sent messengers unto Sihon king of the Amorites, saying,

21:22 Let me pass through thy land: we will not turn into the fields, or into the vineyards; we will not drink of the waters of the well: but we will go along by the king's high way, until we be past thy borders.

21:23 Mais Sihon ne permit pas à Israël de passer par ses limites ; et Sihon rassembla tout son peuple, et sortit à la rencontre d'Israël, au désert, et vint à Jahats et combattit contre Israël.

21:24 Et Israël le frappa par le tranchant de l'épée, et prit possession de son pays depuis l'Arnon jusqu'au Jabbok, jusqu'aux fils d'Ammon ; car la frontière des fils d'Ammon était forte.

21:25 Et Israël prit toutes ces villes, et Israël habita dans toutes les villes des Amoréens, à Hesbon et dans tous les villages de son ressort*.

21:26 Car Hesbon était la ville de Sihon, roi des Amoréens ; et il avait fait la guerre au précédent roi de Moab, et avait pris de sa main tout son pays jusqu'à l'Arnon.

21:27 C'est pourquoi les poètes disent : Venez à Hesbon ; que la ville de Sihon soit bâtie et établie ;

21:28 Car un feu est sorti de Hesbon, une flamme, de la cité de Sihon ; il a dévoré Ar de Moab, les seigneurs des hauts lieux* de l'Arnon.

21:29 Malheur à toi, Moab ! tu es perdu, peuple de Kemosh ! Il a livré ses fils qui avaient échappé, et ses filles, à la captivité, à Sihon, roi des Amoréens.

21:30 Nous avons tiré contre eux ; Hesbon est périe jusqu'à Dibon ; et nous avons dévasté jusqu'à Nophakh,… avec du feu jusqu'à Médeba.

21:31 Et Israël habita dans le pays des Amoréens.

21:32 Et Moïse envoya pour explorer Jahzer ; et ils prirent les villages de son ressort*, et en dépossédèrent les Amoréens qui y étaient.

21:23 And Sihon would not suffer Israel to pass through his border: but Sihon gathered all his people together, and went out against Israel into the wilderness: and he came to Jahaz, and fought against Israel.

21:24 And Israel smote him with the edge of the sword, and possessed his land from Arnon unto Jabbok, even unto the children of Ammon: for the border of the children of Ammon was strong.

21:25 And Israel took all these cities: and Israel dwelt in all the cities of the Amorites, in Heshbon, and in all the villages thereof.

21:26 For Heshbon was the city of Sihon the king of the Amorites, who had fought against the former king of Moab, and taken all his land out of his hand, even unto Arnon.

21:27 Wherefore they that speak in proverbs say, Come into Heshbon, let the city of Sihon be built and prepared:

21:28 For there is a fire gone out of Heshbon, a flame from the city of Sihon: it hath consumed Ar of Moab, and the lords of the high places of Arnon.

21:29 Woe to thee, Moab! thou art undone, O people of Chemosh: he hath given his sons that escaped, and his daughters, into captivity unto Sihon king of the Amorites.

21:30 We have shot at them; Heshbon is perished even unto Dibon, and we have laid them waste even unto Nophah, which reacheth unto Medeba.

21:31 Thus Israel dwelt in the land of the Amorites.

21:32 And Moses sent to spy out Jaazer, and they took the villages thereof, and drove out the Amorites that were there.

21:33 Puis ils se tournérent et montèrent par le chemin de Basan ; et Og, le roi de Basan, sortit à leur rencontre, lui et tout son peuple, à Edréhi, pour livrer bataille.

21:34 Et l'Éternel dit à Moïse : Ne le crains pas, car je l'ai livré en ta main, lui et tout son peuple, et son pays ; et tu lui feras comme tu as fait à Sihon, roi des Amoréens, qui habitait à Hesbon.

21:35 Et ils le frappèrent, lui et ses fils, et tout son peuple, jusqu'à ne pas lui laisser un réchappé ; et ils prirent possession de son pays.

22:1 Et les fils d'Israël partirent, et campèrent dans les plaines de Moab, de l'autre côté* du Jourdain de Jéricho.

22:2 Et Balak, fils de Tsippor, vit tout ce qu'Israël avait fait aux Amoréens ;

22:3 et Moab eut une fort grande peur du peuple, car il était nombreux ; et Moab fut dans l'effroi* à cause des fils d'Israël.

22:4 Et Moab dit aux anciens de Madian : Maintenant, cette multitude broutera tout ce qui est autour de nous, comme le bœuf broute l'herbe des champs. Or Balak, fils de Tsippor, était roi de Moab en ce temps-là.

22:5 Et il envoya des messagers à Balaam, fils de Béor, à Pethor, qui est sur le fleuve, dans le pays* des fils de son peuple, pour l'appeler, disant : Voici, un peuple, est sorti d'Égypte ; voici, il couvre le dessus** du pays, et il habite vis-à-vis de moi.

22:6 Et maintenant, viens, je te prie, maudis-moi ce peuple, car il est plus fort que moi : peut-être pourrai-je le frapper, et le chasserai-je du pays ; car je sais que celui que tu bénis est béni, et que celui que tu maudis est maudit.

21:33 And they turned and went up by the way of Bashan: and Og the king of Bashan went out against them, he, and all his people, to the battle at Edrei.

21:34 And the LORD said unto Moses, Fear him not: for I have delivered him into thy hand, and all his people, and his land; and thou shalt do to him as thou didst unto Sihon king of the Amorites, which dwelt at Heshbon.

21:35 So they smote him, and his sons, and all his people, until there was none left him alive: and they possessed his land.

22:1 And the children of Israel set forward, and pitched in the plains of Moab on this side Jordan by Jericho.

22:2 And Balak the son of Zippor saw all that Israel had done to the Amorites.

22:3 And Moab was sore afraid of the people, because they were many: and Moab was distressed because of the children of Israel.

22:4 And Moab said unto the elders of Midian, Now shall this company lick up all that are round about us, as the ox licketh up the grass of the field. And Balak the son of Zippor was king of the Moabites at that time.

22:5 He sent messengers therefore unto Balaam the son of Beor to Pethor, which is by the river of the land of the children of his people, to call him, saying, Behold, there is a people come out from Egypt: behold, they cover the face of the earth, and they abide over against me:

22:6 Come now therefore, I pray thee, curse me this people; for they are too mighty for me: peradventure I shall prevail, that we may smite them, and that I may drive them out of the land: for I wot that he whom thou blessest is blessed, and he whom thou cursest is cursed.

22:7 Et les anciens de Moab et les anciens de Madian s'en allèrent, ayant dans leurs mains le salaire de la divination ; et ils vinrent à Balaam et lui dirent les paroles de Balak.

22:8 Et il leur dit : Passez ici la nuit, et je vous rapporterai la parole selon que l'Éternel m'aura parlé. Et les seigneurs* de Moab demeurèrent avec Balaam.

22:9 Et Dieu vint à Balaam, et dit : Qui sont ces hommes [que tu as] chez toi ?

22:10 Et Balaam dit à Dieu : Balak, fils de Tsippor, roi de Moab, a envoyé vers moi :

22:11 Voici, un peuple est sorti d'Égypte, et il couvre le dessus* du pays ; viens maintenant, maudis-le- moi : peut-être pourrai-je combattre contre lui, et le chasserai-je.

22:12 Et Dieu dit à Balaam : Tu n'iras pas avec eux ; tu ne maudiras pas le peuple, car il est béni.

22:13 Et Balaam se leva le matin, et dit aux seigneurs de Balak : Allez dans votre pays, car l'Éternel refuse de me laisser aller avec vous.

22:14 Et les seigneurs de Moab se levèrent, et s'en allèrent vers Balak, et dirent : Balaam a refusé de venir avec nous.

22:15 Et Balak envoya encore des seigneurs, plus nombreux et plus considérables que ceux-là ;

22:16 et ils vinrent à Balaam, et lui dirent : Ainsi a dit Balak, fils de Tsippor : Je te prie, ne te laisse pas empêcher de venir vers moi ;

22:17 car je te comblerai d'honneurs, et tout ce que tu me diras, je le ferai ; viens donc, je te prie, maudis-moi ce peuple.

22:7 And the elders of Moab and the elders of Midian departed with the rewards of divination in their hand; and they came unto Balaam, and spake unto him the words of Balak.

22:8 And he said unto them, Lodge here this night, and I will bring you word again, as the LORD shall speak unto me: and the princes of Moab abode with Balaam.

22:9 And God came unto Balaam, and said, What men are these with thee?

22:10 And Balaam said unto God, Balak the son of Zippor, king of Moab, hath sent unto me, saying,

22:11 Behold, there is a people come out of Egypt, which covereth the face of the earth: come now, curse me them; peradventure I shall be able to overcome them, and drive them out.

22:12 And God said unto Balaam, Thou shalt not go with them; thou shalt not curse the people: for they are blessed.

22:13 And Balaam rose up in the morning, and said unto the princes of Balak, Get you into your land: for the LORD refuseth to give me leave to go with you.

22:14 And the princes of Moab rose up, and they went unto Balak, and said, Balaam refuseth to come with us.

22:15 And Balak sent yet again princes, more, and more honourable than they.

22:16 And they came to Balaam, and said to him, Thus saith Balak the son of Zippor, Let nothing, I pray thee, hinder thee from coming unto me:

22:17 For I will promote thee unto very great honour, and I will do whatsoever thou sayest unto me: come therefore, I pray thee, curse me this people.

22:18 Et Balaam répondit et dit aux serviteurs de Balak : Quand Balak me donnerait plein sa maison d'argent et d'or, je ne pourrais transgresser le commandement de l'Éternel, mon Dieu, pour faire une chose petite ou grande ;

22:19 et maintenant, je vous prie, demeurez ici, vous aussi, cette nuit, et je saurai ce que l'Éternel aura de plus à me dire.

22:20 Et Dieu vint la nuit à Balaam, et lui dit : Si ces hommes sont venus pour t'appeler, lève-toi, va avec eux ; seulement, la parole que je te dirai, tu la feras.

22:21 Et Balaam, se leva le matin, et sella son ânesse, et s'en alla avec les seigneurs de Moab.

22:22 Mais la colère de Dieu s'embrasa parce qu'il s'en allait ; et l'Ange de l'Éternel se plaça sur le chemin pour s'opposer* à lui. Et il était monté sur son ânesse, et ses deux jeunes hommes étaient avec lui.

22:23 Et l'ânesse vit l'Ange de l'Éternel se tenant dans le chemin, son épée nue* dans sa main ; et l'ânesse se détourna du chemin et alla dans les champs ; et Balaam frappa l'ânesse pour la faire retourner dans le chemin.

22:24 Et l'Ange de l'Éternel se tint dans un chemin creux, dans les vignes ; il y avait un mur d'un côté et un mur de l'autre côté.

22:25 Et l'ânesse vit l'Ange de l'Éternel, et elle se serra contre la muraille, et serra le pied de Balaam contre la muraille ; et il la frappa de nouveau.

22:26 Et l'Ange de l'Éternel passa plus loin, et se tint dans un lieu étroit où il n'y avait point de chemin pour se détourner à droite ou à gauche.

22:27 Et l'ânesse vit l'Ange de l'Éternel, et elle se coucha sous Balaam ; et la colère de Balaam s'embrasa, et il frappa l'ânesse avec le bâton.

22:18 And Balaam answered and said unto the servants of Balak, If Balak would give me his house full of silver and gold, I cannot go beyond the word of the LORD my God, to do less or more.

22:19 Now therefore, I pray you, tarry ye also here this night, that I may know what the LORD will say unto me more.

22:20 And God came unto Balaam at night, and said unto him, If the men come to call thee, rise up, and go with them; but yet the word which I shall say unto thee, that shalt thou do.

22:21 And Balaam rose up in the morning, and saddled his ass, and went with the princes of Moab.

22:22 And God's anger was kindled because he went: and the angel of the LORD stood in the way for an adversary against him. Now he was riding upon his ass, and his two servants were with him.

22:23 And the ass saw the angel of the LORD standing in the way, and his sword drawn in his hand: and the ass turned aside out of the way, and went into the field: and Balaam smote the ass, to turn her into the way.

22:24 But the angel of the LORD stood in a path of the vineyards, a wall being on this side, and a wall on that side.

22:25 And when the ass saw the angel of the LORD, she thrust herself unto the wall, and crushed Balaam's foot against the wall: and he smote her again.

22:26 And the angel of the LORD went further, and stood in a narrow place, where was no way to turn either to the right hand or to the left.

22:27 And when the ass saw the angel of the LORD, she fell down under Balaam: and Balaam's anger was kindled, and he smote the ass with a staff.

22:28 Et l'Éternel ouvrit la bouche de l'ânesse, et elle dit à Balaam : Que t'ai-je fait que tu m'aies frappée ces trois fois ?	*22:28 And the LORD opened the mouth of the ass, and she said unto Balaam, What have I done unto thee, that thou hast smitten me these three times?*
22:29 Et Balaam dit à l'ânesse : Parce que tu t'es jouée de moi. Que n'ai-je une épée dans ma main ; certes je te tuerais maintenant !	*22:29 And Balaam said unto the ass, Because thou hast mocked me: I would there were a sword in mine hand, for now would I kill thee.*
22:30 Et l'ânesse dit à Balaam : Ne suis-je pas ton ânesse, sur laquelle tu montes depuis que je suis à toi jusqu'à ce jour ? Ai-je accoutumé de te faire ainsi ? Et il dit : Non.	*22:30 And the ass said unto Balaam, Am not I thine ass, upon which thou hast ridden ever since I was thine unto this day? was I ever wont to do so unto thee? And he said, Nay.*
22:31 Et l'Éternel ouvrit les yeux de Balaam, et il vit l'Ange de l'Éternel qui se tenait sur le chemin, son épée nue dans sa main ; et il s'inclina et se prosterna sur sa face.	*22:31 Then the LORD opened the eyes of Balaam, and he saw the angel of the LORD standing in the way, and his sword drawn in his hand: and he bowed down his head, and fell flat on his face.*
22:32 Et l'Ange de l'Éternel lui dit : Pourquoi as-tu frappé ton ânesse ces trois fois ? Voici, moi, je suis sorti pour m'opposer à toi*, car ton chemin est pervers** devant moi.	*22:32 And the angel of the LORD said unto him, Wherefore hast thou smitten thine ass these three times? behold, I went out to withstand thee, because thy way is perverse before me:*
22:33 Et l'ânesse m'a vu et s'est détournée devant moi ces trois fois ; si elle ne se fût détournée de devant moi, je t'eusse maintenant tué ; et elle, je l'eusse laissée en vie.	*22:33 And the ass saw me, and turned from me these three times: unless she had turned from me, surely now also I had slain thee, and saved her alive.*
22:34 Et Balaam dit à l'Ange de l'Éternel : J'ai péché, car je ne savais pas que tu te fusses placé à ma rencontre dans le chemin ; et maintenant, si cela est mauvais à tes yeux, je m'en retournerai.	*22:34 And Balaam said unto the angel of the LORD, I have sinned; for I knew not that thou stoodest in the way against me: now therefore, if it displease thee, I will get me back again.*
22:35 Et l'Ange de l'Éternel dit à Balaam : Va avec les hommes ; mais seulement tu ne diras que la parole que je te dirai. Et Balaam s'en alla avec les seigneurs de Balak.	*22:35 And the angel of the LORD said unto Balaam, Go with the men: but only the word that I shall speak unto thee, that thou shalt speak. So Balaam went with the princes of Balak.*
22:36 Et Balak entendit que Balaam venait, et il sortit à sa rencontre, jusqu'à la ville de Moab, sur la frontière de l'Arnon qui est à l'extrémité de la frontière.	*22:36 And when Balak heard that Balaam was come, he went out to meet him unto a city of Moab, which is in the border of Arnon, which is in the utmost coast.*

22:37 Et Balak dit à Balaam : N'ai-je pas envoyé vers toi avec instance pour t'appeler ? Pourquoi n'es-tu pas venu vers moi ? Vraiment, ne puis-je pas te donner des honneurs ?

22:38 Et Balaam dit à Balak : Voici, je suis venu vers toi ; maintenant, puis-je dire quoi que ce soit ? La parole que Dieu m'aura mise dans la bouche, je la dirai.

22:39 Et Balaam alla avec Balak, et ils vinrent à Kiriath-Hutsoth.

22:40 Et Balak sacrifia du gros et du menu bétail, et il en envoya à Balaam et aux seigneurs qui étaient avec lui.

22:41 Et il arriva, le matin, que Balak prit Balaam et le fit monter aux hauts lieux de Baal*, et de là il vit l'extrémité du peuple.

23:1 Et Balaam dit à Balak : Bâtis-moi ici sept autels, et prépare-moi ici sept taureaux et sept béliers.

23:2 Et Balak fit comme Balaam avait dit ; et Balak et Balaam offrirent un taureau et un bélier sur [chaque] autel.

23:3 Et Balaam dit à Balak : Tiens-toi auprès de ton offrande*, et je m'en irai ; peut-être que l'Éternel viendra à ma rencontre, et ce qu'il m'aura fait voir je te le rapporterai. Et il s'en alla sur une hauteur découverte.

23:4 Et Dieu rencontra Balaam, et [Balaam] lui dit : J'ai préparé sept autels, et j'ai offert un taureau et un bélier sur [chaque] autel.

23:5 Et l'Éternel mit une parole dans la bouche de Balaam, et dit : Retourne vers Balak, et tu parleras ainsi.

23:6 Et il s'en retourna vers lui ; et voici, il se tenait auprès de son offrande, lui et tous les seigneurs de Moab.

22:37 And Balak said unto Balaam, Did I not earnestly send unto thee to call thee? wherefore camest thou not unto me? am I not able indeed to promote thee to honour?

22:38 And Balaam said unto Balak, Lo, I am come unto thee: have I now any power at all to say any thing? the word that God putteth in my mouth, that shall I speak.

22:39 And Balaam went with Balak, and they came unto Kirjathhuzoth.

22:40 And Balak offered oxen and sheep, and sent to Balaam, and to the princes that were with him.

22:41 And it came to pass on the morrow, that Balak took Balaam, and brought him up into the high places of Baal, that thence he might see the utmost part of the people.

23:1 And Balaam said unto Balak, Build me here seven altars, and prepare me here seven oxen and seven rams.

23:2 And Balak did as Balaam had spoken; and Balak and Balaam offered on every altar a bullock and a ram.

23:3 And Balaam said unto Balak, Stand by thy burnt offering, and I will go: peradventure the LORD will come to meet me: and whatsoever he sheweth I will tell thee. And he went to an high place.

23:4 And God met Balaam: and he said unto him, I have prepared seven altars, and I have offered upon every altar a bullock and a ram.

23:5 And the LORD put a word in Balaam's mouth, and said, Return unto Balak, and thus thou shalt speak.

23:6 And he returned unto him, and, lo, he stood by his burnt sacrifice, he, and all the princes of Moab.

23:7 Et [Balaam] proféra son discours sentencieux, et dit : Balak, roi de Moab, m'a amené d'Aram*, des montagnes d'orient : Viens, maudis-moi Jacob ! viens, appelle l'exécration sur Israël !

23:8 Comment maudirai-je ce que *Dieu n'a pas maudit ? Et comment appellerai-je l'exécration sur celui que l'Éternel n'a pas en exécration ?

23:9 Car du sommet des rochers je le vois, et des hauteurs je le contemple. Voici, c'est un peuple qui habitera seul, et il ne sera pas compté parmi les nations.

23:10 Qui est-ce qui comptera la poussière de Jacob, et le nombre de la quatrième partie d'Israël ? Que mon âme meure de la mort des hommes droits, et que ma fin soit comme la leur.

23:11 Et Balak dit à Balaam : Que m'as-tu fait ? Je t'avais pris pour maudire mes ennemis, et voici, tu les as bénis expressément.

23:12 Et il répondit et dit : Ne prendrai-je pas garde de dire ce que l'Éternel aura mis dans ma bouche ?

23:13 Et Balak lui dit : Viens, je te prie, avec moi, dans un autre lieu d'où tu puisses le voir ; tu n'en verras que l'extrémité, et tu ne le verras pas tout entier ; et maudis-le-moi de là.

23:14 Et il le conduisit au champ de Tsophim*, au sommet du Pisga, et il bâtit sept autels, et offrit un taureau et un bélier sur [chaque] autel.

23:15 Et [Balaam] dit à Balak : Tiens-toi ici auprès de ton offrande, et moi, j'irai à la rencontre, là…

23:16 Et l'Éternel vint à la rencontre de Balaam, et mit une parole dans sa bouche, et dit : Retourne vers Balak, et tu parleras ainsi.

23:7 And he took up his parable, and said, Balak the king of Moab hath brought me from Aram, out of the mountains of the east, saying, Come, curse me Jacob, and come, defy Israel.

23:8 How shall I curse, whom God hath not cursed? or how shall I defy, whom the LORD hath not defied?

23:9 For from the top of the rocks I see him, and from the hills I behold him: lo, the people shall dwell alone, and shall not be reckoned among the nations.

23:10 Who can count the dust of Jacob, and the number of the fourth part of Israel? Let me die the death of the righteous, and let my last end be like his!

23:11 And Balak said unto Balaam, What hast thou done unto me? I took thee to curse mine enemies, and, behold, thou hast blessed them altogether.

23:12 And he answered and said, Must I not take heed to speak that which the LORD hath put in my mouth?

23:13 And Balak said unto him, Come, I pray thee, with me unto another place, from whence thou mayest see them: thou shalt see but the utmost part of them, and shalt not see them all: and curse me them from thence.

23:14 And he brought him into the field of Zophim, to the top of Pisgah, and built seven altars, and offered a bullock and a ram on every altar.

23:15 And he said unto Balak, Stand here by thy burnt offering, while I meet the LORD yonder.

23:16 And the LORD met Balaam, and put a word in his mouth, and said, Go again unto Balak, and say thus.

23:17 Et il vint à lui, et voici, il se tenait auprès de son offrande, et les seigneurs de Moab avec lui. Et Balak lui dit : Qu'a dit l'Éternel ?

23:18 Et il proféra son discours sentencieux, et dit : Lève-toi, Balak, et écoute ! Prête-moi l'oreille, fils de Tsippor !

23:19 *Dieu n'est pas un homme, pour mentir, ni un fils d'homme, pour se repentir : aura-t- il dit, et ne fera-t-il pas ? aura-t-il parlé, et ne l'accomplira-t-il pas ?

23:20 Voici, j'ai reçu [mission] de bénir ; il a béni et je ne le révoquerai pas.

23:21 Il n'a pas aperçu d'iniquité en Jacob, ni n'a vu d'injustice en Israël ; l'Éternel, son Dieu, est avec lui, et un chant de triomphe royal est au milieu de lui.

23:22 *Dieu les a fait sortir d'Égypte ; il a comme* la force** des buffles.

23:23 Car il n'y a pas d'enchantement contre Jacob, ni de divination contre Israël. Selon ce temps* il sera dit de Jacob et d'Israël : Qu'est-ce que *Dieu a fait ?

23:24 Voici, le peuple se lèvera comme une lionne, et se dressera comme un lion ; il ne se couchera pas qu'il n'ait mangé la proie, et bu le sang des tués.

23:25 Et Balak dit à Balaam : Ne le maudis donc pas ; mais du moins ne le bénis pas.

23:26 Et Balaam répondit et dit à Balak : Ne t'ai-je pas parlé, disant : Tout ce que l'Éternel dira, je le ferai ?

23:27 Et Balak dit à Balaam : Viens donc, je te conduirai à un autre lieu : peut-être sera-t-il bon* aux yeux de Dieu que tu me le maudisses de là.

23:28 Et Balak conduisit Balaam au sommet du Péor, qui se montre au-dessus de la surface du désert.

23:17 And when he came to him, behold, he stood by his burnt offering, and the princes of Moab with him. And Balak said unto him, What hath the LORD spoken?

23:18 And he took up his parable, and said, Rise up, Balak, and hear; hearken unto me, thou son of Zippor:

23:19 God is not a man, that he should lie; neither the son of man, that he should repent: hath he said, and shall he not do it? or hath he spoken, and shall he not make it good?

23:20 Behold, I have received commandment to bless: and he hath blessed; and I cannot reverse it.

23:21 He hath not beheld iniquity in Jacob, neither hath he seen perverseness in Israel: the LORD his God is with him, and the shout of a king is among them.

23:22 God brought them out of Egypt; he hath as it were the strength of an unicorn.

23:23 Surely there is no enchantment against Jacob, neither is there any divination against Israel: according to this time it shall be said of Jacob and of Israel, What hath God wrought!

23:24 Behold, the people shall rise up as a great lion, and lift up himself as a young lion: he shall not lie down until he eat of the prey, and drink the blood of the slain.

23:25 And Balak said unto Balaam, Neither curse them at all, nor bless them at all.

23:26 But Balaam answered and said unto Balak, Told not I thee, saying, All that the LORD speaketh, that I must do?

23:27 And Balak said unto Balaam, Come, I pray thee, I will bring thee unto another place; peradventure it will please God that thou mayest curse me them from thence.

23:28 And Balak brought Balaam unto the top of Peor, that looketh toward Jeshimon.

23:29 Et Balaam dit à Balak : Bâtis-moi ici sept autels, et prépare-moi ici sept taureaux et sept béliers.

23:30 Et Balak fit comme Balaam avait dit ; et il offrit un taureau et un bélier sur [chaque] autel.

24:1 Et Balaam vit qu'il était bon aux yeux de l'Éternel de bénir Israël, et il n'alla pas, comme d'autres fois, à la rencontre des enchantements, mais il tourna sa face vers le désert.

24:2 Et Balaam leva ses yeux et vit Israël habitant dans ses tentes selon ses tribus ; et l'Esprit de Dieu fut sur lui.

24:3 Et il proféra son discours sentencieux, et dit : Balaam, fils de Béor, dit*, et l'homme qui a l'œil ouvert, dit* :

24:4 Celui qui entend les paroles de *Dieu, qui voit la vision du Tout-puissant*, qui tombe et qui a les yeux ouverts, dit :

24:5 Que tes tentes sont belles, ô Jacob ! et tes demeures, ô Israël !

24:6 Comme des vallées elles s'étendent, comme des jardins auprès d'un fleuve, comme des arbres d'aloès que l'Éternel a plantés, comme des cèdres auprès des eaux.

24:7 L'eau coulera de ses seaux ; et sa semence sera au milieu de grandes eaux ; Et son roi sera élevé au-dessus d'Agag, et son royaume sera haut élevé.

24:8 *Dieu l'a fait sortir d'Égypte ; il a comme la force* des buffles ; il dévorera les nations, ses ennemis ; il cassera** leurs os, et les frappera de ses flèches***.

24:9 Il s'est courbé, il s'est couché comme un lion, et comme une lionne : qui le fera lever ? Bénis sont ceux qui te bénissent, et maudits sont ceux qui te maudissent.

23:29 And Balaam said unto Balak, Build me here seven altars, and prepare me here seven bullocks and seven rams.

23:30 And Balak did as Balaam had said, and offered a bullock and a ram on every altar.

24:1 And when Balaam saw that it pleased the LORD to bless Israel, he went not, as at other times, to seek for enchantments, but he set his face toward the wilderness.

24:2 And Balaam lifted up his eyes, and he saw Israel abiding in his tents according to their tribes; and the spirit of God came upon him.

24:3 And he took up his parable, and said, Balaam the son of Beor hath said, and the man whose eyes are open hath said:

24:4 He hath said, which heard the words of God, which saw the vision of the Almighty, falling into a trance, but having his eyes open:

24:5 How goodly are thy tents, O Jacob, and thy tabernacles, O Israel!

24:6 As the valleys are they spread forth, as gardens by the river's side, as the trees of lign aloes which the LORD hath planted, and as cedar trees beside the waters.

24:7 He shall pour the water out of his buckets, and his seed shall be in many waters, and his king shall be higher than Agag, and his kingdom shall be exalted.

24:8 God brought him forth out of Egypt; he hath as it were the strength of an unicorn: he shall eat up the nations his enemies, and shall break their bones, and pierce them through with his arrows.

24:9 He couched, he lay down as a lion, and as a great lion: who shall stir him up? Blessed is he that blesseth thee, and cursed is he that curseth thee.

24:10 Alors la colère de Balak s'embrasa contre Balaam, et il frappa des mains ; et Balak dit à Balaam : C'est pour maudire mes ennemis que je t'ai appelé, et voici, tu les as bénis expressément ces trois fois.

24:11 Et maintenant, fuis en ton lieu. J'avais dit que je te comblerais d'honneurs ; et voici, l'Éternel t'a empêché d'en recevoir.

24:12 Et Balaam dit à Balak : N'ai-je pas aussi parlé à tes messagers que tu as envoyés vers moi, disant :

24:13 Quand Balak me donnerait plein sa maison d'argent et d'or, je ne pourrais transgresser le commandement de l'Éternel pour faire de mon propre mouvement* du bien ou du mal ; ce que l'Éternel dira, je le dirai.

24:14 Et maintenant, voici, je m'en vais vers mon peuple ; viens, je t'avertirai de ce que ce peuple fera à ton peuple à la fin des jours.

24:15 Et il proféra son discours sentencieux, et dit : Balaam, fils de Béor, dit, et l'homme qui a l'œil ouvert, dit :

24:16 Celui qui entend les paroles de *Dieu, et qui connaît la connaissance du Très haut*, qui voit la vision du Tout-puissant**, qui tombe et qui a les yeux ouverts, dit :

24:17 Je le verrai, mais pas maintenant ; je le regarderai, mais pas de près. Une étoile surgira de Jacob, et un sceptre s'élèvera d'Israël, et transpercera les coins de Moab, et détruira tous les fils de tumulte*.

24:18 Et Édom sera une possession, et Séhir sera une possession, … [eux], ses ennemis ; et Israël agira avec puissance.

24:19 Et celui qui sortira de Jacob dominera, et il fera périr de la ville le résidu.

24:10 And Balak's anger was kindled against Balaam, and he smote his hands together: and Balak said unto Balaam, I called thee to curse mine enemies, and, behold, thou hast altogether blessed them these three times.

24:11 Therefore now flee thou to thy place: I thought to promote thee unto great honour; but, lo, the LORD hath kept thee back from honour.

24:12 And Balaam said unto Balak, Spake I not also to thy messengers which thou sentest unto me, saying,

24:13 If Balak would give me his house full of silver and gold, I cannot go beyond the commandment of the LORD, to do either good or bad of mine own mind; but what the LORD saith, that will I speak?

24:14 And now, behold, I go unto my people: come therefore, and I will advertise thee what this people shall do to thy people in the latter days.

24:15 And he took up his parable, and said, Balaam the son of Beor hath said, and the man whose eyes are open hath said:

24:16 He hath said, which heard the words of God, and knew the knowledge of the most High, which saw the vision of the Almighty, falling into a trance, but having his eyes open:

24:17 I shall see him, but not now: I shall behold him, but not nigh: there shall come a Star out of Jacob, and a Sceptre shall rise out of Israel, and shall smite the corners of Moab, and destroy all the children of Sheth.

24:18 And Edom shall be a possession, Seir also shall be a possession for his enemies; and Israel shall do valiantly.

24:19 Out of Jacob shall come he that shall have dominion, and shall destroy him that remaineth of the city.

24:20 Et il vit Amalek, et proféra son discours sentencieux, et dit : Amalek était la première des nations ; et sa fin sera la destruction.

24:21 Et il vit le Kénien, et il proféra son discours sentencieux, et dit : Forte est ta demeure, et tu as placé ton nid dans le rocher.

24:22 Toutefois le Kénien doit être consumé, jusqu'à ce qu'Assur t'emmène captif.

24:23 Et il proféra son discours sentencieux, et dit : Malheur ! Qui vivra, quand *Dieu fera* ces choses ?

24:24 Et des navires viendront de la côte de Kittim, et affligeront Assur, et affligeront Héber, et lui aussi ira à la destruction.

24:25 Et Balaam, se leva, et s'en alla, et s'en retourna en son lieu ; et Balak aussi s'en alla son chemin.

25:1 Et Israël habitait en Sittim ; et le peuple commença à commettre fornication avec les filles de Moab ;

25:2 et elles invitèrent le peuple aux sacrifices de leurs dieux, et le peuple mangea, et se prosterna devant leurs dieux.

25:3 Et Israël s'attacha à Baal-Péor* ; et la colère de l'Éternel s'embrasa contre Israël.

25:4 Et l'Éternel dit à Moïse : Prends tous les chefs du peuple et fais-les pendre devant l'Éternel, à la face du soleil, afin que l'ardeur de la colère de l'Éternel se détourne d'Israël.

25:5 Et Moïse dit aux juges d'Israël : Que chacun de vous tue ses hommes qui se sont attachés à Baal-Péor*.

24:20 And when he looked on Amalek, he took up his parable, and said, Amalek was the first of the nations; but his latter end shall be that he perish for ever.

24:21 And he looked on the Kenites, and took up his parable, and said, Strong is thy dwellingplace, and thou puttest thy nest in a rock.

24:22 Nevertheless the Kenite shall be wasted, until Asshur shall carry thee away captive.

24:23 And he took up his parable, and said, Alas, who shall live when God doeth this!

24:24 And ships shall come from the coast of Chittim, and shall afflict Asshur, and shall afflict Eber, and he also shall perish for ever.

24:25 And Balaam rose up, and went and returned to his place: and Balak also went his way.

25:1 And Israel abode in Shittim, and the people began to commit whoredom with the daughters of Moab.

25:2 And they called the people unto the sacrifices of their gods: and the people did eat, and bowed down to their gods.

25:3 And Israel joined himself unto Baalpeor: and the anger of the LORD was kindled against Israel.

25:4 And the LORD said unto Moses, Take all the heads of the people, and hang them up before the LORD against the sun, that the fierce anger of the LORD may be turned away from Israel.

25:5 And Moses said unto the judges of Israel, Slay ye every one his men that were joined unto Baalpeor.

25:6 Et voici, un homme des fils d'Israël vint, et amena vers ses frères une Madianite, sous les yeux de Moïse et sous les yeux de toute l'assemblée des fils d'Israël qui pleuraient à l'entrée de la tente d'assignation.

25:7 Et Phinées, fils d'Éléazar, fils d'Aaron, le sacrificateur, le vit, et il se leva du milieu de l'assemblée, et prit une pique dans sa main,

25:8 et entra après l'homme d'Israël dans l'intérieur de la tente, et les transperça tous deux, l'homme d'Israël, et la femme, par le* bas-ventre ; et la plaie s'arrêta de dessus les fils d'Israël.

25:9 Et ceux qui moururent de la plaie furent vingt-quatre mille.

25:10 Et l'Éternel parla à Moïse, disant :

25:11 Phinées, fils d'Éléazar, fils d'Aaron, le sacrificateur, a détourné mon courroux de dessus les fils d'Israël, étant jaloux de ma jalousie au milieu d'eux, de sorte que je ne consumasse pas les fils d'Israël dans ma jalousie.

25:12 C'est pourquoi dis : Voici, je lui donne mon alliance de paix ;

25:13 et ce sera une alliance de sacrificature perpétuelle, pour lui et pour sa semence après lui, parce qu'il a été jaloux pour son Dieu, et a fait propitiation pour les fils d'Israël.

25:14 Et le nom de l'homme d'Israël frappé, qui fut frappé avec la Madianite, était Zimri, fils de Salu, prince d'une maison de père des Siméonites.

25:15 Et le nom de la femme madiane qui fut frappée, était Cozbi, fille de Tsur, chef de peuplade d'une maison de père en Madian.

25:16 Et l'Éternel parla à Moïse, disant :

25:6 And, behold, one of the children of Israel came and brought unto his brethren a Midianitish woman in the sight of Moses, and in the sight of all the congregation of the children of Israel, who were weeping before the door of the tabernacle of the congregation.

25:7 And when Phinehas, the son of Eleazar, the son of Aaron the priest, saw it, he rose up from among the congregation, and took a javelin in his hand;

25:8 And he went after the man of Israel into the tent, and thrust both of them through, the man of Israel, and the woman through her belly. So the plague was stayed from the children of Israel.

25:9 And those that died in the plague were twenty and four thousand.

25:10 And the LORD spake unto Moses, saying,

25:11 Phinehas, the son of Eleazar, the son of Aaron the priest, hath turned my wrath away from the children of Israel, while he was zealous for my sake among them, that I consumed not the children of Israel in my jealousy.

25:12 Wherefore say, Behold, I give unto him my covenant of peace:

25:13 And he shall have it, and his seed after him, even the covenant of an everlasting priesthood; because he was zealous for his God, and made an atonement for the children of Israel.

25:14 Now the name of the Israelite that was slain, even that was slain with the Midianitish woman, was Zimri, the son of Salu, a prince of a chief house among the Simeonites.

25:15 And the name of the Midianitish woman that was slain was Cozbi, the daughter of Zur; he was head over a people, and of a chief house in Midian.

25:16 And the LORD spake unto Moses, saying,

25:17 Serrez de près les Madianites, et frappez-les ;

25:17 Vex the Midianites, and smite them:

25:18 car eux vous ont serrés de près par leurs ruses, par lesquelles ils vous ont séduits dans l'affaire de Péor, et dans l'affaire de Cozbi, fille d'un prince de Madian, leur sœur, qui a été frappée le jour de la plaie, à cause de l'affaire de Péor.

25:18 For they vex you with their wiles, wherewith they have beguiled you in the matter of Peor, and in the matter of Cozbi, the daughter of a prince of Midian, their sister, which was slain in the day of the plague for Peor's sake.

26:1 Et il arriva, après la plaie, que l'Éternel parla à Moïse et à Éléazar, fils d'Aaron, le sacrificateur, disant :

26:1 And it came to pass after the plague, that the LORD spake unto Moses and unto Eleazar the son of Aaron the priest, saying,

26:2 Relevez la somme de toute l'assemblée des fils d'Israël, depuis l'âge de vingt ans et au-dessus, selon leurs maisons de pères, tous ceux qui sont propres au service militaire en Israël.

26:2 Take the sum of all the congregation of the children of Israel, from twenty years old and upward, throughout their fathers' house, all that are able to go to war in Israel.

26:3 Et Moïse, et Éléazar, le sacrificateur, leur parlèrent dans les plaines de Moab, près du Jourdain de Jéricho, disant :…

26:3 And Moses and Eleazar the priest spake with them in the plains of Moab by Jordan near Jericho, saying,

26:4 Depuis l'âge de vingt ans et au-dessus, comme l'Éternel le commanda à Moïse et aux fils d'Israël, qui sortirent du pays d'Égypte.

26:4 Take the sum of the people, from twenty years old and upward; as the LORD commanded Moses and the children of Israel, which went forth out of the land of Egypt.

26:5 Ruben*, le premier-né d'Israël. Les fils de Ruben : [de] Hénoc, la famille des Hénokites ; de Pallu, la famille des Palluites ;

26:5 Reuben, the eldest son of Israel: the children of Reuben; Hanoch, of whom cometh the family of the Hanochites: of Pallu, the family of the Palluites:

26:6 de Hetsron, la famille des Hetsronites ; de Carmi, la famille des Carmites.

26:6 Of Hezron, the family of the Hezronites: of Carmi, the family of the Carmites.

26:7 — Ce sont là les familles des Rubénites ; et leurs dénombrés furent quarante-trois mille sept cent trente.

26:7 These are the families of the Reubenites: and they that were numbered of them were forty and three thousand and seven hundred and thirty.

26:8 — Et les fils de Pallu : Éliab ;

26:8 And the sons of Pallu; Eliab.

26:9 et les fils d'Éliab : Nemuel, et Dathan, et Abiram. C'est ce Dathan et cet Abiram, des principaux* de l'assemblée, qui se soulevèrent contre Moïse et contre Aaron dans l'assemblée de Coré, lorsqu'ils se soulevèrent contre l'Éternel ;

26:9 And the sons of Eliab; Nemuel, and Dathan, and Abiram. This is that Dathan and Abiram, which were famous in the congregation, who strove against Moses and against Aaron in the company of Korah, when they strove against the LORD:

26:10 et la terre ouvrit sa bouche et les engloutit, ainsi que Coré, lorsque l'assemblée mourut, quand le feu dévora les deux cent cinquante hommes ; et ils furent pour signe*.

26:11 Mais les fils de Coré ne moururent pas. exemple.

26:12 Les fils de Siméon, selon leurs familles : de Nemuel, la famille des Nemuélites ; de Jamin, la famille des Jaminites ; de Jakin, la famille des Jakinites ;

26:13 de Zérakh, la famille des Zarkhites ; de Saül, la famille des Saülites.

26:14 — Ce sont là les familles des Siméonites, vingt-deux mille deux cents.

26:15 Les fils de Gad, selon leurs familles : de Tsephon, la famille des Tsephonites ; de Haggui, la famille des Hagguites ; de Shuni, la famille des Shunites ;

26:16 d'Ozni, la famille des Oznites ; d'Éri, la famille des Érites ;

26:17 d'Arod, la famille des Arodites ; d'Areéli, la famille des Areélites.

26:18 — Ce sont là les familles des fils de Gad, selon leur dénombrement*, quarante mille cinq cents.

26:19 Les fils de Juda : Er et Onan ; et Er et Onan moururent dans le pays de Canaan.

26:20 Et les fils de Juda, selon leurs familles : de Shéla, la famille des Shélanites ; de Pérets, la famille des Partsites ; de Zérakh, la famille des Zarkhites.

26:21 Et les fils de Pérets : de Hetsron, la famille des Hetsronites ; de Hamul, la famille des Hamulites.

26:10 And the earth opened her mouth, and swallowed them up together with Korah, when that company died, what time the fire devoured two hundred and fifty men: and they became a sign.

26:11 Notwithstanding the children of Korah died not.

26:12 The sons of Simeon after their families: of Nemuel, the family of the Nemuelites: of Jamin, the family of the Jaminites: of Jachin, the family of the Jachinites:

26:13 Of Zerah, the family of the Zarhites: of Shaul, the family of the Shaulites.

26:14 These are the families of the Simeonites, twenty and two thousand and two hundred.

26:15 The children of Gad after their families: of Zephon, the family of the Zephonites: of Haggi, the family of the Haggites: of Shuni, the family of the Shunites:

26:16 Of Ozni, the family of the Oznites: of Eri, the family of the Erites:

26:17 Of Arod, the family of the Arodites: of Areli, the family of the Arelites.

26:18 These are the families of the children of Gad according to those that were numbered of them, forty thousand and five hundred.

26:19 The sons of Judah were Er and Onan: and Er and Onan died in the land of Canaan.

26:20 And the sons of Judah after their families were; of Shelah, the family of the Shelanites: of Pharez, the family of the Pharzites: of Zerah, the family of the Zarhites.

26:21 And the sons of Pharez were; of Hezron, the family of the Hezronites: of Hamul, the family of the Hamulites.

26:22 — Ce sont là les familles de Juda, selon leur dénombrement, soixante-seize mille cinq cents.

26:23 Les fils d'Issacar, selon leurs familles : [de] Thola, la famille des Tholaïtes ; de Puva, la famille des Punites ;

26:24 de Jashub, la famille des Jashubites ; de Shimron, la famille des Shimronites.

26:25 — Ce sont là les familles d'Issacar, selon leur dénombrement, soixante-quatre mille trois cents.

26:26 Les fils de Zabulon, selon leurs familles : de Séred, la famille des Sardites ; d'Élon, la famille des Élonites ; de Jakhleël, la famille des Jakhleélites.

26:27 — Ce sont là les familles des Zabulonites, selon leur dénombrement, soixante mille cinq cents.

26:28 Les fils de Joseph, selon leurs familles, Manassé et Éphraïm.

26:29 — Les fils de Manassé : de Makir, la famille des Makirites ; et Makir engendra Galaad ; de Galaad, la famille des Galaadites.

26:30 — Ce sont ici les fils de Galaad : [d]'Ihézer, la famille des Ihézrites ; de Hélek, la famille des Helkites ;

26:31 d'Asriel, la famille des Asriélites ; [de] Sichem*, la famille des Sichémites ;

26:32 [de] Shemida, la famille des Shemidaïtes ; [de] Hépher, la famille des Héphrites.

26:33 — Et Tselophkhad, fils de Hépher, n'eut pas de fils, mais des filles ; et les noms des filles de Tselophkhad étaient : Makhla, et Noa, Hogla, Milca, et Thirtsa.

26:22 These are the families of Judah according to those that were numbered of them, threescore and sixteen thousand and five hundred.

26:23 Of the sons of Issachar after their families: of Tola, the family of the Tolaites: of Pua, the family of the Punites:

26:24 Of Jashub, the family of the Jashubites: of Shimron, the family of the Shimronites.

26:25 These are the families of Issachar according to those that were numbered of them, threescore and four thousand and three hundred.

26:26 Of the sons of Zebulun after their families: of Sered, the family of the Sardites: of Elon, the family of the Elonites: of Jahleel, the family of the Jahleelites.

26:27 These are the families of the Zebulunites according to those that were numbered of them, threescore thousand and five hundred.

26:28 The sons of Joseph after their families were Manasseh and Ephraim.

26:29 Of the sons of Manasseh: of Machir, the family of the Machirites: and Machir begat Gilead: of Gilead come the family of the Gileadites.

26:30 These are the sons of Gilead: of Jeezer, the family of the Jeezerites: of Helek, the family of the Helekites:

26:31 And of Asriel, the family of the Asrielites: and of Shechem, the family of the Shechemites:

26:32 And of Shemida, the family of the Shemidaites: and of Hepher, the family of the Hepherites.

26:33 And Zelophehad the son of Hepher had no sons, but daughters: and the names of the daughters of Zelophehad were Mahlah, and Noah, Hoglah, Milcah, and Tirzah.

26:34 — Ce sont là les familles de Manassé ; et leurs dénombrés, cinquante-deux mille sept cents.

26:35 Ce sont ici les fils d'Éphraïm, selon leurs familles : de Shuthélakh, la famille des Shuthalkhites ; de Béker, la famille des Bacrites ; de Thakhan, la famille des Thakhanites.

26:36 — Et ce sont ici les fils de Shuthélakh : d'Éran, la famille des Éranites.

26:37 — Ce sont là les familles des fils d'Éphraïm, selon leur dénombrement, trente-deux mille cinq cents. — Ce sont là les fils de Joseph, selon leurs familles.

26:38 Les fils de Benjamin, selon leurs familles : de Béla, la famille des Balites ; d'Ashbel, la famille des Ashbélites ; d'Akhiram, la famille des Akhiramites ;

26:39 de Shephupham, la famille des Shuphamites ; de Hupham, la famille des Huphamites.

26:40 — Et les fils de Béla furent Ard et Naaman : [d'Ard], la famille des Ardites ; de Naaman, la famille des Naamites.

26:41 — Ce sont là les fils de Benjamin, selon leurs familles ; et leurs dénombrés, quarante-cinq mille six cents.

26:42 Ce sont ici les fils de Dan, selon leurs familles : de Shukham, la famille des Shukhamites. Ce sont là les familles de Dan, selon leurs familles.

26:43 — Toutes les familles des Shukhamites, selon leur dénombrement, soixante-quatre mille quatre cents.

26:44 Les fils d'Aser, selon leurs familles : de Jimna, la famille des Jimna ; de Jishvi, la famille des Jishvites ; de Beriha, la famille des Berihites.

26:34 These are the families of Manasseh, and those that were numbered of them, fifty and two thousand and seven hundred.

26:35 These are the sons of Ephraim after their families: of Shuthelah, the family of the Shuthalhites: of Becher, the family of the Bachrites: of Tahan, the family of the Tahanites.

26:36 And these are the sons of Shuthelah: of Eran, the family of the Eranites.

26:37 These are the families of the sons of Ephraim according to those that were numbered of them, thirty and two thousand and five hundred. These are the sons of Joseph after their families.

26:38 The sons of Benjamin after their families: of Bela, the family of the Belaites: of Ashbel, the family of the Ashbelites: of Ahiram, the family of the Ahiramites:

26:39 Of Shupham, the family of the Shuphamites: of Hupham, the family of the Huphamites.

26:40 And the sons of Bela were Ard and Naaman: of Ard, the family of the Ardites: and of Naaman, the family of the Naamites.

26:41 These are the sons of Benjamin after their families: and they that were numbered of them were forty and five thousand and six hundred.

26:42 These are the sons of Dan after their families: of Shuham, the family of the Shuhamites. These are the families of Dan after their families.

26:43 All the families of the Shuhamites, according to those that were numbered of them, were threescore and four thousand and four hundred.

26:44 Of the children of Asher after their families: of Jimna, the family of the Jimnites: of Jesui, the family of the Jesuites: of Beriah, the family of the Beriites.

26:45 — Des fils de Beriha : de Héber, la famille des Hébrites ; de Malkiel, la famille des Malkiélites.

26:46 — Et le nom de la fille d'Aser était Sérakh.

26:47 Ce sont là les familles des fils d'Aser, selon leur dénombrement, cinquante-trois mille quatre cents.

26:48 Les fils de Nephthali, selon leurs familles : de Jahtseël, la famille des Jahtseélites ; de Guni, la famille des Gunites ;

26:49 de Jétser, la famille des Jitsrites ; de Shillem, la famille des Shillémites.

26:50 — Ce sont là les familles de Nephthali, selon leurs familles ; et leurs dénombrés, quarante-cinq mille quatre cents.

26:51 Ce sont là les dénombrés des fils d'Israël, six cent et un mille sept cent trente.

26:52 Et l'Éternel parla à Moïse, disant :

26:53 Le pays sera partagé à ceux-ci en héritage, selon le nombre des noms.

26:54 À ceux qui sont nombreux, tu augmenteras l'héritage ; et à ceux qui sont peu nombreux, tu diminueras l'héritage : tu donneras à chacun son héritage en proportion de ses dénombrés.

26:55 Seulement, le pays sera partagé par le sort ; ils l'hériteront selon les noms des tribus de leurs pères.

26:56 C'est selon la décision du sort que leur héritage sera partagé, qu'ils soient en grand nombre ou en petit nombre.

26:45 Of the sons of Beriah: of Heber, the family of the Heberites: of Malchiel, the family of the Malchielites.

26:46 And the name of the daughter of Asher was Sarah.

26:47 These are the families of the sons of Asher according to those that were numbered of them; who were fifty and three thousand and four hundred.

26:48 Of the sons of Naphtali after their families: of Jahzeel, the family of the Jahzeelites: of Guni, the family of the Gunites:

26:49 Of Jezer, the family of the Jezerites: of Shillem, the family of the Shillemites.

26:50 These are the families of Naphtali according to their families: and they that were numbered of them were forty and five thousand and four hundred.

26:51 These were the numbered of the children of Israel, six hundred thousand and a thousand seven hundred and thirty.

26:52 And the LORD spake unto Moses, saying,

26:53 Unto these the land shall be divided for an inheritance according to the number of names.

26:54 To many thou shalt give the more inheritance, and to few thou shalt give the less inheritance: to every one shall his inheritance be given according to those that were numbered of him.

26:55 Notwithstanding the land shall be divided by lot: according to the names of the tribes of their fathers they shall inherit.

26:56 According to the lot shall the possession thereof be divided between many and few.

26:57 Et ce sont ici les dénombrés de Lévi, selon leurs familles : de Guershon, la famille des Guershonites ; de Kehath, la famille des Kehathites ; de Merari, la famille des Merarites.

26:58 Ce sont ici les familles de Lévi : la famille des Libnites, la famille des Hébronites, la famille des Makhlites, la famille des Mushites, la famille des Corites*. — Et Kehath engendra Amram.

26:59 Et le nom de la femme d'Amram était Jokébed, fille de Lévi, qui naquit* à Lévi en Égypte ; et elle enfanta à Amram, Aaron et Moïse, et Marie, leur sœur.

26:60 Et à Aaron naquirent Nadab, et Abihu, Éléazar, et Ithamar.

26:61 Et Nadab et Abihu moururent comme ils présentaient du feu étranger devant l'Éternel.

26:62 — Et les dénombrés des Lévites* furent vingt-trois mille, tous les mâles, depuis l'âge d'un mois et au-dessus ; car ils ne furent pas dénombrés avec les fils d'Israël, parce qu'on ne leur donna pas d'héritage parmi les fils d'Israël.

26:63 Ce sont là ceux qui furent dénombrés par Moïse et Éléazar, le sacrificateur, qui dénombrèrent les fils d'Israël dans les plaines de Moab, près du Jourdain de Jéricho.

26:64 Et parmi ceux-là, il n'y en eut aucun de ceux qui avaient été dénombrés par Moïse et Aaron, le sacrificateur, qui dénombrèrent les fils d'Israël dans le désert de Sinaï ;

26:65 car l'Éternel avait dit d'eux : Ils mourront certainement dans le désert ; et il n'en resta pas un homme, excepté Caleb, fils de Jephunné, et Josué, fils de Nun.

26:57 And these are they that were numbered of the Levites after their families: of Gershon, the family of the Gershonites: of Kohath, the family of the Kohathites: of Merari, the family of the Merarites.

26:58 These are the families of the Levites: the family of the Libnites, the family of the Hebronites, the family of the Mahlites, the family of the Mushites, the family of the Korathites. And Kohath begat Amram.

26:59 And the name of Amram's wife was Jochebed, the daughter of Levi, whom her mother bare to Levi in Egypt: and she bare unto Amram Aaron and Moses, and Miriam their sister.

26:60 And unto Aaron was born Nadab, and Abihu, Eleazar, and Ithamar.

26:61 And Nadab and Abihu died, when they offered strange fire before the LORD.

26:62 And those that were numbered of them were twenty and three thousand, all males from a month old and upward: for they were not numbered among the children of Israel, because there was no inheritance given them among the children of Israel.

26:63 These are they that were numbered by Moses and Eleazar the priest, who numbered the children of Israel in the plains of Moab by Jordan near Jericho.

26:64 But among these there was not a man of them whom Moses and Aaron the priest numbered, when they numbered the children of Israel in the wilderness of Sinai.

26:65 For the LORD had said of them, They shall surely die in the wilderness. And there was not left a man of them, save Caleb the son of Jephunneh, and Joshua the son of Nun.

27:1 Et les filles de Tselophkhad, fils de Hépher, fils de Galaad, fils de Makir, fils de Manassé, des familles de Manassé, fils de Joseph, s'approchèrent (et ce sont ici les noms de ses filles : Makhla, Noa, et Hogla, et Milca, et Thirtsa) ;

27:2 et elles se tinrent devant Moïse et devant Éléazar, le sacrificateur, et devant les princes et toute l'assemblée, à l'entrée de la tente d'assignation, disant :

27:3 Notre père est mort dans le désert, et il n'était pas dans l'assemblée de ceux qui s'ameutèrent contre l'Éternel, dans l'assemblée de Coré ; mais il est mort dans son péché, et il n'a pas eu de fils.

27:4 Pourquoi le nom de notre père serait-il retranché du milieu de sa famille parce qu'il n'a pas de fils ? Donne-nous une possession au milieu des frères de notre père.

27:5 Et Moïse apporta leur cause devant l'Éternel.

27:6 Et l'Éternel parla à Moïse, disant :

27:7 Les filles de Tselophkhad ont bien parlé. Tu leur donneras une possession d'héritage au milieu des frères de leur père, et tu feras passer à elles l'héritage de leur père.

27:8 Et tu parleras aux fils d'Israël, disant : Quand un homme mourra sans avoir de fils, vous ferez passer son héritage à sa fille.

27:9 Et s'il n'a pas de fille, vous donnerez son héritage à ses frères.

27:10 Et s'il n'a pas de frères vous donnerez son héritage aux frères de son père.

27:1 Then came the daughters of Zelophehad, the son of Hepher, the son of Gilead, the son of Machir, the son of Manasseh, of the families of Manasseh the son of Joseph: and these are the names of his daughters; Mahlah, Noah, and Hoglah, and Milcah, and Tirzah.

27:2 And they stood before Moses, and before Eleazar the priest, and before the princes and all the congregation, by the door of the tabernacle of the congregation, saying,

27:3 Our father died in the wilderness, and he was not in the company of them that gathered themselves together against the LORD in the company of Korah; but died in his own sin, and had no sons.

27:4 Why should the name of our father be done away from among his family, because he hath no son? Give unto us therefore a possession among the brethren of our father.

27:5 And Moses brought their cause before the LORD.

27:6 And the LORD spake unto Moses, saying,

27:7 The daughters of Zelophehad speak right: thou shalt surely give them a possession of an inheritance among their father's brethren; and thou shalt cause the inheritance of their father to pass unto them.

27:8 And thou shalt speak unto the children of Israel, saying, If a man die, and have no son, then ye shall cause his inheritance to pass unto his daughter.

27:9 And if he have no daughter, then ye shall give his inheritance unto his brethren.

27:10 And if he have no brethren, then ye shall give his inheritance unto his father's brethren.

27:11 Et s'il n'y a pas de frères de son père, vous donnerez son héritage à son parent qui, de sa famille, lui est le plus proche, et il le possédera. Et ce sera pour les fils d'Israël un statut de droit*, comme l'Éternel a commandé à Moïse.

27:12 Et l'Éternel dit à Moïse : Monte sur cette montagne d'Abarim, et regarde le pays que j'ai donné aux fils d'Israël.

27:13 Tu le regarderas, et tu seras recueilli vers tes peuples, toi aussi, comme Aaron, ton frère, a été recueilli ;

27:14 parce que, au désert de Tsin, lors de la contestation de l'assemblée, vous avez été rebelles à mon commandement, quand vous auriez dû me sanctifier à leurs yeux à l'occasion des eaux : ce sont là les eaux de Meriba* à Kadès, dans le désert de Tsin.

27:15 Et Moïse parla à l'Éternel, disant :

27:16 Que l'Éternel, le Dieu des esprits de toute chair, établisse sur l'assemblée un homme qui sorte devant eux et entre devant eux,

27:17 et qui les fasse sortir et les fasse entrer ; et que l'assemblée de l'Éternel ne soit pas comme un troupeau qui n'a pas de berger.

27:18 Et l'Éternel dit à Moïse : Prends Josué, fils de Nun, un homme en qui est l'Esprit, et pose ta main sur lui.

27:19 Et tu le feras se tenir devant Éléazar, le sacrificateur, et devant toute l'assemblée, et tu lui donneras des ordres devant leurs yeux ;

27:20 et tu mettras sur lui de ta gloire, afin que toute l'assemblée des fils d'Israël l'écoute.

27:11 And if his father have no brethren, then ye shall give his inheritance unto his kinsman that is next to him of his family, and he shall possess it: and it shall be unto the children of Israel a statute of judgment, as the LORD commanded Moses.

27:12 And the LORD said unto Moses, Get thee up into this mount Abarim, and see the land which I have given unto the children of Israel.

27:13 And when thou hast seen it, thou also shalt be gathered unto thy people, as Aaron thy brother was gathered.

27:14 For ye rebelled against my commandment in the desert of Zin, in the strife of the congregation, to sanctify me at the water before their eyes: that is the water of Meribah in Kadesh in the wilderness of Zin.

27:15 And Moses spake unto the LORD, saying,

27:16 Let the LORD, the God of the spirits of all flesh, set a man over the congregation,

27:17 Which may go out before them, and which may go in before them, and which may lead them out, and which may bring them in; that the congregation of the LORD be not as sheep which have no shepherd.

27:18 And the LORD said unto Moses, Take thee Joshua the son of Nun, a man in whom is the spirit, and lay thine hand upon him;

27:19 And set him before Eleazar the priest, and before all the congregation; and give him a charge in their sight.

27:20 And thou shalt put some of thine honour upon him, that all the congregation of the children of Israel may be obedient.

27:21 Et il se tiendra devant Éléazar, le sacrificateur, qui interrogera pour lui les jugements d'urim devant l'Éternel : à sa parole* ils sortiront, et à sa parole* ils entreront, lui et tous les fils d'Israël avec lui, toute l'assemblée.

27:22 Et Moïse fit comme l'Éternel lui avait commandé ; et il prit Josué et le fit se tenir devant Éléazar, le sacrificateur, et devant toute l'assemblée.

27:23 Et il posa ses mains sur lui, et lui donna des ordres, comme l'Éternel l'avait dit par Moïse.

28:1 Et l'Éternel parla à Moïse, disant :

28:2 Commande aux fils d'Israël, et dis-leur : Vous prendrez garde à me présenter, au temps fixé, mon offrande*, mon pain, pour mes sacrifices par feu, qui me sont une odeur agréable.

28:3 Et tu leur diras : C'est ici le sacrifice fait par feu que vous présenterez à l'Éternel : deux agneaux âgés d'un an, sans défaut, chaque jour, en holocauste continuel ;

28:4 tu offriras l'un des agneaux le matin, et le second agneau, tu l'offriras entre les deux soirs ;

28:5 et le dixième d'un épha de fleur de farine, pour l'offrande de gâteau, pétrie avec un quart de hin d'huile broyée :

28:6 [c'est] l'holocauste continuel qui a été offert en la montagne de Sinaï, en odeur agréable, un sacrifice par feu à l'Éternel.

28:7 Et sa libation sera d'un quart de hin pour un agneau ; tu verseras dans le lieu saint la libation de boisson forte à l'Éternel.

27:21 And he shall stand before Eleazar the priest, who shall ask counsel for him after the judgment of Urim before the LORD: at his word shall they go out, and at his word they shall come in, both he, and all the children of Israel with him, even all the congregation.

27:22 And Moses did as the LORD commanded him: and he took Joshua, and set him before Eleazar the priest, and before all the congregation:

27:23 And he laid his hands upon him, and gave him a charge, as the LORD commanded by the hand of Moses.

28:1 And the LORD spake unto Moses, saying,

28:2 Command the children of Israel, and say unto them, My offering, and my bread for my sacrifices made by fire, for a sweet savour unto me, shall ye observe to offer unto me in their due season.

28:3 And thou shalt say unto them, This is the offering made by fire which ye shall offer unto the LORD; two lambs of the first year without spot day by day, for a continual burnt offering.

28:4 The one lamb shalt thou offer in the morning, and the other lamb shalt thou offer at even;

28:5 And a tenth part of an ephah of flour for a meat offering, mingled with the fourth part of an hin of beaten oil.

28:6 It is a continual burnt offering, which was ordained in mount Sinai for a sweet savour, a sacrifice made by fire unto the LORD.

28:7 And the drink offering thereof shall be the fourth part of an hin for the one lamb: in the holy place shalt thou cause the strong wine to be poured unto the LORD for a drink offering.

28:8 Et tu offriras le second agneau entre les deux soirs ; tu l'offriras avec la même offrande de gâteau qu'au matin et la même libation, en sacrifice par feu, d'odeur agréable à l'Éternel.

28:9 Et le jour du sabbat, [vous offrirez] deux agneaux âgés d'un an, sans défaut, et deux dixièmes de fleur de farine pétrie à l'huile, comme offrande de gâteau, et sa libation :

28:10 [c'est] l'holocauste du sabbat pour chaque sabbat, outre l'holocauste continuel et sa libation.

28:11 Et au commencement de vos mois, vous présenterez en holocauste à l'Éternel deux jeunes taureaux, et un bélier, [et] sept agneaux âgés d'un an, sans défaut ;

28:12 et trois dixièmes de fleur de farine pétrie à l'huile, comme offrande de gâteau, pour un taureau ; et deux dixièmes de fleur de farine pétrie à l'huile, comme offrande de gâteau, pour le bélier ;

28:13 et un dixième de fleur de farine pétrie à l'huile, comme offrande de gâteau, pour un agneau : [c'est] un holocauste d'odeur agréable, un sacrifice par feu à l'Éternel ;

28:14 et leurs libations seront d'un demi-hin de vin pour un taureau, et d'un tiers de hin pour le bélier, et d'un quart de hin pour un agneau. C'est l'holocauste mensuel, pour [tous] les mois de l'année.

28:15 Et on offrira à l'Éternel un bouc en sacrifice pour le péché, outre l'holocauste continuel et sa libation.

28:16 Et au premier mois, le quatorzième jour du mois, est la Pâque à l'Éternel.

28:17 Et le quinzième jour de ce mois, est la fête : on mangera pendant sept jours des pains sans levain.

28:8 And the other lamb shalt thou offer at even: as the meat offering of the morning, and as the drink offering thereof, thou shalt offer it, a sacrifice made by fire, of a sweet savour unto the LORD.

28:9 And on the sabbath day two lambs of the first year without spot, and two tenth deals of flour for a meat offering, mingled with oil, and the drink offering thereof:

28:10 This is the burnt offering of every sabbath, beside the continual burnt offering, and his drink offering.

28:11 And in the beginnings of your months ye shall offer a burnt offering unto the LORD; two young bullocks, and one ram, seven lambs of the first year without spot;

28:12 And three tenth deals of flour for a meat offering, mingled with oil, for one bullock; and two tenth deals of flour for a meat offering, mingled with oil, for one ram;

28:13 And a several tenth deal of flour mingled with oil for a meat offering unto one lamb; for a burnt offering of a sweet savour, a sacrifice made by fire unto the LORD.

28:14 And their drink offerings shall be half an hin of wine unto a bullock, and the third part of an hin unto a ram, and a fourth part of an hin unto a lamb: this is the burnt offering of every month throughout the months of the year.

28:15 And one kid of the goats for a sin offering unto the LORD shall be offered, beside the continual burnt offering, and his drink offering.

28:16 And in the fourteenth day of the first month is the passover of the LORD.

28:17 And in the fifteenth day of this month is the feast: seven days shall unleavened bread be eaten.

28:18 Le premier jour, il y aura une sainte convocation ; vous ne ferez aucune œuvre de service.

28:19 Et vous présenterez un sacrifice fait par feu, en holocauste à l'Éternel : deux jeunes taureaux, et un bélier, et sept agneaux âgés d'un an ; vous les prendrez* sans défaut ;

28:20 et leur offrande de gâteau sera de fleur de farine pétrie à l'huile : vous en offrirez trois dixièmes pour un taureau, et deux dixièmes pour le bélier ;

28:21 tu en offriras un dixième par agneau, pour les sept agneaux ;

28:22 et un bouc en sacrifice pour le péché, afin de faire propitiation pour vous.

28:23 Vous offrirez ces choses-là, outre l'holocauste du matin, qui est l'holocauste continuel.

28:24 Vous offrirez ces choses-là chaque jour, pendant sept jours, le pain du sacrifice par feu, d'odeur agréable à l'Éternel ; on les offrira, outre l'holocauste continuel et sa libation.

28:25 Et au septième jour, vous aurez une sainte convocation ; vous ne ferez aucune œuvre de service.

28:26 Et le jour des premiers fruits, quand vous présenterez une offrande nouvelle de gâteau à l'Éternel, en votre [fête] des semaines, vous aurez une sainte convocation ; vous ne ferez aucune œuvre de service.

28:27 Et vous présenterez un holocauste, en odeur agréable à l'Éternel, deux jeunes taureaux, un bélier, sept agneaux âgés d'un an ;

28:28 et leur offrande de gâteau de fleur de farine pétrie à l'huile, trois dixièmes pour un taureau, deux dixièmes pour le bélier,

28:29 un dixième par agneau, pour les sept agneaux ;

28:18 In the first day shall be an holy convocation; ye shall do no manner of servile work therein:

28:19 But ye shall offer a sacrifice made by fire for a burnt offering unto the LORD; two young bullocks, and one ram, and seven lambs of the first year: they shall be unto you without blemish:

28:20 And their meat offering shall be of flour mingled with oil: three tenth deals shall ye offer for a bullock, and two tenth deals for a ram;

28:21 A several tenth deal shalt thou offer for every lamb, throughout the seven lambs:

28:22 And one goat for a sin offering, to make an atonement for you.

28:23 Ye shall offer these beside the burnt offering in the morning, which is for a continual burnt offering.

28:24 After this manner ye shall offer daily, throughout the seven days, the meat of the sacrifice made by fire, of a sweet savour unto the LORD: it shall be offered beside the continual burnt offering, and his drink offering.

28:25 And on the seventh day ye shall have an holy convocation; ye shall do no servile work.

28:26 Also in the day of the firstfruits, when ye bring a new meat offering unto the LORD, after your weeks be out, ye shall have an holy convocation; ye shall do no servile work:

28:27 But ye shall offer the burnt offering for a sweet savour unto the LORD; two young bullocks, one ram, seven lambs of the first year;

28:28 And their meat offering of flour mingled with oil, three tenth deals unto one bullock, two tenth deals unto one ram,

28:29 A several tenth deal unto one lamb, throughout the seven lambs;

28:30 [et] un bouc, afin de faire propitiation pour vous.

28:31 Vous les offrirez outre l'holocauste continuel et son gâteau* (vous les prendrez** sans défaut), et leurs libations.

29:1 Et au septième mois, le premier [jour] du mois, vous aurez une sainte convocation ; vous ne ferez aucune œuvre de service ; ce sera pour vous le jour du son éclatant [des trompettes].

29:2 Et vous offrirez un holocauste en odeur agréable à l'Éternel, un jeune taureau, un bélier, sept agneaux âgés d'un an, sans défaut ;

29:3 et leur offrande de gâteau de fleur de farine pétrie à l'huile, trois dixièmes pour le taureau, deux dixièmes pour le bélier,

29:4 et un dixième pour un agneau, pour les sept agneaux ;

29:5 et un bouc en sacrifice pour le péché, afin de faire propitiation pour vous,

29:6 — outre l'holocauste du mois, et son gâteau, et l'holocauste continuel et son gâteau, et leurs libations, selon leur ordonnance, en odeur agréable, un sacrifice par feu à l'Éternel.

29:7 Et le dixième [jour] de ce septième mois, vous aurez une sainte convocation, et vous affligerez vos âmes ; vous ne ferez aucune œuvre.

29:8 Et vous présenterez à l'Éternel un holocauste d'odeur agréable, un jeune taureau, un bélier, sept agneaux âgés d'un an (vous les prendrez* sans défaut) ;

29:9 et leur offrande de gâteau de fleur de farine pétrie à l'huile, trois dixièmes pour le taureau, deux dixièmes pour le bélier,

29:10 un dixième par agneau, pour les sept agneaux ;

28:30 And one kid of the goats, to make an atonement for you.

28:31 Ye shall offer them beside the continual burnt offering, and his meat offering, (they shall be unto you without blemish) and their drink offerings.

29:1 And in the seventh month, on the first day of the month, ye shall have an holy convocation; ye shall do no servile work: it is a day of blowing the trumpets unto you.

29:2 And ye shall offer a burnt offering for a sweet savour unto the LORD; one young bullock, one ram, and seven lambs of the first year without blemish:

29:3 And their meat offering shall be of flour mingled with oil, three tenth deals for a bullock, and two tenth deals for a ram,

29:4 And one tenth deal for one lamb, throughout the seven lambs:

29:5 And one kid of the goats for a sin offering, to make an atonement for you:

29:6 Beside the burnt offering of the month, and his meat offering, and the daily burnt offering, and his meat offering, and their drink offerings, according unto their manner, for a sweet savour, a sacrifice made by fire unto the LORD.

29:7 And ye shall have on the tenth day of this seventh month an holy convocation; and ye shall afflict your souls: ye shall not do any work therein:

29:8 But ye shall offer a burnt offering unto the LORD for a sweet savour; one young bullock, one ram, and seven lambs of the first year; they shall be unto you without blemish:

29:9 And their meat offering shall be of flour mingled with oil, three tenth deals to a bullock, and two tenth deals to one ram,

29:10 A several tenth deal for one lamb, throughout the seven lambs:

29:11 [et] un bouc en sacrifice pour le péché, — outre le sacrifice de péché des propiciations, et l'holocauste continuel et son gâteau, et leurs libations.

29:12 Et le quinzième jour du septième mois, vous aurez une sainte convocation ; vous ne ferez aucune œuvre de service, et vous célébrerez une fête à l'Éternel pendant sept jours.

29:13 Et vous présenterez un holocauste, un sacrifice par feu d'odeur agréable à l'Éternel, treize jeunes taureaux, deux béliers, quatorze agneaux âgés d'un an (ils seront sans défaut) ;

29:14 et leur offrande de gâteau de fleur de farine pétrie à l'huile, trois dixièmes par taureau pour les treize taureaux, deux dixièmes par bélier, pour les deux béliers,

29:15 et un dixième par agneau, pour les quatorze agneaux ;

29:16 et un bouc en sacrifice pour le péché, — outre l'holocauste continuel, son gâteau et sa libation.

29:17 Et le second jour, [vous présenterez] douze jeunes taureaux, deux béliers, quatorze agneaux âgés d'un an, sans défaut ;

29:18 et leur offrande de gâteau et leurs libations pour les taureaux, pour les béliers, et pour les agneaux, d'après leur nombre, selon l'ordonnance ;

29:19 et un bouc en sacrifice pour le péché, — outre l'holocauste continuel et son gâteau, et leurs libations.

29:20 Et le troisième jour, onze taureaux, deux béliers, quatorze agneaux âgés d'un an, sans défaut ;

29:11 One kid of the goats for a sin offering; beside the sin offering of atonement, and the continual burnt offering, and the meat offering of it, and their drink offerings.

29:12 And on the fifteenth day of the seventh month ye shall have an holy convocation; ye shall do no servile work, and ye shall keep a feast unto the LORD seven days:

29:13 And ye shall offer a burnt offering, a sacrifice made by fire, of a sweet savour unto the LORD; thirteen young bullocks, two rams, and fourteen lambs of the first year; they shall be without blemish:

29:14 And their meat offering shall be of flour mingled with oil, three tenth deals unto every bullock of the thirteen bullocks, two tenth deals to each ram of the two rams,

29:15 And a several tenth deal to each lamb of the fourteen lambs:

29:16 And one kid of the goats for a sin offering; beside the continual burnt offering, his meat offering, and his drink offering.

29:17 And on the second day ye shall offer twelve young bullocks, two rams, fourteen lambs of the first year without spot:

29:18 And their meat offering and their drink offerings for the bullocks, for the rams, and for the lambs, shall be according to their number, after the manner:

29:19 And one kid of the goats for a sin offering; beside the continual burnt offering, and the meat offering thereof, and their drink offerings.

29:20 And on the third day eleven bullocks, two rams, fourteen lambs of the first year without blemish;

29:21 et leur offrande de gâteau et leurs libations pour les taureaux, pour les béliers, et pour les agneaux, d'après leur nombre, selon l'ordonnance ;	29:21 And their meat offering and their drink offerings for the bullocks, for the rams, and for the lambs, shall be according to their number, after the manner:
29:22 et un bouc en sacrifice pour le péché, — outre l'holocauste continuel et son gâteau et sa libation.	29:22 And one goat for a sin offering; beside the continual burnt offering, and his meat offering, and his drink offering.
29:23 Et le quatrième jour, dix taureaux, deux béliers, quatorze agneaux âgés d'un an, sans défaut ;	29:23 And on the fourth day ten bullocks, two rams, and fourteen lambs of the first year without blemish:
29:24 leur offrande de gâteau et leurs libations pour les taureaux, pour les béliers, et pour les agneaux, d'après leur nombre, selon l'ordonnance ;	29:24 Their meat offering and their drink offerings for the bullocks, for the rams, and for the lambs, shall be according to their number, after the manner:
29:25 et un bouc en sacrifice pour le péché, — outre l'holocauste continuel, son gâteau et sa libation.	29:25 And one kid of the goats for a sin offering; beside the continual burnt offering, his meat offering, and his drink offering.
29:26 Et le cinquième jour, neuf taureaux, deux béliers, quatorze agneaux âgés d'un an, sans défaut ;	29:26 And on the fifth day nine bullocks, two rams, and fourteen lambs of the first year without spot:
29:27 et leur offrande de gâteau et leurs libations pour les taureaux, pour les béliers, et pour les agneaux, d'après leur nombre, selon l'ordonnance ;	29:27 And their meat offering and their drink offerings for the bullocks, for the rams, and for the lambs, shall be according to their number, after the manner:
29:28 et un bouc en sacrifice pour le péché, — outre l'holocauste continuel et son gâteau et sa libation.	29:28 And one goat for a sin offering; beside the continual burnt offering, and his meat offering, and his drink offering.
29:29 Et le sixième jour, huit taureaux, deux béliers, quatorze agneaux âgés d'un an, sans défaut ;	29:29 And on the sixth day eight bullocks, two rams, and fourteen lambs of the first year without blemish:
29:30 et leur offrande de gâteau et leurs libations pour les taureaux, pour les béliers, et pour les agneaux, d'après leur nombre, selon l'ordonnance ;	29:30 And their meat offering and their drink offerings for the bullocks, for the rams, and for the lambs, shall be according to their number, after the manner:
29:31 et un bouc en sacrifice pour le péché, — outre l'holocauste continuel, son gâteau et ses libations.	29:31 And one goat for a sin offering; beside the continual burnt offering, his meat offering, and his drink offering.

29:32 Et le septième jour, sept taureaux, deux béliers, quatorze agneaux âgés d'un an, sans défaut ;	*29:32 And on the seventh day seven bullocks, two rams, and fourteen lambs of the first year without blemish:*
29:33 et leur offrande de gâteau et leurs libations pour les taureaux, pour les béliers, et pour les agneaux, d'après leur nombre, selon leur ordonnance ;	*29:33 And their meat offering and their drink offerings for the bullocks, for the rams, and for the lambs, shall be according to their number, after the manner:*
29:34 et un bouc en sacrifice pour le péché, — outre l'holocauste continuel, son gâteau et sa libation.	*29:34 And one goat for a sin offering; beside the continual burnt offering, his meat offering, and his drink offering.*
29:35 Le huitième jour, vous aurez une fête solennelle ; vous ne ferez aucune œuvre de service.	*29:35 On the eighth day ye shall have a solemn assembly: ye shall do no servile work therein:*
29:36 Et vous présenterez un holocauste, un sacrifice par feu d'odeur agréable à l'Éternel, un taureau, un bélier, sept agneaux âgés d'un an, sans défaut ;	*29:36 But ye shall offer a burnt offering, a sacrifice made by fire, of a sweet savour unto the LORD: one bullock, one ram, seven lambs of the first year without blemish:*
29:37 leur offrande de gâteau et leurs libations pour le taureau, pour le bélier, et pour les agneaux, d'après leur nombre, selon l'ordonnance ;	*29:37 Their meat offering and their drink offerings for the bullock, for the ram, and for the lambs, shall be according to their number, after the manner:*
29:38 et un bouc en sacrifice pour le péché, — outre l'holocauste continuel et son gâteau et sa libation.	*29:38 And one goat for a sin offering; beside the continual burnt offering, and his meat offering, and his drink offering.*
29:39 Vous offrirez ces choses à l'Éternel dans vos jours solennels, outre vos vœux et vos offrandes volontaires en vos holocaustes et vos offrandes de gâteau, et vos libations, et vos sacrifices de prospérités.	*29:39 These things ye shall do unto the LORD in your set feasts, beside your vows, and your freewill offerings, for your burnt offerings, and for your meat offerings, and for your drink offerings, and for your peace offerings.*
29:40 Et Moïse parla aux fils d'Israël selon tout ce que l'Éternel avait commandé à Moïse.	*29:40 And Moses told the children of Israel according to all that the LORD commanded Moses.*
30:1 Et Moïse parla aux chefs des tribus des fils d'Israël, disant :	*30:1 And Moses spake unto the heads of the tribes concerning the children of Israel, saying, This is the thing which the LORD hath commanded.*
30:2 C'est ici la parole que l'Éternel a commandée :	*30:2 If a man vow a vow unto the LORD, or swear an oath to bind his soul with a bond; he shall not break his word, he shall do according to all that proceedeth out of his mouth.*

30:3 Quand un homme aura fait un vœu à l'Éternel, ou quand il aura fait un serment, pour lier son âme par une obligation, il ne violera pas sa parole ; il fera selon tout ce qui sera sorti de sa bouche.

30:3 If a woman also vow a vow unto the LORD, and bind herself by a bond, being in her father's house in her youth;

30:4 And her father hear her vow, and her bond wherewith she hath bound her soul, and her father shall hold his peace at her; then all her vows shall stand, and every bond wherewith she hath bound her soul shall stand.

30:4 Et si une femme a fait un vœu à l'Éternel, et qu'elle se soit liée par une obligation dans la maison de son père, dans sa jeunesse,

30:5 et que son père ait entendu son vœu et son obligation par laquelle elle a obligé son âme, et que son père ait gardé le silence envers elle, tous ses vœux demeureront obligatoires*, et toute obligation par laquelle elle aura obligé son âme demeurera obligatoire.

30:5 But if her father disallow her in the day that he heareth; not any of her vows, or of her bonds wherewith she hath bound her soul, shall stand: and the LORD shall forgive her, because her father disallowed her.

30:6 Mais si son père la désapprouve* le jour où il en a entendu parler, aucun de ses vœux et de ses obligations par lesquelles elle a obligé son âme ne demeureront obligatoires ; et l'Éternel lui pardonnera, car son père l'a désapprouvée.

30:7 Et si elle a un mari, et que son vœu soit sur elle, ou quelque chose qui ait échappé de ses lèvres par quoi elle a obligé son âme,

30:6 And if she had at all an husband, when she vowed, or uttered ought out of her lips, wherewith she bound her soul;

30:7 And her husband heard it, and held his peace at her in the day that he heard it: then her vows shall stand, and her bonds wherewith she bound her soul shall stand.

30:8 et si son mari l'a entendu, et que le jour où il l'a entendu il ait gardé le silence envers elle, ses vœux demeureront obligatoires, et ses obligations par lesquelles elle aura obligé son âme demeureront obligatoires.

30:8 But if her husband disallowed her on the day that he heard it; then he shall make her vow which she vowed, and that which she uttered with her lips, wherewith she bound her soul, of none effect: and the LORD shall forgive her.

30:9 Mais si, le jour où son mari l'aura entendu, il la désapprouve et casse le vœu qui est sur elle et ce qui a échappé de ses lèvres, par quoi elle avait obligé son âme, l'Éternel lui pardonnera.

30:9 But every vow of a widow, and of her that is divorced, wherewith they have bound their souls, shall stand against her.

30:10 Mais le vœu d'une veuve, ou d'une femme répudiée, — tout ce par quoi elle aura obligé son âme, demeurera obligatoire pour elle.

30:10 And if she vowed in her husband's house, or bound her soul by a bond with an oath;

30:11 Et si elle a fait un vœu dans la maison de son mari, ou si elle a obligé son âme par serment,

30:12 et que son mari l'ait entendu et ait gardé le silence envers elle, [et] ne l'ait pas désapprouvée, tous ses vœux demeureront obligatoires, et toute obligation par laquelle elle aura obligé son âme demeurera obligatoire.

30:13 Mais si son mari les a expressément cassés le jour où il les a entendus, alors rien de ce qui sera sorti de ses lèvres, vœu* ou obligation [liée] sur son âme, ne demeurera obligatoire : son mari l'a cassé ; et l'Éternel lui pardonnera.

30:14 Tout vœu et tout serment par lequel on s'oblige à affliger son âme, le mari peut le ratifier et le mari peut le casser.

30:15 Et si son mari se tait absolument envers elle, jour après jour, alors il aura ratifié tous ses vœux, ou toutes ses obligations qu'elle a prises sur elle ; il les a ratifiés, car il a gardé le silence envers elle le jour où il les a entendus.

30:16 Mais s'il les a expressément cassés après les avoir entendus, alors il portera l'iniquité de sa femme*. d'elle.

31:1 Et l'Éternel parla à Moïse, disant :

31:2 Exécute la vengeance des fils d'Israël sur les Madianites ; ensuite tu seras recueilli vers tes peuples.

30:11 And her husband heard it, and held his peace at her, and disallowed her not: then all her vows shall stand, and every bond wherewith she bound her soul shall stand.

30:12 But if her husband hath utterly made them void on the day he heard them; then whatsoever proceeded out of her lips concerning her vows, or concerning the bond of her soul, shall not stand: her husband hath made them void; and the LORD shall forgive her.

30:13 Every vow, and every binding oath to afflict the soul, her husband may establish it, or her husband may make it void.

30:14 But if her husband altogether hold his peace at her from day to day; then he establisheth all her vows, or all her bonds, which are upon her: he confirmeth them, because he held his peace at her in the day that he heard them.

30:15 But if he shall any ways make them void after that he hath heard them; then he shall bear her iniquity.

30:16 These are the statutes, which the LORD commanded Moses, between a man and his wife, between the father and his daughter, being yet in her youth in her father's house.

31:1 And the LORD spake unto Moses, saying,

31:2 Avenge the children of Israel of the Midianites: afterward shalt thou be gathered unto thy people.

31:3 Et Moïse parla au peuple, disant : Équipez d'entre vous des hommes pour l'armée, afin qu'ils marchent* contre Madian pour exécuter la vengeance de l'Éternel sur Madian.

31:3 And Moses spake unto the people, saying, Arm some of yourselves unto the war, and let them go against the Midianites, and avenge the LORD of Midian.

31:4 Vous enverrez à l'armée mille [hommes] par tribu, de toutes les tribus d'Israël.

31:4 Of every tribe a thousand, throughout all the tribes of Israel, shall ye send to the war.

31:5 Et on détacha d'entre les milliers d'Israël mille [hommes] par tribu, douze mille [hommes] équipés en guerre ;

31:5 So there were delivered out of the thousands of Israel, a thousand of every tribe, twelve thousand armed for war.

31:6 et Moïse les envoya à l'armée, mille par tribu, à la guerre, eux et Phinées, fils d'Éléazar, le sacrificateur ; et il avait en sa main les ustensiles du lieu saint*, savoir** les trompettes au son éclatant.

31:6 And Moses sent them to the war, a thousand of every tribe, them and Phinehas the son of Eleazar the priest, to the war, with the holy instruments, and the trumpets to blow in his hand.

31:7 Et ils firent la guerre contre Madian, comme l'Éternel l'avait commandé à Moïse, et ils tuèrent tous les mâles.

31:7 And they warred against the Midianites, as the LORD commanded Moses; and they slew all the males.

31:8 Et ils tuèrent les rois de Madian, outre ceux qui leur furent tués, Évi, et Rékem, et Tsur, et Hur, et Réba, cinq rois de Madian ; et ils tuèrent par l'épée Balaam, fils de Béor.

31:8 And they slew the kings of Midian, beside the rest of them that were slain; namely, Evi, and Rekem, and Zur, and Hur, and Reba, five kings of Midian: Balaam also the son of Beor they slew with the sword.

31:9 Et les fils d'Israël emmenèrent captives les femmes de Madian et leurs petits enfants, et pillèrent tout leur bétail et tous leurs troupeaux et tout leur bien ;

31:9 And the children of Israel took all the women of Midian captives, and their little ones, and took the spoil of all their cattle, and all their flocks, and all their goods.

31:10 et ils brûlèrent par le feu toutes les villes de leurs* habitations, et tous leurs campements ;

31:10 And they burnt all their cities wherein they dwelt, and all their goodly castles, with fire.

31:11 et ils emportèrent tout le butin et tout ce qu'ils avaient pris, en hommes et en bêtes ;

31:11 And they took all the spoil, and all the prey, both of men and of beasts.

31:12 et ils amenèrent les captifs, et ce qu'ils avaient pris, et le butin, à Moïse et à Éléazar, le sacrificateur, et à l'assemblée des fils d'Israël, au camp, dans les plaines de Moab, qui sont auprès du Jourdain de Jéricho.

31:12 And they brought the captives, and the prey, and the spoil, unto Moses, and Eleazar the priest, and unto the congregation of the children of Israel, unto the camp at the plains of Moab, which are by Jordan near Jericho.

31:13 Et Moïse et Éléazar, le sacrificateur, et tous les princes de l'assemblée, sortirent à leur rencontre, hors du camp.

31:14 Et Moïse se mit en colère contre les commandants de l'armée, les chefs de milliers et les chefs de centaines, qui revenaient du service de la guerre.

31:15 Et Moïse leur dit : Avez-vous laissé en vie toutes les femmes ?

31:16 Voici, ce sont elles qui, à la parole de Balaam, ont donné occasion aux fils d'Israël de commettre une infidélité contre l'Éternel, dans l'affaire de Péor, et il y eut une plaie sur l'assemblée de l'Éternel.

31:17 Et maintenant, tuez tous les mâles parmi les enfants, et tuez toute femme qui a connu un homme, en couchant avec lui ;

31:18 et vous laisserez en vie, pour vous, tous les enfants, les jeunes filles qui n'ont pas eu compagnie d'homme.

31:19 Et vous, demeurez hors du camp, sept jours, quiconque aura tué un homme*, et quiconque aura touché quelqu'un de tué ; vous vous purifierez** le troisième jour et le septième jour, vous et vos captifs.

31:20 Et vous purifierez* tout vêtement, et tout objet [fait] de peau, et tout ouvrage en poil de chèvres, et tout ustensile de bois.

31:21 Et Éléazar le sacrificateur, dit aux hommes de l'armée, qui étaient allés à la guerre : C'est ici le statut de la loi que l'Éternel a commandés à Moïse :

31:22 L'or, et l'argent, l'airain, le fer, l'étain, et le plomb,

31:23 tout ce qui peut supporter* le feu, vous le ferez passer par le feu, et ce sera pur ; seulement, on le purifiera** avec l'eau de séparation ; et tout ce qui ne peut pas supporter le feu, vous le ferez passer par l'eau.

31:13 And Moses, and Eleazar the priest, and all the princes of the congregation, went forth to meet them without the camp.

31:14 And Moses was wroth with the officers of the host, with the captains over thousands, and captains over hundreds, which came from the battle.

31:15 And Moses said unto them, Have ye saved all the women alive?

31:16 Behold, these caused the children of Israel, through the counsel of Balaam, to commit trespass against the LORD in the matter of Peor, and there was a plague among the congregation of the LORD.

31:17 Now therefore kill every male among the little ones, and kill every woman that hath known man by lying with him.

31:18 But all the women children, that have not known a man by lying with him, keep alive for yourselves.

31:19 And do ye abide without the camp seven days: whosoever hath killed any person, and whosoever hath touched any slain, purify both yourselves and your captives on the third day, and on the seventh day.

31:20 And purify all your raiment, and all that is made of skins, and all work of goats' hair, and all things made of wood.

31:21 And Eleazar the priest said unto the men of war which went to the battle, This is the ordinance of the law which the LORD commanded Moses;

31:22 Only the gold, and the silver, the brass, the iron, the tin, and the lead,

31:23 Every thing that may abide the fire, ye shall make it go through the fire, and it shall be clean: nevertheless it shall be purified with the water of separation: and all that abideth not the fire ye shall make go through the water.

31:24 Et vous laverez vos vêtements le septième jour, et vous serez purs ; et, après cela, vous entrerez dans le camp.

31:24 And ye shall wash your clothes on the seventh day, and ye shall be clean, and afterward ye shall come into the camp.

31:25 Et l'Éternel parla à Moïse, disant :

31:25 And the LORD spake unto Moses, saying,

31:26 Relève la somme de ce qui a été pris et mené captif, en hommes et en bêtes, toi et Éléazar, le sacrificateur, et les chefs des pères de l'assemblée ;

31:26 Take the sum of the prey that was taken, both of man and of beast, thou, and Eleazar the priest, and the chief fathers of the congregation:

31:27 et partage le butin par moitié entre ceux qui ont pris part à la guerre, qui sont allés à l'armée, et toute l'assemblée.

31:27 And divide the prey into two parts; between them that took the war upon them, who went out to battle, and between all the congregation:

31:28 Et tu lèveras pour l'Éternel un tribut sur les hommes de guerre qui sont allés à l'armée, un* sur cinq cents, tant des hommes que du gros bétail, et des ânes, et du menu bétail ;

31:28 And levy a tribute unto the Lord of the men of war which went out to battle: one soul of five hundred, both of the persons, and of the beeves, and of the asses, and of the sheep:

31:29 vous le prendrez de leur moitié, et tu le donneras à Éléazar, le sacrificateur, comme offrande élevée à l'Éternel.

31:29 Take it of their half, and give it unto Eleazar the priest, for an heave offering of the LORD.

31:30 Et de la moitié qui revient aux* fils d'Israël, tu prendras une part sur cinquante, des hommes, du gros bétail, des ânes, et du menu bétail, de toutes les bêtes, et tu les donneras aux Lévites, qui vaquent au service** du tabernacle de l'Éternel.

31:30 And of the children of Israel's half, thou shalt take one portion of fifty, of the persons, of the beeves, of the asses, and of the flocks, of all manner of beasts, and give them unto the Levites, which keep the charge of the tabernacle of the LORD.

31:31 Et Moïse et Éléazar, le sacrificateur, firent comme l'Éternel l'avait commandé à Moïse.

31:31 And Moses and Eleazar the priest did as the LORD commanded Moses.

31:32 Et ce qui fut pris, le reste du pillage dont le peuple de l'armée s'était emparé, était de six cent soixante-quinze mille [têtes de] menu bétail,

31:32 And the booty, being the rest of the prey which the men of war had caught, was six hundred thousand and seventy thousand and five thousand sheep,

31:33 soixante-douze mille [têtes de] gros bétail,

31:33 And threescore and twelve thousand beeves,

31:34 soixante et un mille ânes,

31:34 And threescore and one thousand asses,

31:35 et les personnes, les femmes qui n'avaient pas eu compagnie d'homme, en tout, trente-deux mille âmes.

31:35 And thirty and two thousand persons in all, of women that had not known man by lying with him.

31:36 Et la moitié, la part de ceux qui étaient allés à l'armée, fut, en nombre, de trois cent trente-sept mille cinq cents [têtes de] menu bétail,

31:37 — et le tribut pour l'Éternel, du menu bétail, fut de six cent soixante-quinze ;

31:38 — et trente-six mille [têtes de] gros bétail, dont le tribut pour l'Éternel fut de soixante-douze ;

31:39 et trente mille cinq cents ânes, dont le tribut pour l'Éternel fut de soixante et un ;

31:40 et seize mille personnes, dont le tribut pour l'Éternel fut de trente-deux âmes.

31:41 Et Moïse donna le tribut de l'offrande élevée de l'Éternel à Éléazar, le sacrificateur, comme l'Éternel l'avait commandé à Moïse.

31:42 Et de la moitié qui revenait aux fils d'Israël, que Moïse avait séparée [de celle] des hommes qui avaient été à la guerre

31:43 (or la moitié qui était à l'assemblée fut de trois cent trente-sept mille cinq cents [têtes de] menu bétail,

31:44 trente-six mille [têtes de] gros bétail,

31:45 trente mille cinq cents ânes,

31:46 et seize mille personnes),...

31:47 de cette moitié qui était aux fils d'Israël, Moïse prit une part* sur cinquante tant des hommes que du bétail, et les donna aux Lévites, qui vaquent au service** du tabernacle de l'Éternel, comme l'Éternel l'avait commandé à Moïse.

31:48 Et ceux qui étaient préposés sur les milliers de l'armée, les chefs de milliers et les chefs de centaines, s'approchèrent de Moïse ;

31:36 And the half, which was the portion of them that went out to war, was in number three hundred thousand and seven and thirty thousand and five hundred sheep:

31:37 And the LORD's tribute of the sheep was six hundred and threescore and fifteen.

31:38 And the beeves were thirty and six thousand; of which the LORD's tribute was threescore and twelve.

31:39 And the asses were thirty thousand and five hundred; of which the LORD's tribute was threescore and one.

31:40 And the persons were sixteen thousand; of which the LORD's tribute was thirty and two persons.

31:41 And Moses gave the tribute, which was the LORD's heave offering, unto Eleazar the priest, as the LORD commanded Moses.

31:42 And of the children of Israel's half, which Moses divided from the men that warred,

31:43 (Now the half that pertained unto the congregation was three hundred thousand and thirty thousand and seven thousand and five hundred sheep,

31:44 And thirty and six thousand beeves,

31:45 And thirty thousand asses and five hundred,

31:46 And sixteen thousand persons;)

31:47 Even of the children of Israel's half, Moses took one portion of fifty, both of man and of beast, and gave them unto the Levites, which kept the charge of the tabernacle of the LORD; as the LORD commanded Moses.

31:48 And the officers which were over thousands of the host, the captains of thousands, and captains of hundreds, came near unto Moses:

31:49 et ils dirent à Moïse : Tes serviteurs ont relevé la somme des hommes de guerre qui sont sous notre main, et il ne manque pas un seul homme d'entre nous.

31:49 And they said unto Moses, Thy servants have taken the sum of the men of war which are under our charge, and there lacketh not one man of us.

31:50 Et nous présentons une offrande à* l'Éternel, chacun ce qu'il a trouvé, des objets d'or, des bracelets pour les bras, et des bracelets pour les mains, des anneaux, des pendants d'oreilles, et des colliers, afin de faire propitiation pour nos âmes devant l'Éternel.

31:50 We have therefore brought an oblation for the LORD, what every man hath gotten, of jewels of gold, chains, and bracelets, rings, earrings, and tablets, to make an atonement for our souls before the LORD.

31:51 Et Moïse et Éléazar, le sacrificateur, prirent d'eux cet or, tous les objets* ouvragés.

31:51 And Moses and Eleazar the priest took the gold of them, even all wrought jewels.

31:52 Et tout l'or de l'offrande élevée, qu'ils avaient offert à l'Éternel, fut de seize mille sept cent cinquante sicles, de la part des chefs de milliers et des chefs de centaines ;

31:52 And all the gold of the offering that they offered up to the LORD, of the captains of thousands, and of the captains of hundreds, was sixteen thousand seven hundred and fifty shekels.

31:53 (les hommes de l'armée avaient pillé chacun pour soi).

31:53 (For the men of war had taken spoil, every man for himself.)

31:54 Et Moïse et Éléazar, le sacrificateur, prirent l'or des chefs de milliers et des chefs de centaines, et l'apportèrent à la tente d'assignation, comme mémorial pour les fils d'Israël, devant l'Éternel.

31:54 And Moses and Eleazar the priest took the gold of the captains of thousands and of hundreds, and brought it into the tabernacle of the congregation, for a memorial for the children of Israel before the LORD.

32:1 Et les troupeaux des fils de Ruben et des fils de Gad étaient en grand nombre, en très grande quantité. Et ils virent le pays de Jahzer et le pays de Galaad, et voici, le lieu était un lieu propre pour des troupeaux.

32:1 Now the children of Reuben and the children of Gad had a very great multitude of cattle: and when they saw the land of Jazer, and the land of Gilead, that, behold, the place was a place for cattle;

32:2 Et les fils de Gad et les fils de Ruben vinrent, et parlèrent à Moïse et à Éléazar, le sacrificateur, et aux princes de l'assemblée, disant :

32:2 The children of Gad and the children of Reuben came and spake unto Moses, and to Eleazar the priest, and unto the princes of the congregation, saying,

32:3 Ataroth, et Dibon, et Jahzer, et Nimra, et Hesbon, et Elhalé, et Sebam, et Nebo, et Béon,

32:3 Ataroth, and Dibon, and Jazer, and Nimrah, and Heshbon, and Elealeh, and Shebam, and Nebo, and Beon,

32:4 le pays que l'Éternel a frappé devant l'assemblée d'Israël, est un pays propre pour des troupeaux, et tes serviteurs ont des troupeaux.

32:4 Even the country which the LORD smote before the congregation of Israel, is a land for cattle, and thy servants have cattle:

32:5 Et ils dirent : Si nous avons trouvé faveur à tes yeux, que ce pays soit donné en possession à tes serviteurs ; ne nous fais pas passer le Jourdain.

32:6 Et Moïse dit aux fils de Gad et aux fils de Ruben : Vos frères iront-ils à la guerre, et vous, vous habiterez ici ?

32:7 Et pourquoi découragez-vous les fils d'Israël de passer dans le pays que l'Éternel leur a donné ?

32:8 Ainsi firent vos pères lorsque je les envoyai de Kadès-Barnéa pour voir le pays :

32:9 ils montèrent à la vallée d'Eshcol, et virent le pays ; et ils découragèrent les fils d'Israël afin qu'ils n'entrassent pas dans le pays que l'Éternel leur avait donné.

32:10 Et la colère de l'Éternel s'embrasa en ce jour-là, et il jura, disant :

32:11 Si les hommes qui sont montés d'Égypte, depuis l'âge de vingt ans et au-dessus, voient la terre que j'ai promise par serment à Abraham, à Isaac, et à Jacob ! car ils ne m'ont pas pleinement suivi,

32:12 — excepté Caleb, fils de Jephunné, le Kenizien, et Josué, fils de Nun, car ils ont pleinement suivi l'Éternel.

32:13 Et la colère de l'Éternel s'embrasa contre Israël, et il les a fait errer dans le désert quarante ans, jusqu'à ce qu'ait péri toute la génération qui avait fait ce qui est mauvais aux yeux de l'Éternel.

32:14 Et voici, vous vous êtes levés à la place de vos pères, une progéniture d'hommes pécheurs, pour ajouter encore à l'ardeur de la colère de l'Éternel contre Israël.

32:15 Si vous vous détournez de lui, il le laissera encore dans le désert, et vous détruirez tout ce peuple.

32:5 Wherefore, said they, if we have found grace in thy sight, let this land be given unto thy servants for a possession, and bring us not over Jordan.

32:6 And Moses said unto the children of Gad and to the children of Reuben, Shall your brethren go to war, and shall ye sit here?

32:7 And wherefore discourage ye the heart of the children of Israel from going over into the land which the LORD hath given them?

32:8 Thus did your fathers, when I sent them from Kadeshbarnea to see the land.

32:9 For when they went up unto the valley of Eshcol, and saw the land, they discouraged the heart of the children of Israel, that they should not go into the land which the LORD had given them.

32:10 And the LORD's anger was kindled the same time, and he sware, saying,

32:11 Surely none of the men that came up out of Egypt, from twenty years old and upward, shall see the land which I sware unto Abraham, unto Isaac, and unto Jacob; because they have not wholly followed me:

32:12 Save Caleb the son of Jephunneh the Kenezite, and Joshua the son of Nun: for they have wholly followed the LORD.

32:13 And the LORD's anger was kindled against Israel, and he made them wander in the wilderness forty years, until all the generation, that had done evil in the sight of the LORD, was consumed.

32:14 And, behold, ye are risen up in your fathers' stead, an increase of sinful men, to augment yet the fierce anger of the LORD toward Israel.

32:15 For if ye turn away from after him, he will yet again leave them in the wilderness; and ye shall destroy all this people.

32:16 Et ils s'approchèrent de lui, et dirent : Nous bâtirons ici des enclos pour nos troupeaux, et des villes pour nos petits enfants ;

32:16 And they came near unto him, and said, We will build sheepfolds here for our cattle, and cities for our little ones:

32:17 et nous nous équiperons promptement [pour marcher] devant les fils d'Israël, jusqu'à ce que nous les ayons introduits en leur lieu ; et nos petits enfants habiteront dans les villes fortes, à cause des habitants du pays.

32:17 But we ourselves will go ready armed before the children of Israel, until we have brought them unto their place: and our little ones shall dwell in the fenced cities because of the inhabitants of the land.

32:18 Nous ne reviendrons pas dans nos maisons, jusqu'à ce que les fils d'Israël aient pris possession chacun de son héritage ;

32:18 We will not return unto our houses, until the children of Israel have inherited every man his inheritance.

32:19 car nous n'hériterons pas avec eux au delà du Jourdain, ni plus loin, parce que notre héritage nous est échu, à nous, de ce côté du Jourdain, vers le levant.

32:19 For we will not inherit with them on yonder side Jordan, or forward; because our inheritance is fallen to us on this side Jordan eastward.

32:20 Et Moïse leur dit : Si vous faites cela, si vous vous équipez devant l'Éternel pour la guerre,

32:20 And Moses said unto them, If ye will do this thing, if ye will go armed before the LORD to war,

32:21 et que tous ceux d'entre vous qui sont équipés passent le Jourdain devant l'Éternel, jusqu'à ce qu'il ait dépossédé ses ennemis devant lui,

32:21 And will go all of you armed over Jordan before the LORD, until he hath driven out his enemies from before him,

32:22 et que le pays soit subjugué devant l'Éternel, et qu'ensuite vous vous en retourniez, alors vous serez innocents envers l'Éternel et envers Israël ; et ce pays-ci sera votre possession devant l'Éternel.

32:22 And the land be subdued before the LORD: then afterward ye shall return, and be guiltless before the LORD, and before Israel; and this land shall be your possession before the LORD.

32:23 Mais si vous ne faites pas ainsi, voici, vous pécherez contre l'Éternel ; et sachez que votre péché vous trouvera.

32:23 But if ye will not do so, behold, ye have sinned against the LORD: and be sure your sin will find you out.

32:24 Bâtissez-vous des villes pour vos petits enfants, et des enclos pour vos troupeaux ; et ce qui est sorti de votre bouche, faites-le.

32:24 Build you cities for your little ones, and folds for your sheep; and do that which hath proceeded out of your mouth.

32:25 Et les fils de Gad et les fils de Ruben parlèrent à Moïse, disant : Tes serviteurs feront comme mon seigneur l'a commandé.

32:25 And the children of Gad and the children of Reuben spake unto Moses, saying, Thy servants will do as my lord commandeth.

32:26 Nos petits enfants, nos femmes, nos troupeaux et toutes nos bêtes seront là, dans les villes de Galaad ;

32:26 Our little ones, our wives, our flocks, and all our cattle, shall be there in the cities of Gilead:

32:27 et tes serviteurs, tous équipés pour l'armée, passeront devant l'Éternel [pour aller] à la guerre, comme mon seigneur l'a dit.

32:28 Et Moïse commanda à leur sujet à Éléazar, le sacrificateur, et à Josué, fils de Nun, et aux chefs des pères des tribus des fils d'Israël ; et Moïse leur dit :

32:29 Si les fils de Gad et les fils de Ruben passent avec vous le Jourdain devant l'Éternel, tous équipés pour la guerre, et que le pays soit subjugué devant vous, vous leur donnerez le pays de Galaad en possession.

32:30 Mais s'ils ne passent pas équipés avec vous, alors ils auront des possessions au milieu de vous dans le pays de Canaan.

32:31 Et les fils de Gad et les fils de Ruben répondirent, disant : Nous ferons ainsi que l'Éternel a dit à tes serviteurs ;

32:32 nous passerons équipés devant l'Éternel dans le pays de Canaan, et la possession de notre héritage en deçà du Jourdain sera à nous.

32:33 Et Moïse leur donna, — aux fils de Gad, et aux fils de Ruben, et à la demi-tribu de Manassé, fils de Joseph, — le royaume de Sihon, roi des Amoréens, et le royaume d'Og, roi de Basan, le pays, selon ses villes, dans leurs confins, les villes du pays à l'entour.

32:34 — Et les fils de Gad bâtirent Dibon, et Ataroth, et Aroër,

32:35 et Atroth-Shophan, et Jahzer, et Jogbeha,

32:36 et Beth-Nimra, et Beth-Haran, villes fortes, et des enclos pour le petit bétail.

32:37 — Et les fils de Ruben bâtirent Hesbon, et Elhalé, et Kiriathaïm,

32:27 But thy servants will pass over, every man armed for war, before the LORD to battle, as my lord saith.

32:28 So concerning them Moses commanded Eleazar the priest, and Joshua the son of Nun, and the chief fathers of the tribes of the children of Israel:

32:29 And Moses said unto them, If the children of Gad and the children of Reuben will pass with you over Jordan, every man armed to battle, before the LORD, and the land shall be subdued before you; then ye shall give them the land of Gilead for a possession:

32:30 But if they will not pass over with you armed, they shall have possessions among you in the land of Canaan.

32:31 And the children of Gad and the children of Reuben answered, saying, As the LORD hath said unto thy servants, so will we do.

32:32 We will pass over armed before the LORD into the land of Canaan, that the possession of our inheritance on this side Jordan may be ours.

32:33 And Moses gave unto them, even to the children of Gad, and to the children of Reuben, and unto half the tribe of Manasseh the son of Joseph, the kingdom of Sihon king of the Amorites, and the kingdom of Og king of Bashan, the land, with the cities thereof in the coasts, even the cities of the country round about.

32:34 And the children of Gad built Dibon, and Ataroth, and Aroer,

32:35 And Atroth, Shophan, and Jaazer, and Jogbehah,

32:36 And Bethnimrah, and Bethharan, fenced cities: and folds for sheep.

32:37 And the children of Reuben built Heshbon, and Elealeh, and Kirjathaim,

32:38 et Nebo, et Baal-Méon, dont les noms furent changés, et Sibma ; et ils donnèrent d'autres noms aux* villes qu'ils bâtirent.

32:39 — Et les fils de Makir, fils de Manassé, allèrent dans [le pays de] Galaad, et le prirent, et dépossédèrent les Amoréens qui y étaient.

32:40 Et Moïse donna Galaad à Makir, fils de Manassé, et il y habita.

32:41 Et Jaïr, fils de Manassé, alla, et prit leurs bourgs, et les appela bourgs de Jaïr*.

32:42 Et Nobakh alla, et prit Kenath et les villages de son ressort, et il l'appela Nobakh, d'après son nom.

33:1 Ce sont ici les traites des fils d'Israël, qui sortirent du pays d'Égypte, selon leurs armées, sous la main de Moïse et d'Aaron.

33:2 Et Moïse écrivit leurs départs, selon leurs traites, suivant le commandement de l'Éternel ; et ce sont ici leurs traites, selon leurs départs.

33:3 Ils partirent de Ramsès, le premier mois, le quinzième jour du premier mois : le lendemain de la Pâque, les fils d'Israël sortirent à main levée, aux yeux de tous les Égyptiens ;

33:4 et les Égyptiens enterraient ceux que l'Éternel avait frappés parmi eux, tous les premiers-nés ; et l'Éternel avait exécuté des jugements sur leurs dieux.

33:5 Et les fils d'Israël partirent de Ramsès, et campèrent à Succoth.

33:6 Et ils partirent de Succoth, et campèrent à Étham, qui est à l'extrémité du désert.

33:7 Et ils partirent d'Étham et retournèrent à Pi-Hahiroth, qui est vis-à-vis de Baal-Tsephon, et campèrent devant Migdol.

32:38 And Nebo, and Baalmeon, (their names being changed,) and Shibmah: and gave other names unto the cities which they builded.

32:39 And the children of Machir the son of Manasseh went to Gilead, and took it, and dispossessed the Amorite which was in it.

32:40 And Moses gave Gilead unto Machir the son of Manasseh; and he dwelt therein.

32:41 And Jair the son of Manasseh went and took the small towns thereof, and called them Havothjair.

32:42 And Nobah went and took Kenath, and the villages thereof, and called it Nobah, after his own name.

33:1 These are the journeys of the children of Israel, which went forth out of the land of Egypt with their armies under the hand of Moses and Aaron.

33:2 And Moses wrote their goings out according to their journeys by the commandment of the LORD: and these are their journeys according to their goings out.

33:3 And they departed from Rameses in the first month, on the fifteenth day of the first month; on the morrow after the passover the children of Israel went out with an high hand in the sight of all the Egyptians.

33:4 For the Egyptians buried all their firstborn, which the LORD had smitten among them: upon their gods also the LORD executed judgments.

33:5 And the children of Israel removed from Rameses, and pitched in Succoth.

33:6 And they departed from Succoth, and pitched in Etham, which is in the edge of the wilderness.

33:7 And they removed from Etham, and turned again unto Pihahiroth, which is before Baalzephon: and they pitched before Migdol.

33:8 Et ils partirent de devant Hahiroth, et passèrent au milieu de la mer, vers le désert, et allèrent le chemin de trois jours dans le désert d'Étham, et campèrent à Mara.

33:9 Et ils partirent de Mara, et vinrent à Élim ; et à Élim, il y avait douze fontaines d'eau et soixante-dix palmiers, et ils campèrent là.

33:10 Et ils partirent d'Élim, et campèrent près de la mer Rouge.

33:11 Et ils partirent de la mer Rouge, et campèrent dans le désert de Sin.

33:12 Et ils partirent du désert de Sin, et campèrent à Dophka.

33:13 Et ils partirent de Dophka, et campèrent à Alush.

33:14 Et ils partirent d'Alush, et campèrent à Rephidim, où il n'y avait pas d'eau à boire pour le peuple.

33:15 Et ils partirent de Rephidim, et campèrent dans le désert de Sinaï.

33:16 Et ils partirent du désert de Sinaï, et campèrent à Kibroth-Hattaava.

33:17 Et ils partirent de Kibroth-Hattaava, et campèrent à Hatséroth.

33:18 Et ils partirent de Hatséroth, et campèrent à Rithma.

33:19 Et ils partirent de Rithma, et campèrent à Rimmon-Pérets.

33:20 Et ils partirent de Rimmon-Pérets, et campèrent à Libna.

33:21 Et ils partirent de Libna, et campèrent à Rissa.

33:22 Et ils partirent de Rissa, et campèrent à Kehélatha.

33:23 Et ils partirent de Kehélatha, et campèrent dans la montagne de Shapher.

33:24 Et ils partirent de la montagne de Shapher, et campèrent à Harada.

33:8 And they departed from before Pihahiroth, and passed through the midst of the sea into the wilderness, and went three days' journey in the wilderness of Etham, and pitched in Marah.

33:9 And they removed from Marah, and came unto Elim: and in Elim were twelve fountains of water, and threescore and ten palm trees; and they pitched there.

33:10 And they removed from Elim, and encamped by the Red sea.

33:11 And they removed from the Red sea, and encamped in the wilderness of Sin.

33:12 And they took their journey out of the wilderness of Sin, and encamped in Dophkah.

33:13 And they departed from Dophkah, and encamped in Alush.

33:14 And they removed from Alush, and encamped at Rephidim, where was no water for the people to drink.

33:15 And they departed from Rephidim, and pitched in the wilderness of Sinai.

33:16 And they removed from the desert of Sinai, and pitched at Kibrothhattaavah.

33:17 And they departed from Kibrothhattaavah, and encamped at Hazeroth.

33:18 And they departed from Hazeroth, and pitched in Rithmah.

33:19 And they departed from Rithmah, and pitched at Rimmonparez.

33:20 And they departed from Rimmonparez, and pitched in Libnah.

33:21 And they removed from Libnah, and pitched at Rissah.

33:22 And they journeyed from Rissah, and pitched in Kehelathah.

33:23 And they went from Kehelathah, and pitched in mount Shapher.

33:24 And they removed from mount Shapher, and encamped in Haradah.

33:25 Et ils partirent de Harada, et campèrent à Makhéloth.

33:25 And they removed from Haradah, and pitched in Makheloth.

33:26 Et ils partirent de Makhéloth, et campèrent à Thakhath.

33:26 And they removed from Makheloth, and encamped at Tahath.

33:27 Et ils partirent de Thakhath, et campèrent à Thérakh.

33:27 And they departed from Tahath, and pitched at Tarah.

33:28 Et ils partirent de Thérakh, et campèrent à Mithka.

33:28 And they removed from Tarah, and pitched in Mithcah.

33:29 Et ils partirent de Mithka, et campèrent à Hashmona.

33:29 And they went from Mithcah, and pitched in Hashmonah.

33:30 Et ils partirent de Hashmona, et campèrent à Moséroth.

33:30 And they departed from Hashmonah, and encamped at Moseroth.

33:31 Et ils partirent de Moséroth, et campèrent à Bené-Jaakan.

33:31 And they departed from Moseroth, and pitched in Benejaakan.

33:32 Et ils partirent de Bené-Jaakan, et campèrent à Hor-Guidgad.

33:32 And they removed from Benejaakan, and encamped at Horhagidgad.

33:33 Et ils partirent de Hor-Guidgad, et campèrent à Jotbatha.

33:33 And they went from Horhagidgad, and pitched in Jotbathah.

33:34 Et ils partirent de Jotbatha, et campèrent à Abrona.

33:34 And they removed from Jotbathah, and encamped at Ebronah.

33:35 Et ils partirent d'Abrona, et campèrent à Étsion-Guéber.

33:35 And they departed from Ebronah, and encamped at Eziongaber.

33:36 Et ils partirent d'Etsion-Guéber, et campèrent dans le désert de Tsin, qui est Kadès.

33:36 And they removed from Eziongaber, and pitched in the wilderness of Zin, which is Kadesh.

33:37 Et ils partirent de Kadès, et campèrent dans la montagne de Hor, aux confins du pays d'Édom.

33:37 And they removed from Kadesh, and pitched in mount Hor, in the edge of the land of Edom.

33:38 Et Aaron le sacrificateur monta sur la montagne de Hor, suivant le commandement de l'Éternel, et il y mourut, en la quarantième année après que les fils d'Israël furent sortis du pays d'Égypte, le cinquième mois, le premier [jour] du mois :

33:38 And Aaron the priest went up into mount Hor at the commandment of the LORD, and died there, in the fortieth year after the children of Israel were come out of the land of Egypt, in the first day of the fifth month.

33:39 et Aaron était âgé de cent-vingt-trois ans, quand il mourut sur la montagne de Hor.

33:39 And Aaron was an hundred and twenty and three years old when he died in mount Hor.

33:40 Et le Cananéen, roi d'Arad, qui habitait le midi*, dans le pays de Canaan, apprit que les fils d'Israël venaient.

33:40 And king Arad the Canaanite, which dwelt in the south in the land of Canaan, heard of the coming of the children of Israel.

33:41 Et ils partirent de la montagne de Hor, et campèrent à Tsalmona.

33:42 Et ils partirent de Tsalmona, et campèrent à Punon.

33:43 Et ils partirent de Punon, et campèrent à Oboth.

33:44 Et ils partirent d'Oboth, et campèrent à Ijim-Abarim*, sur la frontière de Moab.

33:45 Et ils partirent d'Ijim, et campèrent à Dibon-Gad.

33:46 Et ils partirent de Dibon-Gad, et campèrent à Almon, vers Diblathaïm.

33:47 Et ils partirent d'Almon vers Diblathaïm, et campèrent dans les montagnes d'Abarim, devant Nebo.

33:48 Et ils partirent des montagnes d'Abarim, et campèrent dans les plaines de Moab, près du Jourdain de Jéricho ;

33:49 et ils campèrent près du Jourdain, depuis Beth-Jeshimoth jusqu'à Abel-Sittim*, dans les plaines de Moab.

33:50 Et l'Éternel parla à Moïse, dans les plaines de Moab, près du Jourdain de Jéricho, disant :

33:51 Parle aux fils d'Israël, et dis-leur : Quand vous aurez passé le Jourdain [et que vous serez entrés] dans le paya de Canaan,

33:52 vous déposséderez tous les habitants du pays devant vous, et vous détruirez toutes leurs figures sculptées, et vous détruirez toutes leurs images de fonte, et vous dévasterez tous leurs hauts lieux ;

33:53 et vous prendrez possession du pays, et vous y habiterez, car je vous ai donné le pays pour le posséder.

33:41 And they departed from mount Hor, and pitched in Zalmonah.

33:42 And they departed from Zalmonah, and pitched in Punon.

33:43 And they departed from Punon, and pitched in Oboth.

33:44 And they departed from Oboth, and pitched in Ijeabarim, in the border of Moab.

33:45 And they departed from Iim, and pitched in Dibongad.

33:46 And they removed from Dibongad, and encamped in Almondiblathaim.

33:47 And they removed from Almondiblathaim, and pitched in the mountains of Abarim, before Nebo.

33:48 And they departed from the mountains of Abarim, and pitched in the plains of Moab by Jordan near Jericho.

33:49 And they pitched by Jordan, from Bethjesimoth even unto Abelshittim in the plains of Moab.

33:50 And the LORD spake unto Moses in the plains of Moab by Jordan near Jericho, saying,

33:51 Speak unto the children of Israel, and say unto them, When ye are passed over Jordan into the land of Canaan;

33:52 Then ye shall drive out all the inhabitants of the land from before you, and destroy all their pictures, and destroy all their molten images, and quite pluck down all their high places:

33:53 And ye shall dispossess the inhabitants of the land, and dwell therein: for I have given you the land to possess it.

33:54 Et vous recevrez le pays en héritage par le sort, selon vos familles : à ceux qui sont nombreux, vous augmenterez l'héritage, et à ceux qui sont peu nombreux, vous diminuerez l'héritage ; là où le sort lui sera échu, là sera [l'héritage] de chacun : vous hériterez selon les tribus de vos pères.

33:54 And ye shall divide the land by lot for an inheritance among your families: and to the more ye shall give the more inheritance, and to the fewer ye shall give the less inheritance: every man's inheritance shall be in the place where his lot falleth; according to the tribes of your fathers ye shall inherit.

33:55 Et si vous ne dépossédez pas devant vous les habitants du pays, ceux d'entre eux que vous laisserez de reste seront comme des épines à vos yeux et comme des piquants dans vos côtés, et ils vous opprimeront dans le pays que vous habiterez.

33:55 But if ye will not drive out the inhabitants of the land from before you; then it shall come to pass, that those which ye let remain of them shall be pricks in your eyes, and thorns in your sides, and shall vex you in the land wherein ye dwell.

33:56 Et il arrivera que je vous ferai à vous, comme j'ai pensé de leur faire à eux.

33:56 Moreover it shall come to pass, that I shall do unto you, as I thought to do unto them.

34:1 Et l'Éternel parla à Moïse, disant :

34:1 And the LORD spake unto Moses, saying,

34:2 Commande aux fils d'Israël, et dis-leur : Quand vous serez entrés dans le pays de Canaan, ce sera ici le pays qui vous écherra en héritage, le pays de Canaan selon ses limites.

34:2 Command the children of Israel, and say unto them, When ye come into the land of Canaan; (this is the land that shall fall unto you for an inheritance, even the land of Canaan with the coasts thereof:)

34:3 Votre côté méridional sera depuis le désert de Tsin, le long d'Édom, et votre frontière méridionale sera depuis le bout de la mer Salée, vers l'orient ;

34:3 Then your south quarter shall be from the wilderness of Zin along by the coast of Edom, and your south border shall be the outmost coast of the salt sea eastward:

34:4 et votre frontière tournera au midi de la montée d'Akrabbim, et passera vers Tsin ; et elle s'étendra* au midi de Kadès-Barnéa, et sortira par Hatsar-Addar, et passera vers Atsmon ;

34:4 And your border shall turn from the south to the ascent of Akrabbim, and pass on to Zin: and the going forth thereof shall be from the south to Kadeshbarnea, and shall go on to Hazaraddar, and pass on to Azmon:

34:5 et la frontière tournera depuis Atsmon vers le torrent d'Égypte, et aboutira* à la mer.

34:5 And the border shall fetch a compass from Azmon unto the river of Egypt, and the goings out of it shall be at the sea.

34:6 Et, pour frontière occidentale, vous aurez la grande mer et [ses] côtes ; ce sera là votre frontière occidentale.

34:6 And as for the western border, ye shall even have the great sea for a border: this shall be your west border.

34:7 Et ce sera ici votre frontière septentrionale : depuis la grande mer, vous marquerez pour vous la montagne de Hor ;

34:7 And this shall be your north border: from the great sea ye shall point out for you mount Hor:

34:8 depuis la montagne de Hor, vous tracerez jusqu'à l'entrée de Hamath, et la frontière aboutira vers Tsedad ;

34:9 et la frontière sortira vers Ziphron, et aboutira à Hatsar-Énan ; ce sera là votre frontière septentrionale.

34:10 Et vous vous tracerez, pour frontière orientale, depuis Hatsar-Énan à Shepham ;

34:11 et la frontière descendra de Shepham, vers Ribla, à l'orient d'Aïn ; et la frontière descendra, et touchera l'extrémité* de la mer de Kinnéreth, à l'orient ;

34:12 et la frontière descendra au Jourdain, et aboutira à la mer Salée. Ce sera là votre pays, selon ses limites, tout autour.

34:13 Et Moïse commanda aux fils d'Israël, disant : C'est là le pays que vous recevrez en héritage par le sort, lequel l'Éternel a commandé de donner aux neuf tribus et à la demi-tribu ;

34:14 car la tribu des fils des Rubénites, selon leurs maisons de pères, et la tribu des fils des Gadites, selon leurs maisons de pères, et la demi-tribu de Manassé, ont pris leur héritage.

34:15 Les deux tribus et la demi-tribu ont pris leur héritage en deçà du Jourdain de Jéricho, à l'orient, vers le levant.

34:16 Et l'Éternel parla à Moïse, disant :

34:17 Ce sont ici les noms des hommes qui vous partageront le pays : Éléazar le sacrificateur, et Josué, fils de Nun.

34:18 — Et vous prendrez un prince de chaque tribu, pour faire le partage du pays.

34:8 From mount Hor ye shall point out your border unto the entrance of Hamath; and the goings forth of the border shall be to Zedad:

34:9 And the border shall go on to Ziphron, and the goings out of it shall be at Hazarenan: this shall be your north border.

34:10 And ye shall point out your east border from Hazarenan to Shepham:

34:11 And the coast shall go down from Shepham to Riblah, on the east side of Ain; and the border shall descend, and shall reach unto the side of the sea of Chinnereth eastward:

34:12 And the border shall go down to Jordan, and the goings out of it shall be at the salt sea: this shall be your land with the coasts thereof round about.

34:13 And Moses commanded the children of Israel, saying, This is the land which ye shall inherit by lot, which the LORD commanded to give unto the nine tribes, and to the half tribe:

34:14 For the tribe of the children of Reuben according to the house of their fathers, and the tribe of the children of Gad according to the house of their fathers, have received their inheritance; and half the tribe of Manasseh have received their inheritance:

34:15 The two tribes and the half tribe have received their inheritance on this side Jordan near Jericho eastward, toward the sunrising.

34:16 And the LORD spake unto Moses, saying,

34:17 These are the names of the men which shall divide the land unto you: Eleazar the priest, and Joshua the son of Nun.

34:18 And ye shall take one prince of every tribe, to divide the land by inheritance.

34:19 Et ce sont ici les noms des hommes : Pour la tribu de Juda, Caleb, fils de Jephunné ;

34:20 et pour la tribu des fils de Siméon, Samuel, fils d'Ammihud ;

34:21 pour la tribu de Benjamin, Élidad, fils de Kislon ;

34:22 et pour la tribu des fils de Dan, un prince, Bukki, fils de Jogli ;

34:23 pour les fils de Joseph, pour la tribu des fils de Manassé, un prince, Hanniel, fils d'Éphod ;

34:24 et pour la tribu des fils d'Éphraïm, un prince, Kemuel, fils de Shiphtan ;

34:25 et pour la tribu des fils de Zabulon, un prince, Élitsaphan, fils de Parnac ;

34:26 et pour la tribu des fils d'Issacar, un prince, Paltiel, fils d'Azzan ;

34:27 et pour la tribu des fils d'Aser, un prince, Akhihud, fils de Shelomi ;

34:28 et pour la tribu des fils de Nephthali, un prince, Pedahel, fils d'Ammihud.

34:29 Ce sont là ceux auxquels l'Éternel commanda de distribuer l'héritage aux fils d'Israël dans le pays de Canaan.

35:1 Et l'Éternel parla à Moïse, dans les plaines de Moab, près du Jourdain de Jéricho, disant :

35:2 Commande aux fils d'Israël que, de l'héritage de leur possession, ils donnent aux Lévites des villes pour y habiter. Vous donnerez aussi aux Lévites les banlieues de ces villes, autour d'elles.

35:3 Et ils auront les villes pour y habiter, et leurs banlieues seront pour leur bétail et pour leurs biens et pour tous leurs animaux.

34:19 And the names of the men are these: Of the tribe of Judah, Caleb the son of Jephunneh.

34:20 And of the tribe of the children of Simeon, Shemuel the son of Ammihud.

34:21 Of the tribe of Benjamin, Elidad the son of Chislon.

34:22 And the prince of the tribe of the children of Dan, Bukki the son of Jogli.

34:23 The prince of the children of Joseph, for the tribe of the children of Manasseh, Hanniel the son of Ephod.

34:24 And the prince of the tribe of the children of Ephraim, Kemuel the son of Shiphtan.

34:25 And the prince of the tribe of the children of Zebulun, Elizaphan the son of Parnach.

34:26 And the prince of the tribe of the children of Issachar, Paltiel the son of Azzan.

34:27 And the prince of the tribe of the children of Asher, Ahihud the son of Shelomi.

34:28 And the prince of the tribe of the children of Naphtali, Pedahel the son of Ammihud.

34:29 These are they whom the LORD commanded to divide the inheritance unto the children of Israel in the land of Canaan.

35:1 And the LORD spake unto Moses in the plains of Moab by Jordan near Jericho, saying,

35:2 Command the children of Israel, that they give unto the Levites of the inheritance of their possession cities to dwell in; and ye shall give also unto the Levites suburbs for the cities round about them.

35:3 And the cities shall they have to dwell in; and the suburbs of them shall be for their cattle, and for their goods, and for all their beasts.

35:4 Et les banlieues des villes que vous donnerez aux Lévites seront de mille coudées à l'entour, depuis la muraille de la ville en dehors.	*35:4 And the suburbs of the cities, which ye shall give unto the Levites, shall reach from the wall of the city and outward a thousand cubits round about.*
35:5 Et vous mesurerez, en dehors de la ville, le côté de l'orient, deux mille coudées, et le côté du midi, deux mille coudées, et le côté de l'occident, deux mille coudées, et le côté du nord, deux mille coudées ; et la ville sera au milieu : ce seront là les banlieues de leurs villes.	*35:5 And ye shall measure from without the city on the east side two thousand cubits, and on the south side two thousand cubits, and on the west side two thousand cubits, and on the north side two thousand cubits; and the city shall be in the midst: this shall be to them the suburbs of the cities.*
35:6 Et [parmi] les villes que vous donnerez aux Lévites, seront les six villes de refuge, que vous donnerez pour que l'homicide* s'y enfuie ; et outre celles-là, vous donnerez quarante-deux villes.	*35:6 And among the cities which ye shall give unto the Levites there shall be six cities for refuge, which ye shall appoint for the manslayer, that he may flee thither: and to them ye shall add forty and two cities.*
35:7 Toutes les villes que vous donnerez aux Lévites seront quarante-huit villes, elles et leurs banlieues.	*35:7 So all the cities which ye shall give to the Levites shall be forty and eight cities: them shall ye give with their suburbs.*
35:8 Et quant aux villes que vous donnerez sur la possession des fils d'Israël, de ceux qui en auront beaucoup vous en prendrez beaucoup, et de ceux qui en auront peu vous en prendrez peu : chacun donnera de ses villes aux Lévites, à proportion de l'héritage qu'il aura reçu en partage.	*35:8 And the cities which ye shall give shall be of the possession of the children of Israel: from them that have many ye shall give many; but from them that have few ye shall give few: every one shall give of his cities unto the Levites according to his inheritance which he inheriteth.*
35:9 Et l'Éternel parla à Moïse, disant :	*35:9 And the LORD spake unto Moses, saying,*
35:10 Parle aux fils d'Israël, et dis-leur : Quand vous aurez passé le Jourdain [et que vous serez entrés] dans le pays de Canaan,	*35:10 Speak unto the children of Israel, and say unto them, When ye be come over Jordan into the land of Canaan;*
35:11 alors vous vous désignerez des villes ; elles seront pour vous des villes de refuge, et l'homicide qui, par mégarde*, aura frappé à mort quelqu'un, s'y enfuira.	*35:11 Then ye shall appoint you cities to be cities of refuge for you; that the slayer may flee thither, which killeth any person at unawares.*
35:12 Et ce seront pour vous des villes de refuge de devant le vengeur, afin que l'homicide ne meure point qu'il n'ait comparu en jugement devant l'assemblée.	*35:12 And they shall be unto you cities for refuge from the avenger; that the manslayer die not, until he stand before the congregation in judgment.*
35:13 Et les villes que vous donnerez seront pour vous six villes de refuge ;	*35:13 And of these cities which ye shall give six cities shall ye have for refuge.*

35:14 vous donnerez trois de ces villes en deçà du Jourdain, et vous donnerez trois de ces villes dans le pays de Canaan : ce seront des villes de refuge.

35:14 Ye shall give three cities on this side Jordan, and three cities shall ye give in the land of Canaan, which shall be cities of refuge.

35:15 Ces six villes serviront de refuge aux fils d'Israël, et à l'étranger, et à celui qui séjourne parmi eux, afin que quiconque aura, par mégarde, frappé à mort une personne, s'y enfuie.

35:15 These six cities shall be a refuge, both for the children of Israel, and for the stranger, and for the sojourner among them: that every one that killeth any person unawares may flee thither.

35:16 — Et s'il l'a frappée avec un instrument de fer, et qu'elle meure, il est meurtrier* : le meurtrier sera certainement mis à mort.

35:16 And if he smite him with an instrument of iron, so that he die, he is a murderer: the murderer shall surely be put to death.

35:17 Et s'il l'a frappée avec une pierre qu'il tenait à la main, [et] dont on puisse mourir, et qu'elle meure, il est meurtrier : le meurtrier sera certainement mis à mort.

35:17 And if he smite him with throwing a stone, wherewith he may die, and he die, he is a murderer: the murderer shall surely be put to death.

35:18 Ou s'il l'a frappée avec un instrument de bois qu'il tenait à la main, [et] dont on puisse mourir, et qu'elle meure, il est meurtrier : le meurtrier sera certainement mis à mort :

35:18 Or if he smite him with an hand weapon of wood, wherewith he may die, and he die, he is a murderer: the murderer shall surely be put to death.

35:19 le vengeur du sang mettra à mort le meurtrier ; quand il le rencontrera, c'est lui qui le mettra à mort.

35:19 The revenger of blood himself shall slay the murderer: when he meeteth him, he shall slay him.

35:20 Et s'il l'a poussée par haine, ou s'il a jeté [quelque chose] sur elle avec préméditation, et qu'elle meure ;

35:20 But if he thrust him of hatred, or hurl at him by laying of wait, that he die;

35:21 ou qu'il l'ait frappée de la main par inimitié, et qu'elle meure, celui qui l'a frappée sera certainement mis à mort : il est meurtrier ; le vengeur du sang mettra à mort le meurtrier quand il le rencontrera.

35:21 Or in enmity smite him with his hand, that he die: he that smote him shall surely be put to death; for he is a murderer: the revenger of blood shall slay the murderer, when he meeteth him.

35:22 — Mais s'il l'a poussée subitement, sans inimitié, ou s'il a jeté sur elle un objet quelconque, sans préméditation,

35:22 But if he thrust him suddenly without enmity, or have cast upon him any thing without laying of wait,

35:23 ou si, n'étant pas son ennemi et ne cherchant pas son mal, il fait tomber sur elle, ne la voyant pas, quelque pierre qui puisse la faire mourir, et qu'elle meure,

35:23 Or with any stone, wherewith a man may die, seeing him not, and cast it upon him, that he die, and was not his enemy, neither sought his harm:

35:24 alors l'assemblée jugera entre celui qui a frappé et le vengeur du sang, selon ces ordonnances* ;

35:24 Then the congregation shall judge between the slayer and the revenger of blood according to these judgments:

35:25 et l'assemblée délivrera l'homicide de la main du vengeur du sang, et l'assemblée le fera retourner dans la ville de son refuge où il s'était enfui ; et il y demeurera jusqu'à la mort du grand sacrificateur qu'on a oint de l'huile sainte.

35:26 Mais si l'homicide vient à sortir des limites de la ville de son refuge, où il s'est enfui,

35:27 et que le vengeur du sang le trouve en dehors des limites de la ville de son refuge, et que le vengeur du sang tue l'homicide, le sang ne sera pas sur lui ;

35:28 car l'homicide doit demeurer dans la ville de son refuge jusqu'à la mort du grand sacrificateur ; et après la mort du grand sacrificateur, il retournera dans la terre* de sa possession.

35:29 Et ces choses seront pour vous un statut de droit*, en vos générations, partout où vous habiterez.

35:30 Si quelqu'un frappe à mort une personne, le meurtrier sera tué* sur la parole** de témoins ; mais un seul témoin ne rendra pas témoignage*** contre quelqu'un, pour le faire mourir.

35:31 Et vous ne prendrez point de rançon pour la vie du meurtrier qui est coupable d'avoir tué* ; mais il sera certainement mis à mort.

35:32 Et vous ne prendrez point de rançon pour celui qui s'est enfui dans la ville de son refuge, pour qu'il retourne habiter dans le pays, jusqu'à la mort du sacrificateur.

35:33 Et vous ne profanerez point le pays où vous êtes, car le sang profane le pays ; et l'expiation du sang ne pourra être faite, pour le pays où il a été versé, que par le sang de celui qui l'a versé.

35:25 And the congregation shall deliver the slayer out of the hand of the revenger of blood, and the congregation shall restore him to the city of his refuge, whither he was fled: and he shall abide in it unto the death of the high priest, which was anointed with the holy oil.

35:26 But if the slayer shall at any time come without the border of the city of his refuge, whither he was fled;

35:27 And the revenger of blood find him without the borders of the city of his refuge, and the revenger of blood kill the slayer; he shall not be guilty of blood:

35:28 Because he should have remained in the city of his refuge until the death of the high priest: but after the death of the high priest the slayer shall return into the land of his possession.

35:29 So these things shall be for a statute of judgment unto you throughout your generations in all your dwellings.

35:30 Whoso killeth any person, the murderer shall be put to death by the mouth of witnesses: but one witness shall not testify against any person to cause him to die.

35:31 Moreover ye shall take no satisfaction for the life of a murderer, which is guilty of death: but he shall be surely put to death.

35:32 And ye shall take no satisfaction for him that is fled to the city of his refuge, that he should come again to dwell in the land, until the death of the priest.

35:33 So ye shall not pollute the land wherein ye are: for blood it defileth the land: and the land cannot be cleansed of the blood that is shed therein, but by the blood of him that shed it.

35:34 Et vous ne rendrez pas impur le pays où vous demeurez, au milieu duquel j'habite ; car moi, l'Éternel, j'habite au milieu des fils d'Israël

36:1 Et les chefs des pères de la famille des fils de Galaad, fils de Makir, fils de Manassé, d'entre les familles des fils de Joseph, s'approchèrent et parlèrent devant Moïse et devant les princes, chefs des pères des fils d'Israël,

36:2 et ils dirent : L'Éternel a commandé à mon seigneur de donner le pays en héritage par le sort aux fils d'Israël, et mon seigneur a reçu de l'Éternel commandement de donner l'héritage de Tselophkhad, notre frère, à ses filles.

36:3 Si elles deviennent femmes de quelqu'un des fils des [autres] tribus des fils d'Israël, leur héritage sera ôté de l'héritage de nos pères, et sera ajouté à l'héritage de la tribu à laquelle elles viendront à appartenir ; et il sera ôté du lot de notre héritage.

36:4 Et quand le Jubilé des fils d'Israël arrivera, leur héritage sera ajouté à l'héritage de la tribu à laquelle elles appartiendront ; et leur héritage sera ôté de l'héritage de la tribu de nos pères.

36:5 Et Moïse commanda aux fils d'Israël, sur le commandement de l'Éternel, disant : La tribu des fils de Joseph a dit juste.

36:6 C'est ici la parole que l'Éternel a commandée à l'égard des filles de Tselophkhad, disant : Elles deviendront femmes de qui leur semblera* bon ; seulement, qu'elles deviennent femmes dans la famille de la tribu de leurs pères,

36:7 afin que l'héritage ne passe point de tribu en tribu chez les fils d'Israël ; car les fils d'Israël seront attachés chacun à l'héritage de la tribu de ses pères.

35:34 Defile not therefore the land which ye shall inhabit, wherein I dwell: for I the LORD dwell among the children of Israel.

36:1 And the chief fathers of the families of the children of Gilead, the son of Machir, the son of Manasseh, of the families of the sons of Joseph, came near, and spake before Moses, and before the princes, the chief fathers of the children of Israel:

36:2 And they said, The LORD commanded my lord to give the land for an inheritance by lot to the children of Israel: and my lord was commanded by the LORD to give the inheritance of Zelophehad our brother unto his daughters.

36:3 And if they be married to any of the sons of the other tribes of the children of Israel, then shall their inheritance be taken from the inheritance of our fathers, and shall be put to the inheritance of the tribe whereunto they are received: so shall it be taken from the lot of our inheritance.

36:4 And when the jubile of the children of Israel shall be, then shall their inheritance be put unto the inheritance of the tribe whereunto they are received: so shall their inheritance be taken away from the inheritance of the tribe of our fathers.

36:5 And Moses commanded the children of Israel according to the word of the LORD, saying, The tribe of the sons of Joseph hath said well.

36:6 This is the thing which the LORD doth command concerning the daughters of Zelophehad, saying, Let them marry to whom they think best; only to the family of the tribe of their father shall they marry.

36:7 So shall not the inheritance of the children of Israel remove from tribe to tribe: for every one of the children of Israel shall keep himself to the inheritance of the tribe of his fathers.

36:8 Et toute fille qui possédera un héritage dans les tribus des fils d'Israël, sera mariée à quelqu'un de la famille de la tribu de son père, afin que les fils d'Israël possèdent chacun l'héritage de ses pères

36:9 et qu'un héritage ne passe pas d'une tribu à une autre tribu ; car les tribus des fils d'Israël resteront attachées chacune à son héritage.

36:10 Les filles de Tselophkhad firent comme l'Éternel l'avait commandé à Moïse ;

36:11 et Makhla, Thirtsa, et Hogla, et Milca, et Noa, filles de Tselophkhad se marièrent aux fils de leurs oncles.

36:12 Elles furent mariées à ceux qui étaient des familles des fils de Manassé, fils de Joseph ; et leur héritage resta* dans la tribu de la famille de leur père.

36:13 Ce sont là les commandements et les ordonnances que l'Éternel prescrivit* par Moïse aux fils d'Israël, dans les plaines de Moab, près du Jourdain de Jéricho. **

DEUTÉRONOME

1:1 Ce sont ici les paroles que Moïse dit à tout Israël, en deçà du Jourdain, dans le désert, dans la plaine*, vis-à-vis de Suph, entre Paran et Thophel, Laban, Hatséroth et Di-Zahab. **

1:2 Il y a onze journées depuis Horeb, par le chemin de la montagne de Séhir jusqu'à Kadès-Barnéa.

1:3 — Et il arriva, en la quarantième année, au onzième mois, le premier [jour] du mois, que Moïse parla aux fils d'Israël, selon tout ce que l'Éternel lui avait commandé pour eux,

36:8 And every daughter, that possesseth an inheritance in any tribe of the children of Israel, shall be wife unto one of the family of the tribe of her father, that the children of Israel may enjoy every man the inheritance of his fathers.

36:9 Neither shall the inheritance remove from one tribe to another tribe; but every one of the tribes of the children of Israel shall keep himself to his own inheritance.

36:10 Even as the LORD commanded Moses, so did the daughters of Zelophehad:

36:11 For Mahlah, Tirzah, and Hoglah, and Milcah, and Noah, the daughters of Zelophehad, were married unto their father's brothers' sons:

36:12 And they were married into the families of the sons of Manasseh the son of Joseph, and their inheritance remained in the tribe of the family of their father.

36:13 These are the commandments and the judgments, which the LORD commanded by the hand of Moses unto the children of Israel in the plains of Moab by Jordan near Jericho.

The Fifth Book of Moses: Called Deuteronomy

1:1 These be the words which Moses spake unto all Israel on this side Jordan in the wilderness, in the plain over against the Red sea, between Paran, and Tophel, and Laban, and Hazeroth, and Dizahab.

1:2 (There are eleven days' journey from Horeb by the way of mount Seir unto Kadeshbarnea.)

1:3 And it came to pass in the fortieth year, in the eleventh month, on the first day of the month, that Moses spake unto the children of Israel, according unto all that the LORD had given him in commandment unto them;

1:4 après qu'il eut frappé Sihon, roi des Amoréens, qui habitait à Hesbon, et Og, roi de Basan, qui habitait à Ashtaroth, à Édréhi.

1:5 En deçà du Jourdain, dans le pays de Moab, Moïse commença à exposer cette loi, en disant :

1:6 L'Éternel, notre Dieu, nous parla en Horeb, disant : Vous avez assez demeuré dans cette montagne.

1:7 Tournez-vous, et partez, et allez à la montagne des Amoréens et dans tous les lieux voisins, dans la plaine, dans la montagne, et dans le pays plat, et dans le midi*, et sur le rivage de la mer, au pays des Cananéens et au Liban, jusqu'au grand fleuve, le fleuve Euphrate.

1:8 Regarde, j'ai mis le pays devant vous : entrez, et possédez le pays que l'Éternel a juré à vos pères, à Abraham, à Isaac, et à Jacob, de leur donner, et à leur semence après eux.

1:9 Et je vous parlai, en ce temps-là, disant : Je ne puis, moi seul, vous porter.

1:10 L'Éternel, votre Dieu, vous a multipliés, et vous voici aujourd'hui, en multitude, comme les étoiles des cieux.

1:11 Que l'Éternel, le Dieu de vos pères, ajoute à votre nombre mille fois ce que vous êtes, et vous bénisse, comme il vous l'a dit !

1:12 Comment porterais-je, moi seul, votre charge, et votre fardeau, et vos contestations ?

1:13 Donnez-vous des hommes sages, et intelligents, et connus, selon vos tribus, et je les établirai chefs* sur vous.

1:14 Et vous me répondîtes et dîtes : La chose que tu as dit de faire est bonne.

1:4 After he had slain Sihon the king of the Amorites, which dwelt in Heshbon, and Og the king of Bashan, which dwelt at Astaroth in Edrei:

1:5 On this side Jordan, in the land of Moab, began Moses to declare this law, saying,

1:6 The LORD our God spake unto us in Horeb, saying, Ye have dwelt long enough in this mount:

1:7 Turn you, and take your journey, and go to the mount of the Amorites, and unto all the places nigh thereunto, in the plain, in the hills, and in the vale, and in the south, and by the sea side, to the land of the Canaanites, and unto Lebanon, unto the great river, the river Euphrates.

1:8 Behold, I have set the land before you: go in and possess the land which the LORD sware unto your fathers, Abraham, Isaac, and Jacob, to give unto them and to their seed after them.

1:9 And I spake unto you at that time, saying, I am not able to bear you myself alone:

1:10 The LORD your God hath multiplied you, and, behold, ye are this day as the stars of heaven for multitude.

1:11 (The LORD God of your fathers make you a thousand times so many more as ye are, and bless you, as he hath promised you!)

1:12 How can I myself alone bear your cumbrance, and your burden, and your strife?

1:13 Take you wise men, and understanding, and known among your tribes, and I will make them rulers over you.

1:14 And ye answered me, and said, The thing which thou hast spoken is good for us to do.

1:15 Et je pris les chefs* de vos tribus, des hommes sages et connus, et je les établis chefs* sur vous, chefs de milliers, et chefs de centaines, et chefs de cinquantaines, et chefs de dizaines, et officiers** sur vos tribus.	1:15 So I took the chief of your tribes, wise men, and known, and made them heads over you, captains over thousands, and captains over hundreds, and captains over fifties, and captains over tens, and officers among your tribes.
1:16 — Et je commandai à vos juges, en ce temps-là, disant : Écoutez [les différends] entre vos frères, et jugez avec justice entre un homme et son frère, et l'étranger qui est avec lui.	1:16 And I charged your judges at that time, saying, Hear the causes between your brethren, and judge righteously between every man and his brother, and the stranger that is with him.
1:17 Vous ne ferez point acception des personnes dans le jugement ; vous entendrez aussi bien le petit que le grand ; vous n'aurez peur d'aucun homme, car le jugement est de Dieu ; et l'affaire qui sera trop difficile pour vous, vous me la présenterez, et je l'entendrai.	1:17 Ye shall not respect persons in judgment; but ye shall hear the small as well as the great; ye shall not be afraid of the face of man; for the judgment is God's: and the cause that is too hard for you, bring it unto me, and I will hear it.
1:18 Et je vous commandai, en ce temps-là, toutes les choses que vous devez faire.	1:18 And I commanded you at that time all the things which ye should do.
1:19 Et nous partîmes d'Horeb, et nous traversâmes tout ce grand et terrible désert que vous avez vu, le chemin de la montagne des Amoréens, comme l'Éternel, notre Dieu, nous l'avait commandé, et nous vînmes jusqu'à Kadès-Barnéa.	1:19 And when we departed from Horeb, we went through all that great and terrible wilderness, which ye saw by the way of the mountain of the Amorites, as the LORD our God commanded us; and we came to Kadeshbarnea.
1:20 Et je vous dis : Vous êtes arrivés jusqu'à la montagne des Amoréens, laquelle l'Éternel, notre Dieu, nous donne.	1:20 And I said unto you, Ye are come unto the mountain of the Amorites, which the LORD our God doth give unto us.
1:21 Regarde, l'Éternel, ton Dieu, a mis devant toi le pays : monte, prends possession, comme l'Éternel, le Dieu de tes pères, te l'a dit ; ne crains point et ne t'effraye point.	1:21 Behold, the LORD thy God hath set the land before thee: go up and possess it, as the LORD God of thy fathers hath said unto thee; fear not, neither be discouraged.
1:22 Et vous vous approchâtes tous de moi, et vous dîtes : Envoyons des hommes devant nous, et ils examineront le pays pour nous, et ils nous rapporteront des nouvelles du chemin par lequel nous pourrons monter et des villes auxquelles nous viendrons.	1:22 And ye came near unto me every one of you, and said, We will send men before us, and they shall search us out the land, and bring us word again by what way we must go up, and into what cities we shall come.
1:23 Et la chose fut bonne à mes yeux, et je pris d'entre vous douze hommes, un homme par tribu.	1:23 And the saying pleased me well: and I took twelve men of you, one of a tribe:

1:24 Et ils se tournèrent, et montèrent dans la montagne, et vinrent jusqu'au torrent* d'Eshcol, et explorèrent le [pays].

1:24 And they turned and went up into the mountain, and came unto the valley of Eshcol, and searched it out.

1:25 Et ils prirent dans leurs mains du fruit du pays et nous l'apportèrent, et ils nous rendirent compte et dirent : Le pays que l'Éternel, notre Dieu, nous donne, est bon.

1:25 And they took of the fruit of the land in their hands, and brought it down unto us, and brought us word again, and said, It is a good land which the LORD our God doth give us.

1:26 Mais vous ne voulûtes pas monter, et vous fûtes rebelles au commandement* de l'Éternel, votre Dieu.

1:26 Notwithstanding ye would not go up, but rebelled against the commandment of the LORD your God:

1:27 Et vous murmurâtes dans vos tentes et vous dîtes : C'est parce que l'Éternel nous hait, qu'il nous a fait sortir du pays d'Égypte, afin de nous livrer aux mains des Amoréens, pour nous détruire.

1:27 And ye murmured in your tents, and said, Because the LORD hated us, he hath brought us forth out of the land of Egypt, to deliver us into the hand of the Amorites, to destroy us.

1:28 Où monterions-nous ? Nos frères nous ont fait fondre le cœur, en disant : [C'est] un peuple plus grand et de plus haute taille que nous ; les villes sont grandes, et murées jusqu'aux cieux ; et de plus nous avons vu là des fils des Anakim.

1:28 Whither shall we go up? our brethren have discouraged our heart, saying, The people is greater and taller than we; the cities are great and walled up to heaven; and moreover we have seen the sons of the Anakims there.

1:29 — Et je vous dis : Ne vous épouvantez pas, et ne les craignez point ;

1:29 Then I said unto you, Dread not, neither be afraid of them.

1:30 l'Éternel, votre Dieu, qui marche devant vous, combattra lui-même pour vous, selon tout ce qu'il a fait pour vous sous vos yeux, en Égypte, et dans le désert,

1:30 The LORD your God which goeth before you, he shall fight for you, according to all that he did for you in Egypt before your eyes;

1:31 où tu as vu que l'Éternel, ton Dieu, t'a porté comme un homme porte son fils, dans tout le chemin où vous avez marché, jusqu'à ce que vous soyez arrivés en ce lieu-ci.

1:31 And in the wilderness, where thou hast seen how that the LORD thy God bare thee, as a man doth bear his son, in all the way that ye went, until ye came into this place.

1:32 Mais, dans cette circonstance*, vous ne crûtes point** l'Éternel, votre Dieu,

1:32 Yet in this thing ye did not believe the LORD your God,

1:33 qui, afin de reconnaître pour vous un lieu pour que vous y campiez, allait devant vous dans le chemin, la nuit, dans le feu, pour vous faire voir le chemin où vous deviez marcher, et, le jour, dans la nuée.

1:33 Who went in the way before you, to search you out a place to pitch your tents in, in fire by night, to shew you by what way ye should go, and in a cloud by day.

1:34 Et l'Éternel entendit la voix de vos paroles et fut courroucé, et jura, disant :

1:34 And the LORD heard the voice of your words, and was wroth, and sware, saying,

1:35 Si aucun de ces hommes, de cette génération méchante, voit ce bon pays que j'ai juré de donner à vos pères !...

1:36 excepté Caleb, fils de Jephunné : lui, le verra, et je lui donnerai, et à ses fils, le pays où il a marché*, parce qu'il a pleinement suivi l'Éternel.

1:37 Contre moi aussi l'Éternel s'irrita, à cause de vous, disant : Toi non plus, tu n'y entreras pas.

1:38 Josué, fils de Nun, qui se tient devant toi, lui, y entrera ; fortifie-le, car c'est lui qui le fera hériter à Israël.

1:39 Et vos petits enfants dont vous avez dit qu'ils seraient une proie, et vos fils qui aujourd'hui ne connaissent pas le bien et le mal, ceux-là y entreront, et c'est à eux que je le donnerai, et ils le posséderont.

1:40 Et vous, tournez-vous, et partez pour le désert, par le chemin de la mer Rouge.

1:41 — Et vous répondîtes et me dîtes : Nous avons péché contre l'Éternel ; nous monterons, et nous combattrons, selon tout ce que l'Éternel, notre Dieu, nous a commandé. Et vous ceignîtes chacun ses armes de guerre, et légèrement vous entreprîtes de monter dans la montagne.

1:42 Et l'Éternel me dit : Dis-leur : Ne montez pas, et ne combattez pas, car je ne suis point au milieu de vous, afin que vous ne soyez pas battus par* vos ennemis.

1:43 Et je vous parlai ; mais vous n'écoutâtes point, et vous rebellâtes contre le commandement* de l'Éternel, et vous fûtes présomptueux, et montâtes dans la montagne.

1:35 Surely there shall not one of these men of this evil generation see that good land, which I sware to give unto your fathers.

1:36 Save Caleb the son of Jephunneh; he shall see it, and to him will I give the land that he hath trodden upon, and to his children, because he hath wholly followed the LORD.

1:37 Also the LORD was angry with me for your sakes, saying, Thou also shalt not go in thither.

1:38 But Joshua the son of Nun, which standeth before thee, he shall go in thither: encourage him: for he shall cause Israel to inherit it.

1:39 Moreover your little ones, which ye said should be a prey, and your children, which in that day had no knowledge between good and evil, they shall go in thither, and unto them will I give it, and they shall possess it.

1:40 But as for you, turn you, and take your journey into the wilderness by the way of the Red sea.

1:41 Then ye answered and said unto me, We have sinned against the LORD, we will go up and fight, according to all that the LORD our God commanded us. And when ye had girded on every man his weapons of war, ye were ready to go up into the hill.

1:42 And the LORD said unto me, Say unto them, Go not up, neither fight; for I am not among you; lest ye be smitten before your enemies.

1:43 So I spake unto you; and ye would not hear, but rebelled against the commandment of the LORD, and went presumptuously up into the hill.

1:44 Et l'Amoréen, qui habitait cette montagne, sortit à votre rencontre, et vous poursuivit, comme font les abeilles, et il vous tailla en pièces en Séhir, jusqu'à Horma*.	*1:44 And the Amorites, which dwelt in that mountain, came out against you, and chased you, as bees do, and destroyed you in Seir, even unto Hormah.*
1:45 Et vous retournâtes et vous pleurâtes devant l'Éternel ; et l'Éternel n'écouta point votre voix et ne vous prêta point l'oreille.	*1:45 And ye returned and wept before the LORD; but the LORD would not hearken to your voice, nor give ear unto you.*
1:46 Et vous demeurâtes à Kadès plusieurs jours, selon les jours que vous y avez habité.	*1:46 So ye abode in Kadesh many days, according unto the days that ye abode there.*
2:1 Et nous nous tournâmes, et nous partîmes pour le désert, par le chemin de la mer Rouge, comme l'Éternel m'avait dit, et nous tournâmes autour de la montagne de Séhir, plusieurs jours.	*2:1 Then we turned, and took our journey into the wilderness by the way of the Red sea, as the LORD spake unto me: and we compassed mount Seir many days.*
2:2 Et l'Éternel me parla, disant :	*2:2 And the LORD spake unto me, saying,*
2:3 Vous avez assez tourné autour de cette montagne ; dirigez-vous vers le nord.	*2:3 Ye have compassed this mountain long enough: turn you northward.*
2:4 Et commande au peuple, disant : Vous allez passer par les confins de vos frères, les fils d'Ésaü, qui habitent en Séhir, et ils auront peur de vous ; et soyez bien sur vos gardes ;	*2:4 And command thou the people, saying, Ye are to pass through the coast of your brethren the children of Esau, which dwell in Seir; and they shall be afraid of you: take ye good heed unto yourselves therefore:*
2:5 vous n'engagerez pas de lutte avec eux, car je ne vous donnerai rien de leur pays, pas même de quoi poser la plante du pied, car j'ai donné la montagne de Séhir en possession à Ésaü.	*2:5 Meddle not with them; for I will not give you of their land, no, not so much as a foot breadth; because I have given mount Seir unto Esau for a possession.*
2:6 Vous achèterez d'eux la nourriture à prix d'argent, et vous la mangerez ; et l'eau aussi, vous l'achèterez d'eux à prix d'argent, et vous la boirez.	*2:6 Ye shall buy meat of them for money, that ye may eat; and ye shall also buy water of them for money, that ye may drink.*
2:7 Car l'Éternel, ton Dieu, t'a béni dans toute l'œuvre de ta main ; il a connu ta marche par ce grand désert ; pendant ces quarante ans, l'Éternel, ton Dieu, a été avec toi ; tu n'as manqué de rien.	*2:7 For the LORD thy God hath blessed thee in all the works of thy hand: he knoweth thy walking through this great wilderness: these forty years the LORD thy God hath been with thee; thou hast lacked nothing.*
2:8 Et nous laissâmes nos frères, les fils d'Ésaü, qui habitent en Séhir, passant devant la plaine, devant Élath et Etsion-Guéber, et nous nous tournâmes, et nous passâmes par le chemin du désert de Moab.	*2:8 And when we passed by from our brethren the children of Esau, which dwelt in Seir, through the way of the plain from Elath, and from Eziongaber, we turned and passed by the way of the wilderness of Moab.*

2:9 Et l'Éternel me dit : Tu n'attaqueras pas Moab, et tu ne te mettras pas en guerre avec eux, car je ne te donnerai rien de leur pays en possession, car j'ai donné Ar en possession aux fils de Lot.

2:10 (Les Émim y habitaient auparavant, un peuple grand et nombreux et de haute stature comme les Anakim ;

2:11 ils sont réputés, eux aussi, des géants*, comme les Anakim, mais les Moabites les appellent Émim.

2:12 Et les Horiens habitaient auparavant en Séhir, et les fils d'Ésaü les dépossédèrent, et les détruisirent devant eux, et habitèrent à leur place, comme a fait Israël dans le pays de sa possession, que l'Éternel lui a donné).

2:13 Maintenant, levez-vous et passez le torrent* de Zéred. — Et nous passâmes le torrent* de Zéred.

2:14 Et les jours que nous avons marché depuis Kadès-Barnéa jusqu'à ce que nous ayons passé le torrent* de Zéred, ont été trente-huit ans, jusqu'à ce que toute la génération des hommes de guerre ait péri du milieu du camp, comme l'Éternel le leur avait juré.

2:15 Et la main de l'Éternel a aussi été contre eux, pour les détruire du milieu du camp, jusqu'à ce qu'ils eussent péri.

2:16 Et il arriva que, lorsque tous les hommes de guerre eurent péri du milieu du peuple par la mort,

2:17 l'Éternel me parla, disant :

2:18 Tu vas passer aujourd'hui la frontière de Moab, [qui est] Ar,

2:9 And the LORD said unto me, Distress not the Moabites, neither contend with them in battle: for I will not give thee of their land for a possession; because I have given Ar unto the children of Lot for a possession.

2:10 The Emims dwelt therein in times past, a people great, and many, and tall, as the Anakims;

2:11 Which also were accounted giants, as the Anakims; but the Moabites called them Emims.

2:12 The Horims also dwelt in Seir beforetime; but the children of Esau succeeded them, when they had destroyed them from before them, and dwelt in their stead; as Israel did unto the land of his possession, which the LORD gave unto them.

2:13 Now rise up, said I, and get you over the brook Zered. And we went over the brook Zered.

2:14 And the space in which we came from Kadeshbarnea, until we were come over the brook Zered, was thirty and eight years; until all the generation of the men of war were wasted out from among the host, as the LORD sware unto them.

2:15 For indeed the hand of the LORD was against them, to destroy them from among the host, until they were consumed.

2:16 So it came to pass, when all the men of war were consumed and dead from among the people,

2:17 That the LORD spake unto me, saying,

2:18 Thou art to pass over through Ar, the coast of Moab, this day:

2:19 et tu t'approcheras vis-à-vis des fils d'Ammon ; tu ne les attaqueras pas, et tu n'engageras pas de lutte avec eux, car je ne te donnerai rien du pays des fils d'Ammon en possession, parce que je l'ai donné en possession aux fils de Lot.

2:20 (Il est aussi réputé pays des Rephaïm* ; les Rephaïm y habitaient auparavant, et les Ammonites les appellent Zamzummim,

2:21 peuple grand et nombreux et de haute stature comme les Anakim ; mais l'Éternel les détruisit devant eux, et ils les dépossédèrent et habitèrent à leur place,

2:22 — comme il fit pour les fils d'Ésaü, qui habitent en Séhir, lorsqu'il détruisit les Horiens devant eux, et qu'ils les dépossédèrent ; et ils ont habité à leur place jusqu'à ce jour.

2:23 Et quant aux Avviens qui habitaient dans des hameaux jusqu'à Gaza, les Caphtorim, sortis de Caphtor, les détruisirent et habitèrent à leur place).

2:24 Levez-vous, partez, et passez le torrent de l'Arnon. Regarde, j'ai livré en ta main Sihon, roi de Hesbon, l'Amoréen, et son pays : commence, prends possession, et fais-lui la guerre.

2:25 Aujourd'hui je commencerai à mettre la frayeur et la peur de toi sur les peuples, sous tous les cieux ; car ils entendront le bruit de ce que tu fais*, et ils trembleront, et seront en angoisse devant toi.

2:26 Et j'envoyai, du désert de Kedémoth, des messagers à Sihon, roi de Hesbon, avec des paroles de paix, disant :

2:27 Je passerai par ton pays ; j'irai seulement par le chemin, je ne m'écarterai ni à droite ni à gauche.

2:19 And when thou comest nigh over against the children of Ammon, distress them not, nor meddle with them: for I will not give thee of the land of the children of Ammon any possession; because I have given it unto the children of Lot for a possession.

2:20 (That also was accounted a land of giants: giants dwelt therein in old time; and the Ammonites call them Zamzummims;

2:21 A people great, and many, and tall, as the Anakims; but the LORD destroyed them before them; and they succeeded them, and dwelt in their stead:

2:22 As he did to the children of Esau, which dwelt in Seir, when he destroyed the Horims from before them; and they succeeded them, and dwelt in their stead even unto this day:

2:23 And the Avims which dwelt in Hazerim, even unto Azzah, the Caphtorims, which came forth out of Caphtor, destroyed them, and dwelt in their stead.)

2:24 Rise ye up, take your journey, and pass over the river Arnon: behold, I have given into thine hand Sihon the Amorite, king of Heshbon, and his land: begin to possess it, and contend with him in battle.

2:25 This day will I begin to put the dread of thee and the fear of thee upon the nations that are under the whole heaven, who shall hear report of thee, and shall tremble, and be in anguish because of thee.

2:26 And I sent messengers out of the wilderness of Kedemoth unto Sihon king of Heshbon with words of peace, saying,

2:27 Let me pass through thy land: I will go along by the high way, I will neither turn unto the right hand nor to the left.

2:28 Tu me vendras de la nourriture à prix d'argent, afin que je mange ; et tu me donneras de l'eau à prix d'argent, afin que je boive ; je ne ferai que passer avec mes pieds :

2:29 comme m'ont fait les fils d'Ésaü qui habitent en Séhir, et les Moabites qui habitent à Ar ; jusqu'à ce que je passe le Jourdain [et que j'entre] dans le pays que l'Éternel, notre Dieu, nous donne.

2:30 Et Sihon, roi de Hesbon, ne voulut pas nous laisser passer par son [pays] ; car l'Éternel, ton Dieu, avait endurci son esprit et roidi son cœur, afin de le livrer en ta main, comme [il paraît] aujourd'hui.

2:31 Et L'Éternel me dit : Regarde, j'ai commencé à livrer devant toi Sihon et son pays : commence, prends possession, afin que tu possèdes son pays.

2:32 — Et Sihon sortit à notre rencontre, lui et tout son peuple, à Jahats, pour livrer bataille.

2:33 Et l'Éternel, notre Dieu, le livra devant nous ; et nous le battîmes, lui, et ses fils, et tout son peuple ;

2:34 et nous prîmes toutes ses villes, en ce temps-là, et nous détruisîmes entièrement toutes les villes, hommes, et femmes, et enfants ; nous ne laissâmes pas un réchappé ;

2:35 seulement, nous pillâmes pour nous les bêtes et le butin des villes que nous avions prises.

2:36 Depuis Aroër, qui est sur le bord du torrent de l'Arnon, et la ville qui est dans le torrent, jusqu'à Galaad, il n'y eut pas de ville qui fût trop haute pour nous ; l'Éternel, notre Dieu, livra tout devant nous.

2:37 Seulement, tu ne t'es pas approché du pays des fils d'Ammon, de toute la rive du torrent de Jabbok, ni des villes de la montagne, ni de tout ce que l'Éternel, notre Dieu, nous avait commandé [de ne pas toucher].

2:28 Thou shalt sell me meat for money, that I may eat; and give me water for money, that I may drink: only I will pass through on my feet;

2:29 (As the children of Esau which dwell in Seir, and the Moabites which dwell in Ar, did unto me;) until I shall pass over Jordan into the land which the LORD our God giveth us.

2:30 But Sihon king of Heshbon would not let us pass by him: for the LORD thy God hardened his spirit, and made his heart obstinate, that he might deliver him into thy hand, as appeareth this day.

2:31 And the LORD said unto me, Behold, I have begun to give Sihon and his land before thee: begin to possess, that thou mayest inherit his land.

2:32 Then Sihon came out against us, he and all his people, to fight at Jahaz.

2:33 And the LORD our God delivered him before us; and we smote him, and his sons, and all his people.

2:34 And we took all his cities at that time, and utterly destroyed the men, and the women, and the little ones, of every city, we left none to remain:

2:35 Only the cattle we took for a prey unto ourselves, and the spoil of the cities which we took.

2:36 From Aroer, which is by the brink of the river of Arnon, and from the city that is by the river, even unto Gilead, there was not one city too strong for us: the LORD our God delivered all unto us:

2:37 Only unto the land of the children of Ammon thou camest not, nor unto any place of the river Jabbok, nor unto the cities in the mountains, nor unto whatsoever the LORD our God forbad us.

3:1 Et nous nous tournâmes, et nous montâmes par le chemin de Basan ; et Og, le roi de Basan, sortit à notre rencontre, lui et tout son peuple, à Édréhi, pour livrer bataille.	*3:1 Then we turned, and went up the way to Bashan: and Og the king of Bashan came out against us, he and all his people, to battle at Edrei.*
3:2 Et l'Éternel me dit : Ne le crains pas, car je l'ai livré en ta main, lui et tout son peuple, et son pays ; et tu lui feras comme tu as fait à Sihon, roi des Amoréens, qui habitait à Hesbon.	*3:2 And the LORD said unto me, Fear him not: for I will deliver him, and all his people, and his land, into thy hand; and thou shalt do unto him as thou didst unto Sihon king of the Amorites, which dwelt at Heshbon.*
3:3 — Et l'Éternel, notre Dieu, livra aussi en notre main Og, le roi de Basan, et tout son peuple ; et nous le battîmes jusqu'à ne pas lui laisser un réchappé.	*3:3 So the LORD our God delivered into our hands Og also, the king of Bashan, and all his people: and we smote him until none was left to him remaining.*
3:4 Et nous prîmes toutes ses villes, en ce temps-là ; il n'y eut point de ville que nous ne leur prissions : soixante villes, toute la région d'Argob, le royaume d'Og, en Basan ;	*3:4 And we took all his cities at that time, there was not a city which we took not from them, threescore cities, all the region of Argob, the kingdom of Og in Bashan.*
3:5 toutes ces villes-là étaient fortifiées avec de hautes murailles, des portes et des barres, outre les villes ouvertes, en fort grand nombre ;	*3:5 All these cities were fenced with high walls, gates, and bars; beside unwalled towns a great many.*
3:6 et nous les détruisîmes entièrement, comme nous avions fait à Sihon, roi de Hesbon, détruisant toutes les villes, hommes, femmes, et enfants.	*3:6 And we utterly destroyed them, as we did unto Sihon king of Heshbon, utterly destroying the men, women, and children, of every city.*
3:7 Et nous pillâmes pour nous toutes les bêtes, et le butin des villes.	*3:7 But all the cattle, and the spoil of the cities, we took for a prey to ourselves.*
3:8 Et nous prîmes en ce temps-là, de la main des deux rois des Amoréens, le pays qui était en deçà du Jourdain, depuis le torrent de l'Arnon jusqu'à la montagne de l'Hermon,	*3:8 And we took at that time out of the hand of the two kings of the Amorites the land that was on this side Jordan, from the river of Arnon unto mount Hermon;*
3:9 (les Sidoniens appellent l'Hermon, Sirion, et les Amoréens l'appellent Senir) ;	*3:9 (Which Hermon the Sidonians call Sirion; and the Amorites call it Shenir;)*
3:10 toutes les villes du plateau, et tout Galaad, et tout Basan jusqu'à Salca et à Édréhi, villes du royaume d'Og, en Basan.	*3:10 All the cities of the plain, and all Gilead, and all Bashan, unto Salchah and Edrei, cities of the kingdom of Og in Bashan.*

3:11 Car Og, le roi de Basan, était seul demeuré du reste des Rephaïm. Voici, son lit, un lit de fer, n'est-il pas dans Rabba des fils d'Ammon ? Sa longueur est de neuf coudées, et sa largeur de quatre coudées, en coudées d'homme.

3:12 Et nous prîmes possession de ce pays-là, en ce même temps. Depuis Aroër, qui est sur le torrent de l'Arnon, la moitié de la montagne de Galaad, et ses villes, je les donnai aux Rubénites et aux Gadites ;

3:13 et le reste de Galaad, et tout Basan, le royaume d'Og, je le donnai à la demi-tribu de Manassé. (Toute la région d'Argob, comme tout Basan, était appelée le pays des Rephaïm.

3:14 Jaïr, fils de Manassé, prit toute la région d'Argob, jusqu'à la frontière des Gueshuriens et des Maacathiens ; et il appela* de son nom Basan, Havoth-Jaïr**, [ce qui est son nom] jusqu'à aujourd'hui).

3:15 Et je donnai Galaad à Makir.

3:16 Et aux Rubénites et aux Gadites je donnai depuis Galaad jusqu'au torrent de l'Arnon, le milieu du torrent et ce qui y confine, et jusqu'au torrent du Jabbok, frontière des fils d'Ammon ;

3:17 et la plaine*, et le Jourdain et [sa] rive depuis Kinnéreth jusqu'à la mer de la plaine*, la mer Salée, sous les pentes du Pisga, vers le levant.

3:18 Et, en ce temps-là, je vous commandai, disant : L'Éternel, votre Dieu, vous a donné ce pays pour le posséder ; vous passerez équipés devant vos frères, les fils d'Israël, vous tous, les hommes valides.

3:19 Seulement, vos femmes, et vos enfants, et vos troupeaux, — je sais que vos troupeaux sont nombreux, — demeureront dans vos villes que je vous ai données,

---

3:11 For only Og king of Bashan remained of the remnant of giants; behold his bedstead was a bedstead of iron; is it not in Rabbath of the children of Ammon? nine cubits was the length thereof, and four cubits the breadth of it, after the cubit of a man.

3:12 And this land, which we possessed at that time, from Aroer, which is by the river Arnon, and half mount Gilead, and the cities thereof, gave I unto the Reubenites and to the Gadites.

3:13 And the rest of Gilead, and all Bashan, being the kingdom of Og, gave I unto the half tribe of Manasseh; all the region of Argob, with all Bashan, which was called the land of giants.

3:14 Jair the son of Manasseh took all the country of Argob unto the coasts of Geshuri and Maachathi; and called them after his own name, Bashanhavothjair, unto this day.

3:15 And I gave Gilead unto Machir.

3:16 And unto the Reubenites and unto the Gadites I gave from Gilead even unto the river Arnon half the valley, and the border even unto the river Jabbok, which is the border of the children of Ammon;

3:17 The plain also, and Jordan, and the coast thereof, from Chinnereth even unto the sea of the plain, even the salt sea, under Ashdothpisgah eastward.

3:18 And I commanded you at that time, saying, The LORD your God hath given you this land to possess it: ye shall pass over armed before your brethren the children of Israel, all that are meet for the war.

3:19 But your wives, and your little ones, and your cattle, (for I know that ye have much cattle,) shall abide in your cities which I have given you;

3:20 jusqu'à ce que l'Éternel ait donné du repos à vos frères comme à vous, et qu'eux aussi possèdent le pays que l'Éternel, votre Dieu, leur donne au delà du Jourdain ; alors vous retournerez chacun dans sa possession, que je vous ai donnée.

3:21 Et je commandai à Josué en ce temps-là, disant : Tes yeux ont vu tout ce que l'Éternel, votre Dieu, a fait à ces deux rois ; l'Éternel fera ainsi à tous les royaumes où tu vas passer.

3:22 Ne les craignez pas ; car l'Éternel, votre Dieu, est celui qui combat pour vous.

3:23 Et en ce temps-là, je supplia l'Éternel, disant :

3:24 Seigneur Éternel ! tu as commencé à faire voir à ton serviteur ta grandeur et ta main forte, car quel est le *Dieu*, dans les cieux et sur la terre, qui fasse [des œuvres] comme tes œuvres et selon ta force ?

3:25 Que je passe, je te prie, et que je voie ce bon pays qui est au delà du Jourdain, cette bonne montagne, et le Liban.

3:26 — Et l'Éternel fut irrité contre moi à cause de vous, et il ne m'écouta point ; et l'Éternel me dit : C'est assez, ne me parle plus de cette affaire.

3:27 Monte au sommet du Pisga, et élève tes yeux vers l'occident, et vers le nord, et vers le midi, et vers le levant, et regarde de tes yeux ; car tu ne passeras pas ce Jourdain.

3:28 Mais commande à Josué, et fortifie-le et affermis-le ; car lui, passera devant ce peuple, et lui, les mettra en possession du pays que tu verras.

3:29 Et nous habitâmes dans la vallée, vis-à-vis de Beth-Péor.

3:20 Until the LORD have given rest unto your brethren, as well as unto you, and until they also possess the land which the LORD your God hath given them beyond Jordan: and then shall ye return every man unto his possession, which I have given you.

3:21 And I commanded Joshua at that time, saying, Thine eyes have seen all that the LORD your God hath done unto these two kings: so shall the LORD do unto all the kingdoms whither thou passest.

3:22 Ye shall not fear them: for the LORD your God he shall fight for you.

3:23 And I besought the LORD at that time, saying,

3:24 O Lord GOD, thou hast begun to shew thy servant thy greatness, and thy mighty hand: for what God is there in heaven or in earth, that can do according to thy works, and according to thy might?

3:25 I pray thee, let me go over, and see the good land that is beyond Jordan, that goodly mountain, and Lebanon.

3:26 But the LORD was wroth with me for your sakes, and would not hear me: and the LORD said unto me, Let it suffice thee; speak no more unto me of this matter.

3:27 Get thee up into the top of Pisgah, and lift up thine eyes westward, and northward, and southward, and eastward, and behold it with thine eyes: for thou shalt not go over this Jordan.

3:28 But charge Joshua, and encourage him, and strengthen him: for he shall go over before this people, and he shall cause them to inherit the land which thou shalt see.

3:29 So we abode in the valley over against Bethpeor.

4:1 Et maintenant, Israël, écoute les statuts et les ordonnances que je vous enseigne, pour les pratiquer, afin que vous viviez, et que vous entriez dans le pays que l'Éternel, le Dieu de vos pères, vous donne, et que vous le possédiez.

4:2 Vous n'ajouterez rien à la parole que je vous commande, et vous n'en retrancherez rien, afin de garder les commandements de l'Éternel, votre Dieu, que je vous commande.

4:3 Vos yeux ont vu ce que l'Éternel a fait à cause de Baal-Péor* ; car tout homme qui était allé après Baal-Péor, l'Éternel, ton Dieu, l'a détruit du milieu de toi ;

4:4 et vous qui vous êtes tenus attachés à l'Éternel, votre Dieu, vous êtes tous vivants aujourd'hui.

4:5 Regarde, je vous ai enseigné les statuts et les ordonnances, comme l'Éternel, mon Dieu, me l'a commandé, afin que vous fassiez ainsi au milieu du pays où vous allez entrer pour le posséder.

4:6 Et vous les garderez et les pratiquerez ; car ce sera là votre sagesse et votre intelligence aux yeux des peuples qui entendront tous ces statuts et diront : Quel peuple sage et intelligent que cette grande nation !

4:7 Car quelle est la grande nation qui ait Dieu* près d'elle, comme l'Éternel, notre Dieu, [est près de nous], dans tout ce pour quoi nous l'invoquons ?

4:8 Et quelle est la grande nation qui ait des statuts et des ordonnances justes, comme toute cette loi que je mets aujourd'hui devant vous ?

4:9 Seulement, prends garde à toi et garde soigneusement ton âme, de peur que tu n'oublies les choses que tes yeux ont vues, (et afin que, tous les jours de ta vie, elles ne s'éloignent pas de ton cœur, mais que tu les fasses connaître à tes fils et aux fils de tes fils),

4:1 Now therefore hearken, O Israel, unto the statutes and unto the judgments, which I teach you, for to do them, that ye may live, and go in and possess the land which the LORD God of your fathers giveth you.

4:2 Ye shall not add unto the word which I command you, neither shall ye diminish ought from it, that ye may keep the commandments of the LORD your God which I command you.

4:3 Your eyes have seen what the LORD did because of Baalpeor: for all the men that followed Baalpeor, the LORD thy God hath destroyed them from among you.

4:4 But ye that did cleave unto the LORD your God are alive every one of you this day.

4:5 Behold, I have taught you statutes and judgments, even as the LORD my God commanded me, that ye should do so in the land whither ye go to possess it.

4:6 Keep therefore and do them; for this is your wisdom and your understanding in the sight of the nations, which shall hear all these statutes, and say, Surely this great nation is a wise and understanding people.

4:7 For what nation is there so great, who hath God so nigh unto them, as the LORD our God is in all things that we call upon him for?

4:8 And what nation is there so great, that hath statutes and judgments so righteous as all this law, which I set before you this day?

4:9 Only take heed to thyself, and keep thy soul diligently, lest thou forget the things which thine eyes have seen, and lest they depart from thy heart all the days of thy life: but teach them thy sons, and thy sons' sons;

4:10 le jour où tu te tins devant l'Éternel, ton Dieu, à Horeb, quand l'Éternel me dit : Assemble-moi le peuple, et je leur ferai entendre mes paroles, qu'ils apprendront pour me craindre tous les jours qu'ils seront vivants sur la terre, et qu'ils enseigneront à leurs fils ;

4:11 alors vous vous approchâtes et vous vous tîntes au bas de* la montagne (et la montagne était brûlante de feu jusqu'au cœur des cieux, … ténèbres, nuées, et profonde obscurité),

4:12 et l'Éternel vous parla du milieu du feu ; vous entendiez la voix de [ses] paroles, mais vous ne vîtes aucune forme, seulement [vous entendiez] une voix.

4:13 Et il vous déclara son alliance, qu'il vous commanda de pratiquer, les dix paroles ; et il les écrivit sur deux tables de pierre.

4:14 Et l'Éternel me commanda, en ce temps-là, de vous enseigner des statuts et des ordonnances, pour que vous les pratiquiez dans le pays dans lequel vous allez passer pour le posséder.

4:15 Et vous prendrez bien garde à vos âmes (car vous n'avez vu aucune forme au jour où l'Éternel vous parla du milieu du feu, à Horeb),

4:16 de peur que vous ne vous corrompiez, et que vous ne vous fassiez quelque image taillée, la forme d'une image quelconque, la figure d'un mâle ou d'une femelle,

4:17 la figure de quelque bête qui soit sur la terre, la figure de quelque oiseau ailé qui vole dans les cieux,

4:18 la figure de quelque reptile du* sol, la figure de quelque poisson qui soit dans les eaux, au-dessous de la terre ;

4:10 Specially the day that thou stoodest before the LORD thy God in Horeb, when the LORD said unto me, Gather me the people together, and I will make them hear my words, that they may learn to fear me all the days that they shall live upon the earth, and that they may teach their children.

4:11 And ye came near and stood under the mountain; and the mountain burned with fire unto the midst of heaven, with darkness, clouds, and thick darkness.

4:12 And the LORD spake unto you out of the midst of the fire: ye heard the voice of the words, but saw no similitude; only ye heard a voice.

4:13 And he declared unto you his covenant, which he commanded you to perform, even ten commandments; and he wrote them upon two tables of stone.

4:14 And the LORD commanded me at that time to teach you statutes and judgments, that ye might do them in the land whither ye go over to possess it.

4:15 Take ye therefore good heed unto yourselves; for ye saw no manner of similitude on the day that the LORD spake unto you in Horeb out of the midst of the fire:

4:16 Lest ye corrupt yourselves, and make you a graven image, the similitude of any figure, the likeness of male or female,

4:17 The likeness of any beast that is on the earth, the likeness of any winged fowl that flieth in the air,

4:18 The likeness of any thing that creepeth on the ground, the likeness of any fish that is in the waters beneath the earth:

God Almighty

4:19 et de peur que tu ne lèves tes yeux vers les cieux et que tu ne voies le soleil, et la lune et les étoiles, toute l'armée des cieux, et que tu ne te laisses séduire et ne te prosternes devant eux, et ne les serves : lesquels l'Éternel, ton Dieu, a donnés en partage à tous les peuples, sous tous les cieux.

4:20 Mais vous, l'Éternel vous a pris, et vous a fait sortir d'Égypte, de la fournaise de fer, afin que vous soyez le peuple de sa possession*, comme [vous l'êtes] aujourd'hui.

4:21 Et l'Éternel s'irrita contre moi, à cause de vous, et il jura que je ne passerais pas le Jourdain et que je n'entrerais pas dans le bon pays que l'Éternel, ton Dieu, te donne en héritage ;

4:22 car, pour moi, je mourrai dans ce pays, je ne passerai pas le Jourdain ; mais vous allez le passer, et vous posséderez ce bon pays.

4:23 Prenez garde à vous, de peur que vous n'oubliiez l'alliance de l'Éternel, votre Dieu, qu'il a traitée avec vous, et que vous ne vous fassiez une image taillée, la forme d'une chose quelconque, — ce que l'Éternel, ton Dieu, t'a commandé [de ne pas faire].

4:24 Car l'Éternel, ton Dieu, est un feu consumant, un *Dieu jaloux.

4:25 Quand tu auras engendré des fils et des petits-fils, et que vous aurez vécu longtemps dans le pays, et que vous vous serez corrompus, et que vous aurez fait une image taillée, la forme d'une chose quelconque, et que vous aurez fait ce qui est mauvais aux yeux de l'Éternel, ton Dieu, pour le provoquer à colère,

4:26 j'appelle aujourd'hui à témoin contre vous les cieux et la terre, que vous périrez bientôt entièrement de dessus le pays où, en passant le Jourdain, vous [entrez] afin de le posséder ; vous n'y prolongerez pas vos jours, car vous serez entièrement détruits.

4:19 And lest thou lift up thine eyes unto heaven, and when thou seest the sun, and the moon, and the stars, even all the host of heaven, shouldest be driven to worship them, and serve them, which the LORD thy God hath divided unto all nations under the whole heaven.

4:20 But the LORD hath taken you, and brought you forth out of the iron furnace, even out of Egypt, to be unto him a people of inheritance, as ye are this day.

4:21 Furthermore the LORD was angry with me for your sakes, and sware that I should not go over Jordan, and that I should not go in unto that good land, which the LORD thy God giveth thee for an inheritance:

4:22 But I must die in this land, I must not go over Jordan: but ye shall go over, and possess that good land.

4:23 Take heed unto yourselves, lest ye forget the covenant of the LORD your God, which he made with you, and make you a graven image, or the likeness of any thing, which the LORD thy God hath forbidden thee.

4:24 For the LORD thy God is a consuming fire, even a jealous God.

4:25 When thou shalt beget children, and children's children, and ye shall have remained long in the land, and shall corrupt yourselves, and make a graven image, or the likeness of any thing, and shall do evil in the sight of the LORD thy God, to provoke him to anger:

4:26 I call heaven and earth to witness against you this day, that ye shall soon utterly perish from off the land whereunto ye go over Jordan to possess it; ye shall not prolong your days upon it, but shall utterly be destroyed.

4:27 Et l'Éternel vous dispersera parmi les peuples ; et vous resterez en petit nombre parmi les nations où l'Éternel vous mènera.

4:27 And the LORD shall scatter you among the nations, and ye shall be left few in number among the heathen, whither the LORD shall lead you.

4:28 Et vous servirez là des dieux, ouvrage de mains d'homme, du bois et de la pierre, qui ne voient, ni n'entendent, ni ne mangent, ni ne flairent.

4:28 And there ye shall serve gods, the work of men's hands, wood and stone, which neither see, nor hear, nor eat, nor smell.

4:29 Et de là vous chercherez l'Éternel, ton Dieu ; et tu le trouveras, si tu le cherches de tout ton cœur et de toute ton âme.

4:29 But if from thence thou shalt seek the LORD thy God, thou shalt find him, if thou seek him with all thy heart and with all thy soul.

4:30 Dans ta détresse, et lorsque toutes ces choses t'auront atteint, à la fin des jours, tu retourneras à l'Éternel, ton Dieu, et tu écouteras sa voix.

4:30 When thou art in tribulation, and all these things are come upon thee, even in the latter days, if thou turn to the LORD thy God, and shalt be obedient unto his voice;

4:31 Car l'Éternel, ton Dieu, est un *Dieu miséricordieux, il ne t'abandonnera pas et ne te détruira pas ; et il n'oubliera pas l'alliance de tes pères, qu'il leur a jurée.

4:31 (For the LORD thy God is a merciful God;) he will not forsake thee, neither destroy thee, nor forget the covenant of thy fathers which he sware unto them.

4:32 Car, enquiers-toi donc des premiers jours qui ont été avant toi, depuis le jour où Dieu a créé l'homme sur la terre, et d'un bout des cieux jusqu'à l'autre bout des cieux, si [jamais] il est rien arrivé comme cette grande chose, et s'il a été rien entendu de semblable.

4:32 For ask now of the days that are past, which were before thee, since the day that God created man upon the earth, and ask from the one side of heaven unto the other, whether there hath been any such thing as this great thing is, or hath been heard like it?

4:33 Est-ce qu'un peuple a entendu la voix de Dieu parlant du milieu du feu, comme toi tu l'as entendue, et est demeuré en vie ?

4:33 Did ever people hear the voice of God speaking out of the midst of the fire, as thou hast heard, and live?

4:34 Ou Dieu a-t-il essayé de venir prendre pour lui une nation du milieu d'une nation, par des épreuves, par des signes, et par des prodiges, et par la guerre, et à main forte, et à bras étendu, et par de grandes terreurs, selon tout ce que l'Éternel, votre Dieu, a fait pour vous en Égypte, sous tes yeux ?

4:34 Or hath God assayed to go and take him a nation from the midst of another nation, by temptations, by signs, and by wonders, and by war, and by a mighty hand, and by a stretched out arm, and by great terrors, according to all that the LORD your God did for you in Egypt before your eyes?

4:35 Cela t'a été montré, afin que tu connusses que l'Éternel est Dieu, et qu'il n'y en a point d'autre que lui.

4:35 Unto thee it was shewed, that thou mightest know that the LORD he is God; there is none else beside him.

4:36 Des cieux, il t'a fait entendre sa voix pour t'instruire, et, sur la terre, il t'a fait voir son grand feu, et tu as entendu ses paroles du milieu du feu.

4:37 Et parce qu'il a aimé tes pères, et qu'il a choisi leur semence après eux, il t'a fait sortir d'Égypte par sa face*, par sa grande puissance,

4:38 pour déposséder devant toi des nations plus grandes et plus fortes que toi, pour t'introduire dans leur pays, afin de te le donner en héritage, comme [il paraît] aujourd'hui.

4:39 Sache donc aujourd'hui, et médite en ton cœur, que l'Éternel est Dieu dans les cieux en haut, et sur la terre en bas : il n'y en a point d'autre.

4:40 Et garde ses statuts et ses commandements que je te commande aujourd'hui, afin que tu prospères, toi et tes fils après toi, et que tu prolonges tes jours sur la terre que l'Éternel, ton Dieu, te donne, pour toujours.

4:41 Alors Moïse sépara trois villes, en deçà du Jourdain, vers le soleil levant,

4:42 afin que l'homicide qui aurait tué son prochain sans le savoir, et qui ne l'aurait pas haï auparavant, s'y enfuît, et que, s'enfuyant dans l'une de ces villes-là, il vécût :

4:43 Bétser, dans le désert, sur le plateau*, [qui est] aux Rubénites ; et Ramoth, en Galaad, [qui est] aux Gadites ; et Golan, en Basan, [qui est] aux Manassites.

4:44 Et c'est ici la loi que Moïse plaça devant les fils d'Israël ;

4:45 ce sont ici les témoignages, et les statuts, et les ordonnances que Moïse exposa aux fils d'Israël, à leur sortie d'Égypte,

4:36 Out of heaven he made thee to hear his voice, that he might instruct thee: and upon earth he shewed thee his great fire; and thou heardest his words out of the midst of the fire.

4:37 And because he loved thy fathers, therefore he chose their seed after them, and brought thee out in his sight with his mighty power out of Egypt;

4:38 To drive out nations from before thee greater and mightier than thou art, to bring thee in, to give thee their land for an inheritance, as it is this day.

4:39 Know therefore this day, and consider it in thine heart, that the LORD he is God in heaven above, and upon the earth beneath: there is none else.

4:40 Thou shalt keep therefore his statutes, and his commandments, which I command thee this day, that it may go well with thee, and with thy children after thee, and that thou mayest prolong thy days upon the earth, which the LORD thy God giveth thee, for ever.

4:41 Then Moses severed three cities on this side Jordan toward the sunrising;

4:42 That the slayer might flee thither, which should kill his neighbour unawares, and hated him not in times past; and that fleeing unto one of these cities he might live:

4:43 Namely, Bezer in the wilderness, in the plain country, of the Reubenites; and Ramoth in Gilead, of the Gadites; and Golan in Bashan, of the Manassites.

4:44 And this is the law which Moses set before the children of Israel:

4:45 These are the testimonies, and the statutes, and the judgments, which Moses spake unto the children of Israel, after they came forth out of Egypt.

4:46 en deçà du Jourdain, dans la vallée vis-à-vis de Beth-Péor, dans le pays de Sihon, roi des Amoréens, qui habitait à Hesbon, que Moïse et les fils d'Israël frappèrent à leur sortie d'Égypte ;

4:47 et ils possédèrent son pays, et le pays d'Og, roi de Basan, deux rois des Amoréens, qui étaient en deçà du Jourdain, vers le soleil levant,

4:48 depuis Aroër qui est sur le bord du torrent de l'Arnon, jusqu'à la montagne de Scion qui est l'Hermon,

4:49 et toute la plaine* en deçà du Jourdain, vers le levant et jusqu'à la mer de la plaine*, sous les pentes du Pisga.

5:1 Et Moïse appela tout Israël, et leur dit : Écoute, Israël, les statuts et les ordonnances que je prononce aujourd'hui à vos oreilles : vous les apprendrez, et vous les garderez pour les pratiquer.

5:2 L'Éternel, notre Dieu, fit avec nous une alliance à Horeb.

5:3 Ce n'est pas avec nos pères que l'Éternel a fait cette alliance, mais avec nous, avec nous qui sommes ici aujourd'hui tous vivants.

5:4 L'Éternel vous parla face à face, sur la montagne, du milieu du feu

5:5 (moi, je me tenais en ce temps-là entre l'Éternel et vous, pour vous déclarer la parole de l'Éternel, car vous aviez peur à cause du feu et vous ne montâtes point sur la montagne), disant :

5:6 Je suis l'Éternel, ton Dieu, qui t'ai fait sortir du pays d'Égypte, de la maison de servitude*.

5:7 Tu n'auras point d'autres dieux devant ma face.

5:8 Tu ne te feras point d'image taillée, aucune ressemblance de ce qui est dans les cieux en haut, ni de ce qui est sur la terre en bas, ni de ce qui est dans les eaux au-dessous de la terre.

4:46 On this side Jordan, in the valley over against Bethpeor, in the land of Sihon king of the Amorites, who dwelt at Heshbon, whom Moses and the children of Israel smote, after they were come forth out of Egypt:

4:47 And they possessed his land, and the land of Og king of Bashan, two kings of the Amorites, which were on this side Jordan toward the sunrising;

4:48 From Aroer, which is by the bank of the river Arnon, even unto mount Sion, which is Hermon,

4:49 And all the plain on this side Jordan eastward, even unto the sea of the plain, under the springs of Pisgah.

5:1 And Moses called all Israel, and said unto them, Hear, O Israel, the statutes and judgments which I speak in your ears this day, that ye may learn them, and keep, and do them.

5:2 The LORD our God made a covenant with us in Horeb.

5:3 The LORD made not this covenant with our fathers, but with us, even us, who are all of us here alive this day.

5:4 The LORD talked with you face to face in the mount out of the midst of the fire,

5:5 (I stood between the LORD and you at that time, to shew you the word of the LORD: for ye were afraid by reason of the fire, and went not up into the mount;) saying,

5:6 I am the LORD thy God, which brought thee out of the land of Egypt, from the house of bondage.

5:7 Thou shalt have none other gods before me.

5:8 Thou shalt not make thee any graven image, or any likeness of any thing that is in heaven above, or that is in the earth beneath, or that is in the waters beneath the earth:

5:9 Tu ne t'inclineras point devant elles et tu ne les serviras point ; car moi, l'Éternel, ton Dieu, je suis un *Dieu jaloux, qui visite l'iniquité des pères sur les fils, et sur la troisième et sur la quatrième [génération] de ceux qui me haïssent,

5:10 et qui use de bonté envers des milliers de ceux qui m'aiment et qui gardent mes commandements.

5:11 Tu ne prendras point le nom de l'Éternel, ton Dieu, en vain* ; car l'Éternel ne tiendra point pour innocent celui qui aura pris son nom en vain.

5:12 Garde le jour du sabbat pour le sanctifier, comme l'Éternel, ton Dieu, te l'a commandé.

5:13 Six jours tu travailleras et tu feras toute ton œuvre ;

5:14 mais le septième jour est le sabbat [consacré] à l'Éternel, ton Dieu : tu ne feras aucune œuvre, ni toi, ni ton fils, ni ta fille, ni ton serviteur, ni ta servante, ni ton bœuf, ni ton âne, ni aucune de tes bêtes, ni ton étranger qui est dans tes portes, afin que ton serviteur et ta servante se reposent comme toi ;

5:15 et tu te souviendras que tu as été serviteur dans le pays d'Égypte, et que l'Éternel, ton Dieu, t'a fait sortir de là à main forte et à bras étendu ; c'est pourquoi l'Éternel, ton Dieu, t'a commandé de garder* le jour du sabbat.

5:16 Honore ton père et ta mère, comme l'Éternel, ton Dieu, te l'a commandé, afin que tes jours soient prolongés, et afin que tu prospères sur la terre que l'Éternel, ton Dieu, te donne.

5:17 Tu ne tueras point.

5:18 Et tu ne commettras point adultère.

5:19 Et tu ne déroberas point.

5:20 Et tu ne diras point de faux témoignage contre ton prochain.

5:9 Thou shalt not bow down thyself unto them, nor serve them: for I the LORD thy God am a jealous God, visiting the iniquity of the fathers upon the children unto the third and fourth generation of them that hate me,

5:10 And shewing mercy unto thousands of them that love me and keep my commandments.

5:11 Thou shalt not take the name of the LORD thy God in vain: for the LORD will not hold him guiltless that taketh his name in vain.

5:12 Keep the sabbath day to sanctify it, as the LORD thy God hath commanded thee.

5:13 Six days thou shalt labour, and do all thy work:

5:14 But the seventh day is the sabbath of the LORD thy God: in it thou shalt not do any work, thou, nor thy son, nor thy daughter, nor thy manservant, nor thy maidservant, nor thine ox, nor thine ass, nor any of thy cattle, nor thy stranger that is within thy gates; that thy manservant and thy maidservant may rest as well as thou.

5:15 And remember that thou wast a servant in the land of Egypt, and that the LORD thy God brought thee out thence through a mighty hand and by a stretched out arm: therefore the LORD thy God commanded thee to keep the sabbath day.

5:16 Honour thy father and thy mother, as the LORD thy God hath commanded thee; that thy days may be prolonged, and that it may go well with thee, in the land which the LORD thy God giveth thee.

5:17 Thou shalt not kill.

5:18 Neither shalt thou commit adultery.

5:19 Neither shalt thou steal.

5:20 Neither shalt thou bear false witness against thy neighbour.

5:21 Et tu ne convoiteras point la femme de ton prochain ; et tu ne désireras point la maison de ton prochain, [ni] son champ, ni son serviteur, ni sa servante, [ni] son bœuf, ni son âne, ni rien qui soit à ton prochain.

5:21 Neither shalt thou desire thy neighbour's wife, neither shalt thou covet thy neighbour's house, his field, or his manservant, or his maidservant, his ox, or his ass, or any thing that is thy neighbour's.

5:22 L'Éternel prononça ces paroles à toute votre congrégation, sur la montagne, du milieu du feu, de la nuée et de l'obscurité profonde, avec une voix forte, et il n'ajouta rien. Et il les écrivit sur deux tables de pierre, et me les donna.

5:22 These words the LORD spake unto all your assembly in the mount out of the midst of the fire, of the cloud, and of the thick darkness, with a great voice: and he added no more. And he wrote them in two tables of stone, and delivered them unto me.

5:23 Et il arriva que, lorsque vous entendîtes la voix du milieu des ténèbres, la montagne étant brûlante de feu, vous vous approchâtes de moi, tous les chefs* de vos tribus et vos anciens,

5:23 And it came to pass, when ye heard the voice out of the midst of the darkness, (for the mountain did burn with fire,) that ye came near unto me, even all the heads of your tribes, and your elders;

5:24 et vous dîtes : Voici, l'Éternel, notre Dieu, nous a fait voir sa gloire et sa grandeur, et nous avons entendu sa voix du milieu du feu ; aujourd'hui nous avons vu que Dieu parle avec l'homme, et que [l'homme] vit.

5:24 And ye said, Behold, the LORD our God hath shewed us his glory and his greatness, and we have heard his voice out of the midst of the fire: we have seen this day that God doth talk with man, and he liveth.

5:25 Et maintenant, pourquoi mourrions-nous ? car ce grand feu nous dévorera* ; si nous entendons encore la voix de l'Éternel, notre Dieu, nous mourrons.

5:25 Now therefore why should we die? for this great fire will consume us: if we hear the voice of the LORD our God any more, then we shall die.

5:26 Car qui, de toute chair, a entendu, comme nous, la voix du Dieu vivant parlant du milieu du feu, et est demeuré en vie ?

5:26 For who is there of all flesh, that hath heard the voice of the living God speaking out of the midst of the fire, as we have, and lived?

5:27 Toi, approche, et écoute tout ce que dira l'Éternel, notre Dieu ; et toi tu nous diras tout ce que l'Éternel, notre Dieu, t'aura dit, et nous l'écouterons, et nous le pratiquerons.

5:27 Go thou near, and hear all that the LORD our God shall say: and speak thou unto us all that the LORD our God shall speak unto thee; and we will hear it, and do it.

5:28 Et l'Éternel entendit la voix de vos paroles, lorsque vous me parliez ; et l'Éternel me dit : J'ai entendu la voix des paroles de ce peuple, qu'ils t'ont dites : tout ce qu'ils ont dit, ils l'ont bien dit.

5:28 And the LORD heard the voice of your words, when ye spake unto me; and the LORD said unto me, I have heard the voice of the words of this people, which they have spoken unto thee: they have well said all that they have spoken.

5:29 Oh ! s'ils avaient toujours ce cœur-là pour me craindre et pour garder tous mes commandements, afin de prospérer, eux et leurs fils, à toujours !

5:30 Va, dis-leur : Retournez à vos tentes.

5:31 Mais toi, tiens-toi ici auprès de moi, et je te dirai tous les commandements* et les statuts et les ordonnances que tu leur enseigneras, afin qu'ils les pratiquent dans le pays que je leur donne pour le posséder.

5:32 — Vous prendrez donc garde à faire comme l'Éternel, votre Dieu, vous a commandé ; vous ne vous écarterez ni à droite ni à gauche.

5:33 Vous marcherez dans tout le chemin que l'Éternel, votre Dieu, vous a commandé, afin que vous viviez, et que vous prospériez, et que vous prolongiez vos jours dans le pays que vous posséderez.

6:1 Et ce sont ici les commandements, les statuts, et les ordonnances, que l'Éternel, votre Dieu, a commandé de vous enseigner, afin que vous les pratiquiez dans le pays dans lequel vous passez pour le posséder ;

6:2 afin que tu craignes l'Éternel, ton Dieu, pour garder, tous les jours de ta vie, toi, et ton fils, et le fils de ton fils, tous ses statuts et ses commandements que je te commande, et afin que tes jours soient prolongés.

6:3 Et tu écouteras, Israël ! et tu prendras garde à les pratiquer, afin que tu prospères, et que vous multipliiez beaucoup dans un pays ruisselant de lait et de miel, comme l'Éternel, le Dieu de tes pères, te l'a dit.

6:4 Écoute, Israël : L'Éternel, notre Dieu, est un seul Éternel.

6:5 Et tu aimeras l'Éternel, ton Dieu, de tout ton cœur, et de toute ton âme, et de toute ta force.

5:29 O that there were such an heart in them, that they would fear me, and keep all my commandments always, that it might be well with them, and with their children for ever!

5:30 Go say to them, Get you into your tents again.

5:31 But as for thee, stand thou here by me, and I will speak unto thee all the commandments, and the statutes, and the judgments, which thou shalt teach them, that they may do them in the land which I give them to possess it.

5:32 Ye shall observe to do therefore as the LORD your God hath commanded you: ye shall not turn aside to the right hand or to the left.

5:33 Ye shall walk in all the ways which the LORD your God hath commanded you, that ye may live, and that it may be well with you, and that ye may prolong your days in the land which ye shall possess.

6:1 Now these are the commandments, the statutes, and the judgments, which the LORD your God commanded to teach you, that ye might do them in the land whither ye go to possess it:

6:2 That thou mightest fear the LORD thy God, to keep all his statutes and his commandments, which I command thee, thou, and thy son, and thy son's son, all the days of thy life; and that thy days may be prolonged.

6:3 Hear therefore, O Israel, and observe to do it; that it may be well with thee, and that ye may increase mightily, as the LORD God of thy fathers hath promised thee, in the land that floweth with milk and honey.

6:4 Hear, O Israel: The LORD our God is one LORD:

6:5 And thou shalt love the LORD thy God with all thine heart, and with all thy soul, and with all thy might.

6:6 Et ces paroles, que je te commande aujourd'hui, seront sur ton cœur.	*6:6 And these words, which I command thee this day, shall be in thine heart:*
6:7 Tu les inculqueras à tes fils, et tu en parleras, quand tu seras assis dans ta maison, et quand tu marcheras par le chemin, et quand tu te coucheras, et quand tu te lèveras ;	*6:7 And thou shalt teach them diligently unto thy children, and shalt talk of them when thou sittest in thine house, and when thou walkest by the way, and when thou liest down, and when thou risest up.*
6:8 et tu les lieras comme un signe sur ta main, et elles te seront pour fronteau entre les yeux,	*6:8 And thou shalt bind them for a sign upon thine hand, and they shall be as frontlets between thine eyes.*
6:9 et tu les écriras sur les poteaux de ta maison et sur tes portes*.	*6:9 And thou shalt write them upon the posts of thy house, and on thy gates.*
6:10 Et il arrivera, quand l'Éternel, ton Dieu, t'aura introduit dans le pays qu'il a juré à tes pères, à Abraham, à Isaac, et à Jacob, de te donner : de grandes et bonnes villes que tu n'as pas bâties,	*6:10 And it shall be, when the LORD thy God shall have brought thee into the land which he sware unto thy fathers, to Abraham, to Isaac, and to Jacob, to give thee great and goodly cities, which thou buildedst not,*
6:11 et des maisons pleines de tout bien que tu n'as pas remplies, et des puits creusés que tu n'as pas creusés, des vignes et des oliviers que tu n'as pas plantés ; et que tu mangeras, et que tu seras rassasié ;	*6:11 And houses full of all good things, which thou filledst not, and wells digged, which thou diggedst not, vineyards and olive trees, which thou plantedst not; when thou shalt have eaten and be full;*
6:12 [alors] prends garde à toi, de peur que tu n'oublies l'Éternel qui t'a fait sortir du pays d'Égypte, de la maison de servitude.	*6:12 Then beware lest thou forget the LORD, which brought thee forth out of the land of Egypt, from the house of bondage.*
6:13 Tu craindras l'Éternel, ton Dieu, et tu le serviras, et tu jureras par son nom.	*6:13 Thou shalt fear the LORD thy God, and serve him, and shalt swear by his name.*
6:14 Vous n'irez point après d'autres dieux, d'entre les dieux des peuples qui seront autour de vous ;	*6:14 Ye shall not go after other gods, of the gods of the people which are round about you;*
6:15 car l'Éternel, ton Dieu, qui est au milieu de toi, est un *Dieu jaloux ; de peur que la colère de l'Éternel, ton Dieu, ne s'embrase contre toi, et qu'il ne te détruise de dessus la face de la terre.	*6:15 (For the LORD thy God is a jealous God among you) lest the anger of the LORD thy God be kindled against thee, and destroy thee from off the face of the earth.*
6:16 Vous ne tenterez point l'Éternel, votre Dieu, comme vous l'avez tenté à Massa*.	*6:16 Ye shall not tempt the LORD your God, as ye tempted him in Massah.*
6:17 Vous garderez soigneusement les commandements de l'Éternel, votre Dieu, et ses témoignages et ses statuts qu'il t'a commandés.	*6:17 Ye shall diligently keep the commandments of the LORD your God, and his testimonies, and his statutes, which he hath commanded thee.*

6:18 Et tu feras ce qui est droit et bon aux yeux de l'Éternel, afin que tu prospères, et que tu entres dans le bon pays que l'Éternel a promis par serment à tes pères, et que tu le possèdes,

6:19 en chassant tous tes ennemis de devant toi, comme l'Éternel l'a dit.

6:20 Quand ton fils t'interrogera à l'avenir, disant : Que sont les témoignages, et les statuts et les ordonnances que l'Éternel, notre Dieu, vous a commandés ?

6:21 alors tu diras à ton fils : Nous étions serviteurs du Pharaon en Égypte, et l'Éternel nous a fait sortir d'Égypte à main forte ;

6:22 et l'Éternel a opéré, devant nos yeux, des signes et des prodiges, grands et accablants, sur l'Égypte, sur le Pharaon, et sur toute sa maison ;

6:23 et il nous a fait sortir de là, pour nous faire entrer dans le pays qu'il avait promis par serment à nos pères, pour nous le donner.

6:24 Et l'Éternel nous a commandé de pratiquer tous ces statuts, de craindre l'Éternel, notre Dieu, pour notre bien, toujours, pour nous conserver en vie, comme [il paraît] aujourd'hui.

6:25 Et ce sera notre justice, que nous prenions garde à pratiquer tous ces commandements devant l'Éternel, notre Dieu, comme il nous l'a commandé.

7:1 Quand l'Éternel, ton Dieu, t'aura introduit dans le pays où tu entres pour le posséder, et qu'il aura chassé de devant toi des nations nombreuses, le Héthien, et le Guirgasien, et l'Amoréen, et le Cananéen, et le Phérézien, et le Hévien, et le Jébusien, sept nations plus nombreuses et plus fortes que toi,

6:18 And thou shalt do that which is right and good in the sight of the LORD: that it may be well with thee, and that thou mayest go in and possess the good land which the LORD sware unto thy fathers.

6:19 To cast out all thine enemies from before thee, as the LORD hath spoken.

6:20 And when thy son asketh thee in time to come, saying, What mean the testimonies, and the statutes, and the judgments, which the LORD our God hath commanded you?

6:21 Then thou shalt say unto thy son, We were Pharaoh's bondmen in Egypt; and the LORD brought us out of Egypt with a mighty hand:

6:22 And the LORD shewed signs and wonders, great and sore, upon Egypt, upon Pharaoh, and upon all his household, before our eyes:

6:23 And he brought us out from thence, that he might bring us in, to give us the land which he sware unto our fathers.

6:24 And the LORD commanded us to do all these statutes, to fear the LORD our God, for our good always, that he might preserve us alive, as it is at this day.

6:25 And it shall be our righteousness, if we observe to do all these commandments before the LORD our God, as he hath commanded us.

7:1 When the LORD thy God shall bring thee into the land whither thou goest to possess it, and hath cast out many nations before thee, the Hittites, and the Girgashites, and the Amorites, and the Canaanites, and the Perizzites, and the Hivites, and the Jebusites, seven nations greater and mightier than thou;

7:2 et que l'Éternel, ton Dieu, les aura livrées devant toi, et que tu les auras frappées, tu les détruiras entièrement comme un anathème ; tu ne traiteras point alliance avec elles, et tu ne leur feras pas grâce.

7:3 Tu ne t'allieras point par mariage avec elles, tu ne donneras pas ta fille à leur fils, et tu ne prendras pas leur fille pour ton fils ;

7:4 car ils détourneraient de* moi ton fils, et il servirait d'autres dieux, et la colère de l'Éternel s'embraserait contre vous, et te détruirait aussitôt.

7:5 Mais vous leur ferez ainsi : Vous démolirez leurs autels, et vous briserez leurs statues, et vous abattrez leurs ashères*, et vous brûlerez au feu leurs images taillées.

7:6 Car tu es un peuple saint, [consacré] à l'Éternel, ton Dieu ; l'Éternel, ton Dieu, t'a choisi, afin que tu sois pour lui un peuple qui lui appartienne en propre, d'entre* tous les peuples qui sont sur la face de la terre.

7:7 Ce n'est pas parce que vous étiez plus nombreux que tous les peuples, que l'Éternel s'est attaché à vous et vous a choisis ; car vous êtes le plus petit de tous les peuples ;

7:8 mais parce que l'Éternel vous a aimés et parce qu'il garde le serment qu'il a juré à vos pères, l'Éternel vous a fait sortir à main forte, et t'a racheté de la maison de servitude, de la main du Pharaon, roi d'Égypte.

7:9 Connais donc que c'est l'Éternel, ton Dieu, qui est Dieu, le *Dieu fidèle, qui garde l'alliance et la bonté jusqu'à mille générations à ceux qui l'aiment et qui gardent ses commandements,

7:10 et qui récompense en face ceux qui le haïssent, pour les faire périr : il ne différera pas à l'égard de celui qui le hait ; il le récompensera en face.

7:2 And when the LORD thy God shall deliver them before thee; thou shalt smite them, and utterly destroy them; thou shalt make no covenant with them, nor shew mercy unto them:

7:3 Neither shalt thou make marriages with them; thy daughter thou shalt not give unto his son, nor his daughter shalt thou take unto thy son.

7:4 For they will turn away thy son from following me, that they may serve other gods: so will the anger of the LORD be kindled against you, and destroy thee suddenly.

7:5 But thus shall ye deal with them; ye shall destroy their altars, and break down their images, and cut down their groves, and burn their graven images with fire.

7:6 For thou art an holy people unto the LORD thy God: the LORD thy God hath chosen thee to be a special people unto himself, above all people that are upon the face of the earth.

7:7 The LORD did not set his love upon you, nor choose you, because ye were more in number than any people; for ye were the fewest of all people:

7:8 But because the LORD loved you, and because he would keep the oath which he had sworn unto your fathers, hath the LORD brought you out with a mighty hand, and redeemed you out of the house of bondmen, from the hand of Pharaoh king of Egypt.

7:9 Know therefore that the LORD thy God, he is God, the faithful God, which keepeth covenant and mercy with them that love him and keep his commandments to a thousand generations;

7:10 And repayeth them that hate him to their face, to destroy them: he will not be slack to him that hateth him, he will repay him to his face.

7:11 Et tu garderas les commandements, et les statuts et les ordonnances que je te commande aujourd'hui, pour les pratiquer.

7:12 Et, si vous écoutez ces ordonnances, et que vous les gardiez et les fassiez, il arrivera que l'Éternel, ton Dieu, te gardera l'alliance et la bonté qu'il a jurées à tes pères.

7:13 Et il t'aimera, et te bénira, et te multipliera ; et il bénira le fruit de ton ventre, et le fruit de ta terre, ton froment, et ton moût, et ton huile, et la portée de ton gros bétail, et l'accroissement de ton menu bétail, sur la terre qu'il a juré à tes pères de te donner.

7:14 Tu seras béni plus que tous les peuples ; il n'y aura, parmi toi et parmi tes bêtes, ni mâle ni femelle stérile ;

7:15 et l'Éternel éloignera de toi toute maladie, et il ne mettra sur toi aucune des plaies malignes de l'Égypte que tu as connues, mais il les mettra sur tous ceux qui te haïssent.

7:16 Et tu consumeras tous les peuples que l'Éternel, ton Dieu, te livre ; ton œil ne les épargnera pas, et tu ne serviras pas leurs dieux, car ce serait un piège pour toi.

7:17 Si tu dis dans ton cœur : Ces nations sont plus nombreuses que moi, comment pourrai-je les déposséder ?

7:18 ne les crains point ; souviens-toi de ce que l'Éternel, ton Dieu, a fait au Pharaon et à toute l'Égypte,

7:19 de ces grandes épreuves que tes yeux ont vues, et des signes et des prodiges, et de la main forte et du bras étendu, par lesquels l'Éternel, ton Dieu, t'a fait sortir : ainsi fera l'Éternel, ton Dieu, à tous les peuples dont tu as peur.

7:11 Thou shalt therefore keep the commandments, and the statutes, and the judgments, which I command thee this day, to do them.

7:12 Wherefore it shall come to pass, if ye hearken to these judgments, and keep, and do them, that the LORD thy God shall keep unto thee the covenant and the mercy which he sware unto thy fathers:

7:13 And he will love thee, and bless thee, and multiply thee: he will also bless the fruit of thy womb, and the fruit of thy land, thy corn, and thy wine, and thine oil, the increase of thy kine, and the flocks of thy sheep, in the land which he sware unto thy fathers to give thee.

7:14 Thou shalt be blessed above all people: there shall not be male or female barren among you, or among your cattle.

7:15 And the LORD will take away from thee all sickness, and will put none of the evil diseases of Egypt, which thou knowest, upon thee; but will lay them upon all them that hate thee.

7:16 And thou shalt consume all the people which the LORD thy God shall deliver thee; thine eye shall have no pity upon them: neither shalt thou serve their gods; for that will be a snare unto thee.

7:17 If thou shalt say in thine heart, These nations are more than I; how can I dispossess them?

7:18 Thou shalt not be afraid of them: but shalt well remember what the LORD thy God did unto Pharaoh, and unto all Egypt;

7:19 The great temptations which thine eyes saw, and the signs, and the wonders, and the mighty hand, and the stretched out arm, whereby the LORD thy God brought thee out: so shall the LORD thy God do unto all the people of whom thou art afraid.

7:20 Et l'Éternel, ton Dieu, enverra aussi les frelons contre eux, jusqu'à ce que ceux qui seront restés et ceux qui se seront cachés devant toi aient péri.

7:21 Tu ne t'épouvanteras pas à cause d'eux, car l'Éternel ton Dieu, est au milieu de toi, un *Dieu grand et terrible.

7:22 Et l'Éternel, ton Dieu, chassera ces nations de devant toi peu à peu. Tu ne pourras pas les détruire tout aussitôt, de peur que les bêtes des champs ne se multiplient contre toi.

7:23 Mais l'Éternel, ton Dieu, les livrera devant toi, et les jettera dans une grande confusion, jusqu'à ce qu'il les ait détruites ;

7:24 et il livrera leurs rois en ta main, et tu feras périr leur nom de dessous les cieux ; nul ne tiendra devant toi, jusqu'à ce que tu les aies détruits.

7:25 Vous brûlerez au feu les images taillées de leurs dieux ; tu ne désireras pas l'argent ou l'or qui sont dessus, et tu ne les prendras pas pour toi, de peur que, par là, tu ne sois pris dans un piège ; car c'est une abomination pour l'Éternel, ton Dieu ;

7:26 afin que tu n'introduises pas l'abomination dans ta maison, et que tu ne sois pas anathème comme elle : tu l'auras en extrême horreur et en extrême abomination ; car c'est un anathème.

8:1 Vous prendrez garde à pratiquer tous les commandements que je vous commande aujourd'hui, afin que vous viviez, et que vous multipliiez, et que vous entriez dans le pays que l'Éternel a promis par serment à vos pères, et que vous le possédiez.

7:20 Moreover the LORD thy God will send the hornet among them, until they that are left, and hide themselves from thee, be destroyed.

7:21 Thou shalt not be affrighted at them: for the LORD thy God is among you, a mighty God and terrible.

7:22 And the LORD thy God will put out those nations before thee by little and little: thou mayest not consume them at once, lest the beasts of the field increase upon thee.

7:23 But the LORD thy God shall deliver them unto thee, and shall destroy them with a mighty destruction, until they be destroyed.

7:24 And he shall deliver their kings into thine hand, and thou shalt destroy their name from under heaven: there shall no man be able to stand before thee, until thou have destroyed them.

7:25 The graven images of their gods shall ye burn with fire: thou shalt not desire the silver or gold that is on them, nor take it unto thee, lest thou be snared therin: for it is an abomination to the LORD thy God.

7:26 Neither shalt thou bring an abomination into thine house, lest thou be a cursed thing like it: but thou shalt utterly detest it, and thou shalt utterly abhor it; for it is a cursed thing.

8:1 All the commandments which I command thee this day shall ye observe to do, that ye may live, and multiply, and go in and possess the land which the LORD sware unto your fathers.

8:2 Et tu te souviendras de tout le chemin par lequel l'Éternel, ton Dieu, t'a fait marcher ces quarante ans, dans le désert, afin de t'humilier, [et] de t'éprouver, pour connaître ce qui était dans ton cœur, si tu garderais ses commandements, ou non.	8:2 And thou shalt remember all the way which the LORD thy God led thee these forty years in the wilderness, to humble thee, and to prove thee, to know what was in thine heart, whether thou wouldest keep his commandments, or no.
8:3 Et il t'a humilié, et t'a fait avoir faim ; et il t'a fait manger la manne que tu n'avais pas connue et que tes pères n'ont pas connue, afin de te faire connaître que l'homme ne vit pas de pain seulement, mais que l'homme vivra de tout ce qui sort de la bouche de l'Éternel.	8:3 And he humbled thee, and suffered thee to hunger, and fed thee with manna, which thou knewest not, neither did thy fathers know; that he might make thee know that man doth not live by bread only, but by every word that proceedeth out of the mouth of the LORD doth man live.
8:4 Ton vêtement ne s'est point usé sur toi, et ton pied ne s'est point enflé, pendant ces quarante ans.	8:4 Thy raiment waxed not old upon thee, neither did thy foot swell, these forty years.
8:5 Connais dans ton cœur que, comme un homme châtie son fils, l'Éternel, ton Dieu, te châtie ;	8:5 Thou shalt also consider in thine heart, that, as a man chasteneth his son, so the LORD thy God chasteneth thee.
8:6 et garde les commandements l'Éternel, ton Dieu, pour marcher dans ses voies et pour le craindre.	8:6 Therefore thou shalt keep the commandments of the LORD thy God, to walk in his ways, and to fear him.
8:7 Car l'Éternel, ton Dieu, te fait entrer dans un bon pays, un pays de ruisseaux d'eau, de sources, et d'eaux profondes, qui sourdent dans les vallées et dans les montagnes ;	8:7 For the LORD thy God bringeth thee into a good land, a land of brooks of water, of fountains and depths that spring out of valleys and hills;
8:8 un pays de froment, et d'orge, et de vignes, et de figuiers, et de grenadiers, un pays d'oliviers à huile, et de miel ;	8:8 A land of wheat, and barley, and vines, and fig trees, and pomegranates; a land of oil olive, and honey;
8:9 un pays où tu ne mangeras pas [ton] pain dans la pauvreté, où tu ne manqueras de rien ; un pays dont les pierres sont du fer, et des montagnes duquel tu tailleras l'airain.	8:9 A land wherein thou shalt eat bread without scarceness, thou shalt not lack any thing in it; a land whose stones are iron, and out of whose hills thou mayest dig brass.
8:10 Et tu mangeras, et tu seras rassasié, et tu béniras l'Éternel, ton Dieu, à cause du bon pays qu'il t'a donné.	8:10 When thou hast eaten and art full, then thou shalt bless the LORD thy God for the good land which he hath given thee.
8:11 Prends garde à toi, de peur que tu n'oublies l'Éternel, ton Dieu, pour ne pas garder ses commandements, et ses ordonnances, et ses statuts, que je te commande aujourd'hui ;	8:11 Beware that thou forget not the LORD thy God, in not keeping his commandments, and his judgments, and his statutes, which I command thee this day:

8:12 de peur que, quand tu mangeras, et que tu seras rassasié, et que tu bâtiras de bonnes maisons, et y habiteras,

8:13 et que ton gros et ton menu bétail se multipliera, et que l'argent et l'or te seront multipliés, et que tout ce qui est à toi se multipliera,

8:14 alors ton cœur ne s'élève, et que tu n'oublies l'Éternel, ton Dieu, qui t'a fait sortir du pays d'Égypte, de la maison de servitude ;

8:15 qui t'a fait marcher dans le désert grand et terrible, [désert] de serpents brûlants et de scorpions, une terre aride où il n'y a point d'eau ; qui a fait sortir pour toi de l'eau du roc dur ;

8:16 qui t'a fait manger dans le désert la manne que tes pères n'ont pas connue, afin de t'humilier et afin de t'éprouver, pour te faire du bien à la fin,

8:17 — et que tu ne dises dans ton cœur : Ma puissance et la force de ma main m'ont acquis ces richesses.

8:18 Mais tu te souviendras de l'Éternel, ton Dieu, que c'est lui qui te donne de la force pour acquérir ces richesses, afin de ratifier son alliance, qu'il a jurée à tes pères, comme [il paraît] aujourd'hui.

8:19 Et s'il arrive que tu oublies en aucune manière l'Éternel, ton Dieu, et que tu ailles après d'autres dieux, et que tu les serves et que tu t'inclines devant eux, je rends témoignage aujourd'hui contre vous que vous périrez entièrement :

8:20 comme les nations que l'Éternel fait périr devant vous, ainsi vous périrez, parce que vous n'aurez pas écouté la voix de l'Éternel, votre Dieu.

9:1 Écoute, Israël : Tu passes aujourd'hui le Jourdain, pour entrer, pour posséder des nations plus grandes et plus fortes que toi, des villes grandes et murées jusqu'aux cieux,

8:12 Lest when thou hast eaten and art full, and hast built goodly houses, and dwelt therein;

8:13 And when thy herds and thy flocks multiply, and thy silver and thy gold is multiplied, and all that thou hast is multiplied;

8:14 Then thine heart be lifted up, and thou forget the LORD thy God, which brought thee forth out of the land of Egypt, from the house of bondage;

8:15 Who led thee through that great and terrible wilderness, wherein were fiery serpents, and scorpions, and drought, where there was no water; who brought thee forth water out of the rock of flint;

8:16 Who fed thee in the wilderness with manna, which thy fathers knew not, that he might humble thee, and that he might prove thee, to do thee good at thy latter end;

8:17 And thou say in thine heart, My power and the might of mine hand hath gotten me this wealth.

8:18 But thou shalt remember the LORD thy God: for it is he that giveth thee power to get wealth, that he may establish his covenant which he sware unto thy fathers, as it is this day.

8:19 And it shall be, if thou do at all forget the LORD thy God, and walk after other gods, and serve them, and worship them, I testify against you this day that ye shall surely perish.

8:20 As the nations which the LORD destroyeth before your face, so shall ye perish; because ye would not be obedient unto the voice of the LORD your God.

9:1 Hear, O Israel: Thou art to pass over Jordan this day, to go in to possess nations greater and mightier than thyself, cities great and fenced up to heaven,

9:2 un peuple grand et de haute stature, les fils des Anakim, que tu connais et dont tu as entendu dire : Qui peut tenir devant les fils d'Anak ?	*9:2 A people great and tall, the children of the Anakims, whom thou knowest, and of whom thou hast heard say, Who can stand before the children of Anak!*
9:3 Et sache aujourd'hui que l'Éternel, ton Dieu, c'est lui qui passe devant toi, un feu consumant ; c'est lui qui les détruira, et lui qui les abattra devant toi ; et tu les déposséderas, et tu les feras périr subitement, comme l'Éternel te l'a dit.	*9:3 Understand therefore this day, that the LORD thy God is he which goeth over before thee; as a consuming fire he shall destroy them, and he shall bring them down before thy face: so shalt thou drive them out, and destroy them quickly, as the LORD hath said unto thee.*
9:4 Ne parle pas en ton cœur, quand l'Éternel, ton Dieu, les aura chassés de devant toi, disant : C'est à cause de ma justice que l'Éternel m'a fait entrer pour posséder ce pays. Mais c'est à cause de la méchanceté de ces nations que l'Éternel les dépossède devant toi.	*9:4 Speak not thou in thine heart, after that the LORD thy God hath cast them out from before thee, saying, For my righteousness the LORD hath brought me in to possess this land: but for the wickedness of these nations the LORD doth drive them out from before thee.*
9:5 Ce n'est point à cause de ta justice, ni à cause de la droiture de ton cœur, que tu entres pour posséder leur pays ; car c'est à cause de la méchanceté de ces nations, que l'Éternel, ton Dieu, les dépossède devant toi, et afin de ratifier la parole que l'Éternel a jurée à tes pères, à Abraham, à Isaac, et à Jacob.	*9:5 Not for thy righteousness, or for the uprightness of thine heart, dost thou go to possess their land: but for the wickedness of these nations the LORD thy God doth drive them out from before thee, and that he may perform the word which the LORD sware unto thy fathers, Abraham, Isaac, and Jacob.*
9:6 Et sache que ce n'est pas à cause de ta justice que l'Éternel, ton Dieu, te donne ce bon pays pour le posséder ; car tu es un peuple de cou roide.	*9:6 Understand therefore, that the LORD thy God giveth thee not this good land to possess it for thy righteousness; for thou art a stiffnecked people.*
9:7 Souviens-toi, [et] n'oublie pas comment tu as excité à colère l'Éternel, ton Dieu, dans le désert : depuis le jour où tu es sorti du pays d'Égypte, jusqu'à votre arrivée en ce lieu, vous avez été rebelles contre l'Éternel.	*9:7 Remember, and forget not, how thou provokedst the LORD thy God to wrath in the wilderness: from the day that thou didst depart out of the land of Egypt, until ye came unto this place, ye have been rebellious against the LORD.*
9:8 Et à Horeb, vous avez excité à colère l'Éternel, et l'Éternel s'irrita contre vous, pour vous détruire :	*9:8 Also in Horeb ye provoked the LORD to wrath, so that the LORD was angry with you to have destroyed you.*

9:9 quand je montai sur la montagne pour recevoir les tables de pierre, les tables de l'alliance que l'Éternel avait faite avec vous, je demeurai sur la montagne quarante jours et quarante nuits ; je ne mangeai point de pain, et je ne bus point d'eau ;

9:10 et l'Éternel me donna les deux tables de pierre, écrites du doigt de Dieu ; et sur elles étaient écrites toutes les paroles* que l'Éternel vous avait dites sur la montagne, du milieu du feu, le jour de la congrégation ;

9:11 et il arriva, au bout de quarante jours et de quarante nuits, que l'Éternel me donna les deux tables de pierre, les tables de l'alliance ;

9:12 et l'Éternel me dit : Lève-toi, descends promptement d'ici, car ton peuple, que tu as fait sortir d'Égypte, s'est corrompu ; ils se sont vite détournés du* chemin que je leur avais commandé, ils se sont fait une image de fonte.

9:13 Et l'Éternel me parla, disant : J'ai vu ce peuple, et voici, c'est un peuple de cou roide.

9:14 Laisse-moi, et je les détruirai, et j'effacerai leur nom de dessous les cieux ; et je ferai de toi une nation plus forte et plus nombreuse qu'eux.

9:15 Et je me tournai, et je descendis de la montagne (et la montagne était brûlante de feu), et les deux tables de l'alliance étaient sur mes deux mains.

9:16 Et je vis, et voici, vous aviez péché contre l'Éternel, votre Dieu ; vous vous étiez fait un veau de fonte ; vous vous étiez vite détournés du chemin que l'Éternel vous avait commandé.

9:17 Et je saisis les deux tables, et les jetai de dessus mes deux mains, et je les brisai devant vos yeux.

9:9 When I was gone up into the mount to receive the tables of stone, even the tables of the covenant which the LORD made with you, then I abode in the mount forty days and forty nights, I neither did eat bread nor drink water:

9:10 And the LORD delivered unto me two tables of stone written with the finger of God; and on them was written according to all the words, which the LORD spake with you in the mount out of the midst of the fire in the day of the assembly.

9:11 And it came to pass at the end of forty days and forty nights, that the LORD gave me the two tables of stone, even the tables of the covenant.

9:12 And the LORD said unto me, Arise, get thee down quickly from hence; for thy people which thou hast brought forth out of Egypt have corrupted themselves; they are quickly turned aside out of the way which I commanded them; they have made them a molten image.

9:13 Furthermore the LORD spake unto me, saying, I have seen this people, and, behold, it is a stiffnecked people:

9:14 Let me alone, that I may destroy them, and blot out their name from under heaven: and I will make of thee a nation mightier and greater than they.

9:15 So I turned and came down from the mount, and the mount burned with fire: and the two tables of the covenant were in my two hands.

9:16 And I looked, and, behold, ye had sinned against the LORD your God, and had made you a molten calf: ye had turned aside quickly out of the way which the LORD had commanded you.

9:17 And I took the two tables, and cast them out of my two hands, and brake them before your eyes.

9:18 Et je me prosternai devant l'Éternel, comme au commencement, quarante jours et quarante nuits ; je ne mangeai point de pain et je ne bus point d'eau, à cause de tout votre péché que vous aviez commis, en faisant ce qui est mauvais aux yeux de l'Éternel, afin de le provoquer à colère ;

9:19 car j'eus peur de la colère et de la fureur dont l'Éternel était courroucé contre vous, pour vous détruire ; et l'Éternel m'écouta aussi cette fois-là.

9:20 Et l'Éternel fut fort irrité contre Aaron, pour le détruire ; et j'intercédai aussi pour Aaron, en ce temps-là ;

9:21 et je pris votre péché, le veau que vous aviez fait, et je le brûlai au feu, et je le pilai, je le moulus bien, jusqu'à ce qu'il fût réduit en poudre, et j'en jetai la poudre dans le torrent qui descendait de la montagne.

9:22 Et à Tabhéra, et à Massa, et à Kibroth-Hattaava, vous avez excité à colère l'Éternel.

9:23 Et lorsque l'Éternel vous envoya de Kadès-Barnéa, en disant : Montez, et possédez le pays que je vous ai donné, vous rebellâtes contre le commandement* de l'Éternel, votre Dieu, et vous ne le crûtes point, et vous n'écoutâtes pas sa voix.

9:24 Vous avez été rebelles à l'Éternel depuis le jour que je vous ai connus.

9:25 Et je me prosternai devant l'Éternel, les quarante jours et les quarante nuits pendant lesquels je me prosternai [devant lui] ; car l'Éternel avait dit qu'il vous détruirait.

9:26 Et je suppliai l'Éternel, et je dis : Seigneur Éternel ! ne détruis pas ton peuple, et ton héritage, que tu as racheté par ta grandeur, que tu as fait sortir d'Égypte à main forte !

9:18 And I fell down before the LORD, as at the first, forty days and forty nights: I did neither eat bread, nor drink water, because of all your sins which ye sinned, in doing wickedly in the sight of the LORD, to provoke him to anger.

9:19 For I was afraid of the anger and hot displeasure, wherewith the LORD was wroth against you to destroy you. But the LORD hearkened unto me at that time also.

9:20 And the LORD was very angry with Aaron to have destroyed him: and I prayed for Aaron also the same time.

9:21 And I took your sin, the calf which ye had made, and burnt it with fire, and stamped it, and ground it very small, even until it was as small as dust: and I cast the dust thereof into the brook that descended out of the mount.

9:22 And at Taberah, and at Massah, and at Kibrothhattaavah, ye provoked the LORD to wrath.

9:23 Likewise when the LORD sent you from Kadeshbarnea, saying, Go up and possess the land which I have given you; then ye rebelled against the commandment of the LORD your God, and ye believed him not, nor hearkened to his voice.

9:24 Ye have been rebellious against the LORD from the day that I knew you.

9:25 Thus I fell down before the LORD forty days and forty nights, as I fell down at the first; because the LORD had said he would destroy you.

9:26 I prayed therefore unto the LORD, and said, O Lord GOD, destroy not thy people and thine inheritance, which thou hast redeemed through thy greatness, which thou hast brought forth out of Egypt with a mighty hand.

9:27 Souviens-toi de tes serviteurs, d'Abraham, d'Isaac, et de Jacob ; ne regarde pas à la dureté de ce peuple, et à sa méchanceté, et à son péché ;

9:27 Remember thy servants, Abraham, Isaac, and Jacob; look not unto the stubbornness of this people, nor to their wickedness, nor to their sin:

9:28 de peur qu'on ne dise dans le pays d'où tu nous as fait sortir : Parce que l'Éternel ne pouvait pas les faire entrer dans le pays qu'il leur avait promis, et parce qu'il les haïssait, il les a fait sortir pour les faire mourir dans le désert.

9:28 Lest the land whence thou broughtest us out say, Because the LORD was not able to bring them into the land which he promised them, and because he hated them, he hath brought them out to slay them in the wilderness.

9:29 Or ils sont ton peuple et ton héritage, que tu as fait sortir par ta grande puissance et par ton bras étendu.

9:29 Yet they are thy people and thine inheritance, which thou broughtest out by thy mighty power and by thy stretched out arm.

10:1 En ce temps-là, l'Éternel me dit : Taille-toi deux tables de pierre comme les premières, et monte vers moi sur la montagne, et fais-toi une arche de bois ;

10:1 At that time the LORD said unto me, Hew thee two tables of stone like unto the first, and come up unto me into the mount, and make thee an ark of wood.

10:2 et j'écrirai sur les tables les paroles qui étaient sur les premières tables que tu as brisées, et tu les mettras dans l'arche.

10:2 And I will write on the tables the words that were in the first tables which thou brakest, and thou shalt put them in the ark.

10:3 Et je fis une arche de bois de sittim, et je taillai deux tables de pierre comme les premières ; et je montai sur la montagne, les deux tables dans ma main.

10:3 And I made an ark of shittim wood, and hewed two tables of stone like unto the first, and went up into the mount, having the two tables in mine hand.

10:4 — Et il écrivit sur les tables, selon ce qu'il avait écrit la première fois*, les dix paroles que l'Éternel vous avait dites sur la montagne, du milieu du feu, le jour de la congrégation ; et l'Éternel me les donna.

10:4 And he wrote on the tables, according to the first writing, the ten commandments, which the LORD spake unto you in the mount out of the midst of the fire in the day of the assembly: and the LORD gave them unto me.

10:5 Et je me tournai, et je descendis de la montagne, et je mis les tables dans l'arche que j'avais faite, et elles sont là, comme l'Éternel me l'avait commandé.

10:5 And I turned myself and came down from the mount, and put the tables in the ark which I had made; and there they be, as the LORD commanded me.

10:6 (Et les fils d'Israël partirent de Beéroth-Bené-Jaakan pour Moséra. Là mourut Aaron, et il y fut enseveli ; et Éléazar, son fils, exerça la sacrificature à sa place.

10:6 And the children of Israel took their journey from Beeroth of the children of Jaakan to Mosera: there Aaron died, and there he was buried; and Eleazar his son ministered in the priest's office in his stead.

10:7 De là ils partirent pour Gudgoda, et de Gudgoda pour Jotbatha, un pays de ruisseaux d'eau).

10:7 From thence they journeyed unto Gudgodah; and from Gudgodah to Jotbath, a land of rivers of waters.

10:8 — En ce temps-là, l'Éternel sépara la tribu de Lévi pour porter l'arche de l'alliance de l'Éternel, pour se tenir devant l'Éternel, pour faire son service, et pour bénir en son nom, jusqu'à ce jour.

10:9 C'est pourquoi Lévi n'a point de part ni d'héritage avec ses frères ; l'Éternel est son héritage, comme l'Éternel, ton Dieu, le lui a dit.

10:10 Et moi, je me tins sur la montagne comme les jours précédents, quarante jours et quarante nuits ; et l'Éternel m'écouta aussi cette fois-là : l'Éternel ne voulut pas te détruire.

10:11 Et l'Éternel me dit : Lève-toi, va, pour marcher devant le peuple, et qu'ils entrent dans le pays que j'ai juré à leurs pères de leur donner, et qu'ils le possèdent.

10:12 Et maintenant, Israël ! qu'est-ce que l'Éternel, ton Dieu, demande de toi, sinon que tu craignes l'Éternel, ton Dieu, pour marcher dans toutes ses voies, et pour l'aimer, et pour servir l'Éternel, ton Dieu, de tout ton cœur et de toute ton âme,

10:13 en gardant les commandements de l'Éternel, et ses statuts, que je te commande aujourd'hui, pour ton bien ?

10:14 Voici, à l'Éternel, ton Dieu, appartiennent les cieux, et les cieux des cieux, la terre et tout ce qui est en elle.

10:15 Cependant* l'Éternel s'est attaché à tes pères pour les aimer ; et il vous a choisis, vous, leur semence, après eux, d'entre tous les peuples, comme [il parait] aujourd'hui.

10:16 Circoncisez donc votre cœur*, et ne roidissez plus votre cou ;

10:17 car l'Éternel, votre Dieu, est le Dieu des dieux et le Seigneur des seigneurs, le *Dieu grand, puissant, et terrible, qui ne fait point acception de personnes, et qui ne prend pas de présents ;

10:8 At that time the LORD separated the tribe of Levi, to bear the ark of the covenant of the LORD, to stand before the LORD to minister unto him, and to bless in his name, unto this day.

10:9 Wherefore Levi hath no part nor inheritance with his brethren; the LORD is his inheritance, according as the LORD thy God promised him.

10:10 And I stayed in the mount, according to the first time, forty days and forty nights; and the LORD hearkened unto me at that time also, and the LORD would not destroy thee.

10:11 And the LORD said unto me, Arise, take thy journey before the people, that they may go in and possess the land, which I sware unto their fathers to give unto them.

10:12 And now, Israel, what doth the LORD thy God require of thee, but to fear the LORD thy God, to walk in all his ways, and to love him, and to serve the LORD thy God with all thy heart and with all thy soul,

10:13 To keep the commandments of the LORD, and his statutes, which I command thee this day for thy good?

10:14 Behold, the heaven and the heaven of heavens is the LORD's thy God, the earth also, with all that therein is.

10:15 Only the LORD had a delight in thy fathers to love them, and he chose their seed after them, even you above all people, as it is this day.

10:16 Circumcise therefore the foreskin of your heart, and be no more stiffnecked.

10:17 For the LORD your God is God of gods, and Lord of lords, a great God, a mighty, and a terrible, which regardeth not persons, nor taketh reward:

10:18 qui fait droit à l'orphelin et à la veuve, et qui aime l'étranger pour lui donner le pain et le vêtement.

10:19 Et vous aimerez l'étranger ; car vous avez été étrangers dans le pays d'Égypte.

10:20 Tu craindras l'Éternel, ton Dieu ; tu le serviras, et tu t'attacheras à lui, et tu jureras par son nom.

10:21 Lui est ta louange, et lui est ton Dieu, qui a fait pour toi ces choses grandes et terribles que tes yeux ont vues.

10:22 Tes pères sont descendus en Égypte au nombre de soixante-dix âmes ; et maintenant l'Éternel, ton Dieu, t'a fait devenir* comme les étoiles des cieux, en multitude.

11:1 Tu aimeras donc l'Éternel, ton Dieu, et tu garderas ce qu'il te donne à garder, et ses statuts, et ses ordonnances, et ses commandements, à toujours.

11:2 Et vous savez aujourd'hui, …. car [je ne parle] pas à vos fils, qui n'ont pas connu et n'ont pas vu le châtiment de l'Éternel, votre Dieu, sa grandeur, sa main forte, et son bras étendu,

11:3 et ses signes et ses œuvres, qu'il a faits au milieu de l'Égypte, au Pharaon, roi d'Égypte, et à tout son pays ;

11:4 et ce qu'il a fait à l'armée de l'Égypte, à ses chevaux et à ses chars, sur lesquels il a fait déborder les eaux de la mer Rouge, lorsqu'ils vous poursuivaient, et l'Éternel les a fait périr, jusqu'à aujourd'hui ;

11:5 — et ce qu'il vous a fait dans le désert, jusqu'à ce que vous soyez arrivés en ce lieu-ci ;

11:6 et ce qu'il a fait à Dathan et à Abiram, les fils d'Éliab, fils de Ruben, quand la terre ouvrit sa bouche, et les engloutit, avec leurs maisons et leurs tentes et tout ce qui était* à leur suite, au milieu de tout Israël ;

10:18 He doth execute the judgment of the fatherless and widow, and loveth the stranger, in giving him food and raiment.

10:19 Love ye therefore the stranger: for ye were strangers in the land of Egypt.

10:20 Thou shalt fear the LORD thy God; him shalt thou serve, and to him shalt thou cleave, and swear by his name.

10:21 He is thy praise, and he is thy God, that hath done for thee these great and terrible things, which thine eyes have seen.

10:22 Thy fathers went down into Egypt with threescore and ten persons; and now the LORD thy God hath made thee as the stars of heaven for multitude.

11:1 Therefore thou shalt love the LORD thy God, and keep his charge, and his statutes, and his judgments, and his commandments, alway.

11:2 And know ye this day: for I speak not with your children which have not known, and which have not seen the chastisement of the LORD your God, his greatness, his mighty hand, and his stretched out arm,

11:3 And his miracles, and his acts, which he did in the midst of Egypt unto Pharaoh the king of Egypt, and unto all his land;

11:4 And what he did unto the army of Egypt, unto their horses, and to their chariots; how he made the water of the Red sea to overflow them as they pursued after you, and how the LORD hath destroyed them unto this day;

11:5 And what he did unto you in the wilderness, until ye came into this place;

11:6 And what he did unto Dathan and Abiram, the sons of Eliab, the son of Reuben: how the earth opened her mouth, and swallowed them up, and their households, and their tents, and all the substance that was in their possession, in the midst of all Israel:

11:7 car ce sont vos yeux qui ont vu toute la grande œuvre de l'Éternel, qu'il a faite.	*11:7 But your eyes have seen all the great acts of the LORD which he did.*
11:8 Vous garderez donc tout le commandement que je vous commande aujourd'hui, afin que vous soyez forts, et que vous entriez, et que vous possédiez le pays dans lequel vous passez pour le posséder,	*11:8 Therefore shall ye keep all the commandments which I command you this day, that ye may be strong, and go in and possess the land, whither ye go to possess it;*
11:9 et afin que vous prolongiez vos jours sur la terre que l'Éternel a juré à vos pères de leur donner, à eux et à leur semence, un pays ruisselant de lait et de miel.	*11:9 And that ye may prolong your days in the land, which the LORD sware unto your fathers to give unto them and to their seed, a land that floweth with milk and honey.*
11:10 Car le pays où tu entres pour le posséder n'est pas comme le pays d'Égypte d'où vous êtes sortis, où tu semais ta semence et où tu l'arrosais avec ton pied comme un jardin à légumes.	*11:10 For the land, whither thou goest in to possess it, is not as the land of Egypt, from whence ye came out, where thou sowedst thy seed, and wateredst it with thy foot, as a garden of herbs:*
11:11 Mais le pays dans lequel vous allez passer pour le posséder est un pays de montagnes et de vallées ; il boit l'eau de la pluie des cieux,	*11:11 But the land, whither ye go to possess it, is a land of hills and valleys, and drinketh water of the rain of heaven:*
11:12 — un pays dont l'Éternel, ton Dieu, a soin, sur lequel l'Éternel, ton Dieu, a continuellement les yeux, depuis le commencement de l'année jusqu'à la fin de l'année.	*11:12 A land which the LORD thy God careth for: the eyes of the LORD thy God are always upon it, from the beginning of the year even unto the end of the year.*
11:13 — Et il arrivera que, si vous écoutez attentivement mes commandements que je vous commande aujourd'hui, pour aimer l'Éternel, votre Dieu, et pour le servir de tout votre cœur et de toute votre âme,	*11:13 And it shall come to pass, if ye shall hearken diligently unto my commandments which I command you this day, to love the LORD your God, and to serve him with all your heart and with all your soul,*
11:14 alors je donnerai la pluie de votre pays en son temps, la pluie de la première saison et la pluie de la dernière saison ; et tu recueilleras ton froment, et ton moût, et ton huile ;	*11:14 That I will give you the rain of your land in his due season, the first rain and the latter rain, that thou mayest gather in thy corn, and thy wine, and thine oil.*
11:15 et je donnerai l'herbe dans tes champs, pour ton bétail ; et tu mangeras, et tu seras rassasié.	*11:15 And I will send grass in thy fields for thy cattle, that thou mayest eat and be full.*
11:16 Prenez garde à vous, de peur que votre cœur ne soit séduit, et que vous ne vous détourniez, et ne serviez d'autres dieux et ne vous prosterniez devant eux,	*11:16 Take heed to yourselves, that your heart be not deceived, and ye turn aside, and serve other gods, and worship them;*

11:17 et que la colère de l'Éternel ne s'embrase contre vous, et qu'il ne ferme les cieux, en sorte qu'il n'y ait pas de pluie, et que la terre ne donne pas son rapport, et que vous périssiez rapidement de dessus ce bon pays que l'Éternel vous donne.

11:18 Et mettez ces miennes paroles dans votre cœur et dans votre âme, et liez-les pour signes sur vos mains, et qu'elles soient comme des fronteaux entre vos yeux ;

11:19 et vous les enseignerez à vos fils, en leur en parlant, quand tu seras assis dans ta maison, et quand tu marcheras par le chemin, et quand tu te coucheras, et quand tu te lèveras ;

11:20 et tu les écriras sur les poteaux de ta maison et sur tes portes*,

11:21 afin que vos jours et les jours de vos fils, sur la terre que l'Éternel a juré à vos pères de leur donner, soient multipliés comme les jours des cieux [qui sont] au-dessus de la terre.

11:22 Car si vous gardez soigneusement tout ce commandement que je vous commande*, pour le pratiquer, en aimant l'Éternel, votre Dieu, en marchant dans toutes ses voies et en vous attachant à lui,

11:23 l'Éternel dépossédera toutes ces nations devant vous ; et vous prendrez possession de nations plus grandes et plus fortes que vous.

11:24 Tout lieu que foulera la plante de votre pied sera à vous : votre limite sera depuis le désert et le Liban*, depuis le fleuve, le fleuve Euphrate, jusqu'à la mer d'occident.

11:25 Personne ne pourra tenir devant vous ; l'Éternel, votre Dieu, mettra la frayeur et la crainte de vous sur la face de tout le pays que vous foulerez, comme il vous l'a dit.

11:17 And then the LORD's wrath be kindled against you, and he shut up the heaven, that there be no rain, and that the land yield not her fruit; and lest ye perish quickly from off the good land which the LORD giveth you.

11:18 Therefore shall ye lay up these my words in your heart and in your soul, and bind them for a sign upon your hand, that they may be as frontlets between your eyes.

11:19 And ye shall teach them your children, speaking of them when thou sittest in thine house, and when thou walkest by the way, when thou liest down, and when thou risest up.

11:20 And thou shalt write them upon the door posts of thine house, and upon thy gates:

11:21 That your days may be multiplied, and the days of your children, in the land which the LORD sware unto your fathers to give them, as the days of heaven upon the earth.

11:22 For if ye shall diligently keep all these commandments which I command you, to do them, to love the LORD your God, to walk in all his ways, and to cleave unto him;

11:23 Then will the LORD drive out all these nations from before you, and ye shall possess greater nations and mightier than yourselves.

11:24 Every place whereon the soles of your feet shall tread shall be yours: from the wilderness and Lebanon, from the river, the river Euphrates, even unto the uttermost sea shall your coast be.

11:25 There shall no man be able to stand before you: for the LORD your God shall lay the fear of you and the dread of you upon all the land that ye shall tread upon, as he hath said unto you.

11:26 Regarde, je mets aujourd'hui devant vous la bénédiction et la malédiction :

11:27 la bénédiction, si vous écoutez les commandements de l'Éternel, votre Dieu, que je vous commande aujourd'hui ;

11:28 la malédiction, si vous n'écoutez pas les commandements de l'Éternel, votre Dieu, et si vous vous détournez du chemin que je vous commande aujourd'hui, pour aller après d'autres dieux, que vous n'avez pas connus.

11:29 Et il arrivera que, quand l'Éternel, ton Dieu, t'aura fait entrer dans le pays où tu vas pour le posséder, tu mettras la bénédiction sur la montagne de Garizim, et la malédiction sur la montagne d'Ébal.

11:30 Ces [montagnes] ne sont-elles pas de l'autre côté du Jourdain, par delà le chemin du soleil couchant, qui traverse* le pays des Cananéens qui habitent dans la plaine**, vis-à-vis de Guilgal, à côté des chênes de Moré ?

11:31 Car vous allez passer le Jourdain pour entrer, pour posséder le pays que l'Éternel, votre Dieu, vous donne ; et vous le posséderez, et vous y habiterez.

11:32 Et vous prendrez garde à pratiquer tous les statuts et les ordonnances que je mets aujourd'hui devant vous.

12:1 Ce sont ici les statuts et les ordonnances que vous garderez pour les pratiquer dans le pays que l'Éternel, le Dieu de tes pères, te donne pour le posséder, tous les jours que vous vivrez sur la terre.

12:2 Vous détruirez entièrement tous les lieux où les nations que vous déposséderez auront servi leurs dieux sur les hautes montagnes et sur les collines et sous tout arbre vert ;

12:3 et vous démolirez leurs autels, et vous briserez leurs statues ; et vous brûlerez au feu leurs ashères*, et vous abattrez les images taillées de leurs dieux, et vous ferez périr leur nom de ce lieu-là.

11:26 Behold, I set before you this day a blessing and a curse;

11:27 A blessing, if ye obey the commandments of the LORD your God, which I command you this day:

11:28 And a curse, if ye will not obey the commandments of the LORD your God, but turn aside out of the way which I command you this day, to go after other gods, which ye have not known.

11:29 And it shall come to pass, when the LORD thy God hath brought thee in unto the land whither thou goest to possess it, that thou shalt put the blessing upon mount Gerizim, and the curse upon mount Ebal.

11:30 Are they not on the other side Jordan, by the way where the sun goeth down, in the land of the Canaanites, which dwell in the champaign over against Gilgal, beside the plains of Moreh?

11:31 For ye shall pass over Jordan to go in to possess the land which the LORD your God giveth you, and ye shall possess it, and dwell therein.

11:32 And ye shall observe to do all the statutes and judgments which I set before you this day.

12:1 These are the statutes and judgments, which ye shall observe to do in the land, which the LORD God of thy fathers giveth thee to possess it, all the days that ye live upon the earth.

12:2 Ye shall utterly destroy all the places, wherein the nations which ye shall possess served their gods, upon the high mountains, and upon the hills, and under every green tree:

12:3 And ye shall overthrow their altars, and break their pillars, and burn their groves with fire; and ye shall hew down the graven images of their gods, and destroy the names of them out of that place.

12:4 Vous ne ferez pas ainsi à l'Éternel, votre Dieu ;

12:4 Ye shall not do so unto the LORD your God.

12:5 mais vous chercherez le lieu que l'Éternel, votre Dieu, choisira d'entre toutes vos tribus pour y mettre son nom, le lieu où il habitera, et vous y viendrez ;

12:5 But unto the place which the LORD your God shall choose out of all your tribes to put his name there, even unto his habitation shall ye seek, and thither thou shalt come:

12:6 et vous apporterez là vos holocaustes, et vos sacrifices, et vos dîmes, et l'offrande élevée de vos mains, et vos vœux, et vos offrandes volontaires, et les premiers-nés de votre gros et de votre menu bétail.

12:6 And thither ye shall bring your burnt offerings, and your sacrifices, and your tithes, and heave offerings of your hand, and your vows, and your freewill offerings, and the firstlings of your herds and of your flocks:

12:7 Et là, vous mangerez devant l'Éternel, votre Dieu, et vous vous réjouirez, vous et vos maisons, dans toutes les choses auxquelles vous aurez mis la main, dans lesquelles l'Éternel, ton Dieu, t'aura béni.

12:7 And there ye shall eat before the LORD your God, and ye shall rejoice in all that ye put your hand unto, ye and your households, wherein the LORD thy God hath blessed thee.

12:8 Vous ne ferez pas selon tout ce que nous faisons ici aujourd'hui, chacun ce qui est bon à ses yeux ;

12:8 Ye shall not do after all the things that we do here this day, every man whatsoever is right in his own eyes.

12:9 car, jusqu'à présent, vous n'êtes pas entrés dans le repos et dans l'héritage que l'Éternel, ton Dieu, te donne.

12:9 For ye are not as yet come to the rest and to the inheritance, which the LORD your God giveth you.

12:10 Mais lorsque vous aurez passé le Jourdain, et que vous habiterez dans le pays que l'Éternel, votre Dieu, vous fait hériter, et qu'il vous aura donné du repos à l'égard de tous vos ennemis, à l'entour, et que vous habiterez en sécurité,

12:10 But when ye go over Jordan, and dwell in the land which the LORD your God giveth you to inherit, and when he giveth you rest from all your enemies round about, so that ye dwell in safety;

12:11 alors il y aura un lieu que l'Éternel, votre Dieu, choisira pour y faire habiter son nom ; là vous apporterez tout ce que je vous commande, vos holocaustes, et vos sacrifices, vos dîmes, et l'offrande élevée de vos mains, et tout le choix de vos vœux que vous aurez voués à l'Éternel.

12:11 Then there shall be a place which the LORD your God shall choose to cause his name to dwell there; thither shall ye bring all that I command you; your burnt offerings, and your sacrifices, your tithes, and the heave offering of your hand, and all your choice vows which ye vow unto the LORD:

12:12 Et vous vous réjouirez devant l'Éternel, votre Dieu, vous, et vos fils, et vos filles, et vos serviteurs, et vos servantes, et le Lévite qui est dans vos portes, car il n'a point de part ni d'héritage avec vous.

12:12 And ye shall rejoice before the LORD your God, ye, and your sons, and your daughters, and your menservants, and your maidservants, and the Levite that is within your gates; forasmuch as he hath no part nor inheritance with you.

12:13 Prends garde à toi, de peur que tu n'offres* tes holocaustes dans tous les lieux que tu verras ;

12:14 mais dans le lieu que l'Éternel choisira dans l'une de tes tribus, là tu offriras* tes holocaustes, et là tu feras tout ce que je te commande.

12:15 Toutefois, suivant tout le désir de ton âme, tu sacrifieras* et tu mangeras de la chair dans toutes tes portes, selon la bénédiction de l'Éternel, ton Dieu, qu'il t'aura donnée. Celui qui est impur et celui qui est pur en mangeront, comme [on mange] de la gazelle et du cerf ;

12:16 seulement, vous ne mangerez pas le sang : tu le verseras sur la terre, comme de l'eau.

12:17 Tu ne pourras pas manger, dans tes portes, la dîme de ton froment, ou de ton moût, ou de ton huile, ni les premiers-nés de ton gros et de ton menu bétail, ni aucune des choses* que tu auras vouées, ni tes offrandes volontaires, ni l'offrande élevée de ta main ;

12:18 mais tu les mangeras devant l'Éternel, ton Dieu, au lieu que l'Éternel, ton Dieu, aura choisi, toi, et ton fils, et ta fille, et ton serviteur, et ta servante, et le Lévite qui est dans tes portes ; et tu te réjouiras devant l'Éternel, ton Dieu, en tout ce à quoi tu auras mis la main.

12:19 Prends garde à toi, de peur que tu ne délaisses le Lévite, tous les jours que tu seras sur ta terre.

12:20 Quand l'Éternel, ton Dieu, aura étendu tes limites, comme il te l'a promis, et que tu diras : Je mangerai de la chair, parce que ton âme désirera de manger de la chair, tu mangeras de la chair, selon tout le désir de ton âme.

12:13 Take heed to thyself that thou offer not thy burnt offerings in every place that thou seest:

12:14 But in the place which the LORD shall choose in one of thy tribes, there thou shalt offer thy burnt offerings, and there thou shalt do all that I command thee.

12:15 Notwithstanding thou mayest kill and eat flesh in all thy gates, whatsoever thy soul lusteth after, according to the blessing of the LORD thy God which he hath given thee: the unclean and the clean may eat thereof, as of the roebuck, and as of the hart.

12:16 Only ye shall not eat the blood; ye shall pour it upon the earth as water.

12:17 Thou mayest not eat within thy gates the tithe of thy corn, or of thy wine, or of thy oil, or the firstlings of thy herds or of thy flock, nor any of thy vows which thou vowest, nor thy freewill offerings, or heave offering of thine hand:

12:18 But thou must eat them before the LORD thy God in the place which the LORD thy God shall choose, thou, and thy son, and thy daughter, and thy manservant, and thy maidservant, and the Levite that is within thy gates: and thou shalt rejoice before the LORD thy God in all that thou puttest thine hands unto.

12:19 Take heed to thyself that thou forsake not the Levite as long as thou livest upon the earth.

12:20 When the LORD thy God shall enlarge thy border, as he hath promised thee, and thou shalt say, I will eat flesh, because thy soul longeth to eat flesh; thou mayest eat flesh, whatsoever thy soul lusteth after.

12:21 Si le lieu que l'Éternel, ton Dieu, aura choisi pour y mettre son nom est loin de toi, alors tu sacrifieras de ton gros et de ton menu bétail, que l'Éternel t'aura donné, comme je te l'ai commandé, et tu en mangeras dans tes portes, selon tout le désir de ton âme ;

12:21 If the place which the LORD thy God hath chosen to put his name there be too far from thee, then thou shalt kill of thy herd and of thy flock, which the LORD hath given thee, as I have commanded thee, and thou shalt eat in thy gates whatsoever thy soul lusteth after.

12:22 comme on mange de la gazelle et du cerf, ainsi tu en mangeras : celui qui est impur et celui qui est pur en mangeront également.

12:22 Even as the roebuck and the hart is eaten, so thou shalt eat them: the unclean and the clean shall eat of them alike.

12:23 Seulement, tiens ferme à ne pas manger le sang, car le sang est la vie* ; et tu ne mangeras pas l'âme* avec la chair.

12:23 Only be sure that thou eat not the blood: for the blood is the life; and thou mayest not eat the life with the flesh.

12:24 Tu n'en mangeras pas, tu le verseras sur la terre, comme de l'eau.

12:24 Thou shalt not eat it; thou shalt pour it upon the earth as water.

12:25 Tu n'en mangeras pas, afin que tu prospères, toi et tes fils après toi, parce que tu auras fait ce qui est droit aux yeux de l'Éternel.

12:25 Thou shalt not eat it; that it may go well with thee, and with thy children after thee, when thou shalt do that which is right in the sight of the LORD.

12:26 Toutefois les choses que tu auras sanctifiées*, qui seront à toi, et celles que tu auras vouées, tu les prendras, et tu viendras au lieu que l'Éternel aura choisi ;

12:26 Only thy holy things which thou hast, and thy vows, thou shalt take, and go unto the place which the LORD shall choose:

12:27 et tu offriras tes holocaustes, la chair et le sang, sur l'autel de l'Éternel, ton Dieu, et le sang de tes sacrifices sera versé sur l'autel de l'Éternel, ton Dieu, et tu en mangeras la chair.

12:27 And thou shalt offer thy burnt offerings, the flesh and the blood, upon the altar of the LORD thy God: and the blood of thy sacrifices shall be poured out upon the altar of the LORD thy God, and thou shalt eat the flesh.

12:28 Prends garde à écouter toutes ces paroles que je te commande, afin que tu prospères, toi et tes fils après toi, à toujours, parce que tu auras fait ce qui est bon et droit aux yeux de l'Éternel, ton Dieu.

12:28 Observe and hear all these words which I command thee, that it may go well with thee, and with thy children after thee for ever, when thou doest that which is good and right in the sight of the LORD thy God.

12:29 Quand l'Éternel, ton Dieu, aura retranché devant toi les nations vers lesquelles tu entres pour les posséder, et que tu les possèderas, et que tu habiteras dans leur pays,

12:29 When the LORD thy God shall cut off the nations from before thee, whither thou goest to possess them, and thou succeedest them, and dwellest in their land;

12:30 prends garde à toi, de peur que tu ne sois pris au piège pour faire comme elles*, après qu'elles auront été détruites devant toi, et de peur que tu ne recherches leurs dieux, en disant : Comment ces nations servaient-elles leurs dieux ? et je ferai de même, moi aussi.	*12:30 Take heed to thyself that thou be not snared by following them, after that they be destroyed from before thee; and that thou enquire not after their gods, saying, How did these nations serve their gods? even so will I do likewise.*
12:31 Tu ne feras pas ainsi à l'Éternel, ton Dieu ; car tout ce qui est en abomination à l'Éternel, ce qu'il hait, ils l'ont fait à leurs dieux ; car même ils ont brûlé au feu leurs fils et leurs filles à leurs dieux.	*12:31 Thou shalt not do so unto the LORD thy God: for every abomination to the LORD, which he hateth, have they done unto their gods; for even their sons and their daughters they have burnt in the fire to their gods.*
12:32 Toutes les choses que je vous commande, vous prendrez garde à les pratiquer. Tu n'y ajouteras rien, et tu n'en retrancheras rien.	*12:32 What thing soever I command you, observe to do it: thou shalt not add thereto, nor diminish from it.*
13:1 S'il s'élève au milieu de toi un prophète, ou un songeur de songes, et qu'il te donne un signe ou un miracle,	*13:1 If there arise among you a prophet, or a dreamer of dreams, and giveth thee a sign or a wonder,*
13:2 et que le signe arrive, ou le miracle dont il t'avait parlé lorsqu'il disait : Allons après d'autres dieux, [des dieux] que tu n'as point connus, et servons-les ;	*13:2 And the sign or the wonder come to pass, whereof he spake unto thee, saying, Let us go after other gods, which thou hast not known, and let us serve them;*
13:3 tu n'écouteras pas les paroles de ce prophète, ni ce songeur de songes, car l'Éternel, votre Dieu, vous éprouve, pour savoir si vous aimez l'Éternel, votre Dieu, de tout votre cœur et de toute votre âme.	*13:3 Thou shalt not hearken unto the words of that prophet, or that dreamer of dreams: for the LORD your God proveth you, to know whether ye love the LORD your God with all your heart and with all your soul.*
13:4 Vous marcherez après l'Éternel votre Dieu ; et vous le craindrez, et vous garderez ses commandements, et vous écouterez sa voix, et vous le servirez, et vous vous attacherez à lui.	*13:4 Ye shall walk after the LORD your God, and fear him, and keep his commandments, and obey his voice, and ye shall serve him, and cleave unto him.*
13:5 Et ce prophète, ou ce songeur de songes, sera mis à mort, car il a parlé de révolte contre l'Éternel, votre Dieu, qui vous a fait sortir du pays d'Égypte et vous a rachetés de la maison de servitude, afin de te pousser hors de la voie dans la quelle l'Éternel, ton Dieu, t'a commandé de marcher ; et tu ôteras* le mal du milieu de toi.	*13:5 And that prophet, or that dreamer of dreams, shall be put to death; because he hath spoken to turn you away from the LORD your God, which brought you out of the land of Egypt, and redeemed you out of the house of bondage, to thrust thee out of the way which the LORD thy God commanded thee to walk in. So shalt thou put the evil away from the midst of thee.*

13:6 Si ton frère, fils de ta mère, ou ton fils, ou ta fille, ou la femme de ton cœur*, ou ton ami, qui t'est comme ton âme, t'incite en secret, disant : Allons, et servons d'autres dieux, [des dieux] que tu n'as point connus, toi, ni tes pères,

13:6 If thy brother, the son of thy mother, or thy son, or thy daughter, or the wife of thy bosom, or thy friend, which is as thine own soul, entice thee secretly, saying, Let us go and serve other gods, which thou hast not known, thou, nor thy fathers;

13:7 d'entre les dieux des peuples qui sont autour de vous, près de toi ou loin de toi, d'un bout de la terre à l'autre bout de la terre,

13:7 Namely, of the gods of the people which are round about you, nigh unto thee, or far off from thee, from the one end of the earth even unto the other end of the earth;

13:8 tu ne t'accorderas pas avec lui et tu ne l'écouteras pas ; et ton œil ne l'épargnera pas, et tu n'auras pas pitié de lui, et tu ne le cacheras pas ;

13:8 Thou shalt not consent unto him, nor hearken unto him; neither shall thine eye pity him, neither shalt thou spare, neither shalt thou conceal him:

13:9 mais tu le tueras certainement : ta main sera la première contre lui pour le mettre à mort, et la main de tout le peuple ensuite ;

13:9 But thou shalt surely kill him; thine hand shall be first upon him to put him to death, and afterwards the hand of all the people.

13:10 et tu l'assommeras de pierres, et il mourra, car il a cherché à t'entraîner loin de l'Éternel, ton Dieu, qui t'a fait sortir du pays d'Égypte, de la maison de servitude ;

13:10 And thou shalt stone him with stones, that he die; because he hath sought to thrust thee away from the LORD thy God, which brought thee out of the land of Egypt, from the house of bondage.

13:11 et tout Israël l'entendra et craindra, et ne fera plus une pareille méchante action au milieu de toi.

13:11 And all Israel shall hear, and fear, and shall do no more any such wickedness as this is among you.

13:12 Si, dans l'une de tes villes que l'Éternel, ton Dieu, te donne pour y habiter, tu entends dire :

13:12 If thou shalt hear say in one of thy cities, which the LORD thy God hath given thee to dwell there, saying,

13:13 Des hommes, fils de Bélial*, sont sortis du milieu de toi, et ont incité les habitants de leur ville, disant : Allons, et servons d'autres dieux, [des dieux] que vous n'avez pas connus ;

13:13 Certain men, the children of Belial, are gone out from among you, and have withdrawn the inhabitants of their city, saying, Let us go and serve other gods, which ye have not known;

13:14 alors tu rechercheras, et tu t'informeras, et tu t'enquerras bien ; et si* c'est la vérité, si la chose est établie, si cette abomination a été commise au milieu de toi,

13:14 Then shalt thou enquire, and make search, and ask diligently; and, behold, if it be truth, and the thing certain, that such abomination is wrought among you;

13:15 tu frapperas certainement par le tranchant de l'épée les habitants de cette ville ; tu la détruiras entièrement, et tout ce qui y sera, et toutes ses bêtes, par le tranchant de l'épée.

13:16 Et tout son butin, tu le rassembleras au milieu de sa place, et tu brûleras tout entiers au feu la ville et tout son butin, à l'Éternel, ton Dieu ; et elle sera un monceau perpétuel, elle ne sera plus rebâtie.

13:17 Et il ne s'attachera rien de cet anathème à ta main, afin que l'Éternel revienne de l'ardeur de sa colère, et qu'il te fasse miséricorde, et ait compassion de toi, et qu'il te multiplie, comme il a juré à tes pères,

13:18 quand tu écouteras la voix de l'Éternel, ton Dieu, pour garder tous ses commandements que je te commande aujourd'hui, afin de pratiquer ce qui est droit aux yeux de l'Éternel, ton Dieu.

14:1 Vous êtes les fils de l'Éternel, votre Dieu : Vous ne vous ferez pas d'incisions, et vous ne vous ferez pas de tonsure entre les yeux, pour un mort.

14:2 Car tu es un peuple saint, [consacré] à l'Éternel, ton Dieu, et l'Éternel t'a choisi, afin que tu sois pour lui un peuple qui lui appartienne en propre, d'entre tous les peuples qui sont sur la face de la terre.

14:3 Tu ne mangeras aucune chose abominable.

14:4 Ce sont ici les bêtes que vous mangerez : le bœuf, le mouton, et la chèvre ;

14:5 le cerf, et la gazelle, et le daim, et le bouquetin, et le dishon, et le bœuf sauvage*, et le mouflon.

14:6 Et toute bête qui a l'ongle fendu et le [pied] complètement divisé en deux ongles, et qui rumine, parmi les bêtes, vous la mangerez.

13:15 Thou shalt surely smite the inhabitants of that city with the edge of the sword, destroying it utterly, and all that is therein, and the cattle thereof, with the edge of the sword.

13:16 And thou shalt gather all the spoil of it into the midst of the street thereof, and shalt burn with fire the city, and all the spoil thereof every whit, for the LORD thy God: and it shall be an heap for ever; it shall not be built again.

13:17 And there shall cleave nought of the cursed thing to thine hand: that the LORD may turn from the fierceness of his anger, and shew thee mercy, and have compassion upon thee, and multiply thee, as he hath sworn unto thy fathers;

13:18 When thou shalt hearken to the voice of the LORD thy God, to keep all his commandments which I command thee this day, to do that which is right in the eyes of the LORD thy God.

14:1 Ye are the children of the LORD your God: ye shall not cut yourselves, nor make any baldness between your eyes for the dead.

14:2 For thou art an holy people unto the LORD thy God, and the LORD hath chosen thee to be a peculiar people unto himself, above all the nations that are upon the earth.

14:3 Thou shalt not eat any abominable thing.

14:4 These are the beasts which ye shall eat: the ox, the sheep, and the goat,

14:5 The hart, and the roebuck, and the fallow deer, and the wild goat, and the pygarg, and the wild ox, and the chamois.

14:6 And every beast that parteth the hoof, and cleaveth the cleft into two claws, and cheweth the cud among the beasts, that ye shall eat.

14:7 Seulement, de ceci vous ne mangerez pas, d'entre celles qui ruminent et d'entre celles qui ont l'ongle fendu [et] divisé : le chameau, et le lièvre, et le daman ; car ils ruminent, mais ils n'ont pas l'ongle fendu ; ils vous sont impurs ;

14:8 et le porc, car il a l'ongle fendu, mais il ne rumine pas ; il vous est impur. Vous ne mangerez pas de leur chair, et vous ne toucherez pas leur corps mort.

14:9 — Vous mangerez de ceci, d'entre tout ce qui est dans les eaux : vous mangerez tout ce qui a des nageoires et des écailles,

14:10 et vous ne mangerez pas ce qui n'a point de nageoires et d'écailles ; cela vous est impur.

14:11 — Vous mangerez tout oiseau* pur.

14:12 Mais ceux-ci vous ne les mangerez pas : l'aigle, et l'orfraie, et l'aigle de mer,

14:13 et le faucon, et le milan, et l'autour, selon son espèce ;

14:14 et tout corbeau, selon son espèce ;

14:15 et l'autruche femelle, et l'autruche mâle, et la mouette, et l'épervier, selon son espèce ;

14:16 le hibou, et l'ibis, et le cygne*,

14:17 et le pélican, et le vautour, et le plongeon,

14:18 et la cigogne, et le héron, selon son espèce, et la huppe, et la chauve-souris.

14:19 — Et tout reptile volant vous sera impur ; on n'en mangera pas.

14:20 Vous mangerez tout oiseau pur.

14:7 Nevertheless these ye shall not eat of them that chew the cud, or of them that divide the cloven hoof; as the camel, and the hare, and the coney: for they chew the cud, but divide not the hoof; therefore they are unclean unto you.

14:8 And the swine, because it divideth the hoof, yet cheweth not the cud, it is unclean unto you: ye shall not eat of their flesh, nor touch their dead carcase.

14:9 These ye shall eat of all that are in the waters: all that have fins and scales shall ye eat:

14:10 And whatsoever hath not fins and scales ye may not eat; it is unclean unto you.

14:11 Of all clean birds ye shall eat.

14:12 But these are they of which ye shall not eat: the eagle, and the ossifrage, and the ospray,

14:13 And the glede, and the kite, and the vulture after his kind,

14:14 And every raven after his kind,

14:15 And the owl, and the night hawk, and the cuckow, and the hawk after his kind,

14:16 The little owl, and the great owl, and the swan,

14:17 And the pelican, and the gier eagle, and the cormorant,

14:18 And the stork, and the heron after her kind, and the lapwing, and the bat.

14:19 And every creeping thing that flieth is unclean unto you: they shall not be eaten.

14:20 But of all clean fowls ye may eat.

14:21 — Vous ne mangerez d'aucun corps mort ; tu le donneras à l'étranger qui est dans tes portes, et il le mangera ; ou tu le vendras au forain ; car tu es un peuple saint, [consacré] à l'Éternel, ton Dieu. — Tu ne cuiras pas le chevreau dans le lait de sa mère.

14:22 Tu dîmeras exactement tout le rapport de ta semence, que ton champ produira chaque année.

14:23 Et tu mangeras devant l'Éternel, ton Dieu, au lieu qu'il aura choisi pour y faire habiter son nom, la dîme de ton froment, de ton moût, et de ton huile, et les premiers-nés de ton gros et de ton menu bétail, afin que tu apprennes à craindre toujours l'Éternel, ton Dieu.

14:24 Et si le chemin est trop long pour toi, de sorte que tu ne puisses les transporter, parce que le lieu que l'Éternel, ton Dieu, aura choisi pour y mettre son nom, sera trop éloigné de toi, parce que l'Éternel, ton Dieu, t'aura béni :

14:25 alors tu les donneras pour de l'argent, et tu serreras l'argent dans ta main, et tu iras au lieu que l'Éternel, ton Dieu, aura choisi ;

14:26 et tu donneras l'argent pour tout ce que ton âme désirera, pour du gros ou du menu bétail, ou pour du vin ou pour des boissons fortes, pour tout ce que ton âme te demandera, et tu le mangeras là, devant l'Éternel, ton Dieu, et tu te réjouiras, toi et ta maison.

14:27 Et tu ne délaisseras pas le Lévite qui est dans tes portes, car il n'a point de part ni d'héritage avec toi.

14:28 — Au bout de trois ans, tu mettras à part toute la dîme de ta récolte* de cette année-là, et tu la déposeras dans tes portes.

14:21 Ye shall not eat of anything that dieth of itself: thou shalt give it unto the stranger that is in thy gates, that he may eat it; or thou mayest sell it unto an alien: for thou art an holy people unto the LORD thy God. Thou shalt not seethe a kid in his mother's milk.

14:22 Thou shalt truly tithe all the increase of thy seed, that the field bringeth forth year by year.

14:23 And thou shalt eat before the LORD thy God, in the place which he shall choose to place his name there, the tithe of thy corn, of thy wine, and of thine oil, and the firstlings of thy herds and of thy flocks; that thou mayest learn to fear the LORD thy God always.

14:24 And if the way be too long for thee, so that thou art not able to carry it; or if the place be too far from thee, which the LORD thy God shall choose to set his name there, when the LORD thy God hath blessed thee:

14:25 Then shalt thou turn it into money, and bind up the money in thine hand, and shalt go unto the place which the LORD thy God shall choose:

14:26 And thou shalt bestow that money for whatsoever thy soul lusteth after, for oxen, or for sheep, or for wine, or for strong drink, or for whatsoever thy soul desireth: and thou shalt eat there before the LORD thy God, and thou shalt rejoice, thou, and thine household,

14:27 And the Levite that is within thy gates; thou shalt not forsake him; for he hath no part nor inheritance with thee.

14:28 At the end of three years thou shalt bring forth all the tithe of thine increase the same year, and shalt lay it up within thy gates:

14:29 Et le Lévite, qui n'a point de part ni d'héritage avec toi, et l'étranger, et l'orphelin, et la veuve, qui seront dans tes portes, viendront, et ils mangeront et seront rassasiés ; afin que l'Éternel, ton Dieu, te bénisse dans tout l'ouvrage de ta main, que tu fais.

15:1 Au bout de sept ans, tu feras relâche.

15:2 Et c'est ici la manière du relâche : tout créancier relâchera sa main du prêt qu'il aura fait à son prochain ; il ne l'exigera pas de son prochain ou de son frère, car on aura proclamé le relâche de l'Éternel.

15:3 Tu l'exigeras de l'étranger ; mais ta main relâchera ce que ton frère aura de ce qui t'appartient,

15:4 sauf quand il n'y aura* point de pauvre au milieu de toi ; car l'Éternel te bénira abondamment dans le pays que l'Éternel, ton Dieu, te donne en héritage pour le posséder,

15:5 pourvu seulement que tu écoutes attentivement la voix de l'Éternel, ton Dieu, pour prendre garde à pratiquer tout ce commandement que je te commande aujourd'hui.

15:6 Car l'Éternel, ton Dieu, te bénira, comme Il t'a dit ; et tu prêteras sur gage à beaucoup de nations, mais toi tu n'emprunteras pas sur gage ; et tu domineras sur beaucoup de nations, et elles ne domineront pas sur toi.

15:7 Quand il y aura au milieu de toi un pauvre, quelqu'un de tes frères, dans l'une de tes portes, dans ton pays que l'Éternel, ton Dieu, te donne, tu n'endurciras pas ton cœur, et tu ne fermeras pas ta main à ton frère pauvre ;

15:8 mais tu lui ouvriras libéralement ta main, et tu lui prêteras sur gage, assez pour le besoin dans lequel il se trouve.

14:29 And the Levite, (because he hath no part nor inheritance with thee,) and the stranger, and the fatherless, and the widow, which are within thy gates, shall come, and shall eat and be satisfied; that the LORD thy God may bless thee in all the work of thine hand which thou doest.

15:1 At the end of every seven years thou shalt make a release.

15:2 And this is the manner of the release: Every creditor that lendeth ought unto his neighbour shall release it; he shall not exact it of his neighbour, or of his brother; because it is called the LORD's release.

15:3 Of a foreigner thou mayest exact it again: but that which is thine with thy brother thine hand shall release;

15:4 Save when there shall be no poor among you; for the LORD shall greatly bless thee in the land which the LORD thy God giveth thee for an inheritance to possess it:

15:5 Only if thou carefully hearken unto the voice of the LORD thy God, to observe to do all these commandments which I command thee this day.

15:6 For the LORD thy God blesseth thee, as he promised thee: and thou shalt lend unto many nations, but thou shalt not borrow; and thou shalt reign over many nations, but they shall not reign over thee.

15:7 If there be among you a poor man of one of thy brethren within any of thy gates in thy land which the LORD thy God giveth thee, thou shalt not harden thine heart, nor shut thine hand from thy poor brother:

15:8 But thou shalt open thine hand wide unto him, and shalt surely lend him sufficient for his need, in that which he wanteth.

15:9 Prends garde à toi, de peur qu'il n'y ait dans ton cœur quelque pensée de Bélial, et que tu ne dises : la septième année approche, l'année de relâche, et que ton œil ne soit méchant contre ton frère pauvre, et que tu ne lui donnes pas, et qu'il ne crie contre toi à l'Éternel, et qu'il n'y ait du péché en toi.

15:10 Tu lui donneras libéralement, et ton cœur ne sera pas triste quand tu lui donneras ; car à cause de cela l'Éternel, ton Dieu, te bénira dans toute ton œuvre, et dans tout ce à quoi tu mettras la main.

15:11 Car le pauvre ne manquera pas au milieu du pays ; c'est pourquoi je te commande, disant : Tu ouvriras libéralement ta main à ton frère, à ton affligé et à ton pauvre, dans ton pays.

15:12 Si ton frère, un Hébreu, homme ou femme, t'a été vendu, il te servira six ans, et, la septième année, tu le renverras libre de chez toi.

15:13 Et quand tu le renverras libre de chez toi, tu ne le renverras pas à vide.

15:14 Tu lui donneras* libéralement de ton menu bétail, et de ton aire, et de ta cuve : tu lui donneras de ce en quoi l'Éternel, ton Dieu, t'aura béni ;

15:15 et tu te souviendras que tu as été serviteur dans le pays d'Égypte, et que l'Éternel, ton Dieu, t'a racheté ; c'est pourquoi je te commande ces choses aujourd'hui.

15:16 — Et s'il arrive qu'il te dise : Je ne sortirai pas de chez toi (car il t'aime, toi et ta maison, et il se trouve bien chez toi),

15:17 alors tu prendras un poinçon et tu lui en perceras l'oreille contre la porte, et il sera ton serviteur pour toujours ; et tu feras aussi de même avec ta servante.

15:9 Beware that there be not a thought in thy wicked heart, saying, The seventh year, the year of release, is at hand; and thine eye be evil against thy poor brother, and thou givest him nought; and he cry unto the LORD against thee, and it be sin unto thee.

15:10 Thou shalt surely give him, and thine heart shall not be grieved when thou givest unto him: because that for this thing the LORD thy God shall bless thee in all thy works, and in all that thou puttest thine hand unto.

15:11 For the poor shall never cease out of the land: therefore I command thee, saying, Thou shalt open thine hand wide unto thy brother, to thy poor, and to thy needy, in thy land.

15:12 And if thy brother, an Hebrew man, or an Hebrew woman, be sold unto thee, and serve thee six years; then in the seventh year thou shalt let him go free from thee.

15:13 And when thou sendest him out free from thee, thou shalt not let him go away empty:

15:14 Thou shalt furnish him liberally out of thy flock, and out of thy floor, and out of thy winepress: of that wherewith the LORD thy God hath blessed thee thou shalt give unto him.

15:15 And thou shalt remember that thou wast a bondman in the land of Egypt, and the LORD thy God redeemed thee: therefore I command thee this thing to day.

15:16 And it shall be, if he say unto thee, I will not go away from thee; because he loveth thee and thine house, because he is well with thee;

15:17 Then thou shalt take an aul, and thrust it through his ear unto the door, and he shall be thy servant for ever. And also unto thy maidservant thou shalt do likewise.

15:18 Ce ne sera pas à tes yeux chose pénible de le renvoyer libre de chez toi, car il t'a servi six ans, [ce qui te vaut] le double du salaire d'un mercenaire ; et l'Éternel, ton Dieu, te bénira dans tout ce que tu feras.

15:19 Tu sanctifieras à l'Éternel, ton Dieu, tout premier-né mâle qui naîtra parmi ton gros bétail ou ton menu bétail. Tu ne laboureras pas avec le premier-né de ta vache ; et tu ne tondras pas le premier- né de tes brebis :

15:20 tu le mangeras, toi et ta maison, devant l'Éternel, ton Dieu, d'année en année, au lieu que l'Éternel aura choisi.

15:21 Et s'il a un défaut corporel, s'il est boiteux ou aveugle, [s'il a] un mauvais défaut quelconque, tu ne le sacrifieras pas à l'Éternel, ton Dieu :

15:22 tu le mangeras dans tes portes ; celui qui est impur et celui qui est pur [en mangeront] également, comme de la gazelle et du cerf.

15:23 Seulement, tu n'en mangeras pas le sang ; tu le verseras sur la terre, comme de l'eau.

16:1 Garde le mois d'Abib, et fais la Pâque à l'Éternel, ton Dieu ; car au mois d'Abib, l'Éternel, ton Dieu, t'a fait sortir, de nuit, hors d'Égypte.

16:2 Et sacrifie la pâque à l'Éternel, ton Dieu, du menu et du gros bétail, au lieu que l'Éternel aura choisi pour y faire habiter son nom.

16:3 Tu ne mangeras pas avec elle de pain levé ; pendant sept jours tu mangeras avec elle des pains sans levain, pains d'affliction, parce que tu es sorti en hâte du pays d'Égypte, afin que, tous les jours de ta vie, tu te souviennes du jour de ta sortie du pays d'Égypte.

15:18 It shall not seem hard unto thee, when thou sendest him away free from thee; for he hath been worth a double hired servant to thee, in serving thee six years: and the LORD thy God shall bless thee in all that thou doest.

15:19 All the firstling males that come of thy herd and of thy flock thou shalt sanctify unto the LORD thy God: thou shalt do no work with the firstling of thy bullock, nor shear the firstling of thy sheep.

15:20 Thou shalt eat it before the LORD thy God year by year in the place which the LORD shall choose, thou and thy household.

15:21 And if there be any blemish therein, as if it be lame, or blind, or have any ill blemish, thou shalt not sacrifice it unto the LORD thy God.

15:22 Thou shalt eat it within thy gates: the unclean and the clean person shall eat it alike, as the roebuck, and as the hart.

15:23 Only thou shalt not eat the blood thereof; thou shalt pour it upon the ground as water.

16:1 Observe the month of Abib, and keep the passover unto the LORD thy God: for in the month of Abib the LORD thy God brought thee forth out of Egypt by night.

16:2 Thou shalt therefore sacrifice the passover unto the LORD thy God, of the flock and the herd, in the place which the LORD shall choose to place his name there.

16:3 Thou shalt eat no leavened bread with it; seven days shalt thou eat unleavened bread therewith, even the bread of affliction; for thou camest forth out of the land of Egypt in haste: that thou mayest remember the day when thou camest forth out of the land of Egypt all the days of thy life.

16:4 Et il ne se verra pas de levain chez toi, dans toutes tes limites, pendant sept jours ; et de la chair que tu sacrifieras le soir du premier jour, rien ne passera la nuit jusqu'au matin.

16:5 — Tu ne pourras pas sacrifier la pâque dans l'une de tes portes que l'Éternel, ton Dieu, te donne ;

16:6 mais au lieu que l'Éternel, ton Dieu, aura choisi pour y faire habiter son nom, là tu sacrifieras la pâque, le soir, au coucher du soleil, au temps où tu sortis d'Égypte ;

16:7 et tu la cuiras et la mangeras au lieu que l'Éternel, ton Dieu, aura choisi ; et le matin tu t'en retourneras, et tu t'en iras dans tes tentes.

16:8 Pendant six jours tu mangeras des pains sans levain ; et le septième jour, il y aura une fête solennelle à l'Éternel, ton Dieu : tu ne feras aucune œuvre.

16:9 Tu compteras sept semaines ; depuis que la faucille commence à être mise aux blés, tu commenceras à compter sept semaines,

16:10 et tu célébreras la fête des semaines à l'Éternel, ton Dieu, avec un tribut d'offrande volontaire* de ta main, que tu donneras selon que l'Éternel, ton Dieu, t'aura béni.

16:11 Et tu te réjouiras devant l'Éternel, ton Dieu, toi, et ton fils, et ta fille, et ton serviteur, et ta servante, et le Lévite qui est dans tes portes, et l'étranger, et l'orphelin, et la veuve, qui sont au milieu de toi, au lieu que l'Éternel, ton Dieu, aura choisi pour y faire habiter son nom.

16:12 Et tu te souviendras que tu as été serviteur en Égypte, et tu garderas et tu pratiqueras ces statuts.

16:4 And there shall be no leavened bread seen with thee in all thy coast seven days; neither shall there any thing of the flesh, which thou sacrificedst the first day at even, remain all night until the morning.

16:5 Thou mayest not sacrifice the passover within any of thy gates, which the LORD thy God giveth thee:

16:6 But at the place which the LORD thy God shall choose to place his name in, there thou shalt sacrifice the passover at even, at the going down of the sun, at the season that thou camest forth out of Egypt.

16:7 And thou shalt roast and eat it in the place which the LORD thy God shall choose: and thou shalt turn in the morning, and go unto thy tents.

16:8 Six days thou shalt eat unleavened bread: and on the seventh day shall be a solemn assembly to the LORD thy God: thou shalt do no work therein.

16:9 Seven weeks shalt thou number unto thee: begin to number the seven weeks from such time as thou beginnest to put the sickle to the corn.

16:10 And thou shalt keep the feast of weeks unto the LORD thy God with a tribute of a freewill offering of thine hand, which thou shalt give unto the LORD thy God, according as the LORD thy God hath blessed thee:

16:11 And thou shalt rejoice before the LORD thy God, thou, and thy son, and thy daughter, and thy manservant, and thy maidservant, and the Levite that is within thy gates, and the stranger, and the fatherless, and the widow, that are among you, in the place which the LORD thy God hath chosen to place his name there.

16:12 And thou shalt remember that thou wast a bondman in Egypt: and thou shalt observe and do these statutes.

16:13 Tu célébreras la fête des tabernacles* pendant sept jours, quand tu auras recueilli [les produits] de ton aire et de ta cuve.

16:14 Et tu te réjouiras dans ta fête, toi, et ton fils, et ta fille, et ton serviteur, et ta servante, et le Lévite, et l'étranger, et l'orphelin, et la veuve, qui sont dans tes portes.

16:15 Tu feras pendant sept jours la fête à l'Éternel, ton Dieu, au lieu que l'Éternel aura choisi, car l'Éternel, ton Dieu, te bénira dans toute ta récolte* et dans tout l'ouvrage de tes mains ; et tu ne seras que joyeux.

16:16 Trois fois l'an tout mâle d'entre vous* paraîtra devant l'Éternel, ton Dieu, au lieu qu'il aura choisi : à la fête des pains sans levain, et à la fête des semaines, et à la fête des tabernacles ; et on ne paraîtra pas devant l'Éternel à vide,

16:17 [mais] chacun selon ce que sa main peut donner*, selon la bénédiction de l'Éternel, ton Dieu, laquelle il te donnera.

16:18 Tu t'établiras des juges et des magistrats*, selon tes tribus, dans toutes tes portes que l'Éternel, ton Dieu, te donnera, pour qu'ils jugent le peuple par un jugement juste.

16:19 Tu ne feras pas fléchir le jugement ; tu ne feras pas acception de personnes ; et tu ne recevras pas de présent ; car le présent aveugle les yeux des sages et pervertit les paroles des justes.

16:20 La parfaite justice*, tu la poursuivras, afin que tu vives et que tu possèdes le pays que l'Éternel, ton Dieu, te donne.

16:21 Tu ne te planteras pas d'ashère*, de quelque bois que ce soit, à côté de l'autel de l'Éternel, ton Dieu, que tu te feras ;

16:22 et tu ne te dresseras pas de statue, — [chose] que hait l'Éternel, ton Dieu.

16:13 Thou shalt observe the feast of tabernacles seven days, after that thou hast gathered in thy corn and thy wine:

16:14 And thou shalt rejoice in thy feast, thou, and thy son, and thy daughter, and thy manservant, and thy maidservant, and the Levite, the stranger, and the fatherless, and the widow, that are within thy gates.

16:15 Seven days shalt thou keep a solemn feast unto the LORD thy God in the place which the LORD shall choose: because the LORD thy God shall bless thee in all thine increase, and in all the works of thine hands, therefore thou shalt surely rejoice.

16:16 Three times in a year shall all thy males appear before the LORD thy God in the place which he shall choose; in the feast of unleavened bread, and in the feast of weeks, and in the feast of tabernacles: and they shall not appear before the LORD empty:

16:17 Every man shall give as he is able, according to the blessing of the LORD thy God which he hath given thee.

16:18 Judges and officers shalt thou make thee in all thy gates, which the LORD thy God giveth thee, throughout thy tribes: and they shall judge the people with just judgment.

16:19 Thou shalt not wrest judgment; thou shalt not respect persons, neither take a gift: for a gift doth blind the eyes of the wise, and pervert the words of the righteous.

16:20 That which is altogether just shalt thou follow, that thou mayest live, and inherit the land which the LORD thy God giveth thee.

16:21 Thou shalt not plant thee a grove of any trees near unto the altar of the LORD thy God, which thou shalt make thee.

16:22 Neither shalt thou set thee up any image; which the LORD thy God hateth.

17:1 Tu ne sacrifieras à l'Éternel, ton Dieu, ni bœuf ni mouton* qui ait un défaut corporel, quoi que ce soit de mauvais ; car c'est une abomination pour l'Éternel, ton Dieu.

17:2 S'il se trouve au milieu de toi, dans une de tes portes, que l'Éternel, ton Dieu, te donne, un homme ou une femme qui fasse ce qui est mauvais aux yeux de l'Éternel, ton Dieu, en transgressant son alliance,

17:3 et qui aille et serve d'autres dieux, et s'incline devant eux, soit devant le soleil, ou devant la lune, ou devant toute l'armée des cieux, ce que je n'ai pas commandé ;

17:4 et que cela t'ait été rapporté, et que tu l'aies entendu, alors tu rechercheras bien ; et si* c'est la vérité, si la chose est établie, si cette abomination a été commise en Israël,

17:5 tu feras sortir vers tes portes cet homme ou cette femme, qui auront fait cette mauvaise chose, l'homme ou la femme, et tu les assommeras de pierres, et ils mourront.

17:6 Sur la déposition* de deux témoins ou de trois témoins, celui qui doit mourir sera mis à mort ; il ne sera pas mis à mort sur la déposition d'un seul témoin.

17:7 La main des témoins sera la première contre lui pour le mettre à mort, et la main de tout le peuple ensuite ; et tu ôteras le mal du milieu de toi.

17:8 Lorsqu'une affaire sera pour toi trop difficile à juger, entre sang et sang, entre cause et cause, et entre coup et coup, — des cas de dispute dans tes portes, alors tu te lèveras, et tu monteras au lieu que l'Éternel, ton Dieu, aura choisi ;

17:9 et tu viendras vers les sacrificateurs, les Lévites, et vers le juge qu'il y aura en ces jours-là, et tu rechercheras, et ils te déclareront la sentence du jugement.

17:1 Thou shalt not sacrifice unto the LORD thy God any bullock, or sheep, wherein is blemish, or any evilfavouredness: for that is an abomination unto the LORD thy God.

17:2 If there be found among you, within any of thy gates which the LORD thy God giveth thee, man or woman, that hath wrought wickedness in the sight of the LORD thy God, in transgressing his covenant,

17:3 And hath gone and served other gods, and worshipped them, either the sun, or moon, or any of the host of heaven, which I have not commanded;

17:4 And it be told thee, and thou hast heard of it, and enquired diligently, and, behold, it be true, and the thing certain, that such abomination is wrought in Israel:

17:5 Then shalt thou bring forth that man or that woman, which have committed that wicked thing, unto thy gates, even that man or that woman, and shalt stone them with stones, till they die.

17:6 At the mouth of two witnesses, or three witnesses, shall he that is worthy of death be put to death; but at the mouth of one witness he shall not be put to death.

17:7 The hands of the witnesses shall be first upon him to put him to death, and afterward the hands of all the people. So thou shalt put the evil away from among you.

17:8 If there arise a matter too hard for thee in judgment, between blood and blood, between plea and plea, and between stroke and stroke, being matters of controversy within thy gates: then shalt thou arise, and get thee up into the place which the LORD thy God shall choose;

17:9 And thou shalt come unto the priests the Levites, and unto the judge that shall be in those days, and enquire; and they shall shew thee the sentence of judgment:

17:10 Et tu agiras conformément à la sentence qu'ils t'auront déclarée, de ce lieu que l'Éternel aura choisi, et tu prendras garde à faire selon tout ce qu'ils t'auront enseigné.

17:11 Tu agiras conformément à la loi qu'ils t'auront enseignée, et selon le droit qu'ils t'auront annoncé ; tu ne t'écarteras, ni à droite ni à gauche, de la sentence qu'ils t'auront déclarée.

17:12 Et l'homme qui agira avec fierté, n'écoutant point le sacrificateur qui se tiendra là pour servir l'Éternel ton Dieu, ou le juge, cet homme-là mourra, et tu ôteras le mal [du milieu] d'Israël ;

17:13 et tout le peuple l'entendra, et craindra, et n'agira plus avec fierté.

17:14 Quand tu seras entré dans le pays que l'Éternel, ton Dieu, te donne, et que tu le possèderas et y habiteras, et que tu diras : J'établirai un roi sur moi, comme toutes les nations qui sont autour de moi :

17:15 tu établiras sur toi le roi que l'Éternel, ton Dieu, choisira ; tu établiras sur toi un roi d'entre tes frères ; tu ne pourras pas établir sur toi un homme étranger, qui ne soit pas ton frère.

17:16 Seulement, il n'aura pas une multitude de chevaux, et il ne fera pas retourner le peuple en Égypte pour avoir beaucoup de chevaux ; car l'Éternel vous a dit : Vous ne retournerez plus jamais par ce chemin-là.

17:17 Et il n'aura pas un grand nombre de femmes, afin que son cœur ne se détourne pas ; et il ne s'amassera pas beaucoup d'argent et d'or.

17:18 Et il arrivera, lorsqu'il sera assis sur le trône de son royaume, qu'il écrira pour lui, dans un livre, une copie de cette loi, faite d'après le livre qui est devant les* sacrificateurs, les Lévites.

17:10 And thou shalt do according to the sentence, which they of that place which the LORD shall choose shall shew thee; and thou shalt observe to do according to all that they inform thee:

17:11 According to the sentence of the law which they shall teach thee, and according to the judgment which they shall tell thee, thou shalt do: thou shalt not decline from the sentence which they shall shew thee, to the right hand, nor to the left.

17:12 And the man that will do presumptuously, and will not hearken unto the priest that standeth to minister there before the LORD thy God, or unto the judge, even that man shall die: and thou shalt put away the evil from Israel.

17:13 And all the people shall hear, and fear, and do no more presumptuously.

17:14 When thou art come unto the land which the LORD thy God giveth thee, and shalt possess it, and shalt dwell therein, and shalt say, I will set a king over me, like as all the nations that are about me;

17:15 Thou shalt in any wise set him king over thee, whom the LORD thy God shall choose: one from among thy brethren shalt thou set king over thee: thou mayest not set a stranger over thee, which is not thy brother.

17:16 But he shall not multiply horses to himself, nor cause the people to return to Egypt, to the end that he should multiply horses: forasmuch as the LORD hath said unto you, Ye shall henceforth return no more that way.

17:17 Neither shall he multiply wives to himself, that his heart turn not away: neither shall he greatly multiply to himself silver and gold.

17:18 And it shall be, when he sitteth upon the throne of his kingdom, that he shall write him a copy of this law in a book out of that which is before the priests the Levites:

17:19 Et il l'aura auprès de lui ; et il y lira tous les jours de sa vie, afin qu'il apprenne à craindre l'Éternel, son Dieu, [et] à garder toutes les paroles de cette loi, et ces statuts, pour les faire ;

17:20 en sorte que son cœur ne s'élève pas au-dessus de ses frères, et qu'il ne s'écarte pas du commandement, ni à droite ni à gauche ; afin qu'il prolonge ses jours dans son royaume, lui et ses fils, au milieu d'Israël.

18:1 Les sacrificateurs, les Lévites, [et] toute la tribu de Lévi, n'auront point de part ni d'héritage avec Israël : ils mangeront des sacrifices de l'Éternel faits par feu, et de son héritage,

18:2 mais ils n'auront point d'héritage au milieu de leurs frères. L'Éternel est leur héritage, comme il le leur a dit.

18:3 Or c'est ici le droit des sacrificateurs de la part du peuple, de la part de ceux qui offrent* un sacrifice, que ce soit un bœuf, ou un mouton : on donnera au sacrificateur l'épaule, et les mâchoires, et l'estomac.

18:4 Tu lui donneras les prémices de ton froment, de ton moût et de ton huile, et les prémices de la toison de tes moutons.

18:5 Car l'Éternel, ton Dieu, l'a choisi lui et ses fils, d'entre toutes tes tribus, pour qu'il se tienne toujours [devant lui] pour faire le service au nom de l'Éternel.

18:6 Et si le Lévite vient de l'une de tes portes, de tout Israël où il séjourne, et qu'il vienne, selon tout le désir de son âme, au lieu que l'Éternel aura choisi,

18:7 et qu'il serve au nom de l'Éternel, son Dieu, comme tous ses frères, les Lévites, qui se tiennent là devant l'Éternel,

18:8 il mangera une portion égale, outre ce qu'il aura vendu de son patrimoine.

17:19 And it shall be with him, and he shall read therein all the days of his life: that he may learn to fear the LORD his God, to keep all the words of this law and these statutes, to do them:

17:20 That his heart be not lifted up above his brethren, and that he turn not aside from the commandment, to the right hand, or to the left: to the end that he may prolong his days in his kingdom, he, and his children, in the midst of Israel.

18:1 The priests the Levites, and all the tribe of Levi, shall have no part nor inheritance with Israel: they shall eat the offerings of the LORD made by fire, and his inheritance.

18:2 Therefore shall they have no inheritance among their brethren: the LORD is their inheritance, as he hath said unto them.

18:3 And this shall be the priest's due from the people, from them that offer a sacrifice, whether it be ox or sheep; and they shall give unto the priest the shoulder, and the two cheeks, and the maw.

18:4 The firstfruit also of thy corn, of thy wine, and of thine oil, and the first of the fleece of thy sheep, shalt thou give him.

18:5 For the LORD thy God hath chosen him out of all thy tribes, to stand to minister in the name of the LORD, him and his sons for ever.

18:6 And if a Levite come from any of thy gates out of all Israel, where he sojourned, and come with all the desire of his mind unto the place which the LORD shall choose;

18:7 Then he shall minister in the name of the LORD his God, as all his brethren the Levites do, which stand there before the LORD.

18:8 They shall have like portions to eat, beside that which cometh of the sale of his patrimony.

18:9 Quand tu seras entré dans le pays que l'Éternel, ton Dieu, te donne, tu n'apprendras pas à faire selon les abominations de ces nations :	18:9 When thou art come into the land which the LORD thy God giveth thee, thou shalt not learn to do after the abominations of those nations.
18:10 il ne se trouvera au milieu de toi personne qui fasse passer par le feu son fils ou sa fille, ni devin qui se mêle de divination, ni pronostiqueur, ni enchanteur, ni magicien, ni sorcier,	18:10 There shall not be found among you any one that maketh his son or his daughter to pass through the fire, or that useth divination, or an observer of times, or an enchanter, or a witch.
18:11 ni personne qui consulte les esprits, ni diseur de bonne aventure, ni personne qui interroge les morts ;	18:11 Or a charmer, or a consulter with familiar spirits, or a wizard, or a necromancer.
18:12 car quiconque fait ces choses est en abomination à l'Éternel ; et à cause de ces abominations, l'Éternel, ton Dieu, les déposséde devant toi.	18:12 For all that do these things are an abomination unto the LORD: and because of these abominations the LORD thy God doth drive them out from before thee.
18:13 Tu seras parfait avec l'Éternel, ton Dieu.	18:13 Thou shalt be perfect with the LORD thy God.
18:14 Car ces nations, que tu vas déposséder, écoutent les pronostiqueurs et les devins ; mais pour toi, l'Éternel, ton Dieu, ne t'a pas permis d'agir ainsi.	18:14 For these nations, which thou shalt possess, hearkened unto observers of times, and unto diviners: but as for thee, the LORD thy God hath not suffered thee so to do.
18:15 L'Éternel, ton Dieu, te suscitera un prophète comme moi, du milieu de toi, d'entre tes frères ;	18:15 The LORD thy God will raise up unto thee a Prophet from the midst of thee, of thy brethren, like unto me; unto him ye shall hearken;
18:16 vous l'écouterez, selon tout ce que tu demandas à l'Éternel, ton Dieu, à Horeb, le jour de la congrégation, disant : Que je n'entende plus la voix de l'Éternel, mon Dieu, et que je ne voie plus ce grand feu, afin que je ne meure pas.	18:16 According to all that thou desiredst of the LORD thy God in Horeb in the day of the assembly, saying, Let me not hear again the voice of the LORD my God, neither let me see this great fire any more, that I die not.
18:17 Et l'Éternel me dit : Ils ont bien dit ce qu'ils ont dit.	18:17 And the LORD said unto me, They have well spoken that which they have spoken.
18:18 Je leur susciterai un prophète comme toi, du milieu de leurs frères, et je mettrai mes paroles dans sa bouche, et il leur dira tout ce que je lui commanderai.	18:18 I will raise them up a Prophet from among their brethren, like unto thee, and will put my words in his mouth; and he shall speak unto them all that I shall command him.

18:19 Et il arrivera que l'homme qui n'écoutera pas mes paroles, qu'il dira en mon nom, moi, je le lui redemanderai.

18:20 Seulement, le prophète qui prétendra* dire en mon nom une parole que je ne lui aurai pas commandé de dire, ou qui parlera au nom d'autres dieux, ce prophète-là mourra.

18:21 Et si tu dis dans ton cœur : Comment connaîtrons-nous la parole que l'Éternel n'a pas dite ?

18:22 Quand le prophète parlera au nom de l'Éternel, et que la chose n'aura pas lieu et n'arrivera pas, c'est cette parole-là que l'Éternel n'a pas dite ; le prophète l'a dite présomptueusement : tu n'auras pas peur de lui.

19:1 Quand l'Éternel, ton Dieu, aura retranché les nations dont l'Éternel, ton Dieu, te donne le pays, et que tu les auras dépossédées, et que tu habiteras dans leurs villes et dans leurs maisons,

19:2 tu sépareras pour toi trois villes au milieu de ton pays que l'Éternel, ton Dieu, te donne pour le posséder :

19:3 tu t'en prépareras le chemin, et tu diviseras en trois parties le territoire de ton pays que l'Éternel, ton Dieu, te donne en héritage ; et ce sera afin que tout homicide s'y enfuie.

19:4 Et voici ce qui concerne l'homicide qui s'y enfuira, pour qu'il vive : Celui qui aura frappé son prochain sans le savoir, et sans l'avoir haï auparavant,

19:5 comme si quelqu'un va avec son prochain dans la forêt pour couper du bois, et que sa main lève la hache pour couper l'arbre, et que le fer échappe du manche et atteigne son prochain, et qu'il meure : il s'enfuira dans une de ces villes, et il vivra ;

18:19 And it shall come to pass, that whosoever will not hearken unto my words which he shall speak in my name, I will require it of him.

18:20 But the prophet, which shall presume to speak a word in my name, which I have not commanded him to speak, or that shall speak in the name of other gods, even that prophet shall die.

18:21 And if thou say in thine heart, How shall we know the word which the LORD hath not spoken?

18:22 When a prophet speaketh in the name of the LORD, if the thing follow not, nor come to pass, that is the thing which the LORD hath not spoken, but the prophet hath spoken it presumptuously: thou shalt not be afraid of him.

19:1 When the LORD thy God hath cut off the nations, whose land the LORD thy God giveth thee, and thou succeedest them, and dwellest in their cities, and in their houses;

19:2 Thou shalt separate three cities for thee in the midst of thy land, which the LORD thy God giveth thee to possess it.

19:3 Thou shalt prepare thee a way, and divide the coasts of thy land, which the LORD thy God giveth thee to inherit, into three parts, that every slayer may flee thither.

19:4 And this is the case of the slayer, which shall flee thither, that he may live: Whoso killeth his neighbour ignorantly, whom he hated not in time past;

19:5 As when a man goeth into the wood with his neighbour to hew wood, and his hand fetcheth a stroke with the axe to cut down the tree, and the head slippeth from the helve, and lighteth upon his neighbour, that he die; he shall flee unto one of those cities, and live:

19:6 de peur que le vengeur du sang ne poursuive l'homicide pendant que son cœur est échauffé, et qu'il ne l'atteigne, parce que le chemin est long, et ne le frappe à mort, quoiqu'il ne mérite pas la mort*, car il ne le haïssait pas auparavant.

19:7 C'est pourquoi, je te commande, disant : Sépare-toi trois villes.

19:8 Et si l'Éternel, ton Dieu, étend tes limites, comme il l'a juré à tes pères, et qu'il te donne tout le pays qu'il a promis de donner à tes pères,

19:9 parce que tu auras gardé tout ce commandement que je te commande aujourd'hui, pour le pratiquer, en aimant l'Éternel, ton Dieu, et en marchant toujours dans ses voies, alors tu t'ajouteras encore trois villes à ces trois-là,

19:10 afin que le sang innocent ne soit pas versé au milieu de ton pays, que l'Éternel, ton Dieu, te donne en héritage, et qu'ainsi le sang ne soit pas sur toi.

19:11 Mais si un homme hait son prochain, et lui dresse une embûche, et se lève contre lui et le frappe à mort, en sorte qu il meure, et qu'il s'enfuie dans l'une de ces villes,

19:12 alors les anciens de sa ville enverront et le prendront de là, et le livreront en la main du vengeur du sang ; et il mourra.

19:13 Ton œil ne l'épargnera point, et tu ôteras d'Israël le sang innocent, et tu prospéreras.

19:14 Tu ne reculeras point les bornes de ton prochain, que des prédécesseurs auront fixées dans ton héritage que tu hériteras dans le pays que l'Éternel, ton Dieu, te donne pour le posséder.

19:6 Lest the avenger of the blood pursue the slayer, while his heart is hot, and overtake him, because the way is long, and slay him; whereas he was not worthy of death, inasmuch as he hated him not in time past.

19:7 Wherefore I command thee, saying, Thou shalt separate three cities for thee.

19:8 And if the LORD thy God enlarge thy coast, as he hath sworn unto thy fathers, and give thee all the land which he promised to give unto thy fathers;

19:9 If thou shalt keep all these commandments to do them, which I command thee this day, to love the LORD thy God, and to walk ever in his ways; then shalt thou add three cities more for thee, beside these three:

19:10 That innocent blood be not shed in thy land, which the LORD thy God giveth thee for an inheritance, and so blood be upon thee.

19:11 But if any man hate his neighbour, and lie in wait for him, and rise up against him, and smite him mortally that he die, and fleeth into one of these cities:

19:12 Then the elders of his city shall send and fetch him thence, and deliver him into the hand of the avenger of blood, that he may die.

19:13 Thine eye shall not pity him, but thou shalt put away the guilt of innocent blood from Israel, that it may go well with thee.

19:14 Thou shalt not remove thy neighbour's landmark, which they of old time have set in thine inheritance, which thou shalt inherit in the land that the LORD thy God giveth thee to possess it.

19:15 Un seul témoin ne se lèvera pas contre un homme, pour une iniquité ou un péché quelconque, quelque péché qu'il ait commis* : sur la déposition de deux témoins ou sur la déposition de trois témoins, la chose sera établie.

19:16 Quand un témoin inique* s'élèvera contre un homme, pour témoigner contre lui d'un crime,

19:17 alors les deux hommes qui ont le différend, comparaîtront devant l'Éternel, devant les sacrificateurs et les juges qu'il y aura en ces jours-là ;

19:18 et les juges rechercheront bien, et, si* le témoin est un faux témoin, s'il a témoigné faussement contre son frère,

19:19 alors vous lui ferez comme il pensait faire à son frère ; et tu ôteras le mal du milieu de toi.

19:20 Et les autres l'entendront et craindront, et ne feront plus désormais une pareille méchante action au milieu de toi.

19:21 Et ton œil n'épargnera point : vie pour vie, œil pour œil, dent pour dent, main pour main, pied pour pied.

20:1 Quand tu sortiras pour faire la guerre contre tes ennemis, et que tu verras des chevaux et des chars, un peuple plus nombreux que toi, tu n'auras point peur d'eux ; car l'Éternel, ton Dieu, qui t'a fait monter du pays d'Égypte, est avec toi.

20:2 Et il arrivera que, quand vous vous approcherez pour le combat, le sacrificateur s'approchera et parlera au peuple,

20:3 et leur dira : Écoute, Israël ! Vous vous approchez aujourd'hui pour livrer bataille à vos ennemis : que votre cœur ne faiblisse point, ne craignez point, ne soyez point alarmés, et ne soyez point épouvantés devant eux ;

19:15 One witness shall not rise up against a man for any iniquity, or for any sin, in any sin that he sinneth: at the mouth of two witnesses, or at the mouth of three witnesses, shall the matter be established.

19:16 If a false witness rise up against any man to testify against him that which is wrong;

19:17 Then both the men, between whom the controversy is, shall stand before the LORD, before the priests and the judges, which shall be in those days;

19:18 And the judges shall make diligent inquisition: and, behold, if the witness be a false witness, and hath testified falsely against his brother;

19:19 Then shall ye do unto him, as he had thought to have done unto his brother: so shalt thou put the evil away from among you.

19:20 And those which remain shall hear, and fear, and shall henceforth commit no more any such evil among you.

19:21 And thine eye shall not pity; but life shall go for life, eye for eye, tooth for tooth, hand for hand, foot for foot.

20:1 When thou goest out to battle against thine enemies, and seest horses, and chariots, and a people more than thou, be not afraid of them: for the LORD thy God is with thee, which brought thee up out of the land of Egypt.

20:2 And it shall be, when ye are come nigh unto the battle, that the priest shall approach and speak unto the people,

20:3 And shall say unto them, Hear, O Israel, ye approach this day unto battle against your enemies: let not your hearts faint, fear not, and do not tremble, neither be ye terrified because of them;

20:4 car l'Éternel, votre Dieu, marche avec vous, pour combattre pour vous contre vos ennemis, pour vous sauver.

20:4 For the LORD your God is he that goeth with you, to fight for you against your enemies, to save you.

20:5 Et les magistrats* parleront au peuple, disant : Qui est l'homme qui a bâti une maison neuve et qui ne l'a pas consacrée ? qu'il s'en aille et retourne en sa maison, de peur qu'il ne meure dans la bataille et qu'un autre ne la consacre.

20:5 And the officers shall speak unto the people, saying, What man is there that hath built a new house, and hath not dedicated it? let him go and return to his house, lest he die in the battle, and another man dedicate it.

20:6 Et qui est l'homme qui a planté une vigne et n'en a pas joui* ? qu'il s'en aille et retourne en sa maison, de peur qu'il ne meure dans la bataille et qu'un autre n'en jouisse.

20:6 And what man is he that hath planted a vineyard, and hath not yet eaten of it? let him also go and return unto his house, lest he die in the battle, and another man eat of it.

20:7 Et qui est l'homme qui s'est fiancé une femme et ne l'a pas encore prise ? qu'il s'en aille et retourne en sa maison, de peur qu'il ne meure dans la bataille et qu'un autre ne la prenne.

20:7 And what man is there that hath betrothed a wife, and hath not taken her? let him go and return unto his house, lest he die in the battle, and another man take her.

20:8 Et les magistrats continueront à parler au peuple, et diront : Qui est l'homme qui a peur et dont le cœur faiblit ? qu'il s'en aille et retourne en sa maison, de peur que le cœur de ses frères ne se fonde comme le sien.

20:8 And the officers shall speak further unto the people, and they shall say, What man is there that is fearful and fainthearted? let him go and return unto his house, lest his brethren's heart faint as well as his heart.

20:9 Et quand les magistrats auront achevé de parler au peuple, ils établiront les chefs des armées à la tête du peuple.

20:9 And it shall be, when the officers have made an end of speaking unto the people that they shall make captains of the armies to lead the people.

20:10 Quand tu approcheras d'une ville pour lui faire la guerre, tu l'inviteras à la paix.

20:10 When thou comest nigh unto a city to fight against it, then proclaim peace unto it.

20:11 Et s'il arrive qu'elle te fasse une réponse de paix et qu'elle s'ouvre à toi, alors tout le peuple qui sera trouvé dedans te sera tributaire et te servira.

20:11 And it shall be, if it make thee answer of peace, and open unto thee, then it shall be, that all the people that is found therein shall be tributaries unto thee, and they shall serve thee.

20:12 Et si elle ne fait pas la paix avec toi, mais qu'elle fasse la guerre contre toi, tu l'assiégeras ;

20:12 And if it will make no peace with thee, but will make war against thee, then thou shalt besiege it:

20:13 et quand l'Éternel, ton Dieu, la livrera en ta main, tu frapperas tous les mâles par le tranchant de l'épée ;

20:13 And when the LORD thy God hath delivered it into thine hands, thou shalt smite every male thereof with the edge of the sword:

20:14 mais les femmes et les enfants, et le bétail, et tout ce qui sera dans la ville, tout son butin, tu le pilleras pour toi ; et tu mangeras le butin de tes ennemis, que l'Éternel, ton Dieu, t'aura donné.

20:15 C'est ainsi que tu feras à toutes les villes qui sont très éloignées de toi, qui ne sont point des villes de ces nations-ci ;

20:16 mais des villes de ces peuples-ci que l'Éternel, ton Dieu, te donne en héritage, tu ne laisseras en vie rien de ce qui respire ;

20:17 car tu les détruiras entièrement comme un anathème ; le Héthien et l'Amoréen, le Cananéen et le Phérézien, le Hévien et le Jébusien, comme l'Éternel, ton Dieu, te l'a commandé,

20:18 afin qu'ils ne vous enseignent pas à faire selon toutes leurs abominations qu'ils ont faites à leurs dieux, et que vous ne péchiez pas contre l'Éternel, votre Dieu.

20:19 Quand tu assiégeras une ville pendant plusieurs jours en lui faisant la guerre pour la prendre, tu ne détruiras pas ses arbres en levant la hache contre eux, car tu pourras en manger : tu ne les couperas pas, car l'arbre des champs est-il un homme, pour être assiégé par toi* ?

20:20 Seulement, l'arbre que tu connaîtras n'être pas un arbre dont on mange, celui-là tu le détruiras et tu le couperas, et tu en construiras des ouvrages pour assiéger la ville qui est en guerre avec toi, jusqu'à ce qu'elle tombe.

21:1 Quand on trouvera sur la terre que l'Éternel, ton Dieu te donne pour la posséder, un homme tué, étendu dans les champs, sans qu'on sache qui l'a frappé,

21:2 tes anciens et tes juges sortiront, et mesureront jusqu'aux villes qui sont autour de l'homme tué.

20:14 But the women, and the little ones, and the cattle, and all that is in the city, even all the spoil thereof, shalt thou take unto thyself; and thou shalt eat the spoil of thine enemies, which the LORD thy God hath given thee.

20:15 Thus shalt thou do unto all the cities which are very far off from thee, which are not of the cities of these nations.

20:16 But of the cities of these people, which the LORD thy God doth give thee for an inheritance, thou shalt save alive nothing that breatheth:

20:17 But thou shalt utterly destroy them; namely, the Hittites, and the Amorites, the Canaanites, and the Perizzites, the Hivites, and the Jebusites; as the LORD thy God hath commanded thee:

20:18 That they teach you not to do after all their abominations, which they have done unto their gods; so should ye sin against the LORD your God.

20:19 When thou shalt besiege a city a long time, in making war against it to take it, thou shalt not destroy the trees thereof by forcing an axe against them: for thou mayest eat of them, and thou shalt not cut them down (for the tree of the field is man's life) to employ them in the siege:

20:20 Only the trees which thou knowest that they be not trees for meat, thou shalt destroy and cut them down; and thou shalt build bulwarks against the city that maketh war with thee, until it be subdued.

21:1 If one be found slain in the land which the LORD thy God giveth thee to possess it, lying in the field, and it be not known who hath slain him:

21:2 Then thy elders and thy judges shall come forth, and they shall measure unto the cities which are round about him that is slain:

21:3 Et [quand ils auront établi quelle est] la ville la plus rapprochée de l'homme tué, les anciens de cette ville prendront une génisse* qui n'a pas servi et qui n'a pas tiré au joug,

21:3 And it shall be, that the city which is next unto the slain man, even the elders of that city shall take an heifer, which hath not been wrought with, and which hath not drawn in the yoke;

21:4 et les anciens de cette ville feront descendre la génisse dans une vallée [où coule un torrent] qui ne tarit pas, dans laquelle on ne travaille ni ne sème, et là, dans la vallée, ils briseront la nuque à la génisse.

21:4 And the elders of that city shall bring down the heifer unto a rough valley, which is neither eared nor sown, and shall strike off the heifer's neck there in the valley:

21:5 Et les sacrificateurs, fils de Lévi, s'approcheront ; car ce sont eux que l'Éternel, ton Dieu, a choisis pour faire son service et pour bénir au nom de l'Éternel ; et ce sont eux qui prononceront sur tout différend et sur toute blessure.

21:5 And the priests the sons of Levi shall come near; for them the LORD thy God hath chosen to minister unto him, and to bless in the name of the LORD; and by their word shall every controversy and every stroke be tried:

21:6 Et tous les anciens de cette ville, qui sont les plus rapprochés de l'homme tué, laveront leurs mains sur la génisse à laquelle on aura brisé la nuque dans la vallée ;

21:6 And all the elders of that city, that are next unto the slain man, shall wash their hands over the heifer that is beheaded in the valley:

21:7 et ils prendront la parole et diront : Nos mains n'ont pas versé ce sang, et nos yeux ne l'ont pas vu.

21:7 And they shall answer and say, Our hands have not shed this blood, neither have our eyes seen it.

21:8 Pardonne*, ô Éternel, à ton peuple Israël que tu as racheté, et n'impute pas à ton peuple Israël le sang innocent. Et le sang leur sera pardonné*.

21:8 Be merciful, O LORD, unto thy people Israel, whom thou hast redeemed, and lay not innocent blood unto thy people of Israel's charge. And the blood shall be forgiven them.

21:9 Et toi, tu ôteras le sang innocent du milieu de toi, quand tu auras fait ce qui est droit aux yeux de l'Éternel.

21:9 So shalt thou put away the guilt of innocent blood from among you, when thou shalt do that which is right in the sight of the LORD.

21:10 Si tu sors pour faire la guerre contre tes ennemis, et que l'Éternel, ton Dieu, les livre en ta main, et que tu en emmènes des captifs,

21:10 When thou goest forth to war against thine enemies, and the LORD thy God hath delivered them into thine hands, and thou hast taken them captive,

21:11 si tu vois parmi les captifs une femme belle de figure, et que tu t'attaches à elle, et que tu la prennes pour femme,

21:11 And seest among the captives a beautiful woman, and hast a desire unto her, that thou wouldest have her to thy wife;

21:12 tu l'introduiras dans l'intérieur de ta maison ; et elle rasera sa tête et se fera les ongles,

21:12 Then thou shalt bring her home to thine house, and she shall shave her head, and pare her nails;

21:13 et elle ôtera de dessus elle le vêtement de sa captivité ; et elle habitera dans ta maison, et pleurera son père et sa mère un mois entier ; et après cela tu viendras vers elle, et tu seras son mari, et elle sera ta femme.	*21:13 And she shall put the raiment of her captivity from off her, and shall remain in thine house, and bewail her father and her mother a full month: and after that thou shalt go in unto her, and be her husband, and she shall be thy wife.*
21:14 Et s'il arrive qu'elle ne te plaise pas, tu la renverras à son gré ; mais tu ne la vendras point pour de l'argent : tu ne la traiteras pas en esclave, parce que tu l'as humiliée.	*21:14 And it shall be, if thou have no delight in her, then thou shalt let her go whither she will; but thou shalt not sell her at all for money, thou shalt not make merchandise of her, because thou hast humbled her.*
21:15 Si un homme a deux femmes, l'une aimée et l'autre haïe, et qu'elles lui aient enfanté des fils, tant celle qui est aimée que celle qui est haïe, et que le fils premier-né soit de celle qui est haïe,	*21:15 If a man have two wives, one beloved, and another hated, and they have born him children, both the beloved and the hated; and if the firstborn son be hers that was hated:*
21:16 alors, le jour où il fera hériter à ses fils ce qui est à lui, il ne pourra pas faire premier-né le fils de celle qui est aimée, de préférence au fils de celle qui est haïe, lequel est le premier-né ;	*21:16 Then it shall be, when he maketh his sons to inherit that which he hath, that he may not make the son of the beloved firstborn before the son of the hated, which is indeed the firstborn:*
21:17 mais il reconnaîtra pour premier-né le fils de celle qui est haïe, pour lui donner double portion de tout ce qui se trouvera être à lui ; car il est le commencement de sa vigueur, le droit d'aînesse lui appartient.	*21:17 But he shall acknowledge the son of the hated for the firstborn, by giving him a double portion of all that he hath: for he is the beginning of his strength; the right of the firstborn is his.*
21:18 Si un homme a un fils indocile et rebelle, qui n'écoute pas la voix de son père ni la voix de sa mère, et qu'ils l'aient châtié, et qu'il ne les ait pas écoutés,	*21:18 If a man have a stubborn and rebellious son, which will not obey the voice of his father, or the voice of his mother, and that, when they have chastened him, will not hearken unto them:*
21:19 alors son père et sa mère le prendront et l'amèneront aux anciens de sa ville, à la porte de son lieu ;	*21:19 Then shall his father and his mother lay hold on him, and bring him out unto the elders of his city, and unto the gate of his place;*
21:20 et ils diront aux anciens de sa ville : Voici notre fils, il est indocile et rebelle, il n'écoute pas notre voix, il est débauché* et ivrogne ;	*21:20 And they shall say unto the elders of his city, This our son is stubborn and rebellious, he will not obey our voice; he is a glutton, and a drunkard.*

21:21 et tous les hommes de sa ville le lapideront avec des pierres, et il mourra ; et tu ôteras le mal du milieu de toi, et tout Israël l'entendra et craindra.

21:22 Et si un homme a commis un péché digne de mort*, et qu'il ait été mis à mort, et que tu l'aies pendu à un bois,

21:23 son cadavre ne passera pas la nuit sur le bois ; mais tu l'enterreras sans faute le jour même, car celui qui est pendu est malédiction de Dieu ; et tu ne rendras pas impure la* terre que l'Éternel, ton Dieu, te donne en héritage.

22:1 Si tu vois le bœuf de ton frère, ou son mouton, égarés, tu ne te cacheras pas de devant eux : tu ne manqueras pas de les ramener à ton frère.

22:2 Et si ton frère n'est pas près de toi, ou que tu ne le connaisses pas, tu mèneras la bête dans* ta maison ; et elle sera chez toi jusqu'à ce que ton frère la cherche, alors tu la lui rendras.

22:3 Et tu feras de même pour son âne, et tu feras de même pour son vêtement, et tu feras de même pour tout objet perdu que ton frère aura perdu et que tu auras trouvé : tu ne pourras pas te cacher.

22:4 Si tu vois l'âne de ton frère, ou son bœuf, tombés sur le chemin, tu ne te cacheras pas de devant eux : tu ne manqueras pas de les relever avec lui.

22:5 La femme ne portera pas un habit d'homme, et l'homme ne se vêtira pas d'un vêtement de femme ; car quiconque fait ces choses est en abomination à l'Éternel, ton Dieu.

21:21 And all the men of his city shall stone him with stones, that he die: so shalt thou put evil away from among you; and all Israel shall hear, and fear.

21:22 And if a man have committed a sin worthy of death, and he be to be put to death, and thou hang him on a tree:

21:23 His body shall not remain all night upon the tree, but thou shalt in any wise bury him that day; (for he that is hanged is accursed of God;) that thy land be not defiled, which the LORD thy God giveth thee for an inheritance.

22:1 Thou shalt not see thy brother's ox or his sheep go astray, and hide thyself from them: thou shalt in any case bring them again unto thy brother.

22:2 And if thy brother be not nigh unto thee, or if thou know him not, then thou shalt bring it unto thine own house, and it shall be with thee until thy brother seek after it, and thou shalt restore it to him again.

22:3 In like manner shalt thou do with his ass; and so shalt thou do with his raiment; and with all lost thing of thy brother's, which he hath lost, and thou hast found, shalt thou do likewise: thou mayest not hide thyself.

22:4 Thou shalt not see thy brother's ass or his ox fall down by the way, and hide thyself from them: thou shalt surely help him to lift them up again.

22:5 The woman shall not wear that which pertaineth unto a man, neither shall a man put on a woman's garment: for all that do so are abomination unto the LORD thy God.

22:6 Si tu rencontres devant toi dans le chemin, sur quelque arbre ou sur la terre, un nid d'oiseau avec des petits ou des œufs, et que la mère soit assise sur les petits ou sur les œufs, tu ne prendras pas la mère avec les petits ;

22:7 tu ne manqueras pas de laisser aller la mère, et tu prendras les petits pour toi ; afin que tu prospères et que tu prolonges tes jours.

22:8 Si tu bâtis une maison neuve, tu feras un parapet à ton toit, afin que tu ne mettes pas du sang sur ta maison, si quelqu'un venait à en tomber.

22:9 Tu ne sèmeras pas ta vigne de deux espèces [de semence], de peur que la totalité de la semence que tu as semée et le rapport de ta vigne ne soient sanctifiés*.

22:10 — Tu ne laboureras pas avec un bœuf et un âne [attelés] ensemble.

22:11 — Tu ne te vêtiras pas d'une étoffe mélangée, de laine et de lin [tissés] ensemble.

22:12 Tu te feras des houppes aux quatre coins de ton vêtement, dont tu te couvres.

22:13 Si un homme a pris une femme, et est allé vers elle, et qu'il la haïsse,

22:14 et lui impute des actes qui donnent occasion de parler, et fasse courir sur elle quelque mauvais bruit, et dise : J'ai pris cette femme, et je me suis approché d'elle, et je ne l'ai pas trouvée vierge :

22:15 alors le père de la jeune femme, et sa mère, prendront les signes de la virginité de la jeune femme et les produiront devant les anciens de la ville, à la porte ;

22:16 et le père de la jeune femme dira aux anciens : J'ai donné ma fille pour femme à cet homme, et il la hait ;

22:6 If a bird's nest chance to be before thee in the way in any tree, or on the ground, whether they be young ones, or eggs, and the dam sitting upon the young, or upon the eggs, thou shalt not take the dam with the young:

22:7 But thou shalt in any wise let the dam go, and take the young to thee; that it may be well with thee, and that thou mayest prolong thy days.

22:8 When thou buildest a new house, then thou shalt make a battlement for thy roof, that thou bring not blood upon thine house, if any man fall from thence.

22:9 Thou shalt not sow thy vineyard with divers seeds: lest the fruit of thy seed which thou hast sown, and the fruit of thy vineyard, be defiled.

22:10 Thou shalt not plow with an ox and an ass together.

22:11 Thou shalt not wear a garment of divers sorts, as of woollen and linen together.

22:12 Thou shalt make thee fringes upon the four quarters of thy vesture, wherewith thou coverest thyself.

22:13 If any man take a wife, and go in unto her, and hate her,

22:14 And give occasions of speech against her, and bring up an evil name upon her, and say, I took this woman, and when I came to her, I found her not a maid:

22:15 Then shall the father of the damsel, and her mother, take and bring forth the tokens of the damsel's virginity unto the elders of the city in the gate:

22:16 And the damsel's father shall say unto the elders, I gave my daughter unto this man to wife, and he hateth her;

22:17 et voici, il lui impute des actes qui donnent occasion de parler, disant : Je n'ai pas trouvé ta fille vierge ; et voici les signes de la virginité de ma fille. Et ils déploieront le drap devant les anciens de la ville.

22:18 Et les anciens de cette ville prendront l'homme et le châtieront.

22:19 Et parce qu'il aura fait courir un mauvais bruit sur une vierge d'Israël, ils lui feront payer une amende de cent pièces d'argent, et ils les donneront au père de la jeune femme ; et elle restera* sa femme, et il ne pourra pas la renvoyer, tous ses jours.

22:20 — Mais si cette chose est vraie, si les signes de la virginité n'ont pas été trouvés chez la jeune femme,

22:21 alors ils feront sortir la jeune femme à l'entrée de la maison de son père, et les hommes de sa ville l'assommeront de pierres, et elle mourra ; car elle a commis une infamie en Israël, en se prostituant dans la maison de son père ; et tu ôteras le mal du milieu de toi.

22:22 Si un homme a été trouvé couché avec une femme mariée, ils mourront tous deux, l'homme qui a couché avec la femme, et la femme ; et tu ôteras le mal [du milieu] d'Israël.

22:23 — Si une jeune fille vierge est fiancée à un homme, et qu'un homme la trouve dans la ville et couche avec elle,

22:24 vous les ferez sortir tous les deux à la porte de cette ville, et vous les assommerez de pierres, et ils mourront : la jeune fille, parce que, étant dans la ville, elle n'a pas crié, et l'homme, parce qu'il a humilié la femme de son prochain ; et tu ôteras le mal du milieu de toi.

22:17 And, lo, he hath given occasions of speech against her, saying, I found not thy daughter a maid; and yet these are the tokens of my daughter's virginity. And they shall spread the cloth before the elders of the city.

22:18 And the elders of that city shall take that man and chastise him;

22:19 And they shall amerce him in an hundred shekels of silver, and give them unto the father of the damsel, because he hath brought up an evil name upon a virgin of Israel: and she shall be his wife; he may not put her away all his days.

22:20 But if this thing be true, and the tokens of virginity be not found for the damsel:

22:21 Then they shall bring out the damsel to the door of her father's house, and the men of her city shall stone her with stones that she die: because she hath wrought folly in Israel, to play the whore in her father's house: so shalt thou put evil away from among you.

22:22 If a man be found lying with a woman married to an husband, then they shall both of them die, both the man that lay with the woman, and the woman: so shalt thou put away evil from Israel.

22:23 If a damsel that is a virgin be betrothed unto an husband, and a man find her in the city, and lie with her;

22:24 Then ye shall bring them both out unto the gate of that city, and ye shall stone them with stones that they die; the damsel, because she cried not, being in the city; and the man, because he hath humbled his neighbour's wife: so thou shalt put away evil from among you.

22:25 Et si c'est dans les champs, que l'homme a trouvé la jeune fille fiancée, et que, lui faisant violence, il* couche avec elle, alors l'homme qui aura couché avec elle mourra, lui seul ;

22:26 et tu ne feras rien à la jeune fille : il n'y a pas de péché digne de mort sur la jeune fille ; car c'est comme si quelqu'un s'élevait contre son prochain et le tuait : ainsi est ce cas ;

22:27 car il l'a trouvée dans les champs, la jeune fille fiancée a crié, et il n'y a eu personne pour la sauver.

22:28 Si un homme trouve une jeune fille vierge qui n'est pas fiancée, et qu'il la saisisse et couche avec elle, et qu'ils soient trouvés,

22:29 l'homme qui aura couché avec elle donnera au père de la jeune fille cinquante pièces d'argent, et elle sera sa femme, puisqu'il l'a humiliée ; il ne pourra pas la renvoyer, tous ses jours.

22:30 Un homme ne prendra pas la femme de son père, et ne relèvera pas le pan du vêtement de son père.

23:1 Celui qui est eunuque, soit pour avoir été froissé, soit pour avoir été taillé, n'entrera point dans la congrégation de l'Éternel.

23:2 L'enfant illégitime n'entrera pas dans la congrégation de l'Éternel ; même sa dixième génération n'entrera pas dans la congrégation de l'Éternel.

23:3 L'Ammonite et le Moabite n'entreront pas dans la congrégation de l'Éternel ; même leur dixième génération n'entrera pas dans la congrégation de l'Éternel, à jamais ;

23:4 parce qu'ils ne sont pas venus à votre rencontre avec du pain et de l'eau dans le chemin, lorsque vous sortiez d'Égypte, et parce qu'ils ont loué [à prix d'argent] contre toi, Balaam, fils de Béor, de Pethor, en Mésopotamie*, pour te maudire.

22:25 But if a man find a betrothed damsel in the field, and the man force her, and lie with her: then the man only that lay with her shall die.

22:26 But unto the damsel thou shalt do nothing; there is in the damsel no sin worthy of death: for as when a man riseth against his neighbour, and slayeth him, even so is this matter:

22:27 For he found her in the field, and the betrothed damsel cried, and there was none to save her.

22:28 If a man find a damsel that is a virgin, which is not betrothed, and lay hold on her, and lie with her, and they be found;

22:29 Then the man that lay with her shall give unto the damsel's father fifty shekels of silver, and she shall be his wife; because he hath humbled her, he may not put her away all his days.

22:30 A man shall not take his father's wife, nor discover his father's skirt.

23:1 He that is wounded in the stones, or hath his privy member cut off, shall not enter into the congregation of the LORD.

23:2 A bastard shall not enter into the congregation of the LORD; even to his tenth generation shall he not enter into the congregation of the LORD.

23:3 An Ammonite or Moabite shall not enter into the congregation of the LORD; even to their tenth generation shall they not enter into the congregation of the LORD for ever:

23:4 Because they met you not with bread and with water in the way, when ye came forth out of Egypt; and because they hired against thee Balaam the son of Beor of Pethor of Mesopotamia, to curse thee.

23:5 Mais l'Éternel, ton Dieu, ne voulut pas écouter Balaam ; et l'Éternel, ton Dieu, a changé pour toi la malédiction en bénédiction, car l'Éternel, ton Dieu, t'a aimé.

23:6 Tu ne chercheras jamais leur paix, ni leur prospérité, tous tes jours.

23:7 — Tu n'auras pas en abomination l'Édomite, car il est ton frère ; tu n'auras pas en abomination l'Égyptien, car tu as séjourné comme étranger dans son pays.

23:8 Les fils qui leur naîtront, à la troisième génération, entreront dans la congrégation de l'Éternel.

23:9 Lorsque le camp sortira* contre tes ennemis, garde-toi de toute chose mauvaise.

23:10 S'il y a parmi toi un homme qui ne soit pas pur, pour quelque accident de nuit, il sortira hors du camp ; il n'entrera pas dans l'intérieur du camp ;

23:11 et sur le soir il se lavera dans l'eau ; et au coucher du soleil il entrera dans l'intérieur du camp.

23:12 Et tu auras un endroit hors du camp, et tu sortiras là dehors ;

23:13 et tu auras, outre tes armes, un pieu ; et il arrivera, quand tu t'assiéras dehors, que tu creuseras avec ce [pieu], et tu te retourneras, et tu couvriras ce qui est sorti de toi.

23:14 Car l'Éternel, ton Dieu, marche au milieu de ton camp pour te délivrer et pour livrer tes ennemis devant toi ; et ton camp sera saint, afin qu'il ne voie parmi toi rien de malséant, et qu'il ne se détourne d'avec toi.

23:15 Tu ne livreras point à son maître le serviteur qui se sera sauvé chez toi d'auprès de son maître ;

23:5 Nevertheless the LORD thy God would not hearken unto Balaam; but the LORD thy God turned the curse into a blessing unto thee, because the LORD thy God loved thee.

23:6 Thou shalt not seek their peace nor their prosperity all thy days for ever.

23:7 Thou shalt not abhor an Edomite; for he is thy brother: thou shalt not abhor an Egyptian; because thou wast a stranger in his land.

23:8 The children that are begotten of them shall enter into the congregation of the LORD in their third generation.

23:9 When the host goeth forth against thine enemies, then keep thee from every wicked thing.

23:10 If there be among you any man, that is not clean by reason of uncleanness that chanceth him by night, then shall he go abroad out of the camp, he shall not come within the camp:

23:11 But it shall be, when evening cometh on, he shall wash himself with water: and when the sun is down, he shall come into the camp again.

23:12 Thou shalt have a place also without the camp, whither thou shalt go forth abroad:

23:13 And thou shalt have a paddle upon thy weapon; and it shall be, when thou wilt ease thyself abroad, thou shalt dig therewith, and shalt turn back and cover that which cometh from thee:

23:14 For the LORD thy God walketh in the midst of thy camp, to deliver thee, and to give up thine enemies before thee; therefore shall thy camp be holy: that he see no unclean thing in thee, and turn away from thee.

23:15 Thou shalt not deliver unto his master the servant which is escaped from his master unto thee:

23:16 il habitera avec toi, au milieu de toi, dans le lieu qu'il choisira en l'une de tes portes, là où bon lui semble : tu ne l'opprimeras pas.

23:17 Il n'y aura, d'entre les filles d'Israël, aucune femme vouée à la prostitution, et il n'y aura, d'entre les fils d'Israël, aucun homme voué à la prostitution.

23:18 Tu n'apporteras point dans la maison de l'Éternel, ton Dieu, pour aucun vœu, le salaire* d'une prostituée, ni le prix d'un chien ; car ils sont tous les deux en abomination à l'Éternel, ton Dieu.

23:19 Tu ne prendras pas d'intérêt de ton frère, intérêt d'argent, intérêt de vivres, intérêt de quelque chose que ce soit qu'on prête à intérêt.

23:20 Tu prendras un intérêt de l'étranger, mais de ton frère tu ne prendras pas d'intérêt ; afin que l'Éternel, ton Dieu, te bénisse en tout ce à quoi tu mets la main, dans le pays où tu entres pour le posséder.

23:21 Quand tu voueras un vœu à l'Éternel, ton Dieu, tu ne tarderas pas à l'acquitter ; car l'Éternel, ton Dieu, le redemandera certainement de ta part, et il y aura du péché sur toi ;
23:22 mais si tu t'abstiens de faire un vœu, il n'y aura pas du péché sur toi.

23:23 Ce qui sera sorti de tes lèvres, l'offrande volontaire que tu auras promise de ta bouche, tu prendras garde à le faire, comme tu auras voué à l'Éternel, ton Dieu.

23:24 Si tu entres dans la vigne de ton prochain, tu pourras manger des raisins selon ton appétit et te rassasier ; mais tu n'en mettras pas dans ta corbeille.

23:25 Si tu entres dans les blés de ton prochain, tu pourras arracher des épis avec ta main ; mais tu ne lèveras pas la faucille sur les blés de ton prochain.

23:16 He shall dwell with thee, even among you, in that place which he shall choose in one of thy gates, where it liketh him best: thou shalt not oppress him.

23:17 There shall be no whore of the daughters of Israel, nor a sodomite of the sons of Israel.

23:18 Thou shalt not bring the hire of a whore, or the price of a dog, into the house of the LORD thy God for any vow: for even both these are abomination unto the LORD thy God.

23:19 Thou shalt not lend upon usury to thy brother; usury of money, usury of victuals, usury of any thing that is lent upon usury:

23:20 Unto a stranger thou mayest lend upon usury; but unto thy brother thou shalt not lend upon usury: that the LORD thy God may bless thee in all that thou settest thine hand to in the land whither thou goest to possess it.

23:21 When thou shalt vow a vow unto the LORD thy God, thou shalt not slack to pay it: for the LORD thy God will surely require it of thee; and it would be sin in thee.
23:22 But if thou shalt forbear to vow, it shall be no sin in thee.

23:23 That which is gone out of thy lips thou shalt keep and perform; even a freewill offering, according as thou hast vowed unto the LORD thy God, which thou hast promised with thy mouth.

23:24 When thou comest into thy neighbour's vineyard, then thou mayest eat grapes thy fill at thine own pleasure; but thou shalt not put any in thy vessel.

23:25 When thou comest into the standing corn of thy neighbour, then thou mayest pluck the ears with thine hand; but thou shalt not move a sickle unto thy neighbour's standing corn.

24:1 Si un homme prend une femme et l'épouse, et qu'il arrive qu'elle ne trouve pas grâce à ses yeux, parce qu'il aura trouvé en elle quelque chose de malséant, il écrira pour elle une lettre de divorce, et la lui mettra dans la main, et la renverra hors de sa maison.

24:2 Et elle sortira de sa maison et s'en ira, et elle pourra être à un autre homme.

24:3 Et si le dernier mari la hait, et qu'il lui écrive une lettre de divorce et la lui mette dans la main, et la renvoie de sa maison, ou si le dernier mari qui l'avait prise pour sa femme vient à mourir :

24:4 alors son premier mari, qui l'a renvoyée, ne pourra pas la reprendre pour être sa femme, après qu'elle aura été rendue impure ; car c'est une abomination devant l'Éternel : tu ne chargeras pas de péché le pays que l'Éternel, ton Dieu, te donne en héritage.

24:5 Si un homme a nouvellement pris une femme, il n'ira point à l'armée, et il ne sera chargé d'aucune affaire : il en sera exempt, pour sa maison, pendant une année, et il réjouira sa femme qu'il a prise.

24:6 On ne prendra point en gage les deux meules, ni la meule tournante*, car ce serait prendre en gage la vie.

24:7 Si on trouve un homme qui ait volé l'un d'entre ses frères, les fils d'Israël, et qui l'ait traité en esclave et l'ait vendu, ce voleur mourra ; et tu ôteras le mal du milieu de toi.

24:8 Prends garde à la plaie de la lèpre, afin de bien observer et de faire selon tout ce que les sacrificateurs, les Lévites, vous enseigneront ; vous prendrez garde à faire comme je leur ai commandé.

24:9 Souviens-toi de ce que l'Éternel, ton Dieu, fit à Marie dans le chemin, quand vous sortiez d'Égypte.

24:1 When a man hath taken a wife, and married her, and it come to pass that she find no favour in his eyes, because he hath found some uncleanness in her: then let him write her a bill of divorcement, and give it in her hand, and send her out of his house.

24:2 And when she is departed out of his house, she may go and be another man's wife.

24:3 And if the latter husband hate her, and write her a bill of divorcement, and giveth it in her hand, and sendeth her out of his house; or if the latter husband die, which took her to be his wife;

24:4 Her former husband, which sent her away, may not take her again to be his wife, after that she is defiled; for that is abomination before the LORD: and thou shalt not cause the land to sin, which the LORD thy God giveth thee for an inheritance.

24:5 When a man hath taken a new wife, he shall not go out to war, neither shall he be charged with any business: but he shall be free at home one year, and shall cheer up his wife which he hath taken.

24:6 No man shall take the nether or the upper millstone to pledge: for he taketh a man's life to pledge.

24:7 If a man be found stealing any of his brethren of the children of Israel, and maketh merchandise of him, or selleth him; then that thief shall die; and thou shalt put evil away from among you.

24:8 Take heed in the plague of leprosy, that thou observe diligently, and do according to all that the priests the Levites shall teach you: as I commanded them, so ye shall observe to do.

24:9 Remember what the LORD thy God did unto Miriam by the way, after that ye were come forth out of Egypt.

24:10 Lorsque tu feras à ton prochain un prêt quelconque, tu n'entreras pas dans sa maison pour recevoir son gage ;

24:11 tu te tiendras dehors, et l'homme à qui tu prêtes t'apportera le gage dehors.

24:12 Et si l'homme est pauvre, tu ne te coucheras pas sur son gage ;

24:13 tu ne manqueras pas de lui rendre le gage au coucher du soleil ; et il couchera dans son vêtement, et te bénira ; et cela te sera justice devant l'Éternel, ton Dieu.

24:14 Tu n'opprimeras pas l'homme à gages affligé et pauvre d'entre tes frères ou d'entre tes étrangers qui sont dans ton pays, dans tes portes.

24:15 En son jour, tu lui donneras son salaire ; le soleil ne se couchera pas sur lui, car il est pauvre et son désir s'y porte ; afin qu'il ne crie pas contre toi à l'Éternel et qu'il n'y ait pas du péché sur toi.

24:16 Les pères ne seront pas mis à mort pour les fils, et les fils ne seront pas mis à mort pour les pères : ils seront mis à mort chacun pour son péché.

24:17 Tu ne feras pas fléchir le jugement de l'étranger [ni] de l'orphelin, et tu ne prendras pas en gage le vêtement de la veuve.

24:18 Et tu te souviendras que tu as été serviteur en Égypte, et que l'Éternel, ton Dieu, t'a racheté de là ; c'est pourquoi je te commande de faire cela.

24:19 Quand tu feras ta moisson dans ton champ, et que tu auras oublié une gerbe dans ton champ, tu ne retourneras pas pour la prendre ; elle sera pour l'étranger, pour l'orphelin, et pour la veuve, afin que l'Éternel, ton Dieu, te bénisse dans toute l'œuvre de tes mains.

24:10 When thou dost lend thy brother any thing, thou shalt not go into his house to fetch his pledge.

24:11 Thou shalt stand abroad, and the man to whom thou dost lend shall bring out the pledge abroad unto thee.

24:12 And if the man be poor, thou shalt not sleep with his pledge:

24:13 In any case thou shalt deliver him the pledge again when the sun goeth down, that he may sleep in his own raiment, and bless thee: and it shall be righteousness unto thee before the LORD thy God.

24:14 Thou shalt not oppress an hired servant that is poor and needy, whether he be of thy brethren, or of thy strangers that are in thy land within thy gates:

24:15 At his day thou shalt give him his hire, neither shall the sun go down upon it; for he is poor, and setteth his heart upon it: lest he cry against thee unto the LORD, and it be sin unto thee.

24:16 The fathers shall not be put to death for the children, neither shall the children be put to death for the fathers: every man shall be put to death for his own sin.

24:17 Thou shalt not pervert the judgment of the stranger, nor of the fatherless; nor take a widow's raiment to pledge:

24:18 But thou shalt remember that thou wast a bondman in Egypt, and the LORD thy God redeemed thee thence: therefore I command thee to do this thing.

24:19 When thou cuttest down thine harvest in thy field, and hast forgot a sheaf in the field, thou shalt not go again to fetch it: it shall be for the stranger, for the fatherless, and for the widow: that the LORD thy God may bless thee in all the work of thine hands.

24:20 Quand tu battras ton olivier, tu ne reviendras pas cueillir ce qui reste aux branches après toi ; ce sera pour l'étranger, pour l'orphelin, et pour la veuve.

24:20 When thou beatest thine olive tree, thou shalt not go over the boughs again: it shall be for the stranger, for the fatherless, and for the widow.

24:21 Quand tu vendangeras ta vigne, tu ne grappilleras pas après ; ce sera pour l'étranger, pour l'orphelin, et pour la veuve.

24:21 When thou gatherest the grapes of thy vineyard, thou shalt not glean it afterward: it shall be for the stranger, for the fatherless, and for the widow.

24:22 Et tu te souviendras que tu as été serviteur dans le pays d'Égypte ; c'est pourquoi je te commande de faire cela.

24:22 And thou shalt remember that thou wast a bondman in the land of Egypt: therefore I command thee to do this thing.

25:1 Quand il y aura une contestation entre des hommes, et qu'ils viendront devant la justice et qu'on les jugera, on déclarera juste le juste, et on déclarera méchant le méchant.

25:1 If there be a controversy between men, and they come unto judgment, that the judges may judge them; then they shall justify the righteous, and condemn the wicked.

25:2 Et s'il arrive que le méchant ait mérité d'être battu, le juge le fera mettre par terre et battre devant lui d'un certain nombre [de coups], selon la mesure de sa méchanceté.

25:2 And it shall be, if the wicked man be worthy to be beaten, that the judge shall cause him to lie down, and to be beaten before his face, according to his fault, by a certain number.

25:3 Il le fera battre de quarante [coups], sans les dépasser, de peur que s'il continuait à le battre de beaucoup de coups outre ceux-là, ton frère ne soit méprisable à tes yeux.

25:3 Forty stripes he may give him, and not exceed: lest, if he should exceed, and beat him above these with many stripes, then thy brother should seem vile unto thee.

25:4 Tu n'emmuselleras pas le bœuf, pendant qu'il foule [le grain].

25:4 Thou shalt not muzzle the ox when he treadeth out the corn.

25:5 Quand des frères habiteront ensemble, et que l'un d'entre eux mourra, et qu'il n'aura pas de fils, la femme du mort n'ira pas s'allier dehors à un homme étranger ; son lévir* viendra vers elle, et la prendra pour femme et s'acquittera envers elle de son devoir de lévir.

25:5 If brethren dwell together, and one of them die, and have no child, the wife of the dead shall not marry without unto a stranger: her husband's brother shall go in unto her, and take her to him to wife, and perform the duty of an husband's brother unto her.

25:6 Et il arrivera que le premier-né qu'elle enfantera succédera au nom du frère mort, et son nom ne sera pas effacé d'Israël.

25:6 And it shall be, that the firstborn which she beareth shall succeed in the name of his brother which is dead, that his name be not put out of Israel.

25:7 Et s'il ne plaît pas à l'homme de prendre sa belle-sœur, sa belle-sœur montera à la porte vers les anciens, et dira : Mon lévir refuse de relever le nom de son frère en Israël, il ne veut pas s'acquitter envers moi de son lévirat.

25:7 And if the man like not to take his brother's wife, then let his brother's wife go up to the gate unto the elders, and say, My husband's brother refuseth to raise up unto his brother a name in Israel, he will not perform the duty of my husband's brother.

25:8 Et les anciens de sa ville l'appelleront, et lui parleront ; et s'il tient ferme, et dit : Il ne me plaît pas de la prendre,

25:9 alors sa belle-sœur s'approchera de lui devant les yeux des anciens, et lui ôtera la sandale de son pied, et lui crachera à la figure, et elle répondra et dira : C'est ainsi qu'il sera fait à l'homme qui ne bâtira pas la maison de son frère.

25:10 Et son nom sera appelé en Israël la maison du déchaussé.

25:11 Si des hommes ont une rixe l'un avec l'autre, et que la femme de l'un s'approche pour délivrer son mari de la main de celui qui le frappe, et qu'elle étende sa main et saisisse celui-ci par les parties honteuses,

25:12 tu lui couperas la main : ton œil ne l'épargnera point.

25:13 Tu n'auras pas dans ton sac deux poids différents*, un grand et un petit ;

25:14 tu n'auras pas dans ta maison deux éphas différents, un grand et un petit.

25:15 Tu auras un poids exact et juste, tu auras un épha exact et juste, afin que tes jours soient prolongés sur la terre que l'Éternel, ton Dieu, te donne.

25:16 Car quiconque fait ces choses, quiconque pratique l'iniquité, est en abomination à l'Éternel, ton Dieu.

25:17 Souviens-toi de ce que t'a fait Amalek, en chemin, quand vous sortiez d'Égypte :

25:18 comment il te rencontra dans le chemin, et tomba en queue sur toi, sur tous les faibles qui se traînaient après toi, lorsque tu étais las et harassé, et ne craignit pas Dieu.

25:8 Then the elders of his city shall call him, and speak unto him: and if he stand to it, and say, I like not to take her;

25:9 Then shall his brother's wife come unto him in the presence of the elders, and loose his shoe from off his foot, and spit in his face, and shall answer and say, So shall it be done unto that man that will not build up his brother's house.

25:10 And his name shall be called in Israel, The house of him that hath his shoe loosed.

25:11 When men strive together one with another, and the wife of the one draweth near for to deliver her husband out of the hand of him that smiteth him, and putteth forth her hand, and taketh him by the secrets:

25:12 Then thou shalt cut off her hand, thine eye shall not pity her.

25:13 Thou shalt not have in thy bag divers weights, a great and a small.

25:14 Thou shalt not have in thine house divers measures, a great and a small.

25:15 But thou shalt have a perfect and just weight, a perfect and just measure shalt thou have: that thy days may be lengthened in the land which the LORD thy God giveth thee.

25:16 For all that do such things, and all that do unrighteously, are an abomination unto the LORD thy God.

25:17 Remember what Amalek did unto thee by the way, when ye were come forth out of Egypt;

25:18 How he met thee by the way, and smote the hindmost of thee, even all that were feeble behind thee, when thou wast faint and weary; and he feared not God.

25:19 Et quand l'Éternel, ton Dieu, t'aura donné du repos de tous tes ennemis à l'entour, dans le pays que l'Éternel, ton Dieu, te donne en héritage pour le posséder, il arrivera que tu effaceras la mémoire d'Amalek de dessous les cieux : tu ne l'oublieras pas.	*25:19 Therefore it shall be, when the LORD thy God hath given thee rest from all thine enemies round about, in the land which the LORD thy God giveth thee for an inheritance to possess it, that thou shalt blot out the remembrance of Amalek from under heaven; thou shalt not forget it.*
26:1 Et quand tu seras entré dans le pays que l'Éternel, ton Dieu, te donne en héritage, et que tu le possèderas, et y habiteras,	*26:1 And it shall be, when thou art come in unto the land which the LORD thy God giveth thee for an inheritance, and possessest it, and dwellest therein;*
26:2 alors tu prendras des prémices de tous les fruits de la terre, que tu tireras de ton pays que l'Éternel, ton Dieu, te donne, et tu les mettras dans une corbeille, et tu iras au lieu que l'Éternel, ton Dieu, aura choisi pour y faire habiter son nom ;	*26:2 That thou shalt take of the first of all the fruit of the earth, which thou shalt bring of thy land that the LORD thy God giveth thee, and shalt put it in a basket, and shalt go unto the place which the LORD thy God shall choose to place his name there.*
26:3 et tu viendras vers le sacrificateur qu'il y aura en ces jours-là, et tu lui diras : Je déclare aujourd'hui à l'Éternel, ton Dieu, que je suis arrivé dans le pays que l'Éternel a juré à nos pères de nous donner.	*26:3 And thou shalt go unto the priest that shall be in those days, and say unto him, I profess this day unto the LORD thy God, that I am come unto the country which the LORD sware unto our fathers for to give us.*
26:4 Et le sacrificateur prendra la corbeille de ta main, et la posera devant l'autel de l'Éternel, ton Dieu.	*26:4 And the priest shall take the basket out of thine hand, and set it down before the altar of the LORD thy God.*
26:5 Et tu prendras la parole, et tu diras devant l'Éternel, ton Dieu : Mon père était un Araméen* qui périssait, et il descendit en Égypte avec peu de gens, et il y séjourna, et y devint une nation grande, forte, et nombreuse.	*26:5 And thou shalt speak and say before the LORD thy God, A Syrian ready to perish was my father, and he went down into Egypt, and sojourned there with a few, and became there a nation, great, mighty, and populous:*
26:6 Et les Égyptiens nous maltraitèrent, et nous humilièrent, et nous imposèrent un dur service ;	*26:6 And the Egyptians evil entreated us, and afflicted us, and laid upon us hard bondage:*
26:7 et nous criâmes à l'Éternel, le Dieu de nos pères, et l'Éternel entendit notre cri, et vit notre humiliation, et notre labeur, et notre oppression ;	*26:7 And when we cried unto the LORD God of our fathers, the LORD heard our voice, and looked on our affliction, and our labour, and our oppression:*
26:8 et l'Éternel nous fit sortir d'Égypte à main forte, et à bras étendu, et avec une grande terreur, et avec des signes et des prodiges ;	*26:8 And the LORD brought us forth out of Egypt with a mighty hand, and with an outstretched arm, and with great terribleness, and with signs, and with wonders:*

26:9 et il nous a fait entrer dans ce lieu-ci, et nous a donné ce pays, pays ruisselant de lait et de miel.

26:10 Et maintenant, voici, j'ai apporté les prémices du fruit de la terre que tu m'as donnée, ô Éternel ! Et tu les poseras devant l'Éternel, ton Dieu, et tu te prosterneras devant l'Éternel, ton Dieu.

26:11 Et tu te réjouiras de tout le bien que l'Éternel, ton Dieu, t'aura donné, et à ta maison, toi et le Lévite et l'étranger qui est au milieu de toi.

26:12 Quand tu auras achevé de lever toute la dîme de ta récolte*, dans la troisième année, qui est l'année de la dîme, tu la donneras au Lévite, à l'étranger, à l'orphelin, et à la veuve ; et ils la mangeront dans tes portes et seront rassasiés.

26:13 Et tu diras devant l'Éternel, ton Dieu : J'ai emporté de ma* maison les choses saintes, et je les ai aussi données au Lévite, et à l'étranger, à l'orphelin, et à la veuve, selon tout ton commandement que tu m'as commandé ; je n'ai transgressé aucun de tes commandements, ni ne les ai oubliés.

26:14 Je n'ai pas mangé de ces choses dans mon affliction, et je n'en ai rien emporté quand j'étais impur*, et n'en ai point donné pour un mort ; j'ai écouté la voix de l'Éternel, mon Dieu : j'ai fait selon tout ce que tu m'as commandé.

26:15 Regarde de ta sainte demeure, des cieux, et bénis ton peuple Israël et la terre que tu nous as donnée, comme tu avais juré à nos pères, un pays ruisselant de lait et de miel.

26:9 And he hath brought us into this place, and hath given us this land, even a land that floweth with milk and honey.

26:10 And now, behold, I have brought the firstfruits of the land, which thou, O LORD, hast given me. And thou shalt set it before the LORD thy God, and worship before the LORD thy God:

26:11 And thou shalt rejoice in every good thing which the LORD thy God hath given unto thee, and unto thine house, thou, and the Levite, and the stranger that is among you.

26:12 When thou hast made an end of tithing all the tithes of thine increase the third year, which is the year of tithing, and hast given it unto the Levite, the stranger, the fatherless, and the widow, that they may eat within thy gates, and be filled;

26:13 Then thou shalt say before the LORD thy God, I have brought away the hallowed things out of mine house, and also have given them unto the Levite, and unto the stranger, to the fatherless, and to the widow, according to all thy commandments which thou hast commanded me: I have not transgressed thy commandments, neither have I forgotten them.

26:14 I have not eaten thereof in my mourning, neither have I taken away ought thereof for any unclean use, nor given ought thereof for the dead: but I have hearkened to the voice of the LORD my God, and have done according to all that thou hast commanded me.

26:15 Look down from thy holy habitation, from heaven, and bless thy people Israel, and the land which thou hast given us, as thou swarest unto our fathers, a land that floweth with milk and honey.

26:16 Aujourd'hui l'Éternel, ton Dieu, te commande de pratiquer ces statuts et ces ordonnances ; et tu les garderas et tu les feras de tout ton cœur et de toute ton âme.

26:17 Tu as fait promettre aujourd'hui à l'Éternel qu'il sera ton Dieu, pour que tu marches dans ses voies, et que tu gardes ses statuts, et ses commandements, et ses ordonnances, et que tu écoutes sa voix ;

26:18 et l'Éternel t'a fait promettre aujourd'hui que tu seras pour lui un peuple qui lui appartienne en propre, comme il t'a dit, et que tu garderas tous ses commandements,

26:19 pour qu'il te place très haut en louange et en renommée et en beauté, au-dessus de toutes les nations qu'il a faites ; et que tu seras un peuple saint, [consacré] à l'Éternel, ton Dieu, comme il l'a dit.

27:1 Et Moïse et les anciens d'Israël commandèrent au peuple, disant : Gardez tout le commandement que je vous commande aujourd'hui ;

27:2 et il arrivera que le jour où vous passerez le Jourdain, [pour entrer] dans le pays que l'Éternel, ton Dieu, te donne, tu te dresseras de grandes pierres, et tu les enduiras de chaux ;

27:3 et tu écriras sur elles toutes les paroles de cette loi, quand tu auras passé, pour entrer dans le pays que l'Éternel, ton Dieu, te donne, pays ruisselant de lait et de miel, comme l'Éternel, le Dieu de tes pères, t'a dit.

27:4 Et il arrivera, quand vous passerez le Jourdain, que vous dresserez ces pierres sur la montagne d'Ébal, [selon ce] que je vous commande aujourd'hui, et tu les enduiras de chaux.

27:5 Et tu bâtiras là un autel à l'Éternel, ton Dieu, un autel de pierres, sur lesquelles tu ne lèveras pas le fer :

26:16 This day the LORD thy God hath commanded thee to do these statutes and judgments: thou shalt therefore keep and do them with all thine heart, and with all thy soul.

26:17 Thou hast avouched the LORD this day to be thy God, and to walk in his ways, and to keep his statutes, and his commandments, and his judgments, and to hearken unto his voice:

26:18 And the LORD hath avouched thee this day to be his peculiar people, as he hath promised thee, and that thou shouldest keep all his commandments;

26:19 And to make thee high above all nations which he hath made, in praise, and in name, and in honour; and that thou mayest be an holy people unto the LORD thy God, as he hath spoken.

27:1 And Moses with the elders of Israel commanded the people, saying, Keep all the commandments which I command you this day.

27:2 And it shall be on the day when ye shall pass over Jordan unto the land which the LORD thy God giveth thee, that thou shalt set thee up great stones, and plaister them with plaister:

27:3 And thou shalt write upon them all the words of this law, when thou art passed over, that thou mayest go in unto the land which the LORD thy God giveth thee, a land that floweth with milk and honey; as the LORD God of thy fathers hath promised thee.

27:4 Therefore it shall be when ye be gone over Jordan, that ye shall set up these stones, which I command you this day, in mount Ebal, and thou shalt plaister them with plaister.

27:5 And there shalt thou build an altar unto the LORD thy God, an altar of stones: thou shalt not lift up any iron tool upon them.

27:6 tu bâtiras l'autel de l'Éternel, ton Dieu, de pierres entières ; et tu offriras dessus des holocaustes à l'Éternel, ton Dieu.	*27:6 Thou shalt build the altar of the LORD thy God of whole stones: and thou shalt offer burnt offerings thereon unto the LORD thy God:*
27:7 Et tu y sacrifieras des sacrifices de prospérités, et tu mangeras là, et te réjouiras devant l'Éternel, ton Dieu.	*27:7 And thou shalt offer peace offerings, and shalt eat there, and rejoice before the LORD thy God.*
27:8 Et tu écriras sur ces pierres toutes les paroles de cette loi, en les gravant bien nettement.	*27:8 And thou shalt write upon the stones all the words of this law very plainly.*
27:9 Et Moïse et les sacrificateurs, les Lévites, parlèrent à tout Israël, disant : Fais silence et écoute, Israël : Aujourd'hui tu es devenu le peuple de l'Éternel, ton Dieu.	*27:9 And Moses and the priests the Levites spake unto all Israel, saying, Take heed, and hearken, O Israel; this day thou art become the people of the LORD thy God.*
27:10 Et tu écouteras la voix de l'Éternel, ton Dieu, et tu pratiqueras ses commandements et ses statuts, que je te commande aujourd'hui.	*27:10 Thou shalt therefore obey the voice of the LORD thy God, and do his commandments and his statutes, which I command thee this day.*
27:11 Et Moïse commanda au peuple ce jour-là, disant :	*27:11 And Moses charged the people the same day, saying,*
27:12 Quand vous aurez passé le Jourdain, ceux-ci se tiendront sur la montagne de Garizim pour bénir le peuple : Siméon, et Lévi, et Juda, et Issacar, et Joseph, et Benjamin ;	*27:12 These shall stand upon mount Gerizim to bless the people, when ye are come over Jordan; Simeon, and Levi, and Judah, and Issachar, and Joseph, and Benjamin:*
27:13 et ceux-ci se tiendront sur la montagne d'Ébal, pour maudire : Ruben, Gad, et Aser, et Zabulon, Dan, et Nephthali.	*27:13 And these shall stand upon mount Ebal to curse; Reuben, Gad, and Asher, and Zebulun, Dan, and Naphtali.*
27:14 Et les Lévites prendront la parole, et diront à haute voix à tous les hommes d'Israël :	*27:14 And the Levites shall speak, and say unto all the men of Israel with a loud voice,*
27:15 Maudit l'homme qui fait une image taillée, ou une image de fonte (une abomination de l'Éternel, œuvre des mains d'un artisan), et qui la place dans un lieu secret ! Et tout le peuple répondra, et dira : Amen !	*27:15 Cursed be the man that maketh any graven or molten image, an abomination unto the LORD, the work of the hands of the craftsman, and putteth it in a secret place. And all the people shall answer and say, Amen.*
27:16 Maudit qui méprise son père et sa mère ! Et tout le peuple dira : Amen !	*27:16 Cursed be he that setteth light by his father or his mother. And all the people shall say, Amen.*
27:17 Maudit qui recule les bornes de son prochain ! Et tout le peuple dira : Amen !	*27:17 Cursed be he that removeth his neighbour's landmark. And all the people shall say, Amen.*

27:18 Maudit qui fait égarer l'aveugle dans le chemin ! Et tout le peuple dira : Amen !

27:19 Maudit qui fait fléchir le jugement de l'étranger, de l'orphelin, et de la veuve ! Et tout le peuple dira : Amen !

27:20 Maudit qui couche avec la femme de son père, car il relève le pan du vêtement de son père ! Et tout le peuple dira : Amen !

27:21 Maudit qui couche avec une bête quelconque ! Et tout le peuple dira : Amen !

27:22 Maudit qui couche avec sa sœur, fille de son père, ou fille de sa mère ! Et tout le peuple dira : Amen !

27:23 Maudit qui couche avec sa belle-mère ! Et tout le peuple dira : Amen !

27:24 Maudit qui frappe son prochain en secret ! Et tout le peuple dira : Amen !

27:25 Maudit qui prend un présent pour frapper à mort un homme, [en versant] le sang innocent ! Et tout le peuple dira : Amen !

27:26 Maudit qui n'accomplit* pas les paroles de cette loi, en les pratiquant ! Et tout le peuple dira : Amen !

28:1 Et il arrivera que si tu écoutes attentivement la voix de l'Éternel, ton Dieu, pour prendre garde à pratiquer tous ses commandements que je te commande aujourd'hui, l'Éternel, ton Dieu, te mettra très haut au-dessus de toutes les nations de la terre ;

28:2 et toutes ces bénédictions viendront sur toi et t'atteindront, si tu écoutes la voix de l'Éternel, ton Dieu.

28:3 Tu seras béni dans la ville, et tu seras béni dans les champs.

27:18 Cursed be he that maketh the blind to wander out of the way. And all the people shall say, Amen.

27:19 Cursed be he that perverteth the judgment of the stranger, fatherless, and widow. And all the people shall say, Amen.

27:20 Cursed be he that lieth with his father's wife; because he uncovereth his father's skirt. And all the people shall say, Amen.

27:21 Cursed be he that lieth with any manner of beast. And all the people shall say, Amen.

27:22 Cursed be he that lieth with his sister, the daughter of his father, or the daughter of his mother. And all the people shall say, Amen.

27:23 Cursed be he that lieth with his mother in law. And all the people shall say, Amen.

27:24 Cursed be he that smiteth his neighbour secretly. And all the people shall say, Amen.

27:25 Cursed be he that taketh reward to slay an innocent person. And all the people shall say, Amen.

27:26 Cursed be he that confirmeth not all the words of this law to do them. And all the people shall say, Amen.

28:1 And it shall come to pass, if thou shalt hearken diligently unto the voice of the LORD thy God, to observe and to do all his commandments which I command thee this day, that the LORD thy God will set thee on high above all nations of the earth:

28:2 And all these blessings shall come on thee, and overtake thee, if thou shalt hearken unto the voice of the LORD thy God.

28:3 Blessed shalt thou be in the city, and blessed shalt thou be in the field.

28:4 Le fruit de ton ventre sera béni, et le fruit de ta terre, et le fruit de tes bêtes, les portées de ton gros bétail, et l'accroissement de ton menu bétail ;

28:5 ta corbeille sera bénie, et ta huche.

28:6 Tu seras béni en entrant, et tu seras béni en sortant.

28:7 L'Éternel fera que tes ennemis qui s'élèveront contre toi, seront battus devant toi ; ils sortiront contre toi par un chemin, et par sept chemins ils fuiront devant toi.

28:8 L'Éternel commandera à la bénédiction d'être avec toi, dans tes greniers et dans tout ce à quoi tu mettras ta main ; et il te bénira dans le pays que l'Éternel, ton Dieu, te donne.

28:9 L'Éternel t'établira pour lui être un peuple saint, selon qu'il te l'a juré, si tu gardes les commandements de l'Éternel, ton Dieu, et que tu marches dans ses voies.

28:10 Et tous les peuples de la terre verront que tu es appelé du nom de l'Éternel* ; et ils auront peur de toi.

28:11 Et l'Éternel te fera surabonder en prospérité dans le fruit de ton ventre, et dans le fruit de ton bétail, et dans le fruit de ta terre, sur la terre que l'Éternel a juré à tes pères de te donner.

28:12 L'Éternel t'ouvrira son bon trésor, les cieux, pour donner à ton pays la pluie en sa saison et pour bénir tout l'ouvrage de ta main ; et tu prêteras à beaucoup de nations, et tu n'emprunteras pas.

28:13 Et l'Éternel te mettra à la tête, et non à la queue ; et tu ne seras qu'en haut, et tu ne seras pas en bas, si tu écoutes les commandements de l'Éternel, ton Dieu, que je te commande aujourd'hui, pour les garder et les pratiquer,

28:4 Blessed shall be the fruit of thy body, and the fruit of thy ground, and the fruit of thy cattle, the increase of thy kine, and the flocks of thy sheep.

28:5 Blessed shall be thy basket and thy store.

28:6 Blessed shalt thou be when thou comest in, and blessed shalt thou be when thou goest out.

28:7 The LORD shall cause thine enemies that rise up against thee to be smitten before thy face: they shall come out against thee one way, and flee before thee seven ways.

28:8 The LORD shall command the blessing upon thee in thy storehouses, and in all that thou settest thine hand unto; and he shall bless thee in the land which the LORD thy God giveth thee.

28:9 The LORD shall establish thee an holy people unto himself, as he hath sworn unto thee, if thou shalt keep the commandments of the LORD thy God, and walk in his ways.

28:10 And all people of the earth shall see that thou art called by the name of the LORD; and they shall be afraid of thee.

28:11 And the LORD shall make thee plenteous in goods, in the fruit of thy body, and in the fruit of thy cattle, and in the fruit of thy ground, in the land which the LORD sware unto thy fathers to give thee.

28:12 The LORD shall open unto thee his good treasure, the heaven to give the rain unto thy land in his season, and to bless all the work of thine hand: and thou shalt lend unto many nations, and thou shalt not borrow.

28:13 And the LORD shall make thee the head, and not the tail; and thou shalt be above only, and thou shalt not be beneath; if that thou hearken unto the commandments of the LORD thy God, which I command thee this day, to observe and to do them:

28:14 et si tu ne t'écartes, ni à droite ni à gauche, d'aucune des paroles que je vous commande aujourd'hui, pour aller après d'autres dieux, pour les servir.

28:14 And thou shalt not go aside from any of the words which I command thee this day, to the right hand, or to the left, to go after other gods to serve them.

28:15 Et si tu n'écoutes pas la voix de l'Éternel, ton Dieu, pour prendre garde à pratiquer tous ses commandements et ses statuts que je te commande aujourd'hui, il arrivera que toutes ces malédictions viendront sur toi et t'atteindront :

28:15 But it shall come to pass, if thou wilt not hearken unto the voice of the LORD thy God, to observe to do all his commandments and his statutes which I command thee this day; that all these curses shall come upon thee, and overtake thee:

28:16 tu seras maudit dans la ville, et tu seras maudit dans les champs ;

28:16 Cursed shalt thou be in the city, and cursed shalt thou be in the field.

28:17 ta corbeille sera maudite, et ta huche.

28:17 Cursed shall be thy basket and thy store.

28:18 Le fruit de ton ventre sera maudit, et le fruit de ta terre, les portées de ton gros bétail, et l'accroissement de ton menu bétail.

28:18 Cursed shall be the fruit of thy body, and the fruit of thy land, the increase of thy kine, and the flocks of thy sheep.

28:19 Tu seras maudit en entrant, et tu seras maudit en sortant.

28:19 Cursed shalt thou be when thou comest in, and cursed shalt thou be when thou goest out.

28:20 L'Éternel enverra sur toi la malédiction, le trouble, et la réprobation, dans tout ce à quoi tu mettras ta main [et] que tu feras, jusqu'à ce que tu sois détruit, et jusqu'à ce que tu périsses rapidement, à cause de la méchanceté de tes actions, en ce que tu m'as abandonné.

28:20 The LORD shall send upon thee cursing, vexation, and rebuke, in all that thou settest thine hand unto for to do, until thou be destroyed, and until thou perish quickly; because of the wickedness of thy doings, whereby thou hast forsaken me.

28:21 L'Éternel fera que la peste s'attache à toi, jusqu'à ce qu'il t'ait consumé de dessus la terre, où tu entres pour la posséder.

28:21 The LORD shall make the pestilence cleave unto thee, until he have consumed thee from off the land, whither thou goest to possess it.

28:22 L'Éternel te frappera de consomption, et de fièvre, et d'inflammation, et de chaleur brûlante, et de sécheresse, et par la brûlure, et par la rouille, et elles te poursuivront jusqu'à ce que tu périsses.

28:22 The LORD shall smite thee with a consumption, and with a fever, and with an inflammation, and with an extreme burning, and with the sword, and with blasting, and with mildew; and they shall pursue thee until thou perish.

28:23 Et tes cieux qui sont sur ta tête seront d'airain, et la terre qui est sous toi sera de fer.

28:23 And thy heaven that is over thy head shall be brass, and the earth that is under thee shall be iron.

28:24 L'Éternel donnera pour pluie de ton pays une fine poudre et de la poussière ; elles descendront des cieux sur toi jusqu'à ce que tu sois détruit.

28:25 L'Éternel fera que tu seras battu devant tes ennemis ; tu sortiras contre eux par un chemin, et par sept chemins tu fuiras devant eux ; et tu seras chassé çà et là dans* tous les royaumes de la terre ;

28:26 et tes cadavres seront en pâture à tous les oiseaux des cieux et aux bêtes de la terre, et il n'y aura personne qui les effraye.

28:27 L'Éternel te frappera de l'ulcère d'Égypte, et d'hémorrhoïdes, et de gale, et de teigne, dont tu ne pourras guérir.

28:28 L'Éternel te frappera de délire, et d'aveuglement, et d'étourdissement de cœur.

28:29 Et tu iras tâtonnant en plein midi, comme l'aveugle tâtonne dans les ténèbres ; et tu ne feras pas réussir tes voies ; et tu ne seras qu'opprimé et pillé tous les jours, et il n'y aura personne qui sauve.

28:30 Tu te fianceras une femme, et un autre homme couchera avec elle ; tu bâtiras une maison, et tu ne l'habiteras pas ; tu planteras une vigne, et tu n'en jouiras pas*.

28:31 Ton bœuf sera tué devant tes yeux, et tu n'en mangeras pas ; ton âne sera enlevé devant toi, et ne reviendra pas à toi ; ton menu bétail sera livré à tes ennemis, et tu n'auras personne qui sauve.

28:32 Tes fils et tes filles seront livrés à un autre peuple, et tes yeux le verront, et se consumeront tout le jour après eux, et tu n'auras aucune force en ta main.

28:24 The LORD shall make the rain of thy land powder and dust: from heaven shall it come down upon thee, until thou be destroyed.

28:25 The LORD shall cause thee to be smitten before thine enemies: thou shalt go out one way against them, and flee seven ways before them: and shalt be removed into all the kingdoms of the earth.

28:26 And thy carcase shall be meat unto all fowls of the air, and unto the beasts of the earth, and no man shall fray them away.

28:27 The LORD will smite thee with the botch of Egypt, and with the emerods, and with the scab, and with the itch, whereof thou canst not be healed.

28:28 The LORD shall smite thee with madness, and blindness, and astonishment of heart:

28:29 And thou shalt grope at noonday, as the blind gropeth in darkness, and thou shalt not prosper in thy ways: and thou shalt be only oppressed and spoiled evermore, and no man shall save thee.

28:30 Thou shalt betroth a wife, and another man shall lie with her: thou shalt build an house, and thou shalt not dwell therein: thou shalt plant a vineyard, and shalt not gather the grapes thereof.

28:31 Thine ox shall be slain before thine eyes, and thou shalt not eat thereof: thine ass shall be violently taken away from before thy face, and shall not be restored to thee: thy sheep shall be given unto thine enemies, and thou shalt have none to rescue them.

28:32 Thy sons and thy daughters shall be given unto another people, and thine eyes shall look, and fail with longing for them all the day long; and there shall be no might in thine hand.

28:33 Un peuple que tu ne connaissais pas, mangera le fruit de ta terre et tout ton labeur ; et tu ne seras qu'opprimé et écrasé tous les jours ;

28:34 et tu seras dans le délire à cause des choses que tu verras de tes yeux*.

28:35 L'Éternel te frappera sur les genoux et sur les cuisses d'un ulcère malin dont tu ne pourras guérir, depuis la plante de ton pied jusqu'au sommet de ta tête,

28:36 L'Éternel te fera marcher, toi et ton roi que tu auras établi sur toi, vers une nation que tu n'as pas connue, ni toi ni tes pères, et là, tu serviras d'autres dieux, le bois et la pierre ;

28:37 et tu seras un sujet d'étonnement, et de proverbe, et de raillerie, parmi tous les peuples où l'Éternel t'emmènera.

28:38 Tu porteras dehors beaucoup de semence au champ, et tu recueilleras peu ; car la sauterelle la dévorera.

28:39 Tu planteras des vignes et tu les cultiveras, mais tu n'en boiras pas de vin et tu n'en recueilleras rien ; car le ver les mangera.

28:40 Tu auras des oliviers dans tous tes confins, mais tu ne t'oindras pas d'huile ; car ton olivier perdra son fruit.

28:41 Tu engendreras des fils et des filles, mais ils ne seront pas à toi ; car ils iront en captivité.

28:42 Le hanneton possédera tous tes arbres et le fruit de ta terre.

28:43 L'étranger qui est au milieu de toi montera toujours plus haut au-dessus de toi, et toi, tu descendras toujours plus bas :

28:44 il te prêtera, et toi, tu ne lui prêteras pas ; il sera à la tête, et toi, tu seras à la queue.

28:33 The fruit of thy land, and all thy labours, shall a nation which thou knowest not eat up; and thou shalt be only oppressed and crushed alway:

28:34 So that thou shalt be mad for the sight of thine eyes which thou shalt see.

28:35 The LORD shall smite thee in the knees, and in the legs, with a sore botch that cannot be healed, from the sole of thy foot unto the top of thy head.

28:36 The LORD shall bring thee, and thy king which thou shalt set over thee, unto a nation which neither thou nor thy fathers have known; and there shalt thou serve other gods, wood and stone.

28:37 And thou shalt become an astonishment, a proverb, and a byword, among all nations whither the LORD shall lead thee.

28:38 Thou shalt carry much seed out into the field, and shalt gather but little in; for the locust shall consume it.

28:39 Thou shalt plant vineyards, and dress them, but shalt neither drink of the wine, nor gather the grapes; for the worms shall eat them.

28:40 Thou shalt have olive trees throughout all thy coasts, but thou shalt not anoint thyself with the oil; for thine olive shall cast his fruit.

28:41 Thou shalt beget sons and daughters, but thou shalt not enjoy them; for they shall go into captivity.

28:42 All thy trees and fruit of thy land shall the locust consume.

28:43 The stranger that is within thee shall get up above thee very high; and thou shalt come down very low.

28:44 He shall lend to thee, and thou shalt not lend to him: he shall be the head, and thou shalt be the tail.

28:45 Et toutes ces malédictions viendront sur toi, et te poursuivront et t'atteindront, jusqu'à ce que tu sois détruit ; parce que tu n'as pas écouté la voix de l'Éternel, ton Dieu, pour garder ses commandements et ses statuts qu'il t'a commandés ;

28:46 et elles seront sur toi et sur ta semence à toujours comme un signe et comme un prodige.

28:47 Parce que tu n'as pas servi l'Éternel, ton Dieu, avec joie et de bon cœur, à cause de l'abondance de toutes choses,

28:48 tu serviras, dans la faim et dans la soif et dans la nudité et dans la disette de toutes choses, tes ennemis que l'Éternel enverra contre toi ; et il mettra un joug de fer sur ton cou, jusqu'à ce qu'il t'ait détruit.

28:49 L'Éternel amènera contre toi, de loin, du bout de la terre, une nation semblable à l'aigle qui vole, une nation dont tu n'entends pas la langue,

28:50 une nation au visage dur, qui n'a pas égard au vieillard et n'a pas pitié de l'enfant ;

28:51 et elle mangera le fruit de tes bêtes et le fruit de ta terre, jusqu'à ce que tu sois détruit ; car elle ne te laissera de reste ni froment, ni moût, ni huile, ni portée de ton gros bétail, ni accroissement de ton menu bétail, jusqu'à ce qu'elle t'ait fait périr.

28:52 Et elle t'assiégera dans toutes tes portes, jusqu'à ce que s'écroulent, dans tout ton pays, tes hautes et fortes murailles en lesquelles tu te confiais ; et elle t'assiégera dans toutes tes portes, dans tout ton pays que l'Éternel, ton Dieu, t'a donné.

28:53 Et, dans le siège et dans la détresse dont ton ennemi t'enserrera, tu mangeras le fruit de ton ventre, la chair de tes fils et de tes filles que l'Éternel, ton Dieu, t'aura donnés.

28:45 Moreover all these curses shall come upon thee, and shall pursue thee, and overtake thee, till thou be destroyed; because thou hearkenedst not unto the voice of the LORD thy God, to keep his commandments and his statutes which he commanded thee:

28:46 And they shall be upon thee for a sign and for a wonder, and upon thy seed for ever.

28:47 Because thou servedst not the LORD thy God with joyfulness, and with gladness of heart, for the abundance of all things;

28:48 Therefore shalt thou serve thine enemies which the LORD shall send against thee, in hunger, and in thirst, and in nakedness, and in want of all things: and he shall put a yoke of iron upon thy neck, until he have destroyed thee.

28:49 The LORD shall bring a nation against thee from far, from the end of the earth, as swift as the eagle flieth; a nation whose tongue thou shalt not understand;

28:50 A nation of fierce countenance, which shall not regard the person of the old, nor shew favour to the young:

28:51 And he shall eat the fruit of thy cattle, and the fruit of thy land, until thou be destroyed: which also shall not leave thee either corn, wine, or oil, or the increase of thy kine, or flocks of thy sheep, until he have destroyed thee.

28:52 And he shall besiege thee in all thy gates, until thy high and fenced walls come down, wherein thou trustedst, throughout all thy land: and he shall besiege thee in all thy gates throughout all thy land, which the LORD thy God hath given thee.

28:53 And thou shalt eat the fruit of thine own body, the flesh of thy sons and of thy daughters, which the LORD thy God hath given thee, in the siege, and in the straitness, wherewith thine enemies shall distress thee:

28:54 L'homme tendre et très délicat au milieu de toi regardera d'un œil méchant son frère et la femme de son cœur*, et le reste de ses fils qu'il a conservés,

28:54 So that the man that is tender among you, and very delicate, his eye shall be evil toward his brother, and toward the wife of his bosom, and toward the remnant of his children which he shall leave:

28:55 pour ne donner à aucun d'eux de la chair de ses fils qu'il mangera ; parce que, dans le siège et dans la détresse dont ton ennemi t'enserrera dans toutes tes portes, il ne lui restera rien.

28:55 So that he will not give to any of them of the flesh of his children whom he shall eat: because he hath nothing left him in the siege, and in the straitness, wherewith thine enemies shall distress thee in all thy gates.

28:56 La femme tendre et délicate au milieu de toi, qui, par délicatesse et par mollesse, n'aurait pas tenté de poser la plante de son pied sur la terre, regardera d'un œil méchant l'homme de son cœur*, et son fils, et sa fille,

28:56 The tender and delicate woman among you, which would not adventure to set the sole of her foot upon the ground for delicateness and tenderness, her eye shall be evil toward the husband of her bosom, and toward her son, and toward her daughter,

28:57 à cause de son arrière-faix qui sera sorti d'entre ses pieds, et de ses fils qu'elle enfantera ; car elle les mangera en secret, dans la disette de toutes choses, dans le siège et dans la détresse dont ton ennemi t'enserrera dans tes portes.

28:57 And toward her young one that cometh out from between her feet, and toward her children which she shall bear: for she shall eat them for want of all things secretly in the siege and straitness, wherewith thine enemy shall distress thee in thy gates.

28:58 Si tu ne prends pas garde à faire toutes les paroles de cette loi, qui sont écrites dans ce livre, pour craindre ce nom glorieux et terrible de l'Éternel, ton Dieu :

28:58 If thou wilt not observe to do all the words of this law that are written in this book, that thou mayest fear this glorious and fearful name, THE LORD THY GOD;

28:59 alors l'Éternel rendra extraordinaires tes plaies et les plaies de ta semence, [te frappant] de plaies grandes et opiniâtres, de maladies mauvaises et opiniâtres ;

28:59 Then the LORD will make thy plagues wonderful, and the plagues of thy seed, even great plagues, and of long continuance, and sore sicknesses, and of long continuance.

28:60 et il fera retourner sur toi tous les maux de l'Égypte, dont tu as peur, et ils s'attacheront à toi.

28:60 Moreover he will bring upon thee all the diseases of Egypt, which thou wast afraid of; and they shall cleave unto thee.

28:61 L'Éternel fera venir aussi sur toi toutes les maladies et toutes les plaies qui ne sont pas écrites dans le livre de cette loi, jusqu'à ce que tu sois détruit.

28:61 Also every sickness, and every plague, which is not written in the book of this law, them will the LORD bring upon thee, until thou be destroyed.

28:62 Et vous resterez un petit nombre d'hommes, au lieu que vous étiez comme les étoiles des cieux en multitude ; parce que tu n'as pas écouté la voix de l'Éternel, ton Dieu.

28:62 And ye shall be left few in number, whereas ye were as the stars of heaven for multitude; because thou wouldest not obey the voice of the LORD thy God.

28:63 Et il arrivera que, comme l'Éternel se réjouissait à votre égard, pour vous faire du bien et pour vous multiplier, ainsi l'Éternel se réjouira à votre égard, pour vous faire périr et pour vous détruire ; et vous serez arrachés de dessus la terre où tu vas entrer pour la posséder.

28:64 Et l'Éternel te dispersera parmi tous les peuples, d'un bout de la terre jusqu'à l'autre bout de la terre ; et là tu serviras d'autres dieux, que ni toi ni tes pères vous n'avez connus, le bois et la pierre.

28:65 Et parmi ces nations tu n'auras pas de tranquillité, et il n'y aura pas de repos pour la plante de ton pied ; et l'Éternel te donnera là un cœur tremblant, et des yeux languissants, et une âme défaillante.

28:66 Et ta vie sera en suspens devant toi ; et tu seras dans l'effroi, nuit et jour, et tu ne seras pas sûr de ta vie.

28:67 Le matin tu diras : Qui donnera le soir ? et le soir tu diras : Qui donnera le matin ? à cause de l'effroi de ton cœur dont tu seras effrayé, et à cause des choses que tu verras de tes yeux.

28:68 Et l'Éternel te fera retourner en Égypte sur des navires, par le chemin dont je t'ai dit : Tu ne le reverras plus. Et là vous vous vendrez à vos ennemis pour être serviteurs et servantes, et il n'y aura pas d'acheteur.

29:1 Ce sont là les paroles de l'alliance que l'Éternel commanda à Moïse de faire avec les fils d'Israël dans le pays de Moab, outre l'alliance qu'il avait faite avec eux à Horeb.

29:2 Et Moïse appela tout Israël, et leur dit : Vous avez vu tout ce que l'Éternel a fait devant vos yeux dans le pays d'Égypte, au Pharaon, et à tous ses serviteurs, et à tout son pays :

28:63 And it shall come to pass, that as the LORD rejoiced over you to do you good, and to multiply you; so the LORD will rejoice over you to destroy you, and to bring you to nought; and ye shall be plucked from off the land whither thou goest to possess it.

28:64 And the LORD shall scatter thee among all people, from the one end of the earth even unto the other; and there thou shalt serve other gods, which neither thou nor thy fathers have known, even wood and stone.

28:65 And among these nations shalt thou find no ease, neither shall the sole of thy foot have rest: but the LORD shall give thee there a trembling heart, and failing of eyes, and sorrow of mind:

28:66 And thy life shall hang in doubt before thee; and thou shalt fear day and night, and shalt have none assurance of thy life:

28:67 In the morning thou shalt say, Would God it were even! and at even thou shalt say, Would God it were morning! for the fear of thine heart wherewith thou shalt fear, and for the sight of thine eyes which thou shalt see.

28:68 And the LORD shall bring thee into Egypt again with ships, by the way whereof I spake unto thee, Thou shalt see it no more again: and there ye shall be sold unto your enemies for bondmen and bondwomen, and no man shall buy you.

29:1 These are the words of the covenant, which the LORD commanded Moses to make with the children of Israel in the land of Moab, beside the covenant which he made with them in Horeb.

29:2 And Moses called unto all Israel, and said unto them, Ye have seen all that the LORD did before your eyes in the land of Egypt unto Pharaoh, and unto all his servants, and unto all his land;

29:3 les grandes épreuves que tes yeux ont vues, ces signes et ces grands prodiges.

29:4 Mais l'Éternel ne vous a pas donné un cœur pour connaître, ni des yeux pour voir, ni des oreilles pour entendre, jusqu'à ce jour.

29:5 Et je vous ai conduits quarante ans par le désert : vos vêtements ne se sont pas usés sur vous, et ta sandale ne s'est pas usée à ton pied.

29:6 Vous n'avez pas mangé de pain, et vous n'avez bu ni vin ni boisson forte, afin que vous connussiez que moi, l'Éternel, je suis votre Dieu*.

29:7 Et vous parvîntes en ce lieu-ci ; et Sihon, roi de Hesbon, et Og, le roi de Basan, sortirent à notre rencontre pour nous livrer bataille, et nous les battîmes ;

29:8 et nous prîmes leur pays, et nous le donnâmes en héritage aux Rubénites, et aux Gadites, et à la demi-tribu des Manassites.

29:9 Vous garderez donc les paroles de cette alliance et vous les pratiquerez, afin que vous prospériez dans tout ce que vous ferez.

29:10 Vous vous tenez tous aujourd'hui devant l'Éternel, votre Dieu, vos chefs, vos tribus, vos anciens, et vos magistrats*,

29:11 tout homme d'Israël, vos enfants, vos femmes, et ton étranger qui est au milieu de ton camp, ton coupeur de bois aussi bien que ton puiseur d'eau ;

29:12 afin que tu entres dans l'alliance de l'Éternel, ton Dieu, et dans son serment, que l'Éternel, ton Dieu, fait aujourd'hui avec toi ;

29:13 afin qu'il t'établisse aujourd'hui pour être son peuple, et pour qu'il soit ton Dieu, ainsi qu'il te l'a dit, et ainsi qu'il a juré à tes pères, à Abraham, à Isaac, et à Jacob.

29:3 The great temptations which thine eyes have seen, the signs, and those great miracles:

29:4 Yet the LORD hath not given you an heart to perceive, and eyes to see, and ears to hear, unto this day.

29:5 And I have led you forty years in the wilderness: your clothes are not waxen old upon you, and thy shoe is not waxen old upon thy foot.

29:6 Ye have not eaten bread, neither have ye drunk wine or strong drink: that ye might know that I am the LORD your God.

29:7 And when ye came unto this place, Sihon the king of Heshbon, and Og the king of Bashan, came out against us unto battle, and we smote them:

29:8 And we took their land, and gave it for an inheritance unto the Reubenites, and to the Gadites, and to the half tribe of Manasseh.

29:9 Keep therefore the words of this covenant, and do them, that ye may prosper in all that ye do.

29:10 Ye stand this day all of you before the LORD your God; your captains of your tribes, your elders, and your officers, with all the men of Israel,

29:11 Your little ones, your wives, and thy stranger that is in thy camp, from the hewer of thy wood unto the drawer of thy water:

29:12 That thou shouldest enter into covenant with the LORD thy God, and into his oath, which the LORD thy God maketh with thee this day:

29:13 That he may establish thee to day for a people unto himself, and that he may be unto thee a God, as he hath said unto thee, and as he hath sworn unto thy fathers, to Abraham, to Isaac, and to Jacob.

29:14 Et ce n'est pas avec vous seulement que je fais cette alliance et ce serment ;

29:15 mais c'est avec celui qui est ici, qui se tient avec nous aujourd'hui devant l'Éternel, notre Dieu, et avec celui qui n'est pas ici aujourd'hui avec nous ;

29:16 (car vous savez comment nous avons habité dans le pays d'Égypte, et comment nous avons passé à travers les nations que vous avez traversées ;

29:17 et vous avez vu leurs abominations, et leurs idoles*, du bois et de la pierre, de l'argent et de l'or, qui sont parmi eux) ;

29:18 de peur qu'il n'y ait parmi vous homme, ou femme, ou famille, ou tribu, dont le cœur se détourne aujourd'hui d'avec l'Éternel, notre Dieu, pour aller servir les dieux de ces nations ; de peur qu'il n'y ait parmi vous une racine qui produise du poison et de l'absinthe,

29:19 et qu'il n'arrive que quelqu'un, en entendant les paroles de ce serment, ne se bénisse dans son cœur, disant : J'aurai la paix, lors même que je marcherai dans l'obstination de mon cœur, afin de détruire ce qui est arrosé*, et ce qui est altéré.

29:20 L'Éternel ne voudra pas lui pardonner, mais la colère de l'Éternel et sa jalousie fumeront alors contre cet homme ; et toute la malédiction* qui est écrite dans ce livre reposera sur lui ; et l'Éternel effacera son nom de dessous les cieux ;

29:21 et l'Éternel le séparera de toutes les tribus d'Israël pour le malheur, selon toutes les malédictions de l'alliance qui est écrite dans ce livre de la loi.

29:22 Et la génération à venir, vos fils qui se lèveront après vous, et l'étranger qui viendra d'un pays éloigné, diront, lorsqu'ils verront les plaies de ce pays, et ses maladies, dont l'Éternel l'aura affligé ;

29:14 Neither with you only do I make this covenant and this oath;

29:15 But with him that standeth here with us this day before the LORD our God, and also with him that is not here with us this day:

29:16 (For ye know how we have dwelt in the land of Egypt; and how we came through the nations which ye passed by;

29:17 And ye have seen their abominations, and their idols, wood and stone, silver and gold, which were among them:)

29:18 Lest there should be among you man, or woman, or family, or tribe, whose heart turneth away this day from the LORD our God, to go and serve the gods of these nations; lest there should be among you a root that beareth gall and wormwood;

29:19 And it come to pass, when he heareth the words of this curse, that he bless himself in his heart, saying, I shall have peace, though I walk in the imagination of mine heart, to add drunkenness to thirst:

29:20 The LORD will not spare him, but then the anger of the LORD and his jealousy shall smoke against that man, and all the curses that are written in this book shall lie upon him, and the LORD shall blot out his name from under heaven.

29:21 And the LORD shall separate him unto evil out of all the tribes of Israel, according to all the curses of the covenant that are written in this book of the law:

29:22 So that the generation to come of your children that shall rise up after you, and the stranger that shall come from a far land, shall say, when they see the plagues of that land, and the sicknesses which the LORD hath laid upon it;

29:23 [et] que tout son sol n'est que soufre et sel, — un embrasement (qu'il n'est pas semé, et qu'il ne fait rien germer, et qu'aucune herbe n'y pousse), comme la subversion de Sodome et de Gomorrhe, d'Adma et de Tseboïm, que l'Éternel détruisit dans sa colère et dans sa fureur,

29:24 — toutes les nations diront : Pourquoi l'Éternel a-t-il fait ainsi à ce pays ? d'où vient l'ardeur de cette grande colère ?

29:25 Et on dira : C'est parce qu'ils ont abandonné l'alliance de l'Éternel, le Dieu de leurs pères, qu'il avait faite avec eux quand il les fit sortir du pays d'Égypte ;

29:26 et ils sont allés, et ont servi d'autres dieux, et se sont prosternés devant eux, des dieux qu'ils n'avaient pas connus et qu'il ne leur avait pas donnés en partage.

29:27 Et la colère de l'Éternel s'est embrasée contre ce pays, pour faire venir sur lui toute la malédiction écrite dans ce livre.

29:28 Et l'Éternel les a arrachés de dessus leur terre dans [sa] colère, et dans [sa] fureur, et dans [sa] grande indignation, et les a chassés dans un autre pays, comme [il paraît] aujourd'hui.

29:29 Les choses cachées sont à l'Éternel, notre Dieu ; et les choses révélées sont à nous et à nos fils, à toujours, afin que nous pratiquions toutes les paroles de cette loi.

30:1 Et lorsque toutes ces choses que j'ai mises devant toi seront venues sur toi, la bénédiction et la malédiction, et lorsque tu les auras rappelées dans ton cœur, parmi toutes les nations où l'Éternel, ton Dieu, t'aura chassé,

30:2 et que tu seras retourné à l'Éternel, ton Dieu, et que tu auras écouté sa voix, selon tout ce que je te commande aujourd'hui, toi et tes fils, de tout ton cœur et de toute ton âme,

29:23 And that the whole land thereof is brimstone, and salt, and burning, that it is not sown, nor beareth, nor any grass groweth therein, like the overthrow of Sodom, and Gomorrah, Admah, and Zeboim, which the LORD overthrew in his anger, and in his wrath:

29:24 Even all nations shall say, Wherefore hath the LORD done thus unto this land? what meaneth the heat of this great anger?

29:25 Then men shall say, Because they have forsaken the covenant of the LORD God of their fathers, which he made with them when he brought them forth out of the land of Egypt:

29:26 For they went and served other gods, and worshipped them, gods whom they knew not, and whom he had not given unto them:

29:27 And the anger of the LORD was kindled against this land, to bring upon it all the curses that are written in this book:

29:28 And the LORD rooted them out of their land in anger, and in wrath, and in great indignation, and cast them into another land, as it is this day.

29:29 The secret things belong unto the LORD our God: but those things which are revealed belong unto us and to our children for ever, that we may do all the words of this law.

30:1 And it shall come to pass, when all these things are come upon thee, the blessing and the curse, which I have set before thee, and thou shalt call them to mind among all the nations, whither the LORD thy God hath driven thee,

30:2 And shalt return unto the LORD thy God, and shalt obey his voice according to all that I command thee this day, thou and thy children, with all thine heart, and with all thy soul;

30:3 il arrivera que l'Éternel, ton Dieu, rétablira tes captifs*, et aura pitié de toi ; et il te rassemblera de nouveau d'entre tous les peuples, où l'Éternel, ton Dieu, t'avait dispersé.

30:4 Quand tes dispersés* seraient au bout des cieux, l'Éternel, ton Dieu, te rassemblera de là, et te prendra de là ;

30:5 et l'Éternel, ton Dieu, te ramènera dans le pays que tes pères ont possédé, et tu le posséderas ; et il te fera du bien, et il te rendra plus nombreux que tes pères ;

30:6 et l'Éternel, ton Dieu, circoncira ton cœur et le cœur de ta semence, pour que tu aimes l'Éternel, ton Dieu, de tout ton cœur et de toute ton âme,

30:7 afin que tu vives ; et l'Éternel, ton Dieu, mettra toutes ces malédictions sur tes ennemis et sur ceux qui te haïssent, qui t'ont persécuté.

30:8 Et toi, tu reviendras, et tu écouteras la voix de l'Éternel, et tu pratiqueras tous ses commandements que je te commande aujourd'hui.

30:9 Et l'Éternel, ton Dieu, te fera surabonder en prospérité dans toute l'œuvre de ta main, dans le fruit de ton ventre, et dans le fruit de tes bêtes, et dans le fruit de ta terre ; car l'Éternel prendra de nouveau plaisir en toi, pour [ton] bien, comme il a pris plaisir en tes pères ;

30:10 car* tu écouteras la voix de l'Éternel, ton Dieu, pour garder ses commandements et ses statuts, ce qui est écrit dans ce livre de la loi, quand tu retourneras à l'Éternel, ton Dieu, de tout ton cœur et de toute ton âme.

30:11 Car ce commandement que je te commande aujourd'hui, n'est pas trop merveilleux pour toi, et il n'est pas éloigné.

30:3 That then the LORD thy God will turn thy captivity, and have compassion upon thee, and will return and gather thee from all the nations, whither the LORD thy God hath scattered thee.

30:4 If any of thine be driven out unto the outmost parts of heaven, from thence will the LORD thy God gather thee, and from thence will he fetch thee:

30:5 And the LORD thy God will bring thee into the land which thy fathers possessed, and thou shalt possess it; and he will do thee good, and multiply thee above thy fathers.

30:6 And the LORD thy God will circumcise thine heart, and the heart of thy seed, to love the LORD thy God with all thine heart, and with all thy soul, that thou mayest live.

30:7 And the LORD thy God will put all these curses upon thine enemies, and on them that hate thee, which persecuted thee.

30:8 And thou shalt return and obey the voice of the LORD, and do all his commandments which I command thee this day.

30:9 And the LORD thy God will make thee plenteous in every work of thine hand, in the fruit of thy body, and in the fruit of thy cattle, and in the fruit of thy land, for good: for the LORD will again rejoice over thee for good, as he rejoiced over thy fathers:

30:10 If thou shalt hearken unto the voice of the LORD thy God, to keep his commandments and his statutes which are written in this book of the law, and if thou turn unto the LORD thy God with all thine heart, and with all thy soul.

30:11 For this commandment which I command thee this day, it is not hidden from thee, neither is it far off.

30:12 Il n'est pas dans les cieux, pour que tu dises : Qui montera pour nous dans les cieux, et le prendra pour nous, et nous le fera entendre, afin que nous le pratiquions ?

30:13 Et il n'est pas au delà de la mer, pour que tu dises : Qui passera pour nous au delà de la mer, et le prendra pour nous, et nous le fera entendre, afin que nous le pratiquions ?

30:14 Car la parole est très près de toi, dans ta bouche et dans ton cœur, pour la pratiquer.

30:15 Regarde, j'ai mis aujourd'hui devant toi la vie et le bonheur, et la mort et le malheur,

30:16 en ce que je te commande aujourd'hui d'aimer l'Éternel, ton Dieu, de marcher dans ses voies, de garder ses commandements et ses statuts et ses ordonnances, afin que tu vives et que tu multiplies, et que l'Éternel, ton Dieu, te bénisse dans le pays où tu entres pour le posséder.

30:17 Mais si ton cœur se détourne, et que tu n'écoutes pas, et que tu te laisses séduire, et que tu te prosternes devant d'autres dieux et que tu les serves :

30:18 je vous déclare aujourd'hui que vous périrez certainement, et que vous ne prolongerez pas vos jours sur la terre où, en passant le Jourdain, vous entrez afin de la posséder.

30:19 J'appelle aujourd'hui à témoin contre vous les cieux et la terre : j'ai mis devant toi la vie et la mort, la bénédiction et la malédiction. Choisis la vie, afin que tu vives, toi et ta semence,

30:20 en aimant l'Éternel, ton Dieu, en écoutant sa voix, et en t'attachant à lui ; car c'est là ta vie et la longueur de tes jours, afin que tu habites sur la terre que l'Éternel a juré à tes pères, à Abraham, à Isaac, et à Jacob, de leur donner.

30:12 It is not in heaven, that thou shouldest say, Who shall go up for us to heaven, and bring it unto us, that we may hear it, and do it?

30:13 Neither is it beyond the sea, that thou shouldest say, Who shall go over the sea for us, and bring it unto us, that we may hear it, and do it?

30:14 But the word is very nigh unto thee, in thy mouth, and in thy heart, that thou mayest do it.

30:15 See, I have set before thee this day life and good, and death and evil;

30:16 In that I command thee this day to love the LORD thy God, to walk in his ways, and to keep his commandments and his statutes and his judgments, that thou mayest live and multiply: and the LORD thy God shall bless thee in the land whither thou goest to possess it.

30:17 But if thine heart turn away, so that thou wilt not hear, but shalt be drawn away, and worship other gods, and serve them;

30:18 I denounce unto you this day, that ye shall surely perish, and that ye shall not prolong your days upon the land, whither thou passest over Jordan to go to possess it.

30:19 I call heaven and earth to record this day against you, that I have set before you life and death, blessing and cursing: therefore choose life, that both thou and thy seed may live:

30:20 That thou mayest love the LORD thy God, and that thou mayest obey his voice, and that thou mayest cleave unto him: for he is thy life, and the length of thy days: that thou mayest dwell in the land which the LORD sware unto thy fathers, to Abraham, to Isaac, and to Jacob, to give them.

31:1 Et Moïse alla, et dit ces paroles à tout Israël ; et il leur dit :

31:2 Je suis aujourd'hui âgé de cent vingt ans, je ne puis plus sortir et entrer ; et l'Éternel m'a dit : Tu ne passeras pas ce Jourdain.

31:3 L'Éternel, ton Dieu, lui-même, va passer devant toi ; c'est lui qui détruira ces nations devant toi, et tu les déposséderas : Josué, lui, va passer devant toi, comme l'Éternel l'a dit.

31:4 Et l'Éternel leur fera comme il a fait à Sihon et à Og, rois des Amoréens, et à leur pays, qu'il a détruits.

31:5 Et l'Éternel les livrera devant vous, et vous leur ferez selon tout le commandement que je vous ai commandé.

31:6 Fortifiez-vous et soyez fermes, ne les craignez pas, et ne soyez point épouvantés devant eux ; car c'est l'Éternel, ton Dieu, qui marche avec toi ; il ne te laissera pas et il ne t'abandonnera pas.

31:7 Et Moïse appela Josué, et lui dit devant les yeux de tout Israël : Fortifie-toi et sois ferme ; car toi, tu entreras avec ce peuple dans le pays que l'Éternel a juré à leurs pères de leur donner, et toi, tu le leur feras hériter.

31:8 Et l'Éternel est celui qui marche devant toi ; lui, sera avec toi ; il ne te laissera pas et il ne t'abandonnera pas : ne crains point, et ne t'effraye point.

31:9 Et Moïse écrivit cette loi, et la donna aux sacrificateurs, fils de Lévi, qui portaient l'arche de l'alliance de l'Éternel, et à tous les anciens d'Israël.

31:10 Et Moïse leur commanda, disant : Au bout de sept ans, au temps fixé de l'année de relâche, à la fête des tabernacles,

31:1 And Moses went and spake these words unto all Israel.

31:2 And he said unto them, I am an hundred and twenty years old this day; I can no more go out and come in: also the LORD hath said unto me, Thou shalt not go over this Jordan.

31:3 The LORD thy God, he will go over before thee, and he will destroy these nations from before thee, and thou shalt possess them: and Joshua, he shall go over before thee, as the LORD hath said.

31:4 And the LORD shall do unto them as he did to Sihon and to Og, kings of the Amorites, and unto the land of them, whom he destroyed.

31:5 And the LORD shall give them up before your face, that ye may do unto them according unto all the commandments which I have commanded you.

31:6 Be strong and of a good courage, fear not, nor be afraid of them: for the LORD thy God, he it is that doth go with thee; he will not fail thee, nor forsake thee.

31:7 And Moses called unto Joshua, and said unto him in the sight of all Israel, Be strong and of a good courage: for thou must go with this people unto the land which the LORD hath sworn unto their fathers to give them; and thou shalt cause them to inherit it.

31:8 And the LORD, he it is that doth go before thee; he will be with thee, he will not fail thee, neither forsake thee: fear not, neither be dismayed.

31:9 And Moses wrote this law, and delivered it unto the priests the sons of Levi, which bare the ark of the covenant of the LORD, and unto all the elders of Israel.

31:10 And Moses commanded them, saying, At the end of every seven years, in the solemnity of the year of release, in the feast of tabernacles,

31:11 quand tout Israël viendra pour paraître devant l'Éternel, ton Dieu, au lieu qu'il aura choisi, tu liras cette loi devant tout Israël, à leurs oreilles ;

31:12 tu réuniras le peuple, hommes et femmes, et enfants, et ton étranger qui sera dans tes portes, afin qu'ils entendent, et afin qu'ils apprennent, et qu'ils craignent l'Éternel, votre Dieu, et qu'ils prennent garde à pratiquer toutes les paroles de cette loi ;

31:13 et que leurs fils qui n'en auront pas eu connaissance, entendent, et apprennent à craindre l'Éternel, votre Dieu, tous les jours que vous vivrez sur la terre où, en passant le Jourdain, vous [entrez] afin de la posséder.

31:14 Et l'Éternel dit à Moïse : Voici, le jour de ta mort* s'approche ; appelle Josué, et présentez-vous dans la tente d'assignation, afin que je lui donne mon commandement. Et Moïse et Josué allèrent, et se présentèrent dans la tente d'assignation.

31:15 Et l'Éternel apparut dans la tente, dans la colonne de nuée ; et la colonne de nuée se tint sur l'entrée de la tente.

31:16 Et l'Éternel dit à Moïse : Voici, tu vas dormir avec tes pères ; et ce peuple se lèvera et se prostituera après les dieux étrangers du pays au milieu duquel il va entrer ; et il m'abandonnera, et rompra mon alliance que j'ai faite avec lui.

31:17 Et ma colère s'enflammera contre lui en ce jour-là ; et je les abandonnerai, et je leur cacherai ma face ; et il sera dévoré, et des maux nombreux et des détresses l'atteindront* ; et il dira en ce jour-là : N'est-ce pas parce que mon Dieu n'est pas au milieu de moi que ces maux m'ont atteint ?

31:18 Et moi, je cacherai entièrement ma face, en ce jour-là, à cause de tout le mal qu'il aura fait ; parce qu'il se sera tourné vers d'autres dieux.

31:11 When all Israel is come to appear before the LORD thy God in the place which he shall choose, thou shalt read this law before all Israel in their hearing.

31:12 Gather the people together, men and women, and children, and thy stranger that is within thy gates, that they may hear, and that they may learn, and fear the LORD your God, and observe to do all the words of this law:

31:13 And that their children, which have not known any thing, may hear, and learn to fear the LORD your God, as long as ye live in the land whither ye go over Jordan to possess it.

31:14 And the LORD said unto Moses, Behold, thy days approach that thou must die: call Joshua, and present yourselves in the tabernacle of the congregation, that I may give him a charge. And Moses and Joshua went, and presented themselves in the tabernacle of the congregation.

31:15 And the LORD appeared in the tabernacle in a pillar of a cloud: and the pillar of the cloud stood over the door of the tabernacle.

31:16 And the LORD said unto Moses, Behold, thou shalt sleep with thy fathers; and this people will rise up, and go a whoring after the gods of the strangers of the land, whither they go to be among them, and will forsake me, and break my covenant which I have made with them.

31:17 Then my anger shall be kindled against them in that day, and I will forsake them, and I will hide my face from them, and they shall be devoured, and many evils and troubles shall befall them; so that they will say in that day, Are not these evils come upon us, because our God is not among us?

31:18 And I will surely hide my face in that day for all the evils which they shall have wrought, in that they are turned unto other gods.

31:19 Et maintenant, écrivez ce cantique, et enseigne-le aux fils d'Israël ; mets-le dans leur bouche, afin que ce cantique me serve de témoignage contre les fils d'Israël.	*31:19 Now therefore write ye this song for you, and teach it the children of Israel: put it in their mouths, that this song may be a witness for me against the children of Israel.*
31:20 Car je l'introduirai dans la terre ruisselante de lait et de miel, que j'ai promise par serment à ses pères, et il mangera, et sera rassasié et engraissé, et se tournera vers d'autres dieux ; et ils les serviront, et ils me mépriseront, et il rompra mon alliance.	*31:20 For when I shall have brought them into the land which I sware unto their fathers, that floweth with milk and honey; and they shall have eaten and filled themselves, and waxen fat; then will they turn unto other gods, and serve them, and provoke me, and break my covenant.*
31:21 Et quand des maux nombreux et des détresses l'auront atteint*, il arrivera que ce cantique élèvera la voix devant lui en témoignage ; car il ne sera pas oublié dans la bouche de sa postérité** ; car je connais sa pensée qu'il a formée [déjà] aujourd'hui, avant que je l'introduise dans le pays que je lui ai promis par serment.	*31:21 And it shall come to pass, when many evils and troubles are befallen them, that this song shall testify against them as a witness; for it shall not be forgotten out of the mouths of their seed: for I know their imagination which they go about, even now, before I have brought them into the land which I sware.*
31:22 Et Moïse écrivit ce cantique, en ce jour-là, et il l'enseigna aux fils d'Israël.	*31:22 Moses therefore wrote this song the same day, and taught it the children of Israel.*
31:23 Et [l'Éternel] commanda à Josué, fils de Nun, disant : Fortifie-toi et sois ferme, car c'est toi qui introduiras les fils d'Israël dans le pays que je leur ai promis par serment, et moi, je serai avec toi.	*31:23 And he gave Joshua the son of Nun a charge, and said, Be strong and of a good courage: for thou shalt bring the children of Israel into the land which I sware unto them: and I will be with thee.*
31:24 Et quand Moïse eut achevé d'écrire dans un livre les paroles de cette loi, jusqu'à ce qu'elles fussent complètes,	*31:24 And it came to pass, when Moses had made an end of writing the words of this law in a book, until they were finished,*
31:25 il arriva que Moïse commanda aux Lévites qui portaient l'arche de l'alliance de l'Éternel, disant :	*31:25 That Moses commanded the Levites, which bare the ark of the covenant of the LORD, saying,*
31:26 Prenez ce livre de la loi, et placez-le à côté de l'arche de l'alliance de l'Éternel, votre Dieu ; et il sera là en témoignage contre toi.	*31:26 Take this book of the law, and put it in the side of the ark of the covenant of the LORD your God, that it may be there for a witness against thee.*
31:27 Car moi, je connais ton esprit de rébellion et ton cou roide. Voici, aujourd'hui, tandis que je suis encore vivant avec vous, vous avez été rebelles à l'Éternel ; combien plus [le serez-vous] après ma mort !	*31:27 For I know thy rebellion, and thy stiff neck: behold, while I am yet alive with you this day, ye have been rebellious against the LORD; and how much more after my death?*

31:28 Réunissez auprès de moi tous les anciens de vos tribus, et vos magistrats, et je prononcerai ces paroles à leurs oreilles, et j'appellerai à témoin contre eux les cieux et la terre.

31:29 Car je sais qu'après ma mort vous vous corromprez certainement, et vous vous détournerez du chemin que je vous ai commandé ; et il vous arrivera du mal à la fin des jours, parce que vous ferez ce qui est mauvais aux yeux de l'Éternel, pour le provoquer à colère par l'œuvre de vos mains.

31:30 Et Moïse prononça aux oreilles de toute la congrégation d'Israël les paroles de ce cantique-ci, jusqu'à ce qu'elles fussent complètes :

32:1 Cieux, prêtez l'oreille, et je parlerai ; et [toi] terre, écoute les paroles de ma bouche.

32:2 Ma doctrine distillera comme la pluie ; ma parole descendra comme la rosée, comme une pluie fine sur l'herbe tendre, et comme des ondées sur l'herbe mûre.

32:3 Car je proclamerai le nom de l'Éternel : Attribuez la grandeur à notre Dieu !

32:4 Il est le Rocher, son œuvre est parfaite ; car toutes ses voies sont justice*. C'est un

32:5 Ils se sont corrompus à son égard, leur tache n'est pas celle de ses fils ; c'est une génération tortue et perverse.

32:6 Est-ce ainsi que vous récompensez l'Éternel, peuple insensé et dénué de sagesse ? N'est-il pas ton père, qui t'a acheté ? C'est lui qui t'a fait et qui t'a établi.

32:7 Souviens-toi des jours d'autrefois, considérez les années de génération en génération ; interroge ton père, et il te le déclarera, tes anciens, et ils te le diront.

31:28 Gather unto me all the elders of your tribes, and your officers, that I may speak these words in their ears, and call heaven and earth to record against them.

31:29 For I know that after my death ye will utterly corrupt yourselves, and turn aside from the way which I have commanded you; and evil will befall you in the latter days; because ye will do evil in the sight of the LORD, to provoke him to anger through the work of your hands.

31:30 And Moses spake in the ears of all the congregation of Israel the words of this song, until they were ended.

32:1 Give ear, O ye heavens, and I will speak; and hear, O earth, the words of my mouth.

32:2 My doctrine shall drop as the rain, my speech shall distil as the dew, as the small rain upon the tender herb, and as the showers upon the grass:

32:3 Because I will publish the name of the LORD: ascribe ye greatness unto our God.

32:4 He is the Rock, his work is perfect: for all his ways are judgment: a God of truth and without iniquity, just and right is he.

32:5 They have corrupted themselves, their spot is not the spot of his children: they are a perverse and crooked generation.

32:6 Do ye thus requite the LORD, O foolish people and unwise? is not he thy father that hath bought thee? hath he not made thee, and established thee?

32:7 Remember the days of old, consider the years of many generations: ask thy father, and he will shew thee; thy elders, and they will tell thee.

32:8 Quand le Très haut* partageait l'héritage aux nations, quand il séparait les fils d'Adam, il établit les limites des peuples selon le nombre des fils d'Israël.

32:9 Car la portion de l'Éternel, c'est son peuple ; Jacob est le lot de son héritage.

32:10 Il le trouva dans un pays désert et dans la désolation des hurlements d'une solitude ; il le conduisit çà et là* ; il prit soin de lui, il le garda comme la prunelle de son œil.

32:11 Comme l'aigle éveille son nid, plane au-dessus de ses petits, étend ses ailes, les prend, les porte sur ses plumes,

32:12 L'Éternel seul l'a conduit, et il n'y a point eu avec lui de *dieu étranger.

32:13 Il l'a fait passer à cheval sur les lieux hauts de la terre ; et il a mangé le produit des champs, et il lui a fait sucer le miel du rocher, et l'huile du roc dur ;

32:14 Le caillé des vaches, et le lait des brebis, et la graisse des agneaux* et des béliers de la race de Basan, et des boucs, avec la fine graisse** du froment ; et tu as bu le vin pur, le sang du raisin.

32:15 Mais Jeshurun* s'est engraissé, et a regimbé : tu es devenu gras, gros, replet ; et il a abandonné le #Dieu** qui l'a fait, et il a méprisé le Rocher de son salut.

32:16 Ils l'ont ému à jalousie par des [dieux] étrangers ; ils l'ont provoqué à colère par des abominations.

32:17 Ils ont sacrifié aux démons qui ne sont point #Dieu*, à des dieux qu'ils ne connaissaient pas, [dieux] nouveaux, venus depuis peu, que vos pères n'ont pas révérés.

32:18 Tu as oublié le Rocher qui t'a engendré, et tu as mis en oubli le *Dieu qui t'a enfanté.

32:8 When the Most High divided to the nations their inheritance, when he separated the sons of Adam, he set the bounds of the people according to the number of the children of Israel.

32:9 For the LORD's portion is his people; Jacob is the lot of his inheritance.

32:10 He found him in a desert land, and in the waste howling wilderness; he led him about, he instructed him, he kept him as the apple of his eye.

32:11 As an eagle stirreth up her nest, fluttereth over her young, spreadeth abroad her wings, taketh them, beareth them on her wings:

32:12 So the LORD alone did lead him, and there was no strange god with him.

32:13 He made him ride on the high places of the earth, that he might eat the increase of the fields; and he made him to suck honey out of the rock, and oil out of the flinty rock;

32:14 Butter of kine, and milk of sheep, with fat of lambs, and rams of the breed of Bashan, and goats, with the fat of kidneys of wheat; and thou didst drink the pure blood of the grape.

32:15 But Jeshurun waxed fat, and kicked: thou art waxen fat, thou art grown thick, thou art covered with fatness; then he forsook God which made him, and lightly esteemed the Rock of his salvation.

32:16 They provoked him to jealousy with strange gods, with abominations provoked they him to anger.

32:17 They sacrificed unto devils, not to God; to gods whom they knew not, to new gods that came newly up, whom your fathers feared not.

32:18 Of the Rock that begat thee thou art unmindful, and hast forgotten God that formed thee.

32:19 Et l'Éternel l'a vu et les a rejetés, par indignation contre* ses fils et ses filles.

32:19 And when the LORD saw it, he abhorred them, because of the provoking of his sons, and of his daughters.

32:20 Et il a dit : Je leur cacherai ma face, je verrai quelle sera leur fin, car ils sont une génération perverse, des fils en qui il n'y a point de fidélité,

32:20 And he said, I will hide my face from them, I will see what their end shall be: for they are a very froward generation, children in whom is no faith.

32:21 Ils m'ont ému à jalousie par ce qui n'est point *Dieu, ils m'ont provoqué à colère par leurs vanités ; et moi, je les exciterai à la jalousie par ce qui n'est pas un peuple, je les provoquerai à la colère par une nation insensée.

32:21 They have moved me to jealousy with that which is not God; they have provoked me to anger with their vanities: and I will move them to jealousy with those which are not a people; I will provoke them to anger with a foolish nation.

32:22 Car un feu s'est allumé dans ma colère, et il brûlera jusqu'au shéol* le plus profond, et dévorera la terre et son rapport, et embrasera les fondements des montagnes.

32:22 For a fire is kindled in mine anger, and shall burn unto the lowest hell, and shall consume the earth with her increase, and set on fire the foundations of the mountains.

32:23 J'accumulerai sur eux des maux ; j'épuiserai contre eux mes flèches.

32:23 I will heap mischiefs upon them; I will spend mine arrows upon them.

32:24 Ils seront consumés par la famine et rongés par des ardeurs dévorantes, et par une peste maligne ; Et j'enverrai contre eux la dent des bêtes, avec le venin de ce qui rampe dans la poussière.

32:24 They shall be burnt with hunger, and devoured with burning heat, and with bitter destruction: I will also send the teeth of beasts upon them, with the poison of serpents of the dust.

32:25 Au dehors l'épée, et au dedans la terreur, détruiront* le jeune homme et la vierge, l'enfant qui tette et l'homme à cheveux blancs.

32:25 The sword without, and terror within, shall destroy both the young man and the virgin, the suckling also with the man of gray hairs.

32:26 Je dirais : Je les disperserai, j'abolirai du milieu des hommes leur mémoire,

32:26 I said, I would scatter them into corners, I would make the remembrance of them to cease from among men:

32:27 si je ne craignais la provocation de l'ennemi, que leurs adversaires ne s'y méprissent et qu'ils ne dissent : Notre main est élevée, et ce n'est pas l'Éternel qui a fait tout cela.

32:27 Were it not that I feared the wrath of the enemy, lest their adversaries should behave themselves strangely, and lest they should say, Our hand is high, and the LORD hath not done all this.

32:28 Car ils sont une nation qui a perdu le conseil, et il n'y a en eux aucune intelligence.

32:28 For they are a nation void of counsel, neither is there any understanding in them.

32:29 Oh ! s'ils eussent été sages, ils eussent compris ceci, ils eussent considéré leur fin !

32:29 O that they were wise, that they understood this, that they would consider their latter end!

32:30 Comment un seul en eût-il poursuivi mille, et deux en eussent-ils mis en fuite dix mille, si leur Rocher ne les avait pas vendus, et si l'Éternel ne les avait pas livrés ?

32:31 Car leur rocher n'est pas comme notre Rocher, et nos ennemis en sont juges.

32:32 Car leur vigne est de la vigne de Sodome et du terroir de Gomorrhe ; Leurs raisins sont des raisins vénéneux, et leurs grappes sont amères ;

32:33 Leur vin est un venin de monstres et un poison cruel d'aspic.

32:34 Cela n'est-il pas caché par devers moi, scellé dans mes trésors ?

32:35 À moi la vengeance et la rétribution, au temps où leur pied bronchera. Car le jour de leur calamité est proche, et ce qui leur est préparé se hâte.

32:36 Car l'Éternel jugera son peuple, et se repentira en faveur de ses serviteurs, quand il verra que la force* s'en est allée, et qu'il n'y a plus personne, homme lié ou homme libre.

32:37 Et il dira : Où sont leurs dieux, le rocher en qui ils se confiaient,

32:38 Qui mangeaient la graisse de leurs sacrifices, [et] buvaient le vin de leurs libations ? Qu'ils se lèvent, et qu'ils vous secourent, qu'ils soient une retraite pour vous !

32:39 Voyez maintenant que c'est moi, moi, le Même*, et il n'y a point de dieu à côté de moi ; Moi, je tue, et moi, je fais vivre ; moi, je blesse, et moi, je guéris ; et il n'y a personne qui délivre de ma main.

32:40 Car je lève ma main aux cieux, et je dis : Je vis éternellement.

32:41 Si j'aiguise l'éclair de mon épée et que ma main saisisse le jugement, je rendrai la vengeance à mes adversaires et je récompenserai ceux qui me haïssent.

32:30 How should one chase a thousand, and two put ten thousand to flight, except their Rock had sold them, and the LORD had shut them up?

32:31 For their rock is not as our Rock, even our enemies themselves being judges.

32:32 For their vine is of the vine of Sodom, and of the fields of Gomorrah: their grapes are grapes of gall, their clusters are bitter:

32:33 Their wine is the poison of dragons, and the cruel venom of asps.

32:34 Is not this laid up in store with me, and sealed up among my treasures?

32:35 To me belongeth vengeance and recompence; their foot shall slide in due time: for the day of their calamity is at hand, and the things that shall come upon them make haste.

32:36 For the LORD shall judge his people, and repent himself for his servants, when he seeth that their power is gone, and there is none shut up, or left.

32:37 And he shall say, Where are their gods, their rock in whom they trusted,

32:38 Which did eat the fat of their sacrifices, and drank the wine of their drink offerings? let them rise up and help you, and be your protection.

32:39 See now that I, even I, am he, and there is no god with me: I kill, and I make alive; I wound, and I heal: neither is there any that can deliver out of my hand.

32:40 For I lift up my hand to heaven, and say, I live for ever.

32:41 If I whet my glittering sword, and mine hand take hold on judgment; I will render vengeance to mine enemies, and will reward them that hate me.

32:42 J'enivrerai mes flèches de sang, et mon épée dévorera de la chair ; [je les enivrerai] du sang des tués et des captifs, de la tête des chefs* de l'ennemi.

32:42 I will make mine arrows drunk with blood, and my sword shall devour flesh; and that with the blood of the slain and of the captives, from the beginning of revenges upon the enemy.

32:43 Réjouissez-vous, nations, [avec] son peuple ; car il vengera le sang de ses serviteurs, et il rendra la vengeance à ses adversaires, et il pardonnera* à sa terre, à son peuple.

32:43 Rejoice, O ye nations, with his people: for he will avenge the blood of his servants, and will render vengeance to his adversaries, and will be merciful unto his land, and to his people.

32:44 Et Moïse vint, et prononça toutes les paroles de ce cantique aux oreilles du peuple, lui et Josué*, fils de Nun.

32:44 And Moses came and spake all the words of this song in the ears of the people, he, and Hoshea the son of Nun.

32:45 Et Moïse acheva de prononcer toutes ces paroles à tout Israël,

32:45 And Moses made an end of speaking all these words to all Israel:

32:46 et il leur dit : Appliquez votre cœur à toutes les paroles par lesquelles je rends témoignage parmi vous aujourd'hui, pour les commander à vos fils, afin qu'ils prennent garde à pratiquer toutes les paroles de cette loi.

32:46 And he said unto them, Set your hearts unto all the words which I testify among you this day, which ye shall command your children to observe to do, all the words of this law.

32:47 Car ce n'est pas ici une parole vaine pour vous, mais c'est votre vie ; et par cette parole vous prolongerez [vos] jours sur la terre où, en passant le Jourdain, vous [entrez] afin de la posséder.

32:47 For it is not a vain thing for you; because it is your life: and through this thing ye shall prolong your days in the land, whither ye go over Jordan to possess it.

32:48 Et, en ce même jour, l'Éternel parla à Moïse, disant :

32:48 And the LORD spake unto Moses that selfsame day, saying,

32:49 Monte sur cette montagne d'Abarim, le mont Nebo, qui est dans le pays de Moab, qui est vis-à-vis de Jéricho ; et regarde le pays de Canaan que je donne en possession aux fils d'Israël.

32:49 Get thee up into this mountain Abarim, unto mount Nebo, which is in the land of Moab, that is over against Jericho; and behold the land of Canaan, which I give unto the children of Israel for a possession:

32:50 Et tu mourras sur la montagne sur laquelle tu monteras, et tu seras recueilli vers tes peuples, comme Aaron, ton frère, est mort sur la montagne de Hor et a été recueilli vers ses peuples ;

32:50 And die in the mount whither thou goest up, and be gathered unto thy people; as Aaron thy brother died in mount Hor, and was gathered unto his people:

32:51 parce que vous avez été infidèles envers moi, au milieu des fils d'Israël, aux eaux de Meriba-Kadès, dans le désert de Tsin, en ce que vous ne m'avez pas sanctifié au milieu des fils d'Israël.	*32:51 Because ye trespassed against me among the children of Israel at the waters of MeribahKadesh, in the wilderness of Zin; because ye sanctified me not in the midst of the children of Israel.*
32:52 Car tu verras devant toi le pays, mais tu n'y entreras pas, dans le pays que je donne aux fils d'Israël.	*32:52 Yet thou shalt see the land before thee; but thou shalt not go thither unto the land which I give the children of Israel.*
33:1 Et c'est ici la bénédiction dont Moïse, homme de Dieu, bénit les fils d'Israël, avant sa mort.	*33:1 And this is the blessing, wherewith Moses the man of God blessed the children of Israel before his death.*
33:2 Et il dit : L'Éternel est venu de Sinaï, et il s'est levé pour eux de Séhir ; il a resplendi de la montagne de Paran, et est venu des saintes myriades ; de sa droite [sortit] une loi de feu* pour eux.	*33:2 And he said, The LORD came from Sinai, and rose up from Seir unto them; he shined forth from mount Paran, and he came with ten thousands of saints: from his right hand went a fiery law for them.*
33:3 Oui, il aime les peuples* ; tous ses saints sont dans ta main, et ils se tiennent à tes pieds ; ils reçoivent tes paroles.	*33:3 Yea, he loved the people; all his saints are in thy hand: and they sat down at thy feet; every one shall receive of thy words.*
33:4 Moïse nous a commandé une loi, héritage de la congrégation de Jacob ;	*33:4 Moses commanded us a law, even the inheritance of the congregation of Jacob.*
33:5 et il a été roi en Jeshurun, quand les chefs du peuple se réunirent ensemble avec les tribus d'Israël.	*33:5 And he was king in Jeshurun, when the heads of the people and the tribes of Israel were gathered together.*
33:6 Que Ruben vive et ne meure pas, et que ses hommes soient en petit nombre*.	*33:6 Let Reuben live, and not die; and let not his men be few.*
33:7 Et ceci pour Juda : et il dit : Éternel, écoute la voix de Juda, et amène-le à son peuple ; qu'il combatte de ses mains pour lui*, et sois-lui en aide contre ses ennemis.	*33:7 And this is the blessing of Judah: and he said, Hear, LORD, the voice of Judah, and bring him unto his people: let his hands be sufficient for him; and be thou an help to him from his enemies.*
33:8 Et de Lévi il dit : Tes thummim* et tes urim** sont à l'homme de ta bonté, que tu as éprouvé à Massa, [et] avec lequel tu as contesté aux eaux de Meriba ;	*33:8 And of Levi he said, Let thy Thummim and thy Urim be with thy holy one, whom thou didst prove at Massah, and with whom thou didst strive at the waters of Meribah;*
33:9 Qui dit de son père et de sa mère : Je ne l'ai point vu ; et qui n'a pas reconnu ses frères, et n'a pas connu ses fils. Car ils ont gardé tes paroles et observé ton alliance ;	*33:9 Who said unto his father and to his mother, I have not seen him; neither did he acknowledge his brethren, nor knew his own children: for they have observed thy word, and kept thy covenant.*

33:10 Ils enseigneront tes ordonnances à Jacob et ta loi à Israël ; ils mettront l'encens sous tes narines et l'holocauste* sur ton autel.

33:10 They shall teach Jacob thy judgments, and Israel thy law: they shall put incense before thee, and whole burnt sacrifice upon thine altar.

33:11 Éternel ! bénis sa force ; et que l'œuvre de ses mains te soit agréable ! Brise les reins de ceux qui s'élèvent contre lui, et de ceux qui le haïssent, en sorte qu'ils ne puissent plus se relever.

33:11 Bless, LORD, his substance, and accept the work of his hands; smite through the loins of them that rise against him, and of them that hate him, that they rise not again.

33:12 De Benjamin il dit : Le bien-aimé de l'Éternel, — il habitera en sécurité auprès de lui ; [l'Éternel] le couvrira tout le jour, et il habitera entre ses épaules.

33:12 And of Benjamin he said, The beloved of the LORD shall dwell in safety by him; and the Lord shall cover him all the day long, and he shall dwell between his shoulders.

33:13 Et de Joseph il dit : Son pays soit béni par l'Éternel de ce qu'il y a de plus précieux au ciel, de la rosée, et [de ce qui vient] des profondeurs qui gisent en bas ;

33:13 And of Joseph he said, Blessed of the LORD be his land, for the precious things of heaven, for the dew, and for the deep that coucheth beneath,

33:14 Et du plus précieux des produits du soleil, et du plus précieux des produits* des mois** ;

33:14 And for the precious fruits brought forth by the sun, and for the precious things put forth by the moon,

33:15 Et de [ce qui croît sur] le sommet des montagnes d'ancienneté, et du plus précieux des collines éternelles ;

33:15 And for the chief things of the ancient mountains, and for the precious things of the lasting hills,

33:16 Et du plus précieux de la terre et de sa plénitude. Et que la faveur de celui qui demeurait dans le buisson, vienne sur la tête de Joseph, sur le sommet de la tête de celui qui a été mis à part* de ses frères !

33:16 And for the precious things of the earth and fulness thereof, and for the good will of him that dwelt in the bush: let the blessing come upon the head of Joseph, and upon the top of the head of him that was separated from his brethren.

33:17 Sa magnificence est comme le premier-né de son taureau, et ses cornes sont des cornes de buffle. Avec elles, il poussera les peuples ensemble jusqu'aux bouts de la terre. Ce sont les myriades d'Éphraïm, et ce sont les milliers de Manassé.

33:17 His glory is like the firstling of his bullock, and his horns are like the horns of unicorns: with them he shall push the people together to the ends of the earth: and they are the ten thousands of Ephraim, and they are the thousands of Manasseh.

33:18 Et de Zabulon il dit : Réjouis-toi, Zabulon, en ta sortie ; et toi, Issacar, dans tes tentes !

33:18 And of Zebulun he said, Rejoice, Zebulun, in thy going out; and, Issachar, in thy tents.

33:19 Ils appelleront les peuples à la montagne ; là ils offriront des sacrifices de justice, car ils suceront l'abondance des mers, et les trésors cachés du sable.

33:19 They shall call the people unto the mountain; there they shall offer sacrifices of righteousness: for they shall suck of the abundance of the seas, and of treasures hid in the sand.

33:20 Et de Gad il dit : Béni soit celui qui élargit Gad. Il habite comme une lionne, et il déchire le bras, même le sommet de la tête.

33:21 Et il s'est choisi la première partie [du pays] ; car là était réservée* la part du législateur ; et il est allé [avec] les chefs du peuple ; il a accompli avec Israël la justice de l'Éternel et ses jugements**.

33:22 Et de Dan il dit : Dan est un jeune lion, il s'élance de Basan.

33:23 Et de Nephthali il dit : Nephthali, rassasié de faveurs et comblé de la bénédiction de l'Éternel, possède la mer et le Darôm* !

33:24 Et d'Aser il dit : Aser sera béni en fils* ; il sera agréable à** ses frères, et il trempera son pied dans l'huile.

33:25 Tes verrous seront de fer et d'airain, et ton repos* comme tes jours.

33:26 Nul n'est comme le *Dieu de Jeshurun, qui est porté sur les cieux à ton secours, et sur les nuées dans sa majesté.

33:27 Le Dieu d'ancienneté est [ta] demeure, et au-dessous [de toi] sont les bras éternels ; il chasse l'ennemi devant toi, et il dit : Détruis !

33:28 Et Israël habitera en sécurité, la source* de Jacob, à part, dans un pays de froment et de moût, et ses cieux distilleront la rosée.

33:29 Tu es bienheureux, Israël ! Qui est comme toi, un peuple sauvé par l'Éternel, le bouclier de ton secours et l'épée de ta gloire ? Tes ennemis dissimuleront* devant toi, et toi, tu marcheras sur leurs lieux élevés.

34:1 Et Moïse monta des plaines de Moab sur le mont Nebo, le sommet du Pisga, qui est vis-à-vis de Jéricho ; et l'Éternel lui fit voir tout le pays :

33:20 And of Gad he said, Blessed be he that enlargeth Gad: he dwelleth as a lion, and teareth the arm with the crown of the head.

33:21 And he provided the first part for himself, because there, in a portion of the lawgiver, was he seated; and he came with the heads of the people, he executed the justice of the LORD, and his judgments with Israel.

33:22 And of Dan he said, Dan is a lion's whelp: he shall leap from Bashan.

33:23 And of Naphtali he said, O Naphtali, satisfied with favour, and full with the blessing of the LORD: possess thou the west and the south.

33:24 And of Asher he said, Let Asher be blessed with children; let him be acceptable to his brethren, and let him dip his foot in oil.

33:25 Thy shoes shall be iron and brass; and as thy days, so shall thy strength be.

33:26 There is none like unto the God of Jeshurun, who rideth upon the heaven in thy help, and in his excellency on the sky.

33:27 The eternal God is thy refuge, and underneath are the everlasting arms: and he shall thrust out the enemy from before thee; and shall say, Destroy them.

33:28 Israel then shall dwell in safety alone: the fountain of Jacob shall be upon a land of corn and wine; also his heavens shall drop down dew.

33:29 Happy art thou, O Israel: who is like unto thee, O people saved by the LORD, the shield of thy help, and who is the sword of thy excellency! and thine enemies shall be found liars unto thee; and thou shalt tread upon their high places.

34:1 And Moses went up from the plains of Moab unto the mountain of Nebo, to the top of Pisgah, that is over against Jericho. And the LORD shewed him all the land of Gilead, unto Dan,

34:2 Galaad, jusqu'à Dan, et tout Nephthali, et le pays d'Éphraïm et de Manassé, et tout le pays de Juda jusqu'à la mer d'occident,

34:2 And all Naphtali, and the land of Ephraim, and Manasseh, and all the land of Judah, unto the utmost sea,

34:3 et le midi, et la plaine [du Jourdain], la vallée de Jéricho, la ville des palmiers, jusqu'à Tsoar.

34:3 And the south, and the plain of the valley of Jericho, the city of palm trees, unto Zoar.

34:4 — Et l'Éternel lui dit : C'est ici le pays au sujet duquel j'ai juré à Abraham, à Isaac, et à Jacob, disant : Je le donnerai à ta semence. Je te l'ai fait voir de tes yeux, mais tu n'y passeras* pas.

34:4 And the LORD said unto him, This is the land which I sware unto Abraham, unto Isaac, and unto Jacob, saying, I will give it unto thy seed: I have caused thee to see it with thine eyes, but thou shalt not go over thither.

34:5 Et Moïse, serviteur de l'Éternel, mourut là dans le pays de Moab, selon la parole de l'Éternel.

34:5 So Moses the servant of the LORD died there in the land of Moab, according to the word of the LORD.

34:6 Et il l'enterra dans la vallée, dans le pays de Moab, vis-à-vis de Beth-Péor ; et personne ne connaît son sépulcre, jusqu'à aujourd'hui.

34:6 And he buried him in a valley in the land of Moab, over against Bethpeor: but no man knoweth of his sepulchre unto this day.

34:7 Et Moïse était âgé de cent vingt ans quand il mourut ; son œil n'était pas affaibli, et sa vigueur ne s'en était pas allée.

34:7 And Moses was an hundred and twenty years old when he died: his eye was not dim, nor his natural force abated.

34:8 — Et les fils d'Israël pleurèrent Moïse dans les plaines de Moab, trente jours ; et les jours des pleurs du deuil de Moïse furent terminés. *

34:8 And the children of Israel wept for Moses in the plains of Moab thirty days: so the days of weeping and mourning for Moses were ended.

34:9 Et Josué, fils de Nun, était rempli de l'esprit de sagesse, car Moïse avait posé ses mains sur lui ; et les fils d'Israël l'écoutèrent, et firent comme l'Éternel l'avait commandé à Moïse.

34:9 And Joshua the son of Nun was full of the spirit of wisdom; for Moses had laid his hands upon him: and the children of Israel hearkened unto him, and did as the LORD commanded Moses.

34:10 Et il ne s'est plus levé en Israël de prophète tel que Moïse, que l'Éternel ait connu face à face,

34:10 And there arose not a prophet since in Israel like unto Moses, whom the LORD knew face to face,

34:11 selon tous les signes et les merveilles que l'Éternel l'envoya faire dans le pays d'Égypte contre le Pharaon et tous ses serviteurs et tout son pays,

34:11 In all the signs and the wonders, which the LORD sent him to do in the land of Egypt to Pharaoh, and to all his servants, and to all his land,

34:12 et selon toute cette main forte, et selon tous les terribles prodiges que fit Moïse aux yeux de tout Israël.

34:12 And in all that mighty hand, and in all the great terror which Moses shewed in the sight of all Israel.

Printed in Great Britain
by Amazon